Beginselen van de

Beginselen van de democratische rechtsstaat

Prof. mr. M.C. Burkens
Prof. mr. H.R.B.M. Kummeling
Prof. mr. drs. B.P. Vermeulen
Prof. mr. R.J.G.M. Widdershoven

Inleiding tot de grondslagen van het Nederlandse staats- en bestuursrecht

zesde druk

Kluwer – Alphen aan den Rijn – 2006

Verzorging binnenwerk: G.J. Wiarda Instituut (Utrechts Instituut voor Rechtswetenschappelijk onderzoek), Boothstraat 6, 3512 BW Utrecht

Omslag: Myosotis Art Studio bv, Baarn

ISBN 90 13 02394 0
NUR 823-301

Uit het voorwoord bij de eerste druk (1990)

Dit boek is ontstaan uit de behoefte om in het propedeutisch onderwijs staats- en bestuursrecht aan de rechtenfaculteit van de Rijksuniversiteit Utrecht meer aandacht te schenken aan de grondslagen van ons staatsbestel. Te zeer staat het onderwijs en dienovereenkomstig het begrip van de studenten in het teken van het organisatierecht. Natuurlijk: staatsrecht is in belangrijke mate organisatierecht en bestuursrecht is hierop geënt. Maar ons staatsbestel is een 'waardengeladen' organisatie. Het berust op een aantal grondslagen, die wij gemeen hebben met andere staten van het westerse type. Deze grondslagen, die in de loop van de geschiedenis tot ontwikkeling zijn gekomen, zijn van bijzondere waarde en dienen derhalve beschermd te worden tegen aantasting en erosie. Daartoe zullen ze geëxpliciteerd moeten worden, en in het onderwijs helder voor ogen moeten komen te staan, zowel in hun historische ontwikkeling als in hun hedendaagse concretisering. Ze verschaffen daarmee tevens een toetsingskader voor een kritische benadering van hedendaagse ontwikkelingen. Tegelijk worden deze grondslagen daardoor zelf vatbaar voor verantwoorde kritiek.

Wij brengen deze grondslagen op de noemer van de democratische rechtsstaat. Dat is het staatstype, dat het Nederlandse staatsbestel gemeen heeft met andere westerse staten en onderscheidt van vele staten elders in de wereld. Dit staatstype is niet alleen bepalend voor het staatsrecht, maar ook voor het bestuursrecht. Gezamenlijke behandeling van zowel het staatsrecht als het bestuursrecht onder de noemer van de democratische rechtsstaat is mogelijk, omdat deze beide onderdelen van het recht hun structuur ontlenen aan de beginselen van de democratische rechtsstaat. Ook in ander opzicht komt het ons niet zinvol voor om in het propedeutisch onderwijs een scherpe scheiding aan te brengen tussen staats- en bestuursrecht. Veeleer gaat het er om hun samenhang zichtbaar te maken. In een latere fase van de studie kan dan specificatie tot verdieping bijdragen.

Wij komen in dit boek open uit voor onze overtuiging, dat het staatstype van de democratische rechtsstaat hoog aangeslagen dient te worden. (...) [o]nder erkenning van de vele gebreken die in de praktijk aan dit staatstype blijken te kleven: het is het waard om verdedigd te worden.

(...)

UIT HET VOORWOORD BIJ DE VIERDE DRUK (1997)

In deze vierde druk zijn de belangrijkste recente ontwikkelingen in het staats- en bestuursrecht verwerkt. Deze noodzaakten niet tot een ingrijpende wijziging van de structuur van het boek. Inhoudelijk is er wel het nodige gewijzigd, met name in hoofdstuk 3 dat de eisen van de rechtsstaat behandelt. Vooral de ervaringen met de Algemene wet bestuursrecht noopten tot aanpassingen. Mede met het oog hierop is het auteursteam versterkt met prof. mr. R.J.G.M. Widdershoven.

Intussen moet geconcludeerd worden dat de Algemene wet bestuursrecht op een aantal onderdelen terminologische problemen oplevert voor een geïntegreerde behandeling van het staats- en bestuursrecht. Daarbij valt vooral te denken aan begrippen als besluit, bestuursorgaan en delegatie. Deze problemen zijn echter vooral technisch-juridisch van aard en daar waar nodig zijn ze ook zichtbaar gemaakt. Ze hebben niet tot gevolg dat het staatsrecht en bestuursrecht gescheiden behandeld dienen te worden; in hun fundamentele vragen en problemen zijn beide vakgebieden wezenlijk met elkaar verbonden.
(...)

UIT HET VOORWOORD BIJ DE VIJFDE DRUK (2001)

Het is buitengewoon verheugend voor auteurs om te kunnen constateren dat de behoefte aan hun boek niet louter blijkt te bestaan bij de 'eigen' studenten. Inmiddels wordt het aan diverse faculteiten in den lande gebruikt.

Toen duidelijk werd dat een actualisering niet langer op zich kon laten wachten, hebben wij met een aantal collegae van zusterfaculteiten gesproken over de bruikbaarheid van dit boek in het onderwijs, ook na de introductie van het Bachelor/Masterstelsel. Daaruit hebben de auteurs de conclusie getrokken dat naast een actualisering op onderdelen ook een verheldering van de structuur van het boek geboden was. Tevens is op verzoek van de gebruikers – ook de Utrechtse – het accent wat meer gelegd op het staatsrecht.
(...)

Mochten we bij de vorige bewerking een uitbreiding van het auteursteam aankondigen, nu moeten we helaas meedelen dat Marten Burkens niet meer heeft meegeschreven aan deze nieuwe druk. Wel konden wij nog profiteren van zijn commentaar op onderdelen van de nieuwe tekst.
(...)

VOORWOORD BIJ DE ZESDE DRUK

Sinds de vorige druk is de wereld op tot dusver ongekend schaal opgeschrikt door terroristische aanslagen en acties. Op het netvlies gebrand staan de beelden van het instorten van de Twin Towers in New York, de aanslagen op het openbaar vervoer in Madrid en Londen, de bomaanslag op een Westers toeristenhotel op Bali; maar ook de gevolgen van de gijzelingsactie in Beslan hebben op velen een onuitwisbare indruk gemaakt. Een primaire staatstaak, de zorg voor de veiligheid, is ernstig onder druk komen te staan. De gevolgen bleven dan ook niet uit. Mede als resultaat van internationale afspraken is de nationale overheid toegerust met tal van extra bevoegdheden om geweld, met name terroristisch geweld, te kunnen bestrijden. Vanzelfsprekend heeft dit ook consequenties gehad voor de burger; bevordering van de veiligheid heeft onmiskenbaar tot gevolg gehad dat de burger iets van zijn grondrechtenbescherming heeft moeten inleveren, met name op het gebied van de bescherming van de persoonlijke levenssfeer.

Logischerwijs hebben bovenstaande ontwikkelingen betekenis gehad voor dit boek. De auteurs hebben tezamen met 'oer-auteur' Marten Burkens, lang en indringend gesproken over mogelijke gevolgen voor onderwerpkeuze en toonzetting van de zesde druk. Onze conclusie was duidelijk: op onderdelen dienden accenten te worden verplaatst, waarbij meer aandacht besteed moest worden aan de primaire taak van de staat om veiligheid en recht daadwerkelijk te handhaven. De algemene lijn diende evenwel intact te blijven. Alle ontwikkelingen horen zich nog steeds binnen de grenzen van 'de democratische rechtsstaat' te bewegen. De eisen van de democratische rechtsstaat zijn nog steeds ankerpunten voor de discussie. Wel vonden we het noodzakelijk meer aandacht te besteden aan het spanningsveld tussen enerzijds de democratisch-rechtsstatelijke waarborgen en anderzijds de eis aan de staat om voor orde en veiligheid te zorgen.

Anders dan sommigen misschien dachten vormt het staatstype van de democratische rechtsstaat geen blauwdruk voor een 'ideale toekomst'. Zoals wij ook al in de vorige drukken te kennen gaven, is juist de meerwaarde van dit staatstype dat daarbinnen geen absolute waarheden bestaan. Voortdurend is er gegeven tijd en plaats discussie mogelijk én wenselijk over de precieze betekenis van bepaalde beginselen: de democratische rechtsstaat is nooit af! Juist in het uitgangspunt dat dit staatstype zich verzet tegen het doorzetten van absolute waarheden schuilt zijn waarde. Immers, iedere verabsolutering van waarden leidt tot benadeling van (groepen van) personen.

De doelstelling van het boek is (daarom) in de kern dezelfde gebleven. Beoogd wordt een schets te geven van de grondslagen van ons staatsbestel, de beginselen van rechtsstaat en democratie, en de concrete uitwerking die deze beginselen hebben verkregen, waarbij uitdrukkelijk aandacht wordt besteed aan de historische ontwikkeling, ideeëngeschiedenis en politieke context.

Ook nu weer zagen wij ons geconfronteerd met op stapel staande wetgeving, waarvan het nog zeer ongewis is of zij het Staatsblad zal halen. Daarbij kan gedacht worden aan aangekondigde grondwetsherzieningen, zoals (wederom) die terzake van het correctief wetgevingsreferendum, alsmede wetgeving ter bestrijding van terrorisme. De consequenties van de verwerping van de Europese Grondwet waren bij de afsluiting van de tekst nog niet volledig te overzien. In al deze gevallen hebben wij terughoudendheid betracht; de veranderingen waarover een grote mate van zekerheid – bij de auteurs – bestond hebben wij wat uitvoeriger beschreven, andere zijn slechts als mogelijkheid aangeduid, of zelfs helemaal niet behandeld. In de laatste gevallen gaat het om zaken waarvan wij het hoogst twijfelachtig achten dat zij ook nog in een volgende druk zouden voorkomen.

Wij zijn recensenten, studenten, collegae – in het bijzonder collega Temme van de Open Universiteit – en andere gebruikers erkentelijk voor de waardevolle opmerkingen die wij op de vijfde druk mochten ontvangen. Bij lezing van de nu voorliggende druk zullen zij merken dat vele van hun opmerkingen in de tekst zijn verwerkt.

Wij danken de Utrechtse student-assistenten Carina Mijnen en David van Veenendaal voor de vele hand- en spandiensten die zij in het kader van het onderzoek verrichtten. Onze dank gaat ook uit naar Titia Kloos en Willemien Vreekamp die de zorg droegen voor de vormgeving van de tekst.

De tekst werd afgesloten in juni 2006.

Henk Kummeling
Ben Vermeulen
Rob Widdershoven

Inhoudsopgave

Afkortingen

a.w.	aangehaald werk
AA	Ars Aequi
AAW	Algemene Arbeidsongeschiktheidswet
AB	Administratiefrechtelijke Beslissingen
ABAR	Algemene Bepalingen van Administratief Recht
abbb	algemene beginselen van behoorlijk bestuur
ABRvS	Afdeling bestuursrechtspraak van de Raad van State
A-G	Advocaat-Generaal
AGvB	Afdeling geschillen van bestuur van de Raad van State
amvb	algemene maatregel van bestuur
ARAR	Algemeen Rijksambtenarenreglement
ARRvS	Afdeling rechtspraak van de Raad van State
AOW	Algemene Ouderdomswet
art.	artikel(en)
AW	Ambtenarenwet
Awb	Algemene wet bestuursrecht
AWR	Algemene wet inzake rijksbelastingen
AWW	Algemene Weduwen- en Wezenwet
b en w	Burgemeester en Wethouders
Bro	Besluit ruimtelijke ordening
BRD	Bundesrepublik Deutschland
BW	Burgerlijk Wetboek
Bw	Bekendmakingswet
ch.	chapitre
CRvB	Centrale Raad van Beroep
EEG	Europese Economische Gemeenschap
EG	Europese Gemeenschap(pen)
EGKS	Europese Gemeenschap voor Kolen en Staal
EHRM	Europees Hof voor de Rechten van de Mens
EMS	Europese monetaire samenwerking
EMU	Europese Monetaire Unie
EP	Europees Parlement
ESH	Europees Sociaal Handvest
EV	evenredige vertegenwoordiging
EVRM	Europees Verdrag tot bescherming van de rechten van de mens en de fundamentele vrijheden
Gst.	Gemeentestem
Gem. w.	Gemeentewet
GG	Grundgesetz
GS	gedeputeerde staten

Gw	Grondwet
Hand. TK	Handelingen Tweede Kamer der Staten-Generaal
HR	Hoge Raad
IPO	interprovinciaal overleg
IVBPR	Internationaal verdrag inzake burgerrechten en politieke rechten
JB	Jurisprudentie bestuursrecht
jo.	juncto
k.g.	kort geding
KB	Koninklijk Besluit
Kw	Kieswet
liv.	livre
MvA	memorie van antwoord
NJ	Nederlandse Jurisprudentie
NJB	Nederlands Juristenblad
NJCM-bulletin	Bulletin van het Nederlands Juristencomité voor de Mensenrechten
NJV	Nederlandse Juristenvereniging
NTB	Nederlands Tijdschrift voor Bestuursrecht
PBO	Publiekrechtelijke Bedrijfsorganisatie
P-G	Procureur-Generaal
PS	provinciale staten
Pw	Provinciewet
RM Themis	Rechtsgeleerd Magazijn Themis
RvdW	Rechtspraak van de Week
RvoM	Reglement van Orde voor de Raad van Ministers
RVV	Reglement Verkeersregels en Verkeerstekens
SER	Sociaal-Economische Raad
Sr	Wetboek van strafrecht
Stb.	Staatsblad
Stcrt.	Staatscourant
Sv	Wetboek van strafvordering
TK	Tweede Kamer der Staten-Generaal
Trw	Tijdelijke referendumwet
TwK	Tijdelijke wet Kroongeschillen
UCV	Uitgebreide Commissievergadering
VAR	Vereniging voor Administratief Recht
Vb	Vreemdelingenbesluit
VEU	Verdrag betreffende de Europese Unie
VNG	Vereniging Nederlandse Gemeenten
VS	Verenigde Staten
VROM	Volkshuisvesting, Ruimtelijke Ordening en Milieubeheer (ministerie)
VV	Voorschrift Vreemdelingen
Vw	Vreemdelingenwet

Vz.	Voorzitter
Vzngr.	Voorzieningenrechter
W.	Weekblad van het Recht
WBO	Wet op de Bedrijfsorganisatie
Wet AB	Wet algemene bepalingen
Wet arob	Wet administratieve rechtspraak overheidsbeschikkingen
Wdg	Wet dualisering gemeentebestuur
Wet RO	Wet op de rechterlijke organisatie
WGR	Wet Gemeenschappelijke Regelingen
WNo	Wet Nationale ombudsman
WOB	Wet Openbaarheid van Bestuur
WOM	Wet Openbare Manifestaties
WRO	Wet op de Ruimtelijke Ordening
WRvS	Wet op de Raad van State
WschW	Waterschapswet
WVC	Welzijn, Volksgezondheid en Cultuur (ministerie)
WVO	Wet Verontreiniging Oppervlaktewater
WWV	Wet Werkloosheidsvoorziening

DEEL I

INLEIDING

1 Het onderwerp van het staats- en bestuursrecht

1.1 INLEIDING

Wat voor soort functionaris is de burgemeester? Hoe wordt deze functionaris benoemd? En waarom wordt deze eigenlijk niet gekozen? Wie is verantwoordelijk voor de benoeming en hoe wordt die verantwoordelijkheid geldend gemaakt? Hoe verloopt de benoemingsprocedure en wie worden daarbij ingeschakeld voor advies? Kan een advies zonder meer worden genegeerd?

En vervolgens: wat zijn de bevoegdheden van de burgemeester? Hoe zijn deze bevoegdheden toegedeeld? Hoe verhouden zij zich tot andere bevoegdheden die in gemeentelijk verband kunnen worden uitgeoefend? Binnen welke grenzen dienen ze uitgeoefend te worden? Kunnen andere gemeentelijke functionarissen invloed uitoefenen op de bevoegdheidsuitoefening door de burgemeester? Kan de minister of de regering dat? En als ik het niet eens ben met een besluit van een burgemeester, kan ik daartegen dan in beroep komen? Maakt het daarbij wat uit wat voor soort besluit de burgemeester heeft genomen? Bij welke instantie(s) kan ik tegen het besluit in beroep gaan en welke procedureregels moeten worden gevolgd?

Vragen als deze zijn kenmerkend voor het staats- en bestuursrecht. De vragen zijn hier toegespitst op de burgemeester, een in de ogen van velen markante gemeentelijke functionaris. Maar we hadden ze net zo goed kunnen toespitsen op een andere functionaris, zoals bijvoorbeeld een minister of een dijkgraaf (de voorzitter van een waterschapsbestuur); op een instituut zoals bijvoorbeeld de Staten-Generaal of de Kiesraad;[1] of op een bepaald soort besluit zoals bijvoorbeeld de beschikking (een besluit met betrekking tot een individueel geval) of de planologische kernbeslissing (een plan met betrekking tot bepaalde aspecten van het nationale ruimtelijke beleid).[2]

Overzien we het terrein van het staats- en bestuursrecht, dan worden we geconfronteerd met een veelheid van juridische verschijnselen. Er zijn organen ofwel ambten met hun verschillende wijzen van samenstelling (bijvoorbeeld verkiezing of benoeming) en hun onderscheidene bevoegdheden. We worden geconfronteerd met besluiten van verschillende aard (bijvoorbeeld algemeen verbindende voorschriften en beschikkingen). Er zijn controlemechanismen (bijvoorbeeld de parlementaire verantwoordingsplicht en vormen van bestuurlijk toezicht), en bevoegdheidsverdelingen (onder meer territoriaal, d.w.z. naar grondgebied, en functioneel, d.w.z. naar beleidsterrein). En er zijn verschil-

---

1 Hoofdstuk A Kieswet.
2 Art. 2a Wet op de Ruimtelijke Ordening jo. art. 3 Besluit op de ruimtelijke ordening 1985.

lende rechtsbeschermingsvoorzieningen. Het gaat dus om een schijnbaar onoverzienbaar gevarieerde veelheid van instanties, bevoegdheden, rechtshandelingen etc.

1.2 DE PLAATS VAN HET STAATS- EN BESTUURSRECHT

Wat is nu toch de gemeenschappelijke noemer van deze zo gevarieerde juridische verschijnselen en wat stempelt ze tot verschijnselen juist van het *staats- en bestuursrecht*? Om die vraag te beantwoorden moeten we nader ingaan op de structuur van de 'rechtsorde', dat wil zeggen het geheel van het geldend (ofwel 'positief')[3] recht. Die rechtsorde wordt traditioneel ingedeeld in privaatrecht, staats- en bestuursrecht en strafrecht. Elk van deze drie terreinen kan worden onderscheiden in een formeel en een materieel deel. Het formele deel betreft de procedurele normen, het materiële deel de inhoudelijke normen.

Voor wat betreft de indeling van de rechtsorde in privaatrecht, staats- en bestuursrecht en strafrecht wordt traditioneel de hoofdonderscheiding gehanteerd tussen enerzijds het privaatrecht en anderzijds het publiekrecht. Het privaatrecht houdt zich voornamelijk bezig met de rechtsbetrekkingen tussen particulieren onderling. Het strafrecht en het staats- en bestuursrecht (het publiekrecht) doen dat niet. Op deze terreinen gaat het primair om de verhouding tussen overheid en burgers, en tussen overheidsinstanties onderling. Voor zover deze verhouding in het teken staat van de strafrechtelijke bejegening van burgers bevindt men zich op het terrein van het strafrecht. Voor het overige behoren de rechtsbetrekkingen tussen overheid en burgers en tussen overheidsinstanties onderling tot het terrein van het staats- en bestuursrecht. Het staats- en bestuursrecht omvat dus de formele en materiële rechtsnormen inzake het handelen van de overheid en de rechtsbetrekkingen van burgers ten opzichte van de overheid.

Het handelen van de overheid kan van verschillende aard zijn. We kunnen onderscheiden tussen feitelijke handelingen en rechtshandelingen. Een feitelijke handeling van de overheid is bijvoorbeeld het opbreken van een weg door de gemeentelijke overheid (i.c. een gemeentelijke dienst) teneinde leidingen te repareren. Rechtshandelingen kunnen van publiekrechtelijke dan wel van privaatrechtelijke aard zijn. De meeste publiekrechtelijke rechtshandelingen hebben de vorm van besluiten die eenzijdig bindend worden opgelegd. Aan die principiële eenzijdigheid doet niet af, dat in de huidige tijd de overheid poogt om in een wederkerigheidsrelatie met de burger te treden; de burger wordt in de gelegenheid gesteld om in interactie met de overheid zijn belangen voor het voetlicht te brengen. Het eindresultaat is echter een eenzijdig bindend besluit.

3 We gebruiken hier de term 'positief recht' in de betekenis van geldend recht. In §§ 2.1 en 3.1 spitsen we het begrip toe op een historische verandering van het karakter van het recht: positief recht als recht dat geldt krachtens vaststelling.

Zoals hieronder in § 1.3 wordt aangegeven, zijn overigens niet alle publiekrechtelijke rechtshandelingen eenzijdig; sommige publiekrechtelijke rechtshandelingen zijn tweezijdig. Te denken valt aan het treffen van een gemeenschappelijke regeling tussen gemeenten, of aan het sluiten van een verdrag. Daarnaast zijn de meeste privaatrechtelijke rechtshandelingen van de overheid tweezijdig. Zo valt bijvoorbeeld te denken aan de uitgifte van bouwrijpe grond door een gemeente aan een burger die daarop een huis wil gaan bouwen, of aan de aanschaf van auto's voor het vervoer van bewindspersonen. Bij dit privaatrechtelijk handelen zal de overheid veelal niet op dezelfde wijze aan het rechtsverkeer deelnemen als burgers. Zo zal de overheid overeenkomstig artikel 1 Grondwet gelijkheid van behandeling moeten betrachten. Dat betekent bijvoorbeeld dat de overheid op grond van algemene criteria, en niet op grond van toevallige voorkeuren dient te handelen. Die eis geldt echter zeker niet met een zelfde strengheid voor burgers. Ook in andere opzichten zullen, al naar gelang van de omstandigheden van het geval, voor de overheid zwaardere eisen van toepassing zijn.

De overheid kan dus op zeer verscheiden wijze handelend optreden. Kenmerkend voor de overheid is echter het publiekrechtelijk handelen door middel van eenzijdig bindende besluiten. Deze besluiten vormen dan ook het basismateriaal van het staats- en bestuursrecht. Daarbij betreft het staatsrecht voornamelijk de besluiten van de hoogste staatsorganen en de organisatorische structuur van deze organen, het bestuursrecht daarentegen de besluiten van organen die zich op specifieke terreinen tot de burgers richten, alsmede de organisatorische structuur van specifieke organen. De organisatorische structuur van veel organen – ook wel ambten genoemd – waarmee het staatsrecht zich bezig houdt, zijn geregeld in de Grondwet of de zogenaamde organieke wetten, dat wil zeggen wetten totstandgekomen in opdracht van de Grondwet (bijvoorbeeld de Provinciewet en de Gemeentewet, beide vereist door art. 132 Grondwet, en de Kieswet, vereist door onder meer art. 59 Grondwet). Veelal dragen bestuurswetten specifieke bestuursrechtelijke bevoegdheden aan deze organen op. Zo is het college van burgemeester en wethouders (een orgaan/ambt geregeld in de Gemeentewet) belast met het verlenen van bijstand ingevolge de Wet werk en bijstand. Deze bestuursrechtelijke wet geeft nadere regels over de onderhavige bevoegdheidsuitoefening van het college. Maar ook kan het zijn dat een bestuursrechtelijke wet een apart orgaan in het leven roept, dat niet tot de staatsrechtelijke organen behoort. Een voorbeeld is de Commissie gelijke behandeling, die toezicht houdt op de naleving van de Algemene wet gelijke behandeling.

Het voorgaande geeft geen scherp onderscheid tussen staatsrecht en bestuursrecht. Dat hoeft ook niet. Het verschil tussen het staatsrecht en het bestuursrecht is conventioneel en didactisch van aard; op grond van historie en gewoonte worden sommige terreinen tot het staatsrecht gerekend en andere tot het bestuursrecht. In het buitenland heeft men op sommige punten een andere indeling. Zo wordt in Nederland de decentralisatie tot het staatsrecht gerekend, in Frankrijk tot het bestuursrecht. Dat maakt ook weinig uit; verschil in rechtsgevolg is aan het onderscheid tussen staatsrecht en bestuursrecht niet verbonden.

1.3 HET BASISMATERIAAL VAN HET STAATS- EN BESTUURSRECHT: OVERHEIDSBESLUITEN

De besluiten waarop het staats- en bestuursrecht betrekking heeft zijn in het algemeen *eenzijdig bindende overheidsbesluiten*. Die eenzijdige binding houdt in, dat de gelding van het besluit niet afhankelijk is van de instemming van hen tot wie het besluit is gericht; men is aan het besluit gehouden, of men nu wil of niet. Die binding betreft veelal primair de burgers (als 'norm-geadresseerden'). Maar ook de overheid zelf wordt door haar besluiten gebonden, omdat veelal een overheidsorgaan tevens norm-geadresseerde is, bijvoorbeeld doordat aan dat orgaan bevoegdheden worden toegekend. Het hoeft echter niet zo te zijn, dat een overheidsbesluit eenzijdig bindend is. Een overheidsbesluit kan meerzijdig zijn, bijvoorbeeld de eerder genoemde gemeenschappelijke regeling tussen twee gemeenten op grond van de Wet gemeenschappelijke regelingen. Een besluit kan ook niet-bindend zijn, bijvoorbeeld een plan dat slechts indicatieve betekenis heeft, dat wil zeggen te verwachten ontwikkelingen aangeeft.

Overheidsbesluiten kunnen zeer verschillend van aard zijn. Zo kunnen het algemeen verbindende voorschriften zijn die in beginsel voor een onbepaaldheid van gevallen gelding hebben en toegepast kunnen worden: wetten in materiële zin. Het kunnen beschikkingen zijn die in één bepaald geval een rechtsgevolg tot stand brengen. Het kunnen beleidsregels zijn (vroeger ook wel 'pseudo-wetgeving' genoemd), die aangeven op welke wijze een orgaan zijn beleid denkt te voeren en waaraan het vervolgens zelf gebonden wordt geacht. Het kunnen plannen zijn die op een bepaalde wijze een bindend effect bezitten (zoals het bestemmingsplan in de ruimtelijke ordening, dat onder meer bindend is via doorkoppeling naar de Woningwet).[4] Het kunnen tenslotte vonnissen, arresten of uitspraken zijn van geschillenbeslechters zoals rechters of bestuurlijke instanties oordelend in administratief beroep.

Ofschoon niet van alle overheidsbesluiten kan worden gezegd dat zij eenzijdig bindend zijn, gaat dat toch wel op voor de meeste besluiten. Typerend voor overheidsbesluiten is dan ook, dat zij bindend zijn, in die zin dat de geadresseerden van die besluiten ergens toe verplicht worden of anderszins een verandering in hun rechtssituatie ondergaan, onafhankelijk van het antwoord op de vraag of zij daarmee instemmen.

1.4 DE NOODZAAK VAN BINDENDE OVERHEIDSBESLUITEN

Bindende overheidsbesluiten vormen de oplossing van een probleem; zij beantwoorden aan een maatschappelijke behoefte aan dergelijke besluiten. Een samenleving blijkt niet te kunnen bestaan zonder althans een minimum aan bindende besluiten. Moderne, gecompliceerde samenlevingen blijken zelfs een zeer grote hoeveelheid bindende

4 Op grond van art. 44 Woningwet moet een bouwvergunning worden geweigerd indien het bouwwerk in strijd is met een bestemmingsplan of de krachtens dat plan gestelde eisen. Voorschriften die deel uitmaken van een bestemmingsplan zijn als zodanig bindend (vgl. art. 59 Wet op de Ruimtelijke Ordening).

besluiten te behoeven. Zij worden in belangrijke mate door dergelijke besluiten gestuurd. Soms komt sturing voort uit de samenleving zelf, door middel van 'zelf-regulering'. Maar veelal is nodig dat besluiten eenzijdig bindend worden opgelegd. Daarvoor is de overheid nodig.

Waarom is er behoefte aan bindende besluiten? Die is er, omdat in elke menselijke gemeenschap een aantal voorzieningen dient te worden getroffen, die de gemeenschap als zodanig aangaan. Zo zal een lokale gemeenschap voorzieningen moeten treffen op het terrein van bijvoorbeeld waterkeringen of verkeerswegen. Is de lokale gemeenschap opgenomen in een groter verband, dan zal mogelijkerwijze deze zorg door de overkoepelende gemeenschap worden overgenomen. Maar dit verlegt slechts de noodzaak van bindende besluiten. Statelijk georganiseerde gemeenschappen zullen altijd in enigerlei mate de collectieve voorzieningen van defensie en buitenlands beleid behoeven. Andere voorbeelden van gemeenschapsvoorzieningen die niet kunnen worden ontbeerd, vallen gemakkelijk aan te geven. Denk aan de handhaving van de openbare orde en rust en de geschillenbeslechting ter voorkoming van eigenrichting. Al dergelijke voorzieningen kosten geld. Een collectief budget is derhalve onvermijdelijk. Ook op dit punt zijn besluiten noodzakelijk: besluiten omtrent de verwerving van de financiële middelen (bijvoorbeeld belastingwetgeving) en besluiten omtrent de besteding van deze middelen (uitgavenbegrotingen).

1.5 HET PROBLEMATISCHE KARAKTER VAN BINDENDE OVERHEIDSBESLUITEN

Naarmate samenlevingen complexer worden, neemt de behoefte aan gemeenschapsvoorzieningen, bijvoorbeeld openbare nutsvoorzieningen zoals electriciteitsvoorziening, gas en water, vuilafvoer en telecommunicatie, toe. Ook wanneer dergelijke voorzieningen geheel of gedeeltelijk in particuliere handen zijn, zal toch door bindende besluiten de productie en consumptie moeten worden veiliggesteld. Op tal van terreinen gaat voorts de noodzaak ontstaan dat door middel van bindende besluiten sturend wordt opgetreden, bijvoorbeeld om economische doelstellingen te bereiken. Naarmate in complexe samenlevingen de onderlinge wisselwerking van burgers groter wordt, ontstaat ook een toenemende behoefte aan bindende regelingen met betrekking tot deze interactie, bijvoorbeeld om te voorkomen dat zwakkeren in de samenleving de dupe worden of dat gemeenschapsbelangen worden aangetast. Het wordt dan veelal nodig diep in te grijpen in de concrete rechtspositie van burgers. Zo zijn in onze samenleving tal van handelingen aan een vergunningsvereiste gebonden; in het oog springend zijn bijvoorbeeld bouwvergunningen en milieuvergunningen.

Daarbij geldt, dat sommige bindende besluiten in sterke mate maatschappelijk omstreden zijn en andere weer minder. Naarmate besluiten meer omstreden zijn, zal het des te noodzakelijker zijn deze besluiten te laten nemen door een orgaan, dat qua samenstelling en gedragslijn waarborgt dat volgens een zorgvuldige procedure alle opvattingen worden gehoord en tegen elkaar afgewogen. Daarvoor komt in de eerste plaats in aanmerking de formele wetgever, dat wil zeggen regering en Staten-Generaal optredend volgens de procedure van artikelen 81 e.v. Grondwet. Het staatsrecht houdt zich in belangrijke mate bezig met de organisatie van dergelijke besluitvorming. Bestuursrechtelijke besluiten komen veelal tot stand op grondslag van formele wetgeving en zijn dienovereenkomstig veelal in mindere mate fundamenteel omstreden. Immers, de politieke strijd is reeds bij de totstandkoming van de desbetreffende wet gestreden. Ook in het bestuursrecht treft men echter besluiten aan die tal van burgers raken en maatschappelijk sterk omstreden (kunnen) zijn. Bij de totstandkoming van dergelijke besluiten wordt de groep van personen die worden gehoord zoveel mogelijk uitgebreid. Een voorbeeld is het gemeentelijk bestemmingsplan, waarin de ruimtelijke bestemming van het plangebied is vastgelegd. Omdat in beginsel iedereen belanghebbend kan zijn bij hetgeen in een dergelijk plan is vastgelegd, geeft de Wet op de ruimtelijke ordening aan iedereen de bevoegdheid zienswijzen kenbaar te maken.[5]

Maar het gaat niet alleen om besluiten die in brede kring maatschappelijk omstreden zijn. In wezen zijn alle eenzijdig bindende besluiten problematisch. Eenzijdige binding houdt immers in, dat zij rechtsposities beheersen onafhankelijk van de vraag of betrokkenen daar individueel mee kunnen instemmen. En uit de aard der zaak zou het ieder lid van de gemeenschap de meeste voldoening schenken indien hij met alle besluiten die hem betreffen zou kunnen instemmen.

Besluitvorming op grondslag van eenstemmigheid van alle betrokkenen vormt echter geen werkbaar mechanisme. Het zou betekenen dat iedereen zelfstandig de besluitvorming zou kunnen blokkeren. Dat leidt tot het niet-nemen van besluiten; de gemeenschap zou daarmee evenwel niet zijn gebaat. Ook inschakeling van alle betrokkenen in de besluitvorming vormt in veel gevallen geen werkbaar stelsel. Het zou betekenen dat bij de totstandkoming van algemeen geldende gedragsregels alle burgers – of althans alle volwassen burgers, in ons land zo'n 12 miljoen mensen – zouden moeten worden ingeschakeld.

1.6 DE AANVAARDBAARHEID VAN BINDENDE OVERHEIDSBESLUITEN: RECHTSSTAAT EN DEMOCRATIE

Hiermee hebben we één van de kernproblemen van het staats- en bestuursrecht op tafel. Er dienen eenzijdig bindende overheidsbesluiten van velerlei aard te worden genomen. Die besluiten zullen niet genomen moeten worden door alle betrokkenen, maar door instanties die daartoe bevoegd zijn verklaard. Tegelijk zal verzekerd moeten worden, dat deze besluiten aanvaardbaar zijn voor degenen die door de besluiten worden gebonden.

Dat 'aanvaardbaar-zijn' wil niet zeggen, dat iedere individueel geadresseerde moet kunnen instemmen met elk besluit. 'Aanvaardbaar-zijn' is gebaseerd op een normatieve, binnen de gemeenschap geldende opvatting omtrent wat redelijkerwijze aanvaard

5 Zie voor de omschrijving van het bestemmingsplan art. 10 Wet op de ruimtelijke ordening; zie voor het recht om zienswijzen kenbaar te maken omtrent het ontwerpplan art. 23, eerste lid van deze wet.

dient te worden. Deze opvatting houdt in ons stelsel bijvoorbeeld in, dat ingrijpende voorzieningen die de gehele gemeenschap raken, in beginsel gedragen moeten worden door de instemming van althans een meerderheid van de volksvertegenwoordigers in beide kamers van het vertegenwoordigend lichaam (het parlement). Daarbij dienen veelal sterk ervaren minderheidsopvattingen (bijvoorbeeld van religieuze aard) zoveel mogelijk te worden gerespecteerd. Deze opvatting houdt ook in, dat uitgegaan wordt van de fundamentele gelijkheid van burgers, zodat geen bevoordelingen of benadelingen plaatsvinden die niet zakelijk gerechtvaardigd zijn. Zij houdt voorts in, dat de vrijheid van de burgers zoveel mogelijk wordt ontzien en in basisbehoeften wordt voorzien; grondrechten beogen dat te waarborgen. Dergelijke uitgangspunten komen veelal onderling in een spanningsverhouding te staan. Het zoeken naar het vinden van een evenwicht vormt een van de voortdurende opgaven van het staats- en bestuursrecht.

Het 'aanvaardbaar-zijn' is dus normatief gekleurd; het is een opvatting omtrent een behoren. Die opvatting ligt niet bij alle rechtsgenoten gelijk; zij kan ook veranderen in de tijd. Dat kan tot conflicten leiden tussen burgers onderling en tot spanningen met rechtsregels waarin eertijds geldende opvattingen zijn verankerd.

De *aanvaardbaarheid van overheidsgezag* vormt dus het achterliggende vraagstuk van dit boek. Hoe hebben we in de loop van de geschiedenis gestalte gegeven aan ons constitutionele bestel, zodat overheidsgezag aanvaardbaar blijkt te zijn, zelfs wanneer soms overheidsbeleid sterk omstreden is en sommige overheidsbesluiten scherp worden aangevochten? Dat is te danken aan een bepaalde opzet van ons staatsbestel. Wij werken dit uit aan de hand van de twee belangrijkste grondslagen van dit bestel: *rechtsstaat* en *democratie*.

De grondslagen van dit bestel werden reeds eerder in onze geschiedenis gelegd. Hoofdstuk 2 geeft een schets van deze historische ontwikkeling.

In Deel II, de hoofdstukken 3-7, bespreken we de rechtsstatelijke aspecten van ons staats- en bestuursrecht nader geconcretiseerd. Deel III, de hoofdstukken 8-12, behandelt de aspecten van de democratie. In Delen II en III worden waar zinvol ook ontwikkelingen meegenomen uit de 19e en 20e eeuw, toen de rechtsstaat naar zijn huidige gestalte werd opgebouwd en het overheidsgezag tot het huidige ontwikkelingsniveau werd gedemocratiseerd.

In Deel IV ten slotte komen de decentralisatie en de internationale dimensie aan bod. In hoofdstuk 13 wordt het terrein van de decentralisatie behandeld vanuit het gezichtspunt van de beginselen van rechtsstaat en democratie. In hoofdstuk 14 wordt het panorama verbreed tot de internationale context waarin ons land is opgenomen en die in toenemende mate nationale ontwikkelingen beslissend beïnvloedt. Met name komt daarin het rechtsstatelijke en democratische gehalte van de Europese Unie aan de orde.

2 Historische ontwikkeling

2.1 DE OPKOMST VAN DE SOEVEREINE STAAT

De staat – een organisatievorm waarin over de bevolking binnen een bepaald territorium macht in de zin van soevereine, hoogste macht wordt uitgeoefend – is van tamelijk recente datum. In de Middeleeuwen is deze heerschappijvorm nog slechts in theorie aanwezig. En dan nog wel in één *specifieke* theorie, de *theocratische*[1] staatsleer. In deze theorie is de vorst de hoogste instantie, de soeverein, omdat hij in naam van God regeert.[2] De maatschappij is een hiërarchische ordening, waarbij alle macht en recht samengebald is in de vorst als vertegenwoordiger Gods.[3] Omdat de vorst de bron van alle macht en recht is, staat hij boven de wet,[4] en kan hij daarom de wet nooit schenden. Uit deze hiërarchische visie volgt ook, dat alle rechten die bij lagere overheden en individuen berusten, hun oorsprong vinden in de vorstelijke almacht en daarvan afhankelijk zijn. Er is derhalve geen sprake van rechten in eigenlijke zin, maar slechts van tijdelijke *gunsten*, die niet beschouwd kunnen worden als beperkingen van de machtsvolkomenheid van de heerser. Het ontbreken van het begrip van zelfstandige rechten van lagere instanties sluit per definitie ook elk recht op verzet uit. Het aantasten door de vorst van de 'rechten' van zijn onderdanen is niets anders dan vermindering van Zijn goedgunstige gaven, en is dus geen juridische grond voor verzet.

Tegenover deze theocratische leer, die aan de vorst alle macht en recht toekende, stond de – in die tijd dominante – visie dat de vorst slechts beperkte bevoegdheden had. Zijn bevoegdheden werden begrensd door onveranderlijke, uit de natuur voortvloeiende rechtsbeginselen (natuurrecht), en mochten alleen ten behoeve van het welzijn van de gemeenschap toegepast worden.[5] Standaard was in deze visie het onderscheid dat gemaakt werd tussen enerzijds de legitieme vorst die met inachtneming van het natuurrecht het algemeen belang diende, en anderzijds de tiran die zich de heerschappij onrechtmatig had toegeëigend om zijn persoonlijke belang na te streven. Zo schreef bijvoorbeeld Thomas van Aquino (1225-1274) dat 'de wet die van het natuurrecht afwijkt, geen wet is maar een verdorvenheid van de wet' (*corruptio legis*). Het verzet tegen de tiran, die dergelijke schijn-wetten maakte, was dan ook geoorloofd. Immers, 'de tirannieke regering is niet rechtvaardig, omdat zij niet gericht is op het algemeen welzijn, maar op het privé-belang van de bestuurder. Daarom heeft de omverwerping

---

1 Letterlijk: gods-regering, regering door of namens God.

2 Zie voor een meer uitgebreide schets van de rol van de koning (vorst) in de ontwikkeling van de staat: B.P. Vermeulen, A.P. Krijnen, D.A. Roos (red.), De Koning in het Nederlandse staatsrecht, Nijmegen 2005, hoofdstuk 1.

3 Die dan ook wel de belichaming van de wet, *lex animata*, genoemd wordt.

4 Ulpianus, *Princeps legibus solutus est*, Digesten I, 3, 31.

5 S. Stuurman, Staatsvorming en politieke theorie, Amsterdam 1995, p. 31-34.

van deze regering niet het karakter van een opstand .... Eerder is de tiran zelf de opstandeling.'[6]

Bovendien was *de feitelijke praktijk* volstrekt niet in overeenstemming met deze hiërarchisch-theocratische theorie. In het algemeen ontbrak het de vorst aan militaire macht en financiële middelen om de overspannen claims van deze theorie daadwerkelijk af te dwingen. Om zich te voorzien van een krijgsmacht moest de vorst, de leenheer, immers vaak domeingoederen levenslang aan machtige onderdanen, leenmannen of vazallen, ten gebruike geven, in ruil voor hun militaire diensten. Veelal ging het in leen gegeven domein reeds spoedig na aanvang van vader op zoon over, het werd erfelijk. Uit deze groep van leenmannen kwam de adel voort.

Dit stelsel, het *feodalisme*, wordt gekenmerkt door een sterke band tussen de leenheer en de leenman (vazal), die bestaat uit wederzijdse rechten en plichten en die als een contractuele relatie beschouwd kan worden.[7] Het wezen van een dergelijke relatie is, dat het niet voldoen aan de verplichtingen aan de ene zijde (contractbreuk) de verplichtingen aan de andere zijde opheft, althans opschort. Dit kenmerk is bijvoorbeeld duidelijk aanwezig in de vermaarde *Magna Carta* (1215), een charter in de vorm van een overeenkomst die de verhouding tussen de Engelse koning, de leenheer, en een aantal machtige baronnen, de leenmannen, vastlegt. Na een opsomming van de door de koning in acht te nemen rechten wordt bepaald, dat wat door de koning in strijd hiermee nagestreefd wordt, nietig is. De *Blijde Incomste*, een tussen hertogin Johanna en de steden van Brabant gesloten charter (1356), geeft nog duidelijker aan dat de gehoorzaamheidsplicht in een dergelijke situatie van contractbreuk wordt opgeschort totdat het recht hersteld is.

Van belang is voor ogen te houden dat deze charters primair ten doel hebben het gewoonterecht, uitwerking van het natuurrecht, te codificeren en te bestendigen. De taak van de vorst wordt dan ook niet zozeer gezien in het scheppen van nieuw recht, maar in het bewaren van het van oudsher geldende recht[8] ('das gute alte Recht', 'the law of the land').

De macht van de vorst wordt door dit gewoonterecht dus aanzienlijk beperkt, en moet bovendien gedeeld worden met andere machtigen. Steden[9] en kloosters zijn in verregaande mate autonoom. Grote leenmannen zijn feitelijk baas in eigen huis. Maar niet alleen intern is de vorst niet werkelijk soeverein. In theorie althans is hijzelf leenman van de Rooms-Duitse keizer; en wat betreft het geestelijk terrein is hij onderworpen aan het gezag van de paus.

Vanaf de dertiende eeuw verzwakt het gezag van paus en keizer door hun onderlinge strijd inzake het recht van bisschopsbenoeming (Investituurstrijd). De vorsten stellen zich in toenemende mate onafhankelijk op, en erkennen de keizer zelfs formeel

6 Summa theologica, resp. prima secundae, quaestio 95, art. 2 en secunda secundae, quaestio 42, art. 2.

7 Stuurman, a.w., p. 21-30.

8 F. Kern, Recht und Verfassung im Mittelalter, Basel 1953.

9 Vandaar het spreekwoord 'Stadtsluft macht frei'.

niet meer als heerser boven zich. Ze versterken daarnaast hun greep op de kerk binnen hun grondgebied, hetgeen ten koste gaat van de suprematie van de paus. Ze claimen op hun eigen grondgebied aan geen macht van buiten meer onderworpen te zijn en eisen wat we thans *externe (volkenrechtelijke) soevereiniteit* zouden noemen.

De Hervorming in de zestiende eeuw vernietigt de geloofseenheid, de op de waarheid van de christelijke godsdienst gebaseerde eenheid van de West-Europese volkeren (de *respublica christiana*), waarvan paus en keizer de leiders waren. Zij verwerft in korte tijd (ook onder de lokale machthebbers) zoveel aanhang dat ze niet meer, zoals de ketterse sekten in de middeleeuwen, uitgeroeid kan worden: restauratie van de geloofseenheid is onmogelijk geworden. Voor het middeleeuwse universum van de *respublica christiana* komt nu geleidelijk in de plaats een pluriversum van soevereine territoriale staten. Deze staten zijn niet alleen extern soeverein. De door de Hervorming veroorzaakte geloofsverdeeldheid en daaruit voortvloeiende godsdienst-burgeroorlogen leiden er ook toe dat de staat – de vorst, de koning – zich steeds meer kan ontwikkelen tot de hoogste macht binnen het grondgebied (*interne soevereiniteit*).

De door de Hervorming teweeggebrachte geloofsverdeeldheid, gekoppeld aan dynastiek en adellijk machtsstreven en de overtuiging de (eigen) enig ware godsdienst met alle middelen te moeten beschermen, doet West-Europa vanaf de tweede helft van de zestiende eeuw in bloedige godsdienstoorlogen belanden. In het Duitse rijk komen de lutherse (later ook calvinistische) landsheren in conflict met de keizer en andere katholieke vorsten. In Frankrijk voeren de katholieke Ligue en de Hugenoten een ware burgeroorlog. In de Nederlanden komt men in opstand tegen Philips II en Alva, die de Hervorming met de inquisitie willen uitroeien.

De meeste politieke denkers van deze tijd zien als enige remedie voor deze bloedige chaos[10] de versterking van de macht van de vorst. Zo dient deze in religieuze zaken het laatste woord te hebben. De vooronderstelling die hieraan ten grondslag ligt, is dat hij slechts onder deze conditie zijn meest fundamentele taken kan vervullen. Zijn hoofddoel is in deze opvatting niet het handhaven van de religieuze waarheid, maar het waarborgen van een vreedzame politieke ordening. Het gaat er niet om, zegt De L'Hospital (kanselier van de Franse koning), dat we de ware religie beschermen, maar dat we vreedzaam samen kunnen leven. Welnu, deze opdracht kan de staat alleen uitvoeren als hij zich als een soevereine instantie boven de religiestrijd kan verheffen en aldus de godsdienstoorlog kan beëindigen en voorkomen.[11]

De vorst kan deze functie in een situatie van elkaar in evenwicht houdende, strijdende partijen evenwel slechts vervullen als aan een aantal condities voldaan is. Hij dient niet van andere machten afhankelijk te zijn; hij moet de bevoegdheid hebben nieuw recht te creëren (zelfs tegen het gewoonterecht in); en hij moet zich niet met een

10 De omvang van deze oorlogen is nauwelijks voorstelbaar; zo verloor een derde deel van de bevolking van het Duitse rijk in de Dertigjarige Oorlog (1618-1648) het leven.

11 Hobbes, Leviathan 1651, Part 1, chap. 13: '[I]t is manifest, that during the time men live without a common power to keep them all in awe, they are in that condition which is called Warre.'

der partijen identificeren, maar elk van hen een minimum aan levensruimte gunnen. Slechts als de vorst niet afhankelijk is van de partijen, waaronder de kerken en de elkaar bestrijdende adellijke heren, is hij in staat aan hen de godsdienstvrede op te leggen. Dat kan hij alleen indien hij beschikt over een verregaande bevoegdheid tot wetgeving. Daarbij kan niet meer worden volstaan met instandhouding, uitwerking en verfijning van het bestaande gewoonterecht. Recht wordt *positief*,[12] het product van doelbewuste rechtsschepping. Wat nu vereist is, is volstrekt nieuwe wetgeving, recht dat niet op het verleden rust maar een geheel ander regime vestigt. Noodzaak is immers dat de vorst niet de godsdienstige eenheid zoals deze voorheen bestond, afdwingt, maar een godsdienstvrede schept en oplegt,[13] die inhoudt dat de verschillende partijen elkaar hebben te tolereren. Alleen doordat de vorst daarbij zelf in zekere mate als een neutrale scheidsrechter en vredesbewaker optreedt en de geloofspartijen elk althans een minimum aan ruimte geeft, zal die vrede kans van slagen hebben.[14]

2.2 HET MAATSCHAPPELIJK CONTRACT

Hoe bruikbaar deze theorie ook is in het geval van elkaar min of meer in evenwicht houdende minderheden, zij is niet toereikend om te verklaren waarom de vorst geen partij zou mogen kiezen als hij voldoende macht heeft verzameld[15] om als hoofd van de ene religieuze groepering de andere de genadeslag toe te dienen. Zo slaagt Philips II er in Spanje in alle religieuze minderheden te elimineren. Een eeuw later (1685) bereikt Lodewijk XIV in Frankrijk hetzelfde door herroeping van het Edict van Nantes, dat de Hugenoten lange tijd een min of meer gelijkwaardige positie had verschaft. Ter rechtvaardiging van dit absolutisme wordt teruggegrepen op de in de vorige paragraaf behandelde theocratische leer: de vorst als plaatsvervanger Gods heeft het recht en de plicht zijn onderdanen het ware geloof op te leggen. Maar nu is hij, anders dan in de Middeleeuwen, met voldoende machtsmiddelen toegerust[16] om zijn aan dit goddelijk recht (*droit divin*) ontleende soevereiniteitsaanspraak in de praktijk te realiseren.

Dit streven naar concentratie en vergroting van de centrale macht komt natuurlijk in strijd met de privileges van de feodale adel (zoals onder meer gewaarborgd in de *Magna Carta*) en de andere standen, met name de stedelijke burgerij (in bijvoorbeeld

12 'Positum', van 'ponere', stellen, opleggen.

13 Zoals het Edict van Nantes (1598) en de Vrede van Westfalen (1648).

14 Bodin, Six livres de la république (1576), liv. IV, ch. 7.

15 Juist in de 16e eeuw vindt er machtsconcentratie bij de vorst plaats door economische factoren (koloniën; betere systemen van belastingheffing en lening) en bestuurlijke ontwikkelingen (introductie van het Romeinse recht, door zijn absolutistische premissen geschikt om de koninklijke macht tegen het feodale recht door te zetten; opbouw van een deskundig bureaucratisch bestuursapparaat). Zie E.H. Kossmann, Volkssouvereiniteit aan het begin van het Nederlandse ancien regime, Bijdragen en Mededelingen betreffende de geschiedenis der Nederlanden 1980, p. 2.

16 Zie de vorige noot.

de *Blijde Incomste*). Onder de regering van Philips II, leenheer van de Nederlanden, leidt deze centralistische politiek tot verzet dat uiteindelijk resulteert in de afscheiding van de Zeven Provinciën.

Ter rechtvaardiging van deze opstand wordt een verzetsleer ontwikkeld als tegenhanger van de theocratische visie. Deze verzetsleer borduurt voort op noties ontleend aan de natuurrechtstheorie en de feodale praktijk uit de Middeleeuwen (§ 2.1). Volgens deze leer is de macht aan de vorst gegeven ten bate van zijn onderdanen. Hoe hij deze macht heeft uit te oefenen is in een contract met zijn volk vastgelegd. Bestaande (feodale en standen-)privileges worden opgevat als clausules van dit contract. Voldoet de vorst niet aan zijn verplichtingen, schendt hij deze privileges, dan pleegt hij contractbreuk, en kan er – omdat hij een tiran is – verzet gepleegd worden dat tot zijn afzetting leidt.

Deze verzetsleer – die onder andere terug te vinden is in het *Plakkaat van Verlatinge*[17] (1581), de onafhankelijkheidsverklaring van de Noordelijke Nederlandse provincies – benadrukt sterker dan het middeleeuwse (feodale en standen-)contractsdenken dat de vorst regeert bij de gratie van zijn onderdanen. Consequentie daarvan is, dat het volk bij schending door de vorst van zijn plichten gerechtigd is tegen hem in opstand te komen. Daargelaten deze zwaardere nadruk op volkssoevereiniteit en recht op actief verzet past de theorie van deze opstand echter nog geheel in het middeleeuwse denkpatroon. Het *Plakkaat van Verlatinge* gaat uit van collectieve, historisch verworven privileges. Dragers van deze rechten zijn de standen, hetgeen ook blijkt uit het feit dat de onderdanen niet zelfstandig, maar slechts onder leiding van de Staten-Generaal (de provinciale standen tezamen) verzet tegen de vorst mogen plegen. Deze leidende rol wordt vooral door de adel vervuld, die zich beschouwt als de vertegenwoordiger van de standen. Aan het individu op zichzelf komt geen verzetsrecht toe. Weliswaar treedt het volk op als de contractspartner van de vorst, maar dan wel begrepen als een organisch gestructureerd geheel, niet als een optelsom van vrije zelfstandige individuen. De standen, de lagere magistraten, zijn dus niet te begrijpen als democratische volksvertegenwoordigers, maar als representanten van de traditionele hiërarchische ordening.

Op de lange duur bood deze op de historische privileges gebaseerde verzetstheorie onvoldoende intellectueel tegenwicht tegen de absolutistische leer van het *droit divin*. Een dergelijke, op het bestaande gewoonterecht gebaseerde, legitimatie van een opstand tegen het vorstelijk gezag was te zeer van de toevallige inhoud van dat recht afhankelijk. Zuiver juridisch gezien voldeed zelfs de *Blijde Incomste* – die de meest vergaande privileges bevatte – niet als rechtvaardiging van de Opstand. Deze gold immers alleen voor Brabant, en rechtvaardigde slechts passief verzet, dat wil zeggen tijdelijke opschorting van de gehoorzaamheid. Actief en blijvend verzet liet dit charter niet toe, laat staan het onttronen van de wettige vorst.

17 M.E.H.N. Mout, Plakkaat van Verlatinge, Groningen 2006.

Een meer principiële rechtvaardiging van verzet tegen de tirannieke vorst werd gevonden in een natuurrechtelijke contractsleer, die zich niet baseert op de bestaande aan collectiviteiten toegekende (feodale en standen-)privileges, maar uitgaat van bovenhistorische, aan het individu als zodanig toekomende vrijheidsrechten (mensenrechten). In deze vooral door John Locke ontwikkelde theorie wordt het individu niet meer opgevat als een onderdeeltje in een historisch gegroeide, organisch ontwikkelde hiërarchische ordening, maar begrepen als een van nature vrije en ongebonden persoon, gelijkwaardig aan alle anderen. Zonder een overkoepelende, centrale instantie die de individuele vrijheidssfeer door algemene, duidelijke wetgeving omlijnt en waarborgt, zouden conflicten escaleren omtrent de omvang van de vrijheidssfeer van de een ten opzichte van die van de ander – vanwege de neiging van de mens om zich terzake door eigenbelang en vooroordeel te laten leiden. Om nu een dergelijke voortdurende conflictsituatie te boven te komen, richten de individuen middels een gezamenlijk contract (maatschappelijk verdrag) zo'n centrale macht op: de staat. Daaraan staan zij een deel van hun natuurlijke vrijheid af, opdat de staat hun het rustige en ongestoorde genot van de dan resterende vrijheid garandeert en verzekert. Voldoet de staat niet aan zijn opdracht, treedt hij deze vrijheid met voeten, dan pleegt hij contractbreuk, zijn de individuen van hun kant niet meer aan het maatschappelijk verdrag en de daaruit voortvloeiende gehoorzaamheidsplicht gebonden en ontstaat dus een recht op opstand.

2.3 DE KLASSIEK-LIBERALE RECHTSSTAAT[18]

De in de vorige paragraaf geformuleerde uitgangspunten vormen de basis van de *klassiek-liberale* rechtsstaatidee zoals deze in de 17e eeuwse politieke filosofie is ontwikkeld. Deze uitgangspunten zijn in het 18e en 19e eeuwse staatsrecht nader uitgewerkt en in constituties[19] en wetten neergelegd. Het belangrijkste principe is daarbij de individuele vrijheid, die door het recht beschermd moet worden. Daartoe worden de volgende principes ontwikkeld:

(I) Legaliteitsbeginsel (§ 2.3.1);
(II) Machtsverdeling (§ 2.3.2);
(III) Grondrechten (§ 2.3.3);
(IV) Rechterlijke controle (§ 2.3.4).

18 Een vergelijkbare analyse geeft de Wetenschappelijke Raad voor het regeringsbeleid (WRR), De toekomst van de nationale rechtsstaat, Den Haag 2002, p. 42-53.

19 De constitutie (van het latijnse *constitutio*, inrichting/oprichting) vormt de juridische *grondslag* van de staat, en is veelal grotendeels neergelegd in een *grondwet*. Zie over de begrippen 'grondwet' en 'constitutie' de diepgravende beschouwingen van G.F.M. van der Tang, Grondwetsbegrip en grondwetsidee, Arnhem 1998.

2.3.1 Legaliteitsbeginsel

Het eerste uitgangspunt van de klassiek-liberale rechtsstaat is het primaat van de individuele vrijheid. Dit is een scherpe breuk met het verleden. De theocratische theorie van het droit divin kent slechts één vrij persoon, de vorst die *legibus solutus* is (niet gebonden aan wetten); wat aan zijn onderdanen toegestaan is, danken zij aan zijn genade (§ 2.1). En het feodale en standenstelsel kent geen individuele vrijheid, maar slechts nauw omlijnde bijzondere vrijheden (privileges), collectieve voorrechten die aan bepaalde groepen toebedeeld worden (§ 2.2).

De vrijheid van het individu is thans de hoofdregel, en de beperking ervan de uitzondering. De vrijheid van het individu is in principe onbegrensd, de beperking van die vrijheid begrensd. Aangezien de beperking van de individuele vrijheid begrensd is, dient ze nauwkeurig omschreven te worden. Het instrument waarmee dit geschiedt, het middel waardoor de individuele vrijheidssferen ten opzichte van elkaar en ten opzichte van de overheid afgegrensd worden, is de wet,[20] die zeker en duidelijk moet zijn.[21] Vereist is dus *positivering*, vastlegging van de beperkingen die aan de burgers opgelegd worden in wetgeving. Ongeschreven recht is hiervoor te onduidelijk, te onzeker, biedt te veel ruimte voor willekeurige machtsuitoefening.

Derhalve is het een rechtsstatelijke eis van de eerste orde dat overheidsoptreden waardoor burgers gebonden worden – in hun vrijheden beperkt worden – op een wettelijke grondslag berust: het legaliteitsbeginsel. Anders gezegd: machtsuitoefening door de staat is slechts geoorloofd wanneer deze berust op een door de wet gegeven bevoegdheid.

Zo geformuleerd, biedt het legaliteitsbeginsel evenwel nog onvoldoende waarborgen tegen willekeur en absolutisme. In theorie is het goed mogelijk dat volstaan wordt met een grondwet die alle macht toedeelt aan een soeverein, bijvoorbeeld in de vorm van een enkel voorschrift dat luidt: 'De bevelen van Tyrannus Rex [of 'der Führer', of 'De Partij' etc.] hebben kracht van wet.' Het legaliteitsbeginsel dient dan ook ondersteund te worden door een aantal andere fundamentele rechtsstatelijke beginselen.

2.3.2 Machtsverdeling

Een belangrijk uitgangspunt van de klassiek-liberale rechtsstaatidee is dat het individu (en ook de overheid) primair gericht is op het eigen belang, en derhalve partijdig is indien deze betrokken is bij de besluitvorming inzake een bepaald conflict waarin de eigen claims op het spel staan. Reeds Locke ziet in deze eigenschap een voorname grond om de staat op

---

20 Déclaration des droit de l'homme et du citoyen (1789) (hierna: Déclaration): de grenzen der vrijheidsrechten 'ne peuvent être determinées que par la loi' (art. 4).

21 Locke, Two Treatises of Government (1690), Second Book, par. 124 (vereist is een gevestigde, vaste, algemeen bekende wet); evenzo par. 136 (vaste regels ter begrenzing van de eigendom), 137, 138, 142.

te richten. Want hoewel de mens volgens Locke het vermogen heeft de natuurwetten[22] te vatten, zal hij zich bij de formulering en de toepassing van deze wetten op zijn eigen zaak te zeer laten leiden door subjectief eigenbelang, met name wanneer hij tegelijkertijd beschikt over de macht die wetten vast te leggen en toe te passen. Derhalve dient er allereerst een boven de conflicten van de individuen staande, objectieve instantie te zijn – de staat – die deze natuurwetten positiveert in wetgeving, en deze wetgeving op onpartijdige wijze toepast.[23] Hoe kan nu echter voorkomen worden dat de staat zelf, die immers door individuen bemand wordt, partij wordt in de conflicten die hij te reguleren en te beslissen heeft, waardoor zijn neutraliteit en objectiviteit op het spel komt te staan? Het antwoord heeft men gevonden in de bij Locke in aanleg aanwezige, en door Montesquieu in zijn beschouwing over het Engelse staatsbestel geschetste idee van de scheiding der machten.[24] De drie basisbevoegdheden van de staat – wetgeving, bestuur en rechtspraak – dienen niet in één hand te liggen, maar moeten gespreid worden over verschillende organen die elkaar aldus in evenwicht houden (*trias politica*).

Montesquieu's beschrijving van het Engelse bestel is niet zozeer van belang vanwege de historische juistheid ervan – in feite was het Engelse stelsel verder geëvolueerd en was de positie van de koning daarin al veel verder teruggedrongen dan hij veronderstelde[25] – maar vanwege de voorbeeldfunctie van het door hem geschetste ideaalmodel. Volgens dit model bestaan er in een goede staatsinrichting drie machten: een wetgevende, een uitvoerende en een rechterlijke macht. De uitvoerende macht (het bestuur) vormt het uitgangspunt; het betreft hier de koning, bij wie oorspronkelijk – in de absolutistische periode – alle macht was geconcentreerd. De uitvoerende macht is echter in twee opzichten niet zelfstandig. In de eerste plaats is de koning gebonden aan het recht, waarbij primair wordt gedacht aan het van oudsher bestaande gewoonterecht, maar ook aan geschreven (nieuwe) wetgeving. In de tweede plaats bestaan dus afsplitsingen van de oudtijdse volheid van de koninklijke macht. De wetgevende macht is belast met het scheppen van nieuw recht, waarbij in het bijzonder gedacht wordt aan het creëren van recht van ingrijpende aard, met name burgerlijk recht en strafrecht. Deze wetgevende macht wordt uitgeoefend door de volksvertegenwoordiging en de erfelijke adel (Commons en Lords), terwijl de koning alleen een vetorecht ten aanzien van door hen aangenomen wetten heeft. De rechterlijke macht ten slotte is onafhankelijk van de koning, maar niet zelfstandig, doordat de rechter zijn bevoegdheid ontleent en gebonden is aan de wet en het recht.

Montesquieu's gedachtegang is verder uitgediept en aangescherpt door de eis dat niet alleen de rechter, maar ook de uitvoerende macht (het bestuur) op *tweevoudige* wijze aan

22 In de zin van morele basisprincipes zoals het respecteren van andermans leven en eigendom.

23 Locke, a.w., par. 124, 125, 136.

24 De l'esprit des lois (1748), liv. 11, ch. 6.

25 Zijn beschrijving was vermoedelijk afgestemd op de situatie onder de koning-stadhouder na de Glorious Revolution van 1688, en niet op de situatie ontstaan onder het zwakke Hannoveriaanse koningshuis met de sterke politicus Walpole, die Prime Minister was in de periode 1720-1740.

de wet gebonden is. Het bestuur dient zich niet enkel te houden aan de door de wet (vroeger: het gewoonterecht) gestelde beperkingen, maar ontleent ook zijn bevoegdheid aan de wet (legaliteitsbeginsel). De wet is dus niet meer slechts een negatieve *begrenzing*, maar vormt ook de positieve, funderende *grondslag van de macht* van het bestuur. Gaandeweg groeit in de 19e eeuw de opvatting dat het bestuur zijn bevoegdheden slechts in specifieke, nauw omlijnde vorm mag krijgen toegedeeld, waardoor het legaliteitsbeginsel een veel scherpere betekenis krijgt. Een algemene bevoegdheid tot regelgeving dient uitsluitend te berusten bij lichamen, die niet 'partij' zijn bij de tenuitvoerlegging van die regelgeving. Toekenning van een dergelijke ongebonden regelgevende bevoegdheid aan een orgaan dat wel 'partij' is, een orgaan dat (ook) met de uitvoering van die regelgeving belast is, is in strijd met de machtenscheiding.

De leer der machtenscheiding is in haar zuivere vorm, waarin de wetgevende, uitvoerende en rechterlijke macht elk exclusief aan één specifiek orgaan wordt toebedeeld, in het Nederlandse bestel nimmer gerealiseerd. Zo is en was de regering drager van uitvoerende en (mede)wetgevende bevoegdheden. De grondgedachte van deze leer, namelijk dat overheidsmacht gedeelde macht moet zijn om willekeur en onderdrukking te voorkomen, is echter behouden gebleven. Deze eis van spreiding van macht heeft met name gestalte gekregen in een stelsel van elkaar wederzijds controlerende, in evenwicht houdende instanties (*checks and balances*; hoofdstuk 5) en in de vorm van decentralisatie, waarbij aan lagere rechtsgemeenschappen zoals gemeenten en provincies zelfstandige bevoegdheden gelaten worden (hoofdstuk 13).

2.3.3 Grondrechten

Een fundamenteel uitgangspunt van de klassiek-liberale rechtsstaatidee is zoals gezegd het primaat van het individu en zijn rechten. Eerder constateerden we reeds dat dit een diepe breuk met de middeleeuwen vormt. In de theocratische visie is enkel de heerser vrij, niet belemmerd door beperkingen. En in het feodale stelsel en de standenmaatschappij staat de collectiviteit voorop; voorzover individuen dragers van rechten tegenover de vorst zijn, zijn ze dat uit hoofde van hun lidmaatschap van een collectiviteit, een stand of klasse. In de liberale rechtsstaatopvatting is de primaire drager van de vrijheid daarentegen het *individu als zodanig*, de persoon als autonoom subject.

Het individu is er in deze opvatting dan ook niet – zoals in voornoemde visies – voor het grotere geheel, de staat (of de stand). Veeleer is de staat een instrument, een constructie ten behoeve van de handhaving en bescherming van zijn eigen en andermans vrijheid.[26] Voldoet de staat niet aan deze opdracht, schendt hij de vrijheidsrechten van het individu, dan heeft dit individu – niet, zoals in het standsdenken, de collectiviteit – een recht op

26 Zie in deze zin bijv. art. 2 Déclaration ('Le but de toute association politique est la conservation des droits naturels et imprescriptibles de l'homme ...'). Vgl. Locke, a.w., par. 123 e.v.

verzet.[27] De rol van de staat is derhalve een dienende.[28] Hij behoort geen eigen belang te hebben (ook niet verhuld, in termen als 'de ware religie', 'het heil van het volk', 'de eer van de natie' etc.). Hij dient derhalve geen doelstellingen na te streven die niet te rechtvaardigen zijn vanuit zijn opdracht de individuele vrijheid te waarborgen.

De voorrang van het individu brengt dan ook met zich mee dat de overheid in principe niet te treden heeft in de wijze waarop het individu van zijn vrijheid gebruik maakt. Die vrijheid wordt in haar wezen aangetast als de overheid er een inhoudelijke invulling aan geeft, voor gaat schrijven wat 'echte' vrijheid is en zo het individu het recht ontzegt bij het gestalte geven aan die vrijheid zijn eigen mensbeeld en geluksdefinitie te volgen. Het is dan ook goed te verklaren waarom de Amerikaanse onafhankelijkheidsverklaring, de *Declaration of Independence* (1776), als onvervreemdbaar recht de 'pursuit of Happiness' noemt. Individuele vrijheid veronderstelt immers dat eenieder zijn eigen definitie van geluk geeft, en het recht heeft dat geluk na te streven. De paternalistische staat, die meent te weten wat zijn onderdanen gelukkig maakt, is de grootste bedreiging van de individuele vrijheid. Een dergelijke staat is in wezen een terugval naar de theocratische vorst, die meent te weten wat het ware geluk van zijn onderdanen (het eeuwig heil) inhoudt, en dienovereenkomstig zich het recht aanmatigt hen tot dit 'geluk' te dwingen.

Het voorgaande betekent, dat de overheid zich zoveel mogelijk dient te onthouden van identificatie met een bepaald mensbeeld, zich verre dient te houden van vereenzelviging met een bepaalde godsdienst of politieke ideologie. De levensbeschouwelijk-neutrale staat, die zich verre houdt van de pretentie te kunnen bepalen wat 'de' waarheid, het 'echte' geluk, de 'ware' vrijheid is, is een noodzakelijke voorwaarde om het individu de mogelijkheid te geven optimaal zijn eigen waarheid, zijn eigen geluksdefinitie, zijn eigen idealen na te streven, kortom: vrij te kunnen zijn.

Dit non-identificatiebeginsel, dit principe van levensbeschouwelijke neutraliteit vindt zijn eerste kiemen in de godsdienstburgeroorlogen van de 16e en 17e eeuw.[29] Het uiteenvallen van de middeleeuwse geloofseenheid en de daaruit voortkomende geloofsverdeeldheid en -strijd noodzaakt de vorst zich boven de partijen te verheffen en een zekere wederzijdse tolerantie te op te leggen, waartoe hij slechts bij machte is als hij zelf in zekere mate neutraal is. In eerste instantie wordt deze houding van neutraliteit en tolerantie enkel uit pragmatisch oogpunt bepleit: alleen zo is het mogelijk om de vrede en orde te bewerkstelligen. Een dergelijk argument fundeert slechts een tijdelijke wapenstilstand. Het verliest echter zijn waarde als de vorst zich tot een absoluut heerser ontwikkelt, die in staat is door partij te kiezen de godsdienstburgeroorlog te winnen ten koste van religieuze minderheden (§§ 2.1, 2.2).

---

27 Locke, a.w., par. 202 e.v.; Déclaration art. 2; zo ook art. 20, vierde lid, Grundgesetz (de huidige Duitse grondwet).

28 Vgl. M. Scheltema, De rechtsstaat, in: De rechtsstaat herdacht, Zwolle 1989, p. 20 e.v. Zie in dezelfde zin reeds het Plakkaat van Verlatinge (1581): 'De onderdanen zijn niet door God geschapen om de vorst in alles wat hij beveelt onderdanig te zijn (...). De vorst regeert bij de gratie van zijn onderdanen (...).'

29 Zie uitgebreid hierover B.P. Vermeulen, De vrijheid van geweten, een fundamenteel rechtsprobleem, Arnhem 1989, p. 42 e.v.

Naast dit pragmatische tolerantiemotief worden evenwel principiële argumenten ontwikkeld. Het belangrijkste argument is wel de absolute waarde van het individuele geweten. Het geloof wordt niet meer gezien als een zaak van de gemeenschap, maar als een zuiver persoonlijke keuze, die slechts waarde heeft als het individu zijn eigen geweten volgt.[30] Het is deze idee welke de gedachte aan een – aan de staat voorafgaande – onaantastbare individuele vrijheidssfeer oproept. Het is ook deze idee welke ten grondslag ligt aan het eerste mensenrecht – het eerste recht dat aan de mens als zodanig toekomt – de vrijheid van geweten op godsdienstig gebied.[31]

Geleidelijk aan breekt de opvatting door dat aan het individu niet alleen in zijn persoonlijk-godsdienstige leven, maar ook in het algemeen recht op vrijheid toekomt. Soms is dit in liberale constituties uitdrukkelijk bepaald.[32] In onze huidige Grondwet ontbreekt weliswaar een dergelijke bepaling, maar zij is daarin wel verondersteld. Zo is een uitvloeisel van het legaliteitsbeginsel, dat alles geoorloofd is wat niet expliciet op grond van de wet verboden is.[33]

Daarnaast gaat men er vanaf het einde van de 18e eeuw toe over specifieke vrijheidsgaranties in de Grondwet – grondrechten – neer te leggen ter bescherming van historisch bedreigde terreinen (godsdienst, drukpers e.d.). Deze klassieke grondrechten zijn uitdrukking van de basisstructuur van het liberaal-rechtsstatelijke denken: het vrijheidsrecht vormt het uitgangspunt, de beperking de uitzondering. Daar de vrijheid de hoofdregel vormt, behoeft zij geen rechtvaardiging, hoeft zij niet gelegitimeerd te worden. Het individu hoeft het gebruik dat hij van zijn vrijheidsrecht maakt dan ook niet te rechtvaardigen, bijvoorbeeld door te verwijzen naar fraaie doeleinden – bevordering van de democratie, bestrijding van misstanden et cetera – die met de uitoefening ervan nagestreefd en/of bereikt worden.[34] Daar de beperking de uitzondering vormt, vereist zij juist wèl een rechtvaardiging, die in laatste instantie moet berusten op de ratio van de staat, de reden waarom de individuen hem opgericht hebben, namelijk het beschermen van de vrijheid en de andere fundamentele rechten van de medeburger. Daarbij zal de beperking voldoende precies geformuleerd moeten zijn, in de vorm van duidelijke regels, en moeten berusten op een

30 B.P. Vermeulen, a.w., p. 48 e.v.

31 Zie bijv. art. XIII van de Unie van Utrecht (1579), waarin de vrijheid van geweten in de sfeer van de huiselijke godsdienstoefening gewaarborgd werd.

32 Zo stelt art. 4 Déclaration: 'La liberté consiste à pouvoir faire tout ce qui ne nuit pas à autrui : ainsi, l'exercice des droits naturels de chaque homme n'a de bornes que celles qui assurent aux autres membres de la société la jouissance de ces mêmes droits. Ces bornes ne peuvent être déterminées que par la loi'. In dezelfde zin bepaalt art. 4 van de Nederlandse grondwet van 1798 (de Staatsregeling voor het Bataafsche Volk, kortweg Bataafse Staatsregeling): 'Ieder Burger is volkomen vrij, om te beschikken over zijne goederen, inkomsten, en de vruchten van zijn vernuft en arbeid, en voords, om alles te doen, wat de regten van eenen ander niet schend'. Zie over de Bataafse Staatsregeling: J. Rosendaal, Staatsregeling voor het Bataafsche Volk 1798. De eerste Grondwet van Nederland, Nijmegen 2005.

33 Art. 5 Déclaration: '(...) Tout ce qui n'est pas défendu par la loi ne peut etre empeché, et nul ne peut être contraint à faire ce qu'elle n'ordonne pas.'

34 M.C. Burkens, Algemene leerstukken van grondrechten, Zwolle 1989, p. 30.

door de constitutie verleende beperkingsbevoegdheid. In zoverre vormen grondrechten een nadere uitwerking en aanscherping van het legaliteitsbeginsel.

Omdat allen van nature gelijk zijn,[35] dient ieder eenzelfde recht op vrijheid te hebben. Het is daarom de taak van de wetgever aan allen gelijke vrijheidssferen toe te delen.[36] Derhalve bevatten de liberale grondwetten een algemeen grondrecht op gelijkheid voor de wet,[37] en worden de meeste vrijheidsrechten geformuleerd als rechten van een ieder. Gelijkheid voor de wet betekent ook dat de wetgeving geen privileges dient bevatten. De traditionele voorrechten van de heersende kerk, de nog uit het leenstelsel voortkomende voorrangsposities van de feodale adel en de historisch gegroeide monopolieposities van de gilden – uitzonderingen op de algemeenheid van de wet, op de gelijkheid voor de wet – zijn alle uit den boze. Dienovereenkomstig worden kerk en staat gescheiden, en worden deze voorrechten door de Bataafse Staatsregeling (1798) afgeschaft.

De in de nationale constituties van de 18e en 19e eeuw opgenomen grondrechtelijke waarborgen zijn in de twintigste eeuw nader uitgewerkt, verfijnd en aangevuld. Veel van deze waarborgen zijn naderhand tevens in mensenrechtenverdragen neergelegd. Het gelijkheidsbeginsel heeft ook toepassing gekregen op het politieke (algemeen kiesrecht) en het sociaal-economische vlak (sociale grondrechten): niet alleen gelijkheid *voor* de wet maar ook gelijke politieke en maatschappelijke kansen *door* de wet (§§ 2.4 en 2.5). De scheiding van kerk en staat, onder meer tot uitdrukking komend in de artikelen 1 en 6 Grondwet, heeft geresulteerd in een grote vrijheid van inrichting van kerkgenootschappen en levensbeschouwelijke organisaties, gelijke behandeling van de verschillende overtuigingen – onder meer bij subsidiëring – en vergaande terughoudendheid van de rechter in religieuze en levensbeschouwelijke geschillen.[38]

2.3.4 Rechterlijke controle

De eis van rechterlijke controle is enerzijds een uitwerking van het beginsel van machtenspreiding, anderzijds het belangrijkste mechanisme om toe te zien op inachtneming van

35 Locke, a.w., par. 95, 123; Déclaration, art. 1: 'Les hommes naissent et demeurent libres et égaux en droits.'

36 Vgl. art. 1 Déclaration, geciteerd in de vorige noot.

37 Aldus het tot 1983 geldende art. 4 Grondwet: 'Allen die zich op het grondgebied van het Rijk bevinden, hebben gelijke aanspraak op bescherming van persoon en goederen.' Thans bevat art. 1 Grondwet een algemene gelijkheidsnorm.

38 Vgl. HR 15 februari 1957, NJ 1957, 201 (Gereformeerde kerk te Hasselt), waarin de Hoge Raad oordeelde dat de 'beginselen van volkomen vrijheid van geloof en gelijkheid voor den Staat van alle godsdienstige gezindten, welke ten onzent gelden (...) meebrengen, dat de burgerlijke rechter geen partij mag kiezen in op het terrein dier gezindten rijzende geschillen omtrent geloof en belijdenis en met name ook niet (...) zijn uitspraak omtrent enig rechtspunt afhankelijk mag stellen van zijn oordeel met betrekking tot theologische leerstellingen, omtrent welker juistheid, onjuistheid of gewicht aldaar verdeeldheid bestaat.' Deze stelling kan gegeneraliseerd worden: overheidsorganen dienen zich te onthouden van het uitleggen van inhoudelijke religieuze en levensbeschouwelijke normen.

het legaliteitsbeginsel en de grondrechten. Een zelfstandige behandeling van dit vereiste is dan ook gerechtvaardigd.

We zagen eerder al dat een der uitgangspunten van de liberale rechtsstaatidee is dat het individu – of hij nu optreedt als burger of als overheidspersoon – zich bij de formulering en de toepassing van wetten op zijn eigen zaak of terrein veelal zal laten leiden door subjectief eigenbelang en persoonlijke percepties. Derhalve dient er een neutrale derde te zijn die aan de hand van de wetten conflicten e.d. zonder aanzien des persoons beslist:[39] niemand dient rechter in eigen zaak te zijn.[40] Deze gedachte is aldus uitgewerkt, dat hiertoe een met waarborgen voor onafhankelijkheid omgeven instantie aangewezen wordt, de rechterlijke macht.

De rol van de rechterlijke macht bij de controle van het overheidsoptreden is in de 20e eeuw aanzienlijk vergroot. De rechter volstaat er niet meer mee alleen het optreden van de overheid in zuiver civielrechtelijke gedaante (bijvoorbeeld in haar hoedanigheid als eigenaar) te toetsen. In toenemende mate is ook het handelen van de overheid in haar publiekrechtelijke gedaante (als bestuur of regelgever) aan rechterlijke controle onderworpen. Daarbij wordt niet enkel bezien of dat optreden een wettelijke grondslag heeft en blijft binnen de grenzen die de grondrechten stellen: er wordt soms ook getoetst aan ongeschreven rechtsbeginselen, hetgeen te verklaren is uit de behoefte aan toezicht op het bestuur. En daarbij wordt – in het kader van toetsing aan verdragen – ook de wetgever niet ontzien, hetgeen te begrijpen is vanuit de noodzaak een tegenwicht te bieden (*checks and balances*) aan de vereenzelviging van de wetgever met het bestuur (zie hierover nader hoofdstuk 7).

2.4 DE DEMOCRATISCHE RECHTSSTAAT

Benadrukt dient te worden dat de hiervoor geformuleerde grondbeginselen van de klassiek-liberale rechtsstaat niet uitsluitend gebaseerd zijn op hooggestemde idealen. Deze beginselen zijn tevens uitdrukking van de opkomst van de burgerij als de drijvende kracht achter de staat. Zij zijn zeker ook de uitdrukking van het verlangen van de burger om bij het ontplooien van zijn economische activiteiten niet meer belemmerd en gehinderd te worden door allerlei uit het feodale stelsel voortvloeiende beperkingen, zoals het gildestelsel,[41] de verplichting tot het verrichten van onbetaalde arbeid ten behoeve van de adel (herendiensten, lijfeigenschap)[42] en de onvervreemdbaarheid van eigendommen, met name onroerend goed. Ze formuleren de grieven van de burger tegen historisch gegroeide,

39 Locke, a.w., par. 124, 125, 136.

40 Locke, a.w., par. 125, 126, 131.

41 Aanhef Constitution 1791: 'l n'y a plus ni jurandes, ni corporations de professions, arts et métiers'; art. 53, eerste lid, Bataafse Staatsregeling 1798: 'Bij de aanneming der Staatsregeling, worden vervallen verklaard alle Gilden, Corporatiën of Broederschappen van Neeringen, Ambagten, of Fabrieken.'

42 Bataafse Staatsregeling 1798 art. 4: 'Ieder Burger is volkomen vrij, om te beschikken over zijne goederen, inkomsten, en de vruchten van zijn vernuft en arbeid (...)'.

erfelijke privileges, die afgeschaft moeten worden omdat ze strijden met eenieders natuurlijke vrijheid en gelijkheid[43] en niet berusten op eigen verdienste.

De cruciale vooronderstelling in de klassiek-liberale rechtsstaatidee is dat de onbelemmerde concurrentie leidt tot een fair eindresultaat, indien maar voldaan is aan de eisen van gelijkheid voor de wet en privilegeverbod, van wetgeving louter in de vorm van algemeen geldende voorschriften, en van waarborging van de natuurlijke vrijheidsrechten. Als aan die eisen is voldaan, is in deze gedachtengang ieders uitgangspositie gelijk aan die van de ander, zodat het eindresultaat van de concurrentie op de economische en de politieke markt uitsluitend te danken is aan individuele kwaliteit, inzet en toeval – en dus rechtvaardig is, immers het product van eigen verdienste en lot.[44]

Het is voor ons tegenwoordig echter evident dat zo een formele gelijkheid en vrijheid, waarbij volstrekt geabstraheerd wordt van (niet aan het individu toerekenbare) ongelijkheden in persoonlijke kwaliteiten, gezinssituatie en economische macht, onvoldoende garantie biedt voor een faire competitie. Dit klemt temeer, daar de klassiek-liberale denkers de toegang tot de politieke macht – de wetgever – in het algemeen lieten afhangen van het resultaat van de economische wedloop, doordat het kiesrecht afhankelijk gesteld werd van grondbezit, inkomen en positie. Een dergelijk census- of zelfstandigenkiesrecht, dat de bevoegdheid om de wetgevende macht te vormen en daarvan deel uit te maken koppelt aan economische positie, is niet te verenigen met de inherente vrijheid en gelijkheid van ieder individu. Het is strijdig met de natuurlijke gelijkheid, die vereist dat ieder een gelijk aandeel kan hebben aan de staatsmacht en het vormen daarvan, dat de economisch minderbedeelden hiervan uitgezonderd worden. Het is strijdig met de natuurlijke vrijheid, die inhoudt dat het vrije individu slechts door het staatsgezag gebonden kan worden door zijn instemming daarmee (in de zin dat het volk, waarvan hij deel uitmaakt, via een vertegenwoordigend lichaam zichzelf de wet stelt),[45] dat dat gezag buiten hem om tot stand gebracht wordt als hij niet over een zeker minimum aan bezit beschikt.

Het heeft in Nederland sinds de restauratie van 1813/1814 nog meer dan een eeuw geduurd alvorens de praktisch meest hanteerbare uitwerking van de beginselen van individuele gelijkheid en vrijheid op het politieke vlak, de representatieve democratie op basis van

43 Constitution 1791, aanhef: 'Il n'y a plus ni noblesse, ni pairie, ni distinctions d'ordre, ni régime féodal (...).'; Bataafse Staatsregeling 1798 art. 25: Alle 'Regten of Verpligtingen, hoe ook genoemd, uit het Leenstelsel of Leenrecht afkomstig (...) worden (...) als strijdig met der Burgeren gelijkheid en vrijheid, voor altijd vervallen verklaard'.

44 Kant, Über den Gemeinspruch: Das mag in der Theorie richtig sein, taugt aber nicht für die Praxis (1793): 'Mann kann ihn in jedem Zustande für glücklich annehmen, wenn er sich nur bewußt ist, daß es nur an ihm selbst (seinem Vermögen oder ernstlichen Willen) oder an Umständen, die er keinem anderen schuld geben kann (...) liege, daß er nicht zu gleicher Stufe mit anderen hinaufsteigt.' Deze opvattingen – 'van krantenjongen tot miljonair, als je echt wilt dan slaag je in het leven' – hebben de laatste jaren overigens weer aan populariteit gewonnen.

45 Locke, a.w., par. 119-123.

algemene directe verkiezingen, volledig gerealiseerd werd. In deze ontwikkeling vallen twee hoofdlijnen te bespeuren.[46] In *eerste* instantie was de politieke strijd gericht op het terugdringen van de rol van de koning en het brengen van de regeringsmacht onder de controle van het parlement.[47] In 1848 werd hiertoe de politieke ministeriële verantwoordelijkheid (inclusief de verantwoordelijkheid voor de daden van de onschendbare koning) ingevoerd. Vervolgens werd de vertrouwensregel, op grond waarvan de regering het vertrouwen – of ten minste de gedoogsteun – van een parlementaire meerderheid dient te hebben, gevestigd (1868).

Met de vestiging van het parlementaire stelsel was nog geen democratie gevestigd. Daarmee komen we op de *tweede* hoofdlijn. Ingegeven door de ervaringen met de Franse revolutie (1789), waarin volkssoevereiniteit ontaardde in een terreur waarin de vrijheidsrechten met voeten getreden werden, overheerste lang de opvatting dat de ongeletterde meerderheid van het volk niet tot (verstandig) regeren in staat was. Derhalve dienden slechts door hun economische en maatschappelijke positie gekwalificeerde burgers deel uit te kunnen maken van de volksvertegenwoordiging.

In de aanvang werd de Tweede Kamer gekozen door provinciale staten, die zelf op grond van een archaïsch standensysteem, bestaande uit de adel, de steden en de landelijke stand (een romantisch teruggrijpen op het ancien régime) werden samengesteld. In 1848 werd dit stelsel vervangen door directe verkiezingen op basis van een (per district variabele) census, dat wil zeggen de som die men aan belasting moest betalen om kiesrecht te hebben. Bij de grondwetsherziening van 1887 werd het vermaarde caoutchouc-artikel[48] opgenomen, volgens welke bepaling het kiesrecht werd toegekend aan degenen die voldeden aan bij de (Kies)wet te bepalen 'kentekenen van geschiktheid en maatschappelijke welstand'. Pas in 1917 kwam het algemeen mannenkiesrecht tot stand, met gelijktijdige vervanging van het districtenstelsel voor een stelsel van evenredige vertegenwoordiging; en in 1919 volgde het algemeen vrouwenkiesrecht.[49] Daarmee was de *democratische rechtsstaat* een feit.

2.5 DE SOCIALE RECHTSSTAAT

In de vorige paragraaf constateerden we dat de klassiek-liberale rechtsstaat alleen de individuele vrijheid, en dan nog slechts op eenzijdige wijze, waarborgt. Een dergelijke staat beschermt de competitie van gelijkwaardige vrije individuen, maar ziet over het hoofd dat voor velen deze competitie gezien de grote verschillen in uitgangspositie niet vrij

46 Vgl. hieromtrent L.T.A. Rutges, 'Regeringsvormen', in: Th. Holterman e.a. (red.), Algemene begrippen staatsrecht, Zwolle 1991, p. 175 e.v.

47 Zie daarover B.P. Vermeulen, A.P. Krijnen, D.A. Roos (red.), De Koning in het Nederlandse staatsrecht, Nijmegen 2005, p. 16-19 en 61-65.

48 Een zeer rekbare bepaling, die allerlei opties openlaat.

49 Vgl. J. van de Giessen, De opkomst van het woord democratie als leuze in Nederland, Den Haag 1948, p. 63 e.v.; H.H. Zwager, De motivering van het algemeen kiesrecht in Europa, Utrecht 1981, p. 161 e.v.

is en geen gelijke kansen biedt. Een eerste aanzet om deze verschillen op te heffen – zie de vorige paragraaf – is het realiseren van politieke gelijkheid middels het algemeen kiesrecht.

Maar democratie en rechtsstaat, algemeen kiesrecht en vrijheidsrechten zijn op zichzelf nog onvoldoende om een volwaardig bestaan te hebben. Wat heb je aan de vrijheid van drukpers als je niet over de middelen kunt beschikken om van deze vrijheid gebruik te maken? Hoe kan democratie werkelijk gestalte krijgen wanneer niet een ieder een minimum aan onderwijs kan krijgen? Kortom: wat is de reële betekenis van deze fundamentele rechten als niet tevens voldaan is aan zekere minimumvoorwaarden ten aanzien van inkomen, wonen, onderwijs en dergelijke?

Derhalve gaat de overheid, met name na de totstandkoming van de parlementaire democratie waardoor de eisen van de sociaal zwakkere duidelijker verwoord en gehoord kunnen worden, in toenemende mate in de sociaal-economische sfeer interveniëren met beschermende, stimulerende en herverdelende maatregelen. Daarmee wordt ook beoogd reële gelijkheid van kansen te creëren en de materiële condities te scheppen om een ieder de mogelijkheid te bieden daadwerkelijk van zijn politieke en vrijheidsrechten gebruik te kunnen maken. Vooral na de Tweede Wereldoorlog komt de verzorgingsstaat tot wasdom, een staat die poogt op allerlei terreinen de voorwaarden te scheppen voor ontplooiing van de mens.

Deze staat – veelal aangeduid als *sociale rechtsstaat* – heeft dus niet alleen de vrijheden en rechten van de burger in acht te nemen en te beschermen tegen inbreuken van derden, maar dient ook actief de omstandigheden te scheppen die het de burger daadwerkelijk mogelijk maken aan zijn leven gestalte te geven. Met andere woorden, de sociale rechtsstaat kan er, anders dan de klassiek-liberale rechtsstaat, niet mee volstaan enkel de 'vrijheid van' (dwang), juridisch geformuleerd in de klassieke grondrechten, te waarborgen. Hij zal ook de 'vrijheid tot' moeten garanderen door de condities te scheppen waaronder de burger daadwerkelijk in vrijheid kan leven. Deze taak heeft onder meer nader gestalte gekregen in de zogenaamde sociale grondrechten. Deze in de Grondwet van 1983 en in mensenrechtenverdragen neergelegde rechten leggen de overheid de verplichting op om een sociale, culturele en economische infrastructuur te creëren en in stand te houden.

2.6 PROBLEMEN VAN DE DEMOCRATISCHE RECHTSSTAAT

De democratische rechtsstaat is zonder enige twijfel een succesvol staatstype. Dit neemt niet weg dat ook deze staat zijn fundamentele problemen kent. Zo neemt de omstandigheid, dat algemeen kiesrecht in de staten van het democratisch-rechtsstatelijke type onomstreden is, niet weg dat de democratie problematische kanten heeft. Democratie, het woord zegt het al, houdt in dat het volk heerst. Dat vindt bijna altijd plaats door middel van vertegenwoordiging. De reden daarvoor ligt voor de hand; het volk is te talrijk om zelf te kunnen beraadslagen en besluiten. Alleen in enkele kleine Zwitserse gemeenten vindt men wel de procedure, dat de bevolking hiertoe lijfelijk bijeenkom. Maar dat is in het algemeen niet uitvoerbaar. Daar ligt dus geen principieel probleem, al bestaat tegenwoordig wel de tendens om de bevolking ook op meer directe wijze in het besluitvormingsproces in te schakelen.[50]

Problematisch is echter wel het karakter van democratische besluiten en de positie van minderheden daartegenover. De democratische gedachte, zoals deze in de negentiende en twintigste eeuw verwezenlijkt is, houdt in dat volksvertegenwoordigers in hun kwaliteit van wetgever besluiten. De wet geeft aldus uitdrukking aan het democratisch besluit. Maar kan men nu zeggen, dat de wet per definitie een juist besluit is, enkel omdat het democratisch tot stand is gekomen? Neemt men dat aan, dan is er geen enkele rem op democratische besluiten, hoe onderdrukkend of willekeurig ze ook mogen uitvallen.

Daarbij komt, dat een besluit van de volksvertegenwoordiging in de praktijk vrijwel nimmer bij eenstemmigheid zal kunnen worden genomen. Er bestaan altijd wel verschillende opvattingen. Men zal dus genoegen moeten nemen met een meerderheidsbesluit. Maar in hoeverre moet men rekening houden met minderheidsstandpunten? En wat is eigenlijk het karakter van een minderheidsstandpunt wanneer eenmaal het meerderheidsbesluit tot stand is gekomen? Wanneer het democratisch besluit per definitie een juist besluit is, moet dan niet worden geconcludeerd dat kennelijk de minderheid zich vergist heeft? Maar betekent dat dan niet, dat de minderheid zich heeft vergist omdat zij er niet in slaagde meerderheid te worden? Immers, alsdan zou haar standpunt juist zijn gebleken.

Dit lijken wellicht theoretische hersenspinsels, waar men beter schouderophalend langs heen kan gaan, maar in de ontwikkelingsgeschiedenis van de democratische rechtsstaat hebben ze een belangrijke rol gespeeld, met name in de periode van de Franse revolutie. Het revolutionaire denken stond onder sterke invloed van Rousseau, die benadrukt had dat besluiten van de democratische wetgever – gegeven bepaalde procedurele randvoorwaarden – in absolute zin waar zouden zijn. De beraadslaging van de volksvertegenwoordiging vormde een zoeken naar deze waarheid; bij de uiteindelijke besluitvorming bleek dan dat de minderheid zich had vergist.[51] In de Franse revolutie werd aan deze gedachte concrete vorm gegeven. Dat resulteerde ten slotte in de ultra-democratische grondwet van 1793 en in de Jacobijnse terreur. De volksvertegenwoordiging, geleid door een commissie uit haar midden, het Comité de Salut Public, ging in naam van de waarheid over tot een schrikbewind, ongeremd door enigerlei hogere normering.[52] Met de val in 1794 van de leider van de Jacobijnen, Robespierre, kwam hieraan een einde. Maar de herinnering aan dit ontspoorde democratische experiment heeft zich gedurende de gehele negentiende eeuw in Europa doen gevoelen, en is een van de oorzaken van de trage ontwikkeling naar de democratie. Men voelde zich bedreigd door de radicale democratie. Dat bleek ook in Nederland gedurende de vorige

50 Begrijpelijk, nu de politieke partijen, de organisaties via welke de representatie van de bevolking in de vertegenwoordigende lichamen plaatsvindt, geconfronteerd worden met legitimatieverlies door fors teruglopende ledentallen.

51 Du contrat social (1762), liv. II, ch. 3 en liv. IV, ch. 2.

52 Inclusief de in de Déclaration van 1789 geproclameerde mensenrechten.

eeuw. Een van de oudste politieke partijen, de Anti-Revolutionaire Partij, liet dit zelfs in haar naamgeving blijken.

Ongebreidelde democratie houdt kennelijk mogelijkheden in van ongeremde besluitvorming, waarbij fundamentele menselijke waarden en rechtsstatelijke waarborgen (legaliteitsbeginsel, grondrechten, machtenspreiding, rechterlijke controle) en zelfs de democratie zélf aangetast kunnen worden. Dat is niet alleen een les van de Franse revolutie. In Duitsland kon Hitler in januari 1933 op legale wijze aan de macht komen; in maart 1933 werden hem bij wet, het zogenaamde Ermächtigungsgesetz, vrijwel onbegrensde volmachten tot wetgeving en bestuur verleend. Bij democratisch besluit werd aldus de democratie opgeheven.[53] Het resultaat was een schrikbewind van twaalf jaren, waarbij de ellende die het Jacobijnse bewind heeft veroorzaakt verbleekt.

We zullen dan ook het karakter van het democratisch besluit in de democratische rechtsstaat en de positie van minderheden daartegenover nader moeten kwalificeren. We zouden dat kunnen doen door een hogere waarheid of norm te erkennen, die uitgaat boven het democratisch besluit en waaraan getoetst zou kunnen worden. Maar we moeten oppassen. Wat zou die waarheid of norm kunnen zijn? In de leer van het marxisme-leninisme bijvoorbeeld bestaat de hogere waarheid in de historisch-materialistische ontwikkelingsgang van de samenleving. Die gedachte houdt in, dat deze waarheid kenbaar is. Ze is dan met name kenbaar voor personen die zich speciaal toeleggen op het bestuderen, vertolken en verwezenlijken ervan. Dat zijn de kaders van de communistische partij, die aldus de 'voorhoede' gaan vormen van het volk. De geschiedenis laat zien, dat ook dit een dwaalweg is, welke impliceert dat niet de volksvertegenwoordiging maar een enkele 'ziener' zoals Stalin of Mao drager van de hoogste macht is. Dat is strijdig met de democratische grondgedachte, en leidt evenzeer tot vertrapping van fundamentele menselijke waarden en rechtsstatelijke beginselen. Stalin en Mao zijn, samen met Hitler, de ergste tirannen van de twintigste eeuw: zij hebben vele tientallen miljoenen doden op hun geweten.

In de huidige tijd vormt met name het religieuze fundamentalisme een voedingsbodem voor het beroep op absolute waarheden met vergaande politieke aspiraties. In zijn extreme variant openbaart dit fundamentalisme zich bijvoorbeeld in een streven naar het vestigen van een theocratische staatsvorm, waarin democratie en mensenrechten ondergeschikt gemaakt worden aan de uitleg die een uitgelezen kaste van ayatollah's van de Koran en andere heilige geschriften geven (Iran). Dergelijke waarheden met hun bijbehorende min of meer 'priesterlijke' exegese worden in de theorie van de democratische rechtsstaat dan ook niet erkend, en het streven naar de vestiging van een dergelijke theocratische staatsvorm wordt daarin dus niet aanvaard. Om deze reden achtte het Europese Hof voor de Rechten van de Mens het verbod op en de ontbinding van de Welvaartspartij (Refah) verenigbaar met het Europees Verdrag tot bescherming van de

53 Wel moet worden aangetekend, dat het wetgevend lichaam onder zware druk stond van de zijde van Hitlers aanhangers, en dat verschillende leden hiervan tevoren waren gearresteerd. Zie hieromtrent Bracher/Sauer/Schulz, Die nationalsozialistische Machtergreifung, Köln 1960, hoofdstuk II, Die 'Legalisierung' der Diktatur.

Rechten van de Mens, omdat deze (toen grootste) Turkse politieke partij zou streven naar de invoering van de *sharia* (islamitisch recht).[54] Maar ook andere religies kennen fundamentalische stromingen, met alle gevaren van dien. Zo verzet het sterke christelijk fundamentalisme in de VS zich met succes tegen de toekenning van rechten aan minderheden in eigen land. Bovendien lijkt deze stroming een grote invloed te hebben op de beslissingen van de regering om in het buitenland met militaire middelen in te grijpen, zoals bijvoorbeeld in Irak is gebeurd.[55]

De democratische rechtsstaat dient zich dus niet te identificeren met een bepaalde absolute ideologie, maar principieel uit te gaan van een niet-absoluut, slechts relatief waarheidsbegrip (§ 2.3.3). Waarheid is niet meer dan datgene wat feilbare mensen als waarheid menen te onderkennen. Rationele discussie is een middel om tot gedeelde waarheid en tot betere besluitvorming te komen. Democratische besluiten zijn juist in zoverre, dat de desbetreffende meerderheid van mening is dat ze het meest juist zijn. Die juistheid is echter een voorlopige; de meningen kunnen zich wijzigen en de meerderheid kan omslaan. Besluiten zijn dan ook weliswaar bindend en onherroepelijk, maar tegelijk toch open naar de toekomst; ze stellen hier en nu iets vast, maar laten de mogelijkheid open dat in de toekomst anders zal worden besloten. Omdat de juistheid van meerderheidsbesluiten aldus slechts betrekkelijk is, moet zo veel mogelijk rekening worden gehouden met minderheidsstandpunten. Immers, ook minderheden dragen bij tot de oordeelsvorming en minderheden kunnen uitgroeien tot meerderheden.

Deze benadering brengt met zich, dat het democratiebegrip van de democratische rechtsstaat niet in alle omstandigheden en in alle landen ter wereld even gemakkelijk praktizeerbaar zal zijn. Dat valt ook lang niet altijd te verwijten. Bestaat bij de wederpartij bijvoorbeeld geen tolerantie, dan valt bezwaarlijk te eisen dat men zelf tolerantie betracht. Wanneer men er immers rekening mee moet houden dat een minderheid, eenmaal zelf meerderheid geworden en aan de macht gekomen, korte metten zal maken met de meerderheid van weleer, dan zal men niet licht geneigd zijn openheid naar de toekomst te betrachten en die minderheid haar kansen te gunnen. Ook de instabiliteit van een land of het sociaal-economische ontwikkelingsniveau kunnen een belemmering vormen. De democratische rechtsstaat is in deze zin dan ook slechts een ideaal dat men de wereld kan voorhouden; geen panklare oplossing voor de constitutionele problemen waar ook ter wereld.

Bovendien moet men beseffen, dat de democratisch-rechtsstatelijke staatsvorm naar westers model zich slechts zeer geleidelijk en moeizaam heeft ontwikkeld, en het eindresultaat is van een eeuwenlang proces van vallen en opstaan. Het is dan ook buitengewoon riskant om dit model van buitenaf en vanuit het niets aan een staat op te leggen, zonder dat daaraan een langdurig ontwikkelingsproces is vooraf gegaan dat daarvoor de voedingsbodem zou kunnen leveren. Zo lijkt ons het experiment van de

54 EHRM (Grote Kamer) 13 februari 2003, AB 2003, 152 (Refah II). Zie over de complexiteit van de sharia: M. Berger, Sharia. Islam tussen recht en politiek, Den Haag 2006.

55 S. Halper en J. Clarke, America Alone: The Neo-conservatives and the Global Order, Cambridge 2004.

Verenigde Staten, om aldus de democratische staatsvorm aan Irak te dicteren zonder dat zich al een rechtsstatelijk stelsel heeft gevestigd buitengewoon riskant. Het komt ons voor, dat een democratie slechts goed zal kunnen functioneren op de grondslag van een stabiele rechtsstaat, die de mogelijke uitwassen van meerderheidsbesluitvorming intoomt. In die zin kan rechtsstatelijkheid beter *voorafgaan* aan democratisering.[56]

Daarbij dient vervolgens te worden opgemerkt, dat nogal wat Afrikaanse en Aziatische landen de democratische rechtsstaat naar westers model uitdrukkelijk niet als ideaalbeeld voor de inrichting van de staatkundige samenleving zien – en soms om heel begrijpelijke redenen. Juist vanwege het aan dit model inherente waardenrelativisme wordt het soms principieel afgewezen. Aangevoerd wordt, dat dit waardenrelativisme geen recht doet aan de morele uitgangspunten die aan de eigen samenleving ten grondslag liggen, en dat dit relativisme er in de praktijk toe leidt dat onvoldoende tegenwicht wordt geboden aan consumptiedrang en individueel eigenbelang. Solidariteit en gemeenschapszin anders dan via overheidsinterventie zouden in het westerse model onvoldoende worden gestimuleerd en in het onderwijs en de opvoeding worden veronachtzaamd. Deze verwijten vinden de laatste jaren ook in westerse samenlevingen zelf meer weerklank. Twijfel begint te ontstaan of inderdaad de overheid wel in zo sterke mate als thans het geval is morele neutraliteit moet betrachten, en of zij niet meer richtinggevend zou moeten zijn waar het betreft de wijze waarop de burger zich in de samenleving ten opzichte van medemens en gemeenschap heeft te gedragen. Een concreet antwoord op deze vragen blijkt echter heel moeilijk te geven, juist vanwege de pluriformiteit van de huidige geïndividualiseerde en multiculturele samenleving (zie nader § 2.7).

Bestaan er – gegeven het uitgangspunt van een relatief waarheidsbegrip – dan helemaal geen hogere normen waaraan de juistheid van democratische besluiten kan worden getoetst? Tot op zekere hoogte kan men stellen, dat zulke normen toch wel bestaan. We denken dan in het bijzonder aan fundamentele rechten en vrijheden van de mens, zoals deze algemeen in de wereld als gedragsstandaard worden erkend. We vinden die in de internationale mensenrechtenverdragen. Daarbij moeten we echter wel bedenken, dat de concretisering van de mensenrechten van land tot land kan verschillen. Internationale mensenrechten vormen dan ook slechts voor wat betreft hun belangrijkste elementen echt universele normen; hun concretisering is veelal cultuur-bepaald en laat derhalve ruimte voor eigen beoordeling en beleid van de wetgever.[57]

56 Vgl. J.M. Owen, Iraq and the democratic peace, Foreign Affairs, 2005 afl. 6, p. 122-127. Aldus ontwikkelden de westerse democratieën zich op grondslag van een reeds uitgekristalliseerde rechtsstaat.

57 Wellicht kunnen er wel regionale vormen van consensus onderkend worden. In zekere mate is er zo een consensus binnen het kader van de West-europese lidstaten van de Raad van Europa, aangesloten bij het Europees Verdrag tot bescherming van de Rechten van de Mens en de fundamentele vrijheden (EVRM). In dat kader geldt een striktere standaard, gebaseerd op een 'gemeenschappelijk erfdeel van politieke tradities, idealen, vrijheid en heerschappij van het recht' (aldus de preambule bij dit Verdrag).

Naast de spanning tussen democratie en minderhedenbescherming, tussen individualistisch waardenrelativisme en gemeenschapszin, wordt dit staatstype ook geconfronteerd met een soms moeizame verhouding tussen democratisch-rechtsstatelijke eisen enerzijds en effectief overheidsoptreden anderzijds. Zorgvuldige wetgevingsprocedures en omvangrijke inspraakrondes staan soms in de weg aan het tijdig tot stand brengen van noodzakelijke regelgeving en de voortvarende uitvoering van economisch vereiste infrastructurele projecten (Betuwelijn). Bestuurlijke zorgvuldigheidscriteria verhinderen soms de daadwerkelijke handhaving van milieunormen en het optreden tegen overlast. En stringente legaliteitseisen en grondrechtelijke maatstaven kunnen een belemmering vormen voor de daadkrachtige bestrijding van criminaliteit.

Het is met name op dit laatste punt dat thans meer dan ooit sprake is van een lastig spanningsveld. Natuurlijk is het noodzakelijk dat de staat gebonden is en blijft aan rechtsstatelijke en democratische eisen. Tegelijkertijd zal de staat, die immers een geweldsmonopolie claimt, er voor zorg dienen te dragen dat de brave burger in redelijke mate van veiligheid kan leven. Als dat in onvoldoende mate gerealiseerd wordt, verliest de staat zijn legitimiteit – voldoet immers niet aan een van zijn primaire opdrachten, het waarborgen van interne vrede en orde – hoe democratisch en rechtsstatelijk hij ook vormgegeven wordt. Dat roept de vraag op, of en in hoeverre democratisch-rechtsstatelijke eisen afgezwakt mogen worden met het oog op verhoging van de effectiviteit van strafrechtelijk en bestuurlijk optreden ten behoeve van de veiligheid.[58]

Dit spanningsveld heeft zich in de jaren negentig al in scherpe mate doen voelen in het kader van de bestrijding van de georganiseerde criminaliteit (Commissie Van Traa, IRT-affaire). Nog duidelijker komt het thans naar voren, na de aanslagen op de Twin Towers en het Pentagon op 9 september 2001, en de ontwikkelingen die daarvan het gevolg zijn (de opkomst van Fortuyn, de moord op Theo van Gogh). De aanslagen hebben ons de ogen geopend voor de kwetsbaarheid van de westerse samenleving voor het terrorisme. Dit terrorisme heeft het veelal gemunt op de grondslagen van deze samenleving, waaronder de democratisch-rechtsstatelijke principes waar ze op gebaseerd zijn. De sterke en begrijpelijke wens om verdere aanslagen te voorkomen brengt met zich dat de opsporingsactiviteiten zich verleggen van reeds gepleegde strafbare feiten naar strafbare feiten *die mogelijk gepleegd gaan worden.* Potentiële daders moeten gevolgd worden; voorbereidingshandelingen moeten strafbaar gesteld gaan worden; preventieve maatregelen moeten genomen worden. Het risico daarbij is, dat de wetgever aan de opsporingsautoriteiten vergaand *carte blanche* gaat verstrekken, dat de privacy onder druk komt te staan, dat de rechtsbescherming van verdachten aangetast wordt, dat het legaliteitsbeginsel onvoldoende in acht genomen wordt etc. Daarbij zal de overheid zich ongetwijfeld concentreren op specifieke bevolkingsgroepen, in het bijzonder moslims, hetgeen tegenreacties zal oproepen en de onderlinge verhoudingen nog meer op scherp zal zetten. Een en ander wordt nog versterkt als de

58 Zie daarover B. Böhler, Crisis in de rechtsstaat, Amsterdam-Antwerpen 2004; Y. Buruma, De dreigingsspiraal, Den Haag 2005.

westerse staten in hun tegenoffensief optreden op een wijze die fundamenteel met de democratisch-rechtsstatelijke kernwaarden in strijd is; te denken valt aan martelingen in gevangenkampen (Abu Graib, Guantanamo Bay) en de jarenlange detentie aldaar zonder adequate wettelijke grondslag en beroep op de rechter.

Maar anderzijds: aan minderheidsopvattingen kan niet tegemoet worden gekomen waar zij er toe strekken de grondslagen van de vrije en democratische rechtsorde te ondermijnen of zelfs weg te breken. Vrijheid geeft geen vrijbrief om andermans vrijheid (en leven) aan te tasten; tolerantie kan slechts beperkt zijn waar zij geconfronteerd wordt met intolerantie. Nogmaals, de democratische rechtsstaat berust op de vooronderstelling van de staat als vredesorganisatie, dat wil zeggen een staat die zo goed mogelijk voorkomt, dat burgers elkaar naar het leven staat, en zo goed mogelijk verzekert dat zij beschermd worden tegen bedreigingen (zie nader § 8.4).

2.7 PROBLEMEN VAN DE SOCIALE RECHTSSTAAT

Uit het voorgaande is onder meer gebleken dat de beginselen van de democratie en de rechtsstaat zich niet altijd harmonieus tot elkaar verhouden en soms zelfs conflicteren. Evenzo is daarin aangestipt, dat de principes van de democratische rechtsstaat niet altijd goed samengaan met effectief overheidsoptreden. Daarnaast zal in de volgende hoofdstukken blijken dat deze beginselen in de huidige Nederlandse rechtsorde ook elk op zich niet volledig gerealiseerd worden.

Ook tussen democratisch-rechtsstatelijke vereisten enerzijds en de opdracht een sociale staat te zijn anderzijds is sprake van een gespannen verhouding. We noemen daarvan enkele voorbeelden.

Vooronderstelling van de klassieke democratische rechtsstaat is dat de te regelen materie door de volksvertegenwoordiging te overzien en in hoofdzaak middels algemeen geformuleerde wetgeving te normeren en te sturen is. Mogelijk was dit in de nachtwakerstaat van de negentiende eeuw het geval; thans is dat zeker niet meer zo.

Gaandeweg groeide aan het eind van de negentiende eeuw het besef dat de klassiek-liberale rechtsstaat alleen de individuele vrijheid, en dan nog slechts op eenzijdige wijze, waarborgt. Een dergelijke staat beschermt de vrije, faire competitie, en is blind voor het feit dat deze competitie gezien de grote verschillen in startpositie voor velen noch vrij noch fair is. Een eerste aanzet om deze verschillen op te heffen is de verwezenlijking van de politieke gelijkheid middels het algemeen kiesrecht. Daarnaast gaat de overheid, met name na de realisatie van die politieke gelijkheid waardoor de eisen van de sociaal zwakkere duidelijker verwoord en gehoord kunnen worden, in toenemende mate in de sociaal-economische sfeer interveniëren met beschermende, stimulerende en herverdelende maatregelen, om aldus ook reële gelijkheid van kansen te creëren en de materiële condities te scheppen om een ieder de mogelijkheid te bieden daadwerkelijk van zijn klassieke vrijheidsrechten gebruik te maken (§§ 2.4 en 2.5).

Deze ontwikkeling naar de verzorgingsstaat is onvermijdelijk gepaard gegaan met een enorme groei van overheidstaken, die slechts vervuld kunnen worden indien het bestuur over ruime bevoegdheden beschikt. Het bestuur heeft dan ook in toenemende mate ruime regelgevende bevoegdheden en grote beslissingsvrijheid door de parlementaire wetgever toebedeeld gekregen. Hierdoor vindt inhoudelijke normstelling in het algemeen niet meer (mede) plaats door de volksvertegenwoordiging, maar door het bestuur. Deze terugtred van de formele wetgever (regering en parlement tezamen, art. 81 Gw) brengt met zich dat de democratische legitimatie van het overheidshandelen verminderd is.

Voorzover de formele wetgever zelf nog inhoudelijke normen stelt, voldoen deze veelal niet aan het rechtsstatelijk ideaaltype van een consistent systeem van algemeen geformuleerde, voor een ieder geldende, duidelijke regels. Dat geldt overigens ook voor de lagere regelgeving. De intensiteit van de overheidsbemoeienis, de zorg voor zeer uiteenlopende belangen en het streven naar zo rechtvaardig mogelijke, op de individuele situatie toegesneden regelingen leidt noodzakelijkerwijze tot onoverzichtelijkheid (regelverdichting), tegenstrijdigheden en voortdurende verfijningen.[59] Een en ander wordt alleen maar versterkt door de enorme regelvloed vanuit de Europese Unie.

Een van de gevolgen van deze verdichting van regels is dat de naleving ervan en het toezicht op en de handhaving van die naleving wel tekort móet schieten. Vaak is de reactie daarop een doelbewust gedogen van wetsovertredingen door de overheid, soms met fatale gevolgen: denk aan de rampen in Enschede en Volendam. Zulk structureel gedogen tast het gezag van het recht aan.

Een algemeen probleem bij een vertegenwoordigend stelsel – in ieder geval in de huidige verzorgingsstaat – is dat de pretentie dat de volksvertegenwoordiging de adequate verwoording van de volkswil vormt en deze kan verwerkelijken, vanwege de smalle marges van de beleidsruimte slechts ten dele waargemaakt kan worden. De volksvertegenwoordiging heeft daarin immers niet louter tot taak politieke zienswijzen tot uiting te brengen, politieke impulsen te geven aan de regering en deze te controleren. Zij moet er samen met de regering ook voor zorgen, dat een effectief overheidsbeleid wordt gevoerd.

Dit klemt met name gezien de immense zorgverplichtingen die de overheid op zich genomen heeft. Overheidszorg kost geld; geld wordt primair in de marktsector verdiend; de overheid haalt daar de door haar benodigde middelen uit. Een redelijk florerende marktsector is derhalve voorwaarde voor een effectief beleid in de sectoren die onder de hoede van de overheid staan. Onafhankelijk van politieke overtuigingen zal een volksvertegenwoordiging derhalve moeten bijdragen aan de instandhouding van de marktsector. Dat betekent niet, dat niet allerlei randvoorwaarden gesteld kunnen en ook moeten worden aan het functioneren van die sector. Men denke bijvoorbeeld aan stringente milieu-eisen en minimumloon-waarborgen. Maar een volksvertegenwoordiging, als deel van de hoogste politieke instellingen van het land, zal het zich niet kun-

59 Illustraties van deze wijze van regelgeving zijn de herzieningsoperaties op het terrein van de sociale zekerheid en de belastingen, die niet tot een eenvoudiger maar integendeel tot een complexer stelsel hebben geleid.

nen permitteren aan de regering een beleid op te dringen dat de marktsector de adem afsnijdt. Vanuit dat perspectief is de tendens van de laatste vijfentwintig jaar te verklaren om het stelsel van sociale zekerheid af te slanken, meer marktwerking en zelfregulering toe te laten en de directe overheidsverantwoordelijkheid te beperken tot een sociaal vangnet. Deze tendens wordt nog versterkt door het groeiende besef van de kosten die de vergrijzing en de onevenwichtige bevolkingsopbouw binnen afzienbare termijn met zich zullen brengen.

Deze ontwikkeling, gericht op het inperken van het beroep op de sociale zekerheid, het hanteren van een strakke begrotingsdiscipline en het vrijer laten van de markt wordt ten dele ook gedicteerd door ontwikkelingen in het kader van de Europese Gemeenschap, in het bijzonder met het oog op de totstandkoming en handhaving van de Economische en Monetaire Unie, resulterend in een eenheidsmunt, de euro. Het voldoen aan de voor toetreding tot de EMU gestelde voorwaarden en het vervolgens blijven naleven van die voorwaarden noodzaken ook op sociaal en fiscaal terrein tot harmonisatie tussen de lidstaten. Dat brengt met zich, dat de opzet van onze sociale rechtsstaat in steeds sterkere mate mede-bepaald wordt door onze EG-partners; en dat betekent dat wij soms in beduidende mate zullen moeten inleveren op eigen voorkeuren. Misschien zullen we op termijn zelfs de fiscale aftrekbaarheid van de hypotheekrente moeten opgeven.

Dit is een aan de internationale context ontleend voorbeeld. Maar het geldt ook enkel binnen de nationale context. Men kan alles veranderen; maar niet alles tegelijkertijd. Verandering van wetgeving is gebonden aan de maat van het in de tijd mogelijke. Willen veranderingen voldoende effectief zijn, dan zullen ze betrekkelijk geleidelijk moeten verlopen. Anders vindt een verstoring plaats van het geordende staatsbestuur en komen ook de burgers zelf in de problemen.

Overal doet zich derhalve de macht der feiten gevoelen; eisen die voortvloeien uit de materie zelf, welke men wil ordenen en sturen. In de jaren zestig en zeventig verkeerde men veelal in de opvatting, dat de samenleving ‘maakbaar’ zou zijn, dat wil zeggen naar believen te vormen door een doelbewuste overheid. De ervaring heeft geleerd, dat dit een illusie is. De samenleving kan en moet door de overheid worden bijgestuurd. Maar fundamenteel kan men van overheidswege de samenleving slechts op zeer lange termijn omvormen. De pretenties zijn dan ook in de jaren tachtig en negentig heel wat bescheidener geworden.

Per saldo betekent dit, dat zowel volksvertegenwoordiging als regering ‘beheerst’ worden door de macht der feiten. Volgens een oud adagium is politiek de kunst van het mogelijke; wat mogelijk is, blijkt in hoge mate bepaald te worden door de gegeven omstandigheden. Dat leidt tot een zekere verwijdering tussen volksvertegenwoordiging en achterban. Aspiraties van de achterban worden door de volksvertegenwoordiging gezeefd en gefilterd totdat ze passen binnen de politiek van het mogelijke. Spontane reacties van de bevolking worden door de volksvertegenwoordiging getransformeerd tot datgene wat binnen de maatschappelijke feitelijkheid en binnen het rechtssysteem aan veranderingen gerealiseerd kan worden. Als men bedenkt hoeveel tijd en beraad het kost om een verandering binnen het systeem op verantwoorde en effectieve wijze door te voeren, dan wordt men zich bewust hoe teleurstellend het gedrag van de 'Haagse machten' veelal moet overkomen.

Juist de afgelopen tijd hebben de beperkingen en begrenzingen van de politiek zich duidelijk doen gevoelen. Op een aantal terreinen, waar op zich politieke consensus is, lijken de problemen zich desondanks aan adequate bijsturing door de overheid te onttrekken. Ze zijn dusdanig gecompliceerd, dat ze in belangrijke mate onbeheersbaar zijn geworden. Zo is het veelal feitelijk onmogelijk om uitgeprocedeerde asielzoekers uit te zetten. De Bijlmerramp illustreerde dat het voor een minister niet doenlijk is de coördinatie van relatief zelfstandige diensten met het oog op het indammen van de veiligheidsrisico's van het vliegverkeer ter hand te nemen. De wachtlijsten in de zorg verminderen slechts geleidelijk, ondanks het vele extra geld dat er naar de zorg toe gaat. En de files blijven groeien, hoeveel tolpoort- en kilometerheffingplannen er ook gemaakt worden.

Voorts moet vastgesteld worden dat het bestaan van de democratische en de sociale rechtsstaat afhangt van de mate waarin burgers bereid zijn tot coöperatie. Wil deze staat niet terugvallen op (met zijn grondprincipes strijdige) grootschalige overheidsdwang, dan is vereist dat de overgrote meerderheid van de bevolking zich min of meer vrijwillig houdt aan de belangrijkste regels, en bereid is een zekere solidariteit op te brengen ten behoeve van de instandhouding van onder meer het stelsel van sociale zekerheid. Dit vooronderstelt een minimum aan sociale cohesie, een basis van overeenstemming omtrent de dragende normen en waarden van de samenleving. Dit minimum staat onder druk door autonome processen als individualisering en de ontwikkeling naar een pluriforme, multiculturele maatschappij. De rechtsstaat, die mensen primair ziet als onafhankelijke dragers van individuele rechten, is uit zijn aard echter niet bij machte dat minimum aan cohesie, die basis van overeenstemming af te dwingen. Hij mag en vermag niet de gemeenschapswaarden en samenlevingsverbanden op te leggen, waarbinnen dat minimum aan cohesie en overeenstemming verwerkelijkt zou kunnen worden die het adequaat functioneren van die rechten mogelijk maakt.[60]

Nu probeert de overheid niet rechtstreeks het gewenste minimum af te dwingen. Maar wel spreekt zij het onderwijs aan op zijn integratietaak (burgerschapsvorming, menging van autochtone en allochtone leerlingen). Daarnaast wordt meer dan voorheen van de vreemdeling/migrant positieve inspanningen gericht op zijn participatie in de Nederlandse samenleving gevraagd, als voorwaarde voor binnenkomst, verblijf e.d. Zo zal de huwelijksmigrant een minimum aan Nederlandse woorden moeten kennen, en een zekere kennis van de Nederlandse samenleving moeten hebben (vooraf-inburgering in het buitenland), wil hij toelating verkrijgen. Daarnaast zullen migranten veelal na hun binnenkomst op straffe van een boete een aanvullend inburgeringstraject moeten ondergaan, en zijn de eisen om tot Nederlander te worden genaturaliseerd verzwaard.

60 E-W. Böckenförde, Die Entstehung des Staates als Vorgang der Säkularisation, in Recht, Staat, Freiheit, Frankfurt am Main 1991, p. 112: '[D]er freiheitliche, säkularisierte Staat lebt von Voraussetzungen, die er selbst nicht garantieren kann.'

In toenemende mate problematisch wordt ten slotte in het huidige tijdperk van globalisering en grensoverschrijdende migratie de vraag ten opzichte van welke personen de sociale rechtsstaat verplichtingen op zich neemt, voor het heden en in het bijzonder voor de toekomst. Globalisering en (im)migratie brengen een zodanige vervluchtiging teweeg van wat als Nederlandse bevolking kan gelden, dat de overheid steeds minder bij machte lijkt te zijn om een verzorgingsstaat op een meer dan minimaal niveau te handhaven. De verzorgingsstaat waarborgt een pakket aan voorzieningen, deels met consequenties voor wat betreft de verre toekomst (bijvoorbeeld de AOW, en deels de pensioenen en zorgvoorzieningen) aan hen die tot de statelijke gemeenschap behoren. Die groep wordt als gevolg van globalisering en (im)migratie lastiger af te grenzen. De reactie van de overheid – naast de eerder geschetste doorgaande afslanking van de verzorgingsstaat – is tweeërlei.

Ten eerste wordt de oplossing niet alleen gezocht in het op zich verlagen van publieke aanspraken, maar ook in het vervangen van het collectieve verzorgingsstaatpakket door individuele, veelal geprivatiseerde verzekerings-arrangementen. De verzorgingsstaat wordt daarmee ontstatelijkt, d.w.z. de taak van de sociale staat verplaatst zich naar het waarborgen en bieden van mogelijkheden op de private verzekeringsmarkt.[61] Onduidelijk is vooralsnog, wat we met deze ondermijning van de sociale staatidee aan moeten. In elk geval staan we er niet alleen voor – alle landen van de Europese Unie zien zich voor deze problematiek gesteld.

Ten tweede poogt de Nederlandse staat al een aantal jaren om de instroom van vermoedelijk minder productief geachte migranten – die het economisch draagvlak van het sociale stelsel verzwakken – ingrijpend in te dammen. De asielinstroom is teruggelopen tot een kwart van de omvang van enkele jaren geleden. De mogelijkheden om toegelaten te worden met het oog op gezinshereniging en gezinsvorming zijn drastisch beperkt. De procedures zijn aangescherpt. En de kans om als illegaal voor sociale zekerheid en voorzieningen in aanmerking te komen is thans ingevolge de Koppelingswet nagenoeg afwezig.[62] Deze aanpassingen staan op gespannen voet met rechtsstatelijke waarden – met name mensenrechten zoals het recht op asiel, op 'family life', op een bestaansminimum en op een adequate beroepsprocedure.

Het lijkt er dus op dat we dit hoofdstuk in mineur beëindigen. Toch is dat slechts schijn. De spanning tussen rechtsstaat en democratie ligt in de aard van de zaak: aan deze staat liggen verschillende principes en vooronderstellingen ten grondslag die niet tot elkaar herleid kunnen en mogen worden.

De vermindering van het democratisch en rechtsstatelijk gehalte van het overheidsoptreden en de vervreemding van de kiezers ten opzichte van 'Den Haag' zijn in

61 Ph. Bobbitt, The shield of Achilles. War, peace and the course of history, New York: Knopf 2002, schetst deze ontwikkeling naar een 'market state'.

62 De Koppelingswet – de kern ervan staat in artikelen 10 en 11 van de Vreemdelingenwet 2000 – koppelt de aanspraak op overheidsvoorzieningen aan het beschikken over rechtmatig verblijf. De illegaal heeft slechts recht op leerplichtig onderwijs, medische noodhulp en rechtsbijstand (artikel 10 lid 2 Vw 2000).

belangrijke mate de noodzakelijke consequentie van de opkomst van de verzorgingsstaat, die met name door het garanderen van een sociaal minimum voor allen een eigen bron van legitimatie vormt.

De afslanking van de verzorgingsstaat lijkt in belangrijke mate onontkoombaar, gezien de toename van de mondiale concurrentie; zonder deze herschikking zullen op termijn de economische bestaansvoorwaarden voor een fatsoenlijk sociaal zekerheidsstelsel veel zwaarder aangetast worden.

De onbeheersbaarheid van bepaalde ontwikkelingen liggen deels besloten in de complexiteit van de huidige stand van zaken. En deels vloeien zij voort uit de tegenstrijdigheid van wensen en verlangens. Men wil een schoon milieu, maar tegelijkertijd niet belemmerd worden in zijn mobiliteit. Men wil goede gezondheidszorg, maar tegelijkertijd niet al te veel belasting en premies betalen.

En weliswaar gaat de sociaal-liberale rechtsstaat uit van een individualistische visie op mens en moraal.[63] Bedacht dient evenwel te worden dat deze visie zich beperkt tot de sfeer van het recht. Het is zeer wel mogelijk dat in de concrete maatschappelijke en sociale verhoudingen de noodzakelijke gemeenschaps- en consensusvorming gerealiseerd wordt. Alleen mag – en kan – deze staat de vereiste gemeenschapswaarden slechts in beperkte mate opleggen of afdwingen.

Het is ons inziens de kracht van de democratische – en sociale – rechtsstaat dat deze berust op een bij tijd en wijle moeizaam compromis van uiteenlopende, soms tegenstrijdige beginselen. Het is juist de pluriformiteit van onderling veelal moeilijk verenigbare uitgangspunten en opdrachten die deze staat de eerste geloofwaardige poging doet zijn waarin de idealen die twee eeuwen eerder tijdens de Franse Revolutie geproclameerd zijn, daadwerkelijk gestalte krijgen: *vrijheid, gelijkheid en broederschap.*[64]

63 Dit vormt het hoofdpunt van kritiek geformuleerd door een groep critici van het liberalisme die veelal aangeduid worden als 'communitaristen' (grofweg: 'gemeenschapsdenkers') zoals A. MacIntyre (After virtue, Londen 1982) en M. Walzer (Spheres of justice, Oxford 1983).

64 In de klassiek-liberale rechtsstaat staat bescherming van de individuele vrijheid centraal; het democratiseringsproces beoogt de gelijkheid te dienen; en de sociale rechtsstaat heeft ten doel solidariteit te realiseren.

DEEL II

RECHTSSTAAT

3 Eisen van de rechtsstaat Overzicht en samenhang

3.1 HET LEGALITEITSBEGINSEL

3.1.1 Van binding aan het gewoonterecht naar binding aan de wet

Zoals in het woord 'rechtsstaat' tot uitdrukking komt, gaat het hier om de verbinding van staat en recht. Daarin gaat het niet om een losse, of min of meer toevallige verbinding, maar om een *wezenlijke*: in de rechtsstaat wordt de grondslag van statelijk gezag in het recht gelegd en wordt de uitoefening van dit gezag in al zijn verschijningsvormen onder de heerschappij van het recht geplaatst. Bovendien vormen de rechtsstatelijke eisen waaraan zo een staat moet voldoen geen willekeurig samenraapsel, maar hangen zij nauw met elkaar samen. Ten slotte zijn deze eisen in de loop der tijd verbonden met democratische principes. In dit hoofdstuk worden de rechtsstatelijke eisen beknopt op een rij gezet, mede om hun onderlinge samenhang en hun verband met democratische principes te schetsen.

In hoofdstuk 2 werd een uiteenzetting gegeven van de historische ontwikkeling van de rechtsstaat. Daar bleek, dat de verbinding van staat en recht geen vanzelfsprekendheid is. Staten, in de betekenis waarin we tegenwoordig dit begrip gebruiken, zijn organisatievormen waarin over de bevolking binnen een bepaald territoir van meestal grotere omvang macht in de zin van hoogste of soevereine macht wordt uitgeoefend. Staten in deze betekenis zijn in de westerse wereld ontstaan sinds het eind van de Middeleeuwen, toen het oude leenstelsel ineenstortte en plaats maakte voor absolutistische staten, waarin een vorst op eigen titel de absolute, dat wil zeggen in beginsel onbegrensde macht uitoefende. Met name Frankrijk strekte tot voorbeeld in deze ontwikkeling. Niet overal had overigens de geschiedenis eenzelfde verloop. Duitsland ontwikkelde zich als gevolg van de Dertigjarige Oorlog tot een los gevormd samenstel van kleine absolutistische staatjes. De Nederlanden ontwikkelden zich als gevolg van de oorlog tegen Spanje tot een verbond van soevereine provincies. En in Engeland zette zich als gevolg van de burgeroorlog parlementssoevereiniteit door.

In deze ontwikkeling had het recht wel betekenis voor de uitoefening van staatsgezag, maar dan toch meestal in die zin, dat de heerser rekening moest houden met oude verworven rechten. Hoe absoluut zijn macht in naam mocht zijn, de heerser kon niet zonder meer over bestaande rechtsaanspraken heenstappen. Daar waar de macht slechts in geringe mate absoluut was, zoals in de Republiek der Verenigde Nederlanden, dan wel een voortzetting vormde van de oude middeleeuwse gezagsstructuur, zoals in het Engelse stelsel van parlementssoevereiniteit sedert de Glorious Revolution van 1688, deden traditionele rechtsaanspraken zich met des te meer kracht gevoelen.

In het Engelse stelsel, met zijn grote eerbied voor het sinds de twaalfde eeuw ontwikkelde gewoonterecht (*common law*) is dit zelfs thans nog het geval.

Een zekere mate van binding van macht aan het recht trof men derhalve ook al in het absolutistische staatsbestel aan; en zo veel te meer was dat voordien het geval geweest in het middeleeuwse leenstelsel. Maar dat is nog niet wat we een 'rechtsstaat' noemen.

Eerst tegen het eind van de achttiende eeuw vond de gedachte ingang, dat staatsgezag principieel afhankelijk is van het recht; niet louter in de negatieve betekenis dat het gezag de begrenzingen voortvloeiend uit oude rechtsaanspraken moet respecteren, maar ook in de positieve zin dat het als zodanig moet berusten op rechtsregels. In deze opvatting wordt macht tot *bevoegdheid*: burgers bindende machtsuitoefening is slechts geoorloofd indien en in zoverre er een rechtsregel is die daartoe de *grondslag* geeft. Daarmee verandert de legitimiteitsbasis van machtsuitoefening. Macht wordt voortaan slechts als legitiem (d.w.z. gerechtvaardigd) opgevat wanneer ze op recht berust.

Het kenmerkende van deze ontwikkeling naar de rechtsstaat is, dat tegelijk een verandering optreedt in de opvatting over hetgeen onder 'recht' moet worden verstaan. Recht kan worden verstaan als het geheel van uit de traditie overgeleverde rechtsaanspraken: dat was de middeleeuwse opvatting. Ook in de periode van absolutisme was de traditie nog een zeer belangrijke bron van het recht, alhoewel de absolute vorst ook nieuw recht in het leven riep. Maar tegen het eind van de achttiende eeuw wordt in beginsel alle recht 'positief' (van het latijnse *positum*: geponeerd, gesteld). Dat betekent, dat recht ontstaat door een rechtsscheppende handeling. Het wordt met andere woorden door een bewuste handeling van de wetgever in het leven geroepen. Daarmee is aan het traditionele, overgeleverde recht nog niet alle betekenis ontnomen, maar dit recht geldt nog slechts voor zover het door de wetgever gestelde positieve recht dit toelaat of er naar verwijst.[1]

3.1.2 Democratie en de soevereiniteit van de wetgever

In deze opvatting is de wetgever dus de primaire schepper van recht. In het kader van de opkomende democratisering wordt onder wetgever begrepen een representatief orgaan, waarin de bevolking of althans een deel daarvan gerepresenteerd is. Ook wordt bij de wetgever wel gedacht aan de samenwerking tussen zo'n vertegenwoordigend orgaan en de regering. Dat is vanaf het ontstaan van het Koninkrijk de opzet in Nederland: parlement en regering vormen samen de *formele wetgever* (art. 81 Gw).

Wetgeving wordt in deze opvatting allereerst begroet als bevrijding uit de banden van de traditionele rechtsaanspraken, met hun feodale privileges en ongelijkheden. Wetgeving maakt, in de tweede plaats, ook een eind aan het veelal als willekeurig ervaren gezag van absolutistische vorsten. Wetgeving gaat ten slotte tevens inhouden:

1 In deze zin bijvoorbeeld artikel 3 (oud) van de Wet Algemene Bepalingen 1829.

onderworpenheid aan rechtsregels die men zelf in het leven heeft geroepen. Immers, de wetgever wordt in toenemende mate mede samengesteld door de volksvertegenwoordiging. Het is dus het volk zelf dat zich de wet stelt (§ 2.4). Wetgeving vormt dan ook een essentieel onderdeel van een emancipatoir democratiseringsproces.

Deze ontwikkeling geeft op zichzelf nog onvoldoende waarborgen dat de staat een ware rechtsstaat is. Zij sluit niet uit dat de soevereiniteit van de absolute vorst vervangen wordt door de onbegrensde soevereiniteit van de (democratische) wetgever. Een dergelijke conceptie van absolutistische soevereiniteit van het vertegenwoordigend lichaam heeft met name tijdens de Franse revolutie een rol gespeeld. Zij kreeg op wel zeer radicale wijze gestalte in het toenmalige vertegenwoordigend lichaam, de Conventie, dat zich als uitvoerend bewind onder meer bediende van het Comité de Salut Public. Het hiernaar genoemde conventionele regeringsstelsel kwam tengevolge van de Jacobijnse terreur al spoedig in een kwade reuk te staan. De wetgever, de Conventie, was in deze opzet volstrekt soeverein. Hij maakte hiervan gebruik door de vaststelling van wetten die diep in leven en eigendom van de burgers ingrepen en verschafte het uitvoerend bewind, het Comité, vrijwel onbegrensde volmachten.

Deze historische ervaring strekt tot lering. Binding van het overheidsgezag aan het recht biedt onvoldoende waarborgen, wanneer de wetgever zelf naar willekeur rechtsregels in het leven kan roepen. Juist de 'positiviteit' van recht – recht als product van een rechtsscheppende handeling – levert dan een extra risico op. Immers, als gevolg van deze positiviteit verdwijnen de traditionele waarborgen, die aan overgeleverd recht konden worden ontleend. De wetgever als soeverein die nergens aan gebonden is: dat kan tot ernstige ontsporingen leiden. In de twintigste eeuw gaf Hitler-Duitsland een afschrikwekkend voorbeeld. Wetgeving machtigde toen tot de stelselmatige vernietiging van bevolkingsgroepen (§ 2.6).

3.1.3 Binding van de wetgever aan het recht. De betekenis van de constitutie

In de klassiek-liberale opvatting, zoals deze tegen het einde van de achttiende eeuw ingang vond, heeft het begrip 'wet' dan ook niet alleen betrekking op de *oorsprong* van regels in een wetgevend orgaan, maar ook op de *inhoud* van die regels. Wetten worden geacht aan bepaalde kwaliteitseisen te voldoen. Ze moeten uit algemene regels bestaan, waarbij de algemeenheid een waarborg vormt voor de onderlinge gelijkheid van alle burgers. En doordat wetten algemeen bekend worden gemaakt, wordt de rechtszekerheid gewaarborgd. Rechtsgelijkheid en rechtszekerheid zijn aldus wezenskenmerken voor wetten die hun naam waardig zijn.

Wetten bevatten in deze opvatting gedragsregels voor de justitiabelen in de zin van verboden en geboden. Daarbij bieden ze evenwel tevens de grondslag voor machtsuitoefening, waarbij ten gevolge van de algemeenheid van de wettelijke normering een dam wordt opgeworpen tegen incidenteel of willekeurig ingrijpen in leven of eigendom van de burgers. Geen machtsuitoefening derhalve zonder grondslag in de wet (§ 2.3.1). Waar de wet deze grondslag biedt, wijst zij tevens de criteria voor en begrenzingen van de machtsuitoefening aan.

Rechtsstatelijkheid is dan ook meer dan louter een binding van overheidsgezag aan wetten. Ook de wetgever zelf als de voornaamste producent van rechtsregels dient door het recht gebonden te worden. Hiertoe dient een constitutie,[2] veelal in belangrijke mate vastgelegd in een hoogste wet, de grondwet. De constitutie legt de onderlinge verhoudingen van de staatsorganen normatief vast, geeft daarbij de grenzen van hun bevoegdheden en de controlemechanismen die ertoe moeten dienen die grenzen te waarborgen (machtsverdeling). Een dergelijke begrenzing van overheidsbevoegdheden geschiedt in de relatie tussen overheid en burger met name ook door de waarborging van fundamentele rechten ofwel grondrechten. Tenslotte geeft de constitutie waarborgen voor een onafhankelijke rechterlijke macht, die toeziet op inachtneming van machtsverdeling en grondrechten.

Tengevolge van de grondwettelijke normering is ook de formele wetgever zelf niet meer soeverein. Wanneer men thans nog spreekt over soevereiniteit, moet men spreken over soevereiniteit van de grondwetgever. Als zodanig trad in de historische ontwikkeling in eerste instantie veelal een grondwetgevende vergadering op – aldus in Nederland in 1814 een vergadering van notabelen. Naderhand is dat de formele wetgever, die bij wege van gekwalificeerde (verzwaarde) besluitvorming beslist: zie in onze Grondwet de procedure van het achtste hoofdstuk. Door deze procedure komt men dus toch weer terug bij de wetgever, maar dan een wetgever die ten gevolge van de gekwalificeerde besluitvorming[3] zoveel barrières op zijn weg ontmoet, dat van willekeurige of overijlde besluitvorming allerminst sprake zal kunnen zijn. Integendeel: de gekwalificeerde besluitvorming maakt grondwetswijziging dusdanig lastig, dat bestaand grondwettelijk recht wordt gehandhaafd ook als er goede redenen zijn voor wijziging.

Een dergelijke moeilijk te wijzigen grondwet wordt met een Engelse term wel 'rigid' genoemd, ter onderscheiding van een 'flexible' grondwet. 'Rigid' en 'flexible' zijn geen absolute criteria; ze geven gradaties aan. Zo kennen sommige grondwetten, bijvoorbeeld de Duitse, wel de eis van gekwalificeerde meerderheid, maar niet de eis van twee lezingen met tussentijdse verkiezingen. Het meest 'flexible' is een grondwet die volgens de normale wetsprocedure kan worden gewijzigd. Dat komt nauwelijks voor, want zo een grondwet geeft dan geen extra waarborgen. Toch vindt men iets dergelijks in Engeland. Daar kent men geen grondwet, maar een aantal constitutionele wetten, die volgens de normale wetsprocedure kunnen worden gewijzigd. De Engelse traditie van conservatisme brengt echter met zich, dat deze wetten in de praktijk slechts met grote terughoudendheid worden gewijzigd.

Het voorbeeld van Engeland laat overigens zien, dat men moet onderscheiden tussen enerzijds een *grondwet* en anderzijds de *constitutie*. De constitutie is het geheel

2 De rechtsstatelijke principes, gericht op binding van de staat aan en door het recht, worden in de literatuur dan ook wel samengevat onder noemers als constitutie en 'constitutionalisme'. Zie over dit begrip C.M. Zoethout, Constitutionalisme, Arnhem 1995 en G.F.M. van der Tang, Grondwetsbegrip en grondwetsidee, Arnhem 1998.

3 Volgens art. 137 Gw: twee lezingen met tussentijdse ontbinding van en verkiezingen voor de Tweede Kamer, en een tweederde meerderheid in tweede lezing.

van regels dat de grondslagen van het staatsbestel bevat. Een grondwet is een wet met hoger rechtskarakter, waarin deze rechtsregels in hoofdzaak zijn vervat. Elke staat – althans elke rechtsstaat – heeft een constitutie; niet elke staat heeft een grondwet. In Nederland is het constitutionele recht in hoofdzaak vervat in de Grondwet. Daarnaast vindt men constitutioneel recht in het Statuut voor het Koninkrijk der Nederlanden alsmede in sommige wetten zoals de Kieswet, en voorts in ongeschreven recht (bijvoorbeeld de vertrouwensregel, § 10.5).

3.1.4 Binding van het bestuur aan de wet De betekenis van de Algemene wet bestuursrecht

In deze algemene inleiding inzake het legaliteitsbeginsel kan enige aandacht voor de Algemene wet bestuursrecht (hierna: Awb) niet ontbreken. De Awb speelt immers een prominente rol bij het uitwerken van het legaliteitsbeginsel op het terrein van het bestuurlijk optreden door systematisering, codificatie en uitbreiding van de werking van dit beginsel.

Artikel 107, tweede lid, Grondwet bevat de opdracht aan de wetgever om algemene regels van bestuursrecht vast te stellen. Door vaststelling van de Awb heeft de wetgever aan deze opdracht gevolg gegeven. Met de invoering van de eerste twee tranches van de Awb in 1994 heeft hij een zekere orde geschapen in de chaos in de bestuursrechtelijke wetgeving die voor die tijd bestond. Typisch voor het bestuursrecht is, dat elk beleidsterrein zijn 'eigen', bijzondere wet heeft. Voor het milieuterrein is dat de Wet milieubeheer, voor de ruimtelijke ordening de Wet op de Ruimtelijke Ordening, voor het vreemdelingenbeleid de Vreemdelingenwet 2000, et cetera. Voor 1994 hadden al deze wetten een 'eigen' begripsbepaling, een 'eigen' regeling voor het nemen van besluiten, een 'eigen' regeling voor de handhaving van die besluiten en (veelal ook) een 'eigen' regeling voor de rechtsbescherming. Door de invoering van de Awb is ten aanzien van deze en andere onderwerpen eenheid in deze wetten gebracht. De bijzondere wetten zijn hiermee overigens niet verdwenen. Wel zijn, ten einde spanningen tussen de Awb en deze bijzondere wetten te voorkomen, de bijzondere wetten aangepast aan de begripsbepalingen en de andere algemene bepalingen van de Awb. De Awb heeft met deze harmonisatie veel bijgedragen aan een systematisering en vereenvoudiging van het bestuursrecht.

De doelstellingen van systematiek en eenvoud blijken ook uit de opzet van de Awb zelf. De Awb heeft een zogenaamde 'gelaagde opbouw'. Evenals het Burgerlijk Wetboek is de wet opgebouwd van algemeen naar bijzonder.[4] Het meest algemeen zijn de inleidende (begrips)bepalingen van hoofdstuk 1. Hoofdstuk 2 bevat vervolgens enige algemene gedragsregels over het brede terrein van het verkeer tussen burgers en bestuursorganen. De reikwijdte van hoofdstuk 3 is beperkt tot het overheidshandelen

4 Een uitzondering hierop vormt (de plaatsing van) hoofdstukken 9 en 10.

door middel van een meer specifiek publiekrechtelijk instrument, namelijk het 'besluit'. Hoofdstuk 3 fungeert als algemeen deel voor hoofdstuk 4, waarin regels gegeven worden voor bepaalde categorieën besluiten, waaronder de beschikking en de subsidies, en voor hoofdstuk 5, dat betrekking heeft op de handhaving. In de hoofdstukken 6 tot en met 8 wordt ten slotte de rechtsbescherming geregeld, waarbij hoofdstuk 6 algemene procesrechtelijke regels geeft die op alle vormen van administratieve geschillenbeslechting van toepassing zijn, terwijl hoofdstuk 7 respectievelijk 8 de regelingen bevatten die specifiek zijn voor geschillenbeslechting door het bestuur (bezwaar en administratief beroep) resp. de administratieve rechter.

Het proces van vereenvoudiging en systematisering met behulp van de Awb is overigens nog niet afgerond. De Awb is namelijk een zogenaamde aanbouwwet, die in tranches steeds verder wordt uitgebouwd. Aanvankelijk is men begonnen met de definiëring van de belangrijkste begrippen en met de normering van een deel van het bestuurshandelen (eerste tranche). Daarnaast is aan deze romp een onderdeel aangebouwd waarin een uniforme regeling van de rechtsbescherming werd gegeven (tweede tranche). Als derde tranche van de Awb is op in 1998 een onderdeel toegevoegd waarin algemene regels zijn opgenomen over subsidiëring (art. 4:21-4:80), beleidsregels (art. 4:81-4:84), handhaving van bestuursbesluiten (art. 5:11-5:36), mandaat en delegatie (art. 10:1-10:20) en toezicht op bestuursorganen (art. 10:25-10:42). In 1999 trad een regeling van het klachtrecht in werking (Hoofdstuk 9). Verdere uitbreidingen van de Awb zijn op dit moment in voorbereiding.

De Awb is als algemene wet voor het overheidshandelen uiteraard zeer belangrijk. Ook na haar voltooiing zal zij echter niet alle overheidshandelen bestrijken en reguleren. Verscheidene belangrijke terreinen van overheidshandelen zijn namelijk van de werking van de Awb uitgezonderd; te wijzen valt bijvoorbeeld op het handelen van de formele wetgever (vgl. art. 1:1, tweede lid, Awb). Ook het handelen van de overheid in het kader van het strafrecht en het strafprocesrecht valt buiten het bereik van de Awb (vgl. art. 1:6 Awb), terwijl het privaatrechtelijk en het feitelijk overheidsoptreden slechts ten dele door de Awb bestreken wordt (art. 3:1, tweede lid Awb).

De Awb codificeert het legaliteitsbeginsel voor vele terreinen van overheidsoptreden, en breidt de werkingssfeer ervan niet onaanzienlijk uit. Zoals hierna in hoofdstuk 4 zal blijken, bevat de Awb voor een belangrijk deel de antwoorden op de vier hoofdvragen die men kan stellen in verband met de operationalisering van het legaliteitsbeginsel, namelijk (1) welke overheidsinstanties bevoegd zijn, (2) welke bevoegdheden ze kunnen hebben, (3) op welke wijze zij deze hebben verkregen en (4) binnen welke grenzen zij deze dienen uit te oefenen. Zo bevat de Awb de garantie dat bij een aantal belangrijke beslissingen de eis van een wettelijke grondslag in acht wordt genomen, terwijl deze eis voorheen niet bij algemene wettelijk regel voorgeschreven was (bestuursdwang, art. 5:22 Awb) of niet onverkort van toepassing was (subsidies, art. 4:23, eerste lid, Awb). Daarnaast bevat de Awb een wettelijk kader voor beleidsregelgeving (art. 4:81-4:84 Awb). Verder specificeert deze wet een aantal bevoegdheden en regelt zij de materie van bevoegdheidsoverdracht (delegatie) en bevoegdheidsuitoefening in naam van het bevoegde orgaan (mandaat; art. 10:1-10:20 Awb). Ten slotte zet de Awb een aantal voorheen ongeschreven algemene beginselen van behoorlijk bestuur – regels waaraan het bestuur zich bij de uitoefening van zijn bevoegdheden moet houden – om in wettelijke voorschriften (met name vervat in hoofdstuk 3). Deze voorschriften zijn niet alleen van toepassing zijn op beschikkingen (beslissingen voor concrete gevallen) maar ook op andere besluiten.

3.2 MACHTSVERDELING

In de rechtsstatelijke opzet is de onderlinge verhouding van de hoogste staatsorganen derhalve door rechtsregels vastgelegd, meestal in een hoogste wet of grondwet, soms ook – bijvoorbeeld in Engeland – door een normatieve traditie, aangevuld met wetten. Deze onderlinge verhouding wordt in de rechtsstatelijke opzet gekenmerkt door machtsverdeling.

Machtsverdeling gaat uit van de gedachte, dat overheidshandelingen functioneel van elkaar kunnen worden onderscheiden, waarbij als hoofdcategorieën worden aangemerkt regelgeving, bestuur (in de zin van uitvoering van deze regelgeving en overig bestuur) en rechtspraak. De gedachte is nu, dat men tot absolute machtsuitoefening en dientengevolge willekeur vervalt wanneer deze drie functies aan eenzelfde overheidsorgaan worden toevertrouwd (§ 2.3.2). Immers, dit orgaan stelt dan de regels vast die het zelf gaat uitvoeren, terwijl het bovendien overtreding van deze regels en conflicten ter zake ook nog eens zelf berecht. Om een dergelijke machtsconcentratie te voorkomen worden in een rechtsstaat derhalve verschillende overheidsorganen belast met de behartiging van deze onderscheiden staatstaken, waarbij zij soms gezamenlijk een functie uitoefenen (zo in Nederland de samenwerking van regering en Staten-Generaal bij het totstandbrengen van formele wetten) en soms onderling controle uitoefenen (zoals de controle van de Staten-Generaal op het bestuurlijk handelen van de regering door middel van het instituut van de ministeriële verantwoordelijkheid). Geen van deze organen is de baas van de andere; beoogd is tot een zeker evenwicht te komen. Elk van deze organen heeft de andere nodig. De wetgever vertrouwt de uitvoering van zijn wetten toe aan bestuursorganen. Het bestuur op zijn beurt ontleent zijn bevoegdheid aan de wetgever. De rechter, die het bestuur controleert, is onafhankelijk, maar is daarbij gebonden aan de wet (vgl. art. 11 Wet Algemene Bepalingen). Met een Engelse term wordt een dergelijk systeem van machtsevenwicht en onderlinge controle wel een stelsel van ‘checks and balances’ genoemd. Een en ander wordt nader uitgewerkt in § 5.4.

3.3 GRONDRECHTEN

In § 3.1.3 is al aangestipt dat de constitutie onder andere met de daarin vervatte grondrechten grenzen stelt aan overheidsbevoegdheden. De eerste grondrechten waren reacties op onderdrukkend overheidsbewind dat rechten en vrijheden aantastte. Het zijn waarborgen waarmee gepoogd werd herhaling van dergelijke aantastingen te voorkomen. Ze hebben dan ook een bijzondere rechtsstatelijke glans. Juist doordat in het verleden door absolutistische regimes veelal kras tegen deze rechten was gezondigd werden ze tot een soort van watermerk van echte rechtsstatelijkheid.

Thans zijn grondrechten niet meer incidentele reacties op historische wantoestanden, neergelegd in begrensde waarborgen die slechts een beperkte inbreuk op de almacht van de soeverein vormden. Veeleer zijn het algemene normen die het principieel beperkte karakter van overheidsbevoegdheden doen uitkomen. Hun vooraanstaande positie in de Nederlandse rechtsorde komt tot uitdrukking in de plaatsing in het eerste hoofdstuk van de Grondwet.

Bij de grondwetsherziening van 1983 is de band tussen de grondrechten en het legaliteitsbeginsel versterkt. Daarbij is de bevoegdheid van de overheid tot het stellen van grondrechtenbeperkingen nauwkeurig omlijnd. Grondrechten kunnen slechts worden beperkt voorzover en in de mate dat het betreffende grondwetsartikel dat uitdrukkelijk toestaat in de vorm van een beperkingsclausule (§ 6.5).

3.4 RECHTERLIJKE CONTROLE

Een nader rechtsstatelijk vereiste, dat samenhangt met machtsverdeling en het waarborgen van grondrechten, is het bestaan van een voor de belanghebbende burger toegankelijke onafhankelijke rechter (zie art. 117 Gw), die niet alleen geschillen tussen burgers beslecht, maar ook controleert of overheidsoptreden overeenstemt met rechtmatigheidsnormen. Daarbij kan het begrip 'rechtmatigheid' eng worden begrepen in de zin van wetmatigheid, dat wil zeggen overeenstemming met de wettelijke bevoegdheidsgrondslag van het overheidsoptreden en de overige wettelijke voorschriften (waaronder de grondrechtsbepalingen). Ook kan het begrip 'rechtmatigheid' ruimer worden begrepen, in die zin dat het mede omvat een toetsing aan overige, ongeschreven rechtmatigheidscriteria. Als zodanig zijn gaandeweg in de jurisprudentie de zogenaamde algemene rechtsbeginselen als toetsingscriteria ontwikkeld. Tot 1994 geschiedde toetsing voornamelijk aan ongeschreven algemene beginselen van behoorlijk bestuur, toegespitst op beschikkingen. In de Algemene wet bestuursrecht zijn een aantal van deze beginselen gepositiveerd; zij gelden voor alle besluiten waarop de Awb van toepassing is. Mede met het oog op deze ruime gelding wordt thans niet enkel meer gesproken van algemene beginselen van behoorlijk *bestuur*, maar van algemene rechtsbeginselen. Sommige van deze beginselen, zoals bijvoorbeeld het beginsel dat gerechtvaardigd opgewekt vertrouwen gehonoreerd moet worden, zijn overigens nog steeds niet in de Awb vastgelegd; zij vormen ongeschreven recht dat door de rechter wordt toegepast.

Belangrijk in de rechtsstaatgedachte, zoals deze in ons land tot ontwikkeling kwam, was van meet af aan de onderworpenheid van de overheid aan het algemene of commune privaatrecht in die gevallen waarin de overheid privaatrechtelijk optreedt. Het commune privaatrecht werd op grond van de grondwettelijke codificatieopdracht wettelijk geregeld in algemene wetboeken; aldus kwam in 1838 het Burgerlijk Wetboek tot stand. Met deze onderworpenheid van de overheid aan het privaatrecht hangt de rechtspersoonlijkheid van de staat samen, waardoor de staat in rechte kan worden aangesproken door de burger en deze verhaal kan zoeken op de overheidskas.

In dit verband rees de vraag, of rechtsstatelijkheid vereist dat het overheidsoptreden niet alleen in zijn privaatrechtelijke gedaante maar in al zijn verschijningsvormen aan een rechterlijk oordeel moet kunnen worden onderworpen, dan wel of ten aanzien van bepaalde besluiten volstaan kan worden met toetsing door een (hoger) bestuursorgaan (administratief beroep). Dit vraagstuk van administratieve rechtspraak versus administratief beroep, dat in de Nederlandse rechtsontwikkeling lange tijd zonder principiële oplossing is gebleven, is ten slotte onder invloed van artikel 6 EVRM vrijwel integraal ten voordele van rechtspraak beslist. Een rechtsstatelijke vraag met betrekking tot de positie van de onafhankelijke rechter is daarnaast, of de rechter de bevoegdheid moet hebben tot constitutionele toetsing, in die zin dat ook formele wetten op hun verenigbaarheid met de Grondwet kunnen worden getoetst; we gaan daar nader op in in § 7.4.

3.5 OVERZICHT EN SAMENHANG VAN RECHTSSTATELIJKE VEREISTEN

Zetten we nu de rechtsstatelijke vereisten op een rij, dan komen we tot het volgende overzicht.

(I) *Legaliteitsbeginsel*: elk overheidsoptreden moet niet alleen blijven binnen de grenzen van het recht (negatief aspect), maar berusten op een wettelijke grondslag (positief aspect). Dit laatste moet aldus worden begrepen, dat deze grondslag uiteindelijk bestaat in wetgeving in formele zin dan wel de Grondwet. Daarbij dient de wet in beginsel te bestaan uit algemeen geformuleerde normen.

Naar de huidige opvattingen dient de wet zelf tot stand te worden gebracht door een besluit dan wel medebeslissing van een vertegenwoordigend orgaan, waarin in beginsel alle staatsburgers middels het actief en passief kiesrecht vertegenwoordigd kunnen zijn.

(II) *Machtsverdeling*: de staatsorganisatie dient te berusten op het beginsel van machtsverdeling, in die zin dat wetgevende, besturende en rechterlijke macht niet aan eenzelfde overheidsorgaan zijn toevertrouwd.

Overheidsorganen zullen in deze opzet controle ten opzichte van elkaar uitoefenen, waarbij te denken valt aan de controle van het vertegenwoordigend lichaam op het bestuur middels de ministeriële verantwoordelijkheid.

(III) *Grondrechten*: fundamentele rechten en vrijheden dienen gewaarborgd te zijn in de vorm van grondrechten, vervat in een document van hogere orde dan de gewone formele wet (een grondwet), zodat deze rechten ook grenzen stellen aan de bevoegdheid van de wetgever zelf.

De opzet van de Nederlandse Grondwet is, dat grondrechtsbeperkingen slechts geoorloofd zijn voorzover de Grondwet dat uitdrukkelijk toestaat, waarbij het primaat tot het stellen van beperkingen bij de formele wetgever ligt.

(IV) *Rechterlijke controle*: de burger dient toegang te hebben tot de onafhankelijke rechter ter toetsing van de rechtmatigheid van elk overheidsoptreden waardoor hij in zijn belangen wordt getroffen.

Deze eisen hangen nauw met elkaar samen. Ze overlappen elkaar, en zijn onderling verbonden. Zo vormen de grondrechten in de Nederlandse Grondwet in belangrijke mate een toespitsing en aanscherping op bepaalde kwetsbare terreinen van het legaliteitsbeginsel. Rechterlijke controle is een van de voornaamste onderdelen van een stelsel van machtsverdeling. En machtsverdeling en rechterlijke controle zijn mechanismen om te bewerkstelligen dat de overheid zich houdt aan de eisen van legaliteit en grondrechten.

Deze rechtsstatelijke eisen zijn in de loop der tijd vervlochten met democratische principes. Zo leggen legaliteitsbeginsel en grondrechten het primaat bij het stellen van beperkingen bij de democratisch gelegitimeerde, formele wetgever. Machtsverdeling – ministeriële verantwoordelijkheid e.d. – dient mede de positie van het parlement te verzekeren. En rechterlijke controle dient onder meer de voorrang te waarborgen van formele, rechtstreeks-democratisch gelegitimeerde wetgeving ten opzichte van regelgeving afkomstig van bestuursorganen.

Hieronder wordt in afzonderlijke hoofdstukken (4-7) nader ingegaan op deze rechtsstatelijke vereisten. Daarbij is er vaak sprake van samenhang met het democratisch beginsel: zie bijvoorbeeld de onder (I) genoemde samenstelling van het vertegenwoordigend lichaam en de onder (II) genoemde ministeriële verantwoordelijkheid. Deze onderwerpen komen derhalve niet alleen hier, maar ook in hoofdstukken over democratie (8-12) aan de orde.

4 Het legaliteitsbeginsel

4.1 INLEIDING

De Nederlandse overheid streeft vele beleidsdoelen na. Dijken moeten worden opgehoogd om overstromingen in de toekomst te voorkomen. Er moet een zorgsysteem zonder wachtlijsten komen. Men wil een gezond economisch beleid, en tegelijkertijd een goed milieu. Om deze en vele andere doelstellingen te bereiken heeft de overheid diverse instrumenten. Zij kan regelgeving vaststellen gericht op het wegwerken van wachtlijsten; zij kan milieuvergunningen verlenen waarin eisen zijn opgenomen; zij kan activiteiten financieren en (laten) verrichten, zoals het ophogen van dijken; zij kan overeenkomsten sluiten, bijvoorbeeld een concessie-overeenkomst met de Nederlandse Spoorwegen over het vervoer van reizigers; etc.

De omschrijving in § 3.1 van het rechtsstatelijke legaliteitsbeginsel houdt ten eerste in, dat overheidsoptreden moet berusten op een wettelijke grondslag. Deze omschrijving van het legaliteitsbeginsel omvat meer terreinen dan bij het ontstaan van de rechtsstaat in de negentiende eeuw werd beoogd. De klassiek-rechtsstatelijke legaliteitsidee had immers geen betrekking op het overheidsoptreden in het algemeen, maar alleen op overheidsoptreden dat ingreep in de rechtssfeer van de burgers, en wel voornamelijk het overheidsoptreden dat een inbreuk maakte op hun vrijheid en eigendom. In de loop der tijd is dit beginsel echter op steeds meer terreinen van overheidsoptreden toepasselijk geworden. Zeker wanneer de Algemene wet bestuursrecht eenmaal voltooid zal zijn, zal er voor nagenoeg al het overheidsoptreden een aanknopingspunt zijn voor toepasselijkheid van het legaliteitsbeginsel. Uitgangspunt is dus, dat in principe al het overheidsoptreden dient plaats te vinden door instanties die daartoe door of krachtens de wet (waarmee ook de Grondwet bedoeld wordt) een *bevoegdheid* is gegeven.

Het legaliteitsbeginsel heeft derhalve onder meer betrekking op de (wettelijke) grondslag, de *positieve* fundering van overheidsbevoegdheden. Het ziet dan op de vraag (1) *welke instantie* een bepaalde bevoegdheid heeft of kan hebben, (2) *wat* die bevoegdheid inhoudt, en (3) *hoe* die bevoegdheid verkregen is of kan worden.

Naast dit positieve, funderende aspect heeft het legaliteitsbeginsel evenwel ook een *negatief*, begrenzend aspect, dat inhoudt (4) dat overheidsbevoegdheden binnen de grenzen van het (hoger) recht uitgeoefend moeten worden. Dus ook al heeft een overheidsinstantie op correcte wijze – op basis van de wet – een bevoegdheid verkregen, dan is dat nog niet een vrije bevoegdheid die maar naar believen uitgeoefend mag worden; bij die bevoegdheidsuitoefening zullen door het recht gestelde grenzen en randvoorwaarden in acht moeten worden genomen.

In de bespreking van het legaliteitsbeginsel moeten dus vier vragen worden onderscheiden, die in dit hoofdstuk achtereenvolgens aan de orde komen:

(1) Welke overheidsinstanties zijn bevoegd (*wie?*): § 4.2.
(2) Welke bevoegdheden hebben ze (*wat?*): § 4.3.
(3) Op welke wijze hebben ze hun bevoegdheden verkregen (*hoe?*): § 4.4.
(4) Binnen welke grenzen dienen deze bevoegdheden gehanteerd te worden (*tot hoever?*): § 4.5.

In de eerste drie vragen komt met name het positief-funderende aspect van het legaliteitsbeginsel aan de orde, terwijl in de vierde vraag de negatief-begrenzende functie van het beginsel centraal staat. Daarbij moet wel voor ogen gehouden worden, dat beide functies niet los van elkaar staan. In de positieve toedeling van bevoegdheden aan bepaalde overheidsinstanties worden veelal beperkende randvoorwaarden gesteld, en zit meestal tevens de negatieve begrenzing besloten dat andere instanties die bevoegdheden niet hebben.

Een voorbeeld. Artikel 8 van de Grondwet luidt: 'Het recht tot vereniging wordt erkend. Bij de wet kan dit recht worden beperkt in het belang van de openbare orde.' Deze bepaling geeft de formele wetgever (art. 81 Gw) de bevoegdheid om het recht van vereniging te beperken: de term 'wet' staat in de Grondwet altijd voor de wet in formele zin. Maar die bevoegdheid wordt hier *alleen* aan de formele wetgever, en niet ook aan andere overheidsinstanties gegeven. In deze positief-funderende toedeling van de beperkingsbevoegdheid aan de formele wetgever zit dus tegelijkertijd de begrenzing besloten dat andere overheidsinstanties die bevoegdheid niet hebben, en dat de wetgever zijn bevoegdheid ook niet aan andere instanties mag overdragen. Daarnaast vloeit uit de positieve bevoegdheidstoedeling aan de wetgever door artikel 8 Grondwet nog een andere beperking voort, namelijk dat de wetgever slechts mag beperken met het oog op een bepaald doel, de openbare orde.

4.2 BEVOEGDE OVERHEIDSINSTANTIES (*WIE?*)

4.2.1 Inleiding: de begrippen ambt (orgaan) en openbaar lichaam, ambtsdrager en ambtenaar

De Nederlandse overheidsorganisatie bestaat uit een veelheid van instanties die *publiekrechtelijke* bevoegdheden kunnen uitoefenen. Zo is het college van b en w van een gemeente bevoegd om te beslissen over een aanvraag van een bouwvergunning en is de hoofddirectie van de Informatie Beheer Groep de bevoegde instantie om te oordelen over een verzoek om studiefinanciering; zo een besluit voor een *concreet geval* noemen we een *beschikking*. Rechterlijke instanties als de Centrale Raad van Beroep of de Afdeling bestuursrechtspraak van de Raad van State zijn bevoegd om bindende uitspraken te doen in bestuursrechtelijke geschillen; dan spreken we van rechterlijke uitspraken. Andere instanties hebben de bevoegdheid om regelgeving – algemene bindende voorschriften, wetten in materiële zin – vast te stellen. Zo worden wetten vastgesteld door de formele wetgever – regering en Staten-Generaal (art. 81

Gw) – en is het vaststellen van gemeentelijke verordeningen opgedragen aan de gemeenteraad (art. 147, eerste lid, Gem.w).

Behalve deze publiekrechtelijke bevoegdheden oefent de overheid ook *privaatrechtelijke* rechten uit. Een gemeente of provincie schaft bijvoorbeeld computers aan voor haar ambtenaren of geeft een stuk grond in erfpacht uit. Wil men op al deze overheidsinstanties en hun bevoegdheden enigszins grip krijgen, dan is het maken van heldere indelingen noodzakelijk.

Voor een goed inzicht in de hierna gemaakte indelingen kan het verhelderend zijn te beseffen dat de begrippen en termen die het recht hierbij gebruikt zijn ontleend aan de uit de Middeleeuwen stammende opvatting dat de staat een groot lichaam (organisme) vormt, een kolossale (rechts)persoon die opgebouwd is uit talloze onderdelen en functies – organen. Aan dit beeld danken we het huidige juridische taalgebruik, dat spreekt van de staat als een (openbaar) *lichaam*, van *organen* van de staat, van bestuurs*organen*, van de sterke *arm* (leger en politie), van het staats*hoofd* en van de staats*wil*.

Verder is het nodig om voor ogen te houden dat het in het staats- en bestuursrecht eerst en vooral gaat om een hiërarchische relatie tussen overheid en onderdaan, waarbij publiekrechtelijke bevoegdheden uitgeoefend worden die aan specifieke *organen* (ook *ambten* genoemd),[1] niet aan het openbaar lichaam waar die organen onderdeel van vormen, toegedeeld zijn. Maar daar waar de overheid op voet van gelijkheid met individuen verkeert – dus in privaatrechtelijke verhoudingen, waarin de overheid als ieder ander als persoon optreedt – gaat het niet zozeer om de specifieke organen (ambten) maar om de overkoepelende rechtspersoon, het (openbaar) lichaam.

Een indeling die in het staats- en bestuursrecht dan ook traditioneel wordt gemaakt, is die tussen ambten (organen) en openbare lichamen. Een *ambt (orgaan)* is een instantie die met publiekrechtelijke bevoegdheden – *overheidsbevoegdheden* – is bekleed. Het kan hierbij gaan om de bestuursbevoegdheid om te beslissen in een concreet geval – – in de hiervoor genoemde voorbeelden is dit aan de orde bij de beschikkingen van b en w en de hoofddirectie van de Informatie Beheer Groep op de aanvragen van een bouwvergunning respectievelijk van studiefinanciering. Het kan ook gaan om de bevoegdheid van rechters als de Centrale Raad van Beroep of de Afdeling bestuursrechtspraak om in bestuursrechtelijke geschillen te beslissen (rechtspraak). Ten slotte kan het gaan om de bevoegdheid om algemene regels, bijvoorbeeld een wet zoals de Algemene wet bestuursrecht of een gemeentelijke verordening, vast te stellen (regelgeving, materiële wetgeving).

De belangrijkste ambten (organen) die gezamenlijk een gemeenschapsverband vormen, noemen we een *openbaar lichaam*. Openbare lichamen hebben in het alge-

1 In het navolgende spreken we naar het thans heersende gebruik veelal van ambten.

meen rechtspersoonlijkheid (art. 2:1 BW).[2] De belangrijkste openbare lichamen zijn – naast de Staat, het centrale openbaar lichaam – de in hoofdstuk 7 van de Grondwet genoemde decentrale gemeenschapsverbanden (provincie, gemeente, waterschap) en de openbare lichamen voor beroep (zoals de Nederlandse Orde van Advocaten) en bedrijf (zoals productschappen en (hoofd)bedrijfschappen). Ambten (organen) van het openbaar lichaam/de rechtspersoon 'gemeente' zijn bijvoorbeeld de gemeenteraad, het college van b en w en de burgemeester; van het openbaar lichaam/de rechtspersoon 'provincie' zijn dit onder meer provinciale staten, gedeputeerde staten en de commissaris van de Koning. De formele wetgever, de Koning, de regering, de minister, de (Kamers van de) Staten-Generaal maar ook rechterlijke instanties zijn ambten van het openbaar lichaam/de rechtspersoon 'Staat'.

Het is derhalve van belang duidelijk te onderscheiden tussen openbaar lichaam en ambt. Naar *publiekrecht* is de bevoegde instantie het ambt (orgaan) dat optreedt, naar privaatrecht is de rechthebbende instantie het openbaar lichaam, de rechtspersoon die optreedt. Zo zijn de gemeentelijke *ambten* – gemeenteraad, college van b en w en burgemeester – en niet de rechtspersoon gemeente, dragers van publiekrechtelijke bevoegdheden (het nemen van een besluit in een concreet geval, het maken van verordeningen e.d.). Deze ambten zijn ook de procespartij in de procedures bij de bestuursrechter die gevoerd worden omtrent de uitoefening van deze bevoegdheden. En deze ambten zijn ter zake van die uitoefening verantwoordelijk. Anderzijds oefent het openbaar lichaam, de rechtspersoon gemeente, de *privaatrechtelijke* rechten uit (het sluiten van contracten voor de aankoop van computers), is de rechtspersoon gemeente de procespartij in privaatrechtelijke procedures, en is deze rechtspersoon vermogensrechtelijk aansprakelijk.

Het is geen toeval dat het privaatrecht denkt in termen van (rechts)personen/openbare lichamen, en dat het publiekrecht denkt in termen van ambten/organen. Organen van openbare lichamen hebben geen eigen vermogen; bij het verhalen van schade of het vorderen van nakoming van een contract zal de wederpartij dan ook niet het orgaan (bijvoorbeeld het college van b en w), maar de rechtspersoon/het openbaar lichaam namens welke dat orgaan handelt (de gemeente) aanspreken. Bij het uitoefenen van publiekrechtelijke bevoegdheden staat daarentegen de vraag voorop of door een bevoegd orgaan gehandeld wordt. Dat vloeit voort uit de beginselen van de democratische rechtsstaat. Het legaliteitsbeginsel vereist – veelal in combinatie met andere beginselen – dat een *specifiek* overheidsorgaan met *bepaalde kwaliteiten* als bevoegde instantie aangewezen wordt. Derhalve is het niet aanvaardbaar publiekrechtelijke bevoegdheden toe te kennen aan de rechtspersoon/het openbaar lichaam. Zo kent de Grondwet de wetgevende bevoegdheid niet aan de rechtspersoon Staat toe, maar aan het ambt/orgaan de formele wetgever. Zou de Grondwet die bevoegdheid aan de Staat toedelen, dan zou daarmee niet gewaarborgd zijn dat wetten gemaakt worden met instemming van de Staten-Generaal (democratie-vereiste, art. 81 Gw jo. art. 50 e.v.

2 Vgl. J.A.F. Peters, Publiekrechtelijke rechtspersonen, Deventer 1997; J.B.J.M. ten Berge en S.E. Zijlstra, De publiekrechtelijke rechtspersoon in ontwikkeling, NJV, Deventer 2000.

Gw). Evenzo kent de Grondwet de rechtsprekende bevoegdheid niet toe aan de Staat, maar aan organen die aan eisen van onafhankelijkheid voldoen, welke te zamen de rechterlijke macht vormen (eis van machtenscheiding/onafhankelijke rechtspraak, art. 112 e.v. Gw).

In het navolgende betoog concentreren we ons op de publiekrechtelijke bevoegdheden. Het privaatrechtelijke optreden komt slechts in de marge aan de orde.

Het is verder noodzakelijk om onderscheid te maken tussen het ambt – de functie – en de concrete functionarissen die het ambt daadwerkelijk uitoefenen: de *ambtsdragers*. Het ambt is *permanent*, en leidt een bestaan los van de wisselende ambtsdragers. Publiekrechtelijke taken en bevoegdheden zijn gebonden aan het ambt, niet aan de concrete personen die het ambt bekleden. Hebben bijvoorbeeld provinciale staten in een bepaalde samenstelling van personen een provinciale verordening gegeven, dan blijft deze verordening in stand, ook als een of meer of alle leden van provinciale staten die het besluit ter zake hebben genomen aftreden of overlijden. En heeft een minister een vergunning verleend, dan geldt die vergunning als een besluit van het ambt minister. Dus ook een opvolgende ambtsdrager/minister is gehouden de door die vergunningverlening opgewekte verwachtingen na te komen; en die vergunningverlening valt binnen zijn (ministeriële) verantwoordelijkheid.

Zelfs het meest persoonsgebonden ambt, dat van de Koning, staat los van de concrete ambtsdrager. Zo oefent de persoon van *koningin* Beatrix het ambt van *Koning* uit, maar kan dit ambt – het koninklijk gezag – zeer wel ook uitgeoefend worden door een collectiviteit, de Raad van State, als en zolang niet een persoon voorhanden is om dit ambt te vervullen (art. 38 Grondwet). Juist om de continuïteit van het ambt van Koning te verklaren ontwikkelden juristen al in de Middeleeuwen de theorie van de twee lichamen van de koning ('the King's two bodies'): enerzijds is de koning een functionaris, heeft hij een natuurlijk, sterfelijk lichaam (Body natural), anderzijds vervult hij een functie (ambt), heeft hij een politiek lichaam (Body politic) dat eeuwig is.[3]

Ambtsdragers zijn niet in staat feitelijk zelf alle werkzaamheden te vervullen die noodzakelijk zijn voor de uitoefening van het ambt. Derhalve hebben zij hulpkrachten (overheidspersoneel) tot hun beschikking om veel van die werkzaamheden te verrichten. De meeste ondersteunende krachten zijn *ambtenaar*, personen die krachtens eenzijdige aanstelling in openbare dienst werkzaam zijn (art. 1 Ambtenarenwet 1929). Vaak zal de ondersteuning in de voorbereidende en uitvoerende sfeer liggen. Van belang is echter dat voor zover het gaat om de uitoefening van overheidsbevoegdheden, het juridisch altijd het ambt is dat deze uitoefent. Het is zeer wel mogelijk – en gebeurt ook in het merendeel van de gevallen – dat een ambtenaar feitelijk deze bevoegdheden uitoefent, bijvoorbeeld door de tekst van een besluit te schrijven en het (namens het

3 Zie nader hierover B.P. Vermeulen, A.P. Krijnen, D.A. Roos (red.), De Koning in het Nederlandse staatsrecht, Nijmegen 2005, Voorwoord en p. 29-35.

bevoegde ambt) te ondertekenen; daarbij zal dit besluit juridisch echter gelden als een besluit van het bevoegde ambt, in naam waarvan het gegeven wordt (mandaat). Mocht bijvoorbeeld een minister onverhoopt komen te overlijden, dan kunnen in naam van het ambt besluiten krachtens mandaat door de ambtenaren genomen blijven worden. Zie hieromtrent nader § 4.4.2.

4.2.2 Bestuursorgaan in de zin van de Awb

In de 'basiswet van het bestuursrecht', de Algemene wet bestuursrecht, zult u het begrip *ambt* tevergeefs zoeken. Voor de reikwijdte en toepasselijkheid van de Awb is dan ook niet het begrip 'ambt', maar het door de wetgever geïntroduceerde begrip *bestuursorgaan* bepalend. Ingevolge het eerste lid van artikel 1:1 Awb wordt onder 'bestuursorgaan' verstaan:

a. een orgaan van een rechtspersoon die krachtens publiekrecht is ingesteld, of
b. een ander persoon of college, met enig openbaar gezag bekleed.

Het tweede lid van artikel 1:1 Awb zondert van het begrip 'bestuursorgaan' een aantal ambten uit, zoals de wetgevende macht (de wetgever in formele zin), de Staten-Generaal en de onafhankelijke rechters (het staatsrechtelijke begrip 'ambt' of 'orgaan' is dus ruimer dan het bestuursrechtelijke Awb-begrip 'bestuursorgaan'). Deze van de Awb uitgezonderde ambten (met name de wetgever en de rechter) zijn buiten het bereik van het bestuursorgaan-begrip van de Awb geplaatst wegens hun bijzondere plaats in de constitutionele rechtsorde (het principe van de scheiding van machten en de idee van de democratie), welke voor deze ambten een ander rechtsregime vereist dan dat wat voor het bestuur geldt.

Of een instantie al dan niet als 'bestuursorgaan' in de zin van de Awb moet worden aangemerkt, is van groot praktisch belang omdat deze wet aan het zijn van een 'bestuursorgaan' diverse rechtsgevolgen verbindt. Zo bevat de Awb allerlei regels voor het handelen van bestuursorganen en staat de rechtsbescherming ingevolge de Awb alleen open tegen besluiten van bestuursorganen. Het begrip 'bestuursorgaan' staat daarom centraal in de hierna volgende beschouwingen.

Gelet op de definitie van artikel 1:1, eerste lid, Awb kan sprake van een bestuursorgaan zijn ofwel omdat het gaat om een orgaan van een rechtspersoon die krachtens publiekrecht is ingesteld (kortweg: a-orgaan), ofwel omdat het een ander persoon of college is, met enig openbaar gezag bekleed (kortweg: b-orgaan).

Als bestuursorgaan in de zin van de Awb wordt dus in de eerste plaats aangemerkt 'een orgaan van een rechtspersoon die krachtens publiekrecht is ingesteld'. Deze definitie roept twee vragen op: wat wordt bedoeld met 'rechtspersonen krachtens publiekrecht ingesteld', of kortweg: publiekrechtelijke rechtspersonen? En, welke organen zijn hieraan verbonden? *Rechtspersonen krachtens publiekrecht ingesteld* zijn instellingen die hun rechtspersoonlijkheid ontlenen aan de wet of aan een krachtens een wet genomen besluit.[4] De belangrijkste wettelijke bepaling in dit verband is artikel 2:1 BW.

a. Artikel 2:1, eerste lid, BW bepaalt, dat de Staat, de provincies, de gemeenten, de waterschappen, alsmede alle lichamen waaraan krachtens de Grondwet verordenende bevoegdheid is verleend, rechtspersoonlijkheid bezitten. De belangrijkste instanties die tot de laatstgenoemde categorie worden gerekend zijn de openbare lichamen voor beroep, zoals de Nederlandse Orde van Advocaten, en de openbare lichamen voor bedrijf, zoals productschappen en (hoofd)bedrijfschappen (vgl. art. 134 Gw). Al deze openbare lichamen zijn rechtspersonen.
b. Artikel 2:1, tweede lid, BW bepaalt, dat andere lichamen, waaraan een deel van de overheidstaak is opgedragen, slechts rechtspersoonlijkheid bezitten, indien dit uit het bij of krachtens de wet bepaalde volgt. Om vast te stellen of een bepaald lichaam rechtspersoonlijkheid bezit, moet derhalve de wet waarin het desbetreffende lichaam is geregeld, worden geraadpleegd. Voorbeelden van lichamen waaraan de wet rechtspersoonlijkheid toekent zijn er legio. Genoemd kunnen worden de politieregio die in artikel 21, vierde lid, van de Politiewet 1993 rechtspersoonlijkheid wordt verleend, het Commissariaat voor de Media dat zijn rechtspersoonlijkheid ontleent aan de Mediawet. Ook deze lichamen zijn rechtspersonen naar publiekrecht.

De *organen* van de hier genoemde publiekrechtelijke rechtspersonen zijn bestuursorgaan in de zin van artikel 1:1, eerste lid, onder a, van de Awb. Welke organen dat precies zijn, kan in het algemeen worden afgeleid uit de wet waarin de desbetreffende rechtspersoon is geregeld. Zo zijn de belangrijkste organen van een gemeente de gemeenteraad, het college van b en w en de burgemeester (art. 6 Gemeentewet), en van een provincie provinciale staten, gedeputeerde staten en de commissaris van de Koning (art. 6 Provinciewet). De regelgevende bevoegdheid – de bevoegdheid om algemene bindende regels te stellen – berust idealiter bij de democratisch samengestelde organen, de gemeenteraad en provinciale staten. De andere hiervoor genoemde gemeentelijke en provinciale organen oefenen de bestuursbevoegdheden uit en zijn voor de uitoefening daarvan verantwoording verschuldigd aan de genoemde vertegenwoordigende organen. De belangrijkste publiekrechtelijke organen van waterschappen zijn het algemeen bestuur, het dagelijks bestuur en de voorzitter. De voor de praktijk belangrijkste publiekrechtelijke bestuursorganen van de rechtspersoon Staat zijn de diverse ministers en de regering. Bij de meeste andere rechtspersonen naar publiekrecht is het bestuur van de rechtspersoon het primair bevoegde orgaan.

Soms kunnen ook ambtenaren orgaan van een rechtspersoon naar publiekrecht zijn, en daarmee bestuursorgaan in de zin van artikel 1:1, eerste lid, onder a, Awb. Het moet dan gaan om ambtenaren aan wie door de wet zelf eigen bevoegdheden zijn toegekend. In het algemeen betreft het *ambtenaren van gedeconcentreerde rijksdiensten*, zoals de Officier van Justitie en de belastinginspecteur, die aan te merken zijn als organen van

4 Dit ter onderscheiding van de privaatrechtelijke rechtspersonen – stichtingen, verenigingen en vennootschappen – die zijn ontstaan door een privaatrechtelijke rechtshandeling.

de Staat. Deze ambtenaren hebben door de wet toegekende bevoegdheden, die dus niet bij de minister zijn geconcentreerd en niet namens de minister uitgeoefend worden. Dat deze gedeconcentreerde ambtenaren met eigen wettelijke bevoegdheden zijn bekleed, heeft te maken met het feit dat zij in hun taak grote aantallen beslissingen moeten nemen waarvoor bovendien een specifieke deskundigheid is vereist. Het feit dat aan deze ambtenaren rechtstreeks door de wet eigen bevoegdheden toegekend zijn, staat overigens niet in de weg aan het geven van instructies door hun hiërarchisch meerdere. Zo kunnen respectievelijk de ministers/staatssecretarissen van Justitie en Financiën aan de genoemde gedeconcentreerde organen algemene en bijzondere aanwijzingen geven omtrent de uitoefening van hun bevoegdheden;[5] in die zin zijn ze niet echt zelfstandig.

Een laatste entiteit die in het kader van artikel 1:1, eerste lid, onder a, Awb aandacht vraagt, zijn de zogenoemde *zelfstandige bestuursorganen*. Vooral in de sfeer van de centrale overheid komen veel van zulke bestuursorganen voor, die hun bevoegdheden – anders dan bovengenoemde ambtenaren – in hoge mate van zelfstandigheid ten opzichte van de minister kunnen uitoefenen. Voorbeelden zijn het Commissariaat voor de Media, het UWV en de Kiesraad. Op het waarom van deze organen en op het vraagstuk van de (beperkte) ministeriële verantwoordelijkheid voor hun functioneren wordt in §§ 11.3 en 12.5 uitvoeriger ingegaan.

Behalve de grote groep van a-organen worden ingevolge artikel 1:1, eerste lid, onder b, Awb ook als bestuursorgaan aangemerkt andere personen en colleges, *met enig openbaar gezag bekleed*. Omdat deze personen en colleges niet tot de categorie van organen van een rechtspersoon naar publiekrecht behoren – dan zouden ze immers als a-orgaan worden aangemerkt – gaat het meestal om privaatrechtelijke rechtspersonen: stichtingen, verenigingen en vennootschappen. Daarnaast zijn soms natuurlijke personen (individuen) in een bepaalde functie met openbaar gezag bekleed.

Een persoon of college is bekleed met openbaar gezag wanneer hieraan bij of krachtens de wet publiekrechtelijke bevoegdheden zijn toegekend. Een voorbeeld van een *privaatrechtelijke rechtspersoon* die bekleed is met openbaar gezag is de Nederlandse Bank NV, die tal van bevoegdheden uitoefent op grond van de Bankwet en de Wet toezicht kredietwezen. *Personen* die met gezagsuitoefening zijn belast komt men relatief minder vaak tegen. Een voorbeeld is het instellingsbestuur van een bijzondere (privaatrechtelijke) instelling voor hoger onderwijs, die openbaar gezag uitoefent als het een Bachelor- of Master-graad verleent (art. 7.10a Whw).[6] Een ander voorbeeld is de erkende garagehouder die de APK-keuring verricht; deze is ingevolge de Wegenverkeerswet bevoegd om een auto al dan niet goed te keuren. Al deze personen en colleges (b-organen) vallen alleen onder de Awb, *voorzover* zij openbaar gezag uitoefenen; in

5 En zijn daarvoor dan ook politiek verantwoordelijk: § 10.6.

6 Wet op het hoger onderwijs en wetenschappelijk onderzoek. Wanneer een instellingsbestuur van een openbare instelling voor hoger onderwijs dezelfde bevoegdheid uitoefent, doet het dit als bestuursorgaan in de zin van artikel 1:1, eerste lid, onder a, Awb. Het is namelijk een orgaan van een rechtspersoon ingesteld krachtens publiekrecht, de openbare universiteit of hogeschool (vgl. art. 1.8, tweede lid, Whw).

de praktijk voorzover zij besluiten nemen. Daarom worden deze b-organen ook wel *incidentele* bestuursorganen genoemd.

4.2.3 Samenvatting

Hiervoor is bezien welke instanties *drager van overheidsbevoegdheden* kunnen zijn. Daaraan onder vallen onder meer de bestuursorganen in de zin van de Awb. De voor de bestuurspraktijk belangrijkste zijn de diverse organen van de Staat (minister, regering), van de gemeenten (gemeenteraad, b en w, burgemeester), van de provincies (provinciale staten, gedeputeerde staten, commissaris van de koning) en van de waterschappen (algemeen bestuur, dagelijks bestuur). Verder kunnen gedeconcentreerde ambtenaren, zelfstandige bestuursorganen en een kleine groep van privaatrechtelijke rechtspersonen en natuurlijke personen als bestuursorgaan worden aangemerkt.

Behalve deze bestuursorganen treden als dragers van overheidsbevoegdheden ook enige andere zeer belangrijke ambten op, die echter expliciet van het Awb-bestuursorgaanbegrip zijn uitgezonderd. Van hen zijn de wetgever in formele zin en de onafhankelijke rechterlijke colleges de belangrijkste.

4.3 BEVOEGDHEDEN EN INSTRUMENTEN VAN DE OVERHEID (*WAT?*)

4.3.1 Inleiding: soorten bevoegdheden en instrumenten

Zoals in § 4.1 aangegeven streeft de overheid allerlei politiek-beleidsmatige doelen na. Zij wil bepaalde effecten in de samenleving tot stand brengen. Zo kan zij – om een willekeurig voorbeeld te noemen – wetten en andere regels maken die een kader scheppen, op grond waarvan bevoegdheden in het leven geroepen worden waarmee voor een bepaald gebied een ruimtelijk beleid gevoerd kan worden waarin de versterking van natuurwaarden voorop staat en agrarisch gebruik moet worden teruggedrongen. Daartoe staan haar diverse instrumenten ter beschikking.

In de eerste plaats zijn dat *privaatrechtelijke* instrumenten. Om het ruimtelijke beleid voor het hiervoor genoemde gebied te effectueren, kan de overheid in haar hoedanigheid als rechtspersoon stukken grond van de aldaar gevestigde agrariërs aankopen waardoor zij als eigenaar de gewenste ontwikkelingen kan stimuleren. In de tweede plaats kan de overheid door middel van *feitelijk* handelen een beleidsontwikkeling bevorderen. In het meergenoemde gebied kan zij ten behoeve van het gewenste ruimtelijke beleid het waterpeil veranderen, bepaalde diersoorten uitzetten, bossen aanplanten et cetera.

Als derde – en voor ons belangrijkste – categorie heeft de overheid de beschikking over de hier te behandelen *publiekrechtelijke* instrumenten. Om bepaalde doelen te bereiken kan de formele wetgever wetten maken, waarin aan bestuursorganen de bevoegdheid toegekend wordt om beslissingen te nemen waarbij eenzijdig rechten en plichten voor burgers en bedrijven worden gecreëerd. Op grond van hun bevoegdheden kunnen de wetgever en deze organen anderen in het algemeen of in een concreet geval als het ware 'de wet voorschrijven'. Het arsenaal aan overheidsbevoegdheden is omvangrijk. Ter illustratie wordt hier een aantal bevoegdheden genoemd dat kan worden ingezet om het hiervoor genoemde ruimtelijke beleid te bewerkstelligen.

Een eerste overheidsbevoegdheid die ingezet kan worden om ruimtelijk beleid mogelijk te maken is de bevoegdheid van de formele wetgever om op basis van artikel 81 Grondwet formele wetten te maken, bijvoorbeeld de Natuurbeschermingswet, de Woningwet en de Wet op de Ruimtelijke Ordening. Een volgende bevoegdheid is de bevoegdheid van de minister van Landbouw, Natuurbeheer en Visserij om op grond van de Natuurbeschermingswet een gebied als beschermd natuurgebied aan te wijzen. Verder kan door de gemeenteraad waarin het gebied is gesitueerd een bestemmingsplan als bedoeld in artikel 10 Wet op de Ruimtelijke Ordening worden vastgesteld, waarin het gebied als natuurgebied wordt bestemd en het vestigen van nieuwe agrarische bedrijven of het uitbreiden van bestaande bedrijven wordt verboden. Mocht iemand vervolgens een bouwvergunning aanvragen voor het bouwen van een nieuw agrarisch bedrijf in het gebied, dan kan het college van b en w deze aanvraag ingevolge artikel 44 Woningwet afwijzen omdat het bouwwerk in strijd is met het bestemmingsplan. Het sluitstuk van dit ruimtelijke beleid is de handhaving. Om de doelstellingen van het beleid daadwerkelijk te bereiken zal moeten worden opgetreden tegen eventuele illegale bouw of uitbreiding van agrarische bedrijven. Daartoe zal het college van b en w zijn bestuursdwang- of dwangsombevoegdheid kunnen inzetten.

In dit voorbeeld komen diverse soorten eenzijdige overheidsbeslissingen aan de orde: formele wetten, de aanwijzing als beschermd natuurgebied, de vaststelling van een bestemmingsplan, de weigering van een vergunning, het toepassen van de bestuursdwang- of dwangsombevoegdheid. Deze en andere overheidsbeslissingen worden hierna nader in kaart gebracht. Eerst wordt een globaal onderscheid gemaakt tussen het stellen van algemene regels (materiële wetgeving), en het toepassen van die regels in het concrete geval door de rechter (rechtspraak) en door andere organen (bestuursdaden). Vervolgens wordt het centrale begrip dat de Awb in dit verband hanteert, namelijk het begrip 'besluit', uiteengezet. Daarna wordt aandacht besteed aan diverse soorten Awb-besluiten. Het privaatrechtelijk overheidshandelen en het feitelijk handelen (bijvoorbeeld de fysieke toepassing van overheidsdwang) wordt grotendeels buiten beschouwing gelaten.

We wijzen er nog eens op, dat in onze behandeling van overheidsbevoegdheden het accent nogal eenzijdig ligt op de begrenzingen welke het recht aan de staat stelt. Daarmee verdwijnt een ander belangrijk element van de legitimatie van de staat – de daadwerkelijke handhaving door de staat van het recht ook tegen burgers – wat uit het zicht. Deze materie behoort primair tot het bestuursrecht en het strafrecht. Maar benadrukt zij nogmaals, dat de democratische rechtsstaat slechts goed en geloofwaardig kan functioneren onder de voorwaarde, dat hij de rechtsorde grosso modo weet te handhaven (zie § 2.7). Overigens besteden we nader aandacht aan het spanningsveld tussen democratisch-rechtstatelijke normen en eisen van effectieve handhaving in hoofdstuk 6, gewijd aan de grondrechten.

4.3.2 Bevoegdheden: algemene regels en concrete toepassing

Voor een eerste begrip van de vele soorten overheidsbevoegdheden is het zinvol een grove tweedeling te maken tussen twee soorten bevoegdheden. Enerzijds is er de bevoegdheid algemene regels te maken (regelgeving), anderzijds de bevoegdheid om die algemene regels in concrete gevallen toe te passen en uit te voeren.

Een fundamentele bevoegdheid van overheidsorganen is de bevoegdheid tot regelgeving, het geven van algemene bindende regels. Regelgeving, algemene bindende regels, worden meestal algemeen verbindende voorschriften, of ook wel wetten in materiële zin of wettelijke voorschriften genoemd. Dergelijke voorschriften – wetten in materiële zin – zijn *algemeen* in de zin dat ze voor herhaalde toepassing vatbaar zijn, gericht zijn op een open, niet afgebakende groep van personen of gevallen. En ze zijn *bindend* – materiële *wetten* – op grond van het feit dat ze berusten op een regelgevende bevoegdheid, ontleend aan de wet in formele zin of de Grondwet.

Er zijn verschillende regelgevers/wetgevers in materiële zin. Allereerst is er de grondwetgever, die niet alleen algemeen verbindende voorschriften heeft opgesteld zoals de grondrechtenbepalingen, maar ook de grondslag heeft verschaft voor de regelgevende bevoegdheid van de formele wetgever (regering en Staten-Generaal, art. 81 Gw). Daarnaast zijn er *lagere* regelgevers. Sommige van die lagere regelgevers zijn evenals de grondwetgever en de wetgever rijksambten, zijn *centrale* organen en geven dus regels voor het hele land. Te denken valt aan de regering, zie bijvoorbeeld artikel 89, eerste lid, Gw. Andere lagere regelgevers kunnen alleen binnen hun beperkte territorium regels geven; dit zijn de zogenaamde *decentrale* organen. Te denken valt aan provinciale organen zoals Provinciale Staten en gemeentelijke organen zoals de gemeenteraad (art. 127 Gw).

Regelgeving/wetgeving in materiële zin moet uiteraard vervolgens concreet toegepast worden. Er kan niet mee worden volstaan om regels op papier te zetten: die regels zullen ook in de praktijk, in concrete gevallen opgelegd en gehanteerd moeten worden. Daarbij kan onderscheiden worden tussen enerzijds het voor het concrete, individuele geval nemen van een *juridische beslissing*, en anderzijds het uitvoeren in het concrete, individuele geval door *feitelijk handelen*. Nadat een aanvraag om een uitkering of om studiefinanciering is gehonoreerd (de juridische beslissing), zal het betreffende overheidsorgaan vervolgens tot uitbetaling moeten overgaan (het feitelijk handelen); en nadat een strafvonnis is uitgesproken (de juridische beslissing) zal vervolgens de straf feitelijk ten uitvoer gelegd moeten worden (het feitelijk handelen).

Ten aanzien van de juridische beslissingen voor het individuele geval kan onderscheiden worden tussen twee soorten. Enerzijds zijn er de rechterlijke uitspraken in de individuele aan hen voorgelegde zaken van onafhankelijke rechters, bijvoorbeeld strafvonnissen. Anderzijds zijn er de beslissingen voor concrete gevallen die genomen worden door niet-rechterlijke organen, bijvoorbeeld bestuursorganen die uitkeringen toekennen en weigeren; we spreken dan meestal van beschikkingen.

In het voorgaande zijn de contouren van de drie kernfuncties van de overheid te ontwaren. Ten eerste is er de *wetgevende* bevoegdheid, de bevoegdheid om algemeen bindende regels te formuleren. Ten tweede is er de *rechtsprekende* bevoegdheid, de bevoegdheid van de onafhankelijke rechter om die algemeen bindende regels toe te passen in concrete gevallen. Ten slotte is er de *uitvoerende* of *bestuurs*bevoegdheid, de bevoegdheid van andere organen dan rechters – politieke en bestuursorganen – om die regels in het concrete geval toe te passen en ten uitvoer te leggen.

We kunnen dit alles als volgt in schema brengen:

Bevoegdheden

Regelgeving (wetgeving in materiële zin) | Concrete toepassing en uitvoering van regelgeving

/ \

Juridische beslissingen | Feitelijke toepassing/ uitvoering

/ \

Rechterlijke uitspraken | Bestuurlijke beslissingen (m.n. beschikkingen)

Ten aanzien van dit schema passen enkele kanttekeningen. Hoewel de tweedeling in algemene abstracte regels enerzijds en concrete toepassing en uitvoering van die regels anderzijds in theorie helder is, zijn er in de praktijk categorieën van overheidshandelingen die daar tussen in zitten: deze hebben in zekere mate een abstract karakter, maar zijn toch niet aan te merken als algemeen verbindende voorschriften. Te denken valt aan bepaalde plannen; zie paragraaf 4.3.5.

Ten tweede valt lang niet altijd aan de *vorm* – aan het orgaan en de wijze van totstandkoming – van een overheidsbeslissing te zien of het hier *inhoudelijk* – materieel – een algemeen verbindend voorschrift (een wet in materiële zin), dan wel een toepassing van zo een voorschrift in een concreet geval betreft. Zo is een wet in *formele* zin – een product van regering en Staten-Generaal, gemaakt op grond van de procedure van artikelen 81 e.v. Grondwet – niet altijd ook een wet in *materiële* zin. Sommige formele wetten zien op een specifiek geval (bijvoorbeeld de huwelijkstoestemmingswet voor de Koning of een troonopvolger, art. 28 Gw) en zijn dus geen wet in materiële zin. Vele koninklijke besluiten – gegeven door de regering, artikel 47 Gw – zoals de algemene maatregel van bestuur (art. 89, eerste lid, Gw) zijn algemeen verbindende voorschriften. Maar koninklijke besluiten waarbij een minister benoemd wordt (art. 43 en 48 Gw) zien uiteraard op die ene individuele persoon en zijn geen algemeen verbindende voorschriften. En besluiten in de zin van de Awb kunnen zowel zijn algemeen verbindende voorschriften (bijvoorbeeld een algemene maatregel van bestuur of een gemeentelijke verordening) als beslissingen voor een concreet geval (een beschikking zoals het besluit tot benoeming van een minister of het besluit tot toekenning van een uitkering).

4.3.3 Besluiten in de zin van de Awb

Een belangrijke categorie van juridische beslissingen is het begrip 'besluit' zoals dat in de basiswet van het bestuursrecht, de Algemene wet bestuursrecht (Awb) gehanteerd wordt. De toepasselijkheid van de Awb is voor een groot deel opgehangen aan het begrip 'besluit'. Hoofdstuk 3 van de Awb bevat bijvoorbeeld algemene bepalingen voor het nemen van besluiten. Vervolgens worden in de hoofdstukken 4 en 5 aanvullende regels voor specifieke categorieën van besluiten gegeven. De rechtsbescherming, geregeld in de hoofdstukken 6 tot en met 8 van de Awb, heeft eveneens betrekking op besluiten. Een goed inzicht in de betekenis van het begrip 'besluit' is dan ook van groot belang.

De definitie van het begrip *besluit* wordt gegeven in artikel 1:3, eerste lid, Awb. Volgens deze bepaling is een besluit een schriftelijke beslissing van een bestuursorgaan, inhoudende een publiekrechtelijke rechtshandeling. Wat in deze omschrijving opvalt, is dat een besluit in de zin van de Awb per definitie afkomstig is van een *bestuursorgaan*. In § 4.2.2 is reeds aangegeven dat niet alle overheidsinstanties als bestuursorgaan in de zin van de Awb worden aangemerkt. Onder meer de formele wetgever en de onafhankelijke rechter zijn met zoveel woorden van het bestuursorgaanbegrip uitgezonderd (art. 1:1, tweede lid, Awb). De beslissingen van deze ambten – formele wetten en rechterlijke uitspraken – zijn daarom *geen* besluiten in de zin van de Awb; de regels die de Awb voor besluiten geeft, zijn op deze beslissingen dan ook niet van toepassing. Voor deze beslissingen gelden eigen rechtsregimes (de Grondwet voor formele wetgeving, hoofdstuk 8 Awb voor rechterlijke uitspraken).

Na deze korte aanloop kunnen de diverse onderdelen van de definitie van het begrip 'besluit' worden besproken.[7]

a. *Vereiste van schriftelijkheid*: een besluit in de zin van de Awb moet altijd schriftelijk worden gegeven. Mondelinge beslissingen zijn, ook al zijn deze gericht op rechtsgevolg – denk bijvoorbeeld aan het mondelinge bevel van een politieagent om van uw fiets af te stappen – geen besluiten in de zin van de Awb, maar moeten Awb-technisch worden aangemerkt als feitelijke handelingen. Het vereiste van schriftelijkheid is overigens minder principieel dan de hierna te bespreken elementen van het besluit-begrip. Deze eis wordt vooral gesteld omdat allerlei specifieke regels die hoofdstuk 4 Awb voor diverse categorieën van besluiten geeft, niet relevant of zelfs onbruikbaar zijn voor mondelinge beslissingen. Bovendien zouden

7 Vgl. J.B.J.M. ten Berge en F.C.M.A. Michiels, Besturen door de overheid, Deventer 2001, p. 139.

bij het verlenen van rechtsbescherming allerlei bewijsproblemen kunnen ontstaan over de precieze inhoud van een mondelinge beslissing.

b. *Beslissing (wilsuiting)*: een besluit impliceert een beslissing, dat wil zeggen een wilsuiting die gericht is op een toegevoegde waarde. Welke deze toegevoegde waarde is, hangt af van het concrete besluit. Gaat het om regelgeving dan is deze waarde gelegen in de bindende gedragsvoorschriften die hierin worden gegeven. Gaat het om een beschikking, bijvoorbeeld een bouwvergunning voor een serre, dan is de toegevoegde waarde dat de aanvrager op grond van deze vergunning legaal zijn serre kan aanbouwen. Van toegevoegde waarde is in het algemeen geen sprake wanneer een bestuursorgaan in een brief slechts uitleg geeft over de werking van bepaalde wettelijke voorschriften of slechts wijst op een verplichting die reeds rechtstreeks uit de wet voortvloeit. Deze brieven voegen immers niets toe aan de desbetreffende wettelijke voorschriften. Zij kunnen dan ook niet als besluit in de zin van de Awb worden aangemerkt.

c. *Rechtshandeling*: wil een beslissing een besluit in de zin van de Awb zijn, dan moet zij een rechtshandeling inhouden. Een rechtshandeling is een handeling gericht op rechtsgevolg. 'Gericht op rechtsgevolg' wil zeggen dat het rechtsgevolg wordt veroorzaakt door het desbetreffende besluit en bovendien door het bestuursorgaan dat het besluit nam moet zijn beoogd. De toegevoegde waarde van een besluit is derhalve een verandering in de wereld van het recht: het besluit moet leiden tot een wijziging in de rechten en plichten van een of meer burgers. De inhoud van het beoogde rechtsgevolg is afhankelijk van het betreffende besluit. Bij regelgeving ligt het rechtsgevolg in de juridische regulering van het handelen van de burger door de daarin opgenomen algemene gedragsvoorschriften. Bij een besluit tot verlening van een subsidie is dit de aanspraak van de burger op financiële middelen.

d. *Publiekrechtelijk*: om als besluit in de zin van de Awb te worden aangemerkt, moet de rechtshandeling ten slotte van publiekrechtelijke aard zijn. Dat betekent dat de beslissing wordt genomen op grond van een publiekrechtelijke bevoegdheid. Deze bevoegdheid wordt in het algemeen expliciet door een wettelijk voorschrift aan een bestuursorgaan toegekend. Een besluit onderscheidt zich hiermee ten opzichte van de privaatrechtelijke rechtshandelingen die overheidslichamen kunnen verrichten, zoals bijvoorbeeld de verkoop van onroerend goed door een gemeente, waarvoor geen specifieke wettelijke grondslag bestaat. Enigszins complicerend is wel dat het verrichten van dergelijke privaatrechtelijke rechtshandeling door een overheidslichaam in de praktijk veelal wordt vooraf gegaan door een voorbereidingsbeslissing om deze rechtshandeling te verrichten. Deze voorbereidingsbeslissing wordt op gemeentelijk niveau genomen door een bestuursorgaan, de gemeenteraad. De raad verleent hierbij bijvoorbeeld toestemming om het desbetreffende onroerend goed te verkopen. Deze voorbereidingsbeslissing is door de Awb-wetgever met zoveel woorden aangemerkt als een besluit in de zin van de Awb. Op dit besluit zijn de regels die de Awb voor besluiten geeft, in volle omvang van toepassing. Wel wordt deze categorie ingevolge artikel 8:3 Awb onttrokken aan het beroep op de bestuursrechter. Zie hierover § 7.2.3.2.

Met behulp van deze criteria kan thans worden vastgesteld of bepaald overheidshandelen moet worden aangemerkt als een besluit in de zin van de Awb. Twee categorieën kunnen worden onderscheiden:

- *Besluiten van algemene strekking*: deze besluiten richten zich tot meer burgers in het algemeen en in abstracto. Tot deze categorie behoren algemeen verbindende voorschriften, plannen en beleidsregels. Deze besluiten van algemene strekking vormen – samen met de wetgeving in formele zin – het kader voor de bestuurlijke besluitvorming in het concrete geval. Zij worden achtereenvolgens behandeld in de §§ 4.3.4 t/m 4.3.6.
- *Besluiten met een concrete strekking (beschikkingen)*: deze besluiten richten zich doorgaans tot een of meer concrete, vaak met naam en toenaam aangeduide burgers. Volgens de Awb-terminologie worden deze besluiten aangeduid met de term 'beschikking'. Voorbeelden van beschikkingen zijn de bouwvergunning, de milieuvergunning, de subsidieverlening, de toekenning van studiefinanciering, de verblijfsvergunning etc. Op het begrip 'beschikking' wordt in § 4.3.7 ingegaan.

In schema:

Besluiten van algemene strekking	Algemeen verbindende voorschriften Plannen Beleidsregels
Besluiten niet van algemene strekking	Beschikkingen

Wederom zien we hier de grove tweedeling tussen regelgeving enerzijds en toepassing van regelgeving in concreto anderzijds. En weer dient de opmerking gemaakt te worden dat dit heldere schema in zoverre niet perfect is, dat er categorieën besluiten zijn (plannen, beleidsregels) die daar niet zo goed in passen.

4.3.4 Algemeen verbindende voorschriften (wetten in materiële zin)

Het eerste type 'besluiten van algemene strekking' zijn de algemeen verbindende voorschriften, ofwel wetten in materiële zin. Algemeen verbindende voorschriften zijn het product van een *regelgevende of (materieel) wetgevende* bevoegdheid. Wanneer het gaat om regelgeving door de minister en door lagere organen wordt ook wel gesproken van verordenende bevoegdheid.

Wil er sprake zijn van een *algemeen verbindend voorschrift* dan moet het, ten eerste, gaan om een voorschrift dat algemeen is in de zin van een voor herhaalde toepassing vatbaar voorschrift,[8] niet gericht tot geïndividualiseerde of te individualiseren

8 Vergelijk I.C. van der Vlies, Handboek wetgeving, Zwolle 1991, p. 107 e.v. alsmede P.J. Boon, J.G. Brouwer en A.E. Schilder, Regelgeving in Nederland, Deventer 2005.

personen maar tot een open verzameling van personen. De algemeenheidseis is in zoverre geen absoluut geldend criterium, dat voor het karakter van algemeen verbindend voorschrift niet vereist is dat het voor iedereen, overal en te allen tijde geldt. Zo is een gemeentelijke verordening die het verspreiden van drukwerken aan de openbare weg op zaterdagen verbiedt, een algemeen verbindend voorschrift (ondanks de beperkingen naar plaats en tijd): het is namelijk aan iedereen verboden een steeds terugkerend tijdstip drukwerken op een bepaalde plaats te verspreiden. Evenzo is een rechtspositioneel voorschrift dat alleen op vrouwen betrekking heeft een algemeen verbindend voorschrift (ondanks de beperking tot een bepaalde categorie van personen).

Een tweede kenmerk van een algemeen verbindend voorschrift is dat het gegeven is door een orgaan dat de bevoegdheid tot het vaststellen van dat voorschrift direct of indirect ontleent aan de Grondwet of een wet in formele zin. Hier dient reeds benadrukt te worden dat het ideaalbeeld waarbij deze bevoegdheid uitsluitend door of ten minste samen met vertegenwoordigende organen uitgeoefend wordt (§ 3.1.2) niet met de praktijk strookt. Ook niet direct democratisch gelegitimeerde bestuursorganen zoals regering, ministers, gedeputeerde staten en het college van b en w bezitten veelal ruime regelgevende bevoegdheden. Op de regelgevende bevoegdheden van de regering komen we in dit verband verderop uitgebreid terug (§ 4.4.4.2).

4.3.5 Plannen

Een tweede type 'besluiten van algemene strekking' zijn de zogenaamde *plannen*.[9] Een *plan* is – volgens de algemeen bruikbare definitie van artikel 110, eerste lid, onder a, Gemeentewet – een besluit dat een samenhangend geheel van op elkaar afgestemde keuzes bevat omtrent de door een bestuursorgaan te nemen besluiten of te verrichten handelingen, ten einde een of meer doelstellingen te bereiken. In de wetgeving kan men plannen in allerlei soorten en maten aantreffen. Een bekend voorbeeld is het bestemmingsplan (art. 10 Wet op de Ruimtelijke Ordening). In dit plan wijst de gemeenteraad de bestemming aan van de in het plan begrepen gronden. Mogelijke bestemmingen zijn bijvoorbeeld woonbestemming, natuurbestemming of bedrijfsbestemming. De diverse bestemmingen worden op een plankaart precies aangegeven. Een ander voorbeeld van een plan is het Nationale milieubeleidsplan, dat eens in de vier jaar wordt vastgesteld door de voor het milieubeleid verantwoordelijke minister en dat de hoofdzaken van het door de regering te voeren milieubeleid bevat (vgl. art. 4.3 Wet milieubeheer).

Het rechtskarakter van de diverse plannen loopt nogal uiteen. Veel plannen zijn slechts van *indicatieve aard*; zij geven alleen beleidsvoornemens aan, welke uitgevoerd kunnen worden (maar niet behoeven te worden) door middel van de diverse instrumenten waarover de overheid beschikt. Een voorbeeld van een plan dat grotendeels

9 Zie hierover H.J.A.M. van Geest, Plannen in het bestuursrecht, Zwolle 1989, en G.A.C.M. van Ballegooij, Plannen in het welzijnsrecht en het gezondheidsrecht, Deventer 1997.

indicatief is, is het al genoemde Nationale milieubeleidsplan, dat weliswaar veel mooie voornemens voor een beter milieu bevat, maar dat op zichzelf vrijwel geen definitieve rechtsgevolgen heeft. Dit plan kan in zoverre daarom niet worden aangemerkt als een besluit in de zin van de Awb. In Awb-termen is dit plan grotendeels dan ook geen *besluit* van algemene strekking, maar een *beslissing* van algemene strekking.

Andere plannen zijn wel *juridisch bindend*, omdat zij als basis dienen voor de afgifte en weigering van vergunningen. Zo kan bijvoorbeeld een bouwvergunning alleen worden verleend wanneer het bouwwerk past in het, voor het desbetreffende gebied vastgestelde, bestemmingsplan (vgl. art. 44 Woningwet). Zo'n bindend plan onderscheidt zich zowel van algemeen verbindende voorschriften als van beschikkingen doordat het gericht is op een samenhangend geheel van concrete rechtsgevolgen. Het schept – anders dan algemeen verbindende voorschriften – geen gelijkelijk voor een ieder geldende en voor herhaalde toepassing vatbare normen: het geeft immers alleen aan welke bestemming bepaalde gronden zullen hebben. Daarnaast is het plan vanwege de daarin aanwezige samenhang in het algemeen geen beschikking: het is niet gericht op individuele en concrete rechtsgevolgen.

4.3.6 Beleidsregels

Het laatste hier te bespreken type 'besluiten van algemene strekking' zijn de zogenaamde beleidsregels.[10] Ingevolge artikel 1:3, vierde lid, Awb, wordt onder een *beleidsregel* verstaan 'een bij besluit vastgestelde algemene regel, niet zijnde een algemeen verbindend voorschrift, omtrent de afweging van belangen, de vaststelling van feiten of de uitleg van wettelijke voorschriften bij het gebruik van een bevoegdheid van een bestuursorgaan.' Om deze mondvol enigszins te kunnen begrijpen, moet kort worden ingegaan op de beschikkingsbevoegdheid. In de volgende subparagraaf komt deze bevoegdheid uitvoeriger aan de orde.

Het nemen van een beschikking – een besluit voor een concreet geval – door een bestuursorgaan wordt soms volledig of in hoge mate gedicteerd door de wettelijke bepaling waarin de beschikkingsbevoegdheid is toegekend. Men spreekt dan van een *gebonden* bevoegdheid. Veel vaker komt het echter voor dat het wettelijke kader het bestuursorgaan bij het nemen van de beschikking een meer of minder ruime mate van beleidsvrijheid laat; in zoverre zijn dat *vrije* beschikkingen. Zo kan men in de hardheidsclausule van artikel 11.5 van de Wet studiefinanciering 2000 lezen dat de Hoofddirectie van de IBG de wet buiten toepassing kan laten of daarvan kan afwijken, en dus bijvoorbeeld (in afwijking van de wet) toch studiefinanciering kan toekennen voorzover het onverkort toepassen van de wet leidt tot een 'onbillijkheid van overwegende aard'. Een soortelijke open norm geeft artikel 13, onder b, van de Vreemdelingenwet 2000, dat bepaalt dat een verblijfsvergunning aan een vreemdeling (behoudens interna-

10 Het standaardwerk omtrent dit onderwerp is J.H. van Kreveld, Beleidsregels in het recht, Deventer 1983.

tionale verplichtingen en klemmende redenen van humanitaire aard) slechts wordt verleend indien met 'de aanwezigheid van de vreemdeling een wezenlijk Nederlands belang is gediend'. Wanneer nu een aanvraag om studiefinanciering of een verblijfsvergunning wordt ingediend, zal het bevoegde bestuursorgaan zich soms moeten buigen over de vraag of er in dat concrete geval gronden zijn om de aanvraag om redenen van het voorkomen van 'onbillijkheid van overwegende aard', respectievelijk om redenen van een 'wezenlijk Nederlands belang', toe te wijzen. De invulling die in dat concrete geval aan deze vage criteria wordt gegeven mag uiteraard niet willekeurig zijn. De besluitvorming (die feitelijke vaak door grote aantallen ambtenaren plaats zal vinden) zal consistent moeten zijn met die in eerdere vergelijkbare gevallen en bovendien voorspelbaar. Om aan deze eisen van consistentie en voorspelbaarheid te voldoen is het noodzakelijk, dat het bestuursorgaan te voren nadere regels vaststelt over de wijze waarop deze beschikkingsbevoegdheden in het concrete geval zullen worden toegepast. Deze regels worden *beleidsregels* genoemd. Het juridisch en maatschappelijk belang van beleidsregels moet niet worden onderschat. Omdat min of meer 'vrije' beschikkingsbevoegdheden in algemeen verbindende voorschriften op grote schaal voorkomen, is er in Nederland waarschijnlijk geen enkel beleidsterrein waarop beleidsregels geen rol spelen.

Beleidsregels vertonen gelijkenis met algemeen verbindende voorschriften, omdat ze zijn gericht op een onbepaalbare, open groep van personen/gevallen; zij worden daarom gerekend tot de besluiten van algemene strekking. Ze lijken vaak ook in hun feitelijke effect op wetgeving; daarom worden ze ook wel aangeduid als *pseudowetgeving*. Juridisch verschillen beleidsregels echter van algemeen verbindende voorschriften, omdat zij niet krachtens een regelgevende bevoegdheid, maar krachtens een beschikkingsbevoegdheid worden gegeven. Ook hun juridische binding is anders dan die van algemeen verbindende voorschriften en bindende plannen. Kort gezegd komt het erop neer dat beleidsregels niet de burgers binden, maar uitsluitend het bestuursorgaan dat de beleidsregel heeft vastgesteld. Omdat het vraagstuk van de juridische binding van beleidsregels nauw samenhangt met de normering van overheidsbevoegdheden, wordt dit in § 4.5.4.2 behandeld.

4.3.7 Beschikkingen

Het binden van burgers vindt in eerste instantie plaats in algemeen verbindende voorschriften en andere besluiten van algemene strekking. Veelal zijn de daarin neergelegde normen echter nog niet voldoende precies en moeten ze door bestuursorganen nader worden geconcretiseerd, dus worden toegespitst op het individuele geval. In het algemeen geschiedt deze concretisering door middel van een beschikking. In artikel 1:3, tweede lid, Awb wordt de *beschikking* gedefinieerd als 'een besluit dat niet van algemene strekking is'. Een beschikking is met andere woorden een schriftelijke beslissing waarmee een bestuursorgaan in het *concrete* geval een (door hem beoogde) wijziging in de publiekrechtelijke rechten en plichten van een of meer burgers tot stand brengt.

Het al dan niet zijn van een 'beschikking' in de zin van de Awb is van belang in verband met de toepasselijkheid van deze wet. Zo zijn de regels van titel 4.1 van de Awb alleen van toepassing op beschikkingen. Verder bevat titel 4.2 nadere regels voor een specifieke groep beschikkingen, inzake subsidies, en besteden de afdelingen 5.2 en 5.3 aandacht aan een tweetal belangrijke sanctiebeschikkingen. Omdat een beschikking per definitie ook een besluit in de zin van de Awb is, gelden voor beschikkingen uiteraard ook de algemene regels voor besluiten van hoofdstuk 3 Awb en de bepalingen met betrekking tot de rechtsbescherming van de hoofdstukken 6 t/m 8 Awb.

De bevoegdheid tot het geven van beschikkingen komt in de wetgeving zeer frequent voor. In het voorafgaande zijn we reeds diverse voorbeelden tegengekomen: de verlening van een bouw- of milieuvergunning, de subsidieverlening, de toekenning van studiefinanciering, de verlening van een verblijfsvergunning aan een vreemdeling, de verlening van een ventvergunning en de aanwijzing van een gebied als beschermd natuurgebied. Daarnaast kunnen ter illustratie nog worden genoemd de aanstelling van een ambtenaar, de belastingaanslag, de toekenning van een sociale uitkering en de verlening van een Bachelor- of Master-graad. Niet alleen de positieve verlening van de hier genoemde beslissingen zijn beschikkingen, maar ook de weigering en de intrekking hiervan.

Beschikkingen kunnen op diverse manieren nader worden ingedeeld. In de vorige paragraaf is reeds het onderscheid tussen *gebonden* en *vrije beschikkingen* genoemd, waarbij overigens moet worden benadrukt dat het hierbij gaat om twee uitersten: de meeste beschikkingen zijn min of meer gebonden dan wel min of meer vrij. Een beschikking is gebonden voorzover ze door de wettelijke regeling waarop ze berust, gedicteerd wordt. Te denken valt in dit verband aan de verstrekking van een AOW-uitkering of de afgifte van een rijbewijs. Bij deze beschikkingen schrijft de wettelijke regeling uitputtend voor in welke gevallen zij moeten worden verleend en hoe zij eruit moeten zien. Bij de verlening van deze beschikkingen kan het bestuursorgaan zich dus beperken tot een mechanische toepassing van deze wettelijke criteria. De meeste beschikkingen zijn evenwel niet volstrekt gebonden. In dat geval geeft de wettelijke regeling het bestuursorgaan een (zekere) discretionaire beschikkingsbevoegdheid, dat wil zeggen enige of zelfs een grote mate van beslissingsvrijheid. Zo is sprake van een vergaand vrije beschikking als het gaat om beslissingen op het verzoek om een ventvergunning die 'in het belang van de openbare orde' kan worden geweigerd. Het onderscheid tussen gebonden en vrije beschikkingen is vooral van belang voor de normering van deze bevoegdheid. Hierop wordt in § 4.5 nader ingegaan.

Een ander onderscheid dat wel wordt gemaakt, is dat tussen *begunstigende* en *belastende beschikkingen*. Begunstigende beschikkingen zijn beschikkingen die burgers een voordeel opleveren, met andere woorden waarin rechten of aanspraken aan hen worden toegekend. Voorbeelden zijn een bouwvergunning of een subsidiebeschikking. In belastende beschikkingen wordt aan burgers een verplichting of een last opgelegd, die er vóór die beschikking niet was. Een inmiddels achterhaald, maar niettemin duidelijk voorbeeld was de oproeping voor militaire dienst. Andere voorbeelden zijn bestuurlijke sancties, zoals de oplegging van een boete of een aanzegging dat men bestuursdwang zal gaan uitoefenen.

Aan begunstigende beschikkingen worden doorgaans randvoorwaarden, *voorschriften* verbonden. Houd voor ogen dat deze voorschriften niet het karakter hebben van wettelijke voorschriften: zij zien alleen op het concrete geval, de individuele burger tot wie de beschikking zich richt. In deze voorschriften worden aan die burger verplichtingen opgelegd die hij in acht moet nemen bij het gebruik van de begunstigende beschikking. Zo wordt aan een kapvergunning soms het voorschrift verbonden dat elders een nieuwe boom moet worden geplant. Aan milieuvergunningen zijn vaak vele honderden voorschriften verbonden. De milieuvergunning zelf is beperkt tot het vergunnen aan een bedrijf van het oprichten of in werking hebben van een nieuw bedrijfscomplex of nieuwe installatie. In de voorschriften wordt vervolgens precies bepaald hoeveel gevaarlijke stoffen maximaal door het bedrijf mogen worden uitgestoten, welke milieuvriendelijke voorzieningen daartoe moeten worden getroffen, hoeveel geluidhinder het bedrijf mag veroorzaken, hoeveel giftige stoffen mogen worden geloosd op het oppervlaktewater, et cetera.

Beziet men de beschikking in relatie tot de diverse besluiten van algemene strekking, dan is de beschikking als het ware het eindpunt van zogenaamde *gelede normstelling* in de vorm van een getrapt opgebouwde keten van overheidsbesluiten. Deze keten vangt meestal aan met formele wetgeving, die een algemeen kader van normen en bevoegdheden schept. Dit kader wordt vervolgens veelal nader uitgewerkt in regelgeving en plannen afkomstig van (andere) centrale bestuursorganen zoals de regering, en van decentrale bestuursorganen zoals de gemeenteraad. Ten slotte culmineert toepassing van dit samenstel van regelingen op de concrete situatie van de burger in een beschikking, de voor de burger geldende 'norm' in zijn individuele geval. Zo schept de formele wetgever een kaderregeling in de vorm van de Wet op de Ruimtelijke Ordening (WRO); dit kader wordt nader ingevuld door een door de regering gegeven algemene maatregel van bestuur, het Besluit op de ruimtelijke ordening 1985 (het Bro 1985, gegeven op basis van een aantal bepalingen in de WRO); de gemeenteraad maakt op basis van en met inachtneming van (o.a.) deze regelgeving een bestemmingsplan, waarin kan worden bepaald, dat het verboden is binnen een aangegeven gebied werken die geen bouwwerken zijn (bijv. een parkeerplaats) uit te voeren zonder aanlegvergunning (art. 10 en 14 WRO); en ten slotte beslist het college van b en w in de vorm van een beschikking op basis van en met inachtneming van onder meer deze regelingen en het bestemmingsplan op een aanvraag van een burger om een aanlegvergunning (art. 44, eerste lid, en 46, eerste lid, WRO).

Soms vangt gelede normstelling aan met een samenstel van meerdere formele wetten en daarop gebaseerde regelingen. Zo geven de Wet op de Ruimtelijke Ordening en de Woningwet gezamenlijk een kaderregeling voor bouwwerken. Dit kader wordt nader ingevuld door twee, door de regering op basis van deze respectievelijke wetten gegeven algemene maatregelen van bestuur, het Bro 1985 (gegeven op grond van de WRO) en het Bouwbesluit (gegeven op grond van art. 2 Woningwet). De gemeenteraad maakt op basis van en met inachtneming van onder meer deze regelgeving een bestemmingsplan waarin (mede) de bestemming van de gronden vastgelegd is, respectievelijk een bouwverordening (ex art. 8 Woningwet) waarin bouwvoorschriften neergelegd zijn. En ten slotte beschikt het college van burgemeester en wethouders op basis van en met inachtneming van (o.a.) deze regelingen en het bestemmingsplan op een aanvraag van een burger om een bouwvergunning (art. 44 jo. 40, eerste lid, Woningwet). In schema:

WRO	Woningwet	formele wetgever
|	|	
Bro 1985	Bouwbesluit	regering
|	|	
bestemmingsplan	bouwverordening	gemeenteraad
|	|	
bouwvergunning		college van b en w

4.3.8 Samenvatting

In het voorgaande is besproken *welke bevoegdheden* de overheidsinstanties kunnen hebben. Een centrale bevoegdheid bleek (naast het geven van formele wetten en het doen van rechterlijke uitspraken) de bevoegdheid te zijn om besluiten in de zin van de Awb te nemen. Een besluit is een schriftelijke beslissing van een bestuursorgaan waarmee door het orgaan beoogde wijzigingen in de publiekrechtelijke rechten en plichten van een of meer burgers tot stand worden gebracht. Deze besluiten kunnen zowel een *algemene* strekking hebben – het gaat dan om algemeen verbindende voorschriften, diverse plannen of beleidsregels – als een *concrete* strekking. In het laatste geval spreken we van beschikkingen.

Behalve de bevoegdheid om besluiten in de zin van de Awb te nemen, zijn er zoals gezegd nog de publiekrechtelijke bevoegdheden die door de wetgevende macht en de onafhankelijke rechters worden uitgeoefend. Omdat deze instanties niet als bestuursorgaan in de zin van de Awb worden aangemerkt, zijn de beslissingen van deze ambten – de wetten in formele zin, respectievelijk rechterlijke uitspraken – geen besluiten in de zin van de Awb. Uiteraard worden met behulp van formele wetgeving (veelal ook algemeen verbindende voorschriften bevattend) en rechterlijke uitspraken wel (beoogde) wijzigingen in de rechten en plichten van burgers tot stand gebracht.

4.4 HET VERKRIJGEN VAN OVERHEIDSBEVOEGDHEDEN (*HOE?*)

4.4.1 Inleiding

Nu is vastgesteld welke instanties dragers van overheidsbevoegdheden kunnen zijn en welke bevoegdheden deze instanties kunnen hebben, komen we toe aan de derde vraag die in § 4.1 is gesteld: *hoe verkrijgen* deze overheidsinstanties hun bevoegdheden? In dit verband worden drie exercities verricht. In de eerste plaats wordt in § 4.4.2 ingegaan op de twee manieren waarop bevoegdheden kunnen worden verkregen, attributie en delegatie, en op het verschijnsel van mandaat. De terminologie die de Awb in dit verband hanteert staat in dit betoog centraal. Vervolgens wordt in § 4.4.3 nader ingegaan op de bevoegdheidsverkrijging in de sfeer van de regelgeving. Achtergrond van deze bespreking is het legaliteitsbeginsel; daarbij krijgt de relatie met de Grondwet speciale aandacht. Ten slotte wordt in § 4.4.4 mede in verband met het verkrijgingsvraagstuk nader ingegaan op de reikwijdte van het legaliteitsbeginsel, zoals dat in het verleden en thans functioneert.

4.4.2 Attributie, delegatie en mandaat

Er zijn twee manieren waarlangs overheidsinstanties aan een publiekrechtelijke bevoegdheid kunnen komen, namelijk via attributie en delegatie. Bij *attributie* wordt een *nieuwe* bevoegdheid gecreëerd en toegedeeld aan een ambt. Attributie ligt ten grondslag aan alle bevoegdheden; wil een bevoegdheid bestaan, dan zal zij in eerste instantie in het leven moeten zijn geroepen. Zo vindt men vele voorbeelden van attributie in de Grondwet, waar de formele wetgever de bevoegdheid krijgt een bepaalde materie te regelen. Voorbeelden van attributie door de grondwetgever aan de formele wetgever ziet men bijvoorbeeld in artikel 20 Grondwet, waarin is bepaald dat de *wet* regels stelt omtrent de aanspraken op sociale zekerheid (tweede lid), alsmede dat Nederlanders hier te lande, die niet in het bestaan kunnen voorzien, een bij de *wet* te regelen recht op bijstand van overheidswege hebben. De formele wetgever heeft aan die geattribueerde bevoegdheid inhoud gegeven door allerlei sociale zekerheidswetten, alsmede de Wet werk en bijstand, vast te stellen. Verdere voorbeelden geven we in § 4.4.3.

Ook de formele wetgever gaat in veel gevallen tot attributie over. Zo attribueert de wetgever in artikel 10 Wet op de Ruimtelijke Ordening de bevoegdheid om bestemmingsplannen vast te stellen aan de gemeenteraad, en vindt attributie aan het college van b en w van de bestuursbevoegdheid om bouwvergunningen af te geven in artikel 40 van de Woningwet. Een ander voorbeeld: artikel 7, eerste lid, en 10 Rijkswet op het Nederlanderschap attribueren de bevoegdheid tot verlening van het Nederlanderschap aan de Kroon (de regering); de afwijzingsbevoegdheid is blijkens artikel 9, vierde lid, van de wet geattribueerd aan de minister van Justitie. Bevoegdheden kunnen door de wetgever ook worden geattribueerd aan gedeconcentreerde ambtenaren. Zo attribueert artikel 11 Algemene wet inzake rijksbelastingen de bevoegdheid tot het vaststellen van belastingaanslagen aan de inspecteur der belastingen. Zoals in § 4.2.2 is aangegeven, worden deze ambtenaren daarom aangemerkt als een bestuursorgaan in de zin van de Awb.

Attributie van overheidsbevoegdheden is slechts mogelijk door een ambt dat de bevoegdheid heeft algemeen verbindende voorschriften tot stand te brengen. Regelgevende bevoegdheden kunnen alleen worden geattribueerd door de (grond)wetgever. *Bestuurs*bevoegdheden zoals een beschikkingsbevoegdheid kunnen echter ook geattribueerd worden door lagere regelgevers. Zo kan de gemeenteraad bij verordening op grond van artikel 147 Gemeentewet een vergunningenstelsel in het leven roepen, en daarbij aan het college van b en w de bestuursbevoegdheid attribueren om op basis van de criteria in de verordening vergunningen te verlenen.

Delegatie is volgens artikel 10:13 Awb het overdragen door een bestuursorgaan van zijn (*bestaande*) bevoegdheid tot het nemen van besluiten aan een ander orgaan dat deze bevoegdheid dan onder eigen naam en verantwoordelijkheid gaat uitoefenen. Degene die de bevoegdheid overdraagt wordt delegans genoemd; degene aan wie gedelegeerd wordt, heet delegataris. Omdat delegatie een reeds bestaande bevoegdheid betreft, gaat aan delegatie altijd attributie vooraf. Immers, pas na bevoegdheidsschepping is bevoegdheidsoverdracht mogelijk. Delegatie is privatief: een eenmaal gedelegeerde bevoegdheid kan door de delegans niet meer zelf worden uitgeoefend, hij is deze bevoegdheid kwijt (art. 10:17 Awb). Wel kan de delegans de delegatie intrekken, en daardoor zijn uit handen gegeven bevoegdheid weer terugkrijgen (art. 10:18 Awb).

Delegatie van bevoegdheden kan alleen geschieden indien in de bevoegdheid tot delegatie bij wettelijk voorschrift is voorzien (art. 10:15 Awb). De gedachte hierachter is dat de regelgever door attributie een bevoegdheid heeft geschapen en toebedeeld aan een specifiek door hem aangewezen orgaan. Delegatie zonder een daartoe door de regelgever verschafte grondslag zou een handelen in strijd met deze uitdrukkelijke toedeling impliceren en moet dus worden afgewezen.

De bevoegdheid om te delegeren staat vaak in dezelfde wet die ook de attributie bevat. Zo bevat artikel 18, eerste lid, onder d, Wegenverkeerswet zowel de attributie van de bevoegdheid tot het nemen van verkeersbesluiten (bijv. het plaatsen van een verkeersbord) aan de gemeenteraad, als de mogelijkheid voor de gemeenteraad om deze bevoegdheid te delegeren aan burgemeester en wethouder of een gemeentelijke commissie. En zo attribueert artikel 10 WRO de bestemmingsplanbevoegdheid aan de gemeenteraad, en attribueert artikel 11 WRO aan de raad de mogelijkheid om de bevoegdheid tot nadere uitwerking en gedeeltelijke wijziging van het plan aan het college van b en w te delegeren. Daarnaast komen algemene delegatiebepalingen voor. Een voorbeeld biedt artikel 156 Gemeentewet dat het mogelijk maakt om bevoegdheden van de gemeenteraad over te dragen aan het college van b en w, aan een gemeentelijke commissie of aan een deelraad.

Delegatie van bevoegdheden mag niet aan ondergeschikte ambtenaren geschieden (art. 10:14 Awb). De ratio van dit delegatieverbod is dat de hiërarchische ondergeschiktheid van ambtenaren aan het bestuursorgaan zich niet verdraagt met de essentie van delegatie, dat de delegataris zijn bevoegdheden onder eigen verantwoordelijkheid uitoefent. Wil men bevoegdheden laten uitoefenen door ambtenaren, dan is mandaatverlening de aangewezen weg.

Van attributie en delegatie dient *mandaat* onderscheiden te worden. Bij mandaat machtigt een bestuursorgaan een ander om een bevoegdheid in naam en onder verantwoordelijkheid van het bestuursorgaan uit te oefenen (art. 10:1 Awb). Het mandaterend bestuursorgaan wordt mandans of mandaatgever genoemd; de ontvanger van het mandaat heet mandataris of gemandateerde. Een door een mandataris genomen besluit geldt als een besluit van de mandaatgever (art. 10:2 Awb). Omdat de bevoegdheid om het besluit te nemen juridisch is en blijft gesitueerd bij de mandaatgever (het bestuursorgaan), is bij mandaat geen sprake van een scheppende toekenning van bevoegdheden (attributie) en al evenmin van overdracht van bevoegdheden (delegatie). De mandaatgever blijft ook bevoegd om de gemandateerde bevoegdheid zelf uit te oefenen (art. 10:7 Awb); bovendien kan de mandaatgever per geval of in het algemeen instructies geven ter zake van de uitoefening van de gemandateerde bevoegdheid. Mandaat wordt met name gebruikt bij bestuursbevoegdheden; mandaat van regelgevende bevoegdheid komt nauwelijks voor.

Mandaat wordt doorgaans verleend aan *hiërarchisch ondergeschikte ambtenaren*. De achtergrond van het verschijnsel mandatering is dat bestuursorganen per dag vaak vele honderden besluiten moeten nemen. Menselijkerwijs is het niet mogelijk dat zij al deze besluiten feitelijk zelf nemen. Daarom dragen zij hun ambtenaren op om deze bevoegdheid in mandaat uit te oefenen.

Mandaat aan niet-ondergeschikte ambtenaren – bijvoorbeeld aan een ambtenaar van een ander openbaar lichaam – is denkbaar, maar dan behoeft de mandaatverlening instemming van de gemandateerde en van degene onder wiens verantwoordelijkheid deze werkt (art. 10:4 Awb). Overigens kan mandaatverlening aan niet-ondergeschikte ambtenaren problematisch zijn, omdat het mandaterend bestuursorgaan geen ambtelijk-hiërarchische mogelijkheden heeft om zijn uiteindelijke verantwoordelijkheid voor de besluitvorming waar te maken.

Ten slotte ziet men soms mandaatconstructies binnen een bestuursorgaan. Zo bepaalt artikel 168, tweede lid, Gemeentewet dat het college van b en w de uitoefening van zijn bevoegdheden kan opdragen aan een of meer leden van het college. De bijvoorbeeld aan een der wethouders opgedragen bevoegdheden worden door hem dan uit naam en onder verantwoordelijkheid van het college uitgeoefend.

Omdat bij mandaatverlening de bevoegdheid om besluiten te nemen juridisch blijft liggen bij de mandaatgever, is mandaat in beginsel altijd mogelijk, tenzij bij wettelijk voorschrift anders is bepaald of de aard van de bevoegdheid zich tegen de mandaatverlening verzet (art. 10:3, eerste lid, Awb). Naast de in het tweede lid van artikel 10:3 Awb genoemde beperkingen kan worden gedacht aan bevoegdheden die aan personen toegekend zijn omwille van hun kwalificaties. Denk bijvoorbeeld aan examinatoren aan een openbare universiteit of hogeschool: het zou niet acceptabel zijn dat zij het afnemen van tentamens zouden mandateren aan studenten. Evenmin is het aanvaardbaar als koningin Beatrix haar bevoegdheid tot ondertekening van wetten en koninklijke besluiten (artikel 47 Grondwet) zou mandateren aan bijvoorbeeld een minister: de persoonsgebondenheid van haar ambt verzet zich daartegen. En evenzo verzet de aard van de bevoegdheid zich tegen mandatering wanneer deze bevoegdheid niet in de sfeer van de normale bevoegdheden van de mandataris ligt. Zo kan de bevoegdheid om te beslissen over een bouwvergunningsaanvraag niet worden gemandateerd aan de portier van het gemeentehuis.

4.4.3 Verkrijging van regelgevende bevoegdheden[11]

4.4.3.1 Vraagstelling

In het voorafgaande zijn in abstracto de diverse wijzen van bevoegdheidsverkrijging uiteengezet. In deze paragraaf wordt deze thematiek nader uitgewerkt voor de *regelgevende bevoegdheid op rijksniveau*. Dit zal geschieden tegen de achtergrond van het legaliteitsbeginsel. Meer in het bijzonder staat daarbij de volgende vraag centraal: betekent de eis dat er een wettelijke grondslag voor de burgers bindend overheidsoptreden moet bestaan, dat de formele wetgever, waaraan de volksvertegenwoordiging deel heeft, zelf de volledige grondslag moet verschaffen; of mag de wetgever deze taak ook ten dele overdragen aan regering of ministers? Dat laatste geeft een remedie tegen overbelasting van de wetgever, maar het betekent wel, dat niet-vertegenwoordigende overheidsorganen die nu juist een wettelijke grondslag nodig hebben voor hun optreden, gemachtigd worden om zelf die grondslag voor andere overheidsorganen in het leven te roepen.

Voor de beantwoording van deze vraag moeten we ons goed realiseren wat we bedoelen met een wettelijke grondslag voor het burgers bindende overheidsoptreden. Een burger kan enerzijds gebonden worden doordat een algemene regel, die verplichtingen bevat, op hem van toepassing is. Zo bevat bijvoorbeeld het Wetboek van Strafrecht een groot aantal algemeen geldende verboden, dat wil zeggen onthoudingsverplichtingen. Uit artikel 310 Sr bijvoorbeeld vloeit de plicht voort van andermans eigendom af te blijven.

Anderzijds kan een burger gebonden worden doordat hem in concreto bij beschikking een verplichting wordt opgelegd: denk aan een bestuurlijke sanctie, bijvoorbeeld het opleggen van een bestuurlijke boete of dwangsom. Maar ook dan moet er een algemene regel zijn, die aangeeft dat de burger gehouden is om aan de beschikking gevolg te geven. Men kan het ook anders zeggen: de bevoegdheid van een overheidsorgaan om een bindende beschikking te geven is het spiegelbeeld van de verplichting van de burger om gevolg te geven aan zodanige beschikking. Vandaar dat de eis van een wettelijke grondslag voor een burgers bindend overheidsoptreden uiteindelijk neerkomt op de eis dat er een wettelijke grondslag is voor de vaststelling van regels die de burger binden. Zodanige regels zullen veelal een bestuursorgaan aanwijzen, dat de regeling concretiseert in de vorm van een beschikking.

Vraag is nu: moet deze grondslag altijd rechtstreeks door de wetgever zelf worden geleverd, of kan dat eventueel ook door middel van tussenschakels?

Deze vraag is in ons staatsrecht aldus beantwoord, dat de formele wetgever – inclusief in zijn bijzondere, gekwalificeerde, gedaante als grondwetgever – in beginsel aan regering, ministers, en eventueel zelfs aan ambtenaren, een specifieke bevoegdheid mag verlenen tot het vaststellen van bepaalde burgers bindende regels. Een *algemene*

11 Zie hierover W. Voermans, Toedeling van bevoegdheid, Den Haag 2004.

bevoegdheid tot vaststelling van dergelijke regels heeft echter uitsluitend de formele wetgever (art. 81 Gw). Juist omdat de formele wetgever een mede door de volksvertegenwoordiging gevormd orgaan is, en juist omdat hij niet zelf uitvoerend orgaan is van zijn eigen wetgeving, kan aan hem een algemene bevoegdheid worden toevertrouwd. Een algemene bevoegdheid, toevertrouwd aan een niet-vertegenwoordigend orgaan dat zelf met de uitvoering is belast, zou echter strijdig zijn met de rechtsstatelijke machtenscheiding en met de democratische idee dat het volk in wetgeving moet meebeslissen.

De formele wetgever mag aan een lager orgaan derhalve niet in het algemeen machtigen tot het vaststellen van burgers bindende regels (bijvoorbeeld in de zin van: 'De minister van VWS mag verordeningen vaststellen waarvan overtreding gestraft wordt met (...))'. Wel mag de wetgever veelal, wanneer hij met betrekking tot een bepaalde materie wettelijke voorschriften geeft, aan andere overheidsorganen door middel van een *specifieke* machtiging bevoegdheden tot nadere uitwerking in burgers bindende regelgeving verlenen (delegatie). Zelfs is mogelijk, dat hij aan een overheidsorgaan tevens de bevoegdheid geeft om een deel van die opdracht tot het geven van burgers bindende regelingen aan een *derde* overheidsorgaan over te dragen (subdelegatie).

4.4.3.2 Attributie en delegatie van regelgevende bevoegdheden[12]

Bij de in de vorige paragraaf genoemde creatie en overdracht van regelgevende bevoegdheden wordt gebruik gemaakt van de twee manieren waarlangs overheidsinstanties bevoegdheden in algemene zin kunnen krijgen, namelijk via de in § 4.4.2 genoemde instrumenten *attributie en delegatie*. Zoals al aangegeven, houdt attributie de creatie en toekenning in van een nog niet eerder bestaande bevoegdheid, in die zin dat het ene orgaan, bijvoorbeeld de formele wetgever, een nieuwe bevoegdheid voor een ander orgaan in het leven roept. Delegatie houdt in, dat een reeds bestaande bevoegdheid wordt overgedragen aan een andere instantie. Hoe dit in de sfeer van regelgeving in zijn werk gaat, kan aan de hand van het volgende voorbeeld worden geïllustreerd.

De formele wetgever heeft op grond van artikel 81 Grondwet een algemene bevoegdheid om wetten te maken. Op grond van deze bevoegdheid is de Woningwet tot stand gekomen. Daarbij heeft de formele wetgever niet alle regels op dit terrein zelf vastgesteld. Artikel 2 van de Woningwet bepaalt dat bij of krachtens algemene maatregel van bestuur uit het oogpunt van veiligheid, gezondheid, bruikbaarheid en energiezuinigheid technische voorschriften gegeven worden omtrent het bouwen van woningen, woonketen, woonwagens en andere gebouwen. In deze bepaling is dus in de eerste plaats sprake van delegatie door de formele wetgever aan de 'amvb-regelgever', de regering, van de bevoegdheid om allerlei technische voorschriften te geven voor het bouwen van woningen, et cetera. De regering heeft hieraan uitvoering gegeven door een amvb, het Bouwbesluit vast te stellen. Verder wordt door het gebruik van de term

12 J.M.E. Derks, De Grondwet en delegatie, Lelystad 1995.

'krachtens' in de frase 'bij of krachtens' van artikel 2 Woningwet aangegeven dat de regering de materie niet uitputtend – *bij* amvb – hoeft te regelen, maar haar regelgevende bevoegdheid mag subdelegeren aan de minister (die dan *krachtens* de amvb bij ministeriële regeling nadere voorschriften stelt). Het Bouwbesluit bevat daartoe een aantal opdrachten, die de minister nader moet uitwerken. De minister heeft hieraan uitvoering gegeven door diverse ministeriële verordeningen vast te stellen.

Soms draagt de Grondwet de formele wetgever expliciet op om op een bepaald terrein een formele wet te maken. Zie bijvoorbeeld artikel 105, vierde lid, Gw, waarin is bepaald: 'De wet stelt regels omtrent het beheer van de financiën van het Rijk' (het begrip 'wet' betekent in de grondwettelijke terminologie altijd wet in formele zin).[13] Ter uitvoering van deze geattribueerde bevoegdheid heeft de wetgever de Comptabiliteitswet vastgesteld.

Wanneer de *Grondwet* in een opdracht of specifieke toedeling aan de wetgever op een bepaald terrein de term 'krachtens' (meestal voorkomend in de samengestelde term 'bij of krachtens'), een vorm van het werkwoord 'regelen' of de zelfstandige naamwoorden 'regels' of 'regeling' bezigt, dan is de formele wetgever op dat terrein bevoegd tot delegatie, het overdragen aan lagere regelgevers van de middels attributie door de grondwetgever aan hem toebedeelde wetgevende bevoegdheid. Is er op dit terrein bevoegdheid tot delegatie van wetgevende bevoegdheid, dan omvat dit tevens de bevoegdheid zogenaamde subdelegatie mogelijk te maken. Als bijvoorbeeld de Grondwet een opdracht (en daarmee de bevoegdheid) tot wetgeving aan de wetgever attribueert met de bevoegdheid tot delegatie, dan mag de wetgever een deel van deze taakopdracht aan bijvoorbeeld de regering delegeren. De regering kan op haar beurt in de door haar vastgestelde amvb een deel van de aan haar gedelegeerde taakopdracht aan een minister subdelegeren als de wetgever haar hiertoe de bevoegdheid geeft.

Wordt in een specifieke grondwettelijke taakopdracht aan de formele wetgever *geen* delegatieterm gebruikt – komt daarin het woord 'krachtens' of een variant van 'regel' niet voor – dan is de formele wetgever niet bevoegd te delegeren, en zal hij de betreffende materie zelf uitputtend moeten regelen. Zo bepaalt artikel 4 Grondwet, dat beperkingen en uitzonderingen op het kiesrecht van Nederlanders bij wet dienen plaats te vinden, wat betekent dat die beperkingen en uitzonderingen *uitsluitend* bij wet – dus door de formele wetgever – vastgelegd mogen worden: vanwege het ontbreken van een delegatieterm is delegatie immers niet geoorloofd.

Hoe de overdracht van regelgevende bevoegdheden in concreto in haar werk gaat, kan worden toegelicht aan de hand van het complex van regelgeving dat tot stand is gebracht op basis van artikel 2, tweede lid, Grondwet. In deze bepaling attribueert de grondwetgever aan de formele wetgever de opdracht en bevoegdheid tot wetgeving met betrekking tot de toelating en uitzetting van vreemdelingen, en verleent hij aan de

13 Spreekt de Grondwet daarentegen van wettelijke voorschriften (bijv. in art. 94 Gw) dan wordt de wet in materiële zin, dus niet alleen formele wetgeving maar ook lagere regelgeving bedoeld.

wetgever door gebruik te maken van de term 'regelt', de bevoegdheid om een deel van deze taakopdracht te delegeren. De wetgever heeft zich van deze taak gekweten in de vorm van de Vreemdelingenwet 2000 (Vw 2000), waarbij hij evenwel een deel van zijn bevoegdheid heeft gedelegeerd aan de regering, die weer een deel van deze bevoegdheid heeft 'doorgedelegeerd' – subdelegatie – aan de minister.

Dienovereenkomstig heeft de wetgever bijvoorbeeld bepaald dat bij of krachtens algemene maatregel van bestuur regels worden gesteld omtrent de wijze van indiening en behandeling van een aanvraag tot het verlenen van een verblijfsvergunning asiel (art. 37, onder a, Vw 2000). Aldus is door de wetgever aan de regering de bevoegdheid gedelegeerd om voorschriften te stellen omtrent de aanvraag; daarbij is de regering door gebruikmaking van de term 'bij of krachtens' tevens de bevoegdheid verleend om ter zake te subdelegeren.

Vervolgens heeft de regering van deze aan haar gedelegeerde bevoegdheid gebruik gemaakt door onder meer te bepalen dat de vreemdeling zo spoedig mogelijk aan een eerste gehoor wordt onderworpen (art. 3.110, eerste lid, Vreemdelingenbesluit 2000, Vb 2000), maar het opstellen van de vragenlijst die daarbij gehanteerd moet worden gesubdelegeerd aan de minister (art. 3.110, tweede lid, Vb 2000). De minister is daarin niet geheel vrij: zo mag de vragenlijst geen vragen bevatten omtrent de beweegredenen van de aanvraag.

Van deze bevoegdheid ex artikel 3.110, tweede lid, Vb 2000 heeft de minister gebruik gemaakt door in een ministeriële regeling, het Voorschrift Vreemdelingen 2000 (VV 2000), te bepalen dat de in artikel 3.110, tweede lid, Vb 2000 bedoelde vragenlijst ten minste vragen omvat omtrent de personalia van de vreemdeling, zijn geboortplaats en geboortedatum, zijn nationaliteit en etnische afkomst et cetera (art. 3.44 VV 2000).

Aldus ontstaat een hiërarchisch stelsel van 'getrapte' ofwel 'gelaagde' regelgeving, waarbij de lagere normen hun gelding ontlenen aan hogere normen. Zo ontleent artikel 3.44 VV 2000 zijn gelding aan artikel 3.110, tweede lid, Vb 2000 dat zijn gelding weer ontleend aan artikel 37, onder a, Vw. Daarbij dienen de lagere normen te blijven binnen de marges getrokken door de hogere normen. Zo mag de vragenlijst ex artikel 3.44 VV 2000 geen betrekking hebben op de beweegredenen van de aanvraag, omdat dat in strijd zou zijn met artikel 3.110, tweede lid, Vb 2000.

In een schema ziet dit er als volgt uit:

artikel 2, tweede lid, Grondwet: 'De wet regelt de toelating en uitzetting van vreemdelingen.'	= attributie door de grondwetgever aan de formele wetgever (met bevoegdheid tot delegatie ('regelt'))
artikel 37, onder a, Vw 2000: 'Bij of krachtens algemene maatregel van bestuur worden regels gesteld omtrent: a. de wijze van indiening en behandeling van een aanvraag (...)'	= voorschrift van de formele wetgever, die de nadere invulling delegeert aan de regering (met bevoegdheid tot subdelegatie ('bij of krachtens')

artikel 3.110, tweede lid, Vb 2000: 'Het eerste gehoor geschiedt overeenkomstig een bij ministeriële regeling vastgestelde vragenlijst. De vragenlijst bevat geen vragen omtrent de beweegredenen van de aanvraag.'	= nadere concretisering van het voorschrift van de formele wetgever door de regering in een amvb, waarin de minister vervolgens wordt opgedragen een vragenlijst voor het eerste gehoor op te stellen (geen verdere delegatie mogelijk)
artikel 3.44, eerste lid, VV 2000: 'De in artikel 3:110, tweede lid, van het Besluit bedoelde vragenlijst bevat in ieder geval vragen omtrent de personalia van de vreemdeling, zijn geboorteplaats en geboortedatum (...)' etc.	= regeling van de minister, waarin wordt aangegeven welke vragen de vragenlijst ten minste omvat

Indien volgens de Grondwet delegatie toegestaan is, kan regelgevende bevoegdheid in beginsel niet alleen overgedragen worden binnen de sfeer van de centrale overheid (bijv. van de wetgever aan de regering of de minister) – zogenaamde horizontale delegatie, bevoegdheidsoverdracht binnen één overheidsverband – maar ook van de centrale overheid naar gedecentraliseerde overheidsorganen (bijv. van de wetgever aan provinciale staten of de gemeenteraad) – de zogenaamde verticale delegatie. Zo geeft artikel 9, tweede lid, Grondwet door middel van de delegatieterm 'regels' de wetgever de mogelijkheid regelgevende bevoegdheid met betrekking tot het recht tot vergadering en betoging ten behoeve van bepaalde daar genoemde doeleinden te delegeren. Van deze delegatiemogelijkheid heeft de wetgever in de Wet Openbare Manifestaties (WOM) onder andere gebruik gemaakt door de gemeenteraad de bevoegdheid te geven bij verordening vast te stellen in welke gevallen voor vergaderingen en betogingen op openbare plaatsen een voorafgaande kennisgeving vereist is (art. 4, tweede lid, WOM).

Volledigheidshalve merken wij op dat wanneer delegatie toegestaan is, er in beginsel geen grenzen zijn aan de omvang van delegatie. Soms echter verzet het onderwerp, de historie of de strekking van de betreffende bepaling zich tegen verregaande delegatie. In één enkel geval is dat tot uiting gebracht door een afwijkende delegatieterm te hanteren: met de term 'uit kracht van een wet' in artikel 104 Gw heeft de grondwetgever namelijk tot uitdrukking willen brengen dat de formele wetgever op het terrein van de belastingen terughoudend dient te zijn met delegeren, en zelf ten minste de hoofdlijnen van het belastingstelsel dient vast te leggen. In andere gevallen verzetten onderwerp en strekking van de bepaling zich tegen decentrale regelgeving (verticale delegatie). Zo ligt het vanwege het gelijkheidsbeginsel niet in de rede dat het stellen van inhoudelijke criteria ten aanzien van de toelating en uitzetting van vreemdelingen (de materie van art. 2, tweede lid, Gw) bij provinciale of gemeentelijke verordening mogelijk gemaakt wordt. Evenzo wordt uit de vrijheid van onderwijs en de gelijkwaardigheid van openbaar en bijzonder onderwijs wel afgeleid dat het stellen van deugdelijkheidseisen (kwaliteitsnormen) ter zake slechts door centrale regelgeving plaats dient te vinden (art. 23, vijfde en zesde lid, Gw).

4.4.3.3 Wordt door gedelegeerde regelgeving het legaliteitsbeginsel aangetast?

Zoals in de vorige paragraaf is gebleken, vertoont regelgeving veelal het beeld van een hiërarchisch gelaagd schakelsysteem. Via attributie en delegatie grijpt een keten van regels in elkaar. Voor zover deze regels uitmonden in overheidsoptreden dat een burgers bindend karakter heeft, geldt natuurlijk de eis van een wettelijke grondslag. Maar deze grondslag vormt veelal slechts het beginpunt van een lange keten. Wordt door deze soepele invulling van het criterium 'wettelijke grondslag' het legaliteitsbeginsel niet onderuitgehaald? Het antwoord is ja en nee.

Ja in die zin, dat van de oorspronkelijke gedachte van binding aan de formele wet weinig meer over is gebleven. Oorspronkelijk stelde men zich de zaak aldus voor ogen, dat de formele wetgever zelf enerzijds door middel van algemeen gestelde verboden en geboden de burgers verplichtingen oplegde die door de overheid werden gehandhaafd, en anderzijds aan de besturende overheid concrete bevoegdheden tot ingrijpen in vrijheid en eigendom verstrekte. Attributie en delegatie van regelgevende bevoegdheid door de wetgever aan lagere regelgevers werd oorspronkelijk weliswaar niet uitgesloten geacht, maar behoorde toch tot de uitzonderingen. Bovendien betrof het dan veelal een specifieke, nauwomlijnde bevoegdheidstoedeling. Tegenwoordig is het daarentegen zo, dat vele wetten het karakter hebben van zogenaamde 'kader' – ofwel 'raamwetgeving'; de wet zelf bevat nauwelijks inhoudelijke normen, maar verschaft voornamelijk de bevoegdheidsgrondslag voor regelgeving door regering, minister en eventueel ook organen van gedecentraliseerde overheidslichamen. Welke verplichtingen op burgers rusten zal men in bijvoorbeeld milieuwetten doorgaans slechts in zeer algemene zin kunnen traceren: de burger is gehouden gevolg te geven aan normen afkomstig van andere overheidsorganen dan de formele wetgever zelf.

Het antwoord op de hiervoor gestelde vraag is echter in zoverre negatief, dat de Grondwet op een aantal belangrijke terreinen zoals de grondrechten en het strafrecht ten aanzien van lagere regelgeving geen genoegen neemt met een blanco-delegatie, maar expliciet een specifieke wettelijke grondslag vereist. We komen hierop terug in §§ 4.4.4 en 6.7.

Het antwoord op de gestelde vraag is ook negatief in die zin, dat in de rechtspraak nauwkeurig wordt gecontroleerd of een lagere regeling die in het geding is inderdaad uiteindelijk een grondslag in de wet heeft. De wetgever moet zich derhalve uitdrukkelijk hebben uitgesproken over de mogelijkheid tot bevoegdheidsoverdracht. In het totstandkomingsproces van de wet wordt daaraan dan ook veel aandacht geschonken door regering en Staten-Generaal. Het primaat van de formele wetgever zoals dat in de rechtsstaat wordt beoogd, blijft in deze zin toch ongeschonden.

Wanneer een rechter moet oordelen over een bevoegdheidsuitoefening door een bestuursorgaan, gaat hij zorgvuldig na of deze bevoegdheidsuitoefening berust op rechtsgeldige, de burgers bindende voorschriften. Voorschriften zijn slechts rechtsgeldig indien ze herleidbaar zijn tot een formele wetsbepaling. Die herleidbaarheid betekent dat de betreffende voorschriften onderdeel uitmaken van een ononderbroken keten van attributie en delegatie van regelgeving. Ontbreekt er een schakel in deze keten, dan zijn de lagere regelingen niet rechtsgeldig, dus niet bindend (onverbindend).

Een voorbeeld hiervan biedt het Jamin-arrest.[14] Hier betrof het door de Arbeidsinspectie gestelde eisen met betrekking tot de verwarming van arbeidsruimten. De toenmalige Arbeidswet 1919 machtigde echter slechts tot het stellen van voorwaarden ter zake van de arbeidsomstandigheden bij (door de regering te geven) algemene maatregel van bestuur. Subdelegatie door de regering (aan bijv. de Inspectie) was derhalve uitgesloten. De eisen van de Inspectie waren dan ook niet rechtsgeldig.

Bij het oordelen over een bevoegdheidsuitoefening onderzoekt de rechter niet enkel of delegatie op zich is toegestaan, maar ook of de lagere regelgeving wel blijft binnen de grenzen die de daaraan ten grondslag liggende (wets)bepaling stelt. In het algemeen blijkt uit de tekst of de wetsgeschiedenis van zulk een bepaling bijvoorbeeld, dat de daarop gebaseerde lagere regelgeving slechts voor bepaalde *doeleinden* kan dienen. Wordt met die lagere regelgeving een niet door de wetsbepaling beoogd doel nagestreefd, dan is de wettelijke grondslag ondeugdelijk (de schakel in de keten is te zwak) en is die lagere regelgeving dus onverbindend. Te denken valt in dit verband aan het geval van de bakker die weigerde jodiumhoudend broodzout te gebruiken zoals was voorgeschreven door het Broodbesluit. Dit Broodbesluit was een amvb gebaseerd op artikel 16, eerste lid, Warenwet, dat voorzover in casu relevant aldus luidde: 'Bij algemene maatregel van bestuur kunnen in het belang van de volksgezondheid (...) eisen worden gesteld, waaraan bij de bereiding, de verpakking, de bewaring, de behandeling of het vervoer van bij de maatregel aangewezen waren moet worden voldaan.' Gezien de wetshistorie beoogde de wetgever met deze bepaling een wettelijke grondslag te bieden voor bij Amvb te treffen voorzieningen *ter voorkoming* van de aanwezigheid in waren van bestanddelen die schadelijk zijn voor de volksgezondheid, dan wel tekort doen aan de voedingswaarde van die waren. Nu jodering van het broodzout uitsluitend diende ter voorkoming van struma (dus niet voorgeschreven was om de productie van schadelijke of inferieure voeding te voorkomen, maar om deze voeding *extra* gezond te maken) ging het Broodbesluit volgens de Hoge Raad op dit punt verder dan de opdracht in de Warenwet toestond.[15]

4.4.4 De reikwijdte van het legaliteitsbeginsel

4.4.4.1 Inleiding

Nu de wijzen van verkrijging van overheidsbevoegdheden, meer in het bijzonder van regelgevende bevoegdheden, in kaart zijn gebracht, is voldoende basis gelegd om nader in te gaan op de reikwijdte van het legaliteitsbeginsel. Zoals in § 4.1 aangegeven, vereist dit beginsel in de klassieke opvatting dat overheidsoptreden waardoor burgers in hun vrijheid of eigendom worden beperkt op een wettelijke grondslag berust. De

14 HR 25 januari 1926, NJ 1926, 246 (Jamin).
15 HR 10 april 1984, NJ 1984, 612 (Jodiumzout).

erkenning van deze strekking van het beginsel is echter niet zonder slag of stoot gegaan. In de negentiende eeuw is hierover op hoog niveau fel gedebatteerd. De centrale vraag in dit debat was: bezit de Koning (= de regering) op grond van de Grondwet een algemene zelfstandige bevoegdheid om de burgers bindende besluiten vast te stellen, onafhankelijk van een desbetreffende formeel-wettelijke grondslag? Op deze principiële discussie en de consequenties voor vandaag de dag wordt hierna ingegaan.

In § 4.1 is voorts aangegeven dat met name door de invoering van de Awb de beperkingen van de reikwijdte van het klassieke legaliteitsbeginsel aan het verdwijnen zijn. Aan het slot van deze paragraaf wordt hierop nader ingegaan.

4.4.4.2 Zelfstandige regelgevende bevoegdheid van de regering

De vraag naar de zelfstandige regelgevende bevoegdheid van de regering betreft de omvang van de sedert 1815 in de Grondwet genoemde bevoegdheid van de Koning[16] tot het vaststellen van algemene maatregelen van bestuur. Aangenomen werd, dat deze maatregelen niet alleen de interne dienst van het overheidsapparaat konden betreffen, maar zich ook extern tot de burgers zouden kunnen richten. Dat lag ook in de lijn van de opvattingen van Koning Willem I, die door tal van regeringsmaatregelen het welzijn van zijn onderdanen wilde bevorderen.

Vaststelling van algemene regels die zich tot de burgers richten impliceert echter op zich nog niet dat burgers verplicht kunnen worden deze regels in acht te nemen. Daartoe is nodig dat een hiertoe verplichtende bepaling in het leven wordt geroepen. In concreto betekende dit: een bepaling die straf stelde op overtreding van algemene maatregelen van bestuur. Tot de zelfstandige vaststelling van strafbepalingen was de Koning volgens de Grondwet van 1815 echter niet bevoegd. Deze bevoegdheid berustte bij de wetgever. Een wetje van 1818 (de zgn. Blanketwet) stelde daarop de overtreding van algemene maatregelen van bestuur onder strafsanctie.

Uit rechtsstatelijk oogpunt was hiermee iets ernstigs geschied. Het sanctiewetje van 1818 hield eigenlijk in een algemene attributie aan de Koning tot vaststelling van de burgers bindende regels. Hiervoor, in § 4.4.3.1, hebben we gezien, dat weliswaar de formele wetgever aan de regering de bevoegdheid mag verlenen tot het vaststellen van zodanige regels, maar dat dit geen onbepaalde bevoegdheid mag zijn. Het moet een specifieke bevoegdheid zijn, in het kader van de regulering van een bepaalde materie. Door de koppeling van de strafsanctie van het wetje van 1818 aan de blijkbaar onbepaalde bevoegdheid van de Koning tot vaststelling van algemene maatregelen van bestuur was tegen deze rechtsstatelijke regel fundamenteel gezondigd.

In de tweede helft van de negentiende eeuw is dit op twee wijzen rechtgetrokken. De eerste oplossing bestond in de ontkenning van de onbepaaldheid van de bevoegdheid

16 Sinds 1840 diende onder 'Koning' verstaan te worden de koning handelende onder ministeriële verantwoordelijkheid, d.w.z. de regering.

van de Koning om algemene maatregelen van bestuur vast te stellen. In het Meerenberg-arrest van de Hoge Raad uit 1879[17] werd uit het stelsel van de Grondwet afgeleid, dat de Koning slechts op grondslag van hetzij een specifieke delegerende wet hetzij een uitdrukkelijke grondwetsbepaling[18] tot de vaststelling van algemene maatregelen van bestuur bevoegd zou zijn. Deze oplossing vooronderstelde dat algemene maatregelen van bestuur altijd burgers bindende bepalingen bevatten. In dit licht bezien was de oplossing rechtsstatelijk correct. Zij beantwoordde immers aan het vereiste, dat de burgers bindende bepalingen – zoals algemene maatregelen van bestuur – een wettelijke grondslag zouden behoeven.

De Meerenbergoplossing ging er echter aan voorbij dat algemene maatregelen van bestuur ook bepalingen zouden kunnen bevatten die de burgers niet binden. Zou dit het geval zijn, dan gold niet het klassiek-rechtsstatelijke legaliteitsbeginsel, dat alleen voor burgers bindend overheidsoptreden een (formeel) wettelijke grondslag eiste. Niettemin was in deze oplossing een wettelijke grondslag altijd nodig. Bij de grondwetsherziening van 1887 werd de Meerenbergoplossing afgezwakt. In de nieuwe grondwettelijke opzet was de bevoegdheid tot vaststelling van algemene maatregelen van bestuur onbepaald; de Koning (= regering) mocht op alle terreinen waar hem dat wenselijk voorkwam dergelijke maatregelen vaststellen, zo lang hij daarmee maar niet in strijd kwam met wet of Grondwet. Zulke maatregelen zouden zich ook tot de burgers kunnen richten. Uitdrukkelijk werd echter in de Grondwet vastgelegd, dat in de algemene maatregelen van bestuur slechts krachtens de wet bepalingen mochten worden opgenomen die door straffen werden gehandhaafd, en voorts dat de wet zelf de op te leggen straffen zou regelen (art. 56 Grondwet 1887).

Dit is een vernuftige, principieel rechtsstatelijke oplossing, die men ook nu nog in de Grondwet aantreft, met dien verstande dat niet meer wordt gesproken van 'regelen' van de op te leggen straf, maar van 'bepalen', zodat delegatie door de wetgever op dit punt is uitgesloten (art. 89, tweede lid, Gw): de wetgever zal zelf de strafhoogte moeten vaststellen. De oplossing gaat ervan uit, dat binding van burgers bij uitstek geschiedt door middel van voorschriften die door straffen worden gehandhaafd. Dergelijke voorschriften behoeven een wettelijke grondslag; en de wet zelf moet de straf bepalen.

---

17 HR 13 januari 1879, W. 4330 (Meerenberg). De Hoge Raad overwoog, dat de bevoegdheid van de Koning tot vaststelling van een algemene maatregel van bestuur hem uitdrukkelijk moest zijn toegekend 'en alzoo steunt hetzij op eenig bestanddeel van 's Konings in de Grondwet omschreven magt, hetzij op eenige directe of indirecte delegatie des wetgevers, in verband met 's Konings bevoegdheid als uitvoerende magt'. Daarbij overwoog de Raad verder 'dat ook de wet van 6 Maart 1818, in art. 1 niet kan geacht worden eene algemeene en onbepaalde bevoegdheid aan het uitvoerend gezag te verleenen'.

18 Art. 72 Grondwet van de toenmalige Grondwet bepaalde voorzover hier relevant: 'De Koning brengt ter overweging bij den Raad van State [...] alle algemeene maatregelen van inwendig bestuur.' Blijkbaar zag de Hoge Raad hierin niet de vereiste bevoegdheidstoedeling, maar een procedurevoorschrift: *als* de Koning de bevoegdheid had om op een bepaald terrein een amvb te maken, dan mocht hij zo een amvb slechts tot stand brengen na de Raad van State gehoord te hebben.

De eis dat door straffen te handhaven bepalingen in lagere regelgeving in de rijkssfeer[19] slechts krachtens de wet gegeven mogen worden, dient naar onze mening zo opgevat te worden dat dergelijke bepalingen slechts geoorloofd zijn als deze regelgeving berust op een specifieke delegatie van de formele wetgever om op een bepaald, beperkt terrein strafbepalingen in het leven te mogen roepen. Een blanketwet die het in de rijkssfeer voor lagere regelgevers mogelijk maakt om zonder een specifieke delegatiebepaling strafbepalingen te creëren,[20] is niet verenigbaar met de hiervoor geschetste historische strekking van artikel 89, tweede (en vierde) lid, Gw, dat hiertegen juist waarborgen beoogt te geven.

Het stelsel komt er dus op neer dat de formele wetgever wel het formuleren van delictsomschrijvingen kan delegeren, maar daarbij het terrein waarop dat kan geschieden, dient te omlijnen en zelf de strafhoogte moet bepalen. Zie bijvoorbeeld artikel 108, eerste lid, juncto artikel 46, tweede lid, onder b, Vreemdelingenwet 2000, waarin de formele wetgever de bevoegdheid tot het geven van met straffen te handhaven voorschriften delegeert aan de regering. De bevoegdheid van de regering is daarbij – conform het stelsel van artikel 89, tweede lid, Gw – op twee wijzen beperkt: ten eerste bepaalt de formele wetgever zelf de straf (art. 108, eerste lid, Vw 2000) en ten tweede is de bevoegdheid van de regering tot het formuleren van delictsomschrijvingen beperkt tot een specifiek terrein, namelijk beperkt tot het geven van regels omtrent de verplichtingen waaraan personen zijn onderworpen met het oog op de controle in het belang van de grensbewaking (art. 46, tweede lid, onder b, Vw 2000 jo. art. 4.4-4.15 Vb 2000).

Overigens bleef en blijft de regering vrij om ook zonder wettelijke grondslag algemene maatregelen van bestuur vast te stellen, zij het zonder strafbedreiging. Dergelijke besluiten, die berusten op artikel 89, eerste lid, Gw, heten *zelfstandige* algemene maatregelen van bestuur. Zij komen slechts sporadisch voor. Verreweg de meeste algemene maatregelen van bestuur berusten op de wet. Dat neemt niet weg dat ons constitutionele recht (naast de grondwetgever) in de rijkssfeer twee zelfstandige regelgevers kent: de formele wetgever (art. 81 Gw) en – binnen de door de Grondwet (art. 89, tweede lid) en de formele wetgever gestelde grenzen – de regering (art. 89, eerste lid, Gw). Lagere regelgeving in de rijkssfeer dan de wet of de amvb (bijvoorbeeld een ministeriële regeling) moet dus altijd te herleiden te zijn tot een formele wet of desnoods een zelfstandige amvb.

---

19 We wijzen erop dat het geschetste regime uitsluitend geldt voor vanwege het Rijk vastgestelde algemeen verbindende voorschriften, zoals vervat in amvb's (art. 89, tweede lid, Gw), ministeriële regelingen e.d. (art. 89, vierde lid, Gw). Op grond van overwegingen van decentralisatie zijn decentrale overheden binnen een door de formele wetgever gesteld maximum bevoegd om niet alleen de delictsomschrijving maar ook de strafhoogte te bepalen: zie o.a. art. 154, eerste lid, Gemeentewet en art. 150, eerste lid, Provinciewet.

20 Bijvoorbeeld in de zin van: 'De minister van VWS mag op zijn terrein verordeningen vaststellen waarvan overtreding gestraft wordt met (...).'

4.4.4.3 Uitbreiding van de reikwijdte van het legaliteitsbeginsel

De geschiedenis rond artikel 89, tweede lid, Gw is belangrijk voor de vestiging van het klassieke legaliteitsbeginsel. Sindsdien heeft de tijd echter niet stil gestaan en is de reikwijdte van dit beginsel steeds verder uitgebreid.

In de eerste plaats is dit beginsel gepositiveerd in diverse grondwetsbepalingen, zodat niet alleen strafrechtelijk overheidsoptreden jegens burgers op grondslag van de formele wet moet geschieden, maar ook overheidsoptreden dat de burger in zijn vermogen treft. In dit verband kan worden gewezen op de artikelen 14, 104 en 107, eerste lid, Gw. Van belang is verder dat volgens de grondwetssystematiek de klassieke grondrechten slechts op basis van formele wetgeving beperkt kunnen worden, ook als die beperkingen niet van strafrechtelijke of vermogensrechtelijke aard zijn. Zo zal binnentreden in het kader van toepassing van bestuursdwang in een woning tegen de wil van de bewoner slechts krachtens de wet geoorloofd zijn (art. 12, eerste lid, Gw; vgl. de Algemene wet op het binnentreden). Het opsluiten van personen (ook buiten het terrein van het strafrecht) zal evenzeer slechts op basis van een wet toegestaan zijn (art. 15, eerste lid, Gw). Van belang is ook een bepaling als artikel 109 Gw, welke ten aanzien van de rechtspositie van ambtenaren eveneens een basis in de formele wet vereist. Bijvoorbeeld de bevoegdheid tot het opleggen van disciplinaire sancties aan ambtenaren zal dus tot de wet herleid moeten kunnen worden.

Speciale aandacht vanuit de optiek van het legaliteitsbeginsel vragen de *bestuurlijke sancties*. Uit rechtsstatelijk oogpunt zou men kunnen opmerken, dat de thans in artikel 89, tweede lid, Gw opgenomen grondwettelijke oplossing van 1887 strikt genomen lacuneus is. Immers, zij gaat ervan uit, dat de binding van burgers uitsluitend door middel van strafbepalingen plaatsvindt. Denkbaar is echter, dat voorschriften in een algemene maatregel van bestuur uitsluitend met behulp van bestuurlijke sancties, bijvoorbeeld bestuursdwang of een bestuurlijke boete, worden gehandhaafd zonder dat de maatregel strafrechtelijk is gesanctioneerd. Een dergelijke handhaving zou naar onze opvatting niettemin als strijdig met de strekking van de grondwettelijke opzet worden aangemerkt, al moet worden erkend dat de Grondwet haar niet met zoveel woorden uitsluit, ja zelfs dat ter gelegenheid van de grondwetsherziening van 1887 na verwarde discussies in de Tweede Kamer deze mogelijkheid uitdrukkelijk is opengelaten. In de praktijk is van deze gelegenheid echter geen gebruik gemaakt en wordt de bevoegdheid om bestuurlijke sancties op te leggen al sinds jaar en dag bij of krachtens de formele wet toegekend. Deze praktijk is thans voor wat betreft bestuurdwang in artikel 5:22 Awb neergelegd: de bevoegdheid tot toepassing van deze sanctie bestaat slechts indien zij bij of krachtens de wet is toegekend. Voor het opleggen van een last onder dwangsom is de wettelijke grondslag te vinden in de schakelbepaling van 5:32, eerste lid, Awb.[21] Het zou een goede zaak zijn als deze gang van zaken, waarbij dergelijke

21 In het voorontwerp Vierde tranche Awb wordt deze praktijk voor *alle* bestuurlijke sancties wettelijk vastgelegd. Zie artikel 5.0.4, eerste lid, waarin wordt bepaald, dat de bevoegdheid tot het opleggen van een bestuurlijke sanctie slechts bestaat voorzover zij bij of krachtens de wet is verleend.

sancties te allen tijde op een formeel-wettelijke grondslag berusten, dwingend voorgeschreven zou worden door in artikel 89, tweede lid, Gw ook de door bestuurlijke sancties te handhaven voorschriften op te nemen.[22]

Aangezien als gevolg van de geschetste ontwikkelingen voor al het overheidsoptreden dat straf- of bestuursrechtelijk wordt gehandhaafd, dat ingrijpt in het vermogen van de burger of dat inbreuk maakt op een klassiek grondrecht de eis van een formeel-wettelijke grondslag geldt, wordt het legaliteitsbeginsel thans vrijwel volledig gerealiseerd. Maar ook voor het actief-helpend overheidsoptreden is in het algemeen een wettelijke basis geschapen: denk aan de sociale zekerheid, de studiefinanciering etc. Een van de spaarzame laatste uitzonderingen, namelijk de niet op een wettelijke grondslag berustende *subsidiebeschikking*, is met de invoering van de derde tranche Awb ook grotendeels verdwenen.

Vooral op rijksniveau kwam men veel subsidieregelingen tegen waarvoor een wettelijke grondslag ontbrak. Subsidiëring door de minister vond dan plaats op grond van een wettelijke begrotingspost. In het klassieke rechtsstaatsdenken was dit niet problematisch. Daar ging men uit van een betrekkelijk terughoudende overheid, waarvan de taken op bestuurlijk terrein voornamelijk bestonden in de vaststelling en handhaving van een aantal gedragsregels. Van actieve interventie van de overheid in het maatschappelijk leven was aanvankelijk slechts in geringe mate sprake. Tegenwoordig is dat juist wel het geval. De overheid stimuleert ter behartiging van het algemeen belang tal van maatschappelijke activiteiten door onder bepaalde voorwaarden geldmiddelen ter beschikking te stellen. Weliswaar brengt dit geen binding van de burger teweeg om deze voorwaarden in acht te nemen, maar als hij dat niet doet, komt hij niet in aanmerking voor de subsidiëring die hij voor zijn activiteiten nodig heeft. Dat kan grote maatschappelijke consequenties hebben. Men denke bijvoorbeeld aan de subsidiëring van bedrijfsactiviteiten door het ministerie van Economische Zaken, waarvan de voortzetting van een bedrijf en derhalve werkgelegenheid afhankelijk kunnen zijn.

Vanwege deze mogelijk ingrijpende effecten van subsidies op het doen en laten van de burger wordt thans in artikel 4:23 Awb Awb bepaald dat, behoudens enkele uitzonderingen, subsidieverstrekking slechts op grond van een wettelijk voorschrift plaats mag vinden. Bovendien wordt in deze wet een uitgebreide regeling gegeven van de wederzijdse rechten en plichten van subsidiegever en subsidie-ontvanger.

4.4.5 Samenvatting

De twee juridische instrumenten van bevoegdheidsverkrijging zijn attributie en delegatie. Attributie van bestuursbevoegdheden is de creatie en toekenning van een nog niet eerder bestaande bevoegdheid aan een bepaald bestuursorgaan. Bij delegatie wordt

22 Aldus ook F.J. van Ommeren, Het legaliteitsbeginsel in het staats- en bestuursrecht, RM Themis 2002, p. 134-136.

een reeds bestaande bevoegdheid door het bevoegde bestuursorgaan overgedragen aan een ander orgaan, dat deze bevoegdheid vervolgens onder eigen naam en verantwoordelijkheid uitoefent. Van attributie en delegatie moet mandaat worden onderscheiden. Bij mandaat worden geen bestuursbevoegdheden gecreëerd of overgedragen, maar draagt een bestuursorgaan een ander, meestal een hiërarchisch ondergeschikte ambtenaar, om een bevoegdheid in naam en onder verantwoordelijkheid van het bestuursorgaan uit te oefenen.

Attributie en delegatie zijn ook de instrumenten waarmee regelgevende bevoegdheden worden gecreëerd en overgedragen. Een regelgevingscomplex vertoont daardoor vaak het beeld van een gecompliceerd, hiërarchisch gelaagd schakelsysteem van steeds verder (door)gedelegeerde regelgeving, veelal beginnend bij de Grondwet en eindigend bij lagere regelgeving van bijvoorbeeld de minister (gelede normstelling). Dit systeem is niet in strijd met het legaliteitsbeginsel, zolang in de eerste plaats op belangrijke terreinen zoals de beperking van grondrechten en het burgers bindende overheidsoptreden een specifieke wettelijke grondslag aanwezig is. Bovendien moet de rechter nauwkeurig controleren of een lagere regeling die in het geding is inderdaad uiteindelijk een grondslag in de wet heeft.

4.5 BEGRENZING EN NORMERING VAN OVERHEIDSBEVOEGDHEDEN (*TOT HOEVER?*)

4.5.1 Inleiding: de verschillende eisen

Rechtmatige verkrijging van publiekrechtelijke overheidsbevoegdheden is een noodzakelijke voorwaarde om aan het legaliteitsbeginsel te voldoen. Zij is daartoe echter geen voldoende voorwaarde. Daarnaast moet de uitoefening van overheidsbevoegdheden ook worden begrensd, casu quo genormeerd door het recht. Het legaliteitsbeginsel beschermt burgers immers (ook) tegen een willekeurige en met de rechtszekerheid strijdige uitoefening van bevoegdheden. Het geeft derhalve niet alleen de *positieve* grondslag voor overheidsbevoegdheden (§§ 4.2-4.4), maar stelt daarnaast grenzen en voorwaarden aan de uitoefening van toegekende bevoegdheden (het *negatieve* aspect van het legaliteitsbeginsel). Drie vormen van begrenzing en normering van de uitoefening van publiekrechtelijke overheidsbevoegdheden kunnen worden onderscheiden.

a. *Eisen in verband met het wettelijke kader* van de bevoegdheidsuitoefening: daaronder vallen in de eerste plaats de normen die worden gesteld aan het wettelijke kader *zélf*. Bovendien moet de *toepassing* van de bevoegdheid in het concrete geval – uiteraard – binnen dit wettelijke kader blijven (§ 4.5.2).
b. *Formele normen* voor de concrete bevoegdheidsuitoefening: deze normen hebben betrekking op de organisatie en procedure van de besluitvorming. Zij kunnen onder meer worden gevonden in de Awb, in andere formele wetgeving alsmede lagere regelgeving, maar ook in het ongeschreven recht (§ 4.5.3).
c. *Materiële normen* voor de concrete bevoegdheidsuitoefening: deze normen hebben betrekking op de inhoud van de besluitvorming. Evenals de formele normen kunnen

zij worden gevonden in de Awb, in andere formele wetgeving alsmede lagere regelgeving, maar ook in het ongeschreven recht. Daarnaast stellen ook de Grondwet en het internationale recht inhoudelijke grenzen en randvoorwaarden (§ 4.5.4).

Wij bespreken deze eisen en normen primair zoals deze werken ten aanzien van de beschikkingsbevoegdheid, de bevoegdheid om op basis van een wettelijke regeling een burger via een geïndividualiseerd besluit – een beschikking – te binden.

Alvorens te beginnen met een bespreking van de normering en begrenzing van overheidsbevoegdheden, past eerst een korte opmerking over de bronnen hiervan. Zoals inmiddels niet meer zal verbazen, kan een groot deel van de normen voor de uitoefening van overheidsbevoegdheden worden gevonden in de Awb. Zo bevat hoofdstuk 3 van de Awb allerlei formele en materiële regels voor het nemen van 'besluiten' in de zin van de Awb, bijvoorbeeld over een zorgvuldige voorbereiding van besluiten en de belangenafweging. Deze regels gelden zowel voor besluiten met een concrete strekking (beschikkingen) als voor besluiten met een algemene strekking. In hoofdstuk 4 van de Awb worden vervolgens aanvullende regels gegeven voor het nemen van 'beschikkingen' in de zin van de Awb, bijvoorbeeld over de voorbereiding van beschikkingen en over de beslistermijn. De Awb-wetgever heeft de diverse wettelijke formele en materiële normen veelal niet zelf verzonnen, maar heeft deze ontleend aan de rechtspraak van de diverse bestuursrechters van vóór 1994. In deze rechtspraak waren voor de beoordeling van de uitoefening van overheidsbevoegdheden allerlei ongeschreven beginselen tot ontwikkeling gekomen, de zogenaamde beginselen van behoorlijk bestuur. In de Awb zijn veel van deze beginselen, die in de rechtspraak waren geformuleerd als toetsingsmaatstaven voor een behoorlijk overheidsoptreden, getransformeerd tot gedragsnormen voor bestuursorganen. Zo is het voorheen ongeschreven motiveringsbeginsel thans terug te vinden in artikel 3:46 en 3:47 Awb, waarin de vereisten van een deugdelijke en kenbare motivering zijn uitgewerkt. Het voorheen ongeschreven zorgvuldigheidsbeginsel is als gedragsvoorschrift voor het bestuur gecodificeerd in artikel 3:2 Awb.

De Awb is overigens niet de enige relevante bron voor normering van overheidsbevoegdheden. Deze wet is bijvoorbeeld niet van toepassing op wetten in formele zin, omdat deze niet afkomstig zijn van een bestuursorgaan, maar van de wetgevende macht. Normen hiervoor kan men wel elders vinden: zo zijn regels voor de totstandkoming hiervan bijvoorbeeld te vinden in de Grondwet (zie § 5.4.5). Echter, ook voor besluiten en beschikkingen is de Awb niet uitputtend bedoeld. Diverse belangrijke, ongeschreven beginselen van behoorlijk bestuur zijn namelijk niet in de Awb gecodificeerd. Dit geldt bijvoorbeeld voor het rechtszekerheidsbeginsel en het vertrouwensbeginsel, maar ook voor het gelijkheidsbeginsel. Deze beginselen zijn in de loop van de twintigste eeuw in de rechtspraak ontwikkeld en vormen, zoals hierna zal blijken, een belangrijk onderdeel van de normering van overheidsbevoegdheden. Kortom, behalve het geschreven al dan niet Awb-recht is ook het ongeschreven recht van belang voor de normering van de overheidsbesluitvorming.

Ten slotte merken we op dat naast de Awb en het ongeschreven recht ook andere rechtsregels overheidsbevoegdheden normeren. Te denken valt aan de fundamentele rechten in de Grondwet (de grondrechten) en het internationale recht (verdragen en EG-recht).

4.5.2 Eisen in verband met het wettelijk kader van de bevoegdheid

Wat betreft de eisen in verband met het wettelijk kader van overheidsbevoegdheden wordt hier de beschikkingsbevoegdheid als uitgangspunt worden genomen. Normering vindt hierbij op twee niveaus plaats. In de eerste plaats worden normen gesteld aan het *wettelijke kader zelf* dat de basis vormt voor de uitoefening van de beschikkingsbevoegdheid; in de tweede plaats zal het wettelijke kader in het concrete geval juist moeten worden *toegepast*.

Een voorbeeld ter verduidelijking. Stel, in een gemeentelijke verordening is bepaald dat het college van b en w een vergunning kan verlenen voor marktkramen waarin vis wordt verkocht, zolang het aantal van vijf vergunningen niet wordt overschreden; op basis van deze norm is de aanvraag om vergunning van visboer X door het college geweigerd, omdat het maximale aantal van vijf vergunningen reeds is verstrekt. De eerste vraag die in verband met de normering van overheidsbevoegdheden moet worden gesteld is dan: is de gemeenteraad überhaupt wel *bevoegd* om een verordening met deze inhoud te stellen? Mogelijk heeft de wetgever hiervoor geen grondslag geleverd, of is het stellen van een maximumnorm van vijf vergunningen een met het EG-recht strijdige beperking van de vrije marktwerking. Doorstaat de bepaling van de verordening deze beoordeling, dan komt de vraag aan de orde of de *toepassing* van deze bepaling in het concrete geval rechtmatig is. Hierbij is van belang of er al dan niet reeds vijf vergunningen waren verleend.

Bij de normering van het wettelijke voorschrift dat de basis vormt van een beschikkingsbevoegdheid zijn twee punten van belang. In de eerste plaats moet worden nagegaan of de bevoegdheid *herleidbaar is tot een formeel-wettelijke bepaling*: is de bevoegdheidstoekenning en -overdracht wel correct geschied? Zoals in § 4.4.3.3 is aangegeven, wordt in dit verband bekeken of de betreffende voorschriften waar de beschikkingsbevoegdheid op berust onderdeel uitmaken van een ononderbroken keten van attributie en delegatie van regelgeving die herleidbaar moet zijn tot een grondwettelijke of wettelijke bepaling. Ontbreekt er een schakel in deze keten, dan is de lagere regeling niet rechtsgeldig, dus niet bindend (onverbindend).

Daarnaast mogen de wettelijke voorschriften waarop de beschikkingsbevoegdheid is gebaseerd niet onverenigbaar zijn met een *voorschrift van hogere orde*. Ten aanzien van deze voorwaarde geldt allereerst een hiërarchie tussen internationaal en nationaal recht in de zin dat nationaal recht ingeval van conflict te wijken heeft voor een ieder verbindende bepalingen van verdragen en besluiten van volkenrechtelijke organisaties en voor rechtstreeks werkend EG-recht (zie § 14.2 en 14.3).

Wat betreft nationale regelgeving is er allereerst op rijksniveau een hiërarchie van regels waarbij de Koninkrijksgrondwet, het Statuut, bovenaan staat (art. 5, tweede lid, Statuut); vervolgens de Grondwet komt; waarna in rangorde volgen: de van regering en parlement afkomstige wetten in formele zin; de door de regering gegeven algemene maatregelen van bestuur, de door de regering gegeven overige koninklijke besluiten die algemeen verbindende voorschriften bevatten; de van de minister of staatssecretaris afkomstige ministeriële regelingen en de overige vanwege het Rijk (in het algemeen hoge rijksambtenaren) gegeven algemeen verbindende voorschriften.

Als vuistregel kan dienen, dat de rangorde vanaf de formele wet 'naar beneden' spoort met de volgorde in de Grondwet: formele wet (art. 81-88 Gw); amvb (art. 89, eerste tot en met derde lid, Gw); overige vanwege het Rijk vastgestelde voorschriften (art. 89, vierde lid, Gw). Een meer uitgewerkte volgorde is te vinden in de Bekendmakingswet (Bw): formele wet (art. 3, sub a, Bw); amvb, ook wel aangeduid als 'groot KB', een koninklijk besluit waarover de Raad van State is gehoord, artikel 73, eerste lid, Gw (art. 3, sub b, Bw); 'klein KB' (art. 3, sub c, Bw); ministeriële regeling (art. 4, eerste lid, sub a, Bw); overige vanwege het Rijk gegeven algemeen verbindende voorschriften (art. 4, eerste lid, sub b, Bw).

Gegeven het karakter van de eenheidsstaat is er verder sprake van voorrang van centrale regelgeving (regelgeving van het Rijk) boven decentrale regelgeving zoals provinciale en gemeentelijke verordeningen (zie bijv. art. 118, 119 Provinciewet, art. 121, 122 Gemeentewet), terwijl op decentraal niveau provinciale regelgeving prevaleert boven gemeentelijke regelgeving (art. 121, 122 Gemeentewet).

Dit levert – met weglating van enkele in de praktijk weinig voorkomende vormen van regelgeving – het volgende schema op:

een ieder verbindende verdragsbepalingen en besluiten van volkenrechtelijke organisaties — rechtstreeks werkend EG-recht

Statuut

Grondwet

formele wet

algemene maatregel van bestuur

ministeriële regeling

provinciale verordening

gemeentelijke verordening

Deze hiërarchische ladder van hogere naar lagere regels heeft een normatief karakter: lagere regels moeten in overeenstemming zijn met hogere regels. Dat betekent overigens niet, dat deze overeenstemming integraal onder rechterlijk toezicht staat. Het toezicht op de verenigbaarheid van formele wetgeving met het Statuut en de Grondwet (art. 120 Gw) is tot nu toe exclusief aan de formele wetgever zelf voorbehouden (zie § 7.4). Voor het overige is de rechter tot toetsing van lager aan hoger recht bevoegd en verplicht.

Nadat is bepaald dat het wettelijk kader van een beschikkingsbevoegdheid herleidbaar is tot een formeel-wettelijk voorschrift en het bovendien in overeenstemming is met het hogere recht, moet worden bepaald of de beschikkingsbevoegdheid *in het concrete geval in overeenstemming met het wettelijk kader is toegepast. Daartoe moeten de eisen* die het kader (de wet en de daarop gebaseerde lagere regelgeving waarop de beschikkingsbevoegdheid gefundeerd is) aan de toepassing van de bevoegdheid in het concrete geval stelt, worden afgelopen. Wanneer het bijvoorbeeld gaat om de verlening van een bouwvergunning zal het college van b en w de weigeringsgronden van artikel 44 Woningwet moeten toepassen. Het college zal met andere woorden moeten bepalen of het bouwwerk waarvoor de vergunning is aangevraagd voldoet aan de eisen die door het Bouwbesluit en door de gemeentelijke bouwverordening worden gesteld, of het bouwwerk past binnen het geldende bestemmingsplan, of het bouwwerk voldoet aan de eisen van welstand zoals bedoeld in artikel 12 van de Woningwet en of een voor het bouwwerk eventueel vereiste monumentenvergunning is verleend. Worden al deze vragen positief beantwoord, dan moet het college de vergunning verlenen. Wordt een van deze vragen negatief beantwoord, dan moet de vergunning worden geweigerd.

4.5.3 Formele normen voor de bevoegdheidsuitoefening

Als het kader waarop de bevoegdheid berust deugt – het is neergelegd in of herleidbaar tot een (Grond)wettelijke bepaling en is niet in strijd met hoger recht – en de concrete toepassing blijft binnen dat kader zijn we er nog niet. Voor de concrete toepassing van overheidsbevoegdheden, uitmondend in een beschikking, geldt daarnaast een groot aantal materiële en formele normen. Materiële normen zijn normen die betrekking hebben op de inhoud van een besluit; zij komen in de volgende paragraaf aan bod. *Formele* normen – die nu besproken worden – zijn normen die primair betrekking hebben op de organisatie en de *wijze* van besluitvorming. Deze normen zullen in acht genomen moeten worden, wil er sprake zijn van een rechtmatige bevoegdheidsuitoefening. Formele normen zijn voor een groot deel te vinden als beginselen van behoorlijk bestuur in de Awb, maar ook daarbuiten komen zij voor. Het is ondoenlijk om ze hier allemaal in kort bestek in kaart te brengen. We volstaan daarom met een bespreking van enkele van die normen.

De belangrijkste formele norm voor de besluitvorming is het vereiste van *zorgvuldige voorbereiding*. Wanneer een bestuursorgaan een besluit moet nemen, moet het ter voorbereiding hiervan de benodigde kennis omtrent de relevante feiten en de af te wegen belangen vergaren. Het bestuursorgaan zal derhalve op zoek moeten gaan naar allerlei gegevens die van belang zijn om tot een afgewogen oordeel in het concrete geval te komen. Daartoe zal het veelal noodzakelijk zijn dat het onderzoek naar de feiten laat verrichten. Wanneer het orgaan bijvoorbeeld een milieuvergunning voor een horeca-inrichting wil verlenen, zal het onderzoek onder meer betrekking moeten hebben op de mate van geluidoverlast die door de inrichting wordt veroorzaakt, alsmede op de (technische) voorzieningen die kunnen worden getroffen om hieraan wat te doen. Gaat het om de verlening van een uitkering, dan zal het bestuursorgaan bijvoorbeeld moeten onderzoeken hoelang de desbetreffende persoon ziek is geweest, wat te voren zijn arbeidsinkomen was en in welke mate de persoon arbeidsongeschikt is. Daartoe zal het doorgaans noodzakelijk zijn dat het bestuursorgaan een medisch onderzoek laat verrichten naar de gezondheidstoestand van de betrokken persoon. Voor een zorgvuldige voorbereiding van de besluitvorming kan het verder nodig zijn dat het bestuursorgaan zich laat adviseren door een deskundige adviesinstantie. Zo zal een bestuursorgaan dat een subsidieregeling ter stimulering van moderne kunsten uitvoert, zich moeten laten adviseren door een adviesinstantie waarin experts op het terrein van moderne kunsten zitting hebben. Bestuursorganen zullen immers de noodzakelijk artistieke deskundigheid in het algemeen missen.

Overigens betekent de onderzoeksplicht van het bestuursorgaan niet dat in een besluitvormingsprocedure van de kant van de burgers niets mag worden verwacht. Het nemen van een besluit wordt veelal voorafgegaan door een aanvraag van een belanghebbende: de belanghebbende burger verzoekt hierin het bestuursorgaan om een huursubsidiebeschikking te nemen, om hem een uitkering toe te kennen, voor zijn inrichting een milieuvergunning af te geven, et cetera. Bij deze aanvraag zal de desbetreffende burger allerlei gegevens en bescheiden moeten verstrekken die van belang zijn voor de besluitvorming. Geeft de burger onvoldoende informatie dan kan dat ertoe leiden dat de aanvraag uiteindelijk door het bestuursorgaan buiten behandeling mag worden gelaten.

Het vereiste van zorgvuldig onderzoek is in algemene zin opgenomen in artikel 3:2 Awb en geldt derhalve voor alle besluiten in de zin van de Awb. Daarnaast zijn verspreid over de Awb bepalingen opgenomen waarin een nadere uitwerking wordt gegeven van aspecten van dit vereiste. Zo kan worden gewezen op de regeling voor advisering die is opgenomen in afdeling 3.3 van de Awb. Van groot belang zijn verder de diverse *hoorplichten* die in de Awb zijn te vinden. Zie bijvoorbeeld de, overigens geclausuleerde, hoorplicht bij het nemen van beschikkingen in de artikelen 4:7 en 4:8 Awb. Dit horen door het bestuursorgaan van zowel aanvragers als andere belanghebbenden alvorens een beschikking kan worden genomen, dient primair de zorgvuldige voorbereiding van de besluitvorming. Door betrokkenen in de gelegenheid te stellen om mondeling de relevante feiten voor een aanvraag naar voren te brengen, komt het bestuursorgaan vaak meer te weten van de precieze achtergronden en bedoelingen van een aanvrager dan in een langdurige schriftelijk correspondentie. Daarnaast kan bij belastende beschikkingen het horen ook ten dienste staan van het verdedigingsbeginsel. Alvorens een bestuursorgaan bijvoorbeeld wil overgaan tot het opleggen van een bestuursboete, kan het noodzakelijk zijn dat de betrokken burger eerst in de gelegenheid wordt gesteld zich in een onderhoud met het bestuursorgaan te verweren tegen de verwijten die hem worden gemaakt en die de reden vormen voor de boete-oplegging. Eventuele misverstanden kunnen op deze wijze uit de wereld worden geholpen.

Een tweede formele norm voor de besluitvorming is het *vereiste van een tijdige besluitvorming*. Burgers hebben er zeker bij begunstigende besluiten belang bij dat bestuursorganen in hun besluitvorming de nodige voortvarendheid betrachten. Wanneer een bestuursorgaan te lang wacht met het beslissen over een subsidie of uitkering, kan de betrokken burger of instelling in geldnood komen. Een bedrijf dat te lang moet wachten op een bouw- of milieuvergunning zal wellicht economische schade lijden. Om de besluitvorming te bespoedigen bevat de Awb voor beschikkingen in artikelen 4:13 tot en met 4:15 een regeling. Deze regeling gaat ervan uit dat beschikkingen binnen een 'redelijke termijn' tot stand moeten komen. Wat een redelijke termijn is, hangt af van het concrete geval. Indien een milieugroep in een zeer spoedeisende zaak – bijvoorbeeld wanneer in een woonwijk zonder vergunning vaten met een zeer giftige inhoud zijn gestort – het bestuursorgaan verzoekt om met bestuursdwang op te treden, zal de redelijke termijn zeer kort zijn. De redelijke termijn is in ieder geval verlopen wanneer een bestuursorgaan binnen acht weken geen beschikking heeft genomen, noch een bericht heeft gezonden waarin het de aanvragers op de hoogte stelt van de vertraging en aangeeft binnen welke termijn de beschikking wel tegemoet kan worden gezien (art. 4:14 Awb). De consequentie van het niet in acht nemen van deze termijnen is te vinden in artikel 6:2, onder b, Awb. De getroffen burgers kunnen tegen het niet tijdig beslissen rechtsbescherming vragen. Hierop wordt nader ingegaan in § 7.2.3.2.

Een derde formele norm is het vereiste dat de motivering die aan een besluit ten grondslag ligt, kenbaar moet zijn, kort gezegd het *vereiste van een kenbare motivering* (art. 3:47 Awb). Deze kenbaarheid is zowel van belang voor het bestuursorgaan als voor de belanghebbende burger tot wie het besluit is gericht. Voor het bestuursorgaan ligt het belang met name daarin dat het zich rekenschap geeft van de rationaliteit van zijn beslissingsproces. Bovendien is de motivering een hulpmiddel bij het voeren van een consistent beleid. Vanuit de optiek van de burger is de motivering belangrijk omdat hij hierdoor inzicht krijgt in de beweegredenen die het bestuursorgaan had bij het nemen van het tot hem gerichte besluit; dit bevordert de aanvaarding van de inhoud van het besluit door de burger, zelfs als deze inhoud negatief is. Bovendien kan een burger op basis van de motivering bepalen of het zin heeft om tegen een besluit beroep in te stellen bij de rechter.

Een kenbare motivering moet voldoen aan een aantal eisen. In de eerste plaats moet het wettelijk voorschrift worden vermeld op basis waarvan het besluit is genomen (vgl. 3:47, tweede lid, Awb). Verder moet de motivering een aanduiding van de relevante feiten en belangen bevatten. Daarbij moet duidelijk worden gemaakt welke belangen om welke redenen het zwaarste hebben gewogen. Ten slotte is van belang dat de motivering wordt toegespitst op het concrete geval. Standaardmotiveringen zijn veelal onvoldoende.

Een laatste formele norm die kan worden genoemd, is *het vereiste van behoorlijke bekendmaking*. Overheidsbeslissingen kunnen niet binden voordat zij op correcte wijze bekend zijn gemaakt aan degene die geacht worden door die beslissingen gebonden te worden. Voor formele wetten, algemene maatregelen van bestuur en andere vanwege het Rijk vastgestelde algemeen verbindende voorschriften (ministeriële regelingen e.d.) is dit uitgangspunt vastgelegd in artikel 88, respectievelijk 89, derde en vierde lid Grondwet. De wet die op grond van deze bepalingen is vastgesteld, is de Bekendmakingswet 1988. In artikel 3:40 Awb is hetzelfde uitgangspunt te vinden voor andere besluiten. Bekendmaking van besluiten geschiedt in het algemeen door toezending of uitreiking aan de belanghebbende burgers tot wie het besluit is gericht (art. 3:41 Awb; zie ook art. 3:42 Awb).

4.5.4 Materiële normen voor de bevoegdheidsuitoefening

4.5.4.1 Algemeen

De beginselen van behoorlijk bestuur in de Awb, maar ook het ongeschreven recht, de Grondwet en het internationale recht geven een groot aantal *materiële* normen voor de bevoegdheidsuitoefening, dat wil zeggen normen die *inhoudelijke* eisen stellen aan deze uitoefening. Wederom beperken we ons tot de belangrijkste normen.

Een materiële norm voor de bevoegdheidsuitoefening die door de Hoge Raad al in 1949 werd erkend, is het *verbod van détournement de pouvoir*.[23] Deze norm is inmiddels gecodificeerd in artikel 3:3 Awb: het bestuursorgaan gebruikt de bevoegdheid tot het nemen van een besluit niet voor een ander doel dan waarvoor die bevoegdheid is verleend. Voor een goed begrip van deze norm is het van belang dat men zich realiseert dat overheidsbevoegdheden altijd met een bepaald doel worden verstrekt. Zo heeft de toekenning van de bevoegdheid om milieuvergunningen te verlenen als doel de bescherming van het milieu. Een weigering van een milieuvergunning om redenen die niet zijn terug te voeren tot dit doel – bijvoorbeeld de weigering van een vergunning voor een hennepkwekerij omdat het bestuursorgaan bang is dat deze inrichting criminele elementen zal aantrekken – is daarom in strijd met artikel 3:3 Awb. Ook lagere regelgeving moet blijven binnen de doelstellingen van de formele wetgeving waarop zij is gebaseerd. Een voorbeeld waarin aan deze eis niet was voldaan, biedt het in § 4.4.3.3 reeds besproken Jodiumzout-arrest. Omdat het Broodbesluit verder ging dan op grond van de doelstellingen van de Warenwet was toegestaan, was dit besluit onverbindend.

Een tweede materiële norm is het *vereiste van een evenredige belangenafweging*. Dit vereiste is gecodificeerd in artikel 3:4 Awb en heeft derhalve betrekking op alle besluiten in de zin van de Awb. Het eerste lid van artikel 3:4 Awb stelt dat het be-

23 HR 14 januari 1949, NJ 1949, 557 (Zandvoortse woonruimtevordering).

stuursorgaan de rechtstreeks bij een besluit betrokken belangen afweegt; het tweede lid voegt daaraan toe dat de voor een of meer belanghebbenden nadelige gevolgen van een besluit niet onevenredig mogen zijn in verhouding tot de met het besluit te dienen doelen.

Deze materiële normen zijn eerst en vooral van belang voor de uitoefening door bestuursorganen van zogenaamde 'vrije' bevoegdheden, dat wil zeggen bevoegdheden waarbij het bestuursorgaan een meer of minder grote beslissings- of beleidsvrijheid heeft. Bij de uitoefening van zo'n 'vrije' bevoegdheid zal het bestuursorgaan uiteraard eerst de diverse belangen moeten onderzoeken en tegen elkaar afwegen. Daarbij geldt als richtsnoer dat het bestuursorgaan onderzoek moet instellen naar de voor de burger minst bezwarende oplossing (het beginsel van de minste pijn). Zo zal een bestuursorgaan een horeca-inrichting die geluidoverlast veroorzaakt niet zonder meer mogen sluiten, maar eerst moeten bekijken of de overlast wellicht kan worden bestreden door strengere geluidwerende voorzieningen in de milieuvergunning voor te schrijven. Of de inhoudelijke belangenafweging in het concrete geval vervolgens voldoet aan het vereiste van evenredige belangenafweging is primair ter beoordeling aan het bevoegde bestuursorgaan. De rechter moet zich ten aanzien van deze keuze terughoudend opstellen en moet zich beperken tot een zogenaamde marginale of willekeurtoetsing. Alleen bij een evidente onevenwichtigheid van de belangenafweging past een veroordeling door de rechter.[24] Achtergrond van deze terughoudende toetsing is het rechtsstatelijke uitgangspunt dat de rechter niet op de stoel van het bestuur moet gaan zitten. Het bestuursorgaan, en niet de rechter, is immers het politiek-verantwoordelijke orgaan.

Behalve bij bestuurlijke belangenafweging speelt artikel 3:4 Awb ook een rol bij het opleggen van bestuursrechtelijke sancties, zoals een bestuurlijke boete. In dit verband brengt deze bepaling met zich dat de zwaarte van de sanctie evenredig moet zijn aan de ernst van de overtreding. Het bestuursorgaan moet bij het opleggen van de sanctie voldoende maat houden. Overigens vloeit deze norm voorzover het gaat om sancties die een straffend karakter hebben ook voort uit artikel 6 EVRM.

Een volgende materiële norm is het *vereiste van een draagkrachtige (deugdelijke) motivering* (art. 3:46 Awb). Anders dan het in de vorige paragraaf genoemde vereiste van een kenbare motivering, stelt dit vereiste inhoudelijke eisen aan de motivering. Voor een draagkrachtige motivering moet zijn voldaan aan de volgende drie voorwaarden. In de eerste plaats moet de feitelijke grondslag van het besluit juist zijn: de relevante feiten moeten op een correcte wijze zijn vastgesteld en geselecteerd. In de tweede plaats moeten de relevante belangen op juiste wijze in aanmerking worden genomen. Daartoe zullen de belangen eerst moeten worden geïnventariseerd, waarna deze op heldere en overtuigende wijze tegen elkaar worden afgewogen. In de derde plaats moet de motivering inhoudelijk adequaat zijn. De gevolgde redenering moet consistent zijn; tegenstrijdigheden mogen uiteraard niet voorkomen.

24 ABRvS 9 mei 1996, RAwb 1996, 104 (Maxis-Praxis); zie ook § 7.2.4.2.

Behalve deze drie materiële normen die in de Awb zijn gecodificeerd, zijn er andere inhoudelijke normen waarvoor dit (nog) niet geldt. In de eerste plaats is dat het *gelijkheidsbeginsel*, dat overigens wel is opgenomen in artikel 1 Grondwet en verdragen: gelijke gevallen moeten gelijk worden behandeld. Dit beginsel zal bij de uitoefening van alle overheidsbevoegdheden in acht moeten worden genomen. In de praktijk heeft een beroep op het gelijkheidsbeginsel overigens minder vaak succes dan men wellicht zou denken. Bij veel gevallen die op het eerste gezicht heel vergelijkbaar lijken, blijken bij nadere beschouwingen toch juridisch relevante verschillen te bestaan.

Een tweede materiële norm die niet in de Awb is te vinden, is het *rechtszekerheidsbeginsel*. In zijn materiële betekenis stelt het beginsel grenzen aan de aantasting door een bestuursorgaan van rechtmatig verkregen rechten van burgers. Zo is het in strijd met het rechtszekerheidsbeginsel wanneer een bestuursorgaan een jarenlang durende subsidierelatie met een instelling van de ene op de andere dag verbreekt zonder dat de instelling een overgangsperiode wordt gegund. Ook de intrekking van een begunstigende beschikking met terugwerkende kracht kan een schending van het rechtszekerheidsbeginsel opleveren. Ten slotte stelt dit beginsel grenzen aan de terugwerkende kracht van regelgeving, met andere woorden de toepassing van een regeling op feiten en situaties die zijn voorgevallen voor de inwerkingtreding van de regeling. Anders dan in het strafrecht, waarin de terugwerkende kracht van een strafbaarstelling zonder meer is verboden (vgl. art. 16 Gw, art. 1 Sr), is de terugwerkende kracht van bestuursrechtelijke regelgeving soms wel toegestaan. Overigens moeten daarvoor wel zwaarwegende redenen ontleend aan het algemeen belang bestaan.

Verder is er het *vertrouwensbeginsel*, de juridische vertaling van het spreekwoord belofte maakt schuld. Op grond van dit beginsel zal een bestuursorgaan de door hem tegenover een burger gedane toezeggingen in beginsel moeten nakomen. Deze toezeggingen moeten in het algemeen wel door het bevoegde bestuursorgaan zelf zijn gedaan; toezeggingen van ambtenaren kunnen alleen rechtens te honoreren verwachtingen wekken wanneer deze toezeggingen zijn gedaan binnen het mandaat dat de ambtenaar op een bepaald terrein heeft gekregen. Het vertrouwensbeginsel heeft geen absolute werking in die zin dat elke toezegging van een bestuursorgaan altijd moet worden gehonoreerd. Het belang dat een bepaalde burger heeft bij de nakoming van een toezegging zal altijd moeten worden afgewogen tegen de belangen die zich tegen de nakoming verzetten. Daarbij valt te denken aan het algemeen belang, maar ook aan eventuele belangen van derden. Het kan bijvoorbeeld niet zo zijn dat een milieuvergunning aan een bedrijf moet worden verleend om de enkele reden dat het bestuursorgaan op dit punt toezeggingen heeft gedaan, terwijl later blijkt dat het bedrijf ernstige hinder voor omwonenden zal veroorzaken.

Bij het al dan niet honoreren van een beroep op het vertrouwensbeginsel speelt de gedraging waardoor het vertrouwen is gewekt een belangrijke rol. Het meest harde vertrouwen kunnen burgers ontlenen aan zogenaamde beleidsregels. In de volgende paragraaf wordt hierop nader ingegaan. Ook het vertrouwen dat wordt gewekt doordat een bestuursorgaan over de uitoefening van een bevoegdheid een overeenkomst met een burger heeft gesloten, zal doorgaans moeten worden gehonoreerd. Algemene informatie uit folders en de mededelingen van medewerkers van een telefonisch informatienummer (bijv. de belastingtelefoon) kunnen in het algemeen geen rechtens te honoreren vertrouwen wekken. Zie over de vraag of een beroep op het vertrouwensbeginsel ook kan worden gehonoreerd in strijd met een dwingende wetsbepaling, met andere woorden of het beginsel contra legemwerking kan hebben, § 7.3.1.

Naast de hiervoor beschreven beginselen van behoorlijk bestuur zijn er nog andere inhoudelijke normen die bij de toepassing van beschikkingsbevoegdheden in acht moeten worden genomen. Te denken valt aan de nationale en internationale grondrechten.

We volstaan hier met enkele voorbeelden (voor een uitgebreide behandeling zie hoofdstuk 6). Indien een college van b en w christelijk vormingsonderwijs in zijn gemeente subsidieert, zal het dat ook op gelijke voorwaarden moeten doen ten aanzien van het humanistisch onderwijs, op straffe van strijd met de artikelen 1 en 6 Gw. Verbiedt een burgemeester een tijdig en correct aangekondigde betoging van een rechts-radicale partij, dan zal hij dat moeten kunnen baseren op de gronden als genoemd in artikel 9, tweede lid, Gw. Legt een bestuursorgaan een bestuurlijke boete op die het karakter van een 'straf' heeft, dan zal het daarbij het evenredigheidsbeginsel voortvloeiend uit artikel 6 EVRM in acht moeten nemen. En doet een college van b en w een aanschrijving bestuursdwang tot verwijdering van tv-antennes uitgaan wegens strijd met de gemeentelijke verordening, dan zal deze aanschrijving, die immers een beperking van de ontvangstvrijheid als bedoeld in artikel 10, eerste lid, EVRM met zich brengt, gerechtvaardigd moeten zijn in het licht van de beperkingsclausule, artikel 10, tweede lid, EVRM. Voldoen de betreffende beschikkingen niet aan deze grondwets- en verdragsbepalingen, dan zullen ze door de rechter vernietigd worden.

4.5.4.2 De eis van consistent bestuur; beleidsregels

Nu de diverse formele en materiële normen voor bevoegdheidsuitoefening in kaart zijn gebracht, kan wat dieper worden ingegaan op het verschijnsel 'beleidsregels' (zie reeds § 4.3.5). Hiervoor, in § 4.3.6, is reeds geconstateerd dat de meeste beschikkingen niet volstrekt gebonden zijn: veelal geeft de wettelijke regeling het bestuursorgaan een (zekere) discretionaire beslissingsbevoegdheid (beleids- en/of beoordelingsvrijheid). Het gaat derhalve om zogenaamde min of meer vrije bevoegdheden. Met behulp van de diverse, hiervoor besproken, formele en materiële normen kan door de rechter toch enige controle worden uitgeoefend op de toepassing van deze bevoegdheden in het concrete geval. Met name het vereiste van een evenredige belangenafweging biedt hiertoe mogelijkheden.

Een ander middel om vrije bevoegdheden te normeren kan gevonden worden in de uitvaardiging van beleidsregels. Van een bestuursorgaan mag verwacht worden dat het zijn beslissings- en beleidsvrijheid op consistente wijze gebruikt. De manier om die consistentie zo goed mogelijk te realiseren is door het maken van beleidsregels. In deze beleidsregels geeft het bestuursorgaan aan hoe het zelf de betreffende bevoegdheid zal hanteren, alsook hoe de bevoegdheid zal worden gehanteerd door degenen die deze bevoegdheid in mandaat of anderszins onder verantwoordelijkheid van het bestuursorgaan uitoefenen. Wat betreft degenen die 'anderszins onder zijn verantwoordelijkheid handelen' moet worden gedacht aan de geattribueerde bevoegdheidsuitoefening door gedeconcentreerde ambtenaren, zoals de belastinginspecteur. In beleidsregels, die in het belastingrecht doorgaans instructies worden genoemd, geeft de minister of staatssecretaris van Financiën aan hoe de betreffende ambtenaren hun bevoegdheid moeten toepassen.

Een voorbeeld van een beleidsregel biedt de Handleiding voor de toepassing van de Rijkswet op het Nederlanderschap. Deze beleidsregel bevat nadere regels over onder meer de bevoegdheid (ex artikel 9, eerste lid, onder a, Rijkswet) van de minister om een verzoek van een vreemdeling tot verlening van het Nederlanderschap te weigeren indien op grond van het gedrag van de verzoeker ernstige vermoedens bestaan dat hij gevaar oplevert voor de openbare orde, goede zeden, of de veiligheid van het Koninkrijk. In deze handleiding kan men lezen dat van ernstige vermoedens dat iemand een gevaar oplevert voor de openbare orde bijvoorbeeld sprake is indien de verzoeker in de vier jaren voorafgaand aan de weigering bij onherroepelijk geworden vonnis wegens een of meer misdrijven een vrijheidsbenemende straf of maatregel, een werkstraf of een geldboete van XXX euro is opgelegd. Aldus wordt de beleidsvrijheid die deze wettelijke bepaling aan de minister laat, nader ingevuld. Daarmee is de rechtszekerheid en rechtsgelijkheid gediend.

Er is een sterke samenhang tussen beleidsregels en diverse materiële normen die aan de bevoegdheidsuitoefening worden gesteld. Allereerst kan ten aanzien van vrije bestuursbevoegdheden zoals de zojuist genoemde worden gesteld dat hieruit niet alleen de bevoegdheid, maar ook de plicht tot het geven van beleidsregels voortvloeit: slechts zo kan willekeur, rechtsongelijkheid en -onzekerheid worden tegengegaan. Daarnaast binden beleidsregels het bevoegde bestuursorgaan en degenen die onder verantwoordelijkheid van dat orgaan handelen. Deze binding werd in het verleden gebaseerd op ongeschreven beginselen van behoorlijk bestuur, zoals het vertrouwens- en het gelijkheidsbeginsel. Doordat het bestuursorgaan in een beleidsregel heeft aangegeven op welke wijze het een beschikkingsbevoegdheid zal uitoefenen, kan de burger er in principe aanspraak op maken dat dit orgaan het aldus gewekte vertrouwen niet zal beschamen. Ook met een beroep op het gelijkheidsbeginsel kan de burger een behandeling volgens de beleidsregels eisen. Met de invoering van artikel 4:84 Awb heeft de binding van bestuursorganen aan hun beleidsregels een wettelijke basis gekregen. Ingevolge deze bepaling moeten bestuursorganen in beginsel overeenkomstig een beleidsregel handelen.

De verbindende kracht van beleidsregels is echter, anders dan die van algemeen verbindende voorschriften, niet absoluut. Algemeen verbindende voorschriften worden gegeven krachtens een regelgevende bevoegdheid, ontlenen hun bindende karakter dus aan hogere algemeen verbindende voorschriften (in laatste instantie aan de Grondwet of de formele wet) en binden zowel het toepassende bestuursorgaan als de burger. Een beleidsregel vormt een bekendmaking van de wijze waarop een beschikkingsbevoegdheid gehanteerd wordt en bindt uitsluitend het bestuursorgaan dat de beleidsregel heeft vastgesteld en de onder zijn verantwoordelijkheid opererende personen. Aangezien beleidsregels niet herleid kunnen worden tot een algemeen verbindend voorschrift, kunnen zij, gelet op het legaliteitsbeginsel, burgers in beginsel niet binden. Afwijking van een beleidsregel ten gunste van een burger is daarom geoorloofd en soms noodzakelijk. Bij de toepassing van beleidsregels bestaat derhalve een zogenaamde 'inherente afwijkingsbevoegdheid'. Deze afwijkingsbevoegdheid zal moeten worden toegepast, indien – in de termen van artikel 4:84 Awb – 'het handelen overeenkomstig een beleidsregel voor een of meer belanghebbenden gevolgen zou hebben die wegens bijzondere omstandigheden onevenredig zijn in verhouding tot de met de beleidsregel te dienen doelen'.

In concreto betekent deze afwijkingsbevoegdheid dat een bestuursorgaan bij de toepassing van beleidsregels altijd oog zal moeten hebben voor de bijzondere omstandigheden van het geval. Heeft een burger aangegeven dat er goede redenen zijn om in zijn situatie een uitzondering te maken op hetgeen in de beleidsregel wordt gesteld, dan zal het bestuursorgaan deze redenen tenminste serieus moeten onderzoeken. Is de situatie van de desbetreffende burger echt zo speciaal en worden zijn belangen door onverkorte toepassing van de beleidsregel onevenredig getroffen, dan zal afwijking van de beleidsregel noodzakelijk zijn. Meent het bestuursorgaan dat hiervan geen sprake is, dan zal het in elk geval draagkrachtig (deugdelijk) moeten motiveren waarom het tot dit oordeel is gekomen. Ook op dit punt ziet men derhalve een duidelijk verschil met algemeen verbindende voorschriften. Bij toepassing van een algemeen verbindend voorschrift staat het een bestuursorgaan immers niet vrij om tot een afwijking hiervan over te gaan wanneer de voorschriften zelf die mogelijkheid niet openen. A fortiori hoeft een bestuursorgaan niet te motiveren waarom men niet is afgeweken van een algemeen verbindend voorschrift.

Beleidsregels lijken op het eerste gezicht wellicht haaks te staan op het legaliteitsbeginsel, want ze lijken qua algemene strekking op wettelijke voorschriften, maar zijn niet herleidbaar tot de Grondwet of een formele wet. Toch is het niet zo, dat ze het legaliteitsbeginsel doorkruisen. In de eerste plaats zijn ze, zoals reeds meermalen vermeld, niet bindend voor de burger; ze versterken slechts diens rechtspositie. In de tweede plaats voorzien ze juist in rechtsgelijkheid en rechtszekerheid daar waar een strikte toepassing van het legaliteitsbeginsel in dit opzicht verstek laat gaan. Nogmaals roepen we in herinnering, dat volgens de klassieke rechtsstaatgedachte de toepassing van wettelijke voorschriften door het bestuur een sterk gebonden karakter zou hebben. De verplichtingen van de burger zouden uit die voorschriften blijken. Bestuur zou dan ook een min of meer mechanisch karakter hebben. Maar gaandeweg is gebleken, dat bij de toepassing van wettelijke voorschriften veelal vrij omvangrijke beleidsmarges voor het bestuur noodzakelijk zijn. Ten gevolge van die beleidsvrijheid kan de consistentie van bestuur (rechtsgelijkheid, rechtszekerheid) in gevaar komen.[25] Beleidsregels bogen dit

25 F.J. van Ommeren, De verplichting verankerd, De reikwijdte van het legaliteitsbeginsel en het materiële wetsbegrip, Deventer 1996.

gevaar te keren. Vandaar dat men kan zeggen, dat beleidsregels het legaliteitsbeginsel in de ruime zin van de eis van rechtmatig bestuur veeleer ondersteunen dan doorkruisen.

4.5.5 Samenvatting

Normering en begrenzing van publiekrechtelijke overheidsbevoegdheden vindt op diverse wijzen plaats. In de eerste plaats wordt de uitoefening van de bevoegdheid genormeerd door het wettelijke kader waarop de bevoegdheid is gebaseerd. In dit verband gelden er normen voor het wettelijke kader zelf – dit zal in een formele wet moeten staan of daarop gebaseerd moeten zijn en in overeenstemming met het hogere recht moeten zijn. Daarnaast zal de toepassing van de bevoegdheid in het concrete geval uiteraard binnen de grenzen van dit kader moeten plaatsvinden. Verder wordt de bevoegdheidsuitoefening genormeerd door diverse formele en materiële normen, die ten dele gecodificeerd zijn in de Awb en ten dele een ongeschreven status hebben (beginselen van behoorlijk bestuur), ten dele te vinden zijn in andere wetten, de Grondwet en het internationale recht. De belangrijkste formele normen zijn: het vereiste van zorgvuldige voorbereiding, het vereiste van een tijdige besluitvorming, het vereiste van een kenbare motivering en het vereiste van een behoorlijke bekendmaking. De belangrijkste materiële normen zijn enerzijds het verbod van détournement de pouvoir, het vereiste van een evenredige belangenafweging, het vereiste van een draagkrachtige (deugdelijke) motivering, het gelijkheidsbeginsel, het rechtszekerheidsbeginsel en het vertrouwensbeginsel; anderzijds zijn dat de fundamentele rechten in de Grondwet en het internationale recht.

4.6 HANDHAVING VAN HET RECHT

In het voorgaande is ingegaan op de bevoegdheid van overheid om burgers te binden door wetten, algemeen verbindende voorschriften en besluiten in het concrete geval. Maar lang niet altijd trekt de burger zich iets van deze binding aan. Alsdan dient de overheid middelen te hebben naleving van het recht af te dwingen. Het recht dient te worden gehandhaafd.

Tussen effectieve rechtshandhaving en de eisen van de democratische rechtsstaat bestaat een lastig spanningsveld (zie § 2.6). Van de ene kant is rechtshandhaving essentieel in een rechtsstaat. De staat, die een geweldsmonopolie claimt, dient ervoor te zorgen dat de burgers in redelijke mate van veiligheid kunnen leven. Daartoe moet hij optreden tegen moord en doodslag, mishandeling, terrorisme et cetera. Bovendien stelt de staat normen vast in het algemeen belang, bijvoorbeeld om milieuschade te beperken of te voorkomen. De burger heeft er vervolgens recht op dat de overheid hem bescherming biedt tegen personen die deze normen overtreden. Handhaaft de staat het recht niet of in onvoldoende mate, dan verliest hij zijn legitimiteit. Van de andere kant grijpt de staat wanneer hij het recht handhaaft diep in in de rechten van de burger.

Daarom is het van belang dat de eisen van de rechtsstaat juist ook bij rechtshandhaving in acht worden genomen. In die zin stelt de rechtsstaat – en daarin voorziene basisprincipes legaliteit, grondrechten en rechterlijke controle – juist grenzen aan de rechtshandhaving. Kort en goed, zonder rechtshandhaving geen rechtstaat, maar zonder rechtsstatelijke handhaving evenmin.

Rechtshandhaving vindt in Nederland plaats op diverse manieren. In dit boek ligt de nadruk op de bestuurlijke handhaving. Dat neemt niet weg dat handhaving met behulp van het strafrecht in algemene zin zeker zo belangrijk is. In het strafrecht vindt de bestraffing plaats door de (straf)rechter. Anders dan bij bestuurlijke handhaving kan de strafrechter vrijheidsbenemende straffen opleggen (art. 113 Grondwet). Op grond van het in artikel 1 Wetboek van Strafrecht gecodificeerde legaliteitbeginsel is 'geen feit strafbaar dan uit kracht van een daaraan voorafgaande strafbepaling'. Deze strafbepalingen zijn voor wat betreft commune delicten – zoals moord, doodslag, mishandeling of diefstal – te vinden in het Wetboek van Strafrecht zelf. Daarnaast worden allerlei gedragingen strafbaar gesteld in de Wet economische delicten en in de bijzondere wetgeving. Daarbij gaat het veelal om overtredingen van de bestuursrechtelijke wetgeving, zoals de milieuwetgeving. Tegen deze overtredingen kan dus niet alleen met behulp van bestuurlijke sancties (zie hierna), maar ook strafrechtelijk worden opgetreden.

Tot eind jaren tachtig was handhaving vooral een taak van het strafrecht en was de bestuurlijke handhaving maar beperkte mate ontwikkeld. Omdat de strafrechtelijke autoriteiten, met name het Openbaar Ministerie, maar weinig interesse hadden in de handhaving van bestuursrechtelijke regels – zij hadden hun handen immers meer dan vol aan het optreden tegen commune strafbare feiten – werden veel regels überhaupt niet gehandhaafd. Men sprak in die tijd van 'handhavingstekort'. Om hieraan wat te doen is begin jaren negentig een beleid ingezet waarbij de primaire taak voor de handhaving van bestuursrecht is gelegd bij het bestuur zelf. Daarnaast is de handhaving van sommige overtredingen – zoals lichte verkeersovertredingen – overgeheveld van het strafrecht naar het bestuursrecht. Als gevolg van deze ontwikkelingen zijn bestuursorganen thans bevoegd om diverse bestuurlijke sancties op te leggen. Het essentiële verschil met strafrechtelijke handhaving is dat de sanctie-oplegging geschiedt door bestuursorganen en niet door de rechter. Tegen het bestuurlijke sanctiebesluit kan wel beroep worden ingesteld bij de (bestuurs)rechter. De belangrijkste bestuurlijke sancties zijn bestuursdwang, de last onder dwangsom, de bestuursboete en de intrekking van een begunstigende beschikking bij wege van sanctie. Omdat deze sancties een concrete strekking hebben, zijn zij allemaal beschikkingen in de zin van de Awb.

Bestuursdwang is ingevolge artikel 5:21 Awb het door feitelijk handelen door of vanwege een bestuursorgaan optreden tegen hetgeen in strijd met bij of krachtens enig wettelijk voorschrift gestelde verplichtingen is of wordt gedaan, gehouden of nagelaten. De bestaande illegale situatie wordt door het optreden van het bestuursorgaan in overeenstemming gebracht met de wettelijk geldende normen. Op welke wijze dit geschiedt en welke inhoud de bestuursdwang heeft, hangt derhalve af van de norm die overtreden is. Heeft iemand zonder de vereiste bouwvergunning een garage opgericht, dan kan het bestuursorgaan met behulp van zijn bestuursdwangbevoegdheid de garage bijvoorbeeld (laten) afbreken. Gebruikt een bedrijf een pand voor bepaalde milieubelastende werkzaamheden zonder dat het beschikt over de noodzakelijke milieuvergunning, dan kan het bestuursorgaan deze illegale situatie met behulp van zijn bestuursdwangbevoegdheid beëindigen door bijvoorbeeld het pand te (laten) sluiten en te verzegelen.

De bevoegdheid tot toepassing van bestuursdwang bestaat met het oog op het legaliteitsbeginsel slechts indien zij bij of krachtens de wet is toegekend (art. 5:22 Awb). Bepalingen waarin dit in algemene zin is geschied zijn artikel 125 Gemeentewet (doorgaans aan het college van b en w), artikel 122 Provinciewet (doorgaans aan gedeputeerde staten) en artikel 61 Waterschapswet (doorgaans aan het dagelijks bestuur). Voor organen van de Staat bestaat geen algemene wet waarin hen de bestuurdwangbevoegdheid wordt toegekend. Wel vindt een dergelijke toekenning soms plaats in een specifieke wet. In dit verband kan bijvoorbeeld worden gewezen op artikel 18.7 Wet milieubeheer, waarin de minister bevoegd wordt verklaard om bestuursdwang toe te passen bij overtredingen van de Wet milieubeheer.

Tenzij het gaat om extreem spoedeisende gevallen wordt een beslissing tot toepassing van bestuursdwang op schrift gesteld. Deze schriftelijke beslissing is een beschikking (art. 5:24, eerste lid, Awb). In deze beschikking moet doorgaans een termijn worden gesteld waarbinnen de overtreder de tenuitvoerlegging van de bestuursdwang kan voorkomen door zelf maatregelen te nemen waarmee de illegale situatie wordt opgeheven. Het bestuursorgaan moet de te nemen maatregelen omschrijven. Neemt de overtreder geen maatregelen binnen de gestelde termijn dan kan het bestuursorgaan tot effectuering van de bestuursdwangbeschikking overgaan. De kosten verbonden aan de toepassing van bestuursdwang komen in beginsel voor rekening van de overtredende burger en kunnen bij dwangbevel worden ingevorderd (vgl. art. 5:25 en 5:26 Awb).

Niet altijd vormt bestuursdwang de meest geschikte sanctie. Te denken valt in dit verband aan regelmatig terugkerende overtredingen (bijvoorbeeld het steeds weer in strijd met een milieuvergunning lozen van giftige stoffen op het oppervlaktewater) en aan situaties waarin de kosten van de toepassing van bestuursdwang niet te verhalen zijn. Daarom is aan bestuursorganen die bevoegd zijn bestuursdwang toe te passen – doorgaans, zoals hiervoor vermeld, het college van b en w, gedeputeerde staten en het dagelijks bestuur van een waterschap – een alternatieve sanctiebevoegdheid verleend, namelijk de bevoegdheid om bij overtreding van een bij of krachtens wettelijk voorschrift gestelde verplichting een *last onder dwangsom* op te leggen (art. 5:32, eerste lid, Awb).[26] De last strekt ertoe om de overtreding ongedaan te maken of verdere overtreding of herhaling van de overtreding te voorkomen. In de dwangsombeschikking wordt daartoe aan de overtreder de verplichting opgelegd om een geldsom te betalen, tenzij binnen een gestelde termijn wordt voldaan aan de in de beschikking opgenomen last. Voldoet hij hieraan niet, dan verbeurt de overtreder de dwangsom, die vervolgens bij

26 Vergelijk J.H. Verweij, De bestuurlijke dwangsom, Deventer 1997.

dwangbevel kan worden ingevorderd. De dwangsom is vooral een effectieve sanctie wanneer het overtreden van bepaalde normen voor de overtreder financieel gunstig is. Denk in dit verband bijvoorbeeld aan een bedrijf dat goedkoper kan produceren, omdat het een kostbare, in de milieuvergunning voorgeschreven voorziening niet heeft getroffen. In dat geval kan een dwangsom van enige omvang voor het bedrijf een behoorlijke prikkel zijn om wel aan de gestelde eisen te voldoen.

Toepassing van bestuursdwang en het opleggen van een last onder dwangsom zijn zogenoemde *reparatoire* of herstelsancties. Zij zijn gericht op het wegnemen van de inbreuk op de rechtsorde: de wettelijk voorgeschreven situatie moet worden bereikt. De *bestuurlijke boete* heeft daarentegen als doel de overtreder extra leed toe te voegen en kan daarom worden aangemerkt als een *punitieve* sanctie. De bestuurlijke boete kan in algemene zin worden omschreven als de door een bestuursorgaan wegens een overtreding opgelegde onvoorwaardelijke verplichting tot betaling van een geldsom, die is gericht op bestraffing van de overtreder.[27] Deze sanctie heeft, evenals sancties opgelegd door de strafrechter, zowel een retributief (vergeldend) als preventief (afschrikkend) karakter. Bestuurlijke boetes worden in de wetgeving steeds vaker aangetroffen.[28] Van oudsher bekend en berucht is de fiscale boete, die door de belastinginspecteur kan worden opgelegd. Daarnaast kan een bestuurlijke boete worden opgelegd bij verkeersovertredingen (op grond van de Wet administratiefrechtelijke handhaving verkeersvoorschriften, kortweg de Lex Mulder), bij overtredingen van de Mediawet, bij overtredingen van de Warenwet, bij sommige overtredingen van de sociale-zekerheidswetten en bij overtredingen van de Mededingingswet. Er zijn bovendien concrete plannen om de boetebevoegdheid op te nemen in de Gemeentewet, zodat de burgemeester bevoegd wordt om bepaalde overtredingen van de Algemene Politie Verordening (APV), zoals wildplassen en het aanbrengen van grafiti, te bestraffen met een bestuurlijke boete.

Ten slotte dient gewezen te worden op de bevoegdheid om een *begunstigende beschikking in te trekken*. Toepassing van deze bevoegdheid is als een bestuurssanctie te beschouwen wanneer intrekking plaatsvindt als reactie op een overtreding. Wordt bijvoorbeeld een aan een subsidiebeschikking verbonden verplichting niet nagekomen, dan is als sanctie gehele of gedeeltelijke intrekking van de subsidie mogelijk (vgl. art. 4:49, eerste lid, onder c, Awb).

De laatste jaren staat als gevolg van de veiligheidsdiscussie en de strijd tegen het terrorisme de rechtshandhaving in het middelpunt van de belangstelling. Dit heeft geleid tot een uitbreiding van het bestuurlijke handhavingsarsenaal. De desbetreffende bestuurlijke maatregelen liggen in de sfeer van de gemeentelijke openbare orde en worden daarom besproken in § 13.6. Het betreft onder meer de burgemeesterlijke bevoegdheid om panden waaruit overlast wordt veroorzaakt te sluiten (art. 174a Gemw), diens bevoegdheid om 'ordeverstoorders' zoals voetbalhooligans bestuurlijk

27 Vgl. de definitie in art. 5.4.1.1 Voorontwerp Vierde tranche Algemene wet bestuursrecht, Den Haag 1999.

28 Vgl. F.C.M.A. Michiels, De boete in opmars?, Zwolle 1994.

op te houden (art. 176a Gemw) en diens bevoegdheid om in zijn gemeente veiligheidsrisicogebieden aan te wijzen, waarbinnen de politie bevoegd is iedereen preventief te fouilleren (art. 151b Gemw).

Ook bij de strijd tegen terrorisme wordt de inzet van bestuurlijke maatregelen overwogen.[29] Volgens de regering zijn deze noodzakelijk om op te kunnen treden tegen personen die in verband worden gebracht met terroristische activiteiten of de ondersteuning daarvan, maar die strafrechtelijk nog niet kunnen worden aangepakt, omdat er in strafrechtelijke zin (nog) niet sprake is van een redelijk vermoeden van schuld aan een strafbaar feit. Aan dergelijke personen zou minister van BZK, in overeenstemming met die van Justitie, een gebiedsverbod, een persoonverbod en/of een meldingsplicht moeten kunnen opleggen. Het gaat om preventieve maatregelen bedoeld om de nationale veiligheid te beschermen. Het gebiedsverbod kan betrekking hebben op een bepaald object (Schiphol, het Binnenhof) of een bepaald gebied (Rotterdam-Rijnmond). Bij een persoonsverbod mag degene aan wie het verbod wordt opgelegd zich niet bevinden in de nabije omgeving van een met name genoemd persoon. Daarbij moet worden gedacht aan bedreigde personen.[30] Een meldingsplicht houdt in dat iemand zich periodiek moet melden bij de politie. De maatregelen kunnen los maar ook in combinatie met elkaar worden opgelegd. Zij gelden voor drie maanden maar kunnen worden verlengd tot een maximum van twee jaar. Tegen de opgelegde maatregelen staat beroep open bij de bestuursrechter. De maatregelen zelf moeten op hun beurt ook weer worden gehandhaafd. Daarom zal de overtreding ervan als misdrijf strafbaar worden gesteld.

Ten slotte is de regering van plan om gemeentelijke en andere bestuursorganen de bevoegdheid te verlenen om subsidies en vergunningen in te trekken van personen en organisaties die in verband worden gebracht met terroristische activiteiten.

29 Kamerstukken II, 2005/06, 30 566, nr. 1-2.
30 Kamerstukken II, 2005/06, 30 566, nr. 1-3.

5 Machtsverdeling

5.1 MACHTSVERDELING EN HET MODEL VAN MONTESQUIEU

Het behoort tot de gangbare staatkundige wijsheid, dat macht niet in handen van één enkel persoon of ambt moet worden gelegd. Macht bij de een dient een tegenwicht te hebben in macht bij de ander. De middeleeuwse feodale en standenstaat was in hoge mate op machtsverdeling gebaseerd. De opkomst van het vorstenabsolutisme in de zestiende eeuw vormde hiermee een fundamentele breuk. De willekeur en rechtsonzekerheid die het gevolg waren van de absolutistische machtsuitoefening, leidden in de zeventiende en achttiende eeuw tot een tegenbeweging, die resulteerde in de op machtsverdeling gegrondveste rechtsstaat. Hieraan is de naam verbonden van Montesquieu. Interessant in het door hem ontwikkelde model is de combinatie van machtsverdeling en onderlinge samenwerking en afhankelijkheid. Afzonderlijke organen oefenen in het staatsbestel macht uit. Zij zijn daarbij echter op elkaar aangewezen. Nieuw recht kan slechts in samenwerking tussen Koning en volksvertegenwoordiging tot stand worden gebracht. De rechter is op zijn beurt afhankelijk van recht dat niet door hem zelf in het leven wordt geroepen, maar ofwel uit de traditie is overgeleverd ofwel door de wetgever tot stand wordt gebracht.

Buiten het oorspronkelijke model van Montesquieu ligt de politieke verhouding tussen regering en volksvertegenwoordiging, met andere woorden de vertrouwensrelatie op basis van ministeriële verantwoordelijkheid. Daarop komen we in dit hoofdstuk en in hoofdstuk 10 nog nader terug.

Op het model van Montesquieu zijn varianten mogelijk. Zo werd de staatsinrichting van de Amerikaanse bondsstaat, zoals deze in 1787 met de vaststelling van de Constitution gestalte kreeg, sterk door Montesquieu beïnvloed. Anders dan in Montesquieu's model werd echter de wetgevende macht niet toevertrouwd aan regering en volksvertegenwoordiging tesamen, maar uitsluitend aan het Congres, dat wil zeggen het Huis van Afgevaardigden en de Senaat. Ook in andere opzichten vormde de Amerikaanse opzet een afwijking van dit model; niet alleen moest in verband met de bondsstatelijke structuur een nauwkeurige bevoegdheidsverdeling worden vastgelegd tussen de bond en de deelstaten, maar ook werd de uitvoerende macht niet in Montesquieu's trant belast met de algemene uitvoering van het recht, maar zeer specifiek met de uitvoering van bepaalde in de Constitution weergegeven taken.

5.2 MACHTSVERDELING IN DE OORSPRONKELIJKE NEDERLANDSE OPZET

In Nederland[1] bestond onder het bewind van Koning Willem I een staatsrechtelijke opzet die sterk leek op hetgeen Montesquieu voor ogen had gestaan. De Koning oefende het landsbestuur uit binnen de begrenzingen van de Grondwet.[2] Dat hield in, dat op grond van het grondwettelijk codificatieartikel (thans art. 107, eerste lid, Gw) met name op privaatrechtelijk en strafrechtelijk terrein het monopolie van de wetgever gold. Zoals wij in het vorige hoofdstuk hebben gezien, was burgers bindende regelgeving door de Koning niet uitgesloten. De Koning had immers een algemene bevoegdheid zelfstandige maatregelen van bestuur vast te stellen. Het probleem daarbij lag in de strafrechtelijke sanctionering, waarin echter door middel van het sanctiewetje van 1818 werd voorzien. Van de hierdoor geopende mogelijkheid tot regelgeving werd door de Koning met enthousiasme gebruik gemaakt.

De rechterlijke macht was toentertijd reeds geheel onafhankelijk, in die zin dat zij geen bindende aanwijzingen van de regering kon ontvangen. Zij was belast met geschillenbeslissing in burgerlijke zaken en met strafoplegging. Evenmin als zulks in Montesquieu's model het geval was, had echter de rechterlijke macht een monopolie van rechtspraak in administratieve geschillen, met andere woorden in geschillen tussen burger en overheid ter zake van overheidsoptreden op grond van publiekrechtelijke wetten. Integendeel; in de meeste gevallen waren dergelijke geschillen aan het oordeel van bestuursorganen onderworpen (zogenaamd administratief beroep). In gevallen waarin de rechterlijke macht jurisdictie had, bestond aanvankelijk bevoegdheid van de Koning een geschil aan het oordeel van de rechterlijke macht te onttrekken en zelf te beslissen. De problematiek van de rechterlijke competentie wordt nader besproken in hoofdstuk 7.

5.3 MACHTSVERDELING EN LEGALITEITSBEGINSEL

Deze aanvankelijke staatsrechtelijke opzet in ons land spoorde echter niet met de rechtsstatelijke legaliteitsgedachte, zoals die in het vorige hoofdstuk werd weergegeven.

Legaliteit houdt in, dat een wettelijke grondslag voor al het burgers bindend overheidsoptreden moet bestaan. Dat wil zeggen, dat het burgers bindend overheidsoptreden gebaseerd moet zijn op regelgeving, waarbij deze op attributie of delegatie berustende regelgeving tot formele wetgeving herleidbaar moet zijn. Een algemene

1 Meer over dit onderwerp bij M.T. Oosterhagen, Machtenscheiding, Deventer 2000.

2 Willem I was in 1813 uitgeroepen tot soeverein vorst; hij had zulks aanvaard 'onder waarborging eener wijze constitutie, welke Uwe vrijheid tegen volgende mogelijke misbruiken verzekert'. Zie H.T. Colenbrander, Vestiging van het Koninkrijk, Amsterdam 1927, p. 48.

regelingsbevoegdheid van de Koning, uitsluitend ingeperkt door de Grondwet (i.h.b. het codificatieartikel), spoort hier niet mee. Immers, formele wetgeving zou van alle overheidsoptreden de uiteindelijke grondslag moeten vormen. Wanneer bestuursorganen regelingsbevoegdheid bezitten, behoort deze een specifieke wettelijke grondslag te hebben; niet voldoende is de algemene grondwettelijke machtiging aan de Koning om algemene maatregelen van bestuur vast te stellen.

Doorvoering van het legaliteitsbeginsel betekende dan ook, dat de machtsverdeling in ons land van karakter veranderde. De macht van de Koning om zelfstandig algemene maatregelen van bestuur vast te stellen werd teruggedrongen. In het vorige hoofdstuk is dat weergegeven. Maar de verandering was nog wezenlijker. Ze betrof ook de inhoud van het begrippenstel 'wetgevende macht' en 'uitvoerende macht'. Machtsverdeling volgens het model van Montesquieu hield in, dat de wetgever op bepaalde belangrijke terreinen bevoegd was en voor het overige de uitvoerende macht. Maar het begrip 'wetgevende macht' hield in deze gedachtegang helemaal niet in, dat de wetgever de grondslag zou moeten leveren voor alle overheidsoptreden. Het begrip 'uitvoerende macht' duidde op uitvoering van het recht, maar dat hoefde helemaal niet in te houden uitvoering van de wet. Zo ruim werd het dan ook in de tijd van Willem I begrepen.

In het kader van de opkomende legaliteitsgedachte werd 'wetgeving' echter niet meer begrepen als de – overigens beperkte – taak van de formele wetgever, maar meer in het algemeen als regelgeving. De drieslag van Montesquieu veranderde hiermee van inhoud: wetgeving werd geïnterpreteerd als burgers bindende regelgeving, uitvoering werd toegespitst op toepassing van deze wettelijke regelgeving. Wetgeving is dan de taak van de wetgever als orgaan, uitvoering de taak van bestuursorganen. In deze zin is de leer van Montesquieu tot de vaste dogmatiek van ons staatsbestel gaan behoren. Wanneer we tegenwoordig over de zogenaamde 'trias politica' praten, denken we aan een onderscheid tussen wetgeving als regelgeving, uitvoering als de toepassing van deze regelgeving en rechtspraak als geschillenbeslissing ter zake en strafoplegging. Die functies zijn dan aan de staatsorganen wetgever, bestuur en rechterlijke macht toevertrouwd. We denken, dat we daarmee over het model van Montesquieu praten, maar in feite hebben we het over een rechtsstatelijke transformatie van Montesquieu's model. Die transformatie klopt echter niet helemaal met de staatsrechtelijke werkelijkheid. Vereenzelviging van wetgeving met regelgeving gaat er aan voorbij, dat de wetgever als orgaan (d.w.z. Koning en Staten-Generaal, besluitvormend volgens de grondwettelijk voorgeschreven wetgevingsprocedure, art. 81 Gw) nog wel wat anders doet dan regelgeving. Ook beschikkingen worden in sommige, zij het vrij uitzonderlijke gevallen via de wetsprocedure tot stand gebracht, zoals bijvoorbeeld voogd en regentbenoemingen met betrekking tot de Koning (art. 34 en art. 37, tweede lid, Gw).[3] Vereenzelviging van bestuur met uitvoering van regelgeving gaat er aan voorbij, dat de regering

3 Art. 34 Gw laat qua bewoordingen delegatie toe. Echter, algemeen wordt aangenomen dat de desbetreffende materie uitputtend bij wet bepaald dient te worden.

ook belast is met de vaststelling van regelgeving[4] en dat voorts bestuur nog heel wat meer omvat dan uitvoering van regelingen (bijv. het buitenlands beleid). Wanneer bijvoorbeeld de regering een steunbeleid voert ter bevordering van werkgelegenheid of zorgt voor infrastructurele voorzieningen zoals verkeerswegen voert ze weliswaar begrotingswetten uit, maar dat is dan ook het enige wetsuitvoerende element van dergelijke activiteiten. Hierbij valt te bedenken, dat 'besturen' niet samenvalt met het nemen van besluiten in de zin van artikel 1:3 van de Algemene wet bestuursrecht, dat wil zeggen het nemen van schriftelijke beslissingen, inhoudende een publiekrechtelijke rechtshandeling. De Awb normeert een bepaald soort van rechtshandelingen, te weten besluiten als bedoeld in artikel 1:3. De regering, als overheidsinstantie waaraan het landsbestuur is toevertrouwd, verricht tal van handelingen waarop de Awb niet direct van toepassing is (bijvoorbeeld het nemen van niet-schriftelijke beslissingen en het verrichten van feitelijke handelingen). Machtsverdeling, in de zin waarin hier over dit begrip wordt gesproken, heeft betrekking op dit ruime begrip bestuur.

5.4 MACHTSVERDELING NAAR HEDENDAAGSE BETEKENIS

5.4.1 Inleiding

Machtsverdeling in de hedendaagse staatsrechtelijke betekenis houdt dus niet in een opzet volgens welke de organen wetgevende macht, uitvoerende macht en rechterlijke macht zijn belast met respectievelijk regelgeving, toepassing van die regelgeving en tenslotte conflictbeslechting en strafoplegging op grondslag van die regelgeving. Machtsverdeling houdt wel in, dat bepaalde hoofdorganen in het staatsbestel, te weten Staten-Generaal, regering en rechterlijke macht zijn belast met bepaalde taken, die zij deels zelfstandig en deels in samenwerking met elkaar uitoefenen, waarbij sprake is van onderlinge afhankelijkheid en onderlinge controle, resulterend in wat wel wordt genoemd een systeem van checks and balances. Dit noemt men wel de horizontale machtenscheiding of machtsverdeling. Daarnaast bestaat er nog een verticale machtsverdeling, die niet rechtstreeks voortvloeit uit de rechtsstaatconceptie, noch uit het model van Montesquieu. Deze verticale machtsverdeling, die checks and balances binnen het overheidsverband creëert, houdt in dat de bevoegdheden niet geconcentreerd blijven binnen de centrale overheid, maar worden gespreid over hogere en lagere overheden. Daarop komen we uitvoerig terug in hoofdstuk 13. Hier houden we ons bezig met de hedendaagse betekenis van de horizontale machtsverdeling.

4 Met name op grond van attributie of delegatie door de formele wetgever, maar eventueel ook in de vorm van de zelfstandige algemene maatregel van bestuur.

5.4.2 Machtsverdeling en rechterlijke macht

De rechterlijke macht is een orgaancomplex, nader omschreven in de Wet op de rechterlijke organisatie. Het bestaat in hoofdzaak uit Hoge Raad, gerechtshoven, arrondissementsrechtbanken en kantongerechten. De Grondwet laat in artikel 112 de mogelijkheid open, dat ook andere (administratieve) gerechten worden ondergebracht in het orgaancomplex rechterlijke macht. Dat is per 1 januari 1994 in belangrijke mate de facto gerealiseerd, doordat bestuursrechtspraak in eerste aanleg is opgedragen aan de bestuursrechtsectoren van de rechtbanken. De rechterlijke macht is niet uitsluitend belast met geschillenbeslissing en strafoplegging; bij wege van zogenaamde voluntaire jurisdictie worden door de rechterlijke macht ook bestuurlijke besluiten genomen (bijvoorbeeld voogdbenoemingen, art. 1: 275 BW). De rechterlijke macht is onafhankelijk. Dat houdt in dat de regering niet bevoegd is tot het geven van aanwijzingen aan rechters over hun taakvervulling en de wijze waarop ze moeten beslissen in zaken die aan hun jurisdictie zijn onderworpen. Die onafhankelijkheid neemt niet weg, dat de leden worden benoemd door de regering (art. 117, eerste lid, Gw), al heeft de rechterlijke macht zelf weer beduidende invloed op deze benoemingen (art. 36a, 52, 63 en 85 Wet op de rechterlijke organisatie).[5] De rechter is gebonden aan zowel de formele als lagere wetgever, in die zin dat de rechter volgens de wet moet rechtspreken.[6] Niettemin oefent de rechter controle uit op wetgevers doordat hij toetst of lagere wetgeving in overeenstemming is met hogere wetgeving en formele wetgeving in overeenstemming is met internationale verdragen en rechtstreeks werkend EG-recht. Hij oefent voorts een controlerende taak uit ten opzichte van de regering en andere bestuurlijke overheidsorganen doordat hij toetst of hun besluiten in overeenstemming zijn met het legaliteitsvereiste. De rechter maakt aldus deel uit van een complex stelsel van machtsverdeling, waarin hij zowel zelfstandig als ook afhankelijk is. Meer over de rol van de rechter is te vinden in hoofdstuk 7.

5.4.3 Machtsverdeling en de verhouding tussen regering en Staten-Generaal[7]

Regering en Staten-Generaal kunnen uit een oogpunt van machtsverdeling institutioneel worden bezien; dan gaat het om taken en bevoegdheden van beide organen. Zij kunnen ook in hun onderlinge verhouding worden bezien. Die onderlinge verhouding wordt mede bepaald door de wederzijdse taken en bevoegdheden. Zij valt hiermee echter niet samen. Zo kunnen beide kamers elk afzonderlijk zich als onderdeel van het orgaan Staten-Generaal opstellen ten opzichte van de regering door met gebruikmaking van hun bevoegdheid (art. 67 Gw, uitgewerkt in het RvOTK en RvOEK) een tot de

5 Deze zal nog verder toenemen als het wetsvoorstel betreffende de instelling van een Raad voor de Rechtspraak kracht van wet verkrijgt. Zie Kamerstukken II 1999/00, 27 182.

6 Art. 11 Wet Algemene Bepalingen.

7 Deze materie komt uit een oogpunt van democratische beginselen ook aan de orde in hoofdstuk 10.

regering gerichte motie aan te nemen. Dan is sprake van een uitspraak of verlangen van de kamer als zodanig, ten opzichte waarvan de regering positie zal moeten kiezen. Maar de verhouding tussen kamer en regering wordt ook bepaald door de opstelling van samenstellende delen van de kamer, in het bijzonder de fracties van de in de kamer vertegenwoordigde politieke groeperingen. Sommige van deze fracties zullen een binding hebben met de regering; voor andere fracties geldt dat juist niet. De scheidslijn tussen regeringsfracties en oppositionele fracties is van grote betekenis voor de onderlinge relatie tussen regering en Staten-Generaal; van bevoegdheidsuitoefening van de Staten-Generaal als orgaan hoeft daarbij echter geen sprake te zijn. Zo kan het zijn, dat een minister die de steun verliest van zijn geestverwante fractie zich gedwongen voelt ontslag aan te bieden, ondanks de omstandigheid dat van wantrouwen van de kamer niet is gebleken.

5.4.4 Zelfstandige besluitvormende bevoegdheden van de Staten-Generaal

Uit een oogpunt van machtsverdeling hebben de Staten-Generaal eigenlijk weinig zelfstandige besluitvormende bevoegdheden, in de zin van zelfstandige bevoegdheden tot het nemen van besluiten met externe werking. De zelfstandige besluiten van de kamers zijn gericht op het eigen functioneren, zoals de benoeming van voorzitters en griffiers (art. 61 Gw), de beslissing omtrent geloofsbrieven van nieuw benoemde leden (art. 58 Gw), de vaststelling van de reglementen van orde (art. 72 Gw) en de besluitvorming omtrent het sluiten van de deuren ter vergadering, dat wil zeggen het overgaan tot een niet-openbare vergadering (art. 66 Gw). Extern effect heeft wel een besluit tot het houden van een enquête (art. 70 Gw). Immers, op grond van de Wet op de Parlementaire Enquête bestaat dan verschijnings en antwoordplicht voor de opgeroepen burger.[8] Ook de benoeming van de Nationale ombudsman door de Tweede Kamer (art. 78a Gw) heeft extern effect.

In sommige gevallen nemen de Staten-Generaal besluiten die voorwaarde zijn voor de rechtsgeldigheid van andere besluiten. Denk aan de voorafgaande goedkeuring, in artikel 96 Gw vereist voor het in oorlog verklaren van het Koninkrijk en in artikel 91 Gw vereist voor de binding van het Koninkrijk aan verdragen. Laatstbedoelde goedkeuring pleegt overigens, wanneer zij uitdrukkelijk plaatsvindt, bij de wet te worden verleend; in zoverre is in dit geval de facto dus geen sprake van uitoefening van een zelfstandige besluitvormende bevoegdheid van de Staten-Generaal.[9]

De belangrijkste bevoegdheden van de Staten-Generaal betreffen de relatie tot de regering, enerzijds in de vorm van mede-wetgevende bevoegdheid en anderzijds in de vorm van het kenbaar maken ten opzichte van de regering van opvattingen of verlangens, waaraan dan eventueel een politiek effect kan worden verleend.

8 Art. 3 en 15 Wet op de Parlementaire Enquête.
9 Zie § 14.2.2.

5.4.5 Bevoegdheid tot wetgeving; wetgevingsprocedure; rechten van amendement en initiatief

Ingevolge artikel 81 Gw geschiedt de vaststelling van wetten door de regering en de Staten-Generaal gezamenlijk. Het begrip 'wet' houdt in: een besluit van regering en Staten-Generaal, totstandgekomen volgens de wetgevingsprocedure. Het begrip duidt niet op een bepaalde inhoudelijkheid. In beginsel kunnen alle besluiten in wetsvorm worden genomen. Dat ligt slechts anders wanneer de Grondwet uitdrukkelijk een ander orgaan bevoegd verklaart. Men kan bijvoorbeeld niet bij wet straffen opleggen in verband met artikel 113 Gw. Anderzijds is besluitvorming bij wet slechts verplicht wanneer de Grondwet dat uitdrukkelijk eist. Nu bevat de Grondwet vele tientallen van dergelijke opdrachten, maar toch kan men niet zeggen dat overal waar het om belangrijke zaken gaat de wetgever tot actie geroepen is. Om een voorbeeld te noemen: het recht op bescherming van de persoonlijke levenssfeer, toch een grondrecht van groot belang overeenkomstig artikel 8 EVRM, was tot 1983 niet in de Grondwet opgenomen. Pas sinds de grondwetsherziening van 1983 is het recht gewaarborgd in artikel 10 Gw.[10]

Hoezeer ook hetgeen bij wet moet worden vastgesteld onbepaald is, de taak van de wetgever heeft op grond van het rechtsstatelijke legaliteitsvereiste toch wel een duidelijke oriëntatie. Immers, in de rijkssfeer[11] mag alleen de formele wetgever een grondslag geven voor bepalingen die door straffen worden gehandhaafd. Overal waar de burger door strafbepalingen wordt gebonden, zal derhalve de wetgever moeten optreden. Omdat burgers bindende voorschriften nu eenmaal vaak door strafbepalingen worden gesanctioneerd, ligt hier toch een duidelijk inhoudelijke taak voor de wetgever. Bovendien verplichten de grondrechtenbepalingen tot een formeel-wettelijke grondslag voor eventuele beperkingen en zijn er verscheidene andere grondwetsbepalingen die optreden van de wetgever voorschrijven.

De artikelen 82-88 bevatten de wetgevingsprocedure; de procedure is nader uitgewerkt in de reglementen van orde van de beide kamers. Wetsvoorstellen afkomstig van de regering worden bij de Tweede Kamer ingediend bij koninklijke boodschap, een indieningsformulier uitsluitend ondertekend door de Koning. De ministeriële verantwoordelijkheid wordt tot uiting gebracht door ondertekening van de memorie van toelichting door de betreffende minister(s) en/of staatssecretaris(sen). Bij het wetsvoorstel worden overgelegd het advies van de Raad van State (art. 73 Gw) en het daaromtrent door de bewindsperso(o)n(en) uitgebrachte zogenaamde nader rapport, dat een reactie bevat op het advies. Pas op het moment van indiening bij de Tweede Kamer zijn het voorstel en de memorie van toelichting officieel openbaar. Het presidium van de

10 Het is nader geregeld in de Wet bescherming persoonsgegevens.

11 Zie art. 89 Gw. Het stelsel geldt niet alleen voor algemene maatregelen van bestuur (het tweede lid), maar ook (ingevolge het vierde lid) voor andere vanwege het Rijk vastgestelde algemeen verbindende voorschriften. In de sfeer van de decentralisatie geldt een ander stelsel. Vgl. voor de gemeentelijke strafverordeningen art. 149 jo. art. 154 Gemeentewet; de gemeenteraad kan binnen bepaalde marges zelf de maximum-strafmaat bepalen.

Tweede Kamer pleegt vervolgens het wetsvoorstel in handen te stellen van een kamercommissie. Gebruikelijk is dat deze schriftelijk overleg voert met de regering. Dit resulteert in een verslag, waarop de regering antwoordt middels een nota naar aanleiding van het verslag. Als zij daartoe aanleiding ziet, kan de kamercommissie hierop reageren met een nader verslag, waarop de regering antwoordt met een nota naar aanleiding van het nader verslag. De regering kan in de opmerkingen van de zijde van de kamercommissie aanleiding zien om het wetsvoorstel te herzien, hetgeen kan geschieden middels een nota van wijzigingen.

Dit zogenaamde voorbereidende onderzoek door de kamercommissie hoeft niet steeds (geheel) schriftelijk plaats te vinden. Met toestemming van de kamer kan de commissie besluiten tot het houden van een mondeling 'wetgevingsoverleg' (art. 39 RvOTK, zie verder art. 102 RvOTK). Na afronding van het voorbereidend onderzoek vindt plenaire beraadslaging plaats, waarbij de verantwoordelijke bewindsperso(o)n-(en) de verdediging voer(t)(en). Eerst wordt gesproken over de algemene strekking van het wetsvoorstel; vervolgens over de afzonderlijke artikelen. Daarbij kan de Tweede Kamer gebruik maken van haar recht van amendement (art. 84 Gw). Wordt een amendement aangenomen, dan maakt het daarna deel uit van het wetsvoorstel. Wil regering niet de verantwoordelijkheid voor het aldus geamendeerde wetsvoorstel aanvaarden, dan zal zij het moeten intrekken; doet zij dit niet, dan zal zij het wetsvoorstel in geamendeerde vorm voor haar rekening moeten nemen en in de Eerste Kamer moeten verdedigen. Behandeling in deze Kamer vindt op hoofdlijnen op overeenkomstige wijze plaats als in de Tweede Kamer, zij het dat wegens het ontbreken van amendementsrecht de plenaire beraadslaging niet wordt uitgesplitst tussen behandeling van de algemene strekking en artikelsgewijze behandeling. Ook kent deze kamer geen 'wetgevingsoverleg'. Nadat het wetsvoorstel door de Eerste Kamer is aanvaard, wordt het door de regering bekrachtigd en in het Staatsblad gepubliceerd (artt 87-88 Gw).

Het behandelingsverloop binnen de Staten-Generaal is in beginsel eenrichtingsverkeer: eerst de Tweede Kamer en daarna de Eerste. Terugzending van het wetsvoorstel door de Eerste Kamer naar de Tweede is uitgesloten.[12] In deze opzet moet dan ook na de behandeling door de Tweede Kamer de definitieve redactie van een wetsvoorstel vaststaan (art. 85 Gw). De rol van de Eerste Kamer in het wetgevingsproces is dienovereenkomstig een andere dan die van de Tweede Kamer. De Eerste Kamer is niet vormgevend, maar veeleer toetsend: een wetgevingsproduct-in-wording dat inmiddels qua inhoud definitief is komen vast te staan, wordt beoordeeld op technische deugdelijkheid en uitvoeringsproblemen, alsmede op inachtneming van rechtsstatelijke en andere rechtmatigheidsvereisten. Daarnaast oordeelt de Eerste Kamer soms ook op politieke wenselijkheid, hetgeen dan prompt tot kritiek leidt.[13]

12 Wel kan de Eerste Kamer bij de regering aandringen op wijziging van een bij de kamer aanhangige wetsvoorstel. Dat vereist een novelle (een wijzigingswetsvoorstel), dat eerst door de Tweede Kamer goedgekeurd moet worden. Zie § 10.3.

13 De taakuitoefening van de Eerste Kamer is altijd omstreden geweest; zo nu en dan laaien conflicten ter zake weer op. Geruchtmakend was de 'Nacht van Wiegel' in 1999, waarbij de verwerping van het correctieve wetgevingsreferendum aanvankelijk zelfs leidde tot een

De rol van medewetgever van de Staten-Generaal omvat tevens de bevoegdheid tot initiatief, dat wil zeggen het recht om wetsvoorstellen in te dienen. Net als de bevoegdheid tot amendement komt het initiatiefrecht slechts aan de Tweede Kamer toe (art. 82 Gw).

Met de rechten van amendement en initiatief zijn enkele van de belangrijkste rechten van de Staten-Generaal genoemd. Andere belangrijke rechten zijn dat van enquête (art. 70 Gw) en het voor de parlementaire controle cruciale inlichtingenrecht (art. 68 Gw).

5.4.6 Vertrouwensrelatie tussen regering en Staten-Generaal

De verhouding tussen regering en Staten-Generaal in het kader van de machtsverdeling wordt voor het overige gekenmerkt door de vertrouwensrelatie.[14] Het primaire instrument om deze te effectueren is de ministeriële verantwoordelijkheid (art. 42, tweede lid, Gw). Binnen een rechtsstaat is dit zeker niet de enig denkbare verhouding tussen volksvertegenwoordiging en regering. Zij bestond reeds in Engeland toen Montesquieu zijn Esprit des Lois schreef, maar trok niet diens aandacht. In de Amerikaanse Constitution werd ze bewust niet opgenomen. In ons land werd ze in 1848 in de Grondwet verankerd. Wij namen daarmee 'Engelse beginselen' over, maar toch op geheel andere wijze. In Engeland had zich reeds in de eerste helft van de achttiende eeuw een vorm van parlementssoevereiniteit ontwikkeld, volgens welke de meerderheid uit het Lagerhuis bij de Koning de benoeming bewerkstelligde van vertrouwensmannen uit hun midden, die als leden van de regering een soort van uitvoerend comité uit het Lagerhuis vormden. Zij waren de voormannen van de parlementaire meerderheid, bleven zitting houden in het parlement en hadden daar ook de leiding van de meerderheid. De Koning was weliswaar hoofd van de regering, maar speelde als beleidsbepalende factor reeds in de achttiende eeuw nauwelijks een rol; een ontwikkeling die in de hand werd gewerkt door de omstandigheid dat het huis van Hannover, aan wie na de dood van de Koning-Stadhouder de Engelse troon toeviel, weinig of geen voeling had met het Engelse politieke leven, ja zelfs aanvankelijk de taal niet machtig was.

Heel anders was de situatie in Nederland in het midden van de negentiende eeuw. Wij hadden een nationaal vorstenhuis, waarvan de achtereenvolgende bezetters van de troon een niet onaanzienlijke ambitie tot uitoefening van regeergezag bezaten en daaraan ook gewend waren. De invoering in 1848 van ministeriële verantwoordelijkheid betekende dan ook niet overneming van het Engelse stelsel. Het betekende, dat de regering zich met goed gevolg moest kunnen verantwoorden ten overstaan van de Staten-Generaal. Hiertoe omringde de Koning zich met ministers die hierin zouden kunnen slagen. De nadruk lag derhalve aanvankelijk nog op de Koning, die door de

---

heuse kabinetscrisis. Zie P.P.T. Bovend'Eert/H.R.B.M. Kummeling, Het Nederlandse Parlement, 10e dr., Deventer 2004, p. 48; F. de Vries, De staatsrechtelijke positie van de Eerste Kamer, Deventer 2000.

14 Zie hieromtrent ook §§ 10.5 en 10.6.

samenstelling van de ministersploeg rekening hield met de, wegens het nog ontbreken van duidelijke partijverbanden, veelal vrij ongestructureerde verlangens van de Staten-Generaal.

Eerst gaandeweg zette zich een ontwikkeling door, volgens welke de meerderheid van de Tweede Kamer richting gaf aan de kabinetsformatie. Een opzet in Engelse trant kon het evenwel niet worden wegens de onverenigbaarheid van het ministerschap en het lidmaatschap van de Staten-Generaal (vgl. art. 57, tweede lid, Gw). Niettemin ging vanaf de laatste decennia van de negentiende eeuw een duidelijke binding ontstaan tussen ministers en regeringsfracties. Hiermee schrompelde de politieke betekenis van het staatshoofd geleidelijk ineen tot een ongrijpbare persoonlijke invloed (die overigens best groot zou kunnen zijn, maar zich aan de juridische waarneming onttrekt) alsmede tot een restverschijnsel in diens rol bij de kabinetsformatie. Bestudering van de (parlementaire) geschiedenis[15] laat overigens zien, dat ook in de twintigste eeuw de interne politieke invloed van de Koningin soms toch niet onaanzienlijk is geweest. Dat gold in het bijzonder voor de rol van Koningin Wilhelmina.[16]

In de praktijk bestaat een vrij ruime variatiebreedte ter zake van de binding tussen kamermeerderheid en regering. Deze binding komt formeel tot uiting in het karakter van het kabinet overeenkomstig de formatieopdracht. Zogenaamde parlementaire kabinetten steunen op interfractionele formatieakkoorden, meestal 'regeerakkoord' genoemd. Zogenaamde extra-parlementaire kabinetten kennen niet een dergelijke grondslag; parlementaire fracties zijn derhalve niet programmatisch betrokken geweest bij de totstandkoming van het kabinet. Voor alle kabinetten geldt echter, dat zij het vertrouwen behoeven van een kamermeerderheid, in die zin dat zij hebben te wijken – althans uiteindelijk, eventueel na ontbinding van de kamer[17] – wanneer blijkt van het ontbreken van vertrouwen.[18] Hetzelfde geldt voor individuele ministers alsmede voor staatssecretarissen.

---

15 Met het verstrijken der jaren worden op grond van de Archiefwet steeds meer tot dusver niet-openbare stukken voor bestudering toegankelijk. Zie voor een korte schets van die geschiedenis B.P. Vermeulen, A.P. Krijnen, D.A. Roos (red.), De Koning in het Nederlandse staatsrecht, Nijmegen 2005, p. 16 e.v.

16 C. Fasseur, Wilhelmina, Krijgshaftig in een vormeloze jas, Amsterdam 2001. Ook over Koningin Beatrix zijn er de laatste jaren publicaties verschenen die veel politieke invloed aan haar toedichten. Zie H. van Wijnen, De macht van de kroon, Amsterdam 2000, R. Kooistra/S. Koole, Beatrix, Invloed en macht van een eigenzinnige vorstin, Amsterdam 2000 en H. te Velde, De Koning is onschendbaar, De permanente spanning tussen Oranje en de Grondwet, in: R. Meijer en H.J. Schoo, De monarchie, Amsterdam 2002, p. 49 e.v.

17 Zie art. 64 Gw. Ontbinding heeft geen parlementloos tijdperk tot gevolg; er worden verkiezingen gehouden en tot het moment van bijeenkomen van de nieuwe kamer blijft de oude kamer zitten.

18 Opzegging van het vertrouwen kan met zoveel woorden geschieden; gebruikelijk is dat echter niet. Het vijfde kabinet-Colijn werd terstond bij zijn optreden in 1939 getroffen door een motie-Deckers, waarin de Tweede Kamer uitsprak 'dat de kabinetsformatie niet heeft geleid tot het optreden van een kabinet, dat de nodige waarborgen biedt voor een deugdelijke behartiging van 's Lands belang in gemeen overleg met de Staten-Generaal (en) keurt

5.4.7 Omvang en effectuering van de ministeriële verantwoordelijkheid

In het kader van de machtsverdeling vormt de ministeriële verantwoordelijkheid verreweg de belangrijkste schakel tussen de onderscheiden taken van regering en Staten-Generaal. De ministeriële verantwoordelijkheid omvat het totale doen en nalaten van de regering alsmede van aan de regering ondergeschikte ambtenaren. Instrument hiertoe is de inlichtingenplicht, die sedert de grondwetsherziening van 1987 ook ten opzichte van individuele kamerleden geldt (art. 68 Gw). De minister is niet slechts gehouden tot het verstrekken van inlichtingen, maar ook tot het verantwoorden, in de zin van verdedigen van het handelen of nalaten. De kamer bij meerderheid kan zich desgewenst ter zake bij motie uitspreken. De motie is voor regering of bewindspersoon niet bindend; een motie van wantrouwen daarentegen heeft een politiek gevolg in die zin, dat hetzij kabinet of bewindspersoon aftreden hetzij de kamer wordt ontbonden (art. 64 Gw). In de praktijk vindt kamerontbinding overigens niet plaats zonder instemming van de kamermeerderheid, hoewel zij in theorie nog wel bij extra-parlementaire kabinetten voorstelbaar is.[19]

De veelheid van taken, die aan de regering is toevertrouwd, wordt aldus in het kader van de machtsverdeling integraal onder politieke controle gebracht door middel van de ministeriële verantwoordelijkheid.

5.4.8 De rijksbegroting

Een belangrijk element van de machtsverdeling is 'the power of the purse'. Regeren kost geld. Dat geld wordt door de regering uitgegeven; het wordt beschikbaar gesteld door de wetgever bij wege van begrotingswetten (art. 105 Gw). De Staten-Generaal als medewetgever hebben aldus een belangrijke zeggenschap over de activiteiten van de regering. De jaarlijkse begrotingsbehandeling vormt dan ook een van de meest essentiële werkzaamheden van de Staten-Generaal. Vandaar dat we hieronder wat nader ingaan op de rijksbegroting. De wet die hierop betrekking heeft, is de Comptabiliteitswet, een organieke wet ex artikel 105, vierde lid, Grondwet.

De rijksbegroting omvat een inkomstenbegroting en een uitgavenbegroting, uitgesplitst over de verschillende departementsbegrotingen en enkele bijzondere begrotingen, zoals die van het koninklijk huis en de hoge colleges van staat (art. 1 Comptabiliteitswet). Elk departement heeft dus zijn eigen inkomsten- en zijn eigen uitgavenbegroting. De inkomstenzijde van de begroting omvat een raming van de inkomsten

het optreden van dit Kabinet af'. Een zo expliciete veroordeling van een kabinet is sindsdien niet meer voorgekomen.

19 Een ontbinding tegen de wens van de meerderheid van het vertegenwoordigend lichaam vond binnen het Koninkrijk de laatste keer plaats in 1987 en wel in Aruba en leidde tot grote politieke commotie. Inmiddels werd aldaar naar aanleiding van een advies-Van der Burg/Burkens besloten, dat zodanige ontbinding in de toekomst niet meer dient voor te komen. Zie Namens 1990, afl. 3, p. 41.

behorend bij het desbetreffende departement. Zo behoren boeten tot de inkomstenbegroting van het ministerie van Justitie. De uitgavenzijde van de begroting omvat een raming van de uitgaven. Salarissen van de departementsambtenaren van Justitie figureren aldus op de uitgavenbegroting van het ministerie van Justitie.

Uit het voorgaande volgt, dat de afzonderlijke begrotingen in de praktijk nimmer zullen sluiten (d.w.z. evenwicht vertonen tussen inkomsten en uitgaven). De begroting van het ministerie van Financiën laat een groot overschot zien (de belastinginkomsten); de begrotingen van alle andere departementen een groot tekort. De afzonderlijke begrotingen behoeven ook helemaal niet te sluiten. De omstandigheid, dat elke begroting een eigen uitgavenzijde heeft, beoogt dan ook niet de desbetreffende begroting te doen sluiten, maar heeft veeleer de strekking de verantwoordelijkheid van de minister ook voor de onder hem ressorterende inkomsten zichtbaar te maken. Voorkomen moet worden dat ministers in de verleiding komen sinterklaas te gaan spelen ten behoeve van hun eigen clientèle. Overigens moet worden opgemerkt, dat een minister niet de inkomsten figurerend op zijn begroting zelf mag houden. Alle inkomsten vloeien in de rijkskas; alleen de zogenaamde begrotingsfondsen[20] zijn daarvan afgezonderd. Ook de rijksbegroting als geheel (d.w.z. de som van alle begrotingen) pleegt niet te sluiten. Dat is wel een probleem, waarop we hieronder nog terugkomen.

Het rechtskarakter van de inkomstenzijde respectievelijk de uitgavenzijde van een begroting is verschillend. De inkomstenzijde omvat een loutere raming. Zo berusten de verplichting tot het betalen van belasting casu quo de bevoegdheid tot het innen van belasting niet op de begroting, maar op de belastingwetten. Komt de raming niet uit (bijvoorbeeld de belastingontvangsten vallen tegen), dan heeft dat geen rechtsgevolg. Wel heeft dat een feitelijk gevolg: het tekort op de rijksbegroting is groter dan verwacht, er zullen dus nieuwe inkomstenbronnen moeten worden aangeboord (bijvoorbeeld meer staatsleningen). De uitgavenzijde daarentegen bevat eveneens een raming, maar deze raming heeft tegelijk het rechtskarakter van een machtiging aan de desbetreffende minister tot het doen van uitgaven tot een maximum als aangegeven per post. Komt de minister daarmee niet uit, dan zal hij de vaststelling van een suppletoire begrotingswet moeten bevorderen (art. 10 Comptabiliteitswet). Van een reëel machtsverdelingsvraagstuk is hier eigenlijk geen sprake; het geld is uitgegeven, de kamer kan het niet meer tegenhouden.

Tot enkele jaren geleden leken de kamers, en in het bijzonder de Tweede Kamer, louter geïnteresseerd in het beleid dat in de rijksbegroting wordt vastgelegd, de 'leuke dingen voor de mensen' waarop ook electoraal gescoord kan worden. Pas enkele jaren controleert de Tweede Kamer structureel achteraf of het geld wel op de juiste plek terecht is gekomen. Sinds 2000 kennen we de 'Dag der Verantwoording', de derde woensdag in mei.[21] Aan de hand van tevoren door de Tweede Kamer te bepalen beleidsprioriteiten worden er per ministerie onderwerpen aangegeven waarop ministers

20 Zie art. 2 Comptabiliteitswet. Een voorbeeld van een begrotingsfonds is het Gemeentefonds, waaruit gemeenten een belangrijk deel van hun inkomsten, de zogenaamde algemene uitkering ontvangen.

21 Ook bekend als 'Woensdag, gehaktdag'.

zich in het bijzonder – in termen van (financiële) resultaten – dienen te verantwoorden. De verslagen worden kritisch onder de loep genomen door de Algemene Rekenkamer. De verslagen en de rapporten worden op de derde woensdag in mei aan de Tweede Kamer aangeboden. Daarna volgt een plenair debat met de minister van Financiën en de minister-president. Openstaande vragen kunnen vervolgens met de vakministers worden besproken.

Het is duidelijk dat het hier in potentie gaat om een duidelijke versterking van de controlerende functie van de Tweede Kamer, maar kamerleden blijken maar weinig belangstelling te tonen voor dit deel van hun controlerende taak en de media laten het tot dusver ook afweten. Blijkbaar is het praten over geld voor nieuw beleid (vanaf Prinsjesdag) interessanter dan het controleren of het geld ook daadwerkelijk op de plaats terecht gekomen is die bij de opstelling van de begroting voor ogen stond en of het beleid ook resultaten heeft geboekt.

6 Grondrechten[1]

6.1 DE ONTWIKKELING VAN DE GRONDRECHTEN

In § 3.3 werd aangegeven, dat grondrechten typisch tot de rechtsstaat behoren, en zelfs als een soort watermerk van echte rechtsstatelijkheid worden aangemerkt. Dat betekent echter niet, dat fundamentele rechtswaarborgen eerst met de opkomst van de rechtsstaatgedachte tegen het eind van de achttiende eeuw op het toneel verschijnen. Zij zijn van oudere datum. Reeds vanaf de middeleeuwen treft men documenten aan waarin waarborgen zijn vastgelegd tegen willekeurig of onderdrukkend overheidsgezag, bijvoorbeeld in de beroemde Magna Carta van 1215, een overeenkomst tussen Engelse feodale adel en hun leenheer, waarin aan grondbezitters rechten werden gewaarborgd tegen misbruik van het koninklijk gezag. Deze rechtswaarborgen werden echter meestal door en voor bepaalde groepen van personen bedongen (privileges). Zij golden niet algemeen, golden niet voor de individuele persoon als zodanig (§ 2.2).

Een ontwikkeling naar grondrechten in moderne trant zette pas in met John Locke, die aan het einde van de zeventiende eeuw een rechtsfilosofische verhandeling over het staatsgezag publiceerde.[2] Hierin treft men voor het eerst een systematisch uitgewerkte staatstheorie aan waarin grondrechten aan de mens als zodanig toekomen. Grondrechten zijn niet afhankelijk van toekenning door de overheid. Veeleer is het zo, dat grondrechten een terrein afgrenzen dat principieel niet aan overheidsmacht is onderworpen. Om dit theoretisch te onderbouwen gebruikte Locke de oude, reeds uit de middeleeuwen daterende constructie van een maatschappelijk verdrag of contract. Het staatsbestel zou berusten op een aanvankelijke overeenkomst, waarbij overheidsgezag in het leven wordt geroepen. Die constructie was niet volstrekt nieuw; zij was in zekere zin al te vinden in feodale overeenkomsten als de zojuist genoemde Magna Carta. Nieuw was wel dat in Locke's gedachtengang het maatschappelijk verdrag primair tot doel had leven, vrijheid en eigendom van *alle* burgers te waarborgen en dat met het oog daarop fundamentele rechten door de overheid moesten worden gerespecteerd. De zin van het maatschappelijk verdrag lag immers juist in de waarborging van deze aan een ieder toekomende rechten.

Grondrechten hebben in deze gedachtengang een zogenaamd pre-constitutioneel karakter. Het zijn rechten die de mens van nature, los van het staatsverband toekomen,

1 M.C. Burkens, Algemene leerstukken van grondrechten naar Nederlands constitutioneel recht, Zwolle 1989; J.A. Hofman, J.W. Sap, I. Sewandono, Grondrechten in evenwicht, Deventer 1995; P.W.C. Akkermans, C.J. Bax, L.F.M. Verhey, Grondrechten: grondrechten en grondrechtsbescherming in Nederland, Deventer/Heerlen 2005; K. Henrard, Mensenrechten vanuit internationaal en nationaal perspectief, Den Haag 2006.

2 Locke, Two Treatises of Government (1690), Second Book; zie § 2.3.

hoewel ze eerst door het staatsverband tot effectieve waarborging komen. Een staatsverband dat grondrechten niet waarborgt, verliest zijn bestaansgrond.

Deze gedachtengang heeft enorme invloed uitgeoefend, eerst in de Angelsaksische wereld. In de Amerikaanse onafhankelijkheidsstrijd gaven verschillende koloniën zich constituties, die in pre-constitutionele trant werden voorafgegaan door verklaringen van grondrechten. De Amerikaanse onafhankelijkheidsverklaring van 1776, de Declaration of Independence, stelde geheel in de geest van Locke: 'We hold these truths to be self-evident, that all men are created equal, that they are endowed by their Creator with certain unalienable Rights, that among these are Life, Liberty and the pursuit of Happiness. That to secure these rights, Governments are instituted among Men, deriving their just powers from the consent of the governed.' Dienovereenkomstig werden in 1791 in de constitutie een aantal fundamentele rechten en vrijheden opgenomen.[3]

In Frankrijk werd in 1789 door de Nationale Vergadering de Déclaration des droits de l'homme et du citoyen aangenomen. Ook de Déclaration ging uit van de gedachte, dat grondrechten de mens als zodanig toekomen. Doelstelling van de Déclaration was vast te leggen 'les droits naturels, inaliénables et sacrés de l'homme, afin que cette déclaration, constamment présente à tous les membres du corps social, leur rappelle sans cesse leurs droits et leurs devoirs.' Vervolgens bevatte de verklaring een aantal fundamentele rechten en vrijheden. Nog heden ten dage maakt de Déclaration deel uit van het Franse constitutionele recht.

In ons land werden grondrechten voor het eerst systematisch opgenomen in de burgerlijke en staatkundige grondregels, behorende bij de Bataafse Staatsregeling van 1798. De Staatsregeling was sterk geïnspireerd door de Déclaration en de theorie van het maatschappelijk verdrag. De periode van gelding van de Staatsregeling was echter te kortstondig om deze regeling praktische betekenis te doen krijgen. In latere staatsregelingen tot aan de inlijving bij Frankrijk in 1810[4] nam het grondrechtenbestand gaandeweg in omvang af.

Na de herwinning van de onafhankelijkheid kwam in 1814 onze eerste Grondwet tot stand. Deze werd niet opgevat als een maatschappelijk verdrag of als een vastlegging van pré-constitutionele rechten. Grondrechten waren er in slechts zeer beperkte mate in vervat: met name een aantal justitiële waarborgen alsmede waarborgen op het terrein van de godsdienst. In de Grondwet van 1815 werden – mede op aandrang van de Belgen (waarmee wij in dat jaar mee verenigd werden) – de grondrechten uitgebreid met onder meer gelijkheidswaarborgen, petitierecht, recht op schadeloosstelling bij

3 Aanvankelijk meende men, dat waarborging van grondrechten in de bondsconstitutie niet nodig was, omdat ze reeds in de constituties van de deelstaten waren neergelegd. Al spoedig werd hierop teruggekomen. De grondrechten werden bij wege van amendementen in 1791 (Bill of Rights) aan de federale grondwet, de bondsconstitutie (Constitution) toegevoegd. De Bill of Rights vormt nog immer een kernbestanddeel van de Amerikaanse Constitution en een toetsingskader voor de constitionele rechter, het Supreme Court.

4 Staatsregelingen van 1801, van 1805 en van 1806.

onteigening, onschendbaarheid van de woning en drukpersvrijheid. In 1848 kwam het grondrechtenbestand tot een voorlopige afronding met het recht van vereniging en vergadering, onschendbaarheid van het briefgeheim, vrijheid van onderwijs en waarborging dat bij de inrichting van het openbaar onderwijs ieders godsdienstige overtuiging zou worden geëerbiedigd. In 1917 werd de Grondwet verrijkt met het algemeen kiesrecht en de financiële gelijkstelling van het bijzonder met het openbaar onderwijs, veelal aangeduid als de pacificatie.[5] Bij de grondwetsherziening van 1983 werd in hoofdstuk 1 een volwaardige grondrechtencatalogus gegeven, waarin niet alleen de aloude klassieke vrijheidsrechten en het kiesrecht maar ook bijvoorbeeld het betogingsrecht en de sociale grondrechten hun plaats kregen. Van eminent belang is ten slotte de vastlegging van grondrechten in verdragen, een proces dat vooral op gang kwam als reactie op de ontsporingen in de tweede wereldoorlog. Nederland is partij bij de belangrijkste verdragen waarin internationale grondrechten, veelal ook aangeduid als mensenrechten, zijn neergelegd.

De geleidelijke uitbreiding van aantal en typen grondrechten is een uitvloeisel van de structuurverandering van de staat (§§ 2.3-2.5). In de negentiende eeuw kan de staat gekarakteriseerd worden als een klassiek-liberale, waarin het waarborgen van de individuele vrijheidsrechten vooropstaat. In de aanvang van de twintigste eeuw ontwikkelt de staat zich met name door de uiteindelijke erkenning van het algemeen kiesrecht tot een democratische rechtsstaat. Deze wordt vervolgens na de tweede wereldoorlog uitgebouwd tot een sociale rechtsstaat, waarin de overheid niet alleen de individuele vrijheidssfeer in acht neemt, maar ook op zich gaat nemen zekere sociaal-economische condities te realiseren, een taakstelling waarvan de sociale grondrechten een belangrijke juridische uitdrukking vormen.

Tezelfdertijd vindt codificatie van grondrechten plaats op internationaal vlak in de vorm van mensenrechtenverdragen, zowel betreffende de klassieke vrijheidsrechten – het Europees Verdrag tot bescherming van de Rechten van de Mens (EVRM) op Europees niveau, het Internationaal Verdrag inzake Burgerrechten en Politieke Rechten (IVBPR) op mondiaal niveau – als de sociale grondrechten – het Europees Sociaal Handvest (ESH) op Europees niveau, het Internationaal Verdrag inzake Economische, Sociale en Culturele Rechten (IVESCR) op mondiaal niveau. En in toenemende mate maken fundamentele rechten ook onderdeel uit van de rechtsorde van de Europese Unie. Van belang is, dat op de naleving van het EVRM in laatste instantie toegezien wordt door een internationale rechter, het Europese Hof voor de Rechten van de Mens te Straatsburg, en op de naleving van het Unierecht door het Hof van Justitie te Luxemburg.

---

5 Het onderwijsartikel werd in 1972 iets gewijzigd teneinde regulering van ongesubsidieerd onderwijs mogelijk te maken. In 2006 werd door wijziging van het vierde lid de mogelijkheid van een samenwerkingsschool, waarin zowel openbaar als bijzonder onderwijs gegeven wordt, vastgelegd. Voor het overige is het artikel inhoudelijk ongewijzigd gebleven; het bleef buiten de grondwetsherziening van 1983.

6.2 HET RECHTSSTATELIJK WAARBORGKARAKTER VAN DE GRONDRECHTEN

Na dit korte historische overzicht komen we terug op de typisch rechtsstatelijke betekenis van de grondrechten. De rechtsstaat houdt in, dat de grondslag van statelijk gezag in het recht wordt gelegd en de uitoefening van dit gezag onder de heerschappij van het recht wordt geplaatst. Juist grondrechten zijn hierbij van fundamenteel belang.

Het behoort tot de essentie van de klassieke grondrechten, dat ze een dam opwerpen tegen overheidsoptreden dat als willekeurig of onderdrukkend wordt ervaren. Concrete grondrechten vormden dan ook bijna altijd uit de historie te verklaren reacties op dergelijk overheidsoptreden. Zo was het in artikel XIII van de Unie van Utrecht (1579) neergelegde recht op gewetensvrijheid en huiselijke godsdienstvrijheid een concreet antwoord op en garantie tegen de ondervonden Spaanse inquisitie. Met Locke krijgen grondrechten echter de meer fundamentele betekenis van *algemene* waarborgen van de vrijheidssfeer van de burgers. Overheidsoptreden moet die vrijheidssfeer respecteren, wil het niet zijn legitimiteit verliezen.

Deze opvatting van grondrechten krijgt met het doorzetten van de rechtsstatelijke gedachte van heerschappij van het positieve recht echter een nieuwe wending. De heerschappij van het recht kan immers zelf onderdrukkend worden, wanneer het recht niet bepaalde begrenzingen in acht neemt. Juist omdat het recht positief wordt – dat wil zeggen niet meer uit de traditie tot ons komt, maar resultaat is van een rechtsscheppende handeling (wetgeving) – kan het dubbel en dwars onderdrukkend worden. Immers, de matiging die veelal van het traditionele gewoonterecht uitging en de verbinding van dit recht met de gerechtigheidsidee is verloren gegaan. Het positieve recht als uiting van de arbitraire wil van de wetgever heeft dus een rechtsstatelijk beveiligingsmechanisme nodig tegen ontsporingen. Grondrechten moeten hierin voorzien: ze maken duidelijk, dat rechtsschepping binnen bepaalde grenzen moet blijven. Die grenzen gelden ook voor de formele wetgever. Deze heeft weliswaar een algemene bevoegdheid tot wetgeving (artikel 81 Grondwet), maar dient bij de uitoefening daarvan wel de grondrechten in acht te nemen. Immers, grondrechten zijn gewaarborgd in de Grondwet, die ook de wetgever heeft te respecteren.[6]

Een eigenaardige moeilijkheid is nu echter gelegen in het feit dat de Grondwet eveneens positief recht is, een product van rechtsschepping. Ook de Grondwet kan dus gewijzigd worden, zij het door de grondwetgever middels een gekwalificeerde wetsprocedure (art. 137 e.v. Gw). Positief recht heeft een beveiligingsmechanisme tegen ontsporing nodig; maar het beveiligingsmechanisme is zelf ook positief recht en kan dus buiten werking worden gesteld.[7]

6 Al zal de rechter dit niet mogen toetsen wegens het in ons rechtsstelsel bestaande toetsingsverbod (art. 120 Gw). Overigens gaan er steeds luider stemmen op om het toetsingsverbod ten aanzien van de grondwettelijke vrijheidsrechten op te heffen, zie § 7.4.

7 Het helpt ook niet om in de Grondwet te bepalen dat sommige artikelen niet gewijzigd mogen worden, zoals bijvoorbeeld in het Grundgesetz van de Duitse Bondsrepubliek is

Alleen wanneer we grondrechten in de zin van Locke opvatten als pre-constitutionele, los van het positief recht geldende waarborgen, is dit probleem opgelost: dan zijn grondrechten inherente natuurrechten, zelfs voor de grondwetgever onaantastbaar. Maar nogmaals, onze Nederlandse Grondwet is van begin af aan opgevat als positief recht. De grondrechten maken daarvan gewoon onderdeel uit. Een sluitende juridische beveiliging tegen schrapping van de grondrechten uit de Grondwet bestaat derhalve niet. De vrees dat de grondrechten uit de Grondwet geschrapt zullen worden, is thans echter niet reëel. We kunnen vertrouwen op de algemeen gangbare rechtsovertuiging dat zoiets niet zou mogen omdat het de rechtsstaat in het hart zou aantasten. Deze rechtsovertuiging heeft bovendien nader gestalte gekregen in de vorm van de mensenrechtenverdragen, waarin internationale grondrechten worden gewaarborgd die vergelijkbaar zijn met de nationale grondrechten, en waaraan ook de (grond)wetgever gebonden is. Opzegging van deze verdragen, indien al juridisch toegestaan (vgl. art. 58 EVRM),[8] is slechts een theoretische mogelijkheid.

6.3 GRONDRECHTEN EN HET PRINCIPIEEL BEPERKTE KARAKTER VAN OVERHEIDSBEVOEGDHEDEN

Ook in ander opzicht zijn grondrechten van fundamentele betekenis voor de rechtsstaat. Grondrechten – met name de klassieke vrijheidsrechten – brengen als het ware door contrastwerking het beperkte karakter van overheidsbevoegdheden in beeld. Overheidsoptreden dat ingrijpt in leven, vrijheid en eigendom van de burgers moet in de rechtsstaat op grond van het legaliteitsbeginsel altijd tot formele wetgeving herleidbaar zijn. De machtiging tot zodanig overheidsoptreden – welke ten aanzien van grondrechten haar basis moet vinden in de zogenaamde beperkingsclausules ofwel clausuleringen – dient specifiek te zijn: een bepááld overheidsoptreden wordt toegestaan. Het overheidsoptreden heeft altijd een bepaalde motivering nodig, die aan de behartiging van het algemeen belang is ontleend. Overheidsbevoegdheden dienen derhalve specifiek en daardoor beperkt te zijn.

Hiertegenover staat de vrijheid van de burger. Deze is in zijn verhouding tot de overheid vrij om te doen en te laten wat hij wil, voor zover niet de overheid bevoegd is op zijn vrijheid te beperken. Deze vrijheid van de burger wordt op bedreigde punten nader verzekerd door grondrechten. Hoe de burger van zijn grondrechten gebruik maakt, is zijn eigen zaak. Een motivering hoeft hij daarvoor niet te geven. Hij hoeft bijvoorbeeld niet door de uitoefening van zijn recht op vrije meningsuiting het algemeen belang te dienen. Hij kan desgewenst van die vrijheid gebruik maken uit zuiver commerciële of zelfs volstrekt irrationele motieven.

---

geschied (art. 79, derde lid, GG). Immers, een dergelijke bepaling kan zelf gewijzigd worden.

8 Het IVBPR bevat niet zo'n bepaling, zodat opzegging van dit verdrag niet mogelijk is (art. 56 Verdrag van Wenen inzake het verdragenrecht).

Grondrechten vormen aldus het complement van de machtsverdeling, die in het vorige hoofdstuk werd behandeld. De daar behandelde machtsverdeling betreft de toedeling van overheidsbevoegdheden in de staat. Grondrechten leggen de grenzen vast van een verdeling tussen overheid en burgers. De overheid oefent specifieke en beperkte bevoegdheden uit, die zijn gericht op de behartiging van het algemeen belang. De burger van zijn kant is in beginsel vrij om naar eigen inzicht gestalte te geven aan zijn leven. Hiertoe is hem op bedreigde punten een vrijheidssfeer gewaarborgd, waarvan hij naar eigen goeddunken gebruik kan maken, behoudens door de overheid op basis van uitdrukkelijke beperkingsclausules opgelegde legitieme beperkingen.

6.4 DE SUBJECTEN VAN GRONDRECHTEN; BIJZONDERE RECHTSVERHOUDINGEN

De meeste (nationale en internationale) grondrechten zijn rechten die aan het *individu* als zodanig toekomen. In enkele gevallen gelden ze evenwel alleen voor Nederlanders (art. 3, 4, 19, derde lid, en 20, derde lid, Gw), of voor vreemdelingen (bijv. art. 2, tweede lid, Gw en art. 13 IVBPR). Daarnaast kunnen sommige grondrechten ook door *collectiviteiten* ingeroepen worden. Zo kan een kerkgenootschap zich op de vrijheid van godsdienst beroepen (bijv. art. 6 Gw, art. 9 EVRM), en een rechtspersoon die een school bestuurt op de vrijheid van onderwijs (art. 23 Gw).

Grondrechten kunnen daarentegen *niet door overheidsorganen* ingeroepen worden. Zij zijn gezien hun historie en strekking rechten van burgers – individuen en soms ook privaatrechtelijke rechtspersonen – tegenover de overheid: zie de vorige paragrafen. Daarmee is niet te verenigen dat de overheid zich eveneens (tegenover de burger) op grondrechten zou kunnen beroepen. Aldus zouden deze rechten, die beogen de burger tegen de overheid te beschermen, in hun tegendeel gaan verkeren en verworden tot een wapen van de overheid tegen de burger. Terecht verwierp de Hoge Raad in het Aral-arrest dan ook het beroep van een gemeente op artikel 6 EVRM tegenover een burger, omdat dit beroep zich niet verdroeg met de strekking van het EVRM, het beschermen van de burger tegen de overheid.[9]

Het lijkt er evenwel op dat de Hoge Raad dit (juiste) standpunt heeft verlaten. Dat gebeurde in een zaak waarin oud-verzetsstrijders de rechter vroegen de staat te verbieden in het openbaar het standpunt te herhalen dat de pensioentoekenning aan de 'zwarte weduwe', de weduwe van de NSB-er Rost van Tonningen, rechtmatig was. De Hoge Raad wees de vordering aldus af: 'Het gaat hier om een mening over een rechtsvraag (...). De regering heeft deze mening (...) uitgesproken in een openbaar debat over een publieke zaak. Het zowel in de Grondwet als in internationale verdragen neergelegde recht op vrijheid van meningsuiting, waarop ook de regering aanspraak heeft, brengt mede dat de Staat dan niet in rechte kan worden aangesproken op grond van de stelling

9 HR 6 februari 1986, AB 1987, 272/NJ 1988, 926 (Den Haag/Aral).

dat de door de regering aldus uitgesproken mening onjuist is.'[10] Zoals hiervoor reeds aangegeven, verdraagt deze uitspraak zich niet met de ratio van de grondrechten.[11] We houden het er maar op, dat hier sprake is van een incidentele misslag.[12]

Een problematiek die hier uitgebreider behandeling verdient, betreft het vraagstuk van de gelding van grondrechten voor personen die ten opzichte van de overheid in een *bijzondere rechtsverhouding* staan, zoals ambtenaren, militair personeel en gedetineerden. In het verleden werd de volledige grondrechtenwerking voor deze personen veelal ontkend. Voor wat betreft ambtenaren placht dan wel de argumentatie te zijn, dat men vrijwillig in ambtelijke dienst was getreden en daarmee had aanvaard dat grondrechten slechts in beperkte mate of met zeker voorbehoud konden worden uitgeoefend.

Nu ligt hier inderdaad wel een probleem. Een (rijks)ambtenaar functioneert in ons staatsbestel onder ministeriële verantwoordelijkheid. Uitlatingen van ambtenaren moet de minister voor zijn verantwoordelijkheid nemen. Daarmee is onverenigbaar dat de ambtenaar uitingen doet welke de minister niet voor zijn rekening zou willen nemen. Maar ook wanneer de ambtenaar niet als zodanig, maar in zijn vrije tijd als privépersoon van het grondrecht van vrije meningsuiting gebruik maakt, kunnen problemen ontstaan. Neem het (denkbeeldige) geval, dat de Directeur van 's-Rijks Begroting, een hoge ambtenaar die belast is met de voorbereiding van de begroting, op de avond van Prinsjesdag voor de televisie zou verkondigen dat zijns inziens de begrotingsvoorstellen ervan blijk geven dat de regering een gat in de hand heeft. Een dergelijke uitlating zou weliswaar door hem als privépersoon (als staatsburger) zijn gedaan, maar toch zouden deze uitlatingen ten gevolge van zijn betrokkenheid bij de begrotingsvoorbereiding min of meer worden toegerekend aan het ambtelijk dienstverband en daardoor aan het functioneren van dit verband afbreuk doen. Zouden ze dienovereenkomstig als ontoelaatbaar moeten worden aangemerkt? En wat te denken van een officier van de Koninklijke Luchtmacht, die publiekelijk te kennen geeft afwijzend te staan tegenover de inzet van kernwapens in oorlogstijd en derhalve tegen de desbetreffende taken van de luchtmacht? In dit geval zou het functioneren van het ambtelijk verband vermoedelijk minder schade oplopen. Wel zou twijfel kunnen ontstaan over de inzetbaarheid van de betrokken officier bij alle voorkomende taakopdrachten.[13]

Naar huidige rechtsopvatting gelden grondrechten in beginsel onverkort voor personen in zulke bijzondere rechtsverhoudingen. Wel kunnen op grondslag van de grondwettelijke beperkingsclausules of clausuleringen voor deze personen meer en andere beperkingen worden vastgesteld dan voor burgers in het algemeen gelden. Aldus is uitdrukkelijk door de grondwetgever van 1983 uitgesproken. Vanuit dit uit-

10 HR 22 januari 1993, AB 1993, 198/NJ 1994, 738 (Rost van Tonningen).

11 C.A.J.M. Kortmann in Vrijheid van meningsuiting voor de regering?, NJB 1993, p. 333 e.v.; L.F.M. Verhey in zijn annotatie in NJCM Bulletin 1993, p. 414 e.v.

12 HR 8 juli 2005, AB 2006, 17 (Gemeente Uden) lijkt er echter van uit te gaan dat een overheid zich op artikel 6 EVRM kan beroepen. Daarbij dient aangetekend te worden, dat het hierbij om een belastingzaak ging, dus een zaak tegen een andere overheid.

13 Vergelijk hieromtrent CRvB 11 mei 1983, AB 1983, 451 (Luchtmachtofficier).

gangspunt is de ten aanzien van gedetineerden[14] in artikel 15, vierde lid, Gw gegeven 'superclausulering' te verklaren: gezien de veelvormigheid van aan gedetineerden opgelegde grondrechtenbeperkingen kon – nu voor elke beperking een grondwettelijke basis vereist is – een dergelijke ruime beperkingsclausule niet gemist worden.[15]

De wetgeving is gaandeweg met het standpunt, dat alle beperkingen van grondrechten van personen in bijzondere rechtsverhoudingen gebaseerd moeten kunnen worden op de clausulering, in overeenstemming gebracht. Zo bepaalt artikel 125a Ambtenarenwet, dat de ambtenaar zich dient te onthouden van het openbaren van gedachten of gevoelens of van de uitoefening van het recht tot vereniging, tot vergadering en tot betoging, indien door de uitoefening van deze rechten de goede vervulling van zijn functie of de goede functionering van de openbare dienst, voor zover deze in verband staan met zijn functievervulling, niet in redelijkheid zou zijn verzekerd (eerste lid). Een en ander is echter voor wat betreft het verenigingsrecht niet van toepassing op het lidmaatschap van een geregistreerde politieke groepering en evenmin op het lidmaatschap van een vakvereniging (tweede lid). Artikel 125b Ambtenarenwet geeft met het oog op de vrijheid van godsdienst en levensovertuiging een bijzondere regeling voor het geval van aan godsdienst of levensovertuiging ontleende bezwaren tegen zondagsarbeid.

De jurisprudentie beweegt zich in ditzelfde spoor.[16] Daarbij trekt de aandacht, dat de rechter in beginsel ook het recht erkent tot uitoefening van grondrechten binnen de werksituatie zelf. Het ophangen van een affiche met politieke strekking door een ambtenaar aan het raam van zijn werkkamer in het gerechtsgebouw te Rotterdam viel volgens de Centrale Raad van Beroep onder de werking van artikel 7 Gw, zij het dat in casu het bevoegd gezag deze uitingsvrijheid op toelaatbare wijze had beperkt.[17] Voorts bleek de Hoge Raad van oordeel, dat in een detentiesituatie een grondrecht als het vergaderrecht kan inhouden, dat het tot de taak van de overheid behoort om de uitoefening van het recht mogelijk te maken door beschikbaarstelling van vergaderfaciliteiten.[18]

De rechtspraak met betrekking tot de mensenrechtenverdragen ligt in dezelfde lijn. Zo besliste het Europese Hof voor de Rechten van de Mens, de internationale rechter die in laatste instantie oordeelt over eventuele schendingen van het EVRM, dat ook ten aanzien van personen in bijzondere rechtsverhoudingen zogenaamde 'inherent limita-

---

14 Gedacht moet o.a. worden aan degenen wier vrijheid ontnomen is in het kader van het strafrecht, de Vreemdelingenwet 2000 en de Wet bijzondere opneming in psychiatrische ziekenhuizen (BOPZ).

15 Naar onze mening slaat art. 15, vierde lid, Gw overigens niet terug op de voorgaande leden van deze bepaling: anders zou met de ene hand gegeven worden (eerste tot en met derde lid) wat vervolgens met de andere hand weer weggenomen wordt (vierde lid). Bovendien eist art. 15, vierde lid, Gw dat de vrijheidsontneming rechtmatig is, wat in ieder geval mede betekent dat deze in overeenstemming met art. 15, eerste tot en met derde lid, Gw moet zijn.

16 CRvB 17 november 1994, AB 1995, 322 (Zondagsarbeid).

17 CRvB 12 november 1985, AB 1986, 579 (Gerechtssecretaris).

18 HR 25 juni 1982, NJ 1983, 296 (De Schans).

tions' – beperkingen op de hun ex artikelen 8-11 EVRM toekomende rechten die uit de aard van hun bijzondere relatie met de overheid voortvloeien – slechts geoorloofd zijn voorzover ze berusten op de bijbehorende clausuleringen in het tweede lid van deze bepalingen.[19]

Maar we herhalen het nog eens: aan deze onverkorte werking van grondrechten is er één belangrijke begrenzing. Daar waar een persoon primair als ambt – dus als overheid – optreedt, komt hem geen beroep op grondrechten toe, omdat hij immers vanwege die kwaliteit als ambt geen grondrechtssubject is. Zo komt Koningin Beatrix in haar optreden als staatshoofd of lid van de regering geen beroep op de vrijheid van meningsuiting toe, en is het gegeven dat zij zich in die hoedanigheid – en dat is het geval als zij in het openbaar optreedt – niet tegen het kabinetsbeleid mag uitspreken dan ook niet op te vatten als een beperking van die vrijheid.[20] Evenzo komt aan rechterlijke ambtenaren in hun hoedanigheid als ambtsdrager (rechter, officier van justitie, griffier) geen beroep op de vrijheid van godsdienst toe, en vormt het voor hen geldende verbod om een hoofddoek te dragen dan ook geen beperking van de godsdienstvrijheid, ook al treft dat verbod ook moslima's.[21]

6.5 CATEGORIEËN VAN GRONDRECHTEN

Er is een grote variëteit aan grondrechten. Meestal wordt een tweedeling gemaakt in *klassieke* grondrechten of vrijheidsrechten, gericht op overheidsonthouding, en *sociale* grondrechten, aanspraken op overheidsprestaties. In de §§ 6.6 en 6.7 komen de vrijheidsrechten nader aan bod; in § 6.8 gaan we wat dieper in op de sociale grondrechten.

De tweedeling in klassieke en sociale grondrechten is weliswaar bruikbaar, maar nogal grof. Allereerst vloeien uit klassieke grondrechten soms ook aanspraken op overheidsprestaties voort, en kunnen klassieke grondrechten veelal niet tot hun recht komen zonder dat bepaalde voorzieningen ter beschikking worden gesteld (§ 6.8).

Daarnaast zijn er nogal wat grondrechten die niet in dit schema zijn in te passen. Een wat meer uitgewerkte, overigens niet uitputtend bedoelde grondrechtentypologie zou er als volgt uit kunnen zien.

(1) Allereerst zijn er bepaalde *bodemnormen*, die beogen de mens in zijn fysieke en psychische kern te beschermen tegen aantasting. Hierbij valt te denken aan het

19 EHRM 21 februari 1975, Publ. ECHR, Series A, vol. 18 (Golder).

20 B.P. Vermeulen, A.P. Krijnen, D.A. Roos (red.), De Koning in het Nederlandse staatsrecht, Nijmegen 2005, p. 39-40.

21 Problematisch is dan ook Commissie gelijke behandeling 22 juni 2001, AB 2001, 308, waarin het hoofddoekverbod jegens een griffier aangemerkt werd als discriminerend onderscheid wegens godsdienst. In onze optiek kwam de vrouw in haar functie als griffier een beroep op de vrijheid van (onderscheid wegens) godsdienst niet toe.

doodstrafverbod (art. 114 Gw), het recht op leven en het verbod op marteling en onmenselijke behandeling/bestraffing (art. 2 en 3 EVRM). In het Nederlandse recht is een bepaling als artikel 3 EVRM met name van belang doordat hieruit een verbod afgeleid wordt om vreemdelingen te verwijderen naar een land waar zij het risico lopen een behandeling zoals verboden door deze bepaling te ondergaan.

(2) Daarnaast zijn er de *klassieke vrijheidsrechten*, die verplichten tot overheidsonthouding. Veelal waarborgen ze de vrijheid van individuen en groepen om bepaalde activiteiten – behoudens beperkingen krachtens een clausulering – vrijelijk te ontplooien. Te denken valt hierbij onder meer aan de vrijheid van godsdienst, van meningsuiting, van vereniging, van vergadering en van betoging (art. 9-11 EVRM; art. 6-9 Gw). Vaak ook waarborgen ze het recht om met rust te worden gelaten, denk aan het recht op privacy, de onaantastbaarheid van het lichaam, het huisrecht, het brief-, telefoon- en telegraafgeheim (art. 8 EVRM; art. 10-13 Gw). Veelal zijn beide aspecten – de vrijheid om iets te mogen doen, en het recht om met rust gelaten te worden – met elkaar vervlochten. Zo vloeit uit de vrijheid om te gaan en te staan waar men wil (art. 5 EVRM, art. 15 Gw) voort dat men (behoudens beperkingen op grond van de clausulering) niet vanwege dat gaan en staan lastig gevallen mag worden; en vloeit uit de in het strafrechtelijke legaliteitsbeginsel (art. 7 EVRM, art. 16 Gw) vooronderstelde handelingsvrijheid voort dat men behoudens bestaande verbodswetgeving door het strafrecht met rust gelaten moet worden. Tot deze categorie rechten zou ten slotte ook het eigendomsrecht (art. 1 Protocol 1 EVRM; art. 14 Gw) gerekend kunnen worden: het recht op het ongestoord genot en gebruik van de eigendom.

(3) Dan is er het *gelijkheidsbeginsel* – en de keerzijde ervan in de vorm van een discriminatieverbod – dat zich in verschillende bepaligen en varianten manifesteert.[22] Soms is de werkingssfeer beperkt tot een bepaalde (verboden) differentiatiegrond of -categorie, zoals het geval is met het Internationaal Verdrag inzake de uitbanning van alle vormen van rassendiscriminatie, of het Verdrag inzake de uitbanning van alle vormen van discriminatie van vrouwen. Soms is de werkingssfeer beperkt tot de terreinen die door specifieke rechten in een verdrag bestreken worden (art. 14 EVRM), soms heeft het een autonome, niet tot bepaalde terreinen beperkte werkingssfeer (artikel 26 IVBPR, Twaalfde Protocol bij het EVRM, art. 1 Gw). En uiteraard ligt het besloten in de meeste andere grondrechten, die immers gelijkelijk voor *een ieder* gelden.

(4) Van groot belang zijn daarnaast de *politieke participatierechten*, het passief en actief kiesrecht in combinatie met vrije, geheime verkiezingen (art. 3 Prot. 1 EVRM; art. 4, 53-55 Gw). Door deze waarborgen – het recht om gekozen te worden en het recht om te kiezen – wordt verzekerd dat in principe elke burger direct of althans indirect kan participeren in de totstandkoming van wetgeving en overheidsbeleid. Aldus vormen zij de hoeksteen van het democratiebeginsel.

(5) Een niet te onderschatten categorie vormen de grondrechten op *rechtsbescherming*, die de burger het recht geven op een beoordeling van zijn zaak door een onafhankelijke rechter (art. 5, vierde lid, en art. 6 EVRM; art. 15, tweede en derde lid, art.

22 Zie ter zake T. Loenen, Het gelijkheidsbeginsel, Nijmegen 1998.

112 en art. 113 Gw). Zij hebben onder meer als functie de burger de mogelijkheid te geven de eerbiediging van zijn (andere) grondrechten via de rechter af te dwingen.

(6) Ten slotte zijn er de fundamentele aanspraken op actief overheidsoptreden, de *sociale grondrechten* (onder andere te vinden in (onderdelen van) art. 18-23 Gw, en in het IVESCR), meestal geformuleerd in de vorm van globale inspanningsverplichtingen, maar soms ook in de vorm van afdwingbare aanspraken.[23]

6.6 DE REIKWIJDTE VAN KLASSIEKE GRONDRECHTEN; REDELIJKE UITLEG VAN GRONDRECHTEN[24]

Voordat we nader ingaan op het vraagstuk van de beperking van de klassieke grondrechten dient benadrukt te worden dat dit vraagstuk pas aan de orde komt als eerst is vastgesteld dat een bepaald voorschrift of overheidsoptreden zo een grondrecht beperkt. Met andere woorden, eerst zal uitgemaakt moeten worden hoever het grondrecht 'reikt', alvorens aan het beperkingsvraagstuk toegekomen wordt. Valt de betreffende verboden handeling van het individu buiten de werkingssfeer van het grondrecht, dan vormt het gewraakte voorschrift of overheidsoptreden waardoor die handeling verboden of bemoeilijkt wordt uiteraard geen beperking van dat grondrecht en hoeft het dus niet tot een beperkingsbevoegdheid herleid te kunnen worden.

Het bepalen van de reikwijdte van grondrechten, een taak die meestal op de rechter rust, is met name bij de klassieke grondrechten niet altijd even eenvoudig. Is bijvoorbeeld alles wat door de betrokkene zélf als godsdienstig handelen aangemerkt wordt daardoor handelen dat door artikel 6 Gw en artikel 9 EVRM beschermd wordt? De rechtspraak is niet bereid een dergelijk vergaand standpunt in te nemen. Fameus is in dit verband de zaak van de kloosterorde der Zusters van Sint Walburga, een sexclub die zich omwille van belastingtechnische en strafprocesrechtelijke voordelen presenteerde als onderdeel van de Kerk van Satan en zich beriep op de vrijheid van godsdienst. De Hoge Raad kon in de erotische activiteiten van de Zusters niets religieus bespeuren en oordeelde dat die activiteiten geen godsdienstige belijdenis als bedoeld in artikel 6 Gw inhielden.[25] Moeilijker lag de zaak van de predikant die uit godsdienstige overtuiging meende dat zijn kerk hem diende te onderhouden, zodat hij geen aanspraak behoorde te doen op de AOW en op grond van de vrijheid van godsdienst (beschermd in art. 9 EVRM) dus ook niet verplicht was premie te betalen voor de AOW. De Hoge Raad verwierp deze opvatting: de weigering AOW-premie te betalen is geen handeling die naar haar aard uitdrukking geeft aan een godsdienst, en wordt dus

---

23 Dat geldt bijvoorbeeld voor art. 19, derde lid, Gw, zie CRvB 10 december 1992, TAR 1993, 34 (Recht op ontslag (I)) en CRvB 10 oktober 1996, TAR 1997, 40 (Recht op ontslag (II)).

24 Zie hieromtrent B.P. Vermeulen, Wie bepaalt de reikwijdte van de grondrechten?, Nederlands Tijdschrift voor Rechtsfilosofie & Rechtstheorie 1992, p. 16-46.

25 HR 31 oktober 1986, NJ 1987, 173 (Zusters van Sint Walburga).

niet beschermd door artikel 9 EVRM.[26] In dit soort gevallen blijkt de rechter het door een grondrecht bestreken terrein derhalve tamelijk eng op te vatten. Hij laat bijvoorbeeld lang niet alles wat door de betrokkene als uiting van zijn godsdienst aangemerkt wordt onder de werking van de vrijheid van godsdienst vallen.

In andere gevallen opteert hij soms voor een ruime interpretatie: zo oordeelde de Hoge Raad dat een opschrift in neonletters op één lijn gesteld moet worden met drukwerk als bedoeld in artikel 7, eerste lid, Gw.[27] Er zijn echter grenzen. Een optocht waarin opschriften meegedragen worden, wordt niet door artikel 7, eerste lid, Gw bestreken[28] (sinds 1983 wel door het betogingsrecht in art. 9 Gw). En het gooien van een verfbom naar de gouden koets waarin de kroonprins en zijn vrouw zich op dat moment bevinden vormt geen meningsuiting in de zin van artikel 10 EVRM.[29]

Veel zal natuurlijk afhangen van de concrete omstandigheden. Of een beroep op de vrijheid van godsdienst als argument van een leerlinge om op school een hoofddoek te mogen dragen, zal slagen, zal bijvoorbeeld mede afhangen van de vraag of zij behoort tot een groepering die dit al dan niet als een religieuze plicht ziet. Er blijven echter, ook als de rechter een goed beeld heeft van de zaak, zeer lastige interpretatiekwesties over. Is bijvoorbeeld het in zee dumpen van een met 20.000 broden volgestopte electriciteitsmast, bedoeld als offer aan de zee, een door artikel 7, derde lid, Gw beschermde meningsuiting?[30] Worden embryo's beschermd door het recht op leven als bedoeld in artikel 2 EVRM?[31] Is lijfstraf op school aan te merken als een vernederende behandeling in de zin van artikel 3 EVRM?[32] Vormt het euthanasieverbod ten opzichte van een doodzieke vrouw die een (waardig) einde aan haar leven wil laten maken een inbreuk op haar recht op leven ex artikel 2 EVRM (wat volgens haar ook een recht op vrijwillige levensbeëindiging omvat), of een onmenselijke behandeling in de zin van artikel 3 EVRM?[33] Levert het doorzoeken van vuilniszakken die op straat gezet zijn een schending op van het recht op bescherming van de persoonlijke levenssfeer (art. 10 Gw, art. 8 EVRM)?[34] Geldt het recht op de onaantastbaarheid van het lichaam (art. 11 Gw) ook na de dood? Wordt vrouwenbesnijdenis beschermd door de vrijheid van godsdienst?

26 HR 13 april 1960, NJ 1960, 436 (AOW gewetensbezwaren). Zie in dezelfde zin ARRvS 7 april 1983, AB 1983, 430 (Antroposofische huisarts).
27 HR 24 januari 1967, NJ 1967, 270 ('Nederland ontwapent').
28 HR 17 februari 1981, NJ 1981, 299 (APV Helden). Maar weer wel door art. 10 EVRM, dat een ruimere reikwijdte heeft dan art. 7, eerste lid, Gw.
29 HR 19 april 2005, NJ 2005, 566 (Verfbom naar gouden koets).
30 T. Schiphof, Nationaal geschenk: knip of casino?, NJB 1992, p. 518.
31 Nee, aldus EHRM 7 maart 2006, zaak nr. 6339/05 (Evans).
32 EHRM 25 maart 1993, NJCM Bulletin 1993, p. 570 e.v. (Lijfstraffen) beantwoordde deze vraag in de concrete casus negatief.
33 EHRM 29 juli 2002, NJCM-Bulletin 2002, p. 910 e.v. (Pretty) beantwoordde deze vragen negatief.
34 Volgens HR 19 december 1995, NJ 1996, 249 (Charles Z.) is dat niet het geval.

Bij de vaststelling van de reikwijdte van een grondrecht als de vrijheid van godsdienst, van drukpers, van onderwijs et cetera rijst niet alleen de hiervoor aangestipte vraag of sprake is van godsdienstige belijdenis, van openbaarmaking door de drukpers, van het geven van onderwijs, maar ook of de grondrechtelijk gegarandeerde vrijheid om deze handelingen te verrichten daadwerkelijk beperkt wordt door het bestreden overheidsoptreden. Een – ook door de grondwetgever voorgestane – *redelijke uitleg* van grondrechten brengt met zich mee dat de door deze rechten gegarandeerde vrijheden geacht worden niet zover te gaan dat ze waarborgen dat de betreffende activiteiten te allen tijde, op elke plaats en op iedere wijze uitgeoefend mogen worden.[35] Zo zal bijvoorbeeld het geven van colleges veelal door de vrijheid van onderwijs bestreken worden (art. 23, tweede lid, Gw), maar niet wanneer deze activiteit op de snelweg plaatsvindt. Voorschriften inzake brandveiligheid op grond waarvan een bouwvallige kerk niet in gebruik mag zijn, en bestemmingsplanvoorschriften die met zich brengen dat het gebruik van een kantoor en terrein als bedevaartsoort niet geoorloofd is, zullen niet geacht worden het gebied van de godsdienstvrijheid (art. 6, eerste lid, Gw) te betreden.[36] Ook de voorwaarde dat studenten zich bijvoorbeeld bij een tentamen moeten identificeren, hetgeen betekent dat zij geen gezichtssluier mogen dragen, zal vermoedelijk niet gelden als een beperking van de vrijheid van godsdienst, zelfs al kan het dragen daarvan wel als godsdienstige uiting gelden. En het vereiste van een milieuvergunning zal meestal niet gezien worden als een beperking van de vrijheid van drukpers, ook als dat vereiste mede van toepassing is op drukkerijen (art. 7, eerste lid, Gw).[37] De genoemde voorschriften hoeven derhalve niet te berusten op de betreffende beperkingsclausules. Ze gaan immers als het ware langs het grondrecht heen, vallen buiten de reikwijdte ervan, en vormen dus geen grondrechtsbeperking.

6.7 BEPERKING VAN KLASSIEKE GRONDRECHTEN

6.7.1 Het grondwettelijke beperkingssysteem

Als een overheids(maat)regel binnen de reikwijdte van een klassiek grondrecht valt en dus dat grondrecht beperkt, rijst de vraag of die beperking geoorloofd is. Dat de grondrechten de burger een vrijheidssfeer waarborgen, sluit uiteraard nog niet uit dat

35 M.C. Burkens, Algemene leerstukken van grondrechten naar Nederlands constitutioneel recht, Zwolle 1989, p. 129.

36 Merkwaardig is dan ook ABRvS 6 april 2005, AB 2005, 225, waarin de rechter aannam dat dergelijke bestemmingsplanvoorschriften een beperking van de godsdienstvrijheid als bedoeld in artikel 9 lid 1 EVRM vormden, maar niettemin door de beugel konden op grond van de beperkingsclausule van artikel 9 lid 2 EVRM. Immers, dan is ook sprake van een beperking van de godsdienstvrijheid als bedoeld in artikel 6 lid 1 Grondwet (waaraan de rechter niet toetste), en dan is sprake van een ongeoorloofde beperking nu deze bepaling slechts beperking bij formele wet – en dus niet bij bestemmingsplan – toelaat.

37 HR 11 februari 1986, NJ 1986, 673 (Hinderwetvergunning drukkerij).

de overheid aan de uitoefening van die rechten beperkingen stelt. De overheid is hiertoe echter uitsluitend bevoegd met inachtneming van het legaliteitsbeginsel. Dat wil zeggen, dat voor beperking van grondwettelijke grondrechten een basis in de Grondwet zelf aanwezig moet zijn. Deze basis bestaat met betrekking tot de meeste van deze rechten in de zogenaamde *clausuleringen* ofwel *beperkingsclausules*.

De typisch rechtsstatelijke structuur van de klassieke grondrechten in onze Grondwet is, dat een vrijheidsrecht wordt erkend, waarna een beperkingsclausule volgt waarin aan de formele wetgever de bevoegdheid wordt gegeven zekere beperkende voorschriften te stellen; soms laat de grondwetgever de wetgever tevens de vrijheid om deze bevoegdheid aan lagere regelgevers te delegeren. De vrijheid staat aldus voorop, de burger mag zelf uitmaken of hij hiervan gebruik wil maken, waarom hij dat wil doen en op welke wijze hij dat wenst te doen. Beperkingen van de vrijheid van de burger zijn slechts mogelijk op grondslag van de grondwettelijke clausulering, waarbij op de wetgever de plicht rust deze beperkingen helder te omschrijven en te motiveren.

Soms is deze motiveringsplicht nog nader gespecificeerd doordat de beperkingsclausule aangeeft dat een wettelijke regeling uitsluitend toelaatbaar is met het oog op de behartiging van bepaalde belangen.[38] Men spreekt dan van de beperkingssystematiek volgens zogenaamde *doelcriteria*. Soms ook wordt een beperking gebonden aan *procedurevoorschriften*. Een voorbeeld geeft de clausulering van het huisrecht in artikel 12, tweede lid, Gw voor het binnentreden tegen de wil van de bewoner geldt het procedurevoorschrift dat tevoren legitimatie en mededeling van het doel van het binnentreden moet plaatsvinden, terwijl achteraf een schriftelijk verslag van het binnentreden moet worden verstrekt.

Het belangrijkste element van de beperkingssystematiek van de grondrechten wordt echter, zoals hiervoor reeds is aangegeven, gevormd door de aanwijzing van het tot beperking *bevoegde orgaan* door middel van *competentievoorschriften*. Onze Grondwet gebruikt hiertoe de hierboven weergegeven typisch rechtsstatelijke opzet, volgens welke in het algemeen slechts de formele wetgever tot beperking bevoegd is[39] – zij het dat soms de mogelijkheid tot delegatie bestaat. Ontbreekt de formeel-wettelijke basis, dan is de gestelde beperking onverbindend. Zo was het vasthouden van asielzoekers op Schiphol-Oost zonder dat de wet daarvoor een grondslag gaf in strijd met artikel 15 Grondwet;[40] en was het afnemen van wangslijm voor DNA-onderzoek zonder wettelijke basis in strijd met artikel 11 Grondwet.[41]

Wat betreft de vraag wanneer de wetgever de bevoegdheid tot het stellen van beperkingen mag delegeren, komt het stelsel er in grote lijnen op neer dat voorschriften

---

38 Zo bijv. art. 8 Gw: beperkingen zijn slechts geoorloofd op grond van het belang van de openbare orde.

39 Het begrip 'wet' staat in de Grondwet voor wet in formele zin.

40 HR 9 december 1988, NJ 1990, 265 (Mehra). Thans voorziet artikel 6 Vw 2000 in een wettelijke grondslag.

41 HR 2 juli 1990, NJ 1990, 751 (Wangslijm). Thans voorzien artikel 195a e.v. Sv in de vereiste wettelijke basis.

die uitingen vanwege hun *inhoud* verbieden slechts door de formele wetgever vastgesteld mogen worden, maar dat niet de inhoud betreffende beperkingen soms (ook), krachtens delegatie door de formele wetgever, door lagere regelgevers gegeven mogen worden. De terughoudendheid die de neutrale staat heeft te betrachten ten aanzien van het hebben en uitdragen van overtuigingen en denkbeelden is dus zo vertaald, dat beperkingen van uitingsgrondrechten ter zake van de inhoud van de uiting alleen door de democratisch geconstitueerde wetgever aangebracht kunnen worden.[42] Ten aanzien van de vrijheid van meningsuiting geldt bovendien als waarborg dat voorafgaand toezicht (censuur e.d.) zelfs door de formele wetgever niet opgelegd mag worden;[43] tevens verbiedt de Grondwet de formele wetgever te treden in de religieuze of levensbeschouwelijke richting van het bijzonder onderwijs.[44] Overigens is het wel zo, dat de rechter aan deze grondwettelijke grenzen aan de bevoegdheid van de formele wetgever niet kan toetsen, vanwege het toetsingsverbod van artikel 120 Grondwet. Zie hierover nader § 7.4.

6.7.2 Delegatie van de bevoegdheid tot grondrechtsbeperking

Zoals hiervoor reeds gezegd, staat de Grondwet in bepaalde gevallen toe dat de wetgever aan lagere regelgevers de bevoegdheid tot het stellen van grondrechtsbeperkingen van niet-inhoudelijke aard delegeert. *Of* de wetgever daartoe bevoegd is, hangt af van de vraag of de betreffende grondwettelijke beperkingsclausule een delegatieterm bevat. Slechts wanneer daarin enigerlei vorm van het werkwoord 'regelen', de zelfstandige naamwoorden 'regels' en 'regeling' of de term '(bij of) krachtens' gebruikt wordt, is delegatie geoorloofd. Soms eist de Grondwet dat de gedelegeerde bevoegdheid gebonden is aan door doelcriteria omschreven belangen (art. 6, tweede lid, en art. 9, tweede lid, Gw).[45] Een aantal andere grondrechtenbepalingen die delegatie toelaten, eisen een dergelijke doelbinding niet (art. 2, eerste en tweede lid, art. 7, tweede lid, artikelen 10-12, art. 15, eerste lid, Gw).

Als de formele wetgever beperkende bevoegdheid wil delegeren, dan zal hij dat *uitdrukkelijk* moeten doen, in de zin dat hij ter zake een specifieke wet geeft, waarbij uit de tekst of de wetsgeschiedenis blijkt dat hij met betrekking tot het betreffende grondrecht beperkingsbevoegdheid heeft overgedragen. Een voorbeeld van zo'n specifieke wet is de Wet openbare manifestaties, die, hiertoe gemachtigd door de artikelen 6, tweede lid, en 9, tweede lid, uitdrukkelijk beperkingsbevoegdheid delegeert

42 Zie art. 6, eerste lid, art. 7, eerste en derde lid, art. 8 en art. 9, eerste lid, Gw. Uitzondering vormt art. 7, tweede lid, Gw, dat ook ten aanzien van inhoudelijke aspecten van radio en tv gedelegeerde regelgeving toestaat.

43 Art. 7, eerste tot en met derde lid, Gw.

44 Art. 23, tweede, vijfde en zesde lid, Gw.

45 Hetzelfde geldt, zij het met zekere nuances, voor het aan de openbaringsvrijheid connexe verspreidingsrecht. De betekenis van de genoemde drie uitingsgrondrechten op decentraal niveau komt nader aan de orde in § 13.6.

aan gemeentelijke organen.[46] Bepalingen zoals artikel 149 jo. 108, eerste lid, Gemeentewet en artikel 145 jo. 105, eerste lid, Provinciewet, waarbij aan de gemeenteraad en provinciale staten autonome verordenende bevoegdheden toegekend worden gelden daarentegen niet als door de Grondwet vereiste uitdrukkelijke, specifieke delegatiebepalingen. Een dergelijke bevoegdheidstoedeling is *te algemeen*, is niet voldoende specifiek, is immers niet uitdrukkelijk gegeven met het oog op beperking van bepaalde grondrechten. Om die reden vernietigde de rechter het besluit van het College van b en w tot geslotenverklaring van een woning wegens drugsoverlast, nu dit besluit gebaseerd was op een APV die gegeven was op grond van de autonome verordenende bevoegdheid van de gemeenteraad, en dus niet berustte op een door artikel 10, eerste lid, Gw vereiste specifieke formeel-wettelijke delegatiebepaling.[47] Met het oog hierop is vervolgens artikel 174a Gemeentewet toegevoegd, dat de specifieke grondslag beoogt te geven op basis waarvan de burgemeester kan besluiten een woning te sluiten in geval van (ernstige vrees voor) verstoring van de openbare orde.

6.7.3 Beperkingen van mensenrechten; vergelijking met het grondwettelijke beperkingssysteem

De opzet van het beperkingssysteem in de mensenrechtenverdragen is in termen van legaliteit minder strikt. De in deze verdragen gewaarborgde mensenrechten, die veelal dezelfde terreinen bestrijken als de nationale grondrechten, kunnen in het algemeen ook door de lagere wetgever worden beperkt, waarbij geen eisen worden gesteld wat betreft formeel-wettelijke grondslag en uitdrukkelijkheid van delegatie. Volgens de jurisprudentie van het Europese Hof voor de Rechten van de Mens kunnen zelfs common law (gewoonterecht)[48] en andere vormen van ongeschreven recht[49] een grondslag voor beperking opleveren, terwijl de Nederlandse rechter hetzelfde oordeel heeft uitgesproken ten aanzien van beleidsregels.[50] Voorwaarde om als 'wet' in de zin van de verdragsbepalingen aangemerkt te worden, is wel dat het moet gaan om regels die toegankelijk en voorzienbaar zijn. Daarnaast dient bedacht te worden, dat bij overlap-

46 Art. 15, vierde lid, Gw vormt hierop een uitzondering: deze bepaling maakt het mogelijk dat door lagere organen (bijv. een gevangenisdirecteur) grondrechtsbeperkingen opgelegd worden zonder dat hen hiertoe uitdrukkelijk de bevoegdheid verleend is. Daarnaast wijzen we er op dat het verspreidingsrecht en het onderwijsgrondrecht zich in zekere mate aan de grondwettelijke beperkingssystematiek onttrekken.

47 ABRvS 28 augustus 1995, AB 1996, 204 (Sluiting drugspand). Vgl. ook ABRvS 6 juni 2000, AB 2000, 327 (Prostitutie thuis).

48 EHRM 26 april 1979, NJ 1980, 146 (Sunday Times); EHRM 28 oktober 1994, NJ 1995, 509 (Murray). Zou dat niet het geval zijn, dan zou bijvoorbeeld het belangrijkste deel van het Schotse strafrecht, dat uit common law bestaat, in strijd zijn met art. 7 EVRM.

49 EHRM 24 april 1990, NJ 1991, 523 (Huvig-Kruslin/Frankrijk).

50 ARRvS 16 januari 1983, AB 1983, 306 (Paspoortinstructie).

pen van een internationaal en een grondwettelijk grondrecht beide bepalingen *tegelijkertijd* van toepassing zijn, zodat de zwaarste bescherming van de burger prevaleert.[51]

De meerwaarde van de mensenrechtenverdragen zit hem derhalve niet primair in waarborgen ter zake van het legaliteitsbeginsel: wat dat betreft stelt de Grondwet veel strengere eisen. Deze verdragen zijn vooral vanwege een drietal andere redenen van belang. Ook formele wetten kunnen er op grond van artikel 94 Grondwet aan getoetst worden (§ 7.3.3). Bovendien bestrijken ze soms meer terreinen dan de Grondwet (bijv. door de procedurele garanties als vervat in art. 5 en 6 EVRM). En ten slotte eisen bepaalde beperkingsclausules een strenge proportionaliteitstoets: is de beperking echt *noodzakelijk* omwille van en evenredig aan een der in de clausule genoemde doeleinden? Een voorbeeld van een strikte proportionaliteitstoets is een arrest van het Europese Hof voor de Rechten van de Mens waarin de uitzetting van een Marokkaan, gebaseerd op het feit dat hij werkloos was, als een schending van zijn recht op gezinsleven als bedoeld in artikel 8 EVRM aangemerkt werd (zijn dochtertje bleef bij de moeder in Nederland wonen); de beperking van dit recht kon in casu weliswaar geacht worden het economisch welzijn in de zin van het tweede lid van deze bepaling te dienen, maar stond niet in verhouding tot dat recht.[52] Evenzo was de Hoge Raad van mening dat een Utrechts tippelverbod een zo vergaande beperking van de bewegingsvrijheid (art. 12, eerste lid, IVBPR) van de betreffende prostituee vormde (het verbod kwam er op neer dat zij binnen het betreffende gebied zelfs geen boodschappen mocht doen), dat deze beperking niet door de beperkingsgronden (art. 12, derde lid, IVBPR) gerechtvaardigd kon worden.[53] En in dezelfde lijn ligt de Straatsburgse jurisprudentie, waarbij slechts in bijzondere gevallen aanvaard wordt dat strafrechtelijk optreden tegen scherpe kritiek op overheid, politici en andere machthebbers noodzakelijk is omwille van een der in artikel 10, tweede lid, EVRM genoemde doeleinden.[54]

Aldus fungeren twee stelsels van beperkingen naast elkaar: het stelsel van de Grondwet, dat sterk uitgaat van formele legaliteit (is de beperking geformuleerd door de bevoegde regelgever?), en het stelsel van mensenrechtenverdragen, met name het EVRM, dat zich vooral richt op de noodzaak van de beperking (is de beperking werkelijk nodig en proportioneel?). Zij verschillen op belangrijke punten, die wij hieronder samenvatten.

Volgens de *Grondwet* zijn beperkingen slechts geoorloofd als:
- de Grondwet dat toelaat middels een clausulering;
- zij neergelegd zijn in algemeen verbindende voorschriften (regelgeving);
- waarbij het zwaartepunt bij de formele wetgever ligt;

51 Art. 53 EVRM; art. 5, tweede lid, IVBPR.
52 EHRM 21 juni 1988, RV 1988, 17 (Berrehab).
53 HR 7 februari 1984, NJ 1984, 740 (Tippelverbod).
54 Aldus bijvoorbeeld EHRM 23 april 1992, NJ 1994, 102 (Castells); EHRM 21 januari 1999, NJ 1999, 713 (Fressoz en Roire); EHRM 17 december 2004, NJ 2005, 368 (Cumpana en Mazare); EHRM 17 december 2004, NJ 2005, 369 (Pedersen en Baadsgaard).

– beperking bij lagere regelgeving alleen toegestaan is als de Grondwet dat toelaat, en formele wetgever uitdrukkelijk delegeert;
– de belangrijkste modaliteit gevormd wordt door competentiebepalingen; en
– beperkingen bij formele wet op grond van artikel 120 Grondwet niet aan de grondrechtenbepalingen getoetst kunnen worden.

Volgens het *EVRM* zijn beperkingen slechts geoorloofd als:
– het verdrag dat toelaat middels een clausulering;
– zij neergelegd zijn in te kennen normen (kan dus ook jurisprudentierecht e.d. zijn);
– waarbij niet relevant is door welke regelgever de beperkingen gegeven zijn;
– de belangrijkste modaliteit gevormd wordt door doelcriteria in combinatie met een proportionaliteits- of noodzaakvereiste (is de beperking echt nodig?); en
– ook beperkingen bij formele wet gesteld op grond van artikel 94 Grondwet aan de bepalingen in het EVRM getoetst kunnen worden.

In schema:

	GRONDWET	**EVRM**
Beperkingsclausule vereist	Ja	Ja
Alleen met regelgeving	Ja	Nee, ook rechtersrecht e.d.
Wetsbegrip	Wet = formele wet	Wet (law) = elke duidelijke juridische norm (ook rechtersrecht e.d.)
Met lagere regelgeving	Alleen als clausule dat toelaat ('krachtens'; 'regel') en formele wetgever *uitdrukkelijk* delegeert	Ja, mits maar een duidelijke juridische norm
Belangrijkste methode	Competentiecriteria	Doelcriteria, noodzaakvereiste
Rechterlijke toetsing van formele wet	Nee, artikel 120 Grondwet	Ja, artikel 94 Grondwet

6.8 HET ONDERSCHEID TUSSEN KLASSIEKE EN SOCIALE GRONDRECHTEN; DE SOCIALE DIMENSIE VAN GRONDRECHTEN

Hiervoor hebben we voornamelijk gesproken over de klassieke grondrechten, de vrijheidsrechten. De redactie van deze grondrechten vertoont enige fantasierijke variatie, zonder dat dat juridische consequenties heeft. Soms is een klassiek grondrecht niet geformuleerd als een vrijheid, maar juist als een verbod voor de overheid om op een bepaalde vrijheid inbreuk te maken.[55] Juridisch komt dit op hetzelfde neer. Immers, de vrijheid van de burger heeft als spiegelbeeld een verbod voor de overheid om die vrijheid te beperken. Vandaar dat deze grondrechten wel worden aangemerkt als 'negatieve competentienormen', dat wil zeggen normen die aangeven dat de overheid een bepaalde bevoegdheid juist niet bezit: ze heten dienovereenkomstig ook wel afweerrechten.

De hiervoor genoemde negativiteit – gij overheid mag niet – is kenmerkend voor de klassieke rechtsstaatgedachte van de vorige eeuw. De overheid moest zich zoveel mogelijk onthouden van ingrijpen in de samenleving (nachtwakerstaat). In de huidige tijd daarentegen zien we een rusteloos actieve overheid, die uit overwegingen van solidariteit en maatschappelijke rechtvaardigheid op vrijwel alle terreinen van het maatschappelijk leven ordenend en sturend ingrijpt (sociale rechtsstaat). Daarmee zijn ook de grondrechten van karakter veranderd.

Als regel kan vooropgesteld worden dat klassieke vrijheidsrechten de overheid verplichten tot onthouding van ingrijpen, en niet (ook) tot hulp door de overheid. Evenwel hebben de klassieke vrijheidsrechten soms een sociaalstatelijke component gekregen, in die zin dat de overheid uitoefening door iedereen op volwaardige voet bevordert. Dat geldt bijvoorbeeld voor de drukpersvrijheid, ter zake waarvan de overheid de helpende hand biedt door subsidies uit stimuleringsfondsen. Dat geldt bijvoorbeeld ook voor grondrechtsuitoefening door culturele minderheden, die geholpen worden door de beschikbaarstelling van vergaderruimten.

In dergelijke gevallen zal veelal geen sprake zijn van een afdwingbaar recht.[56] Zo vloeit uit de vrijheid van godsdienst op zichzelf geen aanspraak voort op een financiële tegemoetkoming in de kosten van de uitoefening van dat recht.[57] Niettemin levert een klassiek grondrecht in samenhang met het gelijkheidsbeginsel soms toch wel een rechtens afdwingbare claim op overheidsprestaties op; zo zal de overheid, wanneer zij de ene religieuze groepering subsidieert, ook de andere groeperingen die zich overigens in dezelfde positie bevinden op gelijke voet moeten subsidiëren. En eerder zagen we reeds (§ 6.4) dat de Hoge Raad uit een klassiek grondrecht sec (het vergaderrecht) onder omstandigheden een plicht voor de overheid afleidt tot beschikbaarstelling van vergaderruimten.[58] Deze laatste variant komt nog niet zo vaak voor: in casu betrof het een vereniging van gedetineerden, in welk geval gesteld kan worden dat de door de overheid gecreëerde dwangsituatie een zekere compensatie vraagt opdat betrokkenen nog enigszins van hun vrijheidsrechten gebruik kunnen maken. Het betreft echter niet meer louter incidentele uitzonderingen. In toenemende mate worden uit vrijheidsrech-

55 Vergelijk het verbod van buitenwettelijke vrijheidsontneming (art. 15, eerste lid, Gw).

56 Een uitzondering vormt de eis van gelijke financiering van het bijzonder onderwijs ten opzichte van het openbaar onderwijs (art. 23 lid 7 Gw), dat gezien wordt als noodzakelijke voorwaarde om de vrijheid van het bijzonder onderwijs (art. 23 lid 2 Gw) tot haar recht te laten komen.

57 ARRvS 12 maart 1987, AB 1987, 287 (Tietjerkstradeel); CRvB 4 maart 1991, TAR 1991, 105 (Geen geld voor godsdienst).

58 HR 25 juni 1982, NJ 1983, 296 (De Schans).

ten aanspraken op overheidsprestaties afgeleid. Veelal wordt dan gesproken van uit deze rechten voortvloeiende 'positieve verplichtingen'. Zo vloeit onder omstandigheden uit het recht op gezinsleven ex artikel 8 EVRM een recht op toegang en verblijf voort. En zo is in gevallen, waarin de overheid nalatig was om bescherming te bieden tegen de ernstige overlast die fabrieken aan de omwonenden bezorgde, uit artikel 8 EVRM het recht afgeleid om gevrijwaard te worden van ernstige milieuverontreiniging.[59]

Sinds de grondwetsherziening van 1983 zijn de klassieke grondrechten aangevuld met zogenaamde sociale grondrechten (§ 2.5).[60] Deze grondrechten, exponent van de sociale rechtsstaat, hebben een andere structuur dan de vrijheidsrechten. Zij waarborgen niet een vrijheidssfeer van de burgers tegenover de overheid, maar dragen de overheid juist op bepaalde activiteiten te ontplooien, bevatten taakstellingen voor de overheid. Zij zijn aldus niet negatief, maar veeleer positief. Zij verklaren niet: 'overheid, handen af', maar: 'overheid, handen uit de mouwen'.

Dit positieve karakter van de sociale grondrechten heeft echter als schaduwzijde, dat ze – anders dan de klassieke grondrechten – uit zichzelf in het algemeen geen rechtswerking weten uit te oefenen. Waarborging van een vrijheidsrecht houdt in, dat op grond van deze waarborg tot uitoefening van het recht kan worden overgegaan. Wanneer artikel 8 Gw bepaalt dat het recht tot vereniging wordt erkend, dan kan op grond van deze waarborg de burger rechtens aan het verenigen slaan. Belemmert de overheid hem dit, dan kan de burger zich tot de rechter wenden en een bevel tot staking vorderen. Wanneer artikel 10 EVRM (mede) het betogingsrecht garandeert en de overheid deze betoging verbiedt, dan kan de burger in rechte met een beroep op deze bepaling opheffing van dit verbod eisen. Wanneer daarentegen artikel 19, eerste lid, Gw bepaalt dat bevordering van voldoende werkgelegenheid voorwerp van zorg der overheid is, dan komt op grond van deze bepaling geen werkzoekende aan een baan. Op grond van deze bepaling dienen metterdaad maatregelen genomen te worden. Blijven voldoende doeltreffende maatregelen uit, dan zou de werkzoekende zich eventueel tot de rechter kunnen wenden. Maar het lijkt toch moeilijk voorstelbaar dat de rechter beveelt dat eiser een baan toegewezen moet krijgen, omdat veelal niet de overheid maar particuliere werkgevers banen te vergeven hebben, omdat in de tweede plaats de rechter heel moeilijk kan treden in het beleidsoordeel of al dan niet de overheid aan de grondwettelijke instructie heeft voldaan, en omdat ten slotte de bevordering van voldoende werkgelegenheid afweging vergt van financiële prioriteiten, hetgeen in principe niet tot de taak van de rechter behoort.

59 EHRM 9 december 1994, NJ 1996, 506 (López Ostra); EHRM 19 februari 1998, NJ 1999, 690 (Guerra). In dezelfde lijn ligt EHRM 16 november 2004, AB 2004, 453 (Moreno Gómez): gedogen van vergaande horeca-geluidsoverlast vormt schending van het recht op privéleven.

60 In internationaal verband ook wel 'sociale, economische en culturele rechten' geheten. Aldus de naamgeving van het desbetreffende VN-verdrag van 1966, het IVESCR.

De rechtswerking van sociale grondrechten is derhalve nogal beperkt. Terwijl de klassieke grondrechten in rechte afdwingbare waarborgnormen zijn,[61] zijn de sociale grondrechten in het algemeen niet in rechte afdwingbare instructienormen.[62] In de jurisprudentie is wel een voorzichtige ontwikkeling gaande in de richting van optimalisering van rechtswerking van sociale grondrechten. Terreinwinst wordt met name behaald in gevallen waarin de wetgeving ter uitvoering van een sociaal grondrecht gekoppeld kan worden met de norm van gelijke behandeling en non-discriminatie (overigens zagen we een dergelijke ontwikkeling ook op het terrein van de klassieke grondrechten). Alsdan kan een duidelijk aanknopingspunt bestaan hoe het achtergestelde geval behandeld moet worden: namelijk overeenkomstig de andere, niet achtergestelde gevallen.[63] Daarnaast kunnen sociale grondrechten mogelijk fungeren als afdwingbare *stand still*-bepalingen, die de overheid verbieden om onder een eenmaal bereikt voorzieningenniveau af te zakken (zie nader hierover § 14.2.3). Ten slotte valt niet uit te sluiten dat een sociaal grondrecht in extreme gevallen in rechte afdwingbaar is; zo werd in een bepaalde casus geoordeeld dat de weigering van de gemeente om een woning te verhuren mede in het licht van artikel 22, tweede lid, Gw niet redelijk was.[64]

Geconcludeerd kan worden, dat er weliswaar een principieel verschil is tussen enerzijds de vrijheidsrechten die in het algemeen in rechte afdwingbare onthoudingsplichten behelzen, en anderzijds de sociale grondrechten die veelal niet afdwingbare prestatieplichten formuleren. In de rechtspraktijk blijkt de scherpte van dit onderscheid niet meer altijd volgehouden te kunnen worden.[65] Soms brengt een vrijheidsrecht ook prestatieplichten (positieve verplichtingen) met zich mee; en soms is een sociaal grondrecht – al dan niet via de band van het gelijkheidsbeginsel – in rechte afwingbaar.

---

61 Dat geldt ook voor de internationale vrijheidsrechten zoals gecodificeerd in het EVRM en het IVBPR, waarvan de bepalingen in het algemeen een ieder verbindend in de zin van art. 94 Gw zijn.

62 Dat geldt ook voor de in de mensenrechtenverdragen zoals het ESH en het IVESCR neergelegde sociale rechten, die in het algemeen niet een ieder verbindend in de zin van art. 93 en 94 Gw zijn. Zo was de Hoge Raad in het Harmonisatiewetarrest (HR 14 april 1989, AB 1989, 207/NJ 1989, 469) van oordeel dat art. 13 (eerste en tweede lid) IVESCR niet een ieder verbindend is.

63 CRvB 7 december 1988, AB 1989, 10 (Weduwnaarspensioen): als aan weduwen onder bepaalde condities een AWW-uitkering toekomt, hebben weduwnaars onder dezelfde condities eveneens recht op een AWW-uitkering.

64 Rb. Utrecht 18 juni 1991, NJ 1992, 370 (Woning).

65 Zie in deze zin met name F. Vlemminx, Een nieuw profiel van de grondrechten een analyse van de prestatieplicht ingevolge klassieke en sociale grondrechten, Den Haag 2002.

6.9 HORIZONTALE WERKING VAN GRONDRECHTEN[66]

Een bijzonder probleem met betrekking tot het geldingsbereik van grondrechten is de zogenaamde *horizontale* werking. Met dit begrip wordt gedoeld op de werking van grondrechten in de rechtsbetrekkingen tussen burgers onderling, dit ter onderscheiding van *verticale* werking in de zin van werking in de rechtsbetrekkingen tussen overheid en burgers. Het onderscheid tussen horizontale en verticale werking heeft dus niet betrekking op het al dan niet privaatrechtelijk karakter van de rechtsbetrekking. Een privaatrechtelijke rechtsbetrekking tussen overheid en burger – de overheid verhuurt bijvoorbeeld aan een vereniging een vergaderruimte in het dorpshuis – valt onder de verticale werking van grondrechten. Dat is van belang, omdat in verticale verhoudingen grondrechten steeds onverkort gelden. Om deze redenen oordeelde de rechter dat de weigering van het Nederlands Congresgebouw om een zaal te verhuren aan een organisatie vanwege haar politieke doelstelling in strijd was met artikel 1 Gw, nu het Congresgebouw gezien de overwegende invloed daarin van de Staat en de gemeente Den Haag als overheidsinstantie aangemerkt diende te worden.[67] En op grond van ditzelfde uitgangspunt besliste de Hoge Raad, dat de weigering van een gemeente om een zaal te verhuren ten behoeve van de vertoning van de Rasti Rostelli-show, gebaseerd op het argument dat deze hypnose-show niet in overeenstemming zou zijn met de christelijke waarden waarop in die gemeente prijs wordt gesteld, in strijd was met artikel 7, derde lid, Gw.[68]

Grondrechten hebben naar hun oorspronkelijke bedoeling uitsluitend *verticale werking*, zien historisch gezien gericht op de gezagsrelatie tussen overheid en burger. Ook thans nog legt de formulering van grondrechten getuigenis af van deze oriëntatie op de rechtsbetrekkingen tussen overheid en burgers. Met name in de clausuleringen van grondrechten komt tot uitdrukking dat algemene, door de overheid behartigde belangen moeten worden afgewogen tegen de belangen van burger en samenleving bij inachtneming van de grondrechten. In de huidige tijd is echter een in kracht en betekenis steeds toenemende tendens ontstaan om de gelding van grondrechten ook uit te doen strekken over rechtsbetrekkingen tussen burgers en tussen burgers en particuliere organisaties. Hieraan is niet vreemd, dat in toenemende mate maatschappelijke organisaties de levensomstandigheden en levensvoorwaarden van burgers bepalen. De mens maakt deel uit van een complexe maatschappij, waarin hij zijn weg moet zoeken, maar die hij op eigen kracht maar beperkt kan beïnvloeden. Wij zien de mens niet meer – zoals in de negentiende eeuw – als een autonoom individu, maar veeleer als een naar ontplooiing en zelfverwezenlijking strevend element in een maatschappelijke samenhang. Dan ligt het voor de hand om die maatschappelijke samenhang zelf op de inachtneming van

---

66 Zie hierover J.M. Smits, Constitutionalisering van het vermogensrecht, Preadvies voor de Nederlandse Vereniging voor Rechtsvergelijking, Deventer 2003.

67 Hof Den Haag 1 oktober 1992, NJCM Bulletin 1993, p. 299 e.v. (Nederlands Congresgebouw).

68 HR 26 april 1996, AB 1996, 372 (Rasti Rostelli).

grondrechten af te stemmen, teneinde aldus de mogelijkheden tot ontplooiing en zelfverwezenlijking in alle opzichten te verzekeren. Juridisch betekent dit: *horizontale werking* van grondrechten, werking van grondrechten tussen burgers – daaronder ook begrepen particuliere organisaties – onderling.

Dat roept echter wel juridische moeilijkheden op. In de rechtsbetrekkingen tussen burgers onderling worden ontplooiing en zelfverwezenlijking juist gewaarborgd door de mogelijkheid van individuele wilsbestemming, in het bijzonder door de contractsvrijheid. De verbintenisscheppende overeenkomst kan echter juist tot doel of gevolg hebben, dat de mogelijkheid tot uitoefening van grondrechten wordt beperkt. Men denke bijvoorbeeld aan het geval, dat een medewerker van een tijdschrift met de directie overeenkomt dat hij over een bepaald onderwerp niet zonder voorafgaande toestemming in andere (concurrerende) tijdschriften zal publiceren. Neemt men horizontale werking van grondrechten aan, dan is strikt genomen een dergelijke overeenkomst strijdig met artikel 7, eerste lid, Gw en daarom op grond van artikel 3:40 BW nietig. Toch zouden we geneigd zijn te zeggen, dat deze overeenkomst mogelijk moet zijn; ze is vrijwillig aangegaan en geeft niet blijk van een onredelijke belangenafweging.

Ook in de sfeer van de (vermeende) onrechtmatige daad kunnen dergelijke problemen opduiken. Mag een krant een advertentie weigeren omdat zij het niet eens is met de inhoud daarvan dan wel vreest dat publicatie een afschrikwekkende werking zal hebben op andere adverteerders, abonnees of lezers? Wanneer die vraag bevestigend wordt beantwoord, verandert dan de situatie wanneer alle maatgevende kranten de advertentie weigeren, zodat publicatie in feite onmogelijk wordt? Is hierbij van betekenis de omstandigheid, dat de advertentie een ideëel karakter heeft? Een dergelijk geval werd in 1980 berecht door het Amsterdamse Hof.[69] Het betrof de weigering van een aantal persorganisaties om een advertentie te plaatsen welke in het kader van actie tegen de Zuidafrikaanse apartheidspolitiek opriep tot boycot van Outspan sinaasappels; de advertentie bracht een 'uitgeperste Zuidafrikaan' in beeld. In deze onrechtmatigedaadsactie kwam het Hof tot toewijzing van de eis tot plaatsing van de advertentie, doch niet dan na zorgvuldige en genuanceerde afweging van alle in het geding zijnde belangen.

Bedacht dient te worden dat met horizontale werking van grondrechten ook de problematiek van botsing van grondrechten gegeven is.[70] Veelal zal immers de stelling van de ene burger dat de ander hem in zijn grondrechtsbeoefening belemmert, gepareerd worden met de stelling van de ander dat hij tot zijn handelen gerechtigd is krachtens een hem toekomend grondrecht. Zo zal bijvoorbeeld een familieblad dat zich geconfronteerd ziet met een actie uit onrechtmatige daad wegens schending van de

69 Hof Amsterdam 30 oktober 1980, NJ 1981, 422 (Boycot Outspan Aksie).
70 R. de Lange, Botsing van grondrechten voor de rechter, Nijmegen 1994.

persoonlijke levenssfeer zich beroepen op de vrijheid van drukpers.[71] De regel dat vrouwen in de Rooms-Katholieke Kerk niet tot priester of diaken gewijd kunnen worden, roept de vraag op hoe de vrijheid van godsdienst van dit kerkgenootschap zich verhoudt tot het discriminatieverbod neergelegd in artikel 1 Gw.[72] En een uit een buitenechtelijke relatie geboren vrouw, die met een beroep op haar recht op respect voor haar privéleven en het daaraan ten grondslag liggende persoonlijkheidsrecht van de instantie waar de betreffende dossiers berusten wil weten wie haar vader was, zal geconfronteerd worden met een beroep op het recht op privéleven van de moeder en de vader.[73] Welk grondrecht heeft dan voorrang?

Voorbeelden als deze laten zien, dat horizontale werking problematisch kan zijn. Ter gelegenheid van de grondwetsherziening van 1983 hebben regering en Staten-Generaal zich dan ook niet met een ondubbelzinnig ja of nee durven uitspreken. Verschillende vormen en gradaties van horizontale werking werden onderscheiden. Aan de rechter werd overgelaten om in concrete gevallen een passende oplossing te vinden.

In de praktijk blijkt de rechter geneigd pragmatisch te werk te gaan. Soms neemt hij geen horizontale werking aan, met name wanneer horizontale werking de vrijheid van de andere burger te zeer zou beperken.[74] Veelal gaat hij uit van een *indirecte* horizontale werking, waarbij hij in het kader van de interpretatie van open privaatrechtelijke begrippen, zoals de begrippen 'onrechtmatig' (art. 1401 (oud) BW, art. 6:162 BW), 'openbare orde en goede zeden' (art. 1373 (oud) BW, art. 3:40 BW) en goed werkgeverschap (art. 7A:1638z (oud) BW, art. 7:611 BW) een belangenafweging pleegt waarbij de uitoefening van het grondrecht een zwaarwegend belang vormt dat die open begrippen als het ware 'inkleurt'. Aldus gebeurde bijvoorbeeld in eerdergenoemd arrest-Boycot Outspan, en in een kort geding waarin het opstellen van videocamera's in een bedrijf om de werknemers te controleren in strijd geacht werd met artikel 1638z (oud) BW wegens de daardoor veroorzaakte inbreuk op de persoonlijke levenssfeer.[75] Aldus geschiedt meestal ook in kwesties waarbij sprake is van botsing van grondrechtenbelangen, zoals in de zojuist genoemde zaak-Privé. Kenmerk van deze indirecte horizontale werking is dat indien de belangenafweging leidt tot afwijzing van de grondrechtenclaim, deze afwijzing niet herleid hoeft te worden tot de beperkingsclausule.

---

71 Zie bijv. HR 4 maart 1988, NJ 1989, 361 (Privé), waarin de rechter het belang van de kinderen van prinses Irene om gevrijwaard te zijn van inbreuken op hun recht op eerbiediging van hun privéleven door allerlei publicaties afwoog tegen het belang van de vrijheid van meningsuiting. Aldus ook HR 21 januari 1994, NJ 1994, 473 (Panorama).

72 HR 20 oktober 1995, NJ 1996, 330 (Vrouwelijke diaken).

73 HR 15 april 1994, NJ 1994, 608 (Valkenhorst).

74 Afwijzing van horizontale werking vond bijvoorbeeld plaats in het arrest Hof 's-Hertogenbosch 13 januari 1984, AB 1984, 417, AA 1985, p. 273 e.v. (Luchthaven Zuid-Limburg). Het betrof hier de weigering van het bestuur van de luchthaven om toestemming te verlenen aan een vlieginstructeur tot het geven van onderricht op de luchthaven en daartoe vergaderingen te beleggen.

75 Pres. Rb. Roermond 12 september 1984, NJCM-Bulletin 1986, 74 (Video-camera).

Slechts in uitzonderingsgevallen past de rechter een grondrecht inclusief de beperkingsclausule rechtstreeks in de verhouding tussen burgers onderling toe (*directe* horizontale werking). Een voorbeeld vormt de kort-gedingprocedure aangespannen tegen het echtpaar Goeree, dat op voor joden beledigende en discriminerende wijze zijn overtuiging in geschrifte had beleden. Een verspreidingsverbod werd toegewezen wegens onrechtmatigheid van de godsdienstige belijdenis van het echtpaar, waarbij artikel 1401 (oud) BW fungeerde als de formele beperkende wet bedoeld in de clausulering van artikel 6, eerste lid, Gw. Cassatieberoep mocht niet baten.[76]

Ook in het fameuze aidstest-arrest nam de Hoge Raad directe horizontale werking aan. Het betrof de vordering van een vrouw die in kort geding eiste dat de man die haar verkracht had op besmetting met het aids-virus werd getest, zodat zij ingeval van een negatieve uitslag ervan verzekerd zou zijn dat zij niet door hem besmet was. Eerder had zij zichzelf laten testen, doch dit had nog geen zekerheid opgeleverd. De verkrachter voerde aan, dat een gedwongen aidstest zijn recht op de door artikel 11 Gw gewaarborgde onaantastbaarheid van het lichaam zou schenden, en dus ongeoorloofd zou zijn. De Hoge Raad volgde dit betoog in zoverre dat hij ervan uitging dat een gedwongen aidstest inderdaad een beperking van dit grondrecht in zou houden. Niettemin werd het argument van de verkrachter verworpen, nu hij op grond van artikel 1401 (oud) BW verplicht was de gevolgen van zijn onrechtmatige daad zoveel mogelijk te beperken dan wel een passende schadevergoeding te geven. Als zodanig diende het ondergaan van een aidstest beschouwd te worden, nu de vrouw hierdoor mogelijk zekerheid zou kunnen krijgen, en zij zelf ernstige emotionele bezwaren had tegen het wederom ondergaan van een test.[77]

Overigens kan men zich afvragen, of hier in feite niet toch sprake is van indirecte werking, nu het begrip 'wet' in de beperkingsclausules *in casu* zo opgevat wordt dat daaronder ook allerlei open privaatrechtelijke rechtsnormen begrepen worden, waarmee via een omweg toch de bij indirecte werking gebruikelijke belangenafweging mogelijk gemaakt wordt.

6.10 GRONDRECHTEN EN UITZONDERINGSTOESTANDEN: OPENBARE ORDE, NOODRECHT, CRIMINALITEITS- EN TERRORISMEBESTRIJDING

Al met al is er met de combinatie van door de Grondwet geformuleerde legaliteitseisen en door het EVRM voorgeschreven proportionaliteitscriteria een bevredigend stelsel van grondrechtenbescherming ontstaan. Dat wil niet zeggen dat er geen knelpunten zijn. In §§ 2.6 en 4.6 benadrukten wij reeds, dat de legitimiteit van de democratische

76 HR 5 juni 1987, NJ 1988, 702 (Goeree I); HR 2 februari 1990, NJ 1991, 289 (Goeree II).

77 HR 18 juni 1993, NJ 1994, 347 (Verplichte aidstest). In HR 12 december 2003, AB 2004, 93 (Tandarts) oordeelde de Hoge Raad dat de redelijkheid en billijkheid die verlangd worden bij de uitvoering van een medische behandelingsovereenkomst (art. 6:2 BW) grond kunnen zijn voor een beperking van het recht ex art. 11 Gw.

rechtsstaat mede afhangt van de mate waarin hij bij machte is orde en veiligheid te waarborgen. Grondrechten en andere democratisch-rechtsstatelijke eisen kunnen evenwel soms de effectieve handhaving van orde en veiligheid bemoeilijken.

Met name politie en Openbaar Ministerie ervaren de grondrechtelijke waarborgen soms als hindernissen die in de weg staan aan een effectieve *strafrechtelijke aanpak van zware criminaliteit.* En in sommige gevallen is de rechter bereid soelaas te bieden. Zo heeft de Hoge Raad aanvaard dat ingeval van 'lichte' beperkingen van de privacy – schaduwen, observeren, fotograferen – de taakstelling van artikel 2 Politiewet 1993 als voldoende wettelijke grondslag fungeert. Deze bepaling is inderdaad een genoegzame basis voor beperking van het recht vervat in artikel 8 EVRM, nu het EVRM geen strenge legaliteitseisen stelt; voor beperking van artikel 10 Gw, dat een specifieke wettelijke basis vereist, voldoet zij ons inziens echter niet.

Hoe begrijpelijk het gevoelen dat een effectieve opsporing niet onnodig belemmerd dient te worden ook is, het is zaak dat de bescherming die grondrechten tegen overheidsoptreden bieden niet nog verder afgezwakt wordt. Blijkens het rapport van de Enquêtecommissie opsporingsmethoden (de Commissie-Van Traa) had de politie met name in haar strijd tegen de georganiseerde drugscriminaliteit lange tijd op grote schaal gebruik gemaakt van privacybeperkende opsporingsmethoden – scannen van telefoons, opnemen van gesprekken, inkijkoperaties, gebruik van peilzenders, infiltratie et cetera – die niet op een door artikel 10 Gw en artikel 8 EVRM vereiste wettelijke basis berusten.[78] Het is dan ook een goede zaak dat in 1999 een specifieke regeling tot stand is gekomen die de noodzakelijke specifieke wettelijke grondslag met bijbehorende waarborgen biedt.[79]

Ook in de sfeer van de *bestuurlijke handhaving van de openbare orde* wordt niet altijd strikt vastgehouden aan de grondrechtelijke eisen van een specifieke nauwomlijnde wettelijke grondslag en een stringente proportionaliteitstoets. Zo wordt er door burgemeesters soms wat al te gemakkelijk naar hun noodbevoegdheden gegrepen om demonstraties van extremistische groeperingen te verbieden, en is dat niet altijd voldoende strikt door de rechter getoetst.[80] Het is vanuit grondrechtelijk perspectief verheugend dat de rechter de laatste jaren hier de teugels weer wat aanhaalt en van de burgemeester eist dat hij zich inspant om (een vreedzaam verloop van) betogingen mogelijk te maken.[81] Daarnaast is artikel 174a Gemeentewet, dat als grondslag dient

78 Enquêtecommissie opsporingsmethoden, Inzake opsporing, Den Haag 1996. Zie hieromtrent Y. Buruma, A.K. Koekkoek, L.C.M. Meijers, Opsporen in de rechtsstaat, Deventer 1996.

79 Wet bijzondere opsporingsbevoegdheden, art. 126g-126gg Sv.

80 Zie hierover A.E. Schilder, Dan demonstreren ze maar niet, NJB 1995, p. 950-955, en M.A.D.W. de Jong, Orde in beweging, Deventer 2000, p. 115 e.v.

81 Zie A.J.Th. Woltjer, De vrijheid van meningsuiting gedemonstreerd, Ars Aequi 2002, p. 385 e.v. en Vzngr. Rb. Arnhem 13 mei 2005, AB 2005, 294 m.nt. J.G. Brouwer en A.E. Schilder.

op basis waarvan de burgemeester kan besluiten een woning te sluiten in geval van (ernstige vrees voor) verstoring van de openbare orde (§ 6.7.2), problematisch. Evenzo voor discussie vatbaar zijn artikel 176a Gemeentewet (bestuurlijke ophouding) en artikel 151b Gemeentewet (preventief fouilleren in veiligheidsrisicogebieden); zie nader hierover § 13.6. Ten slotte wijzen we op het voorstel van Wet bestuurlijke maatregelen nationale veiligheid, waarin voorgesteld wordt het mogelijk te maken om ook zonder redelijk vermoeden van schuld aan een strafbaar feit aan personen die in verband worden gebracht met terroristische activiteiten beperkingen van de bewegingsvrijheid op te leggen (§ 4.6).

Maar vooral de noodzaak tot een effectieve *strafrechtelijke bestrijding van het terrorisme* roept thans de vraag op, of en in hoeverre met het oog hierop grondrechtelijke eisen genuanceerd of afgezwakt mogen worden ten gunste van versterking van strafrechtelijk en bestuurlijk optreden.[82] Daartoe zou allereerst beroep gedaan kunnen worden op noodrecht bij de aanwezigheid van een *noodtoestand*, een situatie van extreem gevaar welke afwijking van nationale en internationale grondrechten rechtvaardigt.[83] Zo voorziet artikel 103 Grondwet in combinatie met de Coördinatiewet Uitzonderingstoestanden in de mogelijkheid om een 'uitzonderingstoestand' af te kondigen, waarin van bepaalde grondwettelijke grondrechten afgeweken kan worden. En artikel 15 EVRM laat het toe dat een staat in tijd van oorlog of van een andere algemene noodtoestand die het bestaan van het land bedreigt onder zekere condities maatregelen neemt die afwijken van zijn verplichtingen onder het EVRM. Tot op heden heeft de Nederlandse overheid van deze mogelijkheid evenwel nog geen gebruik gemaakt. Dat zal ten eerste nog niet gebeurd zijn vanwege de negatieve psychologische effecten ervan. Bij de bevolking zou dit het gevoel van crisis en onveiligheid sterk aanwakkeren, en aan terroristen het signaal geven dat hun bedreiging succes begint op te leveren. Een tweede reden is ongetwijfeld, dat de terroristische dreiging nog niet van dien aard is, dat een beroep op noodtoestand gerechtvaardigd is.

Maar het is vermoedelijk naïef om te ontkennen dat er geen reëel risico van terroristische aanslagen is: ook Nederland kan daar – net als eerder Madrid (2004) en Londen (2005) – door getroffen worden. De sterke en begrijpelijke wens om zulke aanslagen hier te voorkomen brengt met zich dat de opsporingsactiviteiten zich verleggen van reeds gepleegde strafbare feiten naar strafbare feiten *die mogelijk gepleegd gaan worden*. Potentiële daders moeten gevolgd worden; het treffen van voorbereidingen moet strafbaar gesteld gaan worden; preventieve maatregelen moeten genomen worden. Het risico daarbij is, dat de wetgever aan de opsporingsautoriteiten vergaand *carte blanche* gaat verstrekken, dat de privacy onder druk komt te staan, dat

82 Zie B. Böhler, Crisis in de rechtsstaat, Amsterdam-Antwerpen 2004; Y. Buruma, De dreigingsspiraal, Den Haag 2005; E. van Dongen e.a., Terrorismebestrijding met mensenrechten, Leiden 2005.

83 Zie hierover J.P. Loof, Mensenrechten en staatsveiligheid: verenigbare grootheden?, Nijmegen 2005; R. de Lange, Noodrecht en grondrechten, NJCM-Bulletin 2005, p. 523-550.

de rechtsbescherming van verdachten aangetast wordt, dat het legaliteitsbeginsel onvoldoende in acht genomen wordt etc.

In dit kader stippen we slechts enkele juridische instrumenten aan. Allereerst is in 2004 in werking getreden de Wet terroristische misdrijven.[84] Deze wet (artikel 140a Sr) stelt strafbaar de deelneming aan een organisatie die tot oogmerk heeft het plegen van terroristische misdrijven. Ook het verlenen van steun en werving van geld of personen voor zo een organisatie is strafbaar. Op grond van deze wetgeving zijn aanzienlijke straffen opgelegd aan de leden van de zogenaamde Hofstad-groep.[85] Daarnaast is er het wetsvoorstel inzake afgeschermde getuigen,[86] dat het mogelijk zal maken AIVD-informatie in het strafproces te gebruiken onder geheimhouding van de bron. Vermoedelijk het verst strekt een wetsvoorstel tot verruiming van de mogelijkheden tot opsporing en vervolging van terroristische misdrijven.[87] Daarin wordt voorgesteld de mogelijkheden te creëren om:

– meer dan thans in een verkennend onderzoek informatie te verzamelen;
– personen preventief te fouilleren en bijzondere opsporingsmiddelen zoals observatie en telefoontaps te gebruiken zonder redelijk vermoeden van schuld aan een strafbaar feit (aanwijzingen zijn voldoende);
– in bewaring te stellen buiten het geval van ernstige bezwaren (een redelijk vermoeden van schuld is voldoende);
– verlenging van gevangenneming of gevangenhouding tot maximaal twee jaar;
– uitstel van volledige inzage van processtukken.

De vraag rijst of deze bevoegdheidsuitbreidingen nog wel te verenigen zijn met EVRM-eisen ter zake van strafvorderlijke detentie (artikel 5), een eerlijk proces (artikel 6) en de privacy (artikel 8).[88] Maar, anderzijds: rust er niet juist op de democratische rechtsstaat de plicht om binnen de grenzen van deze mensenrechtenstandaarden – die nogal globaal en flexibel zijn – alles te doen om terroristische aanslagen, die juist beogen om de waarden van deze staat in de kern aan te tasten, te voorkomen? En zijn deze voorstellen daartoe niet een aanvaardbaar middel?[89]

84 Staatsblad 2004, 290.
85 Rb. Rotterdam 10 maart 2006, LJN: AV5108, samengevat in NJB 2006, p. 729-730.
86 Kamerstukken I 2004/05, 29 743 A.
87 Kamerstukken I 2005/06, 30 164 A.
88 P. van Kempen, Terrorismebestrijding door marginalisering strafvorderlijke waarborgen, Nederlands Juristenblad 2005, p. 397-400.
89 In bevestigende zin: C. Fijnaut, De belangrijke rol van het strafrecht bij de bestrijding van (islamistisch) terrorisme, Rechtsgeleerd Magazijn Themis 2005, p. 210-215.

7 Rechterlijke controle

7.1 ONTWIKKELING VAN DE RECHTSBESCHERMING TEGEN BESTUURSOPTREDEN

7.1.1 Inleiding

In hoofdstuk 3 is aangegeven dat het legaliteitsbeginsel op twee wijze grenzen stelt aan het overheidsoptreden: het recht fungeert als grondslag èn als begrenzing van de bevoegdheden van de overheid. Slechts gaandeweg groeide daarbij het inzicht dat deze binding van de overheid aan het recht gebaat is met een daarop gerichte controle door een van wetgever en bestuur onafhankelijke instantie, de rechter. Het stelsel van rechtsbescherming tegen de overheid heeft zich sinds het einde van de negentiende eeuw langs twee lijnen ontwikkeld. In de eerste plaats heeft de burgerlijke rechter zich opgeworpen als beschermer van de rechten van de burger in zijn relatie met de overheid. In de tweede plaats is voor de beoordeling van de rechtmatigheid van besluiten van bestuursorganen vanaf het begin van deze eeuw langzaam maar zeker een volwassen stelsel van administratieve rechtspraak of bestuursrechtspraak opgebouwd.[1] In deze periode heeft ook de toetsing door de rechter van het overheidsoptreden belangrijke wijzigingen ondergaan.

Het huidige stelsel van bescherming tegen de overheid wordt in § 7.2 in kaart gebracht. Dit stelsel kan echter niet goed worden begrepen zonder zijn historische wording. Vandaar dat we deze als eerste behandelen.

Nadat aldus is aangegeven hoe in Nederland vorm is gegeven aan het rechtsstatelijke recht op rechterlijke controle tegen het handelen van de overheid, wordt vanaf par. 7.3 ingegaan op spanning die kan bestaan tussen deze rechterlijke controle en de andere 'machten', in het bijzonder de wetgever. Daarbij wordt aandacht besteed aan de veranderende positie van de rechter door zijn optreden als wetgever-plaatsvervanger (par. 7.3), aan het rechterlijke toetsingsverbod van de formele wet en de mogelijke (partiële) opheffing daarvan (par. 7.4) en aan de wenselijkheid van de rechterlijke toetsing van de wet aan fundamentele rechtsbeginselen.

7.1.2 Ontwikkeling van het stelsel van rechtsbescherming

In de negentiende eeuw was het in het algemeen niet zo dat bestuursoptreden waardoor de belangen der burgers getroffen werden, aan een rechterlijk oordeel onderworpen kon

---

1 'Administratieve rechtspraak' – de klassieke benaming die ook nog in artikel 1:4 Awb wordt gehanteerd – en de wat modernere benaming 'bestuursrechtspraak' worden hierna door elkaar gehanteerd.

worden. De rechter diende zich te beperken tot burgerlijke en strafrechtspraak. Gedachte hierachter was ten eerste dat het bestuur (binnen de door wet en Grondwet getrokken grenzen) omwille van een adequate behartiging van het algemeen belang over een aanzienlijke, rechtsvrije ruimte[2] diende te beschikken waar de rechter van af moest blijven. Ten tweede was men van opvatting dat – daargelaten de strafrechtelijke en zuiver civielrechtelijke gedingen – bestuursoptreden het beste gecontroleerd kon worden door hogere bestuursorganen, waarbij met name gedacht werd aan (het beroep op en het vernietigingsrecht van) de Kroon. Dienovereenkomstig voorzagen verschillende wetten in administratief beroep op de Kroon, het zogenaamde 'Kroonberoep', voor personen die in hun belang waren getroffen door een besluit van een lager bestuurlijk ambt. De Kroon kon dan desgewenst het bestreden besluit vernietigen en daarvoor een ander besluit in de plaats stellen. Voorts werd voorzien in de mogelijkheid dat de Kroon eigener beweging (dus onafhankelijk van een administratief beroep) tot vernietiging overging van besluiten van de meeste gedecentraliseerde ambten.[3] Deze zogenaamde 'spontane vernietiging' vormt een bestuursinstrument dat ook nog heden ten dage, zij het spaarzaam, wordt gehanteerd.

Zowel de besluiten van de Kroon in het kader van de uitoefening van het administratief beroep als ook de besluiten tot spontane vernietiging vallen onder de normale ministeriële verantwoordelijkheid. In de negentiende eeuw leefde de overtuiging, dat naast deze verantwoording van het bestuur aan de volksvertegenwoordiging in het algemeen geen plaats was voor rechterlijke toetsing.

Slechts op enkele terreinen, vooral in de sfeer van de belastingen, werden in de tweede helft van de 19e eeuw procedures gecreëerd, die als administratieve rechtspraak gekwalificeerd kunnen worden. Alle pogingen, vooral rond de eeuwwisseling, om te komen tot een vorm van algemene administratieve rechtspraak leden echter schipbreuk. Belangrijkste poging daartoe vormden de in 1905 door minister van Justitie Loeff ter zake ingediende, zeer ambitieuze wetsvoorstellen. Vermoedelijk doorslaggevend voor het mislukken hiervan was de kritiek op deze voorstellen van de hoogleraar A.A.H. Struycken.[4] De kritiek kwam er in de kern op neer, dat volstaan kon worden met democratische controle op het bestuursoptreden.

Aldus was een uit het oogpunt van de rechtsstaat problematische lacune in de rechtsbescherming van de burger tegen de overheid ontstaan. De staat berustte niet meer in zijn door het klassiek-liberale denken toebedeelde rol van nachtwaker, wiens taak het vooral was de bestaande vrijheids- en eigendomsrechten te waarborgen en de openbare orde te garanderen, en wiens belangrijkste dwangmiddel de strafsanctie was. In toenemende mate ontwikkelde hij zich tot een staat die diep ingrijpt in het maat-

2 Veelal aangeduid als de sfeer van het 'freie Ermessen', het terrein van de doelmatigheidskwesties en beleidsvragen.

3 Besluiten van de commissaris van de Koning en van de burgemeester werden uitgezonderd van het spontane vernietigingsrecht; deze uitzonderingen zijn in de nieuwe Provinciewet resp. Gemeentewet vervallen. Vernietiging van besluiten van waterschapsbesturen is voorbehouden aan gedeputeerde staten (art. 156, eerste lid, Waterschapswet).

4 A.A.H. Struyken, Administratie of rechter, Arnhem 1910.

schappelijk leven: een staat die niet alleen codificeert maar ook modificeert,[5] niet alleen handhaaft maar ook intervenieert en herverdeelt, niet slechts strafsancties hanteert maar zijn toevlucht neemt tot een scala van dwangmiddelen en sancties (bestuursdwang, boetes) en positieve interventies (subsidiëring). Deze ontwikkeling is gepaard gegaan met een steeds ruimere toedeling aan het bestuur van min of meer ongebonden bevoegdheden ter behartiging van de belangen die de overheid aan zich had getrokken, hetgeen meer dan voorheen de vraag opriep waar de grenzen van deze bevoegdheden lagen.

Democratische controle door de vertegenwoordigende organen is in de praktijk meestal geen effectief middel om de burger in concrete geschillen met het bestuur de vereiste bescherming te bieden; en administratief beroep respectievelijk administratief bezwaar (heroverweging door een hoger respectievelijk door hetzelfde bestuursorgaan) bieden onvoldoende waarborgen voor onafhankelijkheid. De lacune in de rechtsbescherming tegen het steeds machtiger wordende bestuur is bij gebrek aan een administratieve rechter geleidelijk aan opgevuld door de burgerlijke rechter, die het bestuursoptreden in steeds toenemende mate is gaan toetsen aan met name artikel 1401 BW, thans: artikel 6:162 BW. Uitgangspunt hierbij was dat het privaatrecht het (al)gemene recht is, dat van toepassing is tenzij het publiekrecht ter zake een bijzondere regeling bevat. Op deze grond kon de burger sinds lang op de staat verhaal zoeken voor door diens organen veroorzaakte schade. Daarbij werd in eerste instantie evenwel een onderscheid gemaakt tussen het optreden van de overheid als 'bijzonder persoon', dat wil zeggen het deelnemen aan het maatschappelijk verkeer op gelijke voet als een burger, en het handelen van de overheid als zodanig, dat wil zeggen als drager van openbaar gezag. Alleen de eerstgenoemde categorie werd aan artikel 1401 BW getoetst, zodat de overheid in de uitoefening van haar publiekrechtelijke taak niet onrechtmatig kon handelen. Zo oordeelde de Hoge Raad in de arresten Vrouwe Elske en Rhedense Koe[6] 'dat de al of niet rechtmatigheid van zoodanige daad van het openbaar gezag als in deze heeft plaats gehad, uitsluitend aan het publieke recht kan worden getoetst, en niet kan worden beoordeeld naar de bepalingen van het burgerlijke recht, als regelende de rechten en verplichtingen van bijzondere personen'.

Ongetwijfeld was deze terughoudende toetsing ingegeven door de verwachting dat binnen afzienbare termijn een systeem van administratieve rechtspraak in het leven zou worden geroepen. Toen dit evenwel uitbleef, is de burgerlijke rechter er – zij het schoorvoetend – toe overgegaan de ontstane leemte op te vullen. In 1915 vestigde de Hoge Raad de zogenoemde *obiectum litis*-leer. Deze leer houdt in, dat voor toepassing van artikel 2 RO, waarin de bevoegdheid van de burgerlijke rechter tot 1994 was neergelegd, voldoende is dat de eiser vraagt beschermd te worden in een burgerlijk recht. Niet is vereist, dat de rechtsbetrekking tussen eiser en gedaagde van privaatrechtelijke aard is. Doorslaggevend is het *obiectum litis* zoals dat door de burger is gesteld

5 Deze termen zijn van T. Koopmans, De rol van de wetgever, in: Honderd jaar rechtsleven. De Nederlandse Juristen-Vereniging 1870-1970, Deventer 1970, p. 221 e.v.

6 HR 29 mei 1896, W. 6817 (Vrouwe Elske) en HR 21 april 1898, W. 7116 (Rhedense Koe).

(het voorwerp van geschil), niet het *fundamentum petendi* (de grondslag, de aard van de rechtsbetrekking).

Het arrest Guldemond-Noordwijkerhout uit 1915, waarbij de *obiectum litis*-leer werd gevestigd, betrof de demping van gemeentewege van een sloot, waartegen de eigenaar zich verzette. De gemeente stelde, dat de burgerlijke rechter niet bevoegd was omdat de gemeente optrad op grond van een publiekrechtelijke bevoegdheid. De Hoge Raad ging hierin niet mee en overwoog:[7] 'dat ook in artikel 2 RO de uitsluitende bevoegdheid van de rechterlijke macht is afhankelijk gesteld van het voorwerp van geschil, dat is van het recht waarin de aanlegger vraagt te worden beschermd (in casu het ongestoord genot van een vaarsloot), en niet van den aard van het recht waarop de verweerder zijn verweer grondt' (in casu de bevoegdheid van de gemeente voortvloeiend uit de plicht om te zorgen voor de bruikbaarheid van de publieke wegen, wateren e.d.).[8]

Praktisch betekent deze leer, dat voor de bevoegdheid van de burgerlijke rechter voldoende is dat de burger in zijn eis *stelt* dat de overheid jegens hem een burgerlijk recht heeft geschonden. In verreweg de meeste gevallen zal daartoe worden gesteld dat de overheid jegens hem onrechtmatig gehandeld heeft. De grondslag van de actie tegen de overheid kan echter ook wanprestatie of de schending van een ander burgerlijk recht betreffen.

Zoals hiervoor is aangegeven, werd de obiectum litis-leer in het verleden gebaseerd op artikel 2 RO, waarin tot 1994 de bevoegdheid van de burgerlijke rechter was neergelegd. Tegelijk met de herziening van de rechterlijke organisatie en de invoering van een uniform bestuursprocesrecht van de Awb is deze bepaling per 1 januari 1994 geschrapt. Volgens de regering was zij overbodig geworden nu de Grondwet van 1983 in artikel 112, eerste lid, een overeenkomstige bepaling bevat. De compententie van de burgerlijke rechter in bestuursrechtelijke geschillen wordt thans daarom niet meer gebaseerd op artikel 2 RO, maar op artikel 112, eerste lid, Grondwet.

Nu de burgerlijke rechter in een geschil met de overheid derhalve altijd bevoegd is wanneer een burger zijn vordering tegen de overheid maar privaatrechtelijk 'inkleedt', speelt natuurlijk wel de vraag hoe de rechtsweg naar de burgerlijke rechter kan worden afgebakend van die naar de diverse administratieve rechters die in de loop van deze eeuw zijn ingesteld. Op deze vraag wordt in het vervolg, na een korte schets van de ontwikkeling van de administratieve rechtspraak, teruggekomen.

Hiervoor is duidelijk gemaakt dat de wetgever aan het begin van de twintigste eeuw afzag van het invoeren van een algemeen geldend stelsel van administratieve rechtspraak, mede vanuit de gedachte dat de overheid over de nodige beleidsvrijheid diende te beschikken om het algemeen belang te behartigen. Wel werden er gaandeweg steeds meer in bijzondere wetten afzonderlijke (rechtsbeschermings)voorzieningen getroffen

7 HR 31 december 1915, NJ 1916, 407 (Guldemond – Noordwijkerhout).

8 Deze plicht stond weergegeven in art. 209h gemeentewet-oud; zij is thans niet meer expliciet in de Gemeentewet opgenomen, doch vloeit voort uit de in art. 160 Gemeentewet vastgelegde zorg voor het dagelijks bestuur van de gemeente.

tegen het optreden van het bestuur. Het kon daarbij gaan om het openstellen van administratief beroep, met in laatste instantie of in enige instantie Kroonberoep. Op terreinen waar de overheid aan strikte regels was gebonden – en waar dus de kwestie van de beleidsvrijheid minder speelde – ging de wetgever er echter steeds vaker toe over een (nieuwe) gespecialiseerde rechterlijke instantie te belasten met beslechting van geschillen. Zo werden in 1902 de raden van beroep en de Centrale Raad van Beroep belast met de rechtspraak in de sfeer van de sociale zekerheid. En om te voorkomen dat de overheid rechter in eigen zaak zou worden, werd in 1929 de rechtsbescherming terzake van de rechtspositie van ambtenaren opgedragen aan een onafhankelijke ambtenarenrechter en in hoger beroep aan de Centrale Raad van Beroep. Vermelding verdient verder de instelling van het College van Beroep voor het bedrijfsleven in 1954. Dit college werd belast met de rechtsbescherming tegen de beslissingen van de organen van de publiekrechtelijke bedrijfsorganisatie.

Incidenteel werd er voor gekozen om de gewone rechter te belasten met administratieve rechtspraak, zoals bijvoorbeeld ter zake van de toepassing van de Kieswet en belastingwetgeving. Hierbij trad de gewone rechter dus op als administratieve rechter. Voor de belastingsrechtspraak is dat nog steeds het geval.

Er onstond aldus een verbrokkeld en weinig inzichtelijk stelsel van rechtsbescherming, met vele gespecialiseerde rechters.[9] In 1963 werd met de Wet Beroep Administratieve Beschikkingen (Wet BAB) een eerste poging ondernomen om te komen tot enigerlei vorm van een algemene aanvullende administratieve rechtsbescherming. Het resultaat was een hybride constructie van een rechtmatigheidsberoep tegen beschikkingen van de centrale overheid op de Kroon, dus niet op een onafhankelijke rechter. Dit laatste, gevoegd bij het feit dat de Wet BAB weinig bevredigend functioneerde, leidde ertoe dat de roep om aanvullende administratieve rechtspraak niet verstomde. In 1976 trad de Wet Administratieve rechtspraak overheidsinstanties (Wet Arob) in werking, waarmee een eerste stap werd gezet in de richting van een algemene administratieve rechter. De Wet Arob stelde beroep, in één instantie, open tegen beschikkingen die in administratief beroep of op administratief bezwaar gegeven waren. Een nieuw opgerichte Afdeling rechtspraak van de Raad van State werd met de afhandeling van deze beroepen belast. Aldus kreeg zij de rol van vangnetrechter ter zake van de genoemde beschikkingen: was tegen een beschikking geen beroep mogelijk op een bijzondere administratieve rechter, dan was de Afdeling rechtspraak in het algemeen de bevoegde rechter.

Een belangrijke uitzondering vormde aanvankelijk het Kroonberoep. Tegen de door de Kroon genomen besluiten was geen Arob-beroep mogelijk. Dit impliceerde dat dergelijke Kroonbesluiten niet door een onafhankelijke rechter getoetst konden worden. In het vermaarde Benthem-arrest oordeelde het Europese Hof voor de Rechten van de Mens (EHRM) dat dit in strijd was met artikel 6 EVRM.[10] De zaak betrof de

9 Vgl. R.J.G.M. Widdershoven, Gespecialiseerde rechtsgangen in het administratieve recht, Zwolle 1989.

10 EHRM 23 oktober 1985, AB 1986, 1 (Benthem).

weigering van een Hinderwetvergunning voor een LPG-tankstation. Het EHRM stelde eerst vast dat in een geschil omtrent een dergelijke weigering de vaststelling van burgerlijke rechten en verplichtingen aan de orde is; de vergunning was namelijk een voorwaarde om bedrijfsactiviteiten te verrichten. De berechting van zo'n geschil moest derhalve voldoen aan de garanties van artikel 6 EVRM. Vervolgens oordeelde het EHRM dat het in strijd met artikel 6 EVRM was, dat een niet onafhankelijk bestuursorgaan – namelijk de Kroon – in hoogste instantie had beslist. Om deze onverenigbaarheid met artikel 6 EVRM op te heffen, trad in 1988 de Tijdelijke wet Kroongeschillen (TwK) in werking.[11] Ingevolge deze wet werd het Kroonberoep in vrijwel alle gevallen – ook als het niet ging om een geschil betreffende burgerlijke rechten en verplichtingen in de zin van artikel 6 EVRM – omgezet in beroep op de Afdeling geschillen van bestuur van de Raad van State, die hiertoe gepromoveerd werd tot een onafhankelijke rechter.

Een (voorlopig) laatste herziening van het stelsel van administratieve rechtspraak heeft in 1994 plaatsgevonden. In het kader hiervan is voor een groot deel een eind gemaakt aan het verbrokkelde stelsel van rechtsbescherming. Van belang is verder dat voor een groot aantal bestuursrechtelijke zaken die voorheen in één instantie werden behandeld en beslist, rechtspraak in twee instanties is ingevoerd. Deze eerste instantie is in de regel opgedragen aan de (bestuurssectoren van de) rechtbanken. De Afdeling bestuursrechtspraak van de Raad van State – die is ontstaan door samenvoeging van de Afdeling rechtspraak en de Afdeling geschillen van bestuur – de Centrale Raad van Beroep en het College van Beroep voor het bedrijfsleven fungeren thans als hogerberoepsrechter. In § 7.2 wordt de nieuwe organisatie nog uitvoerig besproken.

Al met al is in de loop van de twintigste eeuw een bijna volwassen stelsel van administratieve rechtspraak tot stand gebracht. Beslissend voor de bevoegdheid van de diverse gespecialiseerde en algemene administratieve rechters, die in deze periode zijn ingesteld, was (en is nog) steeds de aard van de rechtsbetrekking, het *fundamentum petendi*. Voor gespecialiseerde administratieve rechters koos de wetgever er meestal voor om de beslissingen waartegen beroep kon worden ingesteld, met zoveel woorden in de specifieke wet op te sommen. Voor de rechtsmacht van algemene administratieve rechter – in het verleden de Arob-rechter en thans onder de Awb de rechtbanken en de Afdeling bestuursrechtspraak – is bepalend of er sprake is van een specifieke rechtsbetrekking tussen overheid en burger die in een beschikking (Wet Arob) of in een besluit (Awb) tot uitdrukking komt.

Naast deze op het *fundamentum petendi* gebaseerde bescherming tegen de overheid bij de administratieve rechters is er voor de burger – zoals we reeds zagen – ook nog de bescherming bij de burgerlijke rechter volgens het *obiectum litis*. Om nu een ongewenste samenloop van beide rechtswegen te voorkomen, verklaart de burgerlijke rechter een particulier niet-ontvankelijk in zijn eis, wanneer een met voldoende

11 Zie de monografie hierover van Ten Berge/Burkens/Van Buuren, De Tijdelijke wet Kroongeschillen, Zwolle 1987.

waarborgen omklede (administratieve) rechtsgang openstaat. De burgerlijke rechter houdt, zolang een burger zijn eis maar privaatrechtelijk heeft ingekleed, zijn bevoegdheid in stand, maar oriënteert zich bij de ontvankelijkheidsvraag op de bevoegdheid van andere rechters. Bestaat er tegen het gewraakte overheidsoptreden een met voldoende waarborgen omklede administratieve rechtsgang dan wordt de eiser niet-ontvankelijk verklaard en komt het niet tot een inhoudelijke beoordeling van de zaak.

De gedachte achter deze opzet van de rechtsbescherming, was (en is nog steeds) deze, dat voorrang dient te worden gegeven aan de al dan niet gespecialiseerde administratieve rechtsbescherming, doch dat tegelijk de rechtsbescherming lacuneloos dient te zijn. Schiet ergens de administratieve rechtsbescherming volgens het *fundamentum petendi* tekort, dan kan de burgerlijke rechter aanvullende rechtsbescherming bieden volgens het *obiectum litis*. Ofwel, in de woorden van de Hoge Raad in het beroemde Changoe-arrest uit 1992:[12] 'Wanneer een administratieve rechter bevoegd is van een geschil kennis te nemen, doet zulks in het algemeen niet af aan de bevoegdheid van de burgerlijke rechter op grond van artikel 2 Wet RO, met name niet aan zijn bevoegdheid met betrekking tot vorderingen uit onrechtmatige daad. Wel dient de eiser door de burgerlijke rechter niet ontvankelijk te worden verklaard, wanneer, kort gezegd, de administratieve rechter voldoende bescherming biedt (...).' Een en ander leidt tot het uit een oogpunt van rechtsbescherming bevredigende en in een rechtsstaat passende resultaat dat de burger een zo volledig mogelijke rechtsbescherming geboden wordt, nu de burgerlijke rechter, anders dan in een stelsel van uitsluitende bevoegdheid van de administratieve rechter, aanvullende rechtsbescherming kan bieden. Vanwege deze mogelijkheid van de burgerlijke rechter om altijd als een administratieve rechtsgang tekortschiet, aanvullende rechtsbescherming te bieden, wordt de burgerlijke rechter wel aangeduid als 'vangnetrechter' of 'restrechter'.

De verbrokkeling die ons stelsel van rechtsbescherming jarenlang heeft gekenmerkt, heeft dan ook niet geleid tot een gebrek aan rechtsbescherming. De afronding van de administratieve rechtsbescherming volgens *fundamentum petendi* door burgerrechterlijke rechtsbescherming volgens *obiectum litis* mag dan ook een vernuftige constructie genoemd worden. Men hoeft slechts het rijtje langs te lopen:

- is een gespecialiseerde adminstratieve rechter bevoegd?
- zo nee, is de algemene administratieve rechter (voorheen de Arob-rechter, thans de Awb-rechter) bevoegd?
- zo nee, dan kan volgens het obiectum litis-beginsel een beroep worden gedaan op de burgerlijke rechter, eenvoudig door het stellen van een onrechtmatige daad.

7.1.3 Ontwikkeling inhoud rechterlijke toetsing

In de loop van de twintigste eeuw is de toetsing van bestuursoptreden door zowel de administratieve als de burgerlijke rechter steeds minder terughoudend geworden. Het

12 HR 28 februari 1992, AB 1992, 301 (Changoe).

vermaarde arrest Lindenbaum-Cohen (1919),[13] inhoudend dat van een onrechtmatige daad (ook) sprake kan zijn in geval van een handelen in strijd met de ongeschreven rechtsnorm, dat niet gehandeld mag worden in strijd met de in het maatschappelijk verkeer vereiste zorgvuldigheid, opende de mogelijkheid het bestuur ook buiten de gevallen van schending van een uit de wet voortvloeiend(e) rechtsplicht of subjectief recht aan te spreken. Aanvankelijk oordeelde de Hoge Raad evenwel – in bewoordingen die teruggrijpen op de jurisprudentie van eind 19e eeuw (waarin toetsing aan art. 1401 BW, thans art. 6:162 BW, van het in zijn hoedanigheid als openbaar gezag handelende bestuur geheel en al werd afgewezen) – dat de zorgvuldigheidsnorm niet geldt in geval de '(o)verheid niet anders of meer wordt verweten, dan dat zij door tekort te schieten in haar verplichting om de taak, die op haar als *zoodanig* rust naar behooren te vervullen (...) belangen heeft gekrenkt'.[14]

Intussen was de Ambtenarenwet 1929 (AW) tot stand gekomen. Ingevolge artikel 58 AW (zoals deze bepaling tot 1984 luidde) kon de ambtenarenrechter met betrekking tot ten aanzien van ambtenaren genomen of verrichte besluiten en handelingen onder andere toetsen aan het criterium of van de betreffende bevoegdheid kennelijk een ander gebruik gemaakt is dan tot de doeleinden waarvoor die bevoegdheid gegeven is (détournement de pouvoir). Vanaf 1936 is de Hoge Raad dit criterium gaan hanteren bij de beoordeling van de (on)rechtmatigheid van optreden door de overheid als zodanig.[15] Daarmee werd erkend dat dergelijk optreden ook gebonden is aan ongeschreven behoorlijkheidsnormen. Ook de ambtenarenrechter toonde zich reeds voor de Tweede Wereldoorlog bereid aan dergelijke normen (met name het rechtszekerheidsbeginsel) te toetsen.

Na de Tweede Wereldoorlog kregen deze ongeschreven behoorlijkheidsnormen, de algemene beginselen van behoorlijk bestuur, een vooraanstaande rol toebedeeld bij de rechterlijke beoordeling van het bestuursoptreden. Hun aantal werd steeds meer uitgebreid, en ze werden in toenemende mate door administratieve rechters en beroepsinstanties gehanteerd, waarbij de jurisprudentie van de Arob-rechter op het gebied van de beginselen van behoorlijk bestuur – die hem nadrukkelijk als toetsingsgrond in de Wet Arob waren opgedragen – in belangrijke mate als katalysator fungeerde. In § 4.5.3 en 4.5.4 zijn deze reeds nader besproken.

Kenmerk van deze beginselen is dat het rechtmatigheidsmaatstaven zijn, aan de hand waarvan overheidshandelen minder of meer marginaal beoordeeld wordt: minder marginaal naarmate de beleidsvrijheid geringer is, meer marginaal naarmate de beleidsvrijheid groter is. Aldus wordt voorkomen dat 'de rechter op de stoel van het bestuur gaat zitten' door te treden in de doelmatigheid van het bestuursoptreden. Zie over deze problematiek ook § 7.2.4.2. Het was deze angst om te zeer te treden in vragen van bestuurlijke doelmatigheid die de burgerlijke rechter er aanvankelijk, in de

13 HR 31 januari 1919, W. 10365 (Lindenbaum-Cohen).

14 HR 29 juni 1928, NJ 1928, 1138 (Strooppot).

15 HR 15 november 1936, NJ 1937, 182 (Soldaat De Boer). Evenzo HR 14 januari 1949, NJ 1949, 557 (Zandvoortse woonruimtevordering).

Landsmeer-arresten van 1963,[16] toe bracht het bestuur, voor zover dit beleidsvrijheid had, uiterst terughoudend te toetsen, namelijk alleen op het verbod op détournement de pouvoir en het willekeurverbod. Andere beginselen van behoorlijk bestuur speelden alleen een rol bij de invulling van het willekeurverbod. Sinds 1986 toetst de Hoge Raad het al dan niet in acht nemen van die (andere) beginselen – zoals het gelijkheidsbeginsel – evenwel direct, dus niet meer uitsluitend in de vorm van de zeer marginale redelijkheidscontrole in het kader van het willekeurverbod.[17] De toetsing van het bestuursoptreden door de burgerlijke rechter is daarmee gelijk getrokken met de toetsing door de administratieve rechter.

7.1.4 De Raad voor de Rechtspraak

De rechterlijke organisatie als geheel en zeker de organisatie van de bestuursrechtspraak zijn, zo blijkt uit het voorgaande, geen 'rustig bezit'. Het verleden kenmerkt zich door voortdurende verandering. Vanaf het begin van deze eeuw is met name de organisatie en het beheer van de rechterlijke organisatie op de schop genomen. in dit proces speelt de in 2002 ingestelde Raad voor de Rechtspraak een essentiële rol.

In de verhouding tussen uitvoerende macht en rechterlijke macht bestaat een zekere spanning. Enerzijds heeft de regering, casu quo de minister van Justitie diverse bevoegdheden en verantwoordelijkheden ten opzichte van de rechterlijke macht. Zo benoemt de regering de leden van de rechterlijke macht (art. 117, eerste lid, Gw) en is de minister van Justitie ten opzichte van de volksvertegenwoordiging verantwoordelijk voor het budget van de rechterlijke macht. Anderzijds kan de minister deze verantwoordelijkheid maar in beperkte mate waarmaken omdat hij vanwege de onafhankelijkheid van de rechterlijke macht nauwelijks sturingsmogelijkheden heeft. Ten einde aan deze spanning iets te doen, is begin 2002 een wijziging van de Wet op de Rechterlijke Organisatie ingevoerd, waarin de verhouding tussen uitvoerende en rechterlijke macht op een andere wijze is vormgegeven.

De Raad voor de Rechtspraak is een soort intermediair orgaan tussen de gerechten en de minister van Justitie. Hij wordt door de regering omschreven als 'een orgaan van de rechtsprekende macht, zonder rechtsprekende taken'.[18] De Raad bestaat uit vijf bij Koninklijk Besluit voor zes jaar benoemde leden, waarvan er twee niet tot de rechterlijke macht behoren. De leden kunnen eenmaal worden herbenoemd. De Raad heeft diverse taken en bevoegdheden ten opzichte van de gerechten. Over de uitoefening hiervan moet de Raad op zijn beurt verantwoording aan de minister van Justitie. De taken van de Raad liggen op drie terreinen:

a. het financieel beleid: de Raad is belast met de voorbereiding van de begroting van de rechterlijke macht, met de toekenning van budgetten aan de gerechten en met het

16 HR 4 januari 1963, NJ 1964, 202-204.

17 HR 27 juni 1986, NJ 1987, 726 (Tolkentarieven); HR 27 maart 1987, NJ 1987, 727 (Ikon/Amsterdam).

18 Kamerstukken II 1999/00, 27 182, nr. 3, p. 12.

toezicht op de uitvoering van de begroting in de gerechten. In dit verband is in 2005 een systeem ingevoerd waarin de financiering van de gerechten hoofdzakelijk afhankelijk wordt gesteld van het aantal afgedane zaken (outputfinanciering). Behalve deze productgerelateerde bijdrage ontvangt men een kleine bijdrage voor megazaken strafrecht en bijzondere kamers.

b. bedrijfsvoering: de Raad houdt toezicht op de bedrijfsvoering binnen de gerechten. Daaronder vallen de zorg voor materiële voorzieningen en personele ondersteuning, maar ook onderwerpen als de doelmatigheid van werkprocessen, de ontwikkeling van een kwaliteitsbeleid en de verdeling van afdoeningscapaciteit. In verband met deze taak is door de Raad voor de Rechtspraak bijvoorbeeld de Databank consistente straftoemeting tot stand gebracht. Deze databank geeft informatie over eerder opgelegde straffen in allerlei soorten zaken. Indien een rechter in een concrete zaak een straf moet bepalen, dan kan hij zijn zaak vergelijken met zaken uit de databank. Aldus kan hij binnen het strafmaximum dat in het Wetboek van Strafrecht is bepaald, een verantwoorde en consistente keuze maken.

c. rechtseenheid en juridische kwaliteit: de Raad biedt ten slotte ondersteuning aan activiteiten van de gerechten die gericht zijn op een uniforme rechtstoepassing en op de bevordering van de juridische kwaliteit.

Om aan zijn toezichtstaken ten opzichte van de gerechten inhoud te kunnen geven, worden aan de Raad diverse bevoegdheden toegekend, namelijk de bevoegdheid om inlichtingen te vragen aan de besturen van de gerechten, de bevoegdheid om algemene aanwijzingen te geven op het terrein van de bedrijfsvoering, de bevoegdheid om beslissingen van de gerechtsbesturen op dit terrein te schorsen of te vernietigen en ten slotte de bevoegdheid om voordrachten te doen voor schorsing en ontslag van leden van een gerechtsbestuur. De minister van Justitie heeft in het kader van het toezicht op de Raad voor de Rechtspraak ten opzichte van (de leden van) deze Raad dezelfde toezichtsbevoegdheden.

Het hier geschetste toezichtssysteem op de rechterlijke macht en de dominante rol daarin van de Raad voor de Rechtspraak wordt verschillend gewaardeerd. Sommigen menen dat het systeem een aantasting betekent van de onafhankelijkheid van de rechterlijke macht en van de individuele rechters, omdat een orgaan waarvan de leden niet voor het leven zijn benoemd en waarin ook niet-leden van de rechterlijke macht zitting hebben, verregaande bevoegdheden krijgt ten opzichte van de gerechten. Voorts wordt gewezen op de mogelijke invloed die het financieringssysteem van de gerechten, waarin het aantal zaken in beginsel bepalend is, kan hebben op de zorgvuldigheid van de behandeling van zaken. Met name is het gevaar aanwezig dat een rechter afziet van nader onderzoek in een zaak, omdat alsdan de zitting zou moeten worden geschorst, waardoor het budget dat normatief voor de zaak beschikbaar is wordt overschreden.

Anderen menen dat ook aan de onafhankelijke rechterlijke macht eisen mogen worden gesteld ten aanzien van bedrijfsvoering, financieel beleid en kwaliteitszorg en dat het juist een goede gedachte is om een orgaan dat in meerderheid bestaat uit leden van de rechterlijke macht op deze terreinen toezichtsbevoegdheden te geven. Rechters zijn geen vrije beroepsbeoefenaren of kleine zelfstandigen maar functioneren in een organisatorisch verband, dat wordt bekostigd door de publieke middelen. Aan deze organisatie mag de maat worden genomen op het punt van klantgerichtheid, snelheid en efficiënt beheer. Dit laatste standpunt is in de politieke discussie dominant.

7.2 DE HUIDIGE BESCHERMING TEGEN HET BESTUURSOPTREDEN

7.2.1 Inleiding

Zoals in het voorafgaande al is aangegeven heeft in 1994 tegelijkertijd met de invoering van de Awb een grondige herziening van de bestuursrechtelijke rechtsbescherming plaatsgevonden. In deze paragraaf worden de belangrijkste aspecten van het vernieuwde stelsel op een rij gezet. Daartoe wordt eerst het stelsel als zodanig in kaart gebracht. Vervolgens wordt aandacht besteed aan de toegang tot het stelsel, het procesverloop bij en de beoordeling door de bestuursrechter en de uitspraakbevoegdheden van de bestuursrechter. Nadat nog is ingegaan op de aanvullende bescherming tegen overheidsoptreden die door de burgerlijke rechter alsook door de Nationale ombudsman wordt verleend, wordt aan het slot van deze paragraaf een overzicht gegeven van het systeem van rechtsbescherming.

7.2.2 Het stelsel van rechtsbescherming volgens de Algemene wet bestuursrecht

7.2.2.1 Beroep op de bestuursrechter

De uitgangspunten van het stelsel van rechtsbescherming volgens de Awb zijn relatief eenvoudig. De rechtspraak in eerste aanleg is in de regel opgedragen aan de *rechtbank*, of, zoals artikel 8:1. eerste lid, Awb het stelt: een belanghebbende kan tegen een besluit beroep instellen bij de rechtbank.[19] Voor de behandeling van bestuursrechtelijke beroepen zijn bij de rechtbanken administratieve kamers ingesteld (art. 55c Wet op de rechterlijke organisatie); in modern jargon spreekt men van de bestuurssector van de rechtbank. Tegen een uitspraak van de rechtbank staat hoger beroep open een van diverse bestuursrechtelijke appelcolleges. De meest belangrijke colleges zijn: de Afdeling bestuursrechtspraak van de Raad van State (die bevoegd is als geen ander appelcollege bevoegd is), de Centrale Raad van Beroep (bevoegd in socialezekerheids- en ambtenarengeschillen), het College van Beroep voor het Bedrijfsleven (bevoegd in economische geschillen) en de belastingkamers van de vijf Gerechtshoven (bevoegd in belastingzaken). Zie verder § 7.2.2.4.

Een complicatie in het stelsel van rechtsbescherming is dat niet in alle bestuursrechtelijke geschillen de rechtbank als eerste-aanlegrechter optreedt, maar dat soms beroep in eerste aanleg en enige aanleg moet worden ingesteld bij 'een andere administratieve

19 Dat ook in belastingzaken in eerste aanleg beroep kan worden ingesteld bij de rechtbank, blijkt uit artikel 26 Algemene Wet inzake Rijksbelastingen.

rechter' (art. 8:6, eerste lid, Awb). Voor de beantwoording van de vraag of van een dergelijke situatie sprake is, moet men te rade gaan bij de specifieke wet op grond waarvan het gewraakte besluit genomen is. Doet men dat dan blijkt bijvoorbeeld uit artikel 20.1 Wet milieubeheer, dat tegen milieubesluiten beroep in eerste (en enige) aanleg kan worden ingesteld bij de Afdeling Bestuursrechtspraak van de Raad van State. Hetzelfde geldt op grond van artikel 54, eerste lid, Wet op de Ruimtelijke Ordening, voor het beroep tegen bestemmingsplannen. Het College van Beroep voor het bedrijfsleven oordeelt in eerste en enige aanleg bijvoorbeeld over besluiten van organen van de publiekrechtelijke bedrijfsorganisatie (art. 18, eerste lid, Wet Bestuursrechtspraak bedrijfsorganisatie).

Alle hiervoor genoemde bestuursrechters – met andere woorden zowel de rechtbanken, de hoger-beroepsrechters als 'andere administratieve rechters' – hanteren het uniforme bestuursprocesrecht van de hoofdstukken 6 en 8 van de Awb. Uit het oogpunt van kenbaarheid en rechtszekerheid vormt dit een belangrijke verbetering ten opzichte van de situatie voor 1994, waarin vrijwel elke bestuursrechter zijn eigen procesrecht had.

7.2.2.2 Bestuurlijke heroverweging: bezwarenprocedure

Wanneer men eenmaal de bevoegde bestuursrechter heeft gevonden, kan in het algemeen *niet* rechtstreeks beroep op deze rechter worden ingesteld. Voordat men beroep kan instellen moet ten aanzien van het bestreden besluit namelijk eerst een of andere vorm van bestuurlijke heroverweging hebben plaatsgevonden. In de regel gaat het om een bezwarenprocedure. Deze regel kan men vinden in de eerste volzin van artikel 7:1, eerste lid, Awb: degene aan wie het recht is toegekend tegen een besluit beroep bij een administratieve rechter in te stellen, dient alvorens dit beroep in te stellen eerst bezwaar te maken. In een bezwarenprocedure wordt het bestreden besluit heroverwogen door het bestuursorgaan dat het besluit heeft genomen (art. 1:5, eerste lid, Awb).

Niet altijd vindt bestuurlijke heroverweging van een besluit echter plaats in de bezwarenprocedure. In het vervolg van artikel 7:1, eerste lid, Awb wordt een aantal situaties genoemd, waarin deze procedure achterwege kan blijven. De voor de praktijk belangrijkste zijn de situatie dat een besluit in administratief beroep is genomen (art. 7:1, eerste lid, onder a, Awb) en de situatie dat een besluit is voorbereid met toepassing van de uniforme openbare voorbereidingsprocedure van afdeling 3.4 Awb (art. 7:1, eerste lid, onder d, Awb).

De reguliere vorm van bestuurlijke heroverweging die aan de gang naar de bestuursrechter voorafgaat, is de *bezwarenprocedure*. In deze procedure vindt in beginsel een volledige heroverweging van het bestreden besluit plaats door het bestuursorgaan dat het besluit heeft genomen. Evenals in het hierna te bespreken administratief beroep, maar anders dan in de bestuursrechtspraak, kunnen niet alleen vragen van rechtmatigheid, maar ook beleidsmatige vragen aan bod komen. Een ander verschil met rechtspraak is dat in bezwaar feiten en omstandigheden die zich na het oorspronkelijke besluit hebben voorgedaan, in beginsel in de beoordeling dienen te worden betrokken. Het gaat met andere woorden om een beoordeling *ex nunc*.

Het procesrecht van de bezwarenprocedure is te vinden in afdeling 7.2 van de Awb. Essentieel in deze regeling is dat het bestuursorgaan de belanghebbenden in de gelegenheid stelt te worden gehoord alvorens op het bezwaar kan worden beslist. Dit horen kan geschieden door het bestuursorgaan zelf of door een of meer personen werkzaam onder verantwoordelijkheid van het bestuursorgaan, met andere woorden door een of meer ambtenaren. Om vooringenomenheid bij het horen te voorkomen is bepaald dat een meerderheid van deze ambtenaren niet bij de voorbereiding van het bestreden besluit betrokken mag zijn geweest (art. 7:5, eerste lid, Awb). Veel vaker wordt het horen overigens uitbesteed aan een adviescomissie met een onafhankelijke voorzitter (art. 7:13 Awb). Omdat deze commissies met hun onafhankelijke, veelal juridisch geschoolde, voorzitter enige afstand hebben ten opzichte van het bestuursorgaan kunnen zij een onbevangen oordeel geven over het bestreden besluit. In de praktijk komt het dan ook regelmatig voor dat commissies een kritisch advies uitbrengen over de kwaliteit van een besluit. Hoewel de uiteindelijke beslissing op bezwaar uiteraard wordt genomen door het bestuursorgaan zelf, zal dit met het advies van de commissie toch ter dege rekening moeten houden. Indien het orgaan wil afwijken van het advies moet de reden voor die afwijking in de beslissing worden vermeld en moet bovendien het advies met de beslissing worden meegezonden (art. 7:13, zevende lid, Awb). Verder kan nog worden vermeld dat de bevoegdheid om op bezwaar te beslissen op zichzelf kan worden gemandateerd, maar dat dit mandaat niet kan worden verleend aan degene die het besluit waartegen het bezwaar zich richt, krachtens mandaat heeft genomen (art. 10:3, derde lid, Awb). Ook deze bepaling heeft als doel de onpartijdigheid van de bezwarenprocedure te bevorderen.

De verplichte bezwarenprocedure blijft achterwege wanneer een besluit in administratief beroep is genomen. *Administratief beroep* is een vorm van bestuurlijke heroverweging, waarbij besluiten van een bestuursorgaan ter toetsing kunnen worden voorgelegd aan een ander, veelal hoger, bestuursorgaan (art. 1:5, tweede lid, Awb). Het gaat om een beroep binnen de bestuurskolom en niet om een beroep op een onafhankelijke rechter. Er bestaat geen algemene regeling voor de gevallen waarin administratief beroep kan worden ingesteld. Meestal zal men daarvoor de regeling moeten raadplegen waarop het besluit berust dat men wenst aan te vechten. In beginsel komen alle bestuursorganen als instantie van administratief beroep in aanmerking.

Wanneer in een regeling administratief beroep is opengesteld, moet deze procedure worden doorlopen voordat beroep op de rechter kan worden ingesteld (art. 8:6, tweede lid, Awb). In administratief beroep vindt in het algemeen een volledige heroverweging van het bestreden besluit plaats: niet alleen de rechtmatigheid, maar ook beleidsmatige aspecten van het besluit worden beoordeeld. Evenals een bezwareninstantie verricht het administratief-beroepsorgaan in beginsel een beoordeling ex nunc. In afdeling 7.3 Awb is een uitvoerige regeling van procesrecht opgenomen voor het administratief beroep. Gelet op deze uitvoerige regeling, alsmede op de wijze van beoordeling in administratief beroep, ligt het voor de hand dat een besluit genomen in administratief beroep is uitgezonderd van de verplichte bezwarenprocedure: het besluit is immers al op bestuurlijk niveau herbeoordeeld.

Zoals al aangegeven, blijft de bezwarenprocedure ook achterwege indien een besluit de uniforme openbare voorbereidingsprocedure van afdeling 3.4 Awb heeft doorlopen. Deze procedure, die ook nog ter sprake komt in hoofdstuk 12, combineert elementen van inspraak en rechtsbescherming. Zij is bedoeld voor de voorbereiding van besluiten, waarbij de belangen van grote groepen burgers zijn betrokken. Daarbij valt te denken aan milieubesluiten, aan de vaststelling van een wegtracé of tracé voor een spoorlijn (bijv. de Betuwelijn) of de aanwijzing van een beschermd natuurgebied. Typisch voor deze procedure is dat het bestuursorgaan voordat het een definitief besluit in deze kwesties neemt, eerst een ontwerpbesluit moet nemen. Tegen dit ontwerpbesluit kunnen binnen zes weken tenminste alle belanghebbende burgers – en als een specifieke wet zulks bepaalt 'een ieder' – mondeling of schriftelijk zienswijzen indienen. Bij het nemen van het definitieve besluit moet het bestuursorgaan met deze zienswijzen rekening houden. Omdat in deze procedure belanghebbende burgers al de kans hebben gehad hun 'bezwaren' tegen het ontwerpbesluit naar voren te brengen, hoeft tegen het definitieve besluit niet meer de verplichte bezwaarschriftprocedure te worden gevolgd. Dit zou immers een herhaling van zetten betekenen.

Waarom heeft de wetgever de bezwarenprocedure of een andere vorm van bestuurlijke heroverweging verplicht gesteld voordat beroep op de bestuursrechter kan worden ingesteld? Een belangrijke reden is gelegen in de ontlasting van de rechter. Veel burgers blijken het na het volgen van de bezwarenprocedure niet meer nodig te achten om naar de rechter te stappen, waardoor de rechterlijke macht wordt ontlast. De bezwarenprocedure heeft aldus een belangrijke zeefwerking. In sommige geschillen blijkt deze ongeveer 90% te zijn. Een tweede voordeel van de bezwarenprocedure is dat deze procedure een goedkope, laagdrempelige, informele vorm van rechtsbescherming biedt. De diverse belanghebbenden bij een besluit worden in de gelegenheid gesteld om het bestuursorgaan te wijzen op aspecten die men bij de primaire besluitvorming over het hoofd heeft gezien, dan wel onvoldoende heeft meegewogen. Daardoor wordt herstel van fouten door het bestuur bevorderd. In het verlengde hiervan ligt een derde voordeel van de bezwarenprocedure, de signaalfunctie voor tekortkomingen binnen het bestuur. Wanneer blijkt dat besluiten afkomstig van een bepaalde sector of afdeling binnen het orgaan veelvuldig (en met succes) in bezwaar worden aangevochten, kan dit voor het bestuursorgaan reden zijn om structurele maatregelen te nemen om de kwaliteit van de besluitvorming in de desbetreffende sector te bevorderen. Ten slotte heeft de bezwarenprocedure nog het volgende voordeel. Wanneer het ondanks de bezwarenprocedure tot een beroep op de rechter komt, dan heeft reeds een uitvoerige dossiervorming in de desbetreffende zaak plaatsgevonden. De rechter hoeft daarom minder onderzoek te verrichten om de kern van het geschil te kunnen bepalen.

Overigens is de bezwarenprocedure niet altijd nuttig. Soms hebben bestuur en belanghebbende in de fase van de primaire besluitvorming al zodanig uitputtend van gedachte gewisseld, dat de bezwarenprocedure daaraan weinig of niets kan toevoegen, terwijl over het omstreden besluit nog steeds onenigheid bestaat. In die situatie betekent de bezwarenprocedure vooral een nodeloze verlenging van de totale procedure. Om daaraan wat te doen, biedt artikel 7:1a Awb sinds september 2004 de mogelijkheid om de bezwarenprocedure over te slaan en rechtstreeks beroep in te stellen bij de rechter. Deze mogelijkheid is wel beperkt omdat zij alleen van toepassing is, wanneer alle indieners van een bezwaarschrift daarom verzoeken én het bestuursorgaan met het verzoek instemt. Alle betrokkenen moeten derhalve van mening zijn dat aan de bezwarenprocedure geen behoefte bestaat. De achtergrond van deze beperking is dat de wetgever van mening is dat de bezwarenprocedure niet te lichtvaardig moet worden overgeslagen, omdat dat zou leiden tot een verdere belasting van de toch al zwaar belaste rechter.

7.2.2.3 Voorlopige voorziening

Het instellen van beroep bij een bestuursrechter en ook het maken van bezwaar of administratief beroep heeft geen schorsende werking (art. 6:16 Awb). Men zou kunnen zeggen dat wordt uitgegaan van de rechtmatigheid van het besluit totdat het tegendeel is bewezen. Aan een besluit kan derhalve onmiddellijk uitvoering worden gegeven. Dit kan bezwaarlijk zijn in de gevallen waarin de uitvoering van het besluit leidt tot een feitelijk onomkeerbare situatie. Dat kan zich bijvoorbeeld voordoen wanneer is besloten tot toepassing van bestuursdwang tot afbraak van een huis of tot afgifte van een kapvergunning voor een boom. Het in beroep gaan tegen dergelijke besluiten heeft weinig zin als datgene wat men overeind wilde houden reeds tegen de vlakte ligt. Dat zou wellicht anders zijn als beroepsprocedures kort zouden duren, maar dat is niet het geval.

Om nu te voorkomen dat een bezwaren- of beroepsprocedure zinloos wordt, kan men een voorlopige voorziening bij de rechter vragen. Het is een ‘voorlopige’ voorziening, omdat het geen definitieve uitspraak in het geschil betreft. De inhoud van een voorlopige voorziening kan zijn de schorsing van een besluit; hierbij wordt de werking van het besluit tijdelijk opgeschort. Wanneer het bestreden besluit een negatieve inhoud heeft, een vergunningsaanvraag is bijvoorbeeld geweigerd, heeft schorsing hiervan niet zoveel zin. In dat geval kan als voorlopige voorziening worden verzocht om voorlopig te worden behandeld als ware de vergunning wel verleend.

Titel 8.3 van de Awb regelt de voorlopige-voorzieningsprocedure. Een verzoek om een voorlopige voorziening wordt zowel hangende bezwaar als beroep ingediend bij de voorzieningenrechter van het rechterlijke college dat bevoegd is om over de hoofdzaak te oordelen. Anders dan bij het bekende civielrechtelijke kort geding kan de bestuursrechtelijke voorlopige-voorzieningsprocedure niet worden gevoerd los van de hoofdzaak. Dit betekent dat alleen als er bezwaar is gemaakt of beroep is ingesteld een verzoek tot het treffen van een voorlopige voorziening kan worden gedaan (vgl. art. 8:81, eerste lid, Awb). Deze koppeling van de voorlopige-voorzieningsprocedure met de hoofdzaak wordt het *connexiteitsvereiste* genoemd. De uiteindelijke uitspraak in de hoofdzaak vervangt de voorlopige voorziening volledig.

Een verzoek om voorlopige voorziening kan door de voorzieningenrechter worden toegewezen indien ‘onverwijlde spoed, gelet op de betrokken belangen’ dat vereist (vgl. art. 8:81, eerste lid, Awb). Gelet op dit beoordelingskader zal de voorzieningenrechter eerst moeten bepalen of verzoeker een *spoedeisend belang* heeft bij een voorlopige voorziening. Een dergelijk belang zal bijvoorbeeld zeker aanwezig zijn wanneer – in het hiervoor genoemde voorbeeld – de houder van de kapvergunning op korte termijn daadwerkelijk wil overgaan tot het kappen van de boom. Daarnaast moet de voorzieningenrechter een *belangenafweging* verrichten en wel tussen enerzijds het belang bij een spoedige tenuitvoerlegging van het omstreden besluit en anderzijds het belang van verzoeker bij de voorlopige voorziening. In de praktijk vindt in het kader hiervan doorgaans reeds een voorlopige beoordeling van de hoofdzaak plaats, casu quo een *voorlopige rechtmatigheidstoetsing* van het besluit. Indien op het eerste gezicht reeds blijkt dat er nogal wat mis is met de rechtmatigheid hiervan, zodat het in de hoofdzaak waarschijnlijk vernietigd zal worden, zal dat voor de voorzieningenrechter vaak een reden zijn om het te schorsen.

7.2.2.4 Hoger beroep

Zoals in § 7.2.2.1 vermeld, is sinds 1994 in de meeste bestuursrechtelijke geschillen rechtspraak in twee instanties ingevoerd. Het hoger beroep kan als een 'check' binnen de rechtspraak worden beschouwd. Het bevordert de kwaliteit en de eenheid van rechtspraak en daardoor het vertrouwen van burgers in de rechtspleging. Bovendien biedt het de mogelijkheid van controle op het werk van de rechter in eerste aanleg en worden partijen in staat gesteld om misslagen in eerste aanleg te herstellen. Zo kunnen zij in hoger beroep bijvoorbeeld aanvullende bewijsstukken voor hun in eerste aanleg aangevoerde stellingen toevoegen.

Het hoger beroep tegen uitspraken van de rechtbanken is thans opgedragen aan verschillende rechtscolleges: de Afdeling bestuursrechtspraak van de Raad van State, de Centrale Raad van Beroep, het College van Beroep voor het Bedrijfsleven en de belastingkamers van de vijf gerechtshoven. De rechtsmachtverdeling tussen deze appelcolleges is relatief eenvoudig.

De Centrale Raad van Beroep is ingevolge artikel 18, eerste lid, Beroepswet en de daarbij horende bijlage de bevoegde appelrechter in sociale-zekerheids- en ambtenarengeschillen. Het College van Beroep voor het Bedrijfsleven oordeelt in hoger beroep over besluiten op grond van de sociaal-economische wetten die zijn opgenomen in de bijlage ex artikel 20, eerste lid, Wet bestuursrechtspraak bedrijfsorganisatie: het gaat onder meer om de Mededingingswet, de Telecommunicatiewet, de Wet toezicht effectenverkeer en de Warenwet. De vijf belastingkamers van de gerechtshoven oordelen over het hoger beroep over belastingbesluiten (art. 27h AWR). Tegen hun uitspraken staat vervolgens nog cassatieberoep op de Hoge Raad open (art. 28 AWR). Ten aanzien van alle andere besluiten is de Afdeling bestuursrechtspraak van de Raad van State de bevoegde appelrechter.

In het Nederlandse stelsel van bestuursrechtspraak oordelen derhalve verschillende rechterlijke colleges in hoogste instantie over bestuursrechtelijke geschillen. Al deze rechters hanteren hierbij wel het uniforme bestuursprocesrecht van hoofdstukken 6 tot en met 8 Awb. Bovendien beoordelen zij het bestuurlijke optreden aan de hand van de uniforme normen die daarvoor in de hoofdstukken 2 tot en met 5 Awb zijn gegeven. Het zal duidelijk zijn dat het gevaar van uiteenlopende rechtspraak en daarmee van rechtsongelijkheid en rechtsonzekerheid op de loer ligt. Om dit te voorkomen vindt regelmatig *overleg* plaats tussen de Presidenten en Voorzitters van de genoemde hoogste bestuursrechtelijke colleges.[20] In dit overleg wordt van gedachten gewisseld over tal van onderwerpen met betrekking tot het bestuursprocesrecht in de ruimste zin van het woord. Men streeft er naar zaken op elkaar af te stemmen en tot één lijn te komen. De afspraken die in het overleg worden gemaakt zijn weliswaar formeel niet bindend, maar worden in de praktijk door de diverse colleges wel nageleefd. Als gevolg hiervan is er bij veel onderwerpen sprake van een uniforme uitleg van de Awb door de diverse hoogste rechtscolleges.

Naar het zich laat aanzien zal de huidige diversiteit aan hoogste bestuursrechters voorlopig blijven bestaan. Ooit waren er plannen om het bestuursrechtelijk hoger beroep – evenals de eerste aanleg – te integreren in de gewone rechterlijke macht en het derhalve op te dragen aan de gerechtshoven. Van de gerechtshoven zou vervolgens cassatieberoep bij de Hoge Raad openstaan. Daarnaast is er gedacht over de samenvoeging van de diverse hoger-beroepscolleges tot één bestuursrechtelijk 'hooggerechtshof'. Gelet op de 'reorganisatiemoeheid' die zowel bij de rechterlijke colleges als bij de verantwoordelijke departementen aanwezig is, maken beide opties thans niet al te veel kans. Naar onze verwachting zal het stelsel de komende jaren niet wezenlijk veranderen. Alsdan blijft het voorlopig gekenmerkt door integratie aan de basis (bij de rechtbanken) en diversiteit in de top. In dit stelsel zal de rechtseenheid moeten worden gegarandeerd door het al genoemde rechterlijke overleg.

7.2.3 Toegang tot de bestuursrechtelijke rechtsbescherming

7.2.3.1 Inleiding

In de vorige paragraaf is aangegeven bij welke bestuurlijke en rechterlijke instanties een burger kan opkomen tegen een besluit waarmee hij het oneens is. Zolang er niets bijzonders aan de hand is, zal hij eerst bezwaar moeten maken bij het orgaan dat het omstreden besluit heeft genomen; vervolgens kan hij tegen de beslissing op bezwaar in beroep komen bij de rechtbank; waarna hoger beroep op de Afdeling bestuursrechtspraak open staat. Op deze reguliere weg bestaan echter, zowel voor wat betreft de bestuurlijke heroverwegingsprocedure, als voor wat betreft het beroep in eerste aanleg en het hoger beroep, de nodige uitzonderingen. Om nu te voorkomen dat de burger in

20 Vgl. J.B.J.M. ten Berge, B.W.N. de Waard, R.J.G.M. Widdershoven, A.J. Bok, W.J.M. Voermans, P. Albers, P.M. Langbroek, A.R. Neerhof, Ervaringen met de Awb, Het bestuursprocesrecht, Deventer 1996, p. 358-364, en J. van Erp, Ph.M. Langbroek, S. Verberk, R. Widdershoven, Eenheid van rechtspraak, Een onderzoek naar coördinatiemechanismen in het bestuursrecht, B&A Groep/Universiteit Utrecht: Utrecht/Den Haag 2002.

dit stelsel de weg kwijtraakt, is het bestuursorgaan een informatieplicht opgelegd. De artikelen 3:45 en 6:23 Awb schrijven voor dat indien de mogelijkheid openstaat tegen een besluit bezwaar te maken of beroep in te stellen, daarvan melding wordt gemaakt bij de bekendmaking en de mededeling van het besluit. Daarbij wordt tevens vermeld binnen welke termijn en bij welke instantie de mogelijkheid van bezwaar of beroep openstaat.

Behalve de zoektocht naar de juiste rechtsweg moet de burger nog een aantal andere 'obstakels' overwinnen om toegang te krijgen tot de voorzieningen van bestuursrechtelijke rechtsbescherming. In de eerste plaats staan bezwaar en beroep alleen open tegen 'besluiten' (zij het dat niet alle besluiten appellabel zijn). In de tweede plaats komt het bezwaren- en beroepsrecht alleen toe aan 'belanghebbenden'. Ten slotte is van belang dat zowel voor het indienen van een bezwaarschrift als voor het instellen van beroep op de bestuursrechter een maximale termijn geldt van zes weken. Op deze elementen wordt hierna afzonderlijk ingegaan.

7.2.3.2 Appellabele besluiten

Ingevolge artikel 8:1, eerste lid, juncto 7:1, eerste lid, Awb kan alleen tegen *besluiten* bezwaar worden gemaakt en vervolgens beroep op de rechter worden ingesteld. Onder een besluit wordt blijkens artikel 1:3, eerste lid, Awb verstaan: een schriftelijke beslissing van een bestuursorgaan, inhoudende een publiekrechtelijke rechtshandeling. Voor een nadere toelichting op deze definitie kan worden verwezen naar § 4.3.2. Het begrip 'besluit' is echter niet volledig bepalend voor het recht om bezwaar te maken en beroep in te stellen bij de rechter. In de eerste plaats zijn er bestuurlijke behandelingen die niet voldoen aan de definitie van besluit in artikel 1:3, eerste lid, Awb, maar waartegen wel bezwaar en beroep openstaat. In de tweede plaats is een aantal besluiten uitgezonderd van het bezwaren- en beroepsrecht.

Voor de *uitbreiding van het bezwaren- en beroepsrecht* is vooral artikel 6:2, onder b, Awb van belang. Op grond van deze bepaling wordt 'het niet tijdig nemen van een besluit' voor wat betreft het bezwaar en beroep met een besluit gelijkgesteld. Deze uitbreiding heeft in de praktijk grote betekenis. De besluitvorming door bestuursorganen is doorgaans aan termijnen gebonden. Voor het nemen van een primair besluit geldt in de regel een termijn van acht weken (vgl. art. 4:13 Awb); voor de beslissing op bezwaar bedraagt de beslistermijn zes of tien weken (vgl. art. 7:10 Awb). Bestuursorganen plegen deze termijnen nogal eens te overschrijden. De burger moet dan veel langer wachten op een beslissing omtrent zijn aanvraag om een uitkering, een subsidie of een vergunning. Artikel 6:2, onder b, Awb geeft deze burger nu de mogelijkheid om tegen het trage bestuursorgaan iets te ondernemen. Tegen het 'niet tijdig nemen van een besluit' staan namelijk dezelfde rechtsmiddelen open als tegen het nemen van een reëel besluit. Daartegen kan men derhalve bezwaar maken (als het bestuur de beslistermijn in de primaire fase overschrijdt) of beroep instellen bij de rechter (als de beslistermijn in bezwaar wordt overschreden). In een beroepszaak tegen het niet tijdig nemen van een besluit beoordeelt de rechter of de beslistermijn inderdaad overschreden is. Is dat het geval dan wordt het beroep gegrond verklaard en wordt aan het bestuursorgaan doorgaans een termijn gesteld waarbinnen de besluitvorming moet worden afgerond (vergelijk art. 8:72, vijfde lid, Awb).

Hoewel burgers derhalve wel iets kunnen doen tegen 'stilzittend' bestuur, is het hiervoor geschetste systeem niet in alle opzichten adequaat. Dit geldt vooral voor de rechtsbescherming tegen het niet tijdig beslissen in de primaire fase, omdat de burger dan bezwaar moet maken bij hetzelfde orgaan dat de beslistermijn nu juist heeft overschreden. Uit onderzoek van de Algemene Rekenkamer en uit Jaarverslagen van de Nationale ombudsman blijkt dat trage bestuurlijke besluitvorming een van de grootste ergernissen van de burger is in zijn contact met de overheid.[21] Om hieraan wat te doen zijn twee wetsvoorstellen aanhangig.[22] Het door de regering ingediende wetvoorstel 'Beroep tegen niet tijdig beslissen' beoogt het bestaande rechtsbescherming adequater te maken, vooral doordat tegen het niet-tijdig beslissen in de primaire fase de bezwarenprocedure kan worden overgeslagen en direct beroep kan worden ingesteld bij de rechter. Het initiatief-wetsvoorstel 'Dwangsom bij niet tijdig beslissen' van de kamerleden Wolfsen en Luchtenveld zet een financiële sanctie op trage besluitvorming. Kort en goed komt dit voorstel erop neer dat het bestuursorgaan voor elke dag dat het een beslistermijn overschrijdt aan de burger een dwangsom verschuldigd is, met een maximum van Euro 1260,-. Aldus krijgt het bestuur een financieel belang bij tijdige besluitvorming.

Een verdergaand prikkel om tijdige besluitvorming af te dwingen is de figuur van de fictieve positieve beslissing. Deze figuur houdt in dat een vergunning van rechtswege wordt verleend zodra de beslistermijn is verstreken. De fictieve positieve beslissing is in Nederland geldend recht bij onder meer de bouwvergunning en monumentenvergunning, maar komt in het buitenland op ruimere schaal voor. Zo kent bijvoorbeeld Spanje zijn 'Lex Silencio Positivo', waarin niet-tijdige besluitvorming als regel tot een positieve beslissing leidt. De fictieve positieve beslissing is in Nederland in politieke kringen populair, omdat daardoor vergunningplichtige activiteiten van de burgers en het bedrijfsleven niet langer kunnen worden belemmerd door de trage overheid. Van de andere kant kleven aan deze figuur ook nadelen, vooral wanneer de fictieve vergunning ernstige maatschappelijk gevolgen heeft of de belangen van derden schaadt. Of deze figuur op grote schaal zal worden ingevoerd, moet worden afgewacht.

De *uitzonderingen op het bezwaren- en beroepsrecht* tegen besluiten zijn te vinden in de artikelen 8:2 tot en met 8:5 Awb. In de eerste plaats zijn ingevolge artikel 8:2 Awb van het beroepsrecht uitgezonderd:
- besluiten inhoudende een algemeen verbindend voorschrift of een beleidsregel;

21 Zie Algemene Rekenkamer, 'Beslistermijnen, Waar blijft de tijd?', Kamerstukken II 2003/04, 29 495, nrs. 1-2. Uit elk Jaarverslag van de Nationale ombudsman blijkt dat een substantieel deel van de klachten – tussen de 30 en 50% – betrekking heeft op trage besluitvorming.

22 Wetsvoorstel Beroep tegen niet tijdig beslissen, Kamerstukken II 2005/06, 29 934, en Wetsvoorstel Dwangsom bij niet tijdig beslissen, Kamerstukken II 2005/06, 30 436.

- besluiten inhoudende de intrekking of de vaststelling van de inwerkingtreding van een algemeen verbindend voorschrift of een beleidsregel, en
- besluiten inhoudende de goedkeuring van zodanige besluiten.

Bij de bestuursrechter kan met andere woorden niet worden opgekomen tegen algemeen verbindende voorschriften of besluiten daaromtrent, noch tegen beleidsregels. Bij de totstandkoming van de Awb in 1994 was het de bedoeling dat deze uitzondering na vijf jaar zou vervallen, zodat deze besluiten vanaf 1 januari 1999 wel appellabel zouden zijn bij de bestuursrechter. Bij nader inzien heeft men hiervan voorlopig echter afgezien. Bij deze heroverweging speelt in de eerste plaats een rol de vrees dat burgers op grote schaal gebruik zullen maken van de mogelijkheid om beroep in te stellen tegen algemeen verbindende voorschriften en beleidsregels bij de laagdrempelige bestuursrechter, terwijl dit beroep doorgaans niet tot het gewenste resultaat zal leiden aangezien burgers door deze algemene normen maar zelden rechtstreeks in hun belang zullen worden getroffen. Meestal is dat pas voldoende zeker wanneer het algemeen verbindend voorschrift of de beleidsregel op de concrete situatie van de burger wordt toegepast. Aldus zou de burger blij worden gemaakt met een 'dode mus', terwijl het beroepsrecht wel een groot aantal procedures zou uitlokken. Dat lijkt niet aantrekkelijk. In de tweede plaats is er al een rechtsweg waarlangs burgers die wel in hun rechten worden getroffen door algemeen verbindende voorschriften en beleidsregels, de rechtmatigheid van deze algemene regels aan de orde kunnen stellen, namelijk via het beroep bij de burgerlijke rechter. Deze rechtsweg biedt op zich een adequate rechtsbeschermingsmogelijkheid (vgl. § 7.2.5).

Van het beroepsrecht (en dus ook van het bezwarenrecht) zijn verder uitgezonderd besluiten ter voorbereiding van een privaatrechtelijke rechtshandeling (art. 8:3 Awb), zoals het besluit van een gemeenteraad tot het aangaan van een overeenkomst tot koop en verkoop. De ratio achter deze uitzondering is dat de geschillen over privaatrechtelijke rechtshandelingen zelf tot het domein van de burgerlijke rechter behoren. Een privaatrechtelijke rechtshandeling is immers geen besluit in de zin van artikel 1:3 Awb. Om nu te voorkomen dat bij de beoordeling van eenzelfde besluitvormingsketen twee rechters zouden kunnen worden betrokken – namelijk de burgerlijke rechter voor de beoordeling van de privaatrechtelijke rechtshandeling en de bestuursrechter voor de beoordeling van het voorbereidingsbesluit – heeft de wetgever ervoor gekozen besluiten ter voorbereiding van privaatrechtelijke rechtshandelingen uitdrukkelijk van de rechtsmacht van de bestuursrechter uit te zonderen.

Ten slotte blijft ingevolg artikel 8:4 Awb een aantal bijzondere besluiten uitgezonderd van het beroepsrecht op de bestuursrechter. Genoemd worden hier als voorbeeld besluiten inhoudende schorsing of vernietiging van besluiten, besluiten genomen op grond van noodrecht en besluiten genomen op grond van een wettelijk voorschrift ter beveiliging van militaire belangen.

7.2.3.3 Belanghebbende

Niet iedereen heeft toegang tot de bestuursrechter. Het beroep is in artikel 8:1 Awb beperkt tot *belanghebbenden*.[23] Artikel 1:2 Awb geeft als definitie van belanghebbende: 'degene wiens belang rechtstreeks bij een besluit is betrokken'. Belanghebbende is onder andere de aanvrager van het besluit en vanzelfsprekend degene tot wie het besluit zich richt. In eerste instantie gaat het dus om de geadresseerden van een besluit, bijvoorbeeld de aanvrager van een vergunning of degene tot wie een aanschrijving bestuursdwang is gericht. Ook niet-geadresseerden kunnen echter belanghebbende zijn: zo zullen omwonenden bijvoorbeeld belanghebbenden zijn bij de aanvraag van een bedrijf voor een bouwvergunning voor een nieuw te bouwen kantoorpand. We spreken in dit verband van derden-belanghebbenden.

Duidelijk moge zijn dat ook *rechtspersonen* rechtstreeks belang kunnen hebben bij een besluit. Artikel 1:2, derde lid, Awb bepaalt dat ten aanzien van rechtspersonen als hun belangen mede worden beschouwd de algemene en collectieve belangen die zij krachtens hun doelstellingen en blijkens hun feitelijke werkzaamheden in het bijzonder behartigen. In de praktijk worden collectieve en algemene belangen vooral behartigd door stichtingen en verenigingen. De doelstellingen van deze rechtspersoon blijken doorgaans uit de statuten. De te behartigen algemene en collectieve belangen kunnen zeer uiteenlopend zijn. Zo zijn er legio rechtspersonen die de belangen van natuur en milieu behartigen. Andere rechtspersonen behartigen het belang van de buurt, het belang van monumenten, het belang van de treinreizigers in Nederland, et cetera. Al deze rechtspersonen hebben een beroepsrecht bij de bestuursrechter, indien het door hen behartigde belang rechtstreeks door een besluit wordt getroffen. Met de in artikel 1:2, derde lid, Awb voorkomende zinsnede 'in het bijzonder behartigen' wordt bedoeld dat politieke partijen niet onder de bedoelde categorie belanghebbenden vallen. Zij worden geacht het algemeen belang met een in hoofdzaak politiek doel te behartigen en komen niet op voor een of enkele algemene of collectieve belangen.

Niet elk belang van de hier genoemde natuurlijke en rechtspersonen is overigens voldoende om toegang tot de rechter te krijgen. In de eerste plaats zal het belang een zeker gewicht moeten hebben; het moet substantieel zijn. In de tweede plaats moet het belang objectief bepaalbaar zijn. Hiermee wordt bedoeld dat de persoonlijke, subjectieve opvattingen van iemand niet als een rechtens te beschermen belang worden beschouwd. Het belang moet objectief, dus ook voor anderen, aannemelijk zijn. Ook belangen die wellicht ooit in de toekomst aangetast zullen worden, zijn niet objectief bepaalbaar. Met andere woorden: het belang moet actueel zijn.

Ten slotte zal het belang *rechtstreeks* bij het besluit betrokken moeten zijn. Bestaat er een te ver verwijderd verband tussen het besluit en het belang van een (rechts)persoon dan kan deze geen beroep instellen. Men spreekt in dit verband wel van afgeleid

23 Nog steeds actueel betreffende deze materie is P.J.J. van Buuren, Kringen van belanghebbenden, Deventer 1978. Zie voorts J.C.A. de Poorter, De belanghebbende, Den Haag: JBu 2003.

belang. Om deze reden kan bijvoorbeeld een leverancier van bier en frisdranken niet in beroep komen tegen de intrekking van een subsidie van een buurthuis, ook al betekent deze intrekking dat het buurthuis de leverancier niet langer kan betalen. Alleen het belang van het buurthuis is bij de intrekking rechtstreeks betrokken.

7.2.3.4 Termijnen

Om toegang te verkrijgen tot de bestuursrechter zal men het beroepschrift binnen een bepaalde termijn moeten indienen. De wetgever heeft in artikel 6:7 Awb gekozen voor een algemene termijn van zes weken voor het indienen van bezwaar- en beroepschriften. De termijn begint te lopen met ingang van de dag na die waarop het besluit op de voorgeschreven wijze is bekendgemaakt (art. 6:8, eerste lid, Awb). De beroepstermijn van zes weken is vergeleken met verjaringstermijnen in het civiele relatief kort. Zij is een compromis tussen twee belangen. Enerzijds is het vanuit het oogpunt van rechtsbescherming van belang dat de burger voldoende tijd wordt gegund om de geldigheid van een besluit ter discussie te kunnen stellen. Anderzijds is er het rechtszekerheidsbelang van het bestuur en de direct-belanghebbende, dat zo snel mogelijk vaststaat wat rechtens geldt. Zo is voor een bedrijf met investeringsplannen van groot (economisch) belang om zo snel mogelijk te weten of men van een bouwvergunning die is verleend voor de bedrijfsuitbreiding daadwerkelijk gebruik kan maken. Ook de overheid die om redenen van algemeen belang een bepaald infrastructureel project wenst uit te voeren (bijv. het aanleggen van een busbaan) heeft er belang bij dat over de rechtmatigheid daarvan niet al te lang onduidelijkheid bestaat. Deze zwaarwegende belangen afwegend heeft de wetgever uiteindelijk gekozen voor een termijn van zes weken. Duidelijk is dat deze keuze in zekere mate arbitrair is.

Wanneer is nu een beroepschrift tijdig ingediend? Vanzelfsprekend is aan deze eis voldaan wanneer het binnen zes weken is ontvangen. Voor het geval men het beroepschrift per post verstuurt, geldt de verzendtheorie, nader geregeld in artikel 6:9, tweede lid, Awb: bij verzending per post is een beroepschrift tijdig ingediend indien het voor het einde van de termijn ter post is bezorgd, mits het niet later dan een week na afloop van de termijn is ontvangen. Wat betreft het moment van terpostbezorging is in het algemeen het poststempel bepalend.

Een termijnoverschrijding kan verschoonbaar zijn indien 'redelijkerwijs niet kan worden geoordeeld dat de indiener in verzuim is geweest'. Deze formulering in artikel 6:11 Awb is een codificatie van de jurisprudentie. Uit die jurisprudentie blijkt tevens dat bestuursrechters met het oog op de rechtszekerheid zeer terughoudend zijn met het verschoonbaar achten van termijnoverschrijding. Het gaat vooral om situaties waarin de burger de beroepstermijn heeft overschreden door toedoen van het bestuursorgaan, bijvoorbeeld omdat dit het besluit ten onrechte niet aan hem heeft toegezonden. Daarnaast kan een onverwachte ernstige ziekte of een ongeval reden zijn om een termijnoverschrijding verschoonbaar te achten.

7.2.4 De procedure bij en de beoordeling door de bestuursrechter

7.2.4.1 De procedure bij de bestuursrechter

De procedure bij de bestuursrechter is een mengeling van contradictoire en inquisitoire elementen. De procedure is *contradictoir* in die zin dat zij is gebaseerd op het principe van tegenspraak. Partijen kunnen ter onderbouwing van hun standpunt stukken overleggen, mondelinge en schriftelijke pleidooien houden, getuigen en deskundigen voordragen of ter zitting meenemen, en dergelijke. Steeds wanneer de ene partij een stuk heeft ingediend of een pleidooi heeft gehouden, heeft de andere partij het recht om zich hiertegen te verweren. Uiteindelijk mag de rechter zijn oordeel in beginsel alleen baseren op stukken die aan beide partijen bekend zijn en waarover beide partijen zich hebben kunnen uitspreken. Een goede verdediging is uiteraard alleen mogelijk, wanneer men tijdig kan kennisnemen van de stellingen en bewijsmiddelen van de wederpartij. Daarom zijn in de Awb waarborgen opgenomen om te voorkomen dat een partij op zeer laat tijdstip in de procedure door de wederpartij nog overrompeld wordt met nieuwe stukken en onverwachte getuigen en deskundigen. Zo bepaalt artikel 8:58 Awb, dat nadere stukken tot tien dagen voor de zitting kunnen worden ingediend en kunnen getuigen en deskundigen alleen ter zitting worden meegenomen wanneer hiervan uiterlijk een week voor de dag van de zitting aan de rechtbank en aan andere partijen mededeling is gedaan (art. 8:60, vierde lid, Awb).

De procedure bij de bestuursrechter is *inquisitoir* in die zin dat de rechter ook een eigen onderzoeksverantwoordelijkheid heeft.[24] Hij kan, los van de inbreng van partijen, zelf op zoek gaan naar de feiten die van belang zijn voor de beoordeling van het geschil. Daartoe heeft hij diverse onderzoeksbevoegdheden. Zo kan hij partijen en anderen verzoeken om binnen een bepaalde termijn schriftelijke inlichtingen te geven en stukken in te zenden, kan hij getuigen oproepen en deskundigen inschakelen en kan hij een plaatsopneming gelasten. Vanwege deze bevoegdheden wordt de bestuursrechter doorgaans aangeduid als een actieve rechter. Hij onderscheidt zich op dit punt van de burgerlijke rechter die zich voor wat betreft het verzamelen van de relevante feiten lijdelijk opstelt en afgaat op wat partijen hebben ingebracht. Of en in welke mate de bestuursrechter gebruik maakt van eigen onderzoeksbevoegdheden, hangt af van de behoeften in de concrete zaak. Wanneer over de feiten geen verschil van mening bestaat, zal er in het algemeen weinig behoefte zijn aan allerlei onderzoeksactiviteiten van de rechter. Een belangrijke reden voor de rechter om wel actief op onderzoek uit te gaan, kan zijn gelegen in het beginsel van ongelijkheidscompensatie. In het bestuursproces verkeert de burger doorgaans in een zwakkere positie dan het bestuursorgaan. De gemiddelde burger moet immers maar hoogst zelden voor een bestuursrechter optreden terwijl bestuursorganen met een zekere regelmaat de gang naar de rechtszaal

24 Vgl. hierover M.S.E. Wulffraat-van Dijk, Feitenonderzoek door de bestuursrechter. Een onderzoek naar het normatieve kader voor het gebruik van bestuursrechterlijke onderzoeksbevoegdheden, Zwolle 1995.

maken. Om deze structurele ongelijkheid te compenseren kan de rechter zijn onderzoeksbevoegdheden inzetten. Dit ziet men vooral in sociale-zekerheidsgeschillen.

7.2.4.2 Inhoud van de rechterlijke toetsing

De bestuursrechter verricht een rechtmatigheidstoetsing ex tunc van het bestreden besluit. *Ex tunc-toetsing* betekent dat hij in beginsel uitgaat van de feiten, de omstandigheden en het recht zoals deze golden op het moment dat het bestreden besluit – dat is het besluit op bezwaar – werd genomen. De achtergrond van dit uitgangspunt is dat bestuursrechters moeten beoordelen of een besluit rechtmatig is gelet op de feiten en omstandigheden die het bestuursorgaan bij het nemen hiervan kende of had moeten kennen. Dat het orgaan met daarna optredende veranderingen in feiten en omstandigheden geen rekening heeft gehouden, kan het uiteraard niet worden kwalijk genomen en kan dan ook geen reden zijn om het besluit onrechtmatig te verklaren.

Anders dan bezwareninstanties en instanties van administratief beroep (vgl. § 7.2.2.2) verrichten bestuursrechters alleen een *rechtmatigheidstoetsing*. Doelmatigheidsaspecten, aspecten van beleid, kunnen door de rechter niet in de beoordeling worden betrokken. In het kader van de rechtmatigheidstoetsing gaat de bestuursrechter eerst na of het bestuursorgaan bij het nemen van het bestreden besluit de wettelijke eisen voor de toepassing van de desbetreffende bevoegdheid in acht heeft genomen. Wanneer de rechter bijvoorbeeld de rechtmatigheid van een voor een bouwwerk verleende bouwvergunning moet beoordelen, zal hij moeten bekijken of burgemeester en wethouders terecht hebben geoordeeld dat geen van de in artikel 44 Woningwet genoemde weigeringsgronden – strijd met het Bouwbesluit en de gemeentelijke bouwverordening, strijd met het bestemmingsplan, strijd met de eisen van welstand – aan de orde was.

Behalve deze toetsing aan het wettelijke kader, zal de rechter bij de rechtmatigheidstoetsing ook moeten beoordelen of het bestuursorgaan bij het nemen van het besluit de formele en materiële normen in acht heeft genomen die door de Awb en door de ongeschreven beginselen van behoorlijk bestuur aan de bestuurlijke besluitvorming worden gesteld. Op de inhoud van deze normen is in § 4.5 reeds uitvoerig ingegaan. In het kader van de rechterlijke beoordeling zal de rechter bekijken of het bestuursorgaan zijn besluit voldoende zorgvuldig heeft voorbereid (art. 3:2 Awb), of de geldende hoorplichten in acht zijn genomen (art. 4:7 en 4:8 Awb), of het besluit kenbaar en deugdelijk (draagkrachtig) is gemotiveerd (art. 3:46 en 3:47 Awb), of het beginsel van opgewekt vertrouwen en het gelijkheidsbeginsel in acht zijn genomen, of de bevoegdheid niet voor een ander doel is gebruikt dan waarvoor deze is verleend (strijd met détournement de pouvoir, art. 3:3 Awb), of de gevolgen van een besluit voor sommige belanghebbenden niet onevenredig zijn in verhouding tot de met het besluit te dienen doelen (art. 3:4 Awb), et cetera. Bovendien zal de rechter moeten bepalen of het besluit in overeenstemming is met de eis van consistent bestuur. In dit kader wordt met name bekeken of de ten aanzien van de uitoefening van een bepaalde bevoegdheid gestelde beleidsregels in het concrete geval goed zijn toegepast én of er wellicht reden was om ten gunste van de burger van de beleidsregel af te wijken. Zoals in § 4.5.4.2 aangegeven (zie artikel 4:84 Awb) geldt bij de toepassing van beleidsregels immers een inherente afwijkingsbevoegdheid.

De indringendheid of intensiteit van de rechterlijke toetsing van besluiten is afhankelijk van de aard van de bevoegdheid waarop het besluit is gebaseerd (zie reeds § 4.3.6). Is er sprake van een zogenaamde gebonden bevoegdheid, die met andere woorden strikt door de wettelijke regeling wordt bepaald, dan kan de bestuursrechter het besluit tamelijk indringend toetsen. De rechter gaat dan na of het bestuursorgaan de wettelijke criteria voor de toepassing van de bevoegdheid juist heeft toegepast. Heeft het bestuursorgaan bij het nemen van een besluit echter beleidsvrijheid, dan past een minder indringende rechterlijke toetsing. Hierbij kan – zoals hiervoor al aangegeven – wel aan de orde komen of het besluit in overeenstemming is met de wettelijke criteria voor het nemen van het besluit, alsook met de formele en materiële normen die door de Awb en de ongeschreven beginselen van behoorlijk bestuur worden gesteld. Wat betreft de inhoudelijke belangenafweging die het bestuursorgaan in het concrete geval heeft gemaakt, moet de bestuursrechter zich echter terughoudend opstellen en is een zogenaamde marginale of willekeurtoetsing aangewezen (zie reeds § 7.1.3). Of, zoals de Afdeling bestuursrechtspraak het in de standaarduitspraak inzake Maxis-Praxis formuleerde: bij de beoordeling of een bepaalde bestuurlijke belangenafweging rechtmatig is, dient de rechtbank zich te beperken 'tot de vraag of sprake is van een zodanige onevenwichtigheid van de afweging van de betrokken belangen, dat moet worden geoordeeld, dat het bestuursorgaan niet in redelijkheid tot het bestreden besluit heeft kunnen komen'.[25] Zoals in § 4.5.4.1 al is aangegeven, wordt met deze willekeurtoetsing voorkomen dat de rechter op de stoel van het bestuur gaat zitten. Op dit punt betekent de Awb dan ook geen breuk met het verleden.

Een uitstekende illustratie van de terughoudende toetsing waartoe de bestuursrechter gehouden is, biedt de uitspraak van de rechtbank Amsterdam in de zaak Pasic.[26] Deze zaak, die in de media de nodige aandacht heeft getrokken, betrof het verzoek van de uit Kosovo afkomstige scholiere Pasic om een verblijfsvergunning voor een bepaalde duur ten einde de VWO-opleiding te kunnen afronden die zij in 2000, toen nog als vluchteling, was begonnen. De Minister voor Vreemdelingenzaken en Integratie wees het verzoek af, omdat Pasic geen machtiging voor voorlopig verblijf (mvv) had aangevraagd in het land van herkomst (Servië). Volgens de Vreemdelingenwet 2001 moet de minister aanvragen voor reguliere, niet asielgerelateerde doelen, in beginsel afwijzen indien de aanvrager niet in bezit is van een mvv. Van deze regel kan alleen worden afgeweken als de toepassing daarvan zou leiden tot onbillijkheden van overwegende aard (hardheidsclausule). Het is de uitdrukkelijke bedoeling van de wetgever dat van deze hardheidsclausule slechts in uitzonderlijke gevallen gebruik wordt gemaakt. In de zaak van Pasic had de minister geen reden gezien om de hardheidsclausule toe te passen.

25 ABRvS 9 mei 1996, RAwb 1996, 104 (Maxis-Praxis).
26 Rb. Amsterdam 21 april 2006, LJN: AW2811.

In de uitspraak, waarin het beroep van Pasic wordt verworpen, geeft de rechtbank college over de taak van de bestuursrechter in de rechtsorde. Diens taak is 'dat hij het overheidsoptreden moet houden binnen de grenzen van het recht. Binnen die grenzen geeft de bestuursrechter geen oordeel over de vraag of hij het eens of oneens is met dat handelen. De (politieke) verantwoordelijkheid voor de keuzen binnen de grenzen van het recht liggen bij het democratisch gelegitimeerde bestuur, niet bij de rechter'. Daarom bepaalt de bestuursrechter niet of de minister 'toepassing moet geven aan de hardheidsclausule, maar controleert hij of de minister is gebleven binnen de in dit geval grote beleids- en beoordelingsruimte die de wet hem biedt. Dit wordt wel aangeduid als marginale of terughoudende toetsing.' De uitkomst van deze rechterlijke toetsing is in het geval van Pasic dat het besluit niet in strijd met het recht is genomen. Daaraan voegt de rechtbank toe dat 'de vraag of dit besluit een in menselijk opzicht gewenste uitkomst is, niet ter beantwoording van de bestuursrechter staat. Die vraag is, en blijft na deze uitspraak nog steeds, van politieke aard.' Naar wij aannemen spreken deze citaten voor zich.

7.2.4.3 Uitspraakbevoegdheden

De procedure voor de administratieve rechter is gericht op vernietiging van het bestreden besluit. Artikel 8:72, eerste lid, Awb verklaart dan ook dat indien de rechtbank een beroep gegrond verklaart, zij het bestreden besluit geheel of gedeeltelijk vernietigt. De vernietiging heeft tot gevolg dat het besluit geacht moet worden in juridische zin nooit te hebben bestaan en dat de daaraan verbonden rechtsgevolgen met terugwerkende kracht ongedaan worden gemaakt (art. 8:72, tweede lid, Awb). De vernietiging werkt dus *ex tunc*, dat wil zeggen dat zij terugwerkt naar het moment waarop het besluit werd genomen. Onder omstandigheden kan de rechter echter bepalen dat de rechtsgevolgen geheel of gedeeltelijk in stand blijven (art. 8:72, derde lid, Awb), bijvoorbeeld in geval van een onrechtmatig ontslag van een ambtenaar, die wegens volstrekt verstoorde werkverhoudingen niet meer kan terugkeren op zijn oude werkplek.
Meestal zal het bestuursorgaan dat het gewraakte besluit had genomen, een nieuw besluit moeten nemen met inachtneming van de uitspraak (art. 8:72, vierde lid, Awb). De rechtbank kan daarvoor een termijn stellen (art. 8:72, vijfde lid, Awb).

Dat de uitspraak van de bestuursrechter in beginsel slechts strekt tot vernietiging en een daaraan gekoppelde opdracht aan het bestuur om een nieuw besluit te nemen, vloeit logisch voort uit de taak van de rechter. Hij beoordeelt slechts de rechtmatigheid van een besluit en kan daarmee niet volledig het bestuur vervangen, omdat deze veelal nog andere aspecten – die samenhangen met zijn beleidsvrijheid – in overweging heeft te nemen. De rechter kan en mag niet op de stoel van het bestuur gaan zitten.

Vanuit dit oogpunt is het dan ook opmerkelijk dat artikel 8:72, vierde lid, Awb, de rechter de mogelijkheid biedt om *zelf in de zaak te voorzien*. Ingevolge deze bepaling kan hij voorschrijven dat zijn uitspraak in de plaats treedt van het oorspronkelijke bestuursbesluit; aldus kan hij bijvoorbeeld een vergunning alsnog verlenen of weigeren, een subsidie van een bepaalde hoogte toekennen et cetera. Vanuit het perspectief van de burger is dit in de regel een aantrekkelijke voorziening. Het bestuur kan immers lang wachten met het nemen van een nieuw besluit of een besluit nemen, dat hem wederom niet bevalt en waartegen hij dus opnieuw een procedure moet voeren. Principieel is het rechterlijke zelf voorzien echter niet onproblematisch, omdat de democratisch niet-gelegitimeerde rechter daarmee een bestuursbesluit neemt. In de rechtspraak en literatuur worden aan de uitoefening van deze bevoegdheid dan ook grenzen gesteld.[27]

De belangrijkste is dat de rechter alleen zelf in de zaak mag voorzien, indien na vernietiging van het bestreden besluit rechtens geen andere beslissing meer mogelijk is. Deze situatie doet zich in elk geval voor bij strikt gebonden besluiten. In dat geval vloeit de inhoud van een besluit immers volledig voort uit het recht en kan de rechter dit besluit nemen zonder dat hij op de stoel van het bestuur gaat zitten. Echter ook na vernietiging van discretionaire besluiten kan het duidelijk zijn wat rechtens behoort te gelden, namelijk wanneer het bestuursorgaan ter zake van deze discretionaire bevoegdheid beleidsregels heeft vastgesteld. Indien het betrokken geval duidelijk binnen deze beleidsregels valt en er geen sprake is van bijzonder omstandigheden die een afwijking daarvaan rechtvaardigen, dan kan de rechter met evenveel recht het nieuwe besluit zelf nemen.

Een tweede factor die bij het rechterlijke zelf voorzien een rol speelt, is dat partijen daarom verzoeken. In de praktijk komt het voor dat, hoewel na vernietiging meer beslissingen mogelijk zijn, partijen aan de rechter verzoeken om zelf in de zaak te voorzien, omdat zij op korte termijn een definitief einde aan de rechtsstrijd willen maken. Zij offeren bewust een nieuwe beslissing op bezwaar en de daarmee gepaard gaande procedure op in ruil voor een snelle directe beslissing van het geschil door de rechter. Noodzakelijk is dan wel dat zowel appellant als verwerend orgaan tenminste met het rechterlijk zelf voorzien kunnen instemmen. Met name de instemming van het bestuursorgaan is daarbij essentieel, omdat de rechter anders op de stoel van het bestuur zou gaan zitten. Bovendien zal de rechter derden-belanghebbenden in de procedure moeten betrekken en hun belangen moeten meewegen. Voorkomen moet immers worden dat derden-belanghebbenden die niet in beroep zijn gegaan tegen een bepaald besluit omdat men daarmee kon instemmen, geconfronteerd worden met een gewijzigd besluit dat de rechter ten nadele van hen heeft genomen.

Een appellant kan ten gevolge van een vernietigd besluit schade hebben geleden. Zo heeft bijvoorbeeld iemand die gedurende twee jaar ten onrechte een uitkering of subsidie is geweigerd, schade geleden omdat hij gedurende die periode geen rente heeft kunnen ontvangen over dit bedrag (renteschade). Daarnaast kan bijvoorbeeld gedacht worden aan de vertragingsschade die een bedrijf heeft geleden omdat het gedurende een bepaalde periode ten onrechte een bouwvergunning voor een nieuw kantoorpand is geweigerd. Een derde, willekeurig, voorbeeld van mogelijke schade is de winst die

27 J.B.J.M. ten Berge en R.J.G.M. Widdershoven, Bescherming tegen de overheid, Deventer 2001, p. 149-150.

is gederfd door een melkveehouder die (ten onrechte) een te laag melkquotum was toegekend. Voor 1994 moesten deze personen voor de vergoeding van deze schade vrijwel steeds de gang naar de burgerlijke rechter maken. De meeste bestuursrechters hadden niet de bevoegdheid om over deze schadeclaims te oordelen. Uit het oogpunt van een efficiënte rechtsbedeling en rechtsbescherming was dat uiteraard niet erg aantrekkelijk.

Sinds 1994 hebben daarom alle bestuursrechters de mogelijkheid gekregen om vergoeding toe te kennen voor schade geleden door het vernietigde besluit. *Schadevergoeding* kan worden toegekend, voor zover daartoe gronden zijn, op verzoek van een procespartij (art. 8:73, eerste lid, Awb). Vernietiging van het bestreden besluit én vergoeding van de geleden schade kunnen thans daarom in dezelfde procedure bij de bestuursrechter worden afgehandeld. Daarmee is nog niet gezegd dat nu de weg naar de burgerlijke rechter is afgesloten. Vanwege de grote expertise van de burgerlijke rechter op dit gebied achtte men dat vooralsnog niet gewenst. De betrokkene kan nu kiezen, met dien verstande dat een behandeling van een verzoek om schadevergoeding door de bestuursrechter uitputtend is; heeft de bestuursrechter eenmaal geoordeeld over het verzoek om schadevergoeding, dan staat de weg naar de burgerlijke rechter niet meer open.

Procederen kost geld. Hoewel burgers in een bestuursrechtelijk geschil hun zaak zelf kunnen bepleiten, is het voor een adequate verdediging veelal noodzakelijk om een advocaat of een andere rechtsbijstandverlener – denk aan een jurist van een vakbond of van het Bureau van Rechtshulp – in te huren. Verder moeten partijen soms kosten maken voor getuigen en deskundigen die zij ter zitting meebrengen en zijn er vaak reis- en verblijfskosten. Artikel 8:75 Awb bepaalt nu dat de bestuursrechter bevoegd is om een partij te veroordelen in de kosten die een andere partij in verband met de behandeling van het beroep bij de rechter redelijkerwijs heeft moeten maken. De burger-appellant kan, wanneer hij althans een natuurlijk persoon is, alleen in de kosten van het bestuursorgaan worden veroordeeld in het geval van kennelijk onredelijk gebruik van procesrecht (misbruik van procesrecht). Hiervan kan bijvoorbeeld sprake zijn wanneer hij in een volslagen kansloze zaak toch beroep instelt.

In het algemeen wordt bij een proceskostenveroordeling echter het bestuursorgaan veroordeeld in de kosten die de burger heeft moeten maken. Het is hierbij niet per se noodzakelijk dat de burger de zaak heeft gewonnen, zij het dat wanneer het bestreden besluit wordt vernietigd bijna altijd een proceskostenveroordeling volgt. Soms worden echter ook bij een verworpen beroep de proceskosten van de burger door het bestuursorgaan vergoed, bijvoorbeeld omdat het pas laat in de procedure met een waterdichte motivering van het besluit is gekomen. In het kader van de proceskostenveroordeling worden overigens niet de reële kosten vergoed. De vergoeding heeft daarentegen een forfaitair karakter: in het op artikel 8:75 Awb gebaseerde Besluit proceskosten bestuursrecht wordt per proceshandeling aangegeven welke vergoedingen kunnen worden toegekend.

7.2.5 Aanvullende taak burgerlijke rechter

Hiervoor (§ 7.1.2) hebben we reeds gezien dat de burgerlijke rechter een belangrijke rol heeft vervuld bij de uitbouw van de rechtsbescherming tegen overheidsoptreden. De herziening van de rechterlijke organisatie betekent niet dat deze rol nu is uitgespeeld. Er blijft een belangrijke – zij het enigszins veranderde – aanvullende taak voor de burgerlijke rechter weggelegd. Daarvoor blijft bepalend de ruime bevoegdheid op basis van de *obiectum litis-leer*; de burgerlijk rechter is al bevoegd als de eiser slechts stelt dat de overheid jegens hem onrechtmatig (ex art. 6:162 BW) heeft gehandeld. De bevoegdheid die voorheen was gebaseerd op artikel 2 RO, wordt thans gebaseerd op artikel 112, eerste lid, van de Grondwet.

Mits de eis privaatrechtelijk is ingekleed, zal de burgerlijke rechter dan ook vrijwel steeds bevoegd zijn. Hij treedt echter terug en zal de eiser niet-ontvankelijk verklaren als er met betrekking tot het geschil een met voldoende waarborgen omklede bestuursrechtelijke voorziening openstaat. De rechtsgang bij de bestuursrechter is zo'n met voldoende waarborgen omklede voorziening. Daar waar de bestuursrechter geen bevoegdheid heeft, springt de burgerlijke rechter in het rechtsbeschermingsgat. Daarom moet worden bepaald welke rechtsbeschermingsgaten er sinds de invoering van de Awb in 1994 nog bestaan.

Zoals hiervoor aangegeven, stelt de Awb slechts beroep open tegen besluiten. Dat betekent dat men voor feitelijk handelen en privaatrechtelijk handelen naar de burgerlijke rechter moet. Ook voor de besluiten die zijn uitgezonderd van een beroep op de bestuursrechter kan men naar zijn civiele evenknie. Daarbij kan allereerst worden gedacht aan algemeen verbindende voorschriften en beleidsregels (art. 8:2 Awb). Ook voor de besluiten die in artikelen 8:4 en 8:5 Awb expliciet van beroep op de rechtbank zijn uitgezonderd, geldt dat de weg naar de burgerlijke rechter openstaat.

Ten slotte is voor de verhouding tussen bestuursrechter en burgerlijke rechter de leer van de *formele rechtskracht* van belang. Deze leer impliceert in de eerste plaats dat de burgerlijke rechter uitgaat van de rechtsgeldigheid van een besluit, indien de daartegen openstaande bestuursrechtelijke rechtsgang niet dan wel niet tijdig – binnen de termijn van zes weken – is benut.[28] Een niet (tijdig) aangevochten besluit wordt geacht 'zowel wat haar wijze van totstandkoming (formeel) als wat haar inhoud (materieel) betreft' rechtmatig te zijn. Dit uitgangspunt, waarop overigens een beperkt aantal uitzonderingen mogelijk is, wordt ook toegepast wanneer vaststaat dat het omstreden besluit zou zijn vernietigd wanneer het wel (tijdig) bij de bestuursrechter zou zijn aangevochten. De ratio van de leer van formele rechtskracht is te voorkomen dat burgers via de weg van de burgerlijke rechter de korte bezwaren- en beroepstermijn van het bestuursrecht zouden omzeilen. Dat wordt om redenen van rechtszekerheid onaanvaardbaar geacht.

De leer van formele rechtskracht impliceert in de tweede plaats, dat de burgerlijke rechter de uitspraak van de bestuursrechter omtrent de rechtsgeldigheid van een besluit

28 HR 16 mei 1986, AB 1986, 573 (Heesch-Van den Akker).

als gegeven beschouwd. Daarmee wordt voorkomen dat beide rechters tot tegenstrijdige uitspraken komen. Het heeft derhalve geen zin om via een procedure bij de burgerlijke rechter een uitspraak van de (hoogste) bestuursrechter waarin een beroep is verworpen, ter discussie te stellen. Dit uitgangspunt brengt bovendien met zich dat met een vernietiging van een besluit door de bestuursrechter de (civielrechtelijke) onrechtmatigheid van dat besluit voor de burgerlijke rechter gegeven is.

De leer van formele rechtskracht is vooral van belang voor eventuele schadevergoedingsacties bij de burgerlijke rechter naar aanleiding van een besluit. Zoals in § 7.2.4.3 aangegeven blijft het, ondanks de in artikel 8:73 Awb voorziene mogelijkheid voor de bestuursrechter om schadevergoeding toe te kennen, mogelijk om bij de burgerlijke rechter vergoeding van schade, ontstaan als gevolg van een in beroep vernietigd besluit, te vragen. In een dergelijke schadevergoedingszaak staat het oordeel van de bestuursrechter omtrent de rechtsgeldigheid van het besluit niet meer ter discussie. Heeft de burger niet tijdig beroep ingesteld tegen een besluit bij de bestuursrechter dan wordt het besluit voor rechtmatig gehouden en zal de schadevordering (in de regel) worden afgewezen.

7.2.6 De Nationale ombudsman

Hiervoor is de rechtsbescherming vooral behandeld vanuit het oogpunt van rechtspraak. Globaal gezegd, houdt dit in dat er een (rechterlijke) instantie is die tot een voor partijen bindend oordeel kan komen. De behandeling van de rechtsbescherming is echter in de huidige tijd niet meer compleet zonder vermelding van de Nationale ombudsman. Kenmerkend voor de ombudsman is dat zijn onderzoek niet uitmondt in een bindende uitspraak, maar in een niet bindend oordeel en eventueel enige aanbevelingen. Deze oordelen worden echter in de praktijk wel als bindend beschouwd; ze worden door bestuursorganen vrijwel altijd nageleefd en kunnen belangrijke consequenties voor het beleid hebben. Mede om die reden worden jaarlijks vele verzoekschriften bij de Nationale ombudsman ingediend: in 2004 waren het er ongeveer 12.000.[29] Sinds een wijziging van de Grondwet in 1999 wordt de Nationale ombudsman als Hoog College van Staat met zoveel woorden in artikel 78a Grondwet vermeld.

Men kan bij de Nationale ombudsman terecht met klachten over gedragingen van bestuursorganen van de centrale overheid, waaronder begrepen de onder de ministers ressorterende diensten en instellingen. Ook de meeste zelfstandige bestuursorganen en de bestuursorganen van de publiekrechtelijke bedrijfsorganisatie (productschappen en bedrijfschappen, zie § 13.3.4) vallen onder diens competentie. Voor de decentrale overheden (gemeenten, provincies en waterschappen) geldt sinds 1 januari 2006 dat zij van rechtswege onder de bevoegdheid van de Nationale ombudsman vallen, tenzij zij – eventueel gezamenlijk – zelf een ombudsvoorziening hebben ingesteld. In de praktijk

29 Verslag van de Nationale ombudsman over 2005, De maakbare overheid, Den Haag: 2006, p. 10.

hebben ongeveer 170 gemeenten gekozen voor een eigen ombudsvoorziening. De overige gemeenten en alle provincies en waterschappen vallen onder de bevoegdheid van de Nationale ombudsman.

Ingevolge artikel 16 Wet Nationale ombudsman is de ombudsman niet bevoegd onderzoek in te stellen ter zake van algemeen verbindende voorschriften en algemeen regeringsbeleid. Ook is hij onbevoegd wanneer tegen een bepaald besluit bezwaar of beroep openstaat en op het moment dat een bestuursrechter uitspraak heeft gedaan. Geldt het bestaan van een administratiefrechtelijke voorziening als een absoluut obstakel voor onderzoek door de ombudsman, bij het bestaan van een civielrechtelijke, strafrechtelijke of tuchtrechtelijke procedure ligt dat anders. Gedurende de procedure is de ombudsman onbevoegd. Voor de periode ervoor en erna niet.

Dit alles betekent dat de ombudsman vooral een rol speelt bij feitelijke gedragingen van bestuursorganen en overheidsfunctionarissen. Zo wordt er bijvoorbeeld veel geklaagd over langdurige en bureaucratische procedures, onvoldoende informatie, onfatsoenlijke bejegening, machtsmisbruik door de politie. Veelal situaties dus, waarin het niet gaat om besluiten waartegen men in beroep kan bij de bestuursrechter en waarbij het 'leed' te klein is om een langdurige en kostbare civiele procedure aan te spannen.

De Nationale ombudsman beoordeelt of het bestuursorgaan zich behoorlijk heeft gedragen (art. 16 WNo). Deze behoorlijkheidsnorm is ruimer dan de rechtmatigheidsnorm die de rechter hanteert.[30] Volgens de Nationale ombudsman zelf houdt zij een 'operationalisering van de rechtvaardigheid' in.[31] Zij omvat behalve de bekende rechtmatigheidscriteria als grondrechten en beginselen van behoorlijk bestuur, ook normen als voortvarendheid, administratieve nauwkeurigheid, adequate informatieverstrekking, correcte bejegening en professionaliteit. Internationaal worden deze behoorlijkheidsnormen ook wel aangeduid als normen van 'good governance'.

7.2.7 Overzicht systeem van rechtsbescherming

Aan het eind gekomen van de beschrijving van het stelsel van rechtsbescherming wordt nu kort samengevat tegen welke gedragingen men waar in rechte kan opkomen. De toegang tot de Nationale ombudsman is buiten het schema gehouden.

1. *Bestuursrechter of burgerlijke rechter*: wanneer een burger wil opkomen tegen een gedraging van de overheid, dient hij eerst te bepalen of uiteindelijk een bestuursrechter bevoegd is, dan wel de burgerlijke rechter.

a. Is er sprake van een bij de bestuursrechter appellabel besluit (art. 8:1 Awb): ga door naar stap 2.

30 Ph.M. Langbroek & P. Rijpkema (red.), Ombudsprudentie, Den Haag: BJu 2004.

31 Verslag van de Nationale ombudsman over 2005, De maakbare overheid, Den Haag: 2006, p. 72-73.

b. Is er niet sprake van een bij de bestuursrechter appellabel besluit, dan kan tegen de gedraging een civiele actie bij de burgerlijke rechter worden aangespannen (art. 112, eerste lid, Grondwet). In concreto gaat het om de volgende gedragingen:
- Algemeen verbindende voorschriften of beleidsregels (art. 8:2 Awb);
- Besluiten ter voorbereiding van een privaatrechtelijke rechtshandeling (art. 8:3 Awb), alsmede de privaatrechtelijke rechtshandeling zelf;
- Uitgezonderde besluiten ex art. 8:4 en 8:5 Awb;
- Feitelijk overheidshandelen.

2. *Bestuurlijke heroverweging*: indien een bestuursrechter bevoegd is, zal alvorens daarbij beroep kan worden ingesteld een vorm van bestuurlijke heroverweging moeten plaatsvinden (art. 7:1 Awb). In de regel is dat de bezwaarschriftprocedure, tenzij:
- Tegen het besluit, blijkens de wettelijke regeling waarop het is gebaseerd, administratief beroep kan worden ingesteld (art. 8:6, tweede lid, Awb), dan wel;
- Het besluit tot stand is gekomen in de uniforme openbare voorbereidingsprocedure van afdeling 3.4 Awb (onder meer: milieuvergunningen).

3. *Rechtspraak in eerste aanleg*: in de regel kan beroep in eerste aanleg worden ingesteld bij de bestuurssector van de rechtbank. Van deze regel wordt afgeweken wanneer een 'andere administratieve rechter' als bevoegde eerste-aanlegrechter is aangewezen (art. 8:6, eerste lid, Awb). Een voorbeeld is de Afdeling bestuursrechtspraak van de Raad van State, die in milieu- en bestemmingsplangeschillen in eerste en enige aanleg rechtspreekt.

4. *Hoger beroep*: in de regel kan tegen de uitspraak van de rechtbank hoger beroep worden ingesteld bij de Afdeling bestuursrechtspraak van de Raad van State (art. 37, eerste lid Wet Raad van State). Van deze regel wordt afgeweken wanneer een andere appelrechter bij wet is aangewezen . In concreto gaat het om:
- Centrale Raad van Beroep: sociale-zekerheids- en ambtenarengeschillen (artikel 18, eerste lid, Beroepswet en de daarbij horende bijlage);
- College van Beroep voor het Bedrijfsleven: besluiten op grond van de sociaal-economische wetten die zijn opgenomen in de bijlage ex artikel 20, eerste lid, Wet bestuursrechtspraak bedrijfsorganisatie, onder meer de Mededingingswet, de Telecommunicatiewet, de Wet toezicht effectenverkeer en de Warenwet.
- De belastingkamers van de vijf Gerechtshoven (art. 27h AWR): deze zijn belast met het appel tegen uitspraken van de rechtbank in belastinggeschillen. Van de uitspraak van het hof staat cassatieberoep op de Hoge Raad open (art. 28 AWR).

7.3 DE VERANDERENDE POSITIE VAN DE RECHTER

In het voorgaande is op onderdelen reeds gewezen op de veranderde rol van de rechter, zoals de indringender geworden toetsing van het overheidsoptreden aan de hand van (ongeschreven) rechtsbeginselen en het zelf in de zaak voorzien.

Hieronder behandelen wij drie aspecten van de veranderende positie van de rechter die nog niet aan de orde konden komen. Het eerste aspect betreft de mogelijkheid dat op rechtmatigheidsgronden de binding aan de wet wordt geslaakt. Dat is spectaculair, maar zoals wij nader zullen aanvoeren, dient de praktische betekenis hiervan bepaald niet te worden overschat. Het tweede en derde aspect betreft de positie van de rechter als wetgever-plaatsvervanger; eerst vanuit algemeen gezichtspunt, dan vanuit het gezichtspunt van het internationale recht. Dat is wellicht minder spectaculair, maar praktisch van veel grotere betekenis.

7.3.1 De contra legem-jurisprudentie

De hiervoor beschreven ontwikkeling van de rechtsbescherming heeft ertoe geleid dat er altijd wel een ingang bij een onafhankelijke rechter is waardoor bestuursoptreden gecontroleerd kan worden op conformiteit met het geschreven recht (berust het op een wettelijke bevoegdheid en is er geen strijdigheid met hogere wettelijke regels, is het wettelijk kader voor het bestuursoptreden goed toegepast, is het optreden conform de formele en materiële normen van de Awb) en ongeschreven recht. Deze ontwikkeling is uit rechtsstatelijk oogpunt niet problematisch. Wetmatigheidstoetsing is de klassieke taak van de rechter en toetsing aan ongeschreven recht kan gezien worden als het noodzakelijke complement van de door de verzorgingsstaat geëiste ruime toedeling van min of meer vrije – dat wil zeggen nauwelijks door de wet genormeerde, discretionaire – bevoegdheden aan het bestuur, waardoor het binnen zekere behoorlijkheidsgrenzen gehouden kan worden zonder dat de rechter gaat 'meebesturen'. Aldus wordt noch het primaat van de wet noch de bestuurlijke beleidsvrijheid bedreigd.

Op het eerste gezicht ligt dit anders ten aanzien van de sinds de jaren zeventig ontwikkelde jurisprudentie, ingevolge welke in een bepaald concreet geval toepassing van een algemeen verbindend voorschrift achterwege dient te blijven ten gunste van ongeschreven recht. Zo overwoog de CRvB in 1975 dat er bijzondere gevallen denkbaar zijn 'waarin strikte toepassing van bedoelde wetsbepaling in die mate in strijd zou komen met het ongeschreven recht dat zij op grond daarvan geen rechtsplicht meer kan zijn';[32] en oordeelde de (belastingkamer van de) Hoge Raad in de zogenaamde 'doorbraakarresten' dat 'onder omstandigheden strikte toepassing van de wet, waaruit de belastingschuld rechtstreeks voortvloeit, in die mate in strijd kan komen met een of meer beginselen van behoorlijk bestuur, dat die toepassing achterwege dient te blijven'.[33] In casu betrof het hier door de belastingdienst zelf door middel van gepubliceerde beleidsregels gewekte verwachtingen, waarop de belastingplichtige mocht vertrouwen. Het zou uitermate onbillijk zijn geweest indien in een dergelijk geval de belastinginspectie zich van deze beleidsregels had gedistantieerd met een beroep op de

32 CRvB 18 februari 1975, AB 1975, 243 (Werkende zwager).
33 HR 12 april 1978, NJ 1979, 533 (Doorbraakarrest).

tekst van de wet. Meer recent heeft de burgerlijke kamer van de Hoge Raad zich bij deze lijn aangesloten.[34]

Is het niet zo dat deze *contra legem*-jurisprudentie de vrijheid van de administratie te zeer beperkt, het primaat van de wet aantast, in strijd is met het legaliteitsbeginsel? Bij nader inzien is dat niet het geval. Allereerst dient voor ogen gehouden te worden dat het beroep op een beginsel van behoorlijk bestuur ten koste van een wettelijk voorschrift in het algemeen slechts gehonoreerd wordt indien dat beroep zijn grond vindt in eigen toedoen van het bestuur, dat bijvoorbeeld door toezeggingen of publicatie van beleidsregels de verwachting gewekt heeft dienovereenkomstig ten opzichte van betrokkene te zullen handelen (vertrouwensbeginsel), of door in vergelijkbare gevallen op bepaalde wijze gehandeld te hebben, zich verplicht heeft andere betrokkenen op soortgelijke wijze te zullen behandelen (gelijkheidsbeginsel). Zie reeds § 4.5.4. Met andere woorden, het bestuur heeft zich in zulke gevallen zelf gebonden. Daarnaast is van belang dat het hierbij gaat om het verlenen van voorrang aan ongeschreven rechtsbeginselen *in een concreet geval*, om het buiten toepassing laten van de geschreven regel in de betreffende zaak, waardoor de algemene gelding (verbindendheid) van die regel niet aangetast wordt. En tenslotte kan gesteld worden dat de strekking van het legaliteitsbeginsel in belangrijke mate neerkomt op het garanderen van gelijkheid en rechtszekerheid, hetgeen in het algemeen weliswaar gerealiseerd wordt door rechtspraak en bestuur conform de wet, maar in specifieke gevallen – veelal vanwege het betreffende bestuursoptreden – meer gediend wordt door de wet in concreto voor het gelijkheids- of vertrouwensbeginsel te laten wijken.

De praktische betekenis van de contra legem-jurisprudentie dient bepaald niet te worden overschat. Het is zeker niet zo, dat de rechter zich door middel van deze jurisprudentie in algemene zin heeft losgemaakt van de binding van de wet. De contra legem-jurisprudentie vormt een strikt exceptioneel correctief op deze binding. Zij vindt slechts toepassing in gevallen waarin geen belangen van derden in het geding zijn; meestal betreft het financiële zaken. Ook met deze restrictie kan gesteld worden, dat de toepassing sporadisch is.

7.3.2 De rechter als wetgever-plaatsvervanger; algemene tendensen

Uit de voorgaande paragrafen is gebleken dat de verhouding tussen rechter en bestuur in de loop van deze eeuw fundamenteel gewijzigd is, in die zin dat het terrein van rechterlijke controle op het bestuursoptreden steeds verder is uitgebreid (onrechtmatige overheidsdaad, Arob, TwK, gespecialiseerde administratieve rechters, Awb) en geïntensiveerd (directe toetsing aan algemene beginselen van behoorlijk bestuur door de burgerlijke rechter, contra legem-werking van deze beginselen).

Ook de verhouding tussen rechter en wetgever is aan aanzienlijke wijziging onderhevig. Uiteraard is de opvatting dat de rechter slechts de mond is die de wet

34 HR 15 juli 1988, NJ 1989, 714 (Mosselkweker Yerseke).

uitspreekt reeds lang verlaten; hiervoor is gewezen op de rol die het ongeschreven recht – soms zelfs tegen de wet in – speelt. Hierboven is betoogd dat door de contra legem-jurisprudentie het primaat van de wet(gever) niet wezenlijk aangetast wordt. Er zijn evenwel andere ontwikkelingen gaande die dit primaat zodanig in het gedrang brengen dat de rechter nu soms zelfs de taak van wetgever-plaatsvervanger toegemeten krijgt.

Een eerste oorzaak van deze gewijzigde positie van de rechter is gelegen in het feit dat de wetgever – gezien de pluriformiteit van onze samenleving begrijpelijk – in toenemende mate onmachtig is ten aanzien van fundamentele politieke en wereldbeschouwelijke conflicten inhoudelijke normen te stellen, en het in feite aan de rechter overlaat die normen te ontwikkelen. Aldus is bijvoorbeeld bij ontbreken van een wettelijke regeling ter zake een uitgebreide jurisprudentie ontwikkeld over de rechtmatigheid van stakingen, waarbij enerzijds het principiële recht van werkstaking is erkend (vergelijk art. 6, vierde lid, ESH), maar anderzijds uitoefening van dit recht is gebonden aan de voorwaarde dat in redelijkheid alle mogelijkheden van overleg eerst zijn benut.[35]

Een tweede reden vloeit voort uit het gegeven dat de wet – ook de wet in formele zin – aan legitimiteitsgehalte verloren heeft. In de klassieke rechtsstaatidee is de wet de onpartijdige vaststelling van het algemeen belang, hetgeen gewaarborgd is door haar vorm – de algemene regel – en haar totstandkoming – de uitwisseling van argumenten in de door alle burgers gezamenlijk gekozen volksvertegenwoordiging. Daarom dient de rechter niet te treden in de 'innerlijke waarde of billijkheid der wet' (art. 11 Wet AB), daarom ook dient hij de toetsing van de grondwettigheid van de wet aan de wetgever zelf over te laten (art. 120 Gw; zie § 7.4).

Evenwel kan betwijfeld worden of het huidige wetgevingsproces nog wel altijd voldoende garanties biedt voor het rechtsgehalte van de wet. Het zwaartepunt van de wetgevende activiteit ligt niet bij het parlement, maar bij regering en departement, waar men geneigd is wetgeving te bezien als instrument ter realisering van bestuurlijke doeleinden,[36] hetgeen leidt tot uit rechtsstatelijk oogpunt zwakkere regelgeving.[37] Een en ander wordt versterkt door de omstandigheid dat parlementariërs zich veelal niet als volks- maar als partijvertegenwoordiger opstellen (§ 11.1), door de monistische verhouding tussen regering en parlementaire meerderheid[38] (§ 11.2) en door het gebrekkig functioneren van de ministeriële verantwoordelijkheid (§ 11.3). Het voorgaande klemt te meer nu het tegenwoordig herhaaldelijk voorkomt, dat zelfs in belang-

35 Vergelijk over het stakingsrecht o.m.: M.G. Rood, Over collectieve werknemersactie of: de HR terug van weggeweest, NJB 1987, afl. 10, p. 301 e.v.; E. Steyger, De Arbeidsomstandighedenwet en het stakingsrecht, NJB 1987, afl. 18, p. 563 e.v.; en P.F. van der Heijden, De rechter en staken tegen de overheid; het ESH voorbij, NJB 1991, afl. 39, p. 1577 e.v.

36 M. Scheltema, De partijdige wetgever, Deventer 1984.

37 P.J.J. van Buuren, De rechter en onrechtmatige wetgeving, preadvies NJV 1987.

38 Het is tekenend dat de HR (klaarblijkelijk instemmend) onder andere dit aspect noemde als een argument voor een verdergaande rechterlijke toetsing dan art. 120 Gw toelaat (HR 14 april 1989, AB 1989, 207 (Harmonisatiewet).

rijke aangelegenheden het wetgevingsproces onder tijdsdruk wordt afgeraffeld, waardoor de waarborgen van de wetgevingsprocedure onvoldoende tot hun recht komen.[39]

7.3.3 De rechter als wetgever-plaatsvervanger; de betekenis van het internationale recht

Een derde oorzaak van de gewijzigde positie van de rechter is gelegen in de steeds sterkere infiltratie van internationaal recht in de nationale rechtsorde (zie nader hierover hoofdstuk 14). Allereerst kan worden gewezen op het EG-recht (EG-verdrag, verordeningen, richtlijnen), dat uit eigen kracht in de Nederlandse rechtsorde 'werkt'. Van fundamenteel belang voor de positiebepaling van de Nederlandse rechter is daarnaast ook de doorwerking van bepalingen in mensenrechtenverdragen. Voorzover deze bepalingen 'een ieder verbindend' zijn in de zin van artikelen 93/94 Gw, dient de rechter deze toe te passen en eventueel daarmee strijdig nationaal recht (inclusief wet en Grondwet) buiten toepassing te laten.

Hiermee beschikt de rechter in beginsel over een verreikende bevoegdheid. In eerste instantie maakte hij hiervan slechts zeer terughoudend gebruik. Klassiek is in dit verband een arrest uit 1962, waarin overwogen werd dat de vraag of het toenmalige grondwettelijke processieverbod met artikel 9 EVRM verenigbaar is, slechts dan ontkennend beantwoord zou kunnen worden 'indien het ten enen male ondenkbaar zou moeten worden geacht dat een wetgever, gesteld voor de noodzaak met het oog op de bescherming van de openbare orde te dien aanzien een regeling te treffen, daartoe een zodanige regeling in redelijkheid zou kunnen treffen of handhaven'.[40] Sinds het begin van de jaren tachtig is de rechter echter afgestapt van deze marginaal-abstracte beoordeling, en is hij er in toenemende mate toe overgegaan te toetsen of in het concrete geval de wettelijke bepaling verenigbaar is met de ingeroepen verdragsbepaling(en).

Het voorgaande roept de vraag op hoever de rechter kan gaan bij deze toetsing van wetten aan internationaal recht. In sommige gevallen blijkt hij bereid te zijn zich niet te beperken tot het buiten toepassing laten van de wettelijke bepaling – de enige bevoegdheid die hij volgens de letter van artikel 94 Gw heeft – maar zelfs een eigen regeling te 'ontwerpen' (bijv. het creëren van een systeem van gezamenlijke ouderlijke macht voor ongehuwden[41] of het in het leven roepen van een recht op een AWW-uitkering voor weduwnaars).[42] Optredend in een dergelijke hoedanigheid kan de rechter zeker aangeduid worden als wetgever-plaatsvervanger! In gevallen waarin toetsing aan artikel 26 IVBPR (gelijkheidsbeginsel) aan de orde is en er verschillende mogelijkhe-

39 Zie aldus L. Damen/T. Hoogenboom, Na 'confectierechtspraak' nu ook 'confectiewetgeving'?, NJB 1989, p. 145 e.v., omtrent het in een ijltempo totstandgekomen 'Schipholwetje' (art. 7a Vreemdelingenwet).

40 HR 19 januari 1962, NJ 1962, 107 (Geertruidenbergse processie II).

41 HR 21 maart 1986, NJ 1986, 585 (Co-ouderschap).

42 CRvB 7 december 1988, AB 1989, 10 (Weduwnaarspensioen).

den zijn om de discriminatie in de wetgeving op te lossen, oordeelt de Hoge Raad evenwel – anders dan soms de Centrale Raad van Beroep[43] – dat het maken van een dergelijke (beleids)keuze 'valt buiten de rechtsvormende taak van de rechter'. Dat deed zich bijvoorbeeld voor bij wetgeving die het optierecht om Nederlander te worden voor bepaalde gevallen slechts toekende aan buitenlandse vrouwen. Dit werd door de Hoge Raad in strijd geacht met artikel 26 IVBPR. Hij durfde echter niet zover te gaan om dit optierecht dan ook maar aan mannen toe te kennen.[44]

Het buiten toepassing laten van een wettelijke bepaling bij strijdigheid met een ieder verbindende verdragsbepaling is vanuit rechtsstatelijk en democratisch oogpunt bezien aanvaardbaar. Het behoort tot het wezen van de rechterlijke taak lagere normen op hun verenigbaarheid met hogere normen te beoordelen; en het parlement heeft zich middels de goedkeuringswet in positieve zin over het betreffende verdrag uitgesproken.[45] Tegengeworpen zou kunnen worden dat de uitleg die de rechter aan sommige bepalingen (bijv. aan art. 8 EVRM en art. 26 IVBPR) is gaan geven, bij de sluiting en goedkeuring van het verdrag volstrekt niet voorzienbaar was. Daar staat tegenover dat de wetgever in het algemeen wel in staat zal zijn na buiten-toepassingverklaring een andere regeling te ontwerpen die wel aan de betreffende verdragsbepaling voldoet.

Anders ligt het mogelijk ten aanzien van de rol van de rechter als maker van bijvoorbeeld een nieuw stelsel van de ouderlijke macht, of van een nooit verwacht weduwenpensioen voor weduwnaars. Daarmee matigt hij zich – in strijd met de letter van artikel 94 Gw – inderdaad de positie van wetgever-plaatsvervanger aan. Toch is het begrijpelijk dat de rechter deze rol speelt, met name in gevallen waarin het van de redactie van de wettelijke regeling afhangt of door het enkele buiten toepassing laten een verdragsconform stelsel gerealiseerd kan worden,[46] en in gevallen waarin zich uit het stelsel van de wet, de daarin geregelde gevallen en de daaraan ten grondslag liggende beginselen of de wetsgeschiedenis voldoende duidelijk is hoe het alternatief er uit zou moeten zien.[47]

---

43 Zie vorige noot.

44 HR 12 oktober 1984, NJ 1985, 230 (Optierecht Nederlanderschap); HR 23 september 1988, NJ 1989, 740 (Naamrecht); HR 19 januari 1990, NJ 1991, 213 (Horen gefailleerde); HR 12 mei 1999, NJ 2000, 170 (Arbeidskostenforfait). Zie omtrent deze materie de oraties van G.J. Vonk, Overijverige rechter of tekortschietende wetgever?, Deventer 1999; R.H. Happé, Schuivende machten, Deventer 1999; R. de Lange, Concurrerende rechtsvorming, Nijmegen 1999, alsmede Aleidus Woltjer, Wetgever, rechter en het primaat van de gelijkheid, Over primaten in het recht, BJu 2002.

45 Anders ligt dit ten aanzien van het EG-recht, dat zonder een dergelijke parlementaire machtiging doorwerkt en derhalve vanuit (nationaal)democratisch gezichtspunt wel tekortschiet. Zie § 14.2.2.

46 Zo zou met het (enkel) buiten toepassing laten wel bereikt kunnen worden dat een jegens vrouwen discriminerende uitsluiting van een uitkeringsrecht opgeheven wordt indien deze uitsluiting geformuleerd is in de vorm van een uitzondering op dat recht, maar niet indien dat geschied is in de vorm van een exclusief aan mannen toegekend recht.

47 HR 12 mei 1999, NJ 2000, 170 (Arbeidskostenforfait).

Daarenboven zal de wetgever in het algemeen in staat zijn het door de rechter in het leven geroepen stelsel door een ander te vervangen. Zo zal het in beginsel mogelijk zijn, dat nadat de rechter op grond van het gelijkheidsbeginsel ook aan de in de oorspronkelijke wettelijke regeling uitgesloten categorie personen een uitkeringsrecht toekent, de wetgever ertoe overgaat in een vervangende regeling een voor alle betrokkenen gelijk uitkeringsrecht op een *lager* niveau toekent. Een dergelijke aanpassing per definitie in strijd achten met het rechtszekerheidsbeginsel zou de vrijheid van de wetgever te zeer aantasten, hetgeen overigens niet wegneemt dat onder omstandigheden de wetgever verplicht kan zijn een overgangsregeling te treffen.

7.4 HET TOETSINGSVERBOD

In § 7.3 werden een aantal hedendaagse tendensen in de rechtsontwikkeling gesignaleerd, waaronder hier in het bijzonder dient te worden gewezen op de relativering van de waarde van de (formele) wet en de toenemende toetsing aan verdragen. Deze ontwikkelingen doen de vraag rijzen waar het constitutionele toetsingsverbod (art. 120 Gw) thans nog toe dient en in hoeverre het gehandhaafd moet worden.[48]

Achtergrond van dit toetsingsverbod is de overweging dat de wetgever, die immers zelf optreedt als grondwetgever (zij het in twee lezingen, met gekwalificeerde besluitvorming in tweede lezing), het meest geschikte orgaan is om de (on-)grondwettigheid van zijn producten te beoordelen. Er moet een instantie zijn die definitief Grondwet en formele wet op onderlinge overeenstemming beoordeelt; dat kan dan het beste de instantie zijn die auteur is van beide producten.

Deze opzet brengt met zich, dat rechters (en ook bestuursorganen, hoewel die ten onrechte niet in artikel 120 Gw worden genoemd) zich van een dergelijke beoordeling hebben te onthouden. Het toetsingsverbod betreft zowel de inhoud als de wijze van totstandkoming van formele wetten. Dat laatste werd uitgemaakt in het standaardarrest Prof. Van den Bergh-Staat.[49] In dat arrest besliste de Hoge Raad, dat geen reden bestaat 'verschil te maken tussen de vraag of de inhoud van ener wet in overeenstemming is met de Grondwet, en die of bij de totstandkoming der wet de door de Grondwet voor de wetsvorming voorgeschreven procedure in acht is genomen'. In casu ging het om de vraag, of voldaan was aan de eis van gekwalificeerde meerderheid, toenmaals in de additionele artikelen van de Grondwet voorgeschreven voor pensioenwetgeving ten behoeve van oud-kamerleden. De Hoge Raad was van oordeel, dat de rechter mocht afgaan op de kennelijke wil van de wetgever, zoals blijkend uit officiële stukken (Handelingen der Staten-Generaal en Staatsblad).

Dat is de thans nog geldende inhoud van het toetsingsverbod. Er zijn ook afgezien van de hierboven weergegeven principiële overweging, goede redenen voor dit verbod.

48 Vgl. M.L.P. van Houten, Meer zicht op wetgeving, Rechterlijke toetsing van wetgeving aan de Grondwet en fundamentele rechtsbeginselen, Deventer 1997.

49 HR 27 januari 1961, NJ 1963, 248.

Allereerst ligt het in veel gevallen toch wel voor de hand om de toetsing van de grondwettigheid van formele wetgeving uitsluitend over te laten aan de democratisch gelegitimeerde wetgever en niet (ook) aan de onafhankelijke rechter. Grondwetsbepalingen zijn veelal uiterst beknopt geformuleerd en tegelijk zeer principieel van karakter. De exacte werkingssfeer – het geheel van handelingssituaties dat door het grondrecht wordt beschermd – valt veelal niet uit de grondwettelijke tekst zelf af te leiden. Nadere invulling is derhalve meestal noodzakelijk in de vorm van uitvoeringswetgeving. Aangezien het hier gaat om burgers bindende regelgeving ligt het conform het rechtsstatelijke legaliteitsbeginsel op de weg van de democratisch gelegitimeerde wetgever om deze regels te stellen dan wel om voor nadere regelgeving een inhoudelijke omlijnde grondslag te geven.

Daarnaast dient opgemerkt te worden dat het grootste deel der grondwettelijke bepalingen organisatierecht, procedurevoorschriften en wetgevingsopdrachten aan de formele wetgever bevat. Het is zeer twijfelachtig of rechterlijke toetsing aan dergelijke bepalingen tot uitkomsten zou kunnen leiden, welke aan de nadere uitbouw van de democratische rechtsstaat bijdragen. Zo zou de rechter zich bevoegd kunnen gaan achten te oordelen over de wijze waarop de wetgevende organen van de rijksoverheid en de gedecentraliseerde lichamen met elkaar hebben om te gaan. Denk bijvoorbeeld aan de vraag in hoeverre de formele wetgever aangelegenheden mag onttrekken aan de autonome sfeer van gemeenten en provincies (art. 124, eerste lid, Gw) en eventueel in medebewind teruggeven (art. 124, tweede lid, Gw).[50] Dergelijke vragen lenen zich eigenlijk niet goed voor een rechterlijk oordeel, althans niet in een eenheidsstaat als Nederland.

Te bedenken valt in dit verband, dat een traditioneel argument voor constitutionele toetsing, te weten het door de rechter doen garanderen en beschermen van de grondwettelijk gewaarborgde eigen sfeer van de deelstaten tegenover de federale overheid (zoals in de Bondsrepubliek en de VS) voor een eenheidsstaat als Nederland niet opgaat.

Maar andere argumenten staan hiertegenover. Ook grondwetsbepalingen maken deel uit van her-interpretatie in het kader van ontwikkelingen in het juridisch denken. Een formele wet, die indertijd door de wetgever in overeenstemming werd geacht met de Grondwet, behoeft dit naar huidige opvattingen niet meer te zijn. Het toetsingsverbod fixeert echter een eenmaal door de wetgever ingenomen standpunt over de grondwettigheid van een wet.

Te noemen valt voorts het verdragsargument: wat is de ratio van het verbod van toetsing van formele wetgeving aan de grondrechten, terwijl toetsing aan soortgelijke in verdragsbepalingen neergelegde rechten wel geoorloofd is? Is het niet rationeler en logischer om de rechterlijke toetsingsbevoegdheid in dit opzicht gelijk te trekken, zodat de rechter bijvoorbeeld een formele wet niet alleen aan artikel 10 EVRM maar ook aan artikel 7 Gw kan toetsen? Dat ligt inderdaad voor de hand; het toetsingsverbod is in dit opzicht een anomalie.

---

50 Zie hierover § 13.2.5.

De vraag is dan echter wel, wat opheffing van het toetsingsverbod op dit punt toevoegt aan de rechtsbescherming welke die verdragstoetsing biedt. De meeste grondrechten hebben hun equivalent in verdragsbepalingen en bevatten – daargelaten de sociale grondrechten, die in het algemeen niet voor de rechter ingeroepen kunnen worden – veelal een niet-genormeerde beperkingsclausule ten bate van de formele wetgever. In concreto is vermoedelijk het enige extra dat constitutionele toetsing ter zake zou kunnen bieden, gelegen in de mogelijkheid van controle op de naleving van het censuurverbod (art. 7 Gw) en op de inachtneming van de onderwijsvrijheid (art. 23 Gw).[51]

Niet uit te sluiten valt echter, dat rechterlijke toetsing aan grondwettelijke grondrechten niet beperkt zal blijven tot toetsing aan duidelijk in de Grondwet omschreven normen, maar veeleer het karakter zal krijgen van een creatieve invulling van grondwettelijke termen en begrippen. Zou dit het geval zijn, dan eigent de rechter zich daarmee een enorme beleidsvrijheid toe.

Wij lichten deze problematiek toe aan de hand van een voorbeeld: de constitutionele toelaatbaarheid van abortus. In de Verenigde Staten werd in 1973 abortus onder bepaalde omstandigheden als grondwettelijk gewaarborgd recht van de vrouw aangemerkt. Nu bevat de Amerikaanse Constitution niets over abortus, maar het Supreme Court las een recht op privacy in het 14e amendement op de Constitution, waar de 'equal protection and due process of law' worden gegarandeerd.[52] Van belang hierbij was, dat het Supreme Court de ongeboren vrucht niet aanmerkte als een door de Constitution beschermde 'person'. Juist op dit punt sloeg het Duitse Bundesverfassungsrecht in 1975 een geheel andere koers in; de ongeboren vrucht werd juist wel aangemerkt als persoon, in de zin van een door de artikelen 1 en 2 van het Grundgesetz beschermd rechtsgoed.[53] Dienovereenkomstig oordeelde het Hof abortus in principe slechts op medische of sociale indicatie toelaatbaar. Hoe zou tegen deze achtergrond een toetsing uitvallen van de Nederlandse abortuswetgeving ten opzichte van de aan ieder gewaarborgde onaantastbaarheid van het lichaam, vervat in artikel 11 Gw? Valt hier de ongeboren vrucht onder 'een ieder'?[54] Zo ja, vanaf welk moment na de conceptie? Het antwoord op deze vraag zal dan bepalend zijn voor het antwoord op de vraag in hoeverre de wetgever abortus toelaatbaar mag achten. Nu kan men hiertegen aanvoeren, dat artikel 11 Gw geclausuleerd is: beperkingen kunnen bij of krachtens de

51 Overigens is het volstrekt onduidelijk of en in hoeverre bijv. art. 23, tweede lid, Gw buiten de sfeer van het daar genoemde toezicht en onderzoek door de formele wetgever beperkt kan worden. Art. 23 Gw is niet aangepast aan de beperkings- en delegatiesystematiek van de nieuwe Grondwet, zodat uit het ontbreken van de geijkte clausulering ('behoudens ieders verantwoordelijkheid volgens de wet') niet afgeleid mag worden dat de wetgever die beperkingsbevoegdheid niet heeft.

52 Supreme Court inzake Roe v. Wade, 410 U.S. 113 (1973).

53 Uitspraak van het Bundesverfassungsgericht van 25 februari 1975, BVerfGE 39, 1.

54 Vergelijk in dit verband art. 1:2 BW: Het kind waarvan een vrouw zwanger is, wordt als reeds geboren aangemerkt, zo dikwijls zijn belang dit vordert.

wet worden gesteld. Maar kan onder het begrip 'beperkingen' op de onaantastbaarheid van het lichaam ook worden verstaan een beëindiging van het leven? Doelt het begrip 'beperking' niet veeleer op een partiële aantasting?[55] Hiermee komen we terecht in de problematiek van het zogenaamde kernrecht, in de zin waarin het Duitse Grundgesetz dit hanteert: geen grondrecht mag in zijn 'Wesensgehalt' worden aangetast.[56] Maar daarmee bevindt de rechter zich nu juist in dat bereik van een principiële interpretatie van de Grondwet, welke een democratisch gelegitimeerd orgaan beter kan voltrekken.

Het voorbeeld geeft aan hoe stekelig de problematiek is. Opheffing van het toetsingsverbod van artikel 120 Gw valt heel best te verdedigen wanneer men de toetsing toespitst op de concrete omschrijving van grondrechten en wanneer men tegelijk zoveel mogelijk de aandacht vestigt op overeenstemming met internationale jurisprudentie en voorts terughoudendheid van de rechter benadrukt. Een jurisprudentie welke grondrechtelijke termen en begrippen creatief invult, zoals in bovenstaand abortus-voorbeeld werd weergegeven, dient te worden vermeden. Onder deze proviso's zouden wij dan ook deze opheffing wel willen bepleiten.

De hier bepleite lijn wordt gevolgd in het initiatief-wetsvoorstel Halsema, tot invoering van de bevoegdheid tot toetsing van wetten aan een aantal bepalingen van de Grondwet door de rechter. Het voorstel is in eerste lezing door de Tweede Kamer aangenomen en is thans aanhangig in de Eerste Kamer.[57] Als het (ook in tweede lezing) wordt aangenomen, krijgt de rechter de bevoegdheid om formele wetten te toetsen aan een aantal, in een nieuw tweede lid van artikel 120 Grondwet met name genoemde grondrechten. Het gaat eerst en vooral om de klassieke grondrechten van artikel 1 tot en met 17 van de Grondwet. Aan deze opsomming zijn bepalingen toegevoegd die naar hun aard en in de juridische formulering onvervreembare rechten toekennen aan burgers, zoals het recht op rechtsbijstand (art. 18, eerste lid), het recht van iedere Nederlander op de vrije keuze van arbeid en daarmee het verbod op dwangarbeid (art. 19, derde lid), het recht op sociale bijstand (art. 20, derde lid), de vrijheid van onderwijs (art. 23), het actief en passief kiesrecht voor de Tweede Kamer, provinciale staten en gemeenteraden (art. 54, 58 en 129, eerste lid) en het verbod op de doodstraf (art. 114).

In het voorstel wordt gekozen voor het systeem van gespreide toetsing, waarin iedere rechter de toetsingsbevoegdheid heeft.[58] Dit systeem geldt thans ook bij de toetsing van wetten aan een ieder verbindende bepalingen van internationaal recht. Nadrukkelijk wordt derhalve niet geopteerd voor een systeem waarin de constitutionele toetsing in handen wordt gelegd van een, nog in het leven te roepen constitutioneel hof of een daartoe aan te wijzen al bestaand rechterlijk college.

---

55 Vergelijk bijvoorbeeld de bloedtest in het wegverkeer (art. 33a Wegenverkeerswet) en de DNA-test op bloed van verdachten van een zwaar misdrijf (art. 195d Sv Wetboek van Strafvordering).

56 Art. 19, tweede lid, Grundgesetz: 'In keinem Falle darf ein Grundrecht in seinem Wesensgehalt angetastet werden.'

57 Kamerstukken I 2004/05, 28 331, A.

58 Kamerstukken II 2002/03, 28 331, nr. 9, gewijzigde memorie van toelichting, p. 16.

In de toelichting op het voorstel worden ook beschouwingen gewijd aan de vraag welke mogelijkheden de rechter heeft als hij een wet in strijd acht met een van de genoemde grondrechten.[59] Daarbij wordt voorop gesteld dat de rechter – anders dan bij besluiten (zie § 7.2.4.3) – niet de bevoegdheid krijgt om wetten te vernietigen. Dat is een wijze keus omdat toepassing van de vernietigingsbevoegdheid betekent dat de wet en alle rechtsgevolgen die deze reeds heeft gehad, met terugwerkende kracht te niet zouden gaan. Dit zou tot grote rechtsonzekerheid kunnen leiden. Wel krijgt de rechter de bevoegdheid om de wet buiten toepassing te laten, voorzover de aantasing van het grondrecht reikt. Voor het overige blijft deze derhalve van kracht. Gaat buiten toepassing laten de rechter in een bepaald geval vooralsnog te ver dan zou hij – volgens de toelichting – er ook voor kunnen kiezen om een termijn aan de wetgever te stellen waarbinnen deze de vastgestelde grondrechtenschending zelf kan oplossen. Pas als de wetgever deze kans laat liggen, zou de rechter dan gevolgen aan de schending kunnen verbinden.

7.5 TOETSING VAN DE WET AAN FUNDAMENTELE RECHTSBEGINSELEN?

Verdedigd zou kunnen worden dat het belang van opheffing van het toetsingsverbod eigenlijk niet primair gelegen zou zijn in toetsing van formele wetten aan de grondwetsbepalingen zelf, maar veeleer in toetsing aan (ongeschreven) fundamentele rechtsbeginselen die aan deze bepalingen ten grondslag liggen.

Een dergelijke toetsingsmogelijkheid zou in het verlengde liggen van recente rechtsontwikkelingen. Ingevolge de jurisprudentie van de afgelopen jaren acht de rechter zich niet slechts bevoegd te beslissen dat de (strikte) toepassing van (o.a.) formele wetgeving in het concrete geval dusdanig indruist tegen die beginselen (§ 7.3.1) dat zij achterwege moet blijven, maar ook acht hij zich gerechtigd te oordelen dat andere wettelijke regels dan die van de wet in formele zin met die beginselen in strijd zijn. Aldus is de rechter de laatste tijd bereid niet alleen de *toepassing* van een algemeen verbindend voorschrift, maar ook dat *voorschrift als zodanig* aan een willekeurtoetsing te onderwerpen. In het Landbouwvliegersarrest uit 1986 besliste de Hoge Raad dat er geen rechtsregel aan in de weg staat dat de rechter een 'niet door de formele wetgever gegeven voorschrift onverbindend en in verband daarmee de uitvoering daarvan onrechtmatig kan oordelen op grond dat er sprake is van willekeur in dier voege dat het betreffende overheidsorgaan (...) in redelijkheid niet tot het betreffende voorschrift is kunnen komen'.[60]

Een principiële afbakening van deze toetsingsmogelijkheid voltrok de Hoge Raad in 1989 in het zogenaamde Harmonisatiewet-arrest.[61] Hier werd toetsing verzocht aan

59 Kamerstukken II 2002/03, 28 331, nr. 9, gewijzigde memorie van toelichting, p. 15-16.
60 HR 16 mei 1986, NJ 1987, 251. In soortgelijke zin HR 22 juni 1988, NJ 1988, 929 (Ruilverkaveling De Marne).
61 HR 14 april 1989, AB 1989, 207.

het rechtszekerheidsbeginsel. De Hoge Raad overwoog dat hij de wet weliswaar in strijd achtte met het rechtszekerheidsbeginsel, maar dat de strekking van artikel 120 Gw zich er tegen verzet dat de rechter de *formele wet* aan fundamentele *rechtsbeginselen* toetst.

Dit is een vanuit democratisch en rechtsstatelijk oogpunt bezien aanvaardbare conclusie. Toetsing van de wet aan een verdrag is slechts mogelijk nadat de volksvertegenwoordiging middels een goedkeuringswet met dat verdrag heeft ingestemd; en bij 'toetsing van de wet aan de Grondwet behoudt de wetgever, in zijn gedaante van grondwetgever, de mogelijkheid zo nodig de Grondwet te wijzigen, om op deze wijze door de rechterlijke macht uitgezette lijnen terug te buigen. Bij de toetsing aan algemene rechtsbeginselen, met als legitimatie die beginselen zelf, zou deze mogelijkheid afwezig zijn.'[62] Derhalve zal toetsing aan fundamentele beginselen in principe slechts geoorloofd kunnen zijn in zoverre het grondwettelijk systeem dit toelaat.

Nu kan uit artikel 94 Gw in samenhang met artikel 120 Gw afgeleid worden dat een dergelijke toetsing slechts mogelijk is voorzover die beginselen in een ieder verbindende verdragsbepalingen vervat zijn. De Hoge Raad ziet in artikel 94 Gw een uitzondering op het algemene toetsingsverbod, welke uitzondering eng uitgelegd moet worden (Harmonisatiewet-arrest). Zie in deze zin het Nyugat-arrest:[63] uitsluitend op grond van de in deze grondwetsbepaling genoemde een ieder verbindende verdragsbepalingen mag de rechter nationaal recht buiten toepassing laten (derhalve niet op grond van ongeschreven recht in de vorm van algemene rechtsbeginselen).

Sommige fundamentele rechtsbeginselen zijn inderdaad met zoveel woorden vervat in een ieder verbindende verdragsbepalingen. Te denken valt hierbij aan het gelijkheidsbeginsel (art. 26 IVBPR, art. 14 EVRM), het verbod op détournement de pouvoir (art. 18 EVRM) en het willekeurverbod – de eis van een niet onredelijke belangenafweging – met name aan bod komend in het kader van het onderzoek naar de proportionaliteit van het overheidsingrijpen, geëist in de artikelen 8-11 EVRM (is de opgelegde beperking van het vrijheidsrecht in een democratische samenleving *nodig* omwille van de te beschermen belangen?).

Opvallende afwezige is het rechtszekerheidsbeginsel, dat als zodanig niet in een ieder verbindende verdragsbepalingen gewaarborgd is. Rechtszekerheid kan niet inhouden, dat verandering van wetgeving ten nadele van burgers op zichzelf ongeoorloofd zou zijn: nagenoeg elke wet brengt zowel voordelen als nadelen met zich mee. Ook kan het niet zo zijn, dat op bestaande wetgeving gebaseerde verwachtingen zonder tijdslimiet gehonoreerd moeten blijven. Maatschappelijke verandering wordt anders juridisch geblokkeerd. Tijd slijt en ook gerechtvaardigde verwachtingen verbleken gaandeweg. Maar dat neemt niet weg, dat de wetgever op korte en middellange termijn rekening dient te houden met gerechtvaardigde verwachtingen die op bestaande wetgeving gebaseerd zijn. Met name bij diep ingrijpende verandering van wetgeving

62 Aldus A-G Mok in zijn conclusie (4.3) bij het Harmonisatiewet-arrest.
63 HR 6 maart 1959, NJ 1962, 2.

ten nadele van de burger zal de wetgever een zodanige overgangsregeling moeten inbouwen, dat deze zich redelijkerwijze kan instellen op de gewijzigde rechtssituatie. Juist omdat blijkens het Harmonisatiewetarrest de rechter geen mogelijkheid ziet formele wetten aan het rechtszekerheidsbeginsel te toetsen, verdient het aanbeveling dat de wetgever zelf zich in het kader van het wetgevingsproces meer om dit aspect zal bekommeren. De ergernis omtrent het Harmonisatiewet-debâcle vormt een aansporing voor met name de Eerste Kamer om hier scherper op toe te zien.

Maar ook nog afgezien van het rechtszekerheidsbeginsel blijft toetsing aan fundamentele rechtsbeginselen een uiterst heikel punt. Zoals hierboven weergegeven, acht de rechter zich bevoegd lagere wetgeving te toetsen op willekeur, terwijl voorts op grond van artikel 94 Gw zowel formele als lagere wetgeving getoetst kan worden aan bepaalde verdragsbeginselen. Dat betekent echter niet, dat toetsing aan een verdragsbepaling als zodanig mede omvat toetsing aan de beginselen die geacht kunnen worden aan die bepaling ten grondslag te liggen. Toetsing aan de vrijheid van meningsuiting, zoals vervat in artikel 10 EVRM, is wat anders dan toetsing aan het beginsel van vrijheid van meningsuiting. Wanneer de rechter toetst aan de vrijheid van meningsuiting, is hij daarbij gebonden aan de omschrijving van deze norm. Toetst hij aan het hieraan ten grondslag liggend beginsel, dan kan hij zich losmaken van deze omschrijving. Hij kan met andere woorden een geheel andere invulling gaan geven aan de norm. Daarbij staat van te voren geenszins vast welke invulling hij zal gaan kiezen; de norm bakent het beginsel niet af.

Een dergelijke rechterlijke rechtsvinding zou bovendien vrijwel onaantastbaar zijn voor corrigerend optreden van democratisch gelegitimeerde organen. Het is moeilijk denkbaar, dat een verdragstekst wordt bijgesteld wanneer dat zou neerkomen op het ongedaan maken van de gelding van een in de jurisprudentie aanvaard beginsel. Een dergelijke bijstelling zou door velen begrepen worden als een aanslag op de fundamenten van de rechtsorde. Ten gevolge van deze onaantastbaarheid zou de rechter een immense beleidsvrijheid krijgen om in te grijpen in de rechtsorde. Dat gaat de rechterlijke positie te buiten.

A fortiori geldt dit waar het betreft overige aan de rechtsorde ten grondslag liggende rechtsbeginselen, dat wil zeggen beginselen die niet in verdragsartikelen zijn gepositiveerd. Zowel de nationale als de internationale rechtsorde zijn op tal van beginselen gefundeerd; in positief recht – bijvoorbeeld in de Grondwet – vindt men veelal concretiseringen daarvan. Op sommige deelterreinen van de rechtsorde fungeren rechtsbeginselen als toetsingsmaatstaven voor de rechter; vergelijk de algemene beginselen van behoorlijk bestuur in het kader van de rechtsbescherming tegen de overheid.[64] Voor rechterlijke toetsing van wetgeving geven beginselen echter te weinig houvast. Te veel twijfel kan bestaan over de vraag met welke beginselen rekening moet worden gehouden, wat hun reikwijdte is en hoe zij onderling moeten worden afgewogen. Om een voorbeeld te noemen: ligt aan onze rechtsorde een beginsel van solidariteit ten grondslag? Zo ja, wat houdt dat in en welke consequenties zijn eraan verbon-

64 Vergelijk ook art. 6:2, tweede lid, en art. 6:248, tweede lid, BW.

den? Moet bijvoorbeeld uit dat beginsel een bepaalde ratio worden afgeleid tussen huurverhogingen en verhoging van het huurwaardeforfait? Het voorbeeld laat zien, dat rechterlijke toetsing hier een slag in de lucht zou gaan worden.

Wanneer in de toekomst dan ook wellicht het toetsingsverbod van artikel 120 Gw opgeheven zou worden voor wat betreft toetsing aan (de klassieke) grondwettelijke grondrechten, blijft nog een apart probleem of toetsing ook mogelijk zou dienen te zijn aan de fundamentele rechtsbeginselen die geacht kunnen worden aan deze grondwetsbepalingen ten grondslag te liggen. Daarom is het verstandig dat het in § 7.4 besproken initiatief-wetsvoorstel Halsema de constitutionele toetsing door de rechter beperkt tot met name genoemde grondrechten en deze niet uitbreidt tot algemene rechtsbeginselen.

DEEL III

DEMOCRATIE

8 Eisen van de democratie

8.1 GERICHTHEID EN EISEN VAN DE DEMOCRATIE

In hoofdstuk 2 is duidelijk gemaakt dat de inhoud van het democratiebegrip geen statisch gegeven is. Het heeft een evolutie van eeuwen achter de rug, die bovendien als gevolg van het feit dat de maatschappelijke ontwikkelingen per staat verschilden net als bij het rechtsstaatsprincipe in de diverse staten meer of minder van elkaar afwijkende resultaten heeft gehad. Alvorens hier verder op in te gaan moet er op worden gewezen dat over de gerichtheid van het democratisch principe wel grote eenstemmigheid bestaat. Deze gerichtheid is tweeledig. Uitgaande van vrijheid en gelijkheid van een ieder beoogt democratie bij te dragen aan de menselijke zelfbepaling. Democratisering van de politieke macht leidt tot vrijheid, tot autonomie van het individu, die uitsluitend haar grens vindt in de vrijheid van andere gelijkwaardige individuen. In deze zin wordt democratie ook wel begrepen als een emancipatieproces. Bestuurden maken zich vrij van de omklemming door het bestuur, met als doel een toenemende zelfbepaling in allerlei sectoren van het maatschappelijke leven.[1]

In het staats- en bestuursrecht gaat de belangstelling echter meer uit naar de andere doelstelling van democratie, te weten het verschaffen van legitimiteit aan bevoegdheidsuitoefening door de overheid. De term legitimiteit is niet bij voorbaat eenduidig. In wetenschappen als sociologie en politicologie wordt veelal een neutrale definitie gebruikt. Hier staat de maatschappelijke aanvaarding van (gedrags)regels door burgers voorop. Deze aanvaarding kan uit verschillende motieven voortkomen: uit onverschilligheid, uit gemakzucht, uit angst voor sancties, uit winstoogmerk omdat men meent dat de regels voordelig uitvallen, of uit de overtuiging dat de regels rechtvaardig zijn en de uitvaardigers terecht tot hun handelen zijn gemachtigd. Om al deze redenen kunnen politieke instellingen en gedragsregels feitelijk worden aanvaard, ongeacht of men het eens is met elk concreet voorschrift. De jurist gaat het echter niet om een zo breed mogelijke aanvaarding. Wanneer de jurist spreekt over legitimiteit – en legitimiteit als een van de doelstellingen van democratie aanmerkt – dan heeft hij het over legitimiteit met een normatieve inslag. Dat wil zeggen, legitimiteit in laatstgenoemde variant van onze opsomming; legitimiteit vanuit de overtuiging dat regels rechtvaardig zijn en de uitvaardigers terecht tot hun handelen zijn gemachtigd. 'Instemming' die louter wordt afgedwongen door angst beantwoordt dus niet aan deze definitie. Sancties zullen veelal niet kunnen ontbreken, maar mogen niet de uitsluitende grondslag vormen voor aanvaarding van gedragsregels. De jurist kijkt dus niet alleen naar de feitelijke

1 Vgl. S.W. Couwenberg, Westers staatsrecht als emancipatieproces, Alphen a/d Rijn 1977; Th. Holterman en P.L. de Vos, in: Algemene begrippen staatsrecht, 3e dr., Zwolle 1991, p. 233.

aanvaarding, maar vraagt zich ook af: wat is rechtvaardig?[2] Volgens Donner geldt in een democratische samenleving als rechtsregel dat de opdracht van gezag met de instemming van de burgers behoort te geschieden.[3] Met andere woorden: democratie ziet op de legitimiteit van de bevoegdheidsuitoefening, niet louter in de zin van berusting door burgers, maar in de aanvaarding dat het rechtens zo behoort te gaan.[4]

Welke eisen stelt nu het democratiebeginsel aan de inrichting van het staatsbestel teneinde bovengenoemde doelstellingen te verwezenlijken? Holterman en anderen hebben er al op gewezen dat het begrip democratie een containerbegrip is.[5] Veel van wat men er begripsmatig in kwijt wil, valt er wel in te deponeren. Veelal is deze handelwijze het startpunt van een redenering met als conclusie dat het democratieprincipe – op grond van de elementen die men er eerst zelf ingestopt heeft – bepaalde eisen stelt aan het openbaar bestuur en zijn besluiten. Op deze wijze wordt er in de literatuur veelvuldig en oeverloos over democratie gedebatteerd. Toch is er in de westerse literatuur een betrekkelijke eensgezindheid te vinden over een aantal eisen die het democratieprincipe stelt aan de inrichting van het openbaar bestuur, aan de procedure van besluitvorming en aan de inhoud van de besluiten. Deze 'minimumeisen' zijn de volgende:

a. in beginsel heeft een ieder gelijkelijk het recht via vrije en geheime verkiezingen invloed uit te oefenen op de samenstelling van vertegenwoordigende colleges die bij de besluitvorming zijn betrokken (actief kiesrecht);
b. in beginsel heeft een ieder het recht te worden verkozen in diezelfde vertegenwoordigende colleges (passief kiesrecht);
c. een ieder heeft het recht om naar politieke machtsverwerving te streven;
d. een ieder heeft politieke grondrechten, met name uitingsvrijheid en vrijheid van vereniging;
e. vertegenwoordigende colleges hebben invloed op de besluitvorming door middel van (mede)beslissingsrecht vooraf en/of door de bevoegdheid tot controleren achteraf;
f. er is openbaarheid van besluitvorming en besluiten;
g. in (politieke) besluitvorming wordt de meerderheidsregel gehanteerd;
h. rechten van minderheden worden gerespecteerd.

In Nederland hebben deze eisen op de volgende wijze gestalte gekregen.

---

2 Zie over deze problematiek: H. Daudt, Legitimiteit en legitimatie, Beleid en Maatschappij, 1975, p. 5 en A.M. Donner, Legitimiteit in sociologie en rechtswetenschap, Beleid en Maatschappij 1975, p. 34.
3 A.M. Donner, a.w.
4 Vgl. A.J. Hoekema, Legitimiteit door legaliteit, over het recht van de overheid, Nijmegen 1991, p. 5.
5 Th. Holterman e.a. (red.), Algemene begrippen staatsrecht, 3e dr., Zwolle 1991, p. 197.

8.2 ACTIEF KIESRECHT

Nederland is een representatieve democratie. Dat betekent dat de Nederlandse burgers niet zelf beraadslagen en beslissen over politieke kwesties, maar dat zij vertegenwoordigers aanwijzen. Via deze vertegenwoordigers hebben de burgers een indirecte invloed op de bestuurders en de besluitvorming. De algemeen vertegenwoordigende organen, bijvoorbeeld (de kamers van) de Staten-Generaal, provinciale staten en gemeenteraden, worden samengesteld op basis van vrije en geheime (art. 53, tweede lid, Gw) verkiezingen. Iedere Nederlander bezit volgens artikel 4 Gw gelijkelijk het recht de leden van deze organen te kiezen (*actief kiesrecht*), behoudens bij de wet te stellen beperkingen en uitzonderingen. De belangrijkste beperkingen zijn te vinden in de artikelen 54 en 129 Gw. Deze artikelen bepalen wie van het kiesrecht voor de Tweede Kamer, provinciale staten en gemeenteraden uitgesloten zijn. Belangrijke algemene eis is dat men voor het uitoefenen van het actief kiesrecht minimaal de leeftijd van achttien jaar dient te hebben bereikt.

Politieke gelijkheid komt in representatieve democratieën bij uitstek bij verkiezingen tot uitdrukking. Hoe vanzelfsprekend dit in Nederland nu ook moge lijken, lange tijd is er van een dergelijke gelijkheid geen sprake geweest.[6] Het algemeen kiesrecht geldt tegenwoordig voor alle algemeen vertegenwoordigende organen op zowel centraal als decentraal niveau, met uitzondering van de Eerste Kamer. De leden van de Eerste Kamer worden niet rechtstreeks gekozen, maar getrapt door de leden van provinciale staten (art. 55 Gw).

De algemeen vertegenwoordigende organen worden gekozen volgens het systeem van *evenredige vertegenwoordiging* (EV). De uitwerking van dit systeem in de Kieswet is voor het centrale en decentrale niveau in beginsel gelijk. Het stelsel van evenredige vertegenwoordiging is gericht op een genuanceerde uiting van de meningen van kiezers. Toen de grondwetgever in 1917 dit systeem voor de Tweede-Kamerverkiezingen invoerde, werd daarmee uitdrukkelijk beoogd een zo gevarieerd mogelijke vertegenwoordiging van politieke stromingen in de kamer mogelijk te maken. Simpel gezegd, werkt het systeem aldus dat een politieke partij een aantal zetels krijgt naar verhouding van de op haar uitgebrachte stemmen. De kiesdeler, dat wil zeggen het aantal stemmen benodigd voor het behalen van één zetel, is voor de verkiezing van de Tweede Kamer 1/150 van het totale aantal geldig uitgebrachte stemmen. Er geldt dus geen verhoogde kiesdrempel:[7] de kiesdrempel is gelijk aan de kiesdeler.[8] Nadeel van een stelsel van EV, althans zoals het in Nederland is opgezet, is de 'structurele uitslagloosheid'. Door de veelheid van in de kamer vertegenwoordigde partijen, die geen van

6 Zie § 2.4.

7 In de BRD kent men voor de verkiezingen van de Bondsdag een kiesdrempel van 5% en voor de Poolse Sejm geldt zelfs een drempel van 7%.

8 Anders is dit in geval van de restzetelverdeling bij verkiezingen van gemeenteraden met minder dan 19 zetels. Daar geldt als eis dat een lijst tenminste een aantal stemmen heeft behaald gelijk aan 75% van de kiesdeler. Vgl. art. P 8 Kieswet.

alle een meerderheid hebben, is een kabinetsformatie veelal een moeizame aangelegenheid.[9]

Artikel 53, eerste lid, Gw bepaalt dat de beide kamers van de Staten-Generaal worden gekozen op grondslag van evenredige vertegenwoordiging binnen de door de wet te stellen grenzen. Dit maakt verkiezing binnen districten – mits wettelijk vastgelegd – mogelijk. Er is regelmatig op aangedrongen dit ook daadwerkelijk te realiseren teneinde de band tussen kiezers en gekozenen te versterken.[10] Tot op heden is daar niets van gekomen.

Tot 1917 werden de verkiezingen wel gehouden in districten, maar dan wel binnen het kader van een geheel ander kiesstelsel, namelijk het meerderheidsstelsel. Een dergelijk stelsel is vooral gericht op het verkrijgen van een meerderheidsuitspraak van de kiezers. Anders dan bij EV wordt niet gestreefd naar het in het parlement tot uiting doen komen van genuanceerde en door (kleine) partijen aangehangen opvattingen. Nederland was verdeeld in een aantal districten corresponderend met het aantal kamerzetels.[11] Een kandidaat was gekozen als hij in een district de *absolute* meerderheid van het aantal uitgebrachte stemmen had behaald. Had geen van de kandidaten meer dan 50 procent van de stemmen op zich verenigd, dan vond in een tweede ronde herstemming plaats tussen de twee hoogst geklasseerde kandidaten van de eerste ronde. Een dergelijk systeem wordt nu nog gehanteerd bij de Franse presidentsverkiezingen. Het Verenigd Koninkrijk kent voor de verkiezingen van het Lagerhuis een *relatief* meerderheidsstelsel; de kandidaat met de meeste stemmen is meteen gekozen. Een meerderheidsstelsel in districten heeft veelal tot gevolg dat er slechts een gering aantal partijen in het parlement vertegenwoordigd worden. Zelfs middelgrote partijen met een over het gehele land verspreide aanhang maken weinig kans om een beduidend aantal zetels te verwerven.[12] Positieve aspecten van een meerderheidsstelsel zijn de relatief

---

9 Zie hoofdstuk 10.

10 Vgl. M.C. Burkens, Machtsvorming of representativiteit, Een commentaar op het rapport van de commissie-Deetman, Publikaties van de Staatsrechtkring, Zwolle 1991, p. 5 e.v. In het kader van de staatkundige, bestuurlijke en staatsrechtelijke vernieuwing is dit onderwerp regelmatig (opnieuw) op de agenda geplaatst. Zie bijvoorbeeld J.A. van Schagen en H.R.B.M. Kummeling, Proeve van een nieuw kiesstelsel, Deventer 1998 en Kamerstukken II 1999/2000, 26 957, nr. 2. Minister De Graaf diende in 2004 een wetsvoorstel in tot herziening van het kiesstelsel (Kamerstukken II 2004/05, 29 986), dat weer werd ingetrokken door het kabinet nadat deze minister was afgetreden na het stranden van de wijziging van de Grondwet op het punt van de burgemeestersbenoeming. Na al deze vruchteloze politieke pogingen gaf de nieuwe minister voor bestuurlijke vernieuwing, Pechtold, een groep burgers, verzameld in een 'Burgerforum' de opdracht na te denken over het meest geschikte kiesstelsel (Kamerstukken II 2005/06, 30 184, nr. 6).

11 Er bestonden tot 1896 ook meervoudige districten, m.n. in de grote steden.

12 Zie voor de discussies die dat in Nederland veroorzaakte, welke uiteindelijk leidden tot invoering van EV, Anne Bos, Ron de Jong en Jasper Loots, Een sprong in het duister, De overgang van het absolute meerderheidsstelsel naar het stelsel van evenredige vertegenwoordiging in 1918, Ministerie van Binnenlandse Zaken en Koninkrijksrelaties, Den Haag 2005.

eenvoudige regeringsvorming en de sterkere band van de volksvertegenwoordiger met de kiezers (uit zijn district). Het in Nederland vigerende stelsel van evenredige vertegenwoordiging brengt nauwelijks een band tussen kiezers en gekozenen teweeg. Zoals hierna nog zal worden beschreven, is de kandidaatstelling volledig in handen van de politieke partijen. De door een partij bepaalde volgorde van de lijst kan moeilijk doorbroken worden. De Kieswet kent namelijk een *lijstenstelsel*. Globaal gezegd, houdt dit systeem in dat wanneer een bepaalde persoon op een lijst meer stemmen behaalt dan nodig om gekozen te worden, de overtollige stemmen worden overgedragen op de volgende kandidaat op de lijst enz. Anders gaat de stemmenoverdracht in een *personenstelsel*. In een dergelijk stelsel bepaalt de kiezer de overdracht van stemmen door de kandidaten te nummeren in de volgorde van zijn voorkeur. Binnen het lijstenstelsel is het wel mogelijk dat een kandidaat met behulp van voorkeurstemmen wordt gekozen, aldus de lijstvolgorde doorbrekend. Tot 1997 was dit een moeizame aangelegenheid aangezien de voorkeurdrempel vrij hoog was gesteld.[13] De in dat jaar geïntroduceerde voorkeurdrempel van 25% van de kiesdeler (art. P 15 Kw) maakte het – althans in theorie – relatief eenvoudig voor laag op de lijst geplaatste kandidaten om alsnog een zetel te bemachtigen. In de praktijk blijkt dat mede vanwege partijdiscipline wat lastiger te zijn. Om de voorkeurstem nog meer gewicht te geven werd in 2005 door het kabinet een wetsvoorstel tot verdere verlaging van de voorkeurdrempel naar 12,5% ingediend.[14]

8.3 PASSIEF KIESRECHT

Artikel 4 Gw kent in beginsel aan een ieder het *passief kiesrecht* toe, dat wil zeggen het recht gekozen te worden in algemeen vertegenwoordigende colleges. De Kieswet stelt de verkiesbaarstelling open voor iedereen, ongeacht of men aangesloten is bij een politieke partij. In de praktijk – uitgezonderd de gemeenteraadsverkiezingen – is het vrijwel onmogelijk gekozen te worden als men geen grote politieke organisatie achter zich heeft staan. Met andere woorden, om gekozen te worden zal men zich verkiesbaar moeten stellen namens een politieke partij. Lipschits geeft de volgende – algemeen erkende – (minimum)omschrijving van een politieke partij: het is een georganiseerde groep die als zodanig kandidaten stelt voor de verkiezing van een volksvertegenwoordigend lichaam.[15]

Tot aan het midden van de negentiende eeuw bestonden er in Nederland geen politieke partijen. Als gevolg van de invoering van rechtstreekse Tweede-Kamerverkiezingen ontstonden er in de periode na 1848 kiesverenigingen die bepaalde kandidaten ondersteunden. Tegelijkertijd ontstonden er in de Tweede Kamer fracties, groepen van afgevaardigden, bijeengehouden door dezelfde ideeën, ideologie of religie. De eerste

13 Onder de Kieswet van 1989 was de voorkeursdrempel gesteld op 50% van de kiesdeler.
14 Kamerstukken II 2005/06, 30 418, nrs. 1-3.
15 I. Lipschits, Functies van politieke partijen, in: R.A. Koole (red.), Het belang van politieke partijen, Groningen 1984, p. 13.

politieke partij die werd opgericht was de Anti-Revolutionaire Partij in 1879. Daarna organiseerden zich de andere stromingen; in 1882 de Sociaal-Democratische Bond, in 1885 de Liberale Unie en eerst in 1904 de Algemene bond van Rooms-Katholieke Kiesverenigingen. Als gevolg van het vigerende kiesstelsel onstonden er twee politieke blokken in het parlement, te weten 'links', de socialisten en liberalen, en 'rechts', de confessionelen. Deze twee blokken bleven lange tijd verdeeld over het kiesrecht en de bekostiging van het bijzonder onderwijs. Hierbij is ook nog van belang dat in de periode tot 1917 de verhouding tussen de beide blokken werd beheerst door de 'antithese' van Kuyper, die inhield dat er een natuurlijke tegenstelling zou bestaan tussen de partijen die volgens christelijke beginselen politiek wensten te bedrijven en de partijen die zulks niet voorstonden. Deze blokvorming eindigde in 1917 met de invoering van het algemeen mannenkiesrecht, het strijdpunt van links, en de financiële gelijkstelling tussen het openbaar en bijzonder onderwijs, het strijdpunt van de confessionelen.

De invoering van het stelsel van evenredige vertegenwoordiging is van grote betekenis geweest voor de partijvorming. Een dergelijk stelsel dwingt niet tot coalitievorming of samengaan bij verkiezingen. Iedere partij, zelfstandig opererend, maakt immers evenveel kans op zetels. Het stelsel werkt differentiatie van politieke meningen in de hand. Mede als gevolg van het ontbreken van een verhoogde kiesdrempel werden er vele kleine partijen opgericht die binnen het systeem een bestaansmogelijkheid hebben. Er bestaat nu nog steeds een grote versnippering van politieke partijen. Wel hebben de KVP, CHU en ARP hun krachten gebundeld en zijn in 1980 gefuseerd in het CDA. De toenmalige kleine linkse partijen zijn in 1989 tot een aanvankelijk bescheiden vorm van samenwerking gekomen; onder de benaming 'Groen Links' namen zij gezamenlijk deel aan de Tweede-Kamerverkiezingen. Kort na de verkiezingen gingen zij over tot een volledige fusie. In 2000 gaven GPV en RPF te kennen dat zij voortaan gezamenlijk als ChristenUnie zouden opereren.

Aangezien volksvertegenwoordigers namens een politieke partij optreden en gekozen worden, rijst de vraag of zij nu als volksvertegenwoordigers dan wel als partijvertegenwoordigers moeten worden gezien. De Grondwet lijkt betrekkelijk eenduidig. Volgens artikel 50 Gw vertegenwoordigen de Staten-Generaal het gehele Nederlandse volk. Voorts bevat artikel 67, derde lid, Gw het beginsel van vrij mandaat, hetgeen in de huidige tijd vooral betekent dat een afgevaardigde niet door een politieke partij of fractie verplicht kan worden zijn stem op een bepaalde wijze uit te brengen, of zijn zetel op te zeggen als hij het partijlidmaatschap verliest.[16] Deze bepaling brengt ook tot uitdrukking dat de kamerleden op eigen verantwoording en onafhankelijk zitting hebben in de vertegenwoordigende instelling. Zij hoeven geen opdrachten uit te voeren van degenen die hen hebben gekozen. Met andere woorden: de vertegenwoordigers hebben geen imperatief mandaat om de wil van de vertegenwoordigden na te komen, hoewel men dat wellicht bij het begrip volksvertegenwoordiging zou kunnen denken.

---

16 Zie ARRvS 6 september 1982, AB 1983, 159 (Beeselse Verkiezingsafspraak); HR 18 november 1988, AB 1989, 185 (Arubaanse verkiezingsafspraak).

Intussen kan men zich afvragen of de grondwettelijke bepalingen de werkelijkheid nog wel adequaat weergeven nu de gebondenheid van volksvertegenwoordigers aan de besluiten van partijorganen feitelijk vaak zeer sterk is. Bij de bespreking van de kritiek op het parlementaire stelsel in hoofdstuk 11 wordt hierop nog teruggekomen.

8.4 STREVEN NAAR MACHTSVERWERVING LEGITIEM

Uit de voorafgaande beschouwingen kan al afgeleid worden dat in Nederland oppositiepartijen bestaansrecht hebben, maar bovendien dat het hen is toegestaan naar de verwerving van (politieke) macht te streven. De mogelijkheid van vervanging van de macht is kenmerkend voor een democratie. In veel staten van het voormalige 'oostblok' heeft deze mogelijkheid gedurende een lange periode niet bestaan. De veelal in de constitutie verankerde leidende positie van de communistische partij mocht niet aangetast worden. Dergelijke 'eenpartijstelsels' en stelsels waarin uitgegaan wordt van de dominantie van één partij, die nog in betrekkelijk veel Aziatische en Afrikaanse landen voorkomen, zijn principieel niet te beschouwen als een democratie.

Een van de lastigste problemen waarmee een democratisch bestel worstelt, is de vraag of het zichzelf mag en moet verdedigen tegen ondemocratische en anderszins verwerpelijke stromingen die naar politieke machtsverwerving streven. Het is duidelijk dat hier een spanningsveld ligt. Enerzijds dient de democratische rechtsstaat zich te onthouden van een identificatie met een bepaalde 'waarheid'; zij moet uitgaan van een relatief waarheidsbegrip (§ 2.3.3) en dient dus principieel open te staan voor een pluriformiteit van ideologieën en partijen. Betekent dat dan niet dat elke ideologie en elke politieke partij getolereerd moet worden? Maar houdt dat dan niet in dat de democratie op grond van haar eigen principes zich het recht moet ontzeggen zich tegen aanslagen op diezelfde principes te verweren?[17]

Naar ons oordeel is de zelfverdediging van de democratische rechtsstaat tegen de dreiging van opheffing van binnenuit, tegen aanslagen op de democratische orde als zodanig, ondanks het gehuldigde relatieve waarheidsbegrip, recht en plicht van deze staat. De relativiteit van de waarheid betekent nog geen volstrekt waardenrelativisme. De democratische rechtsstaat dient open te staan voor een scala van waarheden, maar hoeft niet *elke* 'waarheid', ook die welke gericht is tegen zijn grondslagen en mogelijkheidsvoorwaarden, te verdragen. Het gebruik van de vrijheid om de vrijheid op te heffen, van de democratie om de democratie te elimineren, van de tolerantie om intolerantie te vestigen hoeft niet getolereerd te worden. Bescherming hiertegen impliceert niet dat de staat zich op een bepaalde waarheid vastlegt, maar geschiedt juist om dat te voorkomen, dient juist om een open en op corrigeerbaarheid gerichte beslissingsstructuur waarbinnen het relatieve waarheidsbegrip kan functioneren in stand te houden.

---

17 'De achilleshiel van het bestel is de mogelijkheid, dat een groepering op legale wijze aan de macht komt, doch daarna de deur achter zich dicht slaat', aldus M.C. Burkens, Algehele grondwetsherziening: een instrument voor de toekomst? NJB 1979, p. 65.

Uiteraard dient de democratische rechtsstaat slechts in extreme gevallen tot verdedigingsmaatregelen, bijvoorbeeld een partijverbod, te besluiten. 'Het verbieden van politieke partijen betekent een opereren aan de rand van het democratisch bestel. Het is het eerste middel waarnaar de dictatuur grijpt. Het moet voor de democratie het laatste middel zijn', aldus Eskes.[18] Derhalve verdient het in rustige tijden verreweg de voorkeur antidemocratische en anderszins verwerpelijke (bijv. racistische) partijen *binnen* het politieke bestel terug te dringen. Dit betekent dat van de bevoegdheid tot ontbinding van zo'n partij (ex art. 20 boek 2 BW) uiterst terughoudend gebruikgemaakt moet worden. Bovendien kan men zich afvragen of verbodenverklaring en ontbinding wel effectief is; onder een andere naam en met (licht) gewijzigde doelstelling of samenstelling kan een dergelijke partij later weer opduiken. Het laatste decennium is het OM iets actiever in het vervolgen van dergelijke partijen en hun leden wegens overtreding van de strafwet. Het gaat daarbij in het bijzonder om de artikelen 51 Sr (strafbare rechtspersoon) en 140 Sr (deelneming aan misdadige organisatie).[19] De vervolging is dan mede gebaseerd op het plegen van enkele in de reeks van artikelen 137 c t/m e Sr strafbaar gestelde rassendiscriminatie-misdrijven. Zoals gezegd, komt ook vervolging van individuele leden – wegens het aanzetten tot rassenhaat – voor.[20]

8.5 (POLITIEKE) GRONDRECHTEN

Voor het functioneren van een democratie is het van essentieel belang dat burgers een aantal rechten bezitten die een proces van politieke wilsvorming mogelijk maken en bovendien de mogelijkheid bieden het resultaat publiek te maken. Voor het proces van wilsvorming zijn vooral het grondwettelijk verankerde verenigingsrecht (art. 8 Gw) en vergaderrecht (art. 9 Gw) van betekenis. Het verenigingsrecht is in Nederland in het bijzonder voor politieke partijen van belang. Anders dan in een groot aantal westerse staten[21] kent het Nederlandse constitutionele recht nauwelijks specifieke voorschriften met betrekking tot politieke partijen. Daartoe zijn wel pogingen gedaan, maar die hebben tot dusver geen resultaat gehad.[22] Er is slechts een Wet subsidiëring politieke partijen, die de voorwaarden bevat waaronder landelijk operende partijen van rijkswege subsidie kunnen ontvangen. Deze wet bevat echter geen regels over het intern functioneren van partijen.[23] Dit vrijwel volledige zwijgen van het constitutionele recht wortelt

18 J.A.O. Eskes, Repressie van politieke bewegingen in Nederland, Zwolle 1988, p. 588.

19 Vgl. J.A.O. Eskes, Repressie van politieke bewegingen in Nederland: een actualisering, in: Burkens-bundel, Zwolle 1995, p. 125 e.v.

20 HR 16 april 1996, NJ 1996, 527 (Janmaat c.s.).

21 D.J. Elzinga, De politieke partij en het constitutionele recht, Nijmegen 1982, p. 53 e.v.

22 Aangekondigd is echter dat in 2006 een voorstel van Wet financiering politieke partijen bij de Tweede Kamer zal worden ingediend. Deze wet zal niet alleen de subsidiëring van politieke partijen regelen, maar ook de verwerving van andere inkomstenbronnen en de transparantie van een en ander. Verder zal worden voorzien in onafhankelijk toezicht.

23 Stb. 2005, 373/374.

in een politiek liberalisme, waarin als leidende gedachte geldt dat men partijvorming geheel vrij moet laten. Men dient de volstrekte vrijheid te hebben om politieke partijen op te richten, om zelf inhoud te geven aan hun streven en de organisatorische verbanden waarbinnen dit alles plaatsvindt te bepalen.[24] Iedere overheidsregulatie zou in dat verband belemmerend werken. Grondwettelijke bescherming wordt alleen geboden door de algemene bepaling over de verenigingsvrijheid. Op grond van de Kieswet dienen politieke partijen, als zij tenminste hun partijnaam willen laten registreren, een vereniging te zijn met volledige rechtsbevoegdheid. Politieke partijen zijn bijgevolg verenigingen in de zin van boek 2 BW, dus rechtspersonen naar privaatrecht. Derhalve wordt hun interne organisatie ook door het privaatrecht beheerst.[25]

In een democratie, en met name in een vertegenwoordigend stelsel, is het van groot belang dat de burgers goed geïnformeerd zijn teneinde op verantwoorde wijze een stem uit te kunnen brengen. Een stem die zij ook buiten verkiezingstijd kunnen laten horen met als doel het beleid te beïnvloeden. Kortom: vrijheid van meningsuiting is onlosmakelijk met democratie verbonden; de eerste daad van een autocratisch regime is het beperken of schrappen van de vrijheid van meningsuiting. In de Grondwet is de vrijheid van meningsuiting voornamelijk geregeld in de artikelen 7 en 9.

Het eerste lid van artikel 7 Gw regelt de drukpersvrijheid. Globaal gezegd, houdt dit in dat geen voorafgaand verlof kan worden geëist voor het openbaren van in leesbare tekens gestelde uitingen. Wel kan er op basis van een formele wet repressief worden opgetreden. In het Wetboek van strafrecht zijn een aantal zogenaamde drukpersdelicten opgenomen. Op grond van de jurisprudentie hebben lagere regelgevers de bevoegdheid nadere regels te stellen met betrekking tot de verspreiding van deze uitingsmiddelen. Zij mogen echter geen absoluut verbod creëren of het recht volledig aan een vergunningenstelsel onderwerpen. Verder mogen er geen beperkingen worden gesteld met het oog op de inhoud van de uiting.[26]

Tegenwoordig is het verspreiden van drukwerk een betrekkelijk verouderd communicatiemiddel. Vrije massamedia zijn veel belangrijker geworden voor de vorming van de publieke en politieke opinie. Vooral radio, televisie en internet zijn hier een belangrijke rol gaan vervullen. In dat opzicht is het opmerkelijk dat de Grondwet een relatief geringe bescherming biedt aan deze media. Er kan weliswaar geen voorafgaand toezicht worden uitgeoefend op de inhoud van een radio- of televisieuitzending, maar voor het overige wordt alle nadere regulering overgelaten aan de formele wetgever, die deze bevoegdheid kan delegeren (art. 7, tweede lid, Gw). Het derde lid van artikel 7

---

24 In dat verband is opmerkelijk de uitspraak van de Rechtbank Den Haag waarin de Staat werd bevolen de subsidie aan de Staatkundig Gereformeerde Partij stop te zetten, omdat zolang vrouwen niet op gelijke voet met mannen lid konden worden van deze partij subsidiëring van een dergelijke partij strijd met art. 7 Vrouwenverdrag zou opleveren. Zie Rechtbank 's-Gravenhage 7 september 2005, NJCM-bulletin 2005, nr. 8, p. 1091 e.v. met zeer instructieve noten van M. de Blois en T. Loenen.

25 Zie D.J. Elzinga, Het Nederlandse kiesrecht, 2e dr., Deventer 1997, p. 112 e.v.

26 HR 28 november 1950, NJ 1951, 137 (APV Tilburg). Zie voorts § 13.6.

Gw bepaalt dat voor het openbaren van gedachten of gevoelens door andere dan de hiervoor genoemde middelen niemand verlof nodig heeft wegens de inhoud.[27]

De tijd dat demonstraties nog als een bijkans onoirbaar drukmiddel jegens de overheid werden beschouwd, ligt nog niet zo lang achter ons. De Hoge Raad heeft steeds geweigerd deze wijze van uiten onder de werking van artikel 7 te brengen.[28] Wel bood en biedt artikel 10 EVRM bescherming. Dit artikel is bijzonder ruimhartig geformuleerd. Het omvat niet alleen de vrijheid meningen te uiten, maar ook het recht inlichtingen of denkbeelden te ontvangen (o.a. van belang voor radio en tv) en door te geven. Daar staat tegenover dat dit artikel ruimere beperkingsmogelijkheden kent dan artikel 7 Gw en de daarop gebaseerde jurisprudentie. Pas sinds 1983 is de demonstratievrijheid in de nationale Grondwet verankerd, overigens niet in artikel 7 maar in artikel 9 Gw. Een nadere uitwerking heeft plaatsgevonden in de Wet openbare manifestaties.[29]

Het petitierecht wordt wel het moederrecht genoemd van de politieke rechten en vrijheden.[30] Het stamt nog uit de tijd dat er van een recht voor de burger om te participeren in de politieke besluitvorming geen sprake was. Wel had men al het recht (straffeloos) verzoeken te richten tot de overheid. Ook in de huidige Grondwet komt het recht voor (art. 5 Gw). Het petitierecht vervult nog een bescheiden functie naast de vrijheid van meningsuiting; op grond van dit recht is het desbetreffende bevoegde gezag verplicht een schriftelijk geuite mening in ontvangst te nemen. Van een anderszins geuite mening hoeft de overheid geen kennis te nemen. Grondwettelijk gezien heeft de overheid geen antwoordplicht. Voor de publieke politieke wilsvorming is het petitierecht nauwelijks van betekenis. Van Maarseveen is van opvatting dat door de democratisering, de verdergaande zeggenschap van de burgers in de politieke machtsuitoefening, de politieke inbrengfunctie is teruggelopen. Veel is overgenomen door de pers en andere publiciteitsmedia en er is veel overgegaan in de sfeer van andere grondrechten, zoals het kiesrecht en de vrijheid van meningsuiting, waaronder het demonstratierecht. Toch moet ook hij constateren dat hoewel het petitierecht wellicht als overbodig kan worden beschouwd, er veelvuldig gebruik van wordt gemaakt.[31] Dat heeft waarschijnlijk te maken met het feit dat het petitierecht in de ogen van veel burgers de functie van klachtrecht is gaan vervullen. Met name de commissie voor de verzoekschriften van de Tweede Kamer ontvangt jaarlijks nogal wat petities, en de

---

27 Er is wederom een voorstel tot grondwetsherziening in de maak teneinde een aantal grondrechten, waaronder art. 7 Gw bij de 'digitale tijd' te brengen. De onder het laatste paarse kabinet ingediende voorstellen (Kamerstukken II 2000/01, 27 460) vonden geen genade in de ogen van de Raad van State en het kabinet-Balkenende. Er is een nieuw voorstel aangekondigd. Zie o.a. Kamerstukken I 2005/06, 30 300 VII, D, p. 1.

28 HR 30 mei 1967, NJ 1968, 5 (Vietnam II).

29 Zie voorts § 13.6.

30 H. van Maarseveen, Het petitierecht, in: Grondrechten (Jeukensbundel), Nijmegen 1982, p. 143.

31 H. van Maarseveen, a.w., p. 142.

Nationale ombudsman wordt jaarlijks overstelpt met klachten over het functioneren van overheden.[32]

8.6 DEMOCRATISCHE ZEGGENSCHAP IN EN CONTROLE OP BESLUITVORMING

Democratische invloed op de besluitvorming kan gerealiseerd worden door de volksvertegenwoordiging de beslissingen te laten nemen of een medebeslissingsrecht toe te kennen, maar ook door middel van een verantwoordingsplicht van bestuurders aan de volksvertegenwoordiging.

Anders dan bijvoorbeeld in de Verenigde Staten heeft het Nederlandse parlement geen exclusieve wetgevende bevoegdheid. Artikel 81 Gw bepaalt dat de vaststelling van wetten geschiedt door de regering en de Staten-Generaal gezamenlijk. De wetgevende en controlerende taak van het parlement zijn hier nauw met elkaar verweven. Wellicht kan men zelfs stellen dat juist bij uitstek het proces van wetgeving door de beide kamers van de Staten-Generaal wordt aangegrepen om rekening en verantwoording te eisen van de regering. Door de bijzondere bevoegdheden die met name de Tweede Kamer in het kader van de wetgevingsprocedure bezit, wordt dit effect nog eens versterkt.

In Nederland geldt als uitgangspunt dat bestuurders steeds verantwoording schuldig zijn aan een volksvertegenwoordiging. Ministers en staatssecretarissen zijn ingevolge artikel 42, tweede lid, jo. artikel 68 Gw verantwoordingsplichtig aan de beide kamers van de Staten-Generaal.[33] Gedeputeerde staten en de Commissaris der Koningin zijn verplicht zich te verantwoorden en inlichtingen te verschaffen aan provinciale staten (art. 167, 179 Provinciewet). Hetzelfde geldt voor het college van b en w en de burgemeester ten opzichte van de gemeenteraad (art. 169, 180 Gemeentewet). Aan de hand van deze verantwoordingsverplichtingen kan worden bereikt dat de beleids- en besluitvorming geschiedt in overeenstemming met de volksvertegenwoordiging.

Bestuurders leggen dus verantwoording af aan de volksvertegenwoordigers. Volksvertegenwoordigers dienen verantwoording af te leggen aan het volk. Dit geschiedt vooral door middel van periodieke verkiezingen. Vertegenwoordigers die in de ogen van hun kiezers niet goed gefunctioneerd hebben, lopen het risico niet herkozen te worden. Hierbij dient echter wel bedacht te worden dat, zoals gezegd, in het Nederlandse staatsbestel politieke partijen een buitengewoon grote invloed hebben op de kandidaatstelling.

---

32 De behandeling van klachten ingediend bij het bestuursorgaan zelf (intern klachtrecht) is geregeld in hoofdstuk 9 Awb.

33 Bij de behandeling van het Nederlandse parlementaire stelsel, in hoofdstuk 10, wordt hierop uitgebreider ingegaan.

8.7 OPENBAARHEID VAN BESLUITEN EN BESLUITVORMING

De betekenis van openbaarheid bij de besluitvorming werd al in het midden van de negentiende eeuw door Thorbecke gloedvol verwoord: 'Openbaarheid is licht, geheimhouding is duisternis. Publiek belang, publiek behandeld, trekt belangstelling, onderzoek, kunde en bekwaamheid. Geheimhouding beveelt wantrouwen en geeft aan ontevredenheid of beweging de gevaarlijke wapens tegen het bestuur in handen.'[34] Toch leidde nog in 1968 de rectorale rede van Van Wijnbergen over openbaarheid van overheidsdocumenten tot heftige polemieken. Openbaarheid zou de grondslag van het democratisch bestel, het vertrouwen in de gekozen vertegenwoordigers, ondermijnen. Voorts zou het de werking van een democratisch bestuur verlammen, omdat gesloten compromissen al snel belachelijk gemaakt dan wel anderszins aangetast zouden kunnen worden, zo werd betoogd.[35] Gaandeweg verwierf ook in Nederland de gedachte van openbaarheid van de overheid meer aanhang. Bij een proces van verdergaande politieke democratisering hoort de mogelijkheid van de burger inzicht te verkrijgen in de politieke besluitvorming. Openbaarheid maakt controle mogelijk, en dat heeft in het algemeen weer als gevolg dat degenen die aan openbaarheid zijn onderworpen, zorgvuldiger gaan handelen. Die gedachte ligt ook ten grondslag aan art. 110 Gw dat een regelingsopdracht terzake van openbaarheid bevat.[36] Openbaarheid is te beschouwen als een eis van democratie, een eis die met zoveel woorden in de considerans van de Wet openbaarheid van bestuur (WOB) terug te vinden is. Deze wet is eerst in 1980, na veel moeilijkheden, in werking getreden.[37] Zij is onder andere van betekenis voor de openbaarheid van informatie die rust onder ministers, provinciale en gemeentelijke bestuursorganen, bestuursorganen van waterschappen en van de publiekrechtelijke bedrijfsorganisatie zoals de SER. Ook de andere bestuursorganen vallen onder de wet, tenzij ze expliciet bij amvb zijn uitgezonderd (art. 1a WOB). Artikel 8 van de WOB eist dat een bestuursorgaan uit eigen beweging informatie verschaft over beleid, waaronder begrepen de voorbereiding en de uitvoering daaarvan, zodra dit van belang is voor een goede en democratische bestuursvoering. Dit wordt wel de actieve openbaarheidsplicht genoemd. Ook regelt de wet de zogenaamde passieve openbaarheid. Dit betreft de informatie die de overheid op verzoek dient te verstrekken. Op grond van artikel 3, derde lid, moet een verzoek om informatie worden ingewilligd, tenzij een van de uitzonderingsgronden en beperkingen van de artikelen 10 en 11 WOB van toepas-

34 Geciteerd door C.H.F. Polak, Inleiding openbaarheid (Van Ham-Wagnerbundel), Deventer 1981, p. 2.

35 Zie voor dit alles: F.H. van der Burg, Overheid en onderdaan in een representatieve democratie, preadvies VAR, Haarlem 1970.

36 Er is wel voor gepleit openbaarheid van overheidsinformatie als grondrecht op te nemen in de Grondwet. Zie het Rapport van de commissie Grondrechten in het digitale tijdperk (commissie-Franken), Den Haag 2000.

37 Nadien is de wet eenmaal ingrijpend gewijzigd (Stb. 1991, 703) en in werking getreden per 1 mei 1992. Zie uitvoerig over de Wob: E.J. Daalder, Toegang tot overheidsinformatie, Den Haag 2005.

sing is. Artikel 10 bevat ten eerste een drietal absolute weigeringsgronden. Informatie wordt niet verstrekt als dit de eenheid van de Kroon (d.i. Koning en ministers/staatssecretarissen) in gevaar zou kunnen brengen, de veiligheid van de staat zou kunnen schaden en wanneer het gaat om bedrijfs- en fabricagegevens die vertrouwelijk aan de overheid zijn verstrekt. Voorts bevat hetzelfde artikel een aantal relatieve weigeringsgronden; indien een van de limitatief opgesomde belangen in het geding is, dient het betrokken overheidsorgaan dit belang af te wegen tegen het belang van het verstrekken van informatie. Het gaat daarbij bijvoorbeeld om de opsporing en vervolging van strafbare feiten en de bescherming van de persoonlijke levenssfeer. Artikel 11 WOB geeft aan dat uit documenten die opgesteld zijn voor intern beraad binnen de overheid geen informatie wordt verstrekt over de daarin opgenomen persoonlijke beleidsopvattingen, althans niet in tot personen herleidbare vorm, tenzij degene die deze opvattingen heeft geuit, daarmee heeft ingestemd.

Een belangrijke uitzondering op de openbaarheidsregel is te vinden in artikel 25a Wet op de Raad van State. De openbaarmaking van adviezen van de Raad van State aan de regering of het parlement is aan bijzondere regels gebonden.

Beslissingen op een verzoek om informatie op basis van de WOB zijn beschikkingen die bij de rechter kunnen worden aangevochten krachtens de Awb.

Vergaderingen van algemeen vertegenwoordigende organen zijn als regel openbaar (vgl. art. 66 Gw, art. 23 Provinciewet en art. 23 Gemeentewet). Wel zijn er steeds uitzonderingen mogelijk indien de aard van de te bespreken onderwerpen zich niet met openbaarheid verdraagt. Het besluit tot het houden van een besloten vergadering is veelal met bijzondere waarborgen omgeven.

In verband met de openbaarheid is het ook van belang er op te wijzen dat aan de meeste besluiten pas rechtsgevolgen kunnen worden verbonden als zij zijn bekendgemaakt. De bekendmakingsregels zijn verspreid te vinden in een aantal wetten. Zo geeft de Rijkswet goedkeuring en bekendmaking verdragen een nadere uitwerking van artikel 93 Gw terzake van de bekendmaking van verdragen en besluiten van volkenrechtelijke organisaties. De Bekendmakingswet (Bw) is een uitwerking van de artikelen 88 en 89 van de Grondwet. Het gaat daarbij, globaal gezegd, om besluiten afkomstig van organen van de centrale overheid. Formele wetten en amvb's worden bekendgemaakt in het Staatsblad. Dat geldt ook voor andere koninklijke besluiten (zgn. kleine KB's) waarbij algemeen verbindende voorschriften worden vastgesteld (art. 3 Bw). Voor kleine KB's die geen algemeen verbindend voorschrift zijn, gelden geen algemene bekendmakingsregels. Naar keuze kunnen zij worden geplaatst in het Staatsblad, de Staatscourant of in een ander publicatieblad. Een nog niet genoemde belangrijke categorie besluiten zijn de algemeen verbindende voorschriften die bij ministeriële regeling worden vastgesteld. Deze worden in de Staatscourant gepubliceerd, alsmede de overige vanwege het Rijk vastgestelde algemeen verbindende voorschriften, voor zover deze niet in het Staatsblad geplaatst dienen te worden (art. 4 Bw).

De bekendmaking van de meeste resterende besluiten wordt door de Awb geregeld. Hierbij kan worden gedacht aan beschikkingen en de overige besluiten van algemene strekking, zoals plannen en beleidsregels. De regeling van de Awb houdt, globaal gezegd, in dat de bekendmaking van besluiten die specifiek tot een of meer belanghebbenden zijn gericht – hierbij moet vooral worden gedacht aan beschikkingen – geschiedt door toezending of door uitreiking aan de betrokkenen (art. 3:41 Awb). De bekendmaking van de andere besluiten die onder de werkingssfeer van de Awb vallen, geschiedt door kennisgeving van het besluit of de strekking ervan in een van overheidswege uitgegeven blad of een dag-, nieuws- of huis-aan-huis-blad, dan wel op andere geschikte wijze (art. 3:42 Awb). De bekendmakingsregels van de Awb zijn niet van toepassing op algemeen verbindende voorschriften (art. 3:1 Awb), zodat bijvoorbeeld voor de bekendmaking van de algemeen verbindende voorschriften van decentrale overheden steeds gekeken moet worden naar de afzonderlijke toepasselijke wetgeving (vgl. art. 136-140 Provinciewet en art. 139-144 Gemeentewet).

8.8 MEERDERHEIDSREGEL

Democratie wordt veelal vereenzelvigd met de meerderheidsregel. Het is uitgesloten dat in een groep mensen ieder het steeds met ieder ander eens zal zijn. Teneinde structurele besluiteloosheid te voorkomen, dienen afspraken gemaakt te worden over de wijze waarop besluiten tot stand kunnen komen. Uitgaande van de gelijkwaardigheid van ieders mening worden meningen geteld en geeft de meerderheid van deze meningen de doorslag. Daarvoor is het wel noodzakelijk dat een besluitvormingsprocedure wordt ingericht die de meningen telbaar maakt; uiteindelijk moeten er ja/nee-situaties gecreëerd worden. In democratieën is de meerderheidsregel verheven tot uitgangspunt bij politieke besluitvorming. Zo schrijft artikel 67, tweede lid, Gw voor dat de kamers van de Staten-Generaal elk afzonderlijk en in verenigde vergadering besluiten bij meerderheid van stemmen. Dat geldt ook voor een ander belangrijk college op centraal niveau, te weten de minsterraad (art. 11 RvoM). Voor het dagelijks bestuur en de vertegenwoordigende colleges op decentraal niveau wordt dezelfde regel gehanteerd (vgl. art. 30 en 58 Provinciewet en art. 30 en 58 Gemeentewet). Voor enkele besluiten waaraan een bijzondere waarde wordt gehecht, is een gekwalificeerde meerderheid vereist. Zo is voor goedkeuring van een verdragsbepaling die afwijkt van de Grondwet (art. 91, derde lid, Gw) en een herziening van de Grondwet (art. 137, vierde lid, Gw) een tweederde meerderheid noodzakelijk. Het nadeel hiervan is dat een relatief geringe minderheid besluitvorming kan frustreren. Hierbij dient evenwel aangetekend te worden dat het in Nederland in een enkel geval de gewone meerderheid is die beslist of wel of niet een tweederde meerderheid vereist is.[38]

De meerderheidsregel verhult motieven achter besluiten; het is heel wel mogelijk dat een meerderheid voor een bepaalde maatregel stemt, terwijl degenen die de meerderheid vormen dit doen op basis van onderling strijdige motieven. De meerder-

38 Zie art. 91, derde lid, Gw. In 1984 bleek nog eens in het debat over de stationering van kruisvluchtwapens in Nederland dat een gewone meerderheid kan bepalen of goedkeuring met gekwalificeerde meerderheid noodzakelijk is. Vgl. C.A.J.M. Kortmann, De grondwetsherzieningen 1983 en 1987, 2e dr., Deventer 1987, p. 275.

heid bestaat dan uit minderheden. Ook apert verwerpelijke beweegredenen kunnen tot een meerderheidsbesluit leiden. Democratie weegt meningen niet, maar telt ze.[39]

Er is in het verleden regelmatig kritiek uitgeoefend op het vereenzelvigen van democratie met de meerderheidsregel. Allereerst wordt er wel op gewezen dat de 'volkswil' niet per se tot uitdrukking hoeft te komen in een meerderheidsbesluit en dit te meer als men bedenkt dat de 'volkswil' een fictie is en de bindende meerderheidsbesluiten niet worden genomen door het volk zelf, maar door zijn vertegenwoordigers. Voorts dreigt in een democratie een meerderheidsdictatuur waardoor minderheden in de verdrukking kunnen raken.

In Nederland bestaat er een traditie om zoveel mogelijk te streven naar consensus ten aanzien van het stellen van een regel en de inhoud van die regel. Deze traditie wordt mede gevoed door het kiesstelsel. In het Verenigd Koninkrijk daarentegen functioneren meerderheid en minderheid in het parlement als antagonisten en wordt er scherp op de meerderheid gereageerd. In ieder geval dient men de besluitvorming zodanig te laten verlopen dat minderheden de bereidheid behouden besluiten van de meerderheid als bindend te beschouwen. Belangrijk is in dit verband dat de beslissingen in zekere zin naar de toekomst toe open zijn, dat wil zeggen dat zij in beginsel later kunnen worden gewijzigd of in hun werking beëindigd. Aldus wordt een democratische rechtsorde vrijgesteld voor zich wijzigende inzichten of electorale verhoudingen casu quo gewijzigde meerderheden.[40] Vanzelfsprekend zijn er ook besluiten die uit de aard der zaak in redelijkheid of feitelijk niet terug te draaien zijn.

8.9 RECHTEN VAN MINDERHEDEN

Dat rechten van minderheden gerespecteerd dienen te worden kan op een functionele alsook een inhoudelijke manier begrepen worden. Functioneel gezien is het een eis van democratie dat een ieder gelijkelijk betrokken kan zijn bij de politieke wilsvorming, dus ook minderheden. De (grond)rechten die aan alle burgers in dit kader toekomen mogen minderheden niet ontnomen worden. Anders gezegd: minderheden moeten meerderheid kunnen worden. In enkele gevallen worden minderheden op een bijzondere wijze beschermd, namelijk door het stellen van zogenaamde gekwalificeerde meerderheidseisen. Zo kan het besluit tot wijziging van het belangrijkste staatsdocument, de Grondwet, slechts genomen worden met een tweederde meerderheid (art. 137, vierde lid, Gw).

Het ontzien van minderheden kan ook betrokken worden op de inhoud van besluiten. Met name bij het stellen van algemene regels dienen belangen zorgvuldig afgewogen te worden. Belangen van minderheden moeten ontzien worden in de zin dat

39 W.H. Fortin en Th. Holterman, Democratie, in: Th. Holterman e.a. (red.), a.w., p. 218.
40 M.C. Burkens, De Nederlandse rechtsstaat, in: S.W. Couwenberg, Op de grens van twee eeuwen, positie en perspectief van Nederland in het zicht van het jaar 2000, Kampen 1989, p. 63-71.

minderheden niet onnodig in hun handelen worden beperkt; er zal voor gezorgd moeten worden dat zij bereid blijven de beslissingen van de meerderheid na te leven.

8.10 VERDERGAANDE DEMOCRATISERING

Zoals reeds gezegd, vormen de hiervoor behandelde eisen slechts een minimumpakket van regels die men uit het democratiebeginsel zou kunnen afleiden ten aanzien van de mate waarin aan burgers invloed dient te worden toegekend in het nemen van politieke beslissingen. Opvallend is dat in Nederland de democratisering vooral gericht is geweest op ambtsdragers. In dat verband heeft de democratisering in rechtstreekse zin zich beperkt tot de aanwijzing van leden van algemeen vertegenwoordigende organen, in het bijzonder de leden van de Tweede Kamer, van provinciale staten en van gemeenteraden (vgl. art. 4 Gw). De democratische invloed op de samenstelling van andere ambten bleef indirect. Zo zijn ministers sedert de verwezenlijking van het parlementaire regeringsstelsel in de bezetting van hun ambt afhankelijk van het vertrouwen van de meerderheid van de Staten-Generaal, in het bijzonder de Tweede Kamer. De democratische invloed is derhalve slechts indirect, te weten via de schakel van de invloed op de samenstelling van de Tweede Kamer. Ook de invloed op de ambten van gedeputeerden in de provincies en van wethouders in de gemeenten is slechts indirect. Gedeputeerden en wethouders worden gekozen door provinciale staten (art. 35, eerste lid, Provinciewet) respectievelijk gemeenteraden (art. 35 Gemeentewet).[41] Ter zake van de bezetting van sommige bestuurlijke ambten is de invloed in nog sterkere mate indirect. Zo worden commissarissen van de Koning en burgemeesters door de regering benoemd (art. 131 Gw). Pogingen deze beide ambtsdragers door middel van directe verkiezing aan te laten wijzen zijn op niets uitgelopen.[42] Wel is recentelijk de mogelijkheid geopend dat de raad een raadplegend referendum houdt over sollicitanten in het kader van zijn aanbevelingsrecht terzake van de burgemeestersbenoeming (art. 61, tweede lid, Gem.w). Ook andere functionarissen zoals rechters en politiebeambten worden in Nederland niet gekozen maar benoemd. Dat dit ook (ten dele) anders kan, bewijzen bijvoorbeeld de Verenigde Staten. Slechts in enkele gevallen is er in Nederland sprake van een (uiterst bescheiden) democratische legitimatie van rechters. Het betreft dan vooral de deelname van zogenaamde leken in rechterlijke colleges. Zo werden de leden van de voormalige Raden van Beroep, belast met rechtspraak in sociale zekerheidszaken, van oudsher benoemd na een aanbeveling door organisaties van werkgevers en werknemers. Met de herziening van de rechterlijke organisatie is veel van de lekenrechtspraak vervallen. Als argument voor het laten deelnemen van leken als vertegenwoordigers van belangengroepen is altijd aangevoerd het versterken van de vertrouwensband tussen rechter en justitiabele. De regering was van mening dat dit niet meer

41 Na invoering van de Wet dualisering gemeentebestuur is ook een wethouder van buiten de raad mogelijk. Zie art. 35 Gem.w.

42 Zie voor een opsomming van de pro's en contra's van verkiezing en de meest recente ontwikkelingen hoofdstuk 13, § 3.2.4.

in de huidige tijd paste. Volgens haar brachten de toenemende werkdruk op de rechterlijke macht en de toenemende complexiteit van de geschillen met zich dat de nadruk bij de rechtspraak steeds meer is komen te liggen op een doelmatige rechtspleging waarin onafhankelijkheid, deskundigheid en professionaliteit voorop staan.[43] Leken passen blijkbaar niet in dit beeld.

Deelname van leken komt nog wel veelvuldig voor bij vormen van geschillenbeslechting die als tuchtrechtspraak kunnen worden gekwalificeerd (art. 113, tweede lid, Gw). Bij tuchtrechtprocedures gaat het in veel gevallen om het handelen van een beoefenaar van een bepaald beroep, dat in strijd wordt geacht met de normen van de beroepsgroep. Dit handelen wordt dan bij een tuchtrechtelijke instantie aangeklaagd, die hierover veelal een bindend oordeel zal kunnen geven.[44] Een tuchtrechtelijke instantie bestaat behalve uit een onafhankelijke voorzitter vaak ook uit leden van de desbetreffende beroepsgroep. Op grond van de Advocatenwet is er bijvoorbeeld tuchtrechtspraak ingesteld voor advocaten. In eerste aanleg zijn tot oordelen bevoegd de raden van discipline, die gevestigd zijn in het rechtsgebied van elk gerechtshof (art. 46a, eerste lid, Advocatenwet). Hoger beroep kan worden ingesteld bij het Hof van discipline (art. 51 Advocatenwet). Beide colleges bestaan onder andere uit zogenaamde leden-advocaten.

Democratisering kan zich ook richten op de besluitvorming zelf. Hierbij wordt veelal gedacht aan referenda. Zo heeft bijvoorbeeld in Denemarken en Zwitserland de bevolking al sinds jaar en dag de mogelijkheid om door middel van een referendum een bindende uitspraak te doen over de wenselijkheid van wetgeving.[45] In Nederland werd op gemeentelijk niveau vanaf het begin van de jaren negentig in toenemende mate gebruik gemaakt van referenda; deze konden grondwettelijk gezien echter niet decisief zijn maar slechts raadplegend van aard. In de vorige eeuw zijn diverse pogingen ondernomen om ook op centraal niveau een referendum in te voeren; tot dusver steeds zonder resultaat. Uniek was dan ook dat op initiatief van de Tweede-Kamerleden Karimi, Dubbelboer en Van der Ham[46] een wet werd aangenomen die het mogelijk maakte dat op 1 juni 2005 een nationaal raadplegend referendum werd gehouden over de instemming van Nederland met het Verdrag tot vaststelling van een Grondwet voor Europa. Vrij snel daarna werden er initiatiefvoorstellen ingediend om alsnog in algemene zin raadplegende en zelfs correctieve referenda mogelijk te maken.[47]

43 Kamerstukken II 1990/91, 21 967, nr. 6, p. 15.

44 Vgl. R.J.G.M. Widdershoven, Gespecialiseerde rechtsgangen in het administratieve recht, Zwolle 1989, p. 39 e.v.

45 Vgl. P.C. Gilhuis, Het referendum, Alphen a/d Rijn 1981.

46 Kamerstukken II 2002/03, 28 885.

47 Kamerstukken II 2004/05, 30 174 en 2005/06, 30 372. Zie uitvoeriger over het referendum § 12.6.

9 Regeringsvormen

9.1 INLEIDING

In de verschillende landen wijken de wijzen waarop het centrale gezag is ingericht nogal van elkaar af. In het verleden was vooral het onderscheid tussen monarchieën en republieken relevant. De focus was daarbij met name gericht op de allesoverheersende positie van het staatshoofd. Van een monarchie werd en wordt gesproken als het staatshoofd via erfopvolging wordt aangewezen. Bij een republiek gaat het om aanwijzing op een willekeurig andere wijze. In de loop der tijden is het belang van de monarch steeds verder afgenomen; de politieke besluitvorming is bij andere organen terecht gekomen. Het onderscheid tussen monarchie en republiek is daarmee ook steeds minder relevant geworden. In de wetenschap is daarom een ander onderscheid tussen verschillende regeringsvormen steeds belangrijker geworden.[1] Het gaat daarbij in het bijzonder om de verhouding tussen regering en volksvertegenwoordiging[2] Globaal genomen kunnen drie regeringsvormen worden onderscheiden, te weten het *presidentiële* stelsel, het *parlementaire* stelsel en het *conventionele* stelsel.[3] Hoezeer deze stelsels in hun feitelijke uitwerking ook verschillen, in hun historische oorsprong hebben ze veel gemeenschappelijks, namelijk de wens tot het afbreken van de macht van absolute vorsten en het versterken van de democratische invloed op de besluitvorming. Voorts zijn zij gebaseerd op de gedachte dat er een noodzaak is tot enigerlei vorm van machtsverdeling en 'checks and balances'. Alleen het conventionele stelsel in zijn zuiverste gedaante vormt hierop een uitzondering.

---

1 L.T.A. Rutges, Regeringsvormen, in: Th. Holterman e.a. (red.), Algemene begrippen staatsrecht, 2e druk, Zwolle 1989, p. 139

2 De *regeringsvorm* – de relatie tussen regering en parlement – ziet dus op de verhouding binnen één overheidslaag (horizontaal). Dit moet scherp onderscheiden worden van de *staatsvorm*, die betrekking heeft op de verticale relatie tussen de centrale overheidslaag en decentrale overheidslagen (provincies, gemeenten e.d.); zie daarover § 13.2.2.

3 Verdere nuanceringen zijn hierbij natuurlijk mogelijk. Zo noemt Kortmann Nederland een 'constitutionele monarchie met een parlementair stelsel.' Daarmee grijpt hij dus deels terug op het klassieke onderscheid. Met 'constitutioneel' bedoelt hij aan te geven dat de macht van de vorst niet onbeperkt is, maar gebonden door een constitutie (C.A.J.M. Kortmann, Constitutioneel recht, 5e druk, Deventer 2005, p. 47). Overigens is van belang, dat geen sprake is van twee gelijkwaardige elementen: Nederland is primair een parlementaire democratie, waarbinnen de monarch een zeer beperkte macht heeft.

9.2 PRESIDENTIEEL STELSEL

Kenmerkend voor het presidentiële stelsel is een strikte scheiding tussen wetgevende en uitvoerende macht. De volksvertegenwoordiging komt de wetgevende macht toe, terwijl de bevoegdheid tot uitvoering door de president, en via hem door de regering wordt uitgeoefend. Algemeen worden de Verenigde Staten van Amerika als hèt voorbeeld gezien van een dergelijk stelsel van scherpe scheiding der machten. In beginsel hebben zowel het staatshoofd – de President – als de volksvertegenwoordiging een directe democratische legitimatie.[4] Beide worden door de bevolking gekozen middels algemene verkiezingen. De President vormt een regering van ministers die optreden als zijn adviseurs en uitvoerders van zijn beleid. De regering is geen verantwoording schuldig aan de volksvertegenwoordiging. Er bestaat bovendien geen vertrouwensrelatie tussen de regering en het parlement; het parlement kan een president, minister of (gehele) regering niet tot aftreden dwingen wegens gebrek aan vertrouwen.

Alleen in geval van ambtsmisdrijven kunnen ministers en president tot aftreden worden gedwongen. In de VS is daarvoor de zogenaamde 'impeachment procedure' gecreëerd, waarin de beide huizen van het parlement (Congress), te weten het Huis van Afgevaardigden en de Senaat, een belangrijke rol vervullen. Impeachment is een soort strafrechtelijke procedure waarbij de President of een andere hoge ambtsdrager vervolgd kan worden wegens 'treason, bribery or other high crimes and misdemeanors'. Het Huis van Afgevaardigden treedt daarbij op als vervolgende, de Senaat als rechterlijke instantie. Voor een veroordeling tot afzetting is een tweederde meerderheid nodig. Tot dusver is nog geen enkele President door middel van impeachment tot aftreden gedwongen; Nixon trad bij de Watergate-affaire af vlak voordat het tot een stemming zou komen.[5] In 1998 werd een impeachmentprocedure tegen president Clinton gestart wegens meineed (perjury) en belemmering van de rechtsgang (obstruction of justice). Na een smeuïge, maar tevens ontluisterende, behandeling werd de president uiteindelijk vrijgesproken; de in de Senaat vereiste meerderheid van twee derden werd bij lange na niet gehaald. Er werd grotendeels gestemd langs de politieke partijlijnen. De krachtsverhoudingen waren ongeveer gelijk.[6]

---

4 In de VS wordt de president weliswaar formeel gekozen door een college van kiesmannen, die op hun beurt weer per staat door de bevolking worden gekozen, maar tegenwoordig wordt aangenomen dat de kiesmannen niet meer naar eigen inzicht mogen stemmen; zij dienen te stemmen zoals hun staat heeft gedaan. De kwestie werd weer actueel bij de presidentsverkiezingen in 2000 toen bleek dat de Democraat Gore de meerderheid van de kiezers achter zich had gekregen, de zogenaamde 'popular vote' had gewonnen, terwijl de Republikein Bush de (krappe) meerderheid van de kiesmannen had verworven. Bush werd, zoals bekend, president.

5 In 1868 was er een stem tekort bij de poging tot het afzetten van Lincolns opvolger, Andrew Johnson. Zie voor deze informatie P.J. Boon, Amerikaans staatsrecht, 2e druk, Deventer 2001, p. 104.

6 Meer over dit proces P.P.T. Bovend'Eert, Impressies van een impeachment, NJB 1999, p. 285 e.v.

Afgezien van een procedure wegens ambtsmisdrijven kan in een presidentieel stelsel het parlement de regering dus niet tot aftreden dwingen. Daar staat tegenover dat de president of de regering niet de bevoegdheid heeft het parlement te ontbinden en nieuwe verkiezingen uit te schrijven.

Conform de ideaaltypische structuur van een presidentieel stelsel is het Amerikaanse Congress vooral belast met wetgeving en heeft de President een aantal zelfstandig uit te oefenen bevoegdheden. Zo is de President bijvoorbeeld opperbevelhebber van de strijdkrachten en heeft hij de leiding over de buitenlandse politiek. Hij heeft het recht tot gratieverlening en is belast met de afkondiging (niet: het maken) van wetten. Echter, hoe onafhankelijk wetgever en President ook van elkaar ook mogen zijn, toch zijn zij in de praktijk veelal gedwongen tot samenwerken om beleid tot stand te brengen. Immers, voor het realiseren van beleid, zoals het verbeteren van het leefklimaat in de verpauperde binnensteden of het aanpakken van rassendiscriminatie, is meestal wetgeving èn bestuur nodig.[7] De President kan dan weliswaar niet rechtstreeks wetsvoorstellen indienen bij het Congress, maar hij kan wel – zoals in de praktijk veelvuldig gebeurt – bevriende parlementariërs vragen om de op ministeriële departementen kant en klaar voorbereide wetsvoorstellen bij een van de huizen van het parlement aanhangig te maken. Ook kan de President via de formele weg een boodschap of zelfs een aanmaning tot het Congress richten met als doel wetgeving tot stand te laten brengen. Komt er wetgeving tot stand die de President niet zint, dan kan hij deze tegenhouden met behulp van zijn vetorecht. Dit veto kan slechts worden 'overruled' wanneer het Congress het besluit opnieuw neemt, maar dan wel met tweederde meerderheid.

Hieruit blijkt al dat er checks and balances zijn ingebouwd in het stelsel. Dat geldt niet alleen op het terrein van wetgeving. De President mag dan wel beslissen over het inzetten van militairen, maar het Congress heeft het recht de oorlog te verklaren. De manoevreerruimte van de President op het gebied van de buitenlandse politiek wordt beperkt door het feit dat de Senaat het goedkeuringsrecht heeft terzake van verdragen. De President kan zijn recht om ministers en Supreme Court Judges te benoemen alleen uitoefenen na 'advice and consent' van de Senaat. Heel duidelijk komen checks and balances naar voren bij het budgetrecht van het Congress. De begroting, waarin de door de President voorgenomen staatsuitgaven zijn neergelegd, behoeft goedkeuring van het Congress. Wijzigingen die door het Congress worden aangebracht, kunnen worden getroffen door het veto van de President. Het komt regelmatig voor dat er fors onderhandeld moet worden, voordat een begroting het Congress kan passeren. De soms hoog oplopende conflicten worden in het presidentiële stelsel nog eens versterkt doordat zowel de president als het parlement zich kunnen beroepen op hun directe kiezerslegitimatie.

7 Vgl. T. Koopmans, Vergelijkend publiekrecht, 2e dr., Deventer 1986, p. 151.

9.3 PARLEMENTAIR STELSEL

In een parlementair stelsel wordt alleen de volksvertegenwoordiging middels verkiezingen aangewezen. De regering is slechts indirect democratisch gelegitimeerd. Zij komt voort casu quo wordt ondersteund door de parlementaire meerderheid. De vorming en het voortbestaan van de regering is voornamelijk afhankelijk van de (meerderheid van de) volksvertegenwoordiging. Nu zijn er in de staten met een parlementair stelsel wel verschillen in de mate van democratische legitimatie van de regering te onderkennen. Het kiesstelsel van het Verenigd Koninkrijk[8] bevordert het ontstaan van een tweepartijensysteem. De leider van de partij die de verkiezingen wint zal in de praktijk dan de meerderheid in het parlement hebben, en kan meteen een regering vormen die volledig bestaat uit leden van zijn partij. Ten aanzien van het Verenigd Koninkrijk kan dus ook tot op zekere hoogte worden verdedigd dat de bevolking de regering en de Prime Minister kiest. In Nederland daarentegen leidt het kiesstelsel van de evenredige vertegenwoordiging noodgedwongen tot coalitieregeringen en moeten de kiezers maar afwachten welk resultaat de kabinetsformatie oplevert.

Maar hoe dan ook: kenmerkend voor het parlementaire stelsel is dat een regering niet kan functioneren als zij het vertrouwen mist van het parlement. Dit behoort tot het wezen van de parlementaire regeringsvorm; uiteindelijk heeft het parlement het laatste woord. De regering en haar leden zijn verantwoording schuldig aan het parlement. Indien het parlement het vertrouwen in de regering opzegt, heeft de regering in beginsel twee mogelijkheden. Zij kan eenvoudigweg opstappen, of zij kan overgaan tot ontbinding van het parlement en het uitschrijven van nieuwe verkiezingen in de hoop dat zij van het nieuwe parlement wel voldoende steun krijgt. Dit ontbindingsrecht is nog een erfenis uit het verleden. Het had oorspronkelijk vooral tot doel het parlement van lichtvaardige wantrouwensvota te weerhouden en om een onwillig parlement naar huis te kunnen sturen. Over deze laatste mogelijkheid wordt thans verschillend gedacht. Enerzijds wordt wel beweerd dat ontbinding van het parlement slecht past in een regeringsvorm, waarin het primaat bij de volksvertegenwoordiging berust. Anderzijds wordt juist betoogd dat ontbinding zeer goed past in een dergelijk stelsel. Een ernstig conflict tussen regering en volksvertegenwoordiging, zo is de redenering, dient te worden beslist door het volk. Het volk dient dan ook de gelegenheid te krijgen door middel van verkiezingen een vertegenwoordiging aan te wijzen die zijn opvattingen actueel en adequaat weergeeft. Laat naar aanleiding van het gerezen conflict ten slotte ook de nieuw gekozen volksvertegenwoordiging blijken geen vertrouwen te hebben in de regering, dan zal de regering moeten wijken.

Terwijl het presidentiële stelsel in beginsel uitgaat van een onafhankelijk van elkaar functionerende regering en parlement, is het parlementaire stelsel gericht op *samenwerking* van de centrale gezagsdragende instanties. In veel parlementaire stelsels treedt er zelfs een gedeeltelijke personele samensmelting op van regering en parlement; minis-

8 Een relatief meerderheidsstelsel in districten, § 8.2.

ters zijn dan tevens lid van het parlement, zoals in het Verenigd Koninkrijk het geval is. In Nederland zijn de functies van parlementariër en lid van de regering met elkaar onverenigbaar (art. 57, tweede lid, Gw).[9] In parlementaire stelsels blijkt de gerichtheid op samenwerking onder andere uit het feit dat de bevoegdheid tot wetgeving bij regering en parlement tezamen berust (art. 81 Gw). Voor zover de regering zelfstandige bevoegdheden heeft, kunnen deze niet volstrekt vrijelijk worden uitgeoefend. De werking van de vertrouwensregel brengt mee dat de regering voor de wijze waarop zij van haar bevoegdheden gebruik maakt, uiteindelijk instemming van het parlement nodig heeft. Van een scherpe machtenscheiding kan hier dan ook niet worden gesproken. Hierbij moet wel worden bedacht dat de vertrouwensrelatie vooral speelt tussen regering en parlementaire meerderheid. De parlementaire meerderheid ziet het veelal als haar taak om de regering in het zadel te houden, teneinde het beleid uit te kunnen voeren dat de meerderheid voorstaat. Dit kan tot gevolg hebben dat er van de parlementaire controlefunctie niet veel terecht komt. In feite wordt deze dan vooral uitgeoefend door de oppositie.

Een laatste kenmerk van de parlementaire regeringsvorm is – zoals Rutges[10] het formuleert – het fenomeen van een staatshoofd dat niet regeert en een regeringsleider die niet tevens staatshoofd is. De functies van staatshoofd en regeringsleider zijn over verschillende ambtsdragers verdeeld. Het staatshoofd heeft in dit stelsel uiterst bescheiden bevoegdheden en heeft vooral tot taak de nationale eenheid naar binnen en buiten te symboliseren. Weliswaar heeft het staatshoofd formeel vaak de bevoegdheid om de ministers te benoemen en te ontslaan, maar daarbij zal deze zich uiteindelijk moeten laten leiden door de wensen van de parlementaire meerderheid. In Nederland geschiedt benoeming en ontslag van bewindslieden dan ook onder ministeriële verantwoordelijkheid, en daarmee onder parlementaire controle (vgl. art. 48 jo. 42, tweede lid, Gw).

9.4 CONVENTIONEEL STELSEL

De oorsprong van het conventionele stelsel ligt in de tijd van de Franse revolutie. De benaming is afgeleid van de Franse Conventie van 1793, met zijn beruchte Comité de Salut Public (§ 2.6). Dit stelsel is sterk gebaseerd op het gedachtegoed van Rousseau, die van oordeel was dat alle uitoefening van overheidsgezag in beginsel bij de volksvertegenwoordiging behoorde te berusten. Uitgangspunt is absolute volkssoevereiniteit, zonder machtsverdeling. De volksvertegenwoordiging is hier zowel ten aanzien van wetgeving als uitvoering de hoogste macht. De ministers worden gekozen uit en door de parlementsleden en vormen een afspiegeling van de samenstelling van het parlement. Zij functioneren enkel als een soort dagelijks bestuur, dat slechts is belast met de voorbereiding en uitvoering van het beleid van de volksvertegenwoordiging. De regering heeft geen zelfstandige bevoegdheden; zij is voor haar bevoegdheden volstrekt

9 Uitgezonderd de periode dat een minister of staatssecretaris demissionair is. Zie art. 57, derde lid, Gw.

10 L.T.A. Rutges, Regeringsvormen, in: Th. Holterman e.a. (red.), a.w., p. 177.

afhankelijk van het parlement. De ministers zijn collectief verantwoordelijk voor de uitvoering van de besluiten van de volksvertegenwoordiging. Aangezien de regering geheel ondergeschikt is aan het parlement, is er geen behoefte aan een vertrouwensregel; de regering dient eenvoudigweg steeds het beleid van de volksvertegenwoordiging uit te voeren. De rechtens ondergeschikte positie van de regering blijkt ook uit het feit dat de regering niet de bevoegdheid heeft het parlement te ontbinden.

Het conventionele stelsel heeft in aanleg een sterk democratische opzet. Echter, door het ontbreken van enigerlei vorm van machtsverdeling is het risico van ontsporing en machtsmisbruik groot. Duidelijke voorbeelden hiervan waren te vinden in de voormalige Oostbloklanden. Hun regeringssysteem was gebaseerd op het conventionele stelsel. De formeel beleden volkssoevereiniteit leidde daar tot een grootschalige repressie van de bevolking.

Zuivere conventionele stelsels komen in de huidige tijd nauwelijks voor. Daar waar ze in aanleg wel aanwezig zijn, kan worden geconstateerd dat er elementen van machtsverdeling en checks and balances in het systeem zijn opgenomen. Traditioneel wordt Zwitserland als voorbeeld genoemd van een land met een conventionele regeringsvorm. Inderdaad is daar het parlement de hoogste macht. Maar door de groei van de verzorgingsstaat is ook daar de regering het leidende en sturende orgaan geworden. Het Zwitserse stelsel kent bovendien een incompatibiliteit; ministers kunnen niet tegelijkertijd lid zijn van het parlement. Zelfstandigheid en onafhankelijkheid van de regering worden daardoor versterkt. Ook het feit dat er in Zwitserland veelvuldig referenda worden gehouden, doet afbreuk aan de absolute macht van de volksvertegenwoordiging.[11]

In Nederland kenden we tot 2002 in beginsel een conventioneel stelsel op het gedecentraliseerde niveau van provincies en gemeenten. Maar zoals we nog in hoofdstuk 13 zullen zien was dat stelsel de afgelopen decennia juridisch en feitelijk sterk verwaterd en meer toegegroeid naar een parlementair stelsel. Met de formele dualisering in 2002 – de opsplitsing in een 'regering' (College van B en W, Gedeputeerde Staten) en een 'parlement' (gemeenteraad, Provinciale Staten) is deze tendens bevestigd.

9.5 IDEAALTYPEN, MENGVORMEN EN FEITELIJKE VERHOUDINGEN

De hier geschetste regeringsvormen zijn te beschouwen als *ideaaltypen*, waarbij het presidentiële stelsel aan het ene uiterste van het spectrum staat, het conventionele stelsel aan het andere uiterste, en het parlementaire stelsel ergens tussenin. Het presidentiële stelsel is *dualistisch*, gaat uit van een tweeheid. President (regering) en parlement zijn strikt gescheiden, elk voor zich door verkiezingen gelegitimeerde organen, die aparte functies uitoefenen. Het conventionele stelsel is *monistisch*, gaat uit van een eenheid, waarbij alle macht geconcentreerd is in het parlement, terwijl de

11 Vgl. L.T.A. Rutges, Regeringsvormen, in: Th. Holterman e.a. (red.), a.w., p. 184 e.v.

regering niets meer is dan een uitvoerend comité in en uit het parlement. Het parlementaire stelsel tenslotte is een mengvorm, is gematigd dualistisch ofwel getemperd monistisch: een twee-eenheid. Het gaat uit van twee onderscheiden organen met deels eigen, deels gezamenlijk uit te oefenen bevoegdheden; daarbij is alleen het parlement direct verkozen, en de regering afhankelijk van het vertrouwen van het parlement. In schema:

Stelsel	**Presidentieel**	**Parlementair**	**Conventioneel**
Gekozen	president en parlement	parlement	parlement
Machtenscheiding	strikt	gematigd	geen
Bevoegdheden	wetgevende macht bij parlement, uitvoerende macht bij president (regering)	wetgevende macht bij parlement en regering, uitvoerende macht bij regering	wetgevende en uitvoerende macht bij parlement
Vertrouwensregel	nee	ja	nee (niet nodig)
Type	dualistisch	gemengd	monistisch

Bij bovenstaande schets van ideaaltypen van regeringsvormen moet worden bedacht dat het een weergave is van de stelsels in hun zuiverste vorm. Diverse staten kennen mengvormen. Zo heeft Frankrijk een door de bevolking gekozen president en een volksvertegenwoordiging, waarbij de door de President benoemde ministers aan hem *en* aan de volksvertegenwoordiging verantwoording schuldig zijn. De ministers worden vooral gezien als uitvoerders van het beleid van de President.[12] Doen ze dat in zijn ogen niet goed, dan kan de President hen ontslaan. Maar de regering kan ook niet functioneren zonder het vertrouwen van het parlement. Deze mengvorm van presidentieel en parlementair stelsel wordt vanwege de overheersende invloed van de President wel als semi-presidentieel getypeerd.

Bepalend voor de typering van een regeringsvorm is de verhouding tussen regering en parlement. Het feit dat een land een president als staatshoofd heeft, betekent nog niet dat er sprake is van een presidentieel stelsel. Zo heeft de Bondsrepubliek Duitsland een president, maar is de regeringsvorm toch te kwalificeren als parlementair; de regering kan niet functioneren zonder vertrouwen van het parlement en is daaraan – en niet aan de Bondspresident – verantwoording schuldig. De Bondspresident vervult in dit geheel een grotendeels symbolische, ceremoniële functie, welke overeenkomt met die van de Nederlandse Koning. Overigens blijkt hieruit ook dat het klassieke onderscheid tussen

12 Behalve in het vrij uitzonderlijke geval van 'cohabitation', de situatie waarin de premier een andere politieke kleur heeft dan de president. De premier en de overige ministers zullen dan trachten een eigen politieke koers te varen.

monarchie en republiek, waaraan in het verleden veel waarde werd gehecht, in de huidige tijd nauwelijks meer van betekenis is, althans voor wat betreft de uitoefening van bevoegdheden.[13]

Hiervoor is vooral gewezen op de juridische aspecten van regeringsvormen. Daarbij moet wel worden bedacht dat de *feitelijke* verhoudingen binnen een stelsel per land kunnen verschillen. Dat kan te maken hebben met lang gewortelde tradities, maar ook met (voortdurende) politieke instabiliteit. Gevolg hiervan kan zijn dat in een staat, met behoud van hetzelfde stelsel, periodes kunnen optreden met een overwegende invloed van de volksvertegenwoordiging afgewisseld met periodes waarin de regering het meeste voor het zeggen heeft. Zo leidt een presidentieel stelsel, anders dan wel wordt gedacht, niet automatisch tot een allesoverheersende invloed van de president. Er zijn presidenten die weinig dadendrang aan de dag leggen. Veelal wordt de Amerikaanse President Eisenhower hierbij als voorbeeld genoemd, die dit ambt vervulde van 1953 tot 1961. Ook kan een President geconfronteerd worden met een parlement waarin de meerderheid een andere politieke kleur heeft met als mogelijk gevolg dat veel presidentiële plannen (vooropgesteld dat die er zijn) door de volksvertegenwoordiging worden tegengehouden. In de VS kwam het bijvoorbeeld regelmatig voor dat Republikeinse Presidenten (Reagan, Bush sr.) krachtig tegenspel kregen van de volksvertegenwoordiging waarin de Democratische partij de meerderheid had. De Democratische president Clinton werd op zijn beurt al halverwege zijn eerste ambtstermijn geconfronteerd met een Republikeinse meerderheid in de senaat en bij het begin van zijn tweede ambtstermijn kwam daar ook nog een Republikeinse meerderheid in het Huis van Afgevaardigden bij. Daar staan dan weer tegenover de staten in Zuid-Amerika, waarin het presidentiële stelsel van de VS veelvuldig navolging heeft gevonden. Op het Zuid-Amerikaanse continent is er een vrijwel voortdurende roep om sterke mannen (en een enkele vrouw) geweest. Het gevolg hiervan was meestal dat de macht vrijwel uitsluitend door de president werd uitgeoefend, gesteund door het leger. De volksvertegenwoordiging had dan nauwelijks tot geen invloed. Hier geldt, zoals zo vaak: een systeem kan in abstracto nog zo mooi in elkaar zitten, maar of het in concreto goed werkt staat en valt mede met de personen die daarbinnen functioneren.

13 Zie § 9.1.

10 Het Nederlandse parlementaire stelsel

10.1 INLEIDING

Voordat tot een bespreking van de voornaamste kenmerken van het parlementaire stelsel in Nederland kan worden overgegaan, zal eerst duidelijkheid moeten worden verschaft over de samenstelling van de twee belangrijkste gezagdragende instanties binnen het parlementaire stelsel, te weten de regering en het parlement. Daarbij zal blijken dat zij ieder als een samengesteld ambt of ambtencomplex moeten worden beschouwd, dat wil zeggen dat zij bestaan uit delen die ieder voor zich ook weer als een apart ambt kunnen worden gekwalificeerd.

10.2 REGERING

De Grondwet geeft een wat ongelukkige definitie van het ambt regering in artikel 42, eerste lid. Daarin staat: 'De regering wordt gevormd door de Koning en de ministers.' Als dit juist zou zijn, dan zouden bij alle besluiten die de regering neemt ook alle ministers betrokken moeten zijn. Dat is natuurlijk onbegonnen werk en dat hoeft dan ook niet. Artikel 47 Gw geeft namelijk aan dat voor regeringsbesluiten (dat is hetzelfde als koninklijke besluiten) de handtekening van de Koning en die van een of meer ministers en/of staatssecretarissen voldoende is. Hiermee is dan ook een betere definitie van het ambt regering gegeven: Koning plus een of meer ministers en/of staatssecretarissen. De regering wordt in de meestal oudere literatuur, wetgeving en jurisprudentie ook wel aangeduid met de 'Kroon'. Hoewel gebruik van deze term in de Grondwet van 1983 doelbewust achterwege is gebleven en ook in de nieuwe wetgeving wordt vermeden, is zij niet volledig verdwenen. Zo spreekt men in literatuur en bestuurspraktijk nog steeds van (spontane) vernietiging door de Kroon.[1]

Het staatsrecht kent de *Koning*[2] in drie hoedanigheden, namelijk als deel van de regering,[3] als privé-persoon en als staatshoofd. Bij de grondwetsherziening van 1983 heeft men getracht de term Koning te reserveren voor de Koning persoonlijk. Zie bijvoorbeeld artikel 34 Gw, dat een regeling betreffende de voogdij van de minderjarige Koning bevat. Voogdijregelingen komen ook bij 'normale' privé-personen voor. De Grondwet houdt deze terminologie niet consequent vol. Met name in het hoofdstuk wetgeving komen er inconsequenties naar voren. Zo wordt met de formulering van artikel 82, eerste lid, Gw, dat 'voorstellen van wet worden ingediend door of vanwege

1 Zie verder § 13.5.

2 Meer over het ambt is te vinden in B.P. Vermeulen, A.P. Krijnen, D.A. Roos (red.), De Koning in het Nederlandse staatsrecht, Nijmegen 2005.

3 In het verleden ook als pars pro toto voor de regering.

de Koning' bedoeld dat de regering wetsvoorstellen bij de Tweede Kamer kan indienen. Zodra er in de Grondwet wordt gesproken van 'koninklijk besluit', wordt daarmee een besluit van de regering bedoeld.

Dat de Koning staatshoofd is, blijkt niet uit de tekst van de Grondwet, maar kunnen we afleiden uit de grondwetsgeschiedenis. De Koning symboliseert, vertegenwoordigt de eenheid van het Koninkrijk der Nederlanden naar binnen en naar buiten, zoals bijvoorbeeld bij staatsbezoeken. De bevoegdheden die voortvloeien uit het staatshoofdschap zijn beperkt in aantal. Belangrijk zijn de bevoegdheden van het staatshoofd bij de kabinetsformatie; hij wijst de formateur of informateur aan. Verder is het staatshoofd krachtens het volkenrecht bevoegd tot het sluiten van verdragen.[4] Echter, het staatsrecht wijst de regering als terzake bevoegde instantie aan (art. 90 Gw).

Het koningschap is erfelijk. De regels voor de erfopvolging zijn te vinden in hoofdstuk 2, paragraaf 1 van de Grondwet. Deze wijze van ambtsverkrijging is natuurlijk weinig democratisch. Als we echter kijken naar de feitelijke aanvaarding, dan blijkt keer op keer bij opinieonderzoek dat het koningschap grote steun geniet bij de Nederlandse bevolking, hetgeen natuurlijk vooral afhankelijk is van de wijze waarop het ambt wordt vervuld. Voor zover er sprake is van een gebrekkige democratische legitimatie, wordt deze gerelativeerd door de geringe politieke betekenis van het ambt. De erfopvolging wordt ook wel als een voordeel gezien. Door deze wijze van ambtsverkrijging staat de Koning in zekere zin boven de partijen en vormt de Koning een element van continuïteit binnen het staatsbestel, hetgeen hem in staat kan stellen om een bemiddelende rol te spelen, bijvoorbeeld bij de vrijwel altijd lastige kabinetsformatie.[5]

Ministers zijn belast met de leiding van een ministerie (art. 44, eerste lid, Gw). Ook kunnen ministers worden benoemd die niet belast zijn met de leiding van een ministerie (art. 44, tweede lid, Gw). Zij worden veelal *minister zonder portefeuille* genoemd (bijvoorbeeld de minister voor Ontwikkelingssamenwerking).[6]

De ministers vormen tezamen de *ministerraad*. Dat is een belangrijk ambt binnen de regering. De Raad beraadslaagt en besluit over het algemeen regeringsbeleid en bevordert de eenheid van dat beleid (art. 45, derde lid, Gw). In artikel 4 van het Reglement van Orde voor de Ministerraad (RvoM) is een niet-limitatieve opsomming

4 Art. 7, tweede lid, sub a, van het Verdrag van Wenen inzake het verdragenrecht.

5 De discussies over de monarchie laaiden weer op bij het 25-jarig regeringsjubileum van Koningin Beatrix in 2005. Zie voor een uitvoerige behandeling H.R.B.M. Kummeling, Modernisering monarchie gemorrel in de marge, in: Inter Alia (Van de Vrugt-bundel), Utrecht 2005, p. 107 e.v.

6 Het kabinet-Balkenende II kende nog twee andere ministers zonder portefeuille. Op het ministerie van Binnenlandse Zaken en Koninkrijksrelaties huisde ook de minister voor Bestuurlijke Vernieuwing en Koninkrijksrelaties, en aan het ministerie van Justitie was verbonden de minister voor Vreemdelingenzaken en Integratie. 'De minister van ...' wordt gebruikt om een minister met portefeuille aan te duiden, 'de minister voor' verwijst naar een minister zonder portefeuille.

van onderwerpen te vinden waarover de ministerraad dient te beraadslagen. In de ministerraad dienen onder andere behandeld te worden wetsvoorstellen, ontwerp-amvb's, belangrijke nota's aan de Staten-Generaal, belangrijke adviesaanvragen en de benoeming van een aantal ambtsdragers. De ministerraad vergadert wekelijks. De minister-president, die voorzitter is van de ministerraad (art. 45, tweede lid, Gw), brengt daarover verslag uit aan de Koning.

Staatssecretarissen zijn geen lid van de ministerraad. Zij kunnen aan de vergaderingen slechts deelnemen met raadgevende stem (art. 3 RvoM). Het ambt van staatssecretaris is gecreëerd om ministers van taken te kunnen ontlasten. Niet iedere minister heeft een staatssecretaris. Het aantal staatsecretarissen en hun takenpakket worden veelal vastgesteld bij de kabinetsformatie. In externe verhoudingen heeft de staatssecretaris dezelfde bevoegdheden en verplichtingen als de minister; dat blijkt uit artikel 46, tweede lid, Gw. Daarin staat dat de staatssecretaris in plaats van de minister *als minister* optreedt. Hij is voor zijn optreden politiek verantwoordelijk, onverminderd de verantwoordelijkheid van de minister. In deze bepaling staat tevens dat de staatssecretaris optreedt in de gevallen waarin de minister het nodig acht, met inachtneming van diens aanwijzingen. Daaruit blijkt dat in de interne verhoudingen de staatssecretaris aan de minister ondergeschikt is.

Hiervoor werd al regelmatig de term *kabinet* gebruikt. Deze term komt niet in de Grondwet voor. Het kabinet is geen apart staatsrechtelijk college met eigen bevoegdheden. De term wordt gebruikt ter aanduiding van het geheel van de op enig moment zittende ministers en staatssecretarissen, met andere woorden het geheel van politici binnen de regering.

Hoe de kabinetsformatie dient te verlopen is niet in de Grondwet vastgelegd. De formatie wordt vooral beheerst door één ongeschreven staatsrechtelijke regel, te weten de vertrouwensregel. Uiteindelijk zal de kabinetsformatie moeten leiden tot een ploeg bewindslieden die niet meteen door de volksvertegenwoordiging naar huis wordt gestuurd. Voor het overige geschiedt de formatie aan de hand van ongeschreven procedureregels die min of meer vaste praktijk zijn geworden. Bij de toepassing ervan speelt de Koning een belangrijke rol. Welke zijn nu die regels?

Zodra de uitslag van de verkiezingen vaststaat,[7] wint de Koning advies in van de vice-voorzitter van de Raad van State,[8] de voorzitters van de Tweede en Eerste Kamer en de fractievoorzitters uit de Tweede Kamer. Afgezien van haar voorzitter speelt de Eerste Kamer bij de formatie geen rol. Soms worden ook andere personen, zoals ministers van staat,[9] geraadpleegd. De adviezen van de fractievoorzitters worden

7 Een formatie kan ook tussentijds plaatsvinden, bijv. na een kabinetsbreuk. Op basis van de 'oude' verkiezingsuitslag wordt dan een nieuw kabinet van een andere kleur geformeerd. Deze mogelijkheid staat sterk ter discussie; door sommigen wordt zij niet democratisch geacht. De te volgen procedure is identiek.

8 Voor fijnproevers: de Koning is voorzitter van de Raad van State (art. 74 Gw).

9 'Minister van staat' is een eretitel, toegekend aan (voormalige) politici met grote verdiensten.

gepubliceerd in de Staatscourant. Op basis van de adviezen wijst de Koning een formateur of een informateur aan. Hier hebben we te maken met een besluit van de Koning dat hij geheel zelfstandig neemt. Het is geen besluit van de regering, en dus geen koninklijk besluit in de zin van artikel 47 Gw.

De formateur en de informateur hebben een verschillende taak. De formateur heeft tot taak heel gericht te werken aan de samenstelling van een kabinet met een bepaalde politieke kleur en een bewindsliedenploeg ter benoeming voor te dragen. Een informateur heeft als opdracht een verkennend onderzoek te doen naar de mogelijkheden om een meerderheidskabinet te formeren. De formatie zal meestal beginnen met de aanwijzing van een informateur als de situatie bijzonder gecompliceerd is en het niet duidelijk is welke partijen onder welke voorwaarden met elkaar samen willen werken. Het komt ook wel voor dat een informateur wordt benoemd ingeval al wel vrij duidelijk is welke partijen samen het kabinet willen vormen, maar het risico van het mislukken van de onderhandelingen vrij groot is. Dit gebeurt om een blamage voor de formateur (meestal de beoogde minister-president) te voorkomen; een formateur kan falen, een informateur niet. Deze laatste is immers slechts met verkennend onderzoek bezig.

Uit de (in)formatieopdracht blijkt meestal tevens – zij het in wisselende, genuanceerde bewoordingen – dat gestreefd moet worden naar de vorming van een kabinet dat mag vertrouwen op de steun van de meerderheid in het parlement. Door de keuze van de (in)formateur kan de Koning enige invloed uitoefenen op de politieke kleur van het toekomstige kabinet. Echter, door de openbaarheid van de adviezen van de fractievoorzitters wordt de vrijheid van het staatshoofd feitelijk beperkt.[10] Wijst de Koning iemand aan die niet de instemming heeft van de belangrijkste fractievoorzitters, dan kan zo iemand weinig tot stand brengen; de fractievoorzitters zijn niet verplicht om met een (in)formateur te praten.

Tot 1963 werd veelvuldig gekozen voor de zogenaamde extra-parlementaire formatiemethode.[11] De formateur zocht een aantal bewindspersonen aan om als minister te gaan optreden, zonder dat er een regeerakkoord werd gesloten met de fractievoorzitters of de fracties. De formatie ging buiten het parlement om. Sindsdien wordt er gewerkt op basis van de parlementaire formatiemethode; aangezien men een parlementair meerderheidskabinet wil formeren, worden de onderhandelingen gevoerd met de fractievoorzitters die veelal ruggespraak houden met hun fracties. De fractiespecialisten hebben vaak een grote invloed op de uiteindelijke tekst van het regeerakkoord.

De (in)formateur zal op basis van de adviezen en in overleg met de fractievoorzitters eerst een keuze moeten maken voor een bepaalde coalitie. De Nederlandse verkie-

---

10 Vanzelfsprekend is de vrijheid van het staatshoofd groter als de adviezen verdeeld zijn. Zo benoemde Koningin Beatrix op 6 juli 1994 tot veler verrassing PvdA-voorman Kok tot informateur. Het eindrapport van de voorgaande informateur (Stcrt. 6 juli 1994), noch de adviezen van de fractievoorzitters van van de vier grote partijen (Stcrt. 7 juli 1994) wezen in deze richting. Met deze benoeming doorbraak het staatshoofd de impasse in de formatie en kon uiteindelijk het eerste 'paarse' kabinet ontstaan.

11 P.P.T. Bovend'Eert, Regeerakkoorden en regeringsprograms, Den Haag 1988, p. 46 e.v.

zingen leveren immers geen partij op die de absolute meerderheid heeft. Voorts wordt er onderhandeld over het regeerakkoord. Het sluiten van een regeerakkoord is niet verplicht, maar het gebeurt de laatste decennia steeds. Het regeerakkoord bevat de hoofdlijnen – maar soms ook minieme details – van het door de nieuwe regering te voeren beleid. Dit akkoord wordt gesloten tussen de fractievoorzitters en eventueel de fracties. Het brengt een politieke binding teweeg, geen juridische. Het is bijvoorbeeld zeker geen overeenkomst waarvan de naleving kan worden afgedwongen bij de rechter. Ook zal de verdeling van de ministersposten over de deelnemende partijen en vaak ook al de verdeling van de staatssecretariaten moeten worden geregeld. Tenslotte zal men moeten bepalen welke personen de posten gaan bezetten.

Zodra een informateur zijn werkzaamheden succesvol heeft afgerond, brengt hij verslag uit aan het staatshoofd, dat er mede toe strekt een formateur aan te wijzen. Na een geslaagde formatiepoging houdt de formateur een constituerende vergadering, dat is een vergadering met de kandidaat-ministers waarin zij zich jegens elkaar binden aan de inhoud van het regeerakkoord dat de fractievoorzitters al hadden gesloten. Zij kunnen echter ook na overleg met de fractievoorzitters een (licht) gewijzigde of aanvullende tekst overeenkomen. In deze fase zullen meestal ook de taakopdrachten aan de staatssecretarissen moeten komen vast te staan, alsmede de persoonskeuze. Na de constituerende vergadering brengt de formateur verslag uit aan de Koning. Daarna doet de beoogde minister-president (meestal de formateur, maar dat hoeft niet) de Koning een voordracht van de te benoemen minister-president en de overige ministers, eventueel ook van de staatssecretarissen, hoewel dit soms ook later gebeurt. Zij allen worden benoemd door de Koning, onder contraseign van de nieuwe minister-president (art. 48 Gw). Vanaf dat moment kan het nieuwe kabinet functioneren. Weliswaar wordt er vrij spoedig daarna nog een regeringsverklaring afgelegd in de Tweede Kamer – en later in de Eerste Kamer – maar het kabinet heeft voor het rechtsgeldig kunnen functioneren geen motie van vertrouwen nodig zoals in veel andere landen. De parlementaire legitimatie is verkregen bij het wegblijven van een motie van wantrouwen.

Bij regeringsverklaring legt de minister-president verantwoording af over de persoonskeuze en het te voeren beleid, met name neergelegd in het regeerakkoord. Er bestaat geen ministeriële verantwoordelijkheid voor de voorafgaande fases in de formatie, zoals de aanwijzing van de (in)formateur en eventuele mislukkingen. Het ontbreken van ministeriële verantwoordelijkheid wordt door sommigen als een groot bezwaar gezien. Daartegen kan worden ingebracht dat bij de parlementaire formatiemethode kamerleden bij de formatie een grote rol spelen. De meerderheid van de Tweede Kamer aan wie verantwoording zou moeten worden afgelegd, is zelf direct of indirect bij de formatie betrokken geweest. Daarnaast kunnen de kamerleden op grond van de vertrouwensregel het kabinet meteen naar huis sturen als zij met het resultaat van de formatie niet tevreden zijn. Zo werd het kabinet-Colijn V in 1939 bij zijn eerste optreden in de Tweede Kamer door een motie van afkeuring (motie-Deckers) getroffen.

Afgezien van de gebrekkige ministeriële verantwoordelijkheid worden er nog andere bezwaren ingebracht tegen de huidige formatieprocedure. Gewezen wordt onder andere op de lange duur (het record stamt uit 1977 en staat op ruim zeven maanden), het feit dat de kiezers geen rechtstreekse invloed hebben op de politieke samenstelling van het kabinet en het gebrek aan openbaarheid. Afgezien van een enkele wijziging,[12] zijn pogingen tot veranderingen tot op heden op niets uitgelopen. In 1971 werd de motie-Kolfschoten door de Tweede Kamer aangenomen. Volgens die motie diende de nieuw gekozen Tweede Kamer direct na de verkiezingen bijeen te komen en in een openbaar debat tot een voordracht van een kabinetsformateur aan de Koning te komen. Als voordelen van dit voorstel kunnen worden genoemd tijdwinst door het overslaan van de adviesfase en de informatieperiode, grotere openbaarheid (geen besloten onderonsjes tussen fractievoorzitters meer) en geen aanwijzing van de formateur meer door een niet rechtstreeks democratisch gelegitimeerd ambt. Echter, al na de eerste verkiezing ging het mis; de kamer kon niet tot een voordracht komen. Blijkbaar ging het niet zonder besloten vooroverleg. Na dit debacle heeft de Tweede Kamer het niet opnieuw geprobeerd. Maar verondersteld dat een dergelijke verkiezing wel zou lukken, dan nog is niet verzekerd dat de formatie ook slaagt. Immers, men geeft steun aan een bepaalde kandidaat-formateur in de hoop dat hij een bepaald resultaat bereikt. Wordt dit resultaat niet bereikt, dan kan de meerderheid van de Tweede Kamer weigeren het vertrouwen te verlenen aan het na de formatie gepresenteerde kabinet.

Ook is al eens voorgesteld de minister-president rechtstreeks te verkiezen. Dit voorstel was oorspronkelijk afkomstig van D66, maar wordt sindsdien met enige regelmaat ook door anderen naar voren gebracht.[13] Dit idee houdt in dat de kiezer bij de Tweede-Kamerverkiezingen twee stemmen kan uitbrengen, een op de kandidatenlijst voor de Tweede Kamer en een op een kandidaat-premier. Het risico van dit systeem is dat de premier geen steun van een parlementaire meerderheid weet te verwerven, en zijn kabinet meteen naar huis gestuurd wordt.[14] Immers, een in de ogen van de kiezer aantrekkelijke kandidaat hoeft dat nog niet in de ogen van de Tweede Kamer te zijn. Hij kan tot een politieke groepering behoren, waarmee geen van de andere partijen een coalitie wenst aan te gaan. Maar ook al zou dat wel het geval zijn, dan staat niet bij voorbaat vast dat hij een acceptabel regeerakkoord en een vertrouwen-

12 De datum van de periodieke verkiezingen is vervroegd van eind mei naar begin maart. Dit maakt het mogelijk dat, mits de formatie niet te lang duurt, het nieuwe kabinet zijn beleidsvoornemens al kan neerleggen in de begroting die op Prinsjesdag moet worden ingediend. Echter, ingevolge art. C3 Kieswet worden Tweede-Kamerverkiezingen gehouden in mei indien in datzelfde jaar ook leden van gemeenteraden, dan wel provinciale staten worden gekozen.

13 Recentelijk kon het bijvoorbeeld worden aangetroffen in het Liberaal Manifest 2005 van de VVD.

14 Dat risico wordt nog vergroot als kiezers hun ‘stemmen splitsen’, dat wil zeggen dat ze voor de kamerverkiezingen op een andere partij stemmen dan die van de minister-president. De kans is dan groot dat er een zeer versplintert en dus onwerkbaar parlement ontstaat. Iets dergelijks gebeurde in Israël in de periode 1992-2001, waarna de rechtstreekse verkiezing van de minister-president werd afgeschaft. Zie R.Y. Hazan, The Changing Constitutional an Political Position of the Prime Minister in Israel: in: J.W.L. Broeksteeg/L.F.M. Verhey (eds), Een versterking van de minister-president?, Publicaties van de Staatsrechtkring, nr. 23, Deventer: Kluwer 2005, p. 1 e.v.

wekkende ministersploeg tot stand weet te brengen. Een bezwaar dat ook werd ingebracht tegen dit systeem is het feit dat een gekozen minister-president met zijn eigen democratische legitimatie een te sterke positie ten opzichte van het parlement zou kunnen verwerven, daarmee het parlementaire stelsel ondergravend. Daarnaast kan worden aangevoerd dat coalitiekabinetten zoals wij die in Nederland steeds kennen, snel onwerkbaar worden als er niet sprake is van een zeker evenwicht tussen de coalitiepartners. Zo'n evenwicht kan snel worden verstoord door een sterke, rechtstreeks gekozen premier. Een tussenvariant van de hiervoor genoemde voorstellen is de rechtstreeks gekozen formateur. Dit voorstel werd gelanceerd door de staatscommissie-Cals/Donner in 1967. Ook dit idee werd door de Tweede Kamer verworpen, waarbij grotendeels dezelfde argumenten als reeds genoemd in stelling werden gebracht.

Niet onvermeld mag blijven dat in het kader van het proces van staatkundige vernieuwing de Tweede Kamer de motie-Jurgens/Mateman aannam, waarin zij de wens uitsprak om in de adviezen die leiden tot een (in)formatie-opdracht een termijn op te nemen voor de duur van de opdracht en de verplichting van (in)formateurs om na afloop van die termijn of bij beëindiging van hun opdracht beschikbaar te zijn voor het geven van inlichtingen aan de kamer over de door hen verrichte werkzaamheden.[15] De laatste kwestie is nu deels geregeld in art. 139a van het RvOTK. Het artikel regelt slechts dat na afronding van een (in)formatieopdracht de Tweede Kamer kan besluiten een (in)formateur uit te nodigen om inlichtingen te geven[16] Ook bleek uit debatten in de Tweede Kamer dat het optreden van informateurs een uitzondering diende te zijn.[17] Deze voornemens beoogden versnelling van de formatie en meer openbaarheid. De eerstvolgende verkiezingen leidden echter tot een dusdanig onduidelijke situatie, dat het niet verwonderlijk was dat er (vele) informateurs optraden en dat er van scherpe termijnstellingen geen sprake kon zijn. Die onduidelijkheid na verkiezingen bestaat in Nederland eigenlijk altijd en is een direct gevolg van het vigerende kiesstelsel dat coalitiekabinetten noodzakelijk maakt. Op dat kiesstelsel lopen dan ook steevast al de genoemde mislukte pogingen tot verandering stuk. Zou men echter het kiesstelsel vervangen, dan zouden daarmee ook de voordelen ervan verloren gaan (§ 8.2).

10.3 PARLEMENT

De Nederlandse volksvertegenwoordiging heet officieel 'Staten-Generaal' (art. 50 Gw). De Staten-Generaal bestaan uit de Tweede Kamer en de Eerste Kamer (art. 51,

15 Kamerstukken II 1993/94, 21 427, nr. 98.

16 Bij de formatie van het tweede paarse kabinet in 1998 vond al een debat met de informateurs plaats over de informatiewerkzaamheden nog voordat deze waren afgerond. Daarmee handelde de Tweede Kamer in strijd met haar eigen reglement van orde. Iets vergelijkbaars gebeurde ook in 2002. Zie hierover P.P.T. Bovend'Eert en H.R.B.M. Kummeling, Het Nederlandse parlement, 10e dr., Deventer 2004, p. 379.

17 Kamerstukken II 1993/94, 21 427, nr. 101.

eerste lid, Gw). Nederland heeft dus een tweekamerstelsel. Tweekamerstelsels komen veel voor bij federale staten. Deelstaten worden bij deze staatsvorm vertegenwoordigd in een van de kamers van het parlement, zodat zij de mogelijkheid hebben om invloed uit te oefenen op het federale beleid en de federale wetgeving. Nederland is echter een eenheidsstaat en kent dus geen deelstaten. Wat is dan het nut van een tweekamerstelsel? In eenheidsstaten werd een dergelijk stelsel in het verleden vaak gecreëerd om de belangen van een bepaalde maatschappelijke klasse, veelal de adel, te beschermen. Dat is ook ten dele de achtergrond van het Nederlandse tweekamerstelsel. Bij de vereniging met België, na het Weens Congres van 1815, werd hoofdzakelijk op aandrang van de Belgische adel de Eerste Kamer in het leven geroepen. Zij wenste naar het voorbeeld van het Britse Hogerhuis een aparte kamer waarin de adel hechte steun kon bieden aan de Kroon tegenover de kamer die het volk vertegenwoordigde; met name diende zij te waken tegen overijlde besluitvorming door de Tweede Kamer.[18] De Eerste Kamer kwam er, maar niet als een formele vertegenwoordiging van de adel. Wel waren er in het verleden veel leden met een adellijke titel. In de huidige tijd is dat niet meer zo. De oorspronkelijke functie van de Eerste Kamer bleef wel behouden. Zij wordt ook wel aangeduid als de 'kamer van revisie' of de 'chambre de réflexion', waarin nog eens rustig wordt nagedacht over de aanhangige wetsvoorstellen en overige beleidsvoornemens van de regering. Het belang van deze heroverwegingsfunctie was de voornaamste reden voor het handhaven van het tweekamerstelsel bij de grondwetsherziening van 1983. Het bestaansrecht van de Eerste Kamer is vanaf het moment van haar instelling regelmatig in discussie geweest. De kritiek laait met name op wanneer de senaat een scherpe politieke opstelling kiest en niet de 'wijze terughoudendheid' die van haar geëist wordt. Het politieke primaat berust binnen het parlement bij de Tweede Kamer, hetgeen de grondwetgever onder andere tot uitdrukking heeft willen brengen door de vooropplaatsing van de Tweede Kamer in artikel 51, eerste lid, Gw. Verder mist de Eerste Kamer een aantal belangrijke bevoegdheden die de Tweede Kamer wel heeft, zoals het recht van amendement (art. 84 Gw) en het recht van initiatief (art. 82, eerste lid, Gw). Bij de behandeling van wetsvoorstellen heeft zij slechts de keuze tussen aannemen en verwerpen (art. 85 Gw). Wel is het mogelijk dat de regering op aandringen van de Eerste Kamer wijzigingen aanbrengt in het wetsvoorstel. Deze wijzigingen worden in de vorm van een wetsvoorstel weer eerst behandeld in de Tweede Kamer. Een dergelijk wijzigingsvoorstel wordt veelal 'novelle' genoemd. Men zegt ook wel dat de Eerste Kamer zich een 'verkapt recht van amendement' heeft toegeëigend. Het grote verschil is dat anders dan de Tweede Kamer de Eerste Kamer dergelijke wijzigingen niet zelf kan aanbrengen. Het politieke overwicht van de Tweede Kamer wordt naast het verschil in bevoegdheden vooral verdedigd met een beroep op de sterkere democratische legitimatie van de Tweede Kamer. De Tweede Kamer wordt recht-

18 Vgl. H.R.B.M. Kummeling, De Nederlandse Eerste Kamer, preadvies voor de Vereniging voor de vergelijkende studie van het recht van België en Nederland, Zwolle 1992, p. 8 e.v.; F. de Vries, De staatsrechtelijke positie van de Eerste Kamer, Deventer 2000 en E.T.C. Knippenberg, De Senaat, Rechtsvergelijkend onderzoek naar het House of Lords, de Sénat, de Eerste Kamer en de Bundesrat, Den Haag 2002.

streeks gekozen door de bevolking, terwijl de Eerste Kamer getrapt wordt gekozen, namelijk door de leden van de provinciale staten.[19] Verder moet er op worden gewezen dat een kabinet wordt geformeerd in relatie tot de Tweede Kamer; de fractie(voorzitter)s uit de Eerste Kamer zijn niet betrokken bij de totstandkoming en het sluiten van het regeerakkoord. Niet onbelangrijk is ook dat het Nederlandse stelsel, anders dan de meeste staten met een tweekamerstelsel, geen speciale conflictenregeling kent in geval van een verschil van mening tussen de Tweede en Eerste Kamer. Het ligt dan voor de hand dat een van de kamers – in het bijzonder die met de minste bevoegdheden en de mindere democratische legitimatie – zich gereserveerd zal moeten opstellen.

De afgelopen jaren is er regelmatig kritiek geweest op de senaat naar aanleiding van de conflicten met successieve kabinetten en bewindslieden. De Eerste Kamer zou hier een te politieke opstelling gekozen hebben, zo wordt wel verdedigd. Hierbij moet wel worden bedacht dat het de Eerste Kamer niet is verboden om op politieke gronden een wetsvoorstel te verwerpen. In het algemeen vervult de Eerste Kamer een nuttige functie in ons staatsbestel. De senaat vormt een extra waarborg voor de zorgvuldigheid van wetgeving, die zeker de afgelopen jaren geen overbodige luxe is gebleken. Het feit dat de senatoren deeltijd-politici zijn en het zwaartepunt van hun activiteiten in het maatschappelijke leven ligt, buiten de politiek, en zij niet betrokken zijn bij de totstandkoming van het regeerakkoord, maakt het mogelijk dat zij (meer nog dan de Tweede Kamer) aandacht vragen voor andere dan partijpolitieke belangen, zoals bijvoorbeeld de uitvoeringtechnische aspecten van wetgeving. Zo hield de Eerste Kamer in 1995 een snelle invoering van de prestatiebeurs tegen, omdat zij uitvoeringsproblemen vreesde. Tenslotte moet erop worden gewezen dat het functioneren van de Eerste Kamer zorgt voor checks and balances binnen het ambtencomplex van de Staten-Generaal, maar ook ten opzichte van de regering.

Dit positieve oordeel over de Eerste Kamer wordt niet door iedereen gedeeld; zoals gezegd ondervindt zij regelmatig kritiek. In het kader van staatkundige vernieuwing staat de positie van de Eerste kamer veelvuldig ter discussie. Ter uitvoering van een motie-De Graaf/Rehwinkel[20] kwam het kabinet in 1997 met een notitie. Daarin werd voorgesteld terug te keren naar het stelsel van verkiezing van de Eerste Kamer van voor 1983, omdat dit voorstel de mogelijke constitutionele impasse als gevolg van het ontstaan van actuele, divergerende politieke meerderheden in beide kamers zou beperken en geen impuls zou inhouden voor een verdere ontwikkeling van de praktijk van de novelles.[21] De Tweede Kamer reageerde duidelijk positiever op dit voorstel dan de Eerste Kamer.[22] Het politieke debat bleef op dit punt steken. Het kreeg echter weer nieuwe voeding door het regeerakkoord van 1998 en vooral door de Nacht van Wiegel in 1999. In januari 2000 verscheen de kabinetsnotitie 'Reflecties over de positie van

---

19 Zie § 8.2.

20 Kamerstukken II 1995/96, 21 427, nr. 154.

21 Kamerstukken II 1996/97, 21 427, nr. 164, p. 16.

22 Kamerstukken II 1996/97, 21 427, nr. 166; Kamerstukken I 1997/98, 21 427, nr. 62 en nr. 72.

de Eerste Kamer'.[23] Wederom werd de terugkeer van de wijze van verkiezing van voor 1983 bepleit. Ook werd een drietal varianten van een terugzendrecht voorgelegd. Zij hadden gemeen dat de Eerste Kamer voortaan nog slechts met twee derden van het aantal stemmen een wetsvoorstel zou kunnen verwerpen. Indien het voorstel met een minder aantal stemmen zou worden verworpen zou het van rechtswege worden teruggezonden naar de Tweede Kamer. In de eerste variant zou het eindoordeel bij de Tweede Kamer liggen, in de tweede optie bij een tweederde meerderheid in de senaat. De derde variant voorzag in van rechtswege behandeling in de verenigde vergadering. Geen van de genoemde voorstellen verwierf voldoende steun in beide kamers gezamenlijk.[24] Daarmee is niet gezegd dat ze volledig uit de discussie zijn verdwenen; zodra de Eerste Kamer weer even haar tanden laat zien of dreigt te laten zien, worden ze weer uit de kast gehaald.

10.4 VESTIGING PARLEMENTAIR STELSEL

In vorige hoofdstukken is al gebleken dat de Nederlandse koningen in de negentiende eeuw een grote persoonlijke invloed wensten uit te oefenen op het landsbestuur, niet alleen op het terrein van de wetgeving maar ook daarbuiten. Aanvankelijk bood de Grondwet daartoe ook de ruimte. In de eerste grondwetten, die van 1814 en 1815, is geen enkele verwijzing te vinden naar een verantwoordelijkheid van ministers ten opzichte van het parlement. Ministers, toen hoofd van ministerieel departement geheten, waren slechts verantwoording schuldig aan de Koning. Zij werden door de Koning persoonlijk benoemd en ontslagen naar diens 'welgevallen', zo stond het letterlijk in de Grondwet van 1815 en zo was het ook in de praktijk. Ministers waren ondergeschikten van de Koning en gehouden tot uitvoering van zijn aanwijzingen en louter aan hem verantwoording schuldig. Tegenover het parlement konden zij zich steeds beroepen op het feit in opdracht van de Koning gehandeld te hebben. De vorst zelf kon door niemand ter verantwoording worden geroepen. Hierdoor – en doordat het parlement ook overigens weinig bevoegdheden bezat – was de greep van het parlement op het regeringsbeleid gering.

In 1840 veranderde de positie van de ministers enigszins. Bij de grondwetswijziging van dat jaar werd onder druk van de Tweede Kamer het contraseign ingevoerd. Alle koninklijke besluiten dienden voortaan te zijn voorzien van een mede-ondertekening door een minister. Daardoor werd de Koning de mogelijkheid ontnomen zonder medewerking van een minister een besluit te nemen. Tevens werd in de Grondwet een bepaling opgenomen die voorzag in de mogelijkheid ministers vanwege deze medewerking strafrechtelijk te laten vervolgen. Dit laatste had voor het parlement weinig betekenis, omdat het initiatief tot het instellen van een strafrechtelijke vervolging evenals voorheen in handen bleef van het Openbaar Ministerie. Toch is de herziening

23 Kamerstukken II 1999/2000, 26 976, nr. 1.

24 Handelingen I 2001/02, p. 176-206; p. 856 e.v.

van 1840 een belangrijke stap geweest in de ontwikkeling naar een volledige ministeriële verantwoordelijkheid jegens het parlement. Om een grotere greep op het regeringsbeleid te krijgen was het noodzakelijk dat de uitvoerders van dat regeringsbeleid, de ministers, aan de allesomvattende macht van de Koning zouden ontsnappen. Dat is ook hetgeen in beginsel in 1840 gebeurde. De Koning was voortaan steeds afhankelijk van medewerking van ministers. De bevelsverhouding verdween en zelfs het ontslagbesluit van een minister moest door een minister worden ondertekend; de ondergeschiktheid was verdwenen. Echter, daarmee was nog niet een volledige verantwoordelijkheid van ministers ten opzichte van de Staten-Generaal gerealiseerd. Koning Willem II bleef zich daar aanvankelijk sterk tegen verzetten. Pas als in 1848 in diverse Europese staten revolutionaire bewegingen met succes het vorstengezag inperkten of zelfs verdreven, gaf hij toe aan de druk van de Tweede Kamer en gaf hij toestemming voor een ingrijpende grondwetsherziening.[25] Hij was in één nacht van conservatief tot liberaal bekeerd, zoals hij zelf zei.

Een van de wijzigingen is de formele vastlegging in de Grondwet 1848 van de volledige ministeriële verantwoordelijkheid voor al het handelen en nalaten van de (leden van de) regering, dus niet louter de strafrechtelijk laakbare gedragingen. De betreffende bepaling komt te luiden: 'De Koning is onschendbaar; de ministers zijn verantwoordelijk' (zie het huidige art. 42 Gw). Voorts bepaalt de Grondwet dat deze verantwoordelijkheid nadere regeling dient te vinden in een wet. Deze wet, de nu nog bestaande Wet ministeriële verantwoordelijkheid, die pas in 1855 totstandkomt, blijkt uiteindelijk voor de ontwikkeling van de politieke verantwoordelijkheid van ministers van geen betekenis. Mede als gevolg van de spectaculaire uitbreiding van de bevoegdheden van het parlement bij de grondwetswijziging van 1848 komt de politieke verantwoordelijkheid al snel, buiten de genoemde wet om, tot ontwikkeling. Het recht van amendement en van interpellatie wordt ingevoerd. De begroting dient voortaan jaarlijks behandeld te worden, zodat ook jaarlijks het budgetrecht uitgeoefend kan worden. Het aantal internationale verdragen dat parlementaire goedkeuring behoefde, wordt uitgebreid, alsmede het aantal onderwerpen dat geregeld diende te worden bij wet in formele zin. Juist deze uitbreiding van bevoegdheden maakt het voor het parlement ook mogelijk die politieke verantwoordelijkheid te effectueren. Daarbij komt ook nog dat sinds de herziening van 1848 de leden van de Tweede Kamer rechtstreeks worden gekozen, zodat zij zich vanaf dat moment kunnen beroepen op een directe democratische legitimatie.

Ook de ministers werden zich meer bewust van hun veranderde positie. Dat bleek duidelijk in de kwestie rond de April-beweging.[26] In 1848 was de in de Grondwet gegarandeerde godsdienstvrijheid onder meer uitgebreid met de vrijheid van kerkelijke

25 Vgl. J.P. Duyverman, Uit de geheime dagboeken van Aeneas Mackay, Dienaar des Konings 1806-1876, De Haan, Houten 1987, p. 34 e.v.

26 De 'staatsrechtelijke (over)gevoeligheid' van Thorbecke zal hier waarschijnlijk ook een rol gespeeld hebben.

organisatie.[27] Dit maakte het de katholieke kerk mogelijk de bisschoppelijke hiërarchie te herstellen. Verontruste protestanten ('de April-beweging') richtten zich tot de Koning, die zich ontvankelijk toonde voor hun bezwaren. Thorbecke, hoofd van het kabinet, die de Koning er al eerder op gewezen had dat het handelen van de Rooms-Katholieke Kerk volstrekt grondwettig was, wenste geen verantwoordelijkheid te dragen voor het optreden van het staatshoofd en trad af.

Omtrent het sluitstuk op de ministeriële verantwoordelijkheid, de werking van de vertrouwensregel, ontstaat eerst later duidelijkheid. De vertrouwensregel heeft zich ontwikkeld in het verlengde van de politieke verantwoordelijkheid. Al in 1839 zagen de ministers van Financiën en Koloniën in de verwerping van hun begroting door de Tweede Kamer aanleiding om hun ontslag in te dienen, ondanks het feit dat zij het vertrouwen van de Koning nog genoten. Hier brak dus al het besef door dat ministers niet kunnen functioneren zonder het vertrouwen van de Staten-Generaal. In de jaren daarna functioneerde de vertrouwensregel gebrekkig, vooral omdat de Koning zich veelvuldig verzette tegen het heengaan van ministers. Pas na een aantal parlementaire incidenten werd de vertrouwensregel voorgoed gevestigd. Twee incidenten zijn hier vooral van betekenis. Allereerst de kwestie-Mijer in 1866. Vlak nadat de minister van Koloniën Mijer, de eigenlijke formateur van het kabinet dat was geaccepteerd juist omdat Mijer het kabinet zou gaan leiden, zijn begroting waarin een nieuwe koloniale politiek was neergelegd door de Tweede Kamer had gesleept, liet hij zich benoemen tot Gouverneur-Generaal van Indië. Dat riep een storm van verontwaardiging op in de kamer, omdat men erop had gerekend dat hij de door hem ontworpen koloniale politiek zelf zou uitvoeren. Minister Heemskerk verdedigde deze benoeming met een beroep op het grondwettelijk prerogatief van de Koning ten aanzien van het opperbestuur der Koloniën; de Koning was naar zijn mening in deze benoeming geheel vrij, de kamer zou hierover geen zeggenschap hebben. Van de zijde van de kamer werd hier tegenover gesteld dat ook hier de ministers voor verantwoordelijk waren. Er werd een motie-Keuchenius aangenomen, waarin letterlijk het beleid werd afgekeurd. Het kabinet reageerde op deze nederlaag door onder uitdrukkelijke steun van de Koning over te gaan tot ontbinding van de Tweede Kamer en het uitschrijven van verkiezingen. Na de verkiezingen, die een bescheiden voordeel voor de regering opleverden, werd er in de kamer over deze kwestie nog slechts een korte nabeschouwing gehouden.

Het tweede belangrijke incident was de Luxemburg-kwestie in 1868. Als gevolg van het Weens Congres in 1815 bestond er een personele unie met Luxemburg; de Koning der Nederlanden was tevens Groot-Hertog van Luxemburg. Na 1866 ontstaat er een reeks van conflicten waarbij Pruisen, Oostenrijk, de Duitse Bond en Frankrijk betrokken zijn. Willem III, die aanvankelijk bereid was Luxemburg aan Frankrijk te verkopen, zag daar onder druk van Bismarck van af. Uiteindelijk kwam er een verdrag tot stand waarbij Nederland de neutraliteit van Luxemburg garandeerde. In de Tweede

27 Door de afschaffing van het recht van placet: het recht van de Koning om de pauselijke verordeningen of bisschoppelijke besluiten al dan niet te laten afkondigen.

Kamer was men zeer gebelgd over de gang van zaken. De regering had Nederland onnodig in oorlogsgevaar gebracht, zo werd verkondigd. Als daad van afkeuring werd de begroting van Buitenlandse Zaken verworpen. De ministers boden hun ontslag aan, maar dat werd door de Koning geweigerd. In plaats van ontslag van de ministers volgde ontbinding van de Tweede Kamer, in de hoop dat de verkiezingen een regeringsgezinde meerderheid zouden opleveren. Dat gebeurde echter niet. Anders dan bij de kwestie-Mijer liet de kamer het er niet bij zitten. Zij nam de motie-Blussé aan, waarin werd uitgesproken dat 'geen landsbelang de jongste ontbinding vorderde.' Wederom werd de begroting van Buitenlandse Zaken verworpen. De ministers boden opnieuw hun ontslag aan, dat ditmaal werd aanvaard. Sinds dit voorval werd van de zijde van de Koning en ministers niet langer geprobeerd zich teweer te stellen tegen de werking van de vertrouwensregel. Aldus was het gehele regeringsbeleid onder democratische controle gebracht.

10.5 VERTROUWENSREGEL

De *vertrouwensregel* is in Nederland, in tegenstelling tot bijvoorbeeld België en de Duitse Bondsrepubliek, een regel van ongeschreven staatsrecht. Ook bij de grondwetsherziening van 1983 heeft men afgezien van positivering in de Grondwet. De regering achtte haar zodanig verankerd in het staatsrechtelijk bewustzijn dat zij vastlegging in de Grondwet niet noodzakelijk oordeelde. Deze redenering is niet geheel overtuigend; met eenzelfde motivering zou de halve Grondwet geschrapt kunnen worden. Belangrijker is de andere reden die de regering gaf, namelijk dat vastlegging afbreuk zou doen aan de nodige souplesse die in de verhouding regering en parlement gewenst is.[28] Een ongeschreven vertrouwensregel biedt een zekere interpretatieruimte die voorkomt dat om de haverklap ministers heengaan en kabinetten vallen.

Doordat de vertrouwensregel ongeschreven is, kan er enige onduidelijkheid ontstaan over zijn exacte formulering. Een negatieve formulering heeft de voorkeur; pas wanneer afwezigheid van vertrouwen blijkt (wantrouwen), dient een minister of een kabinet op te stappen. Deze negatieve formulering heeft een aantal gevolgen. Zo heeft in Nederland een kabinet bij zijn eerste optreden in de volksvertegenwoordiging geen motie van vertrouwen nodig (ook wel investituur genoemd) om te kunnen functioneren, zoals bijvoorbeeld in Frankrijk en België wel het geval is. Een kabinet is parlementair gelegitimeerd zolang een blijk van wantrouwen achterwege blijft.

Vertrouwen kan ook bestaan uit een louter *gedogen*, bijvoorbeeld door nietregeringsfracties die geen ministers of staatssecretarissen leveren. Verder is als gevolg van de negatieve formulering van de vertrouwensregel het bestaan van een interimkabinet reëler. Een interimkabinet treedt soms op nadat het oorspronkelijke parlementaire meerderheidskabinet na een kabinetscrisis uiteengevallen is. Normaliter bieden alle ministers en staatssecretarissen hun ontslag aan en houdt het staatshoofd dit ontslag in

28 Vgl. C.A.J.M. Kortmann, De grondwetsherzieningen 1983 en 1987, Deventer 1987, p. 174.

beraad totdat er na verkiezingen en een kabinetsformatie nieuwe bewindslieden zijn benoemd. Als echter een deel van de bewindslieden meteen ontslag wenst, bijvoorbeeld omdat zij niet bereid zijn om met hun voormalige coalitiepartners de lopende zaken af te handelen totdat er een nieuw kabinet is geformeerd, dan zal het staatshoofd meestal wel in hun ontslag bewilligen. In zo'n geval is het mogelijk dat er een *interimkabinet* wordt geformeerd, veelal bestaande uit bewindslieden van de partijen die nog wel met elkaar door willen gaan na de kabinetsbreuk. Zo'n interimkabinet heeft meestal geen meerderheid in de Tweede Kamer; het wordt slechts gedoogd voor een korte periode.[29] De voornaamste taak van een interim-kabinet is het organiseren van nieuwe verkiezingen, waarna geprobeerd kan worden een *meerderheidskabinet* te formeren, een kabinet dat de steun heeft van de meerderheid van de nieuwe Tweede Kamer.

Een laatste vermeldenswaardig gevolg van de negatieve formulering is dat de kamer in beginsel het initiatief moet nemen om de vertrouwensregel in werking te stellen. Echter, de individuele bewindslieden en het kabinet kunnen het initiatief nemen doordat zij tevoren kunnen stellen dat zij bepaalde handelingen van de kamer als blijk van wantrouwen zullen opvatten. Door bijvoorbeeld een motie of amendement onaanvaardbaar te verklaren, kunnen zij de zogenaamde portefeuille- respectievelijk de kabinetskwestie stellen. Daarenboven is het – ook los van het formeel blijken van wantrouwen – steeds aan de bewindslieden zelf om te bepalen of zij gelet op de houding van (delen van) de kamer nog verder kunnen functioneren. Zo trok staatssecretaris Linschoten van Sociale Zaken in 1996 uit de houding van de regeringsfracties bij de behandeling van de Ctsv-affaire de conclusie dat hij hun vertrouwen niet meer had en derhalve niet meer geloofwaardig kon functioneren. Hij trad daarop af. De eigen interpretatie van ministers was ook beslissend in 1994, toen door de Tweede Kamer een motie werd aangenomen die het minister van Justitie, Hirsch Ballin (CDA) en de minister van Binnenlandse Zaken, Van Thijn (PvdA), verbood zich nog langer bezig te houden met de 'nieuwe vormgeving en aansturing van de IRT's'. Eerstgenoemde diende de volgende dag zijn ontslag in. De minister van Binnenlandse Zaken nam een dag later dezelfde beslissing.[30] In 2005 trad de minister van Bestuurlijke Vernieuwing en Koninkrijksrelaties, De Graaf (D66), af nadat het hem niet was gelukt om de grondwetsherziening die de invoering van de gekozen burgemeester mogelijk diende te maken door de Eerste Kamer te loodsen. Het ging hier om een essentieel onderdeel van zijn portefeuille. Hij zag geen ruimte meer om nog geloofwaardig verder te kunnen functioneren.[31] Bij dit alles dient echter bedacht te worden dat pas een verplichting tot aftreden bestaat indien de kamermeerderheid van een gebrek aan vertrouwen heeft

29 Bijv. het interimkabinet-Van Agt III (1982) dat optrad na het uiteenvallen van de coalitie van CDA/D66/PvdA. Dit kabinet steunde op de fracties van CDA en D66, die geen meerderheid in de Tweede Kamer hadden.

30 Zie over deze affaire vanuit het perspectief van een insider: Ed van Thijn, Retour Den Haag, Amsterdam 1994, p. 270 e.v.

31 Handelingen I 2004/05, p. 926 e.v. en Handelingen II 2004/05, p. 4090 e.v.

doen blijken en dat dus strikt genomen in de laatstgenoemde gevallen geen sprake was van toepassing van de vertrouwensregel.

Uit het voorgaande is al gebleken dat de vertrouwensregel gehanteerd kan worden ten opzichte van het gehele kabinet, individuele ministers maar ook staatssecretarissen. Het is het recht van het parlement, dat wil zeggen het recht van de meerderheid van de kamer. Volgens een aantal auteurs bestaat er nog een 'tweede vertrouwensregel', die inhoudt dat een kabinet (of een minister) ook dient te wijken wanneer het (of de minister) de steun verliest van een geestverwante fractie. Staatsrechtelijk gezien kunnen individuele bewindslieden en kabinetten blijven functioneren zolang zij nog het vertrouwen hebben van de meerderheid van de kamer. Echter, praktisch gezien is het onmogelijk om aan te blijven als een geestverwante fractie haar steun opzegt; men zal dan steeds afhankelijk zijn van de steun van de oppositie, die daarvoor de nodige tegemoetkomingen zal eisen. Ministers en staatssecretarissen stappen derhalve op als hun eigen fractie het vertrouwen opzegt, zoals in 1988 minister Van Eekelen (VVD) en staatssecretaris Van der Linden (CDA)[32] en in 1993 staatssecretaris Ter Veld (PvdA). Eveneens kan het voorkomen dat een minister aftreedt als blijkt dat de coalitiepartner in de kamer geen vertrouwen meer in hem heeft. Dat overkwam CDA-minister Braks van Landbouw, Natuurbeheer en Visserij in 1990. Ook een geheel kabinet kan vallen doordat een fractie het kabinetsbeleid afkeurt. Dat overkwam in 1989 het kabinet Lubbers II dat intern nog homogeen was, maar waarvan een van de beide ondersteunende fracties, de VVD, het beleid ten aanzien van de schrapping van het reiskostenforfait afkeurde, met als gevolg het ontslag van alle bewindslieden. Curieus was de gang van zaken bij het aftreden van het eerste kabinet-Balkenende in 2002. Aanvankelijk leek het erop dat er slechts sprake was van een ministerscrisis, omdat de overige ministers niet meer wensten samen te werken met twee ministers van de LPF die voordurend met elkaar ruzieden. Op de dag dat deze twee echter hun ontslag aanboden, verklaarden de voorzitters van de fracties van CDA en VVD dat ze geen basis meer zagen voor een vruchtbare en duurzame samenwerking binnen de regeringscoalitie.[33]

Gezien het feit dat het politiek gezien vrijwel ondoenlijk is te regeren zonder de steun van de regeringsfracties is het ook begrijpelijk dat een enkele maal een minister of staatssecretaris die twijfelt over de vraag of hij nog wel voldoende steun heeft, daar expliciet naar vraagt. Zo vroeg minister Sorgdrager van Justitie in 1995 om een uidrukkelijk uitgesproken vertrouwen van de regeringsfracties, nadat zij zwaar onder vuur was komen te liggen bij het kamerdebat over de afvloeiingsregeling voor procureur-generaal Van Randwijck als gevolg van de IRT-affaire. De voorzitters van de regeringsfracties gaven daarop ieder afzonderlijk in eigen bewoordingen aan dat er wat hen betreft nog steeds sprake was van vertrouwen.

Ook met de Eerste Kamer heeft de regering een vertrouwensrelatie. Bij een (beperkt) aantal parlementaire incidenten is gebleken dat kabinetten en individuele

32 Vgl. H.A. Groeneveld, De staatssecretaris in Nederland, Deventer 1989, p. 430.
33 Handelingen II 2002/03, p. 535 e.v.

bewindslieden in het ontbreken van vertrouwen in de Eerste Kamer een reden zien om op te stappen. De laatste keer gebeurde dat in 1958; naar aanleiding van de zogenaamde helmenaffaire trad de staatssecretaris van Oorlog Kranenburg af.[34] Hij had ondeugdelijk materiaal (helmen, gasmaskers e.d.) aangeschaft, waarbij tevens onregelmatigheden waren gepleegd.[35]

Er bestaan geen formele vereisten voor een blijk van afwezigheid van vertrouwen; er hoeft geen sprake te zijn van een motie of een bepaald ritueel woordgebruik. Wantrouwen kan op allerlei manieren blijken, bijvoorbeeld door het toch aannemen van een door de regering onaanvaardbaar verklaarde motie of amendement.

Indien bewindslieden door een wantrouwensvotum worden getroffen, zullen zij hun ontslag aanbieden aan de Koning.[36] Betreft het individuele bewindslieden, dan zal de Koning onmiddellijk in het ontslag bewilligen. Hebben alle ministers hun portefeuille ter beschikking gesteld, dan zal de Koning niet onmiddellijk het ontslag mogen geven; er zijn immers nog geen opvolgers. Anders dan in de negentiende eeuw zal de Koning ook niet onmiddellijk het ontslag mogen weigeren; de positie van de kamers in het parlementaire stelsel maakt zulks onmogelijk. De Koning zal steeds het ontslag in beraad nemen. Het dan demissionaire kabinet wordt gevraagd alles te blijven doen wat in 's lands belang noodzakelijk is; vervolgens begint een formatieprocedure. Daarbij bestaan twee mogelijkheden. Het meest waarschijnlijk is dat bij koninklijk besluit de Tweede Kamer ex artikel 64 Gw wordt ontbonden teneinde verkiezingen mogelijk te maken, waarna het streven erop gericht zal zijn een kabinet te formeren dat mag rekenen op de steun van een meerderheid in de Tweede Kamer. Er ontstaat dan geen parlementloos tijdperk; de ontbinding gaat in op termijn, namelijk pas op het moment dat de nieuw gekozen kamer bijeenkomt (art. 64, derde lid, Gw). Een tweede mogelijkheid is, dat getracht wordt, zonder ontbinding en verkiezingen, een kabinet te formeren dat steunt op een meerderheid van het zittende parlement. Deze mogelijkheid is in het verleden regelmatig beproefd. Zo zijn op basis van de verkiezingsuitslag van 1963 twee volwaardige kabinetten en een interimkabinet van verschillende kleur tot stand gekomen. Een dergelijke gang van zaken staat sterk ter discussie. Door een aantal politieke

34 H.R.B.M. Kummeling, De Eerste Kamer: Chambre de Révolution?, NJB 1990, p. 264.

35 J. Bosmans, Staatkundige vormgeving in Nederland, deel II, 10e dr., Assen/Maastricht 1990, p. 66.

36 Zelfs al zou de regering vanwege het conflict met de kamer overgaan tot kamerontbinding, dan nog zal de regering uiteindelijk haar ontslag indienen op grond van een praktijkregel die sinds 1922 wordt gevolgd en die inhoudt dat kabinetten steeds ter gelegenheid van verkiezingen hun ontslag aanbieden. Conflictontbindingen zijn sinds 1894 (Tweede Kamer) en 1904 (Eerste Kamer) niet meer voorgekomen; omdat partijgenoten van regering en parlement tegenover elkaar komen te staan, veroorzaakt een conflictontbinding scherpe tegenstellingen binnen de partij en eventueel zelfs een partijscheuring, hetgeen electoraal niet erg aantrekkelijk is.

partijen en auteurs wordt zij niet democratisch geacht; na een kabinetscrisis zou steeds het oordeel van de kiezers gevraagd dienen te worden.[37]

Uit het voorgaande is duidelijk geworden dat het effect van de vertrouwensregel bij een kabinetscrisis niet per se het heengaan van het kabinet is. Het effect is wel steeds een formatie, die eventueel zelfs kan leiden tot een reconstructie of 'lijmen' van het demissionaire kabinet.

10.6 MINISTERIËLE VERANTWOORDELIJKHEID

De vertrouwensregel en de ministeriële verantwoordelijkheid worden vaak met elkaar verward. Ten onrechte, want er bestaat een duidelijk onderscheid. Verantwoordelijkheid is voorwaarde voor het bestaan van een vertrouwensregel. Voor het kunnen activeren van de vertrouwensregel is het bestaan van verantwoordelijkheid noodzakelijk. De vertrouwensregel kan dan worden beschouwd als de *sanctie* op de ministeriële verantwoordelijkheid. Verantwoordelijkheid is echter ook denkbaar zonder een vertrouwensregel. Zo is een burgemeester wel verantwoordings- en inlichtingenplichtig, maar kan deze niet door de gemeenteraad naar huis worden gestuurd (vgl. art. 180 en art. 49 Gem.w). Een ander verschil tussen vertrouwensregel en ministeriële verantwoordelijkheid is verder dat de laatste gekoppeld is aan het ambt, terwijl de vertrouwensregel zich richt tot de persoon die het ambt bekleed. Als bijv. de minster van Justitie wordt gedwongen tot aftreden, dan verdwijnt daarmee niet ook het ambt van minister van Justitie. Dat wordt uiteindelijk door een andere persoon overgenomen en in de tussentijd door een minister ad interim. De ministeriële verantwoordelijkheid is gekoppeld aan het ambt en bestaat continu. Zo dienen ministers steeds bereid te zijn om verantwoording af te leggen over besluiten die door voorgangers zijn genomen of op zijn minst de bereidheid te hebben om uit te leggen waarom ze van het beleid van voorgangers willen afwijken.

Er bestaan drie soorten verantwoordelijkheid die een minister krachtens zijn ambt heeft.[38] Allereerst is er de *civielrechtelijke verantwoordelijkheid*. Ministers zijn te beschouwen als organen naar privaatrecht van de rechtspersoon de Staat der Nederlanden (art. 1 Boek 2 BW). Op grond van die hoedanigheid is een actie tegen de staat gebaseerd op bijvoorbeeld onrechtmatige daad of wanprestatie van de minister moge-

37 Vgl. F.H. van der Burg en M.C. Burkens, Open brief aan de minister-president van Aruba, Namens 1990, afl. 3, p. 41 e.v. Een verklaard tegenstander van deze opvatting is P.P.T. Bovend'Eert, Kamerontbinding: een autonoom recht van de regering, RMThemis-2, 1991, p. 4 e.v. De kwestie werd weer actueel toen D66-ministers na de 'Nacht van Wiegel' in 1999 hun portefeuilles ter beschikking stelden. Heel even is toen overwogen om PvdA en VVD een nieuw kabinet te laten vormen op basis van de verkiezingsuitslag van 1998. D66 was daar fel tegen; zij wenste nieuwe verkiezingen. Uiteindelijk werd de breuk gelijmd en ging het oorspronkelijke kabinet verder.

38 Op grond van art. 46, tweede lid, Gw geldt mutatis mutandis hetzelfde voor de staatssecretaris.

lijk. Het afleggen van deze civielrechtelijke verantwoordelijkheid – men kan hier beter spreken van aansprakelijkheid – speelt zich af in de relatie staat (als rechtspersoon) en burger, dus niet in relatie tot het parlement.[39]

Voorts bestaat er een *strafrechtelijke ministeriële* verantwoordelijkheid. Bij de behandeling van de vestiging van het parlementaire stelsel is reeds gesproken over de Wet op de ministeriële verantwoordelijkheid van 1855. Hoewel het de bedoeling van de grondwetgever van 1848 was dat hierin de politieke ministeriële verantwoordelijkheid geregeld zou worden, was het uiteindelijke resultaat slechts een regeling van de strafrechtelijke ministeriële verantwoordelijkheid. De inhoud van deze wet komt in grote trekken overeen met de voorschriften van het huidige artikel 119 Gw. Sinds 1855 ligt het initiatief voor een strafrechtelijke vervolging van ministers niet meer in handen van het Openbaar Ministerie, maar in die van de regering en de Tweede Kamer. De opdracht wordt gegeven bij koninklijk besluit of bij besluit van de Tweede Kamer, zo luidt artikel 119 Gw. Ingevolge artikel 18 Wet op de ministeriële verantwoordelijkheid is de procureur-generaal belast met de vervolging. Het opportuniteitsbeginsel geldt hier niet; de procureur-generaal is verplicht de vervolging in te stellen. Het uiteindelijke oordeel berust bij de Hoge Raad.[40] De strafrechtelijke verantwoordelijkheid is in Nederland nimmer geëffectueerd. Dit is deels te verklaren uit het feit dat we in Nederland steeds oppassende bewindslieden hebben gehad. Maar tevens zullen de regering en de Tweede Kamer niet snel geneigd zijn een bevel tot vervolging te geven. De regering zal zeer voorzichtig moeten manoevreren teneinde een interne kabinetscrisis te voorkomen. Voor de Tweede Kamer geldt hetzelfde, maar bovendien zal zij eerder geïnteresseerd zijn in het afleggen van politieke ministeriële verantwoordelijkheid, die met behulp van de vertrouwensregel veel sneller tot het vertrek van de minister zal leiden.

De belangrijkste ministeriële verantwoordelijkheid is zonder twijfel de *politieke verantwoordelijkheid*. Hiermee wordt al het regeringshandelen onder democratische, parlementaire invloed en controle gebracht. Niet alleen de rechtmatigheid, maar ook de efficiëntie en effectiviteit van het regeringsoptreden kunnen aldus ter discussie worden gesteld.

De omvang van de ministeriële verantwoordelijkheid wordt bepaald door de bevoegdheden die de minister heeft krachtens zijn ambt, en is dus gekoppeld aan de verschillende posities die hij in het staatsbestel bekleedt. Dat betekent dat hij allereerst verantwoordelijk is voor zijn eigen doen en nalaten, als lid van de regering, als lid van de ministerraad en als lid van de Raad van Ministers van de EG/EU (zie hoofdstuk 14). Zo is hij verantwoordelijk voor zijn medewerking aan geattribueerde en gedelegeerde wetgeving alsmede het gebruik dat eventueel wordt gemaakt van subdelegatie. De verantwoordelijkheid betreft tevens de uitoefening van beschikkingsbevoegdheid op

39 In dit verband kan voorts worden gewezen op de zuivere theoretische mogelijkheid van art. 36 Wet ministeriële verantwoordelijkheid.

40 Zie voor een meer uitvoerige beschrijving C.J. Bax, Artikel 119, in: A.K. Koekkoek (red.), De Grondwet, 3e dr., Deventer 2000, p. 542 e.v.

basis van wettelijke regelingen. Maar daarnaast betreft zij bijvoorbeeld de uitoefening van toezicht op besluiten van lagere publiekrechtelijke lichamen (vgl. art. 132, vierde lid, Gw), de wijze waarop het buitenlands beleid wordt gevoerd (vgl. art. 90 Gw), de besteding van begrotingsgelden en het verrichten van privaatrechtelijke rechtshandelingen en feitelijke handelingen.

Een minister is als hoofd van een ministerie ook verantwoordelijk voor de aan hem ondergeschikte ambtenaren (vgl. art. 44, eerste lid, Gw). Doorgaans handelen ambtenaren op basis van een mandaat van de minister. De ambtenaar oefent dan de bevoegdheden van de minister uit, derhalve is de minister voor deze handelingen zonder meer verantwoordelijk. Moeilijker ligt het wanneer de ambtenaren eigen bevoegdheden geattribueerd hebben gekregen. Dit speelt vooral bij gedeconcentreerde rijksdiensten. Als voorbeeld kunnen de belastinginspecteurs worden genoemd. Zij hebben de (geattribueerde) bevoegdheid om een belastingaanslag op te leggen. Het gaat hier om ondergeschikten van de minister van Financiën. Hij mag dan ook de inspecteurs aanwijzingen geven met betrekking tot de wijze van taakuitoefening, echter, de bevoegdheid zelfstandig een aanslag op te leggen komt hem niet toe. Is nu een minister verantwoordelijk te stellen voor de wijze waarop de inspecteurs hun taak vervullen? Jazeker, omdat hij hiërarchisch gezien de bevoegdheid heeft de inspecteurs aanwijzingen te geven, kan hij voor de wijze waarop hij van deze bevoegdheid gebruikmaakt ter verantwoording worden geroepen. Eenzelfde situatie geldt voor het Openbaar Ministerie. Officieren van Justitie zijn aan de minister ondergeschikt. Zo kan de minister van Justitie bepaalde onderzoeken gelasten of zelfs het bevel geven tot vervolging,[41] maar de minister mag niet zelf vervolgen. Ook hier is de minister verantwoordelijk voor de wijze waarop hij van zijn hiërarchische positie gebruikmaakt.

De ministers zijn ook verantwoordelijk voor het handelen van het onschendbare staatshoofd (vgl. art. 42, tweede lid, Gw). Dit geldt niet alleen voor het optreden van de Koning als deel van de regering – bijvoorbeeld bij het ondertekenen van koninklijke besluiten – maar ook voor het het handelen van de Koning buiten de regering, hetgeen onder andere bij de formatie het geval is, waar de Koning optreedt als staatshoofd. Zelfs voor het privé-optreden van de Koning bestaat ministeriële verantwoordelijkheid, maar dan slechts voorzover het openbaar belang in het geding is. Dit was duidelijk het geval in 1956 toen het optreden aan het hof van de gebedsgenezeres Greet Hofmans het handelen van Koningin Juliana dreigde te gaan beïnvloeden.[42] Voor het optreden van de overige leden van het Koninklijk Huis geldt een beperkte verantwoordelijkheid die afgeleid is van de verantwoordelijkheid voor het onschendbare staatshoofd, derhalve veelal 'afgeleide ministeriële verantwoordelijkheid' genoemd. Deze verantwoordelijkheid bestaat slechts voor gedragingen die het aanzien van de monarchie kunnen schaden.

---

41 Deze bevoegdheid is al heel oud. Vgl. M.L.W.M. Viering en H.R.B.M. Kummeling, La plume est serve, la parole est un petit peu libre, De staatsrechtelijke verhouding tussen de minister en het Openbaar Ministerie, NJB 1996, p. 592 e.v. Recentelijk is zij opgenomen in art. 127 Wet RO. Meer hierover in § 13.2.3.

42 Meer over deze affaire J. Bosmans, a.w., p. 64.

De voornaamste plichten die voortvloeien uit ministeriële verantwoordelijkheid blijken uit de artikelen 68 en 69 Gw. Ingevolge het tweede lid van artikel 69 zal een minister gehoor moeten geven aan een uitnodiging om in de kamer te verschijnen. Artikel 68 bevat een inlichtingenplicht voor de minister aan de kamers der Staten-Generaal. Sinds 1987 geldt deze plicht ook ten aanzien van individuele kamerleden. De ministers dienen alle inlichtingen te geven die door de kamers of haar leden verlangd worden. Dit houdt in dat een minister dient te antwoorden op gestelde vragen en tevens gehouden is tot het geven van een toelichting en het argumentatief verdedigen van zijn standpunten.

Er zijn twee grenzen aan de inlichtingenplicht. Allereerst zal een minister geen informatie kunnen geven die het geheim van de Kroon[43] zou schenden; de positie van het staatshoofd moet beschermd blijven. Van groter praktisch belang is de verschoningsgrond neergelegd in artikel 68 Gw; een minister kan een antwoord weigeren met een beroep op het belang van de staat. Of een minister een beroep doet op deze bepaling, staat primair te zijner beoordeling, hoewel op grond van een interne richtlijn deze kwestie allereerst in de ministerraad besproken zal worden. Indien de kamer problemen heeft met het beroep op het belang van de staat, kan zij haar ongenoegen natuurlijk altijd laten blijken door een wantrouwensvotum uit te spreken.

Het staatsrecht is dus voor wat betreft de ministeriële verantwoordelijkheid duidelijk. In de praktijk wordt dit beeld echter vertroebeld doordat kamerleden gebruik makend van hun inlichtingenrecht ministers ook allerlei vragen stellen die geen betrekking hebben op bevoegdheden van de minister, maar bijvoorbeeld van gemeentebesturen. Ministers geven vaak antwoord op dergelijke vragen. Hoe is nu de relatie van dit inlichtingenrecht tot de ministeriële verantwoordelijkheid? De meerderheid van de literatuur en de politieke praktijk gaat (impliciet) uit van de opvatting dat de inlichtingenplicht niet geheel parallel loopt met de ministeriële verantwoordelijkheid met als gevolg dat de minister alle vragen dient te beantwoorden, over welk onderwerp dan ook. Er is echter wel een verschil in intensiteit van de antwoordplicht. Zolang er geen bevoegdheden in het geding zijn, is de minister niet gehouden tot verdediging van de gang van zaken. Op de vraag of hij zich met een individueel probleem wil gaan bemoeien dat buiten zijn bevoegdheden ligt, bijv. door het schrijven van een brief aan wel bevoegde autoriteiten of dat hij informatie wil laten verzamelen die bij andere overheden of personen berust kan en mag de minister ontkennend antwoorden, bijvoorbeeld vanwege de hoge kosten of de grote inspanningen die daarmee gemoeid zouden zijn. Bij dit alles moet bedacht worden dat ook bij kamervragen die geen betrekking hebben op concrete bevoegdheden van de minister de ministeriële verantwoordelijkheid op de achtergrond wel een rol kan spelen, bijvoorbeeld omdat getracht wordt te achterhalen hoever de bevoegdheden van de minister strekken, wat hij binnen deze bevoegdheden wenst te doen of, indien er geen bevoegdheden zijn, om te vernemen

43 Globaal gezegd, houdt deze regel in dat ter bescherming van de onschendbare Koning hetgeen voorvalt in de verhouding tussen staatshoofd en bewindslieden in beginsel niet in de openbaarheid wordt gebracht.

van de minister of hij van plan is zijn algemene bevoegdheid met wetgevingsinitiatieven te komen te gebruiken, zodat hij wel specifieke bevoegdheden verkrijgt.

De conclusie van dit alles is, dat de inlichtingenrecht weliswaar ruim is, maar dat de minister terughoudend kan zijn in de beantwoording van vragen en het ondernemen van actie op vragen voor zover zijn bevoegdheden niet in het geding zijn.

10.7 MONISME EN DUALISME

De verhouding tussen regering en parlement wordt vaak beschreven met behulp van de begrippen monisme en dualisme.[44] Van een dualistische verhouding spreekt men als elk van beide een eigen bevoegdheid en beslissingsvrijheid heeft, elkaar aldus wederkerig beperkend. Van een monistische verhouding wordt gesproken wanneer een van beide de ander domineert. Een presidentieel stelsel is principieel dualistisch, een conventioneel stelsel monistisch. Bij een parlementair stelsel is dit niet bij voorbaat duidelijk; de situatie kan per land en zelfs per periode verschillen.[45] Het Verenigd Koninkrijk kent een duidelijk monistisch parlementair stelsel. Mede als gevolg van het kiessysteem dat een tweepartijenstelsel in de hand werkt, vormen de parlementaire meerderheid en de regering een eenheid, waarin veelal de regering en soms het parlement sturend optreedt. Bij de kabinetten Thatcher en Blair was duidelijk het eerste het geval. Bovendien zijn de ministers lid van het parlement. In Nederland kunnen ministers, behalve wanneer ze demissionair zijn, geen deel uitmaken van het parlement (vgl. art. 57, tweede en derde lid, Gw). Regering en parlement hebben ook eigen verantwoordelijkheden en bevoegdheden, waarbij die van de regering vooral op het regelgevende en besturende vlak liggen en die van het parlement vooral het nauwlettend controleren van de regering tot strekking hebben. Toch kent Nederland geen (extreem) dualistisch stelsel. Doordat de formele wetgevende bevoegdheid tezamen wordt uitgeoefend en vooral door de werking van regeerakkoorden is er veel samenwerking tussen de regering en de fracties die haar ondersteunen. In veler ogen vertoont de verhouding tussen regering en parlementaire meerderheid zelfs te veel monistische trekken, met als gevolg dat de kwaliteit van de controle op het regeringsbeleid terugloopt.[46] Bij dit alles moet bedacht worden dat de verhouding tussen kabinet en oppositie inherent dualistisch is.

De termen monisme en dualisme worden primair gebruikt ter beschrijving van een bepaalde feitelijke situatie. De laatste jaren worden ze ook in een normatieve betekenis gehanteerd in die zin dat de verhouding tussen kabinet en parlement (meer) dualistisch zou dienen te zijn.

---

44 Niet te verwarren met dezelfde terminologie die bij de doorwerking van internationaal recht wordt gehanteerd; zie § 14.2.1.

45 Zie hierover § 9.5.

46 Zie verder § 11.2.

11 Kritiek op het Nederlandse stelsel

Het functioneren van een vertegenwoordigend stelsel is voorwerp van voortdurende zorg en aandacht. Een democratisch systeem biedt meer dan welk ander systeem de ruimte tot zelfkritiek en zelfcorrectie. Sterker nog: het stelsel dwingt daar zelfs toe; een democratie is nooit af! In dit hoofdstuk worden de voornaamste punten van kritiek op het Nederlandse vertegenwoordigende stelsel aan de orde gesteld.

11.1 ROL POLITIEKE PARTIJEN

In het voorafgaande is de belangrijke rol die politieke partijen vervullen in een vertegenwoordigend stelsel al even aangestipt. Daarbij dient men echter te bedenken dat die rol per land sterk kan verschillen. De politieke partijen in de Verenigde Staten zijn typische verkiezingsorganisaties. Als duikboten komen zij eens in de zoveel tijd boven water bij de verkiezingen om vervolgens na de verkiezingen als partijorganisatie weer onder te duiken in onzichtbaarheid.[1] Daarentegen functioneren de politieke partijen in de meeste West-Europese staten geheel anders. Zij kennen een meer permanente organisatiestructuur en proberen voortdurend binnen en buiten de vertegenwoordigende organen invloed uit te oefenen op de politieke besluitvorming. Aan deze politieke partijen wordt – al dan niet mede door henzelf – een veelheid van functies toegedicht, onder andere de volgende. Naast het mobiliseren van kiezers (*mobilisatiefunctie*) wordt ook gesproken van een *aggregatie- of integratiefunctie*. Hiermee wordt bedoeld dat partijen de in de maatschappij levende wensen en verlangens op basis van hun beginselen integreren in een op algemeen belang gericht samenhangend program. Voorts zouden politieke partijen een *communicatiefunctie* vervullen. Politieke partijen willen een communicatiemiddel zijn tussen overheid en burger, tussen gekozenen en kiezers. Enerzijds door het samenstellen van het genoemde program waaruit eisen aan de overheid voortvloeien. Anderzijds door het beleid van de overheid bekend te maken, meestal voorzien van verdediging of kritiek. Van belang is verder de rol die politieke partijen hebben bij het bevorderen van deelname van burgers aan het politieke proces. Niet alleen ter gelegenheid van verkiezingen, maar ook daarbuiten probeert men leden en niet-leden te activeren tot deelname aan het proces van vorming van overheidsbeleid (*participatiefunctie*). Verreweg de belangrijkste functies lijken echter de *representatiefunctie* en de *selectiefunctie* van partijen. Politieke partijen representeren in ons stelsel het electoraat, voornamelijk in de vertegenwoordigende lichamen. Daaraan nauw verbonden is de rol die partijen spelen bij de selectie van kandidaten voor volksverte-

---

1 Zie R.A. Koole, De permanente kritiek op politieke partijen, Beleid & Maatschappij, 1990, p. 7.

genwoordigende lichamen (maar ook voor andere ambten, zoals burgemeesters en Commissarissen van de Koning).

Ten aanzien van alle genoemde functies is wel enige kritiek en relativering op zijn plaats. Als men bijvoorbeeld bedenkt dat niet meer dan 2,5% van de Nederlandse kiesgerechtigde bevolking lid is van een politieke partij en dat een aantal van deze partijen intern niet altijd even democratisch functioneren, kan men zich afvragen of politieke partijen wel in staat zijn om een integratie- en communicatiefunctie te vervullen. Veel kritiek is er op de wijze waarop de representatiefunctie wordt vervuld. Veelvuldig hoort men de klacht van bepaalde bevolkingsgroepen en individuele staatsburgers dat hun specifieke wensen en verlangens niet behartigd worden door de volksvertegenwoordigers. Dit is echter ten dele inherent aan een vertegenwoordigend stelsel. Een dergelijk stelsel impliceert reductie en vervreemding.[2] Gelet op de aggregatie- of integratiefunctie is reductie zelfs een taak van politieke partijen. Fundamenteler is de kritiek die er op wijst dat volksvertegenwoordigers niet meer de belangen behartigen van hun electoraat, maar louter die van hun partij of van henzelf.[3] Daar komt dan nog eens bij dat volksvertegenwoordigers voor hun herverkiezing minder afhankelijk zijn van het oordeel van de kiezers dan wel eens wordt gedacht. Immers, het zijn de partijen die de volgorde bepalen op de kandidatenlijsten voor de verkiezingen. Individuele volksvertegenwoordigers zijn bijgevolg meer afhankelijk van de steun van hun partij dan van hun kiezers. Op grond van deze grote invloed van partijen wordt door menigeen de conclusie getrokken dat het Nederlandse stelsel van een kiezersdemocratie is verworden tot een partijendemocratie.[4]

Er is de afgelopen decennia veelvuldig kritiek geuit op de hiervoor geschetste ontwikkeling. Zij leidt tot een gebrekkige representatie en bijgevolg ook tot een gebrekkige legitimiteit van de besluitvorming binnen het vertegenwoordigende stelsel. Er is dan ook regelmatig gepleit voor aanpassing van het kiesstelsel op een wijze waardoor kamerleden zich meer zouden moeten gaan richten naar de wensen van de kiezers en minder naar de wensen van hun partij.[5] Het voornemen tot wijziging van het kiesstelsel werd zelfs opgenomen in het regeerakkoord van het tweede paarse kabinet. Er werd vervolgens een nota naar de Tweede Kamer gestuurd met mogelijke varianten, die echter een gemeenschappelijk kenmerk hadden, te weten versterking van de

2 Zo ook F.H. van der Burg, Overheid en onderdaan in een representatieve democratie, preadvies VAR, Haarlem 1970, p. 25; alsmede § 2.7.

3 R.B. Andeweg en J. Thomassen, Tekenen aan de wand?, Kamerleden, kiezers en commentatoren over de kwaliteit van de parlementaire democratie in Nederland, in: C.C. van Baalen e.a. (red.), Jaarboek Parlementaire Geschiedenis 2003, Den Haag 2003, p. 32 en het Onderzoeksverslag Politieke Partijen zijn onmisbaar, maar moeten wel veranderen, Ministerie van Binnenlandse Zaken en Koninkrijksrelaties, Den Haag 2006.

4 O.a. G. Leibholz, Stukturprobleme der modernen Demokratie, Frankfurt am Main 1974; J.A. van Schagen, De Tweede Kamer der Staten-Generaal, Zwolle 1994, p 17 e.v.; en S.W. Couwenberg, Veranderen het karakter en de positie van politieke partijen?, Beleid & Maatschappij 1990, p. 12.

5 J.A. van Schagen en H.R.B.M. Kummeling, Proeve van een nieuw kiesstelsel, Deventer 1998.

kiezersinvloed, bijvoorbeeld door de kiezer de gelegenheid te geven om meerdere stemmen uit te brengen (eventueel op kandidaten van verschillende partijen), al dan niet gecombineerd met een districtenstelsel.[6] Tot een echte discussie over deze plannen kwam het echter niet; de minister wenste en open discussie, maar de Tweede Kamer eiste een duidelijke stellingname van de minister.

D66 trad in 2003 toe tot het kabinet-Balkenende onder de voorwaarde dat het kiesstelsel zou worden herzien. In het regeerakkoord stond zelfs dat dit kiesstelsel zelfs nog in dezelfde regeerperiode zou worden ingevoerd! De minister voor Bestuurlijke Vernieuwing en Koninkrijksrelaties, De Graaf, kwam met het voorstel tot invoering van een gemengd kiesstelsel. De kiezer zou twee stemmen krijgen. Eén zou hij kunnen uitbrengen op een landelijke lijst. Deze stem zou tevens bepalend zijn voor de zetelverdeling, die zou plaatsvinden op basis van EV. De tweede stem zou binnen een district uitgebracht worden op een personen. Deze via districten aangewezen personen zouden dan via de landelijke lijsten ingewonnen zetels innemen. Op die manier beoogde de minister sterkere kamerleden, met een eigen – minder of niet van de partij afhankelijke – legitimatie te krijgen, hetgeen op den duur zou moeten leiden tot een sterker parlement.[7] Dit voorstel werd echter weer ingetrokken door het kabinet nadat deze minister was afgetreden na het stranden van de wijziging van de Grondwet op het punt van de burgemeestersbenoeming.[8] Na al deze vruchteloze politieke pogingen gaf de nieuwe minister voor Bestuurlijke Vernieuwing, Pechtold, een groep burgers, verzameld in een 'Burgerforum' de opdracht na te denken over het meest geschikte kiesstelsel.[9] Intussen – waarschijnlijk om toch nog op enige wijze uitvoering te geven aan de toezegging in het regeerakkoord – werd in 2005 door het kabinet een wetsvoorstel tot verdere verlaging van de voorkeurdrempel naar 12,5% ingediend.[10]

We moeten afwachten of het tot een *substantiële* wijziging van het kiesstelsel; een wijziging waardoor de positie van de politieke partijen wezenlijk verandert. Vooralsnog lijken partijen en kamerleden zeer beducht voor de (mogelijke) aantasting van de eigen positie.

De grote invloed van politieke partijen leidt in de algemeen vertegenwoordigende organen, met name de Tweede Kamer, tot een sterke fractiediscipline. Om hun politieke carrière niet in de waagschaal te stellen zullen fractieleden zich wel twee keer bedenken voordat zij tegen de door de politieke leiding uitgezette lijn ingaan, hoewel ze formeel niet gedwongen kunnen worden om volgens de wensen van de partij te stemmen (§ 8.3).

6 Kamerstukken II 1999/00, 26 957, nr. 2.
7 Kamerstukken II 2004/05, 29 986, nr. 1-3.
8 Zie hoofdstuk 13, paragraaf 3.2.3.
9 Kamerstukken II 2005/06, 30 184, nr. 6.
10 Kamerstukken II 2005/06, 30 418, nrs. 1-3.

11.2 MONISTISCHE VERHOUDINGEN

De hiervoor genoemde fractiediscipline is een van de oorzaken van de monistische verhouding tussen regering en parlementaire meerderheid in de Tweede Kamer. Maar niet de enige. Een belangrijke oorzaak is de in de laatste decennia ontstane praktijk van het sluiten van uitvoerige, soms zeer gedetailleerde, regeerakkoorden. De juridische binding van een regeerakkoord moge dan niet erg groot zijn, de politieke binding is des te sterker. De regeringsfracties verplichten zich over en weer het in het regeerakkoord afgesprokene uit te voeren. De binding aan het regeerakkoord wordt in de praktijk nog eens versterkt doordat de regeringsfracties in spe mede-auteur zijn van het regeerakkoord. De fractiespecialisten leveren – al dan niet in werkgroepverband – de basisteksten voor het regeerakkoord. Vanzelfsprekend zal men niet snel geneigd zijn van het eigen gedachtegoed afstand te nemen. Het resultaat is dat de parlementaire meerderheid het als haar voornaamste taak ziet de regering in het zadel te houden, zodat zij het regeerakkoord kan uitvoeren. Fractiediscipline versterkt dit effect nog eens, met name in die gevallen waarin het kabinet een krappe meerderheid heeft, zoals bij de eerste twee kabinetten-Lubbers en bij het kabinet-Balkenende II het geval was. Maar ook bij kabinetten die konden rekenen op een grote meerderheid in de kamer, zoals bij de kabinetten Kok I en Kok II, bleek de verhouding tussen kabinet en regeringsfracties stevig monistisch, ondanks het regelmatig geventileerde voornemen een meer dualistische verhouding tot stand te brengen.[11] Zo werd door het kabinet-Balkenende II bewust een regeerakkoord op hoofdlijnen gesloten, omdat dit meer ruimte zou geven voor debat met de kamer.[12] Maar ook onder dit kabinet bleek het monisme hardnekkig. Controle op het regeringsbeleid wordt in de huidige tijd dan ook nauwelijks meer door de parlementaire meerderheid uitgeoefend, maar vooral door de oppositie.

Een monistische verhouding tussen kabinet en parlementaire meerderheid, ook wel coalitiemonisme genoemd, heeft als voordeel een stabiele regering en bijgevolg continuïteit in het regeringsbeleid. Een groot bezwaar is echter dat van de controlerende taak van het parlement niet veel meer terechtkomt. Een van de schoolvoorbeelden is hier de gang van zaken rond de totstandkoming van de Harmonisatiewet. Studenten die zich in de jaren voor de inwerkingtreding van de Harmonisatiewet hadden ingeschreven in de verwachting 6 jaar over hun studie te kunnen doen, werden door het ontwerp-Harmonisatiewet plotseling geconfronteerd met een sterke beperking van de inschrijvingsduur. De eenmaal in werking getreden wet zou het met name voor HBO-studenten onmogelijk maken na een HBO-studie langer dan drie jaar over een tweede studie te doen. De Tweede Kamer had grote problemen met het ontwerp vanwege het feit dat de rechtszekerheid van de betreffende studenten met voeten werd getreden, maar uiteindelijk ging zij omwille van de begroting van de minister van Onderwijs toch

---

11 Het moet gezegd: er was voor individuele leden van de 'paarse' kamerfracties wel wat meer ruimte voor het innemen van afwijkende standpunten. Gelet op de grote meerderheden waarop deze kabinetten steunden, kon dat ook zonder enig gevaar.

12 Handelingen II 2002/03, p. 4283.

akkoord. Aangezien de Eerste Kamer in het algemeen bijzonder veel waarde hecht aan rechtszekerheid en het beginsel dat gewekte verwachtingen gehonoreerd dienen te worden, was de verwachting dat zij nog grotere problemen zou hebben met aanneming van de wet. Het ging echter anders. Weliswaar werd er tamelijk veel verbaal misbaar gemaakt, ook door de regeringsfracties van het CDA en de VVD, maar uiteindelijk werd het voorstel aangenomen. Eerst later werd duidelijk waarom de regeringsfracties overstag waren gegaan. Vlak voordat het voorstel in de kamer zou worden behandeld, had minister Deetman aan de CDA-fractie laten weten dat hij zou aftreden als de kamer de wet zou afwijzen. Toen tijdens de behandeling in de kamer bleek dat de VVD-fractie zeer grote bezwaren had en aandrong op het indienen van een novelle vroeg de minister schorsing en stelde achter het gordijn de VVD-fractie voor de keuze: slikken of de val van het kabinet.[13] Hier werd duidelijk het voortbestaan van het kabinet belangrijker geacht dan de controle op het regeringsbeleid. Dit soort voorvallen deed en doet de roep om rechterlijke toetsing van formele wetten toenemen.[14]

Controle van het regeringsbeleid wordt uit de aard der zaak vooral vervuld door de oppositie. Maar haar mogelijkheden corrigerend op te treden zijn betrekkelijk gering. Zij kan niet dreigen met een wantrouwensvotum, en sommige parlementaire rechten, zoals het enquêterecht, kunnen slechts door de kamer als zodanig, dat wil zeggen de kamermeerderheid, worden uitgeoefend. Voorstellen om de positie van de oppositie te versterken zijn op niets uitgelopen. Zo is het voorstel om een minderheidsenquête mogelijk te maken tot tweemaal toe door de Eerste Kamer verworpen.

Naar aanleiding van de RSV-affaire in de jaren tachtig, waarbij duidelijk werd dat er gigantische bedragen aan overheidssubsidies zonder noemenswaardige controle door het parlement in de bodemloze put van de scheepsbouw waren verdwenen, werd kamerbreed de wens geuit de controle van de Tweede Kamer op het regeringsbeleid te verbeteren. Een bijzondere commissie van de Tweede Kamer deed daartoe een aantal voorstellen. Deze waren echter van betrekkelijk marginale aard, zoals bijvoorbeeld het openen van de mogelijkheid externe deskundigen en adviescolleges in te schakelen bij de parlementaire controle. Ook werden aanbevelingen gedaan om de begrotingsbehandeling te verbeteren[15] en de verantwoording van de ministers over de

---

13 Zie voor een beschrijving van de gebeurtenissen het HBO-journaal, september 1988, p. 8 e.v.

14 HR 14 april 1989, AB 1989, 207. Uiteindelijk sauveerde de Hoge Raad de Harmonisatiewet. Niet omdat de wet niet in strijd zou zijn met de rechtszekerheid, aldus de Hoge Raad, maar vanwege het grondwettelijk toetsingsverbod. Zie voorts F.A.M. Stroink, De plaats van de rechter in het staatsbestel, Zwolle 1990 en M.L.P. van Houten, Meer zicht op wetgeving, Rechterlijke toetsing van wetgeving aan de Grondwet en fundamentele rechtsbeginselen, Zwolle 1997. Op het moment van afronding van dit boek lag er een voorstel van het lid Halsema (Groen Links) tot invoering van een (beperkt) toetsingsrecht bij de Tweede Kamer. Zie Kamerstukken II 2001/02, 28 331.

15 De invloed van de kamers op de rijksfinanciën blijft echter gering. Zie G.D. Minderman, Tweede Kamer en rijksfinanciën, Den Haag 2000.

besteding van de middelen aan de Tweede Kamer te versterken.[16] Hoe belangwekkend deze[17] en andere[18] – deels inmiddels gerealiseerde – voorstellen ook mogen zijn, zij hebben vooralsnog niet geleid tot een meer dualistische verhouding tussen regering en parlement. Hoezeer de wenselijkheid van een dergelijke ontwikkeling ook wordt onderschreven, de praktijk is nog steeds anders. Symptomatisch is in dit verband ook het gebrekkig functioneren van de ministeriële verantwoordelijkheid.

11.3 FUNCTIONEREN MINISTERIËLE VERANTWOORDELIJKHEID

In § 10.6 is al gewezen op het belang van de ministeriële verantwoordelijkheid ten behoeve van de controle van het parlement op de regering en individuele ministers. Bewindslieden zijn jegens het parlement verantwoordelijk voor het door hen gevoerde staatsbestuur. Complement van deze verantwoordelijkheid is het recht van het parlement om een minister ter verantwoording te roepen. De functie die het principe van de ministeriële verantwoordelijkheid heeft voor het openbaar bestuur, is dat voor alle bestuurshandelingen op centraal niveau rekenschap kan (en moet) worden afgelegd aan een democratisch samengesteld orgaan, de volksvertegenwoordiging. Daarvoor is nodig dat aan tenminste één bestuursorgaan, de minister, de verantwoordelijkheid voor dat handelen kan worden toegerekend,[19] dit alles ongeacht of de minister de handelingen zelf heeft verricht en of hem of haar ter zake enig persoonlijk verwijt kan worden gemaakt. Vanaf de jaren tachtig van de voorbije eeuw wordt echter in de politieke praktijk soms wel een koppeling gemaakt tussen politieke verantwoordelijkheid en

16 We kennen sinds 2000 op de derde woensdag van mei de 'Dag der Verantwoording' als een soort natuurlijk vervolg op Prinsjesdag. Op Prinsjesdag gaat het over de vraag waar het geld naar toe gaat en op de Verantwoordingsdag gaat het over de vraag of het daar ook daadwerkelijk terecht is gekomen en goed is besteed. Meer hierover in P.P.T. Bovend'Eert/ H.R.B.M. Kummeling, Het Nederlandse parlement, 10e druk, Deventer 2004, p. 277 e.v.

17 Rapport onderzoek van de organisatie en werkwijze der Kamer, Kamerstukken II 1985/86, 19 336, nrs. 1-2.

18 Op aandringen van D66 stelde de Tweede Kamer na de kabinetsformatie van 1989 de bijzondere commissie Vraagpunten staatkundige, bestuurlijke en staatsrechtelijke vernieuwingen in (naar haar voorzitter ook wel commissie-Deetman genoemd); zie Kamerstukken II 1990/91, 21 427, nr. 3. Onder de hoede van deze commissie werd een aantal mogelijke verbeteringen in studie genomen. De uiteindelijke conclusies van de Tweede Kamer (Kamerstukken II 1993/94, 21 427, nr. 101) en de daaruit voortvloeiende aanpassingen hebben niet tot structurele wijzigingen in de verhouding kabinet-kamer aanleiding gegeven.

19 Th. C. de Graaf, Ambtenaar, minister en volksvertegenwoordiger, in: B.F. de Jong, C.A.J.M. Kortmann, H.R.B.M. Kummeling (red.), Nijmeegs staatsrecht (Beekman-bundel), Nijmegen 1987, p. 37. I.Van den Driessche, Politieke ministeriële verantwoordelijkheid. Het Nederlandse begrip in rechtsvergelijkend perspectief, Deventer 2005, p. 170-174.

verwijtbaarheid.[20] Ministers zouden aldus slechts politiek verantwoordelijk zijn voor hun eigen gedragingen die hen als verwijtbaar kunnen worden aangerekend. Dit heeft belangrijke negatieve gevolgen voor de controle op, en beheersbaarheid van, het ambtelijke apparaat dat een goed landsbestuur mogelijk dient te maken. Indien ambtenaren de minister niet voldoende behulpzaam zijn of dan wel falen, of zelfs informatie achterhouden en belangrijke zaken buiten de minister om regelen, dan kan daarvoor in zeer veel gevallen een minister geen persoonlijk verwijt worden gemaakt. Indien men van opvatting is dat voor politieke verantwoordelijkheid verwijtbaarheid noodzakelijk is, zal de minister niet zijn ontslag behoeven in te dienen of anderszins te laten blijken dat hij zich de kritiek zwaar aantrekt. Als echter een minister, die zelf een onberispelijk gedrag heeft vertoond, in dergelijke omstandigheden opstapt, dan bewijst hij het landsbestuur en zijn opvolger een grote dienst. Om met Donner te spreken: 'Die opvolger weet nu wat voor ambtelijk vlees hij in de kuip aantreft en het ministerie weet (...) dat men zich ernstig moet herzien om voor de minister, de Kamers en het Haagse wereldje weer geloof- en vertrouwenswaardig te worden. Het heengaan van de minister is soms een blaam, soms zelfs een zweepslag voor de betrokken ambtelijke dienst. Dat is óók een consequentie van de politieke verantwoordelijkheid.'[21] Bij een reeks van incidenten is echter gebleken dat men in de Haagse politiek er zich niet altijd van bewust is, dat het staatsrecht uitgaat van de zogenaamde 'volle ministeriële verantwoordelijkheid'.[22] Ook dit verschijnsel vindt grotendeels zijn oorzaak in de (toegenomen) monistische verhouding tussen regering en parlement, het samenklonteren van kabinet en regeringsfracties. Laatstgenoemden hechten meer waarde aan het ondersteunen en verdedigen van individuele bewindslieden – ook al zijn dezen van een andere partij – dan aan controleerbaarheid van het bestuur door het wijzen op verantwoordelijkheid. Een gevolg hiervan is ook dat de sanctie op de ministeriële verantwoordelijkheid, namelijk het opzeggen van vertrouwen door een parlementaire meerderheid, vrijwel nooit wordt toegepast. De laatste keer waarbij dit duidelijk het geval was, vond plaats in 1966, tijdens de bekende 'Nacht van Schmelzer'. In 1989 bleek uit de motie van VVD-fractievoorzitter Voorhoeve dat zijn (regerings)fractie het niet eens was met de plannen van het kabinet-Lubbers II om het reiskostenforfait te verlagen in het kader van het milieubeleid. Daarbij merkte Voorhoeve op dat de motie de kern raakte van de politieke vertrouwensrelatie tussen zijn fractie en het kabinet. Premier Lubbers, daartoe mede gemachtigd door de ministers in zijn kabinet inclusief die van de VVD, interpreteerde dit als een blijk van wantrouwen van een van de regeringsfracties en bood daarop het ontslag aan van het gehele kabinet, zonder het op een stemming aan te laten

20 Vgl. minister-president Lubbers in het debat over de gebrekkige handhaving van de EG-visquoteringsregelingen, die daarbij de opvattingen van anderen aanhaalde, waaronder die van zijn ambtsvoorganger Den Uyl, Handelingen II 1986/87, p. 4662.

21 A.M. Donner, Verantwoordelijkheid, RMThemis 1987, p. 367.

22 Zoals bij het eerste IRT-debat in april 1994. Zie hierover D.J. Elzinga, Een volle ministeriële verantwoordelijkheid voor het Openbaar Ministerie – maar geen ongebreidelde sturing van het OM, NJB 1994, p. 529 e.v. Zie voor een monografie over dit onderwerp D.J. Elzinga (red.), Ministeriële verantwoordelijkheid in Nederland, Zwolle 1994.

komen. Hoewel het twijfelachtig was of de motie aangenomen zou zijn – de oppositiefracties bleken het in grote lijnen eens te zijn met het kabinetsbeleid op dit punt – is het begrijpelijk dat het kabinet opstapte. Een regering kan immers moeilijk functioneren indien zij het vertrouwen mist van een van de haar dragende partijen. Al eerder (§ 10.5). is gewezen op het curieuze aftreden van het kabinet- Balkenende I, waarbij uiteindelijk de voorzitters van de regeringsfracties van het CDA en de VVD, zoals dat heet, 'de stekker eruit trokken.'

In het algemeen blijken individuele bewindspersonen voor hun functioneren meer afhankelijk te zijn van hun eigen fractie en/of politieke partij dan van de parlementaire meerderheid. Zo stapten Defensieminister Van Eekelen en staatssecretaris van Buitenlandse Zaken Van der Linden naar aanleiding van de paspoortaffaire eerst op nadat de leiding van hun eigen fractie/politieke partij, respectievelijk de VVD en het CDA, had laten weten dat ze niet meer op steun vanuit de eigen parlementaire achterban konden rekenen. In 1993 trad staatssecretaris Ter Veld af omdat haar (verdediging van een) plan tot het aanbrengen van wijzigingen in het stelsel van sociale zekerheid geen genade vond in de ogen van haar eigen PvdA-fractie in de Tweede Kamer. En minister De Graaf trad in 2005 in veler ogen niet alleen af omdat hij de gekozen burgemeester niet door de Eerste Kamer wist te loodsen, maar ook omdat hij van zijn eigen fractie onvoldoende steun kreeg om zijn andere grote vernieuwingsproject – het gemengde kiesstelsel – wel te kunnen doorzetten.

De andere kant van het verhaal is dat velen[23] van opvatting zijn dat als gevolg van de grote omvang van de staatstaak de ministeriële verantwoordelijkheid meer dan ooit een fictie is. De ministeriële verantwoordelijkheid zou ondraaglijk zijn geworden, omdat als gevolg van de toenemende omvang en complexiteit van de bestuurstaak er dusdanig veel gespecialiseerde ambten zijn ingesteld, met name zelfstandige bestuursorganen, er duizenden gespecialiseerde ambtenaren zijn aangesteld, ieder met een zekere mate van handelingsvrijheid (de minister kan immers niet alles zelf doen), dat het daardoor onmogelijk zou zijn geworden voor de minister om nog een volle verantwoordelijkheid te dragen. Deze geluiden zwellen iedere keer weer aan als er op departementen, in gedeconcentreerde (§ 13.2.3) of zelfstandige bestuursorganen (§ 12.5) iets fout is gegaan waar de minister geen weet van had en de roep van de media en kamerleden om het aftreden van de minister weer sterk wordt. De vermeende onbillijkheid van een dergelijk aftreden ('hij kon er niks aan doen, hem valt persoonlijk niets te verwijten') wordt dan als argument aangevoerd voor de stelling dat de ministeriële verantwoordelijkheid ondraaglijk is geworden. Er zijn de laatste twee decennia tal van remedies bepleit en toegepast. Die hadden in wezen steeds dezelfde invalshoek, namelijk vermindering van de ministeriële verantwoordelijkheid en zouden bijgevolg ook steeds het effect hebben dat de mogelijkheden van parlementaire controle worden teruggedrongen.

23 Vgl. Th.C. de Graaf, a.w., p. 38 e.v.

Zo is regelmatig voorgesteld[24] om *ambtenaren* zelf aan het parlement verantwoording af te laten leggen. Derhalve zou het parlement het recht moeten bezitten direct inlichtingen in te winnen bij de ambtenaren die bij een bepaalde kwestie betrokken zijn.[25] Bij de laatste integrale grondwetsherziening en bij het onderzoek naar staatkundige vernieuwing[26] is een dergelijke suggestie afgewezen, en terecht. De positie van beleidsambtenaren zou nog sterker worden dan zij al is. Door een direct contact met de kamers zouden zij minister en parlement tegen elkaar uit kunnen spelen. Het gevolg is dat ministers nog minder greep krijgen op hun ministerie. Het parlement zal er per saldo ook niet op vooruit gaan. De parlementaire controlemogelijkheden zullen niet verbeteren, wellicht eerder zelfs verslechteren, omdat men in een dergelijke constellatie inlichtingen krijgt van personen op wie het parlement geen politieke druk kan uitoefenen; een ambtenaar kan men als kamer niet naar huis sturen. Bovendien zou een minister zich wel eens kunnen gaan verschuilen achter zijn ambtenaren door op hun verantwoordelijkheid te wijzen, zodat de parlementaire invloed op de minister ook minder wordt. Een stelsel met een ruime ministeriële verantwoordelijkheid geeft aan het parlement een betere mogelijkheid het overheidsbeleid te controleren en dwingt de minister greep te houden op zijn ministerie.[27]

Een slag anders ligt de kwestie bij *zelfstandige bestuursorganen*.[28] In § 12.5 komen we nog terug op dit fenomeen. Hier zij alvast opgemerkt dat met name de centrale overheid de afgelopen decennia in toenemende mate taken en bevoegdheden heeft ondergebracht in bestuursorganen die niet hiërarchisch ondergeschikt zijn aan de minister. Ze zijn 'zelfstandig', ook omdat de minister vaak voor het overige nog weinig wettelijke bevoegdheden heeft ten aanzien van deze organen. Met het instellen van zelfstandige bestuursorganen (zbo's) heeft men doelbewust de ministeriële verantwoordelijkheid willen inperken, soms omdat de minister zich niet inhoudelijk met de taakuitoefening zou mogen bemoeien. Zo is voor iedereen duidelijk dat de Kiesraad in volstrekte onafhankelijkheid de uitslag van de verkiezingen moet kunnen vaststellen; bemoeienis van bijvoorbeeld de minister van Binnenlandse Zaken is hier uit den boze. Daarnaast zijn er nogal wat zbo's ingesteld met als oogmerk de scheiding van beleid en uitvoering. De redenering daarbij is dat door het buiten het departement plaatsen van de uitvoering de minister niet meer wordt lastig gevallen met (kamer)vragen over

24 M.A.P. Bovens, De Vierde Macht revisited. Over ambtelijke macht en politieke verantwoordelijkheid, Universiteit Utrecht 2000.

25 Overigens kunnen de kamers en kamercommissies ook nu al rechtstreeks in contact treden met ambtenaren, zij het dat daarvoor de toestemming van de minister nodig is. Zie art. 69, derde lid, Gw en de Aanwijzingen inzake contacten tussen ambtenaren en kamercommissies, Stcrt. 1998, nr. 104.

26 Rapport van de commissie-Scheltema 'Steekhoudend ministerschap', Kamerstukken II 1992/93, 24 127, nr. 41, p. 17 e.v.

27 Vgl. J.A.B. Janus, Ambtelijke bijstand, informatie en verantwoording, in: Gegeven de Grondwet (CZW-bundel), Deventer 1988, p. 105 e.v. in het bijzonder p. 115.

28 Over zelfstandige bestuursorganen zijn de afgelopen jaren talloze publicaties verschenen. Veelomvattend is het proefschrift van S.E. Zijlstra, Zelfstandige bestuursorganen in een democratische rechtsstaat, Den Haag 1997.

details, en hij zich kan concentreren op de hoofdpunten van het beleid (de 'echte' politiek). Een voorbeeld van zo'n uitvoerings-zbo is de Informatie Beheergroep (IBG), die belast is met de uitvoering van de Wet op de studiefinanciering. De IBG is een grote 'beschikkingenfabriek'. Hetzelfde voorbeeld toont echter ook al aan dat het functioneren van zbo's problematisch is. Vallen beleid en uitvoering wel strikt te scheiden? Kan er wel goed beleid tot stand komen als je onvoldoende zicht hebt op de uitvoering? Wie dient er toezicht uit te oefenen op een zbo? Als er wat mis gaat in de uitvoering, wie kan er dan op worden aangesproken? De praktijk laat vaak zien dat een minister toch via artikel 68 Gw wordt aangesproken op het functioneren van een zbo, maar hij hier vaak weinig aan kan doen, omdat hij nauwelijks bevoegdheden (meer) heeft ten aanzien van het desbetreffende zbo. Voor zover er nog wel ministeriële bevoegdheden bestaan, zijn die voor de talrijke zbo's vaak zeer verschillend geregeld. Dit alles heeft tot gevolg dat er vaak veel misverstanden bestaan over de reikwijdte van de ministeriële verantwoordelijkheid voor zbo's en de kamers niet meer weten of zij nog via de ministeriële verantwoordelijkheid controle kunnen uitoefenen op deze instellingen. Toenemende onvrede hierover heeft ertoe geleid dat er een voorstel van een Kaderwet werd ingediend, waarin getracht wordt helderheid te verschaffen over de ministeriële (toezichts)bevoegdheden.[29]

Ook hier kan geconcludeerd worden dat het verminderen van de ministeriële verantwoordelijkheid problematisch kan zijn; in een democratische rechtsstaat is het eigenlijk nauwelijks acceptabel dat er (uitvoerings)bevoegdheden worden uitgeoefend zonder dat deze op enigerlei wijze aan democratische controle zijn onderworpen.

11.4 LEGITIMITEIT VAN BESLUITEN EN BESLUITVORMING

In de (klassiek) liberale rechtsstaatgedachte wordt uitgegaan van de idee dat de burger slechts gebonden kan worden door (of op grondslag van) algemeen werkende wetten. Deze wetten ontlenen hun legitimiteit vooral aan het representatieve karakter – verkregen door directe verkiezingen – van de wetgever (§ 2.4). Het type besluitvorming dat als formele wetgeving kan worden aangeduid, verkrijgt aldus zijn legitimatie op directe wijze. De besluitvorming door het bestuur heeft een indirecte of afgeleide legitimatie. De legitimiteit van dit type besluitvorming ontstaat doordat het bestuur wordt genormeerd door de wetgever. Het bestuur ofwel de uitvoerende macht is gebonden aan de eis van de wetmatigheid van het bestuur. Oosting, die zich zoals vele anderen heeft laten inspireren door Max Weber, formuleert de gedachten van die laatste over het vraagstuk van de legitimiteit als volgt: 'Het politieke systeem formuleert doeleinden, en legt die vast in regels. Deze regels geven zo nauwkeurig mogelijk aan in welke situaties, op welke wijze en door wie gehandeld moet of mag worden. Het

29 Kamerstukken II 2000/01, 27 426. Zie over dit wetsvoorstel H.R.B.M. Kummeling, Een kale kaderwet, preadvies voor de vereniging voor wetgeving en wetgevingsbeleid, Den Haag 2001. Deze wet was bij afronding van dit boek nog steeds niet van kracht. Meer hierover in § 12.5.

bestuur handelt naar en op grond van deze regels, die een basis van legitimiteit hebben verkregen in en door het proces van besluitvorming in het politieke systeem. Bij zijn uitvoerende taak kan het bestuur van deze legitimiteitsbasis gebruik maken.'[30]

De besluitvormingsstructuur van de (klassiek) liberale rechtsstaat en de daarmee gepaard gaande legitimiteitsbasis van de besluitvorming kan in de huidige tijd niet meer volledig worden gehanteerd. De opkomst van de verzorgingsstaat heeft belangrijke veranderingen met zich meegebracht. Naast een sterke kwantitatieve groei van het openbaar bestuur is er ook een kwalitatieve verandering van de overheidstaken te constateren. Dit alles heeft tot gevolg dat het vermogen van de wetgever om het handelen van de uitvoerende macht vooraf te normeren geleidelijk minder is geworden. Delegatie van bevoegdheden vindt op grote schaal plaats. Er is sprake van een terugtred van de wetgever. Bovendien heeft het bestuur, zoals in hoofdstuk 4 al werd beschreven, in zeer veel gevallen een grote discretionaire vrijheid om beslissingen te nemen. De afnemende normerende invloed van de wet heeft ook tot gevolg dat de grondslag van de legitimiteit van het overheidshandelen voor een groot deel is weggevallen. Deze was, zoals we hebben gezien, juist ontleend aan diezelfde (representatieve) wetgever. Er moet dan ook worden gezocht naar aanvullende middelen tot herstel van de legitimiteitsbasis.

Hiernaast speelt nog dat ook de formele wetgever zelf, althans in de ogen van sommigen, niet voldoende legitimiteit heeft. Het representatieve stelsel in het kader waarvan de wetgeving totstandkomt zou aanpassing behoeven, hoewel aan het primaat van het representatieve ofwel vertegenwoordigende stelsel in het algemeen niet getwijfeld wordt. De bevindingen van de staatscommissie-Biesheuvel terzake – die al in de jaren tachtig van de voorbije eeuw rapporteerde – zijn nog steeds actueel; ook in politieke debatten wordt nog steeds teruggegrepen op de werkzaamheden van deze commissie. Niemand die zich op de grondslag stelt van de democratische rechtsstaat, aldus de commissie, zal in ernst de vraag aan de orde stellen of ons stelsel van indirecte democratie niet door een geheel ander stelsel zal moeten worden vervangen. Het is in grote gemeenschappen praktisch uitgesloten dat alle leden gezamenlijk alle beslissingen nemen. Maar, zo stelt de commissie verder, de erkenning van het primaat van het vertegenwoordigende stelsel hoeft intussen niet met zich mee te brengen dat men de ogen sluit voor de beperkingen die aan dit stelsel vanuit de relatie kiezers-beleidsvorming inherent zijn. Een van de beperkingen die de staatscommissie noemt, is het feit dat de bestuurders zich niet altijd voldoende gelegitimeerd voelen bij ingrijpende besluiten. De oplossingen die de commissie aandraagt voor dit gebrek aan legitimiteit zijn vooral gelegen in een toenemende participatie van de burger in het proces van beleidsvoorbereiding en besluitvorming.[31] Aldus slaat de commissie een richting in die reeds lang en door velen is gepropageerd. In het volgende hoofdstuk wordt uitvoerig ingegaan op een deel van de door staatscommissie voorgestane oplossingsrichtingen.

---

30 M. Oosting, Beginselen van bestuur, Alphen a/d Rijn 1980, p. 9.

31 Eerste rapport van de staatscommissie van advies inzake de relatie kiezers- beleidsvorming, Den Haag 1984, p. 123 e.v.

Verhoogde legitimatie van de besluitvorming kan worden gevonden in toenemende participatie van de burger bij de (voorbereiding van de) besluitvorming met als oogmerk een directe invloed te verschaffen, maar kan ook worden bereikt door de burger meer rechtswaarborgen in de totstandkomingsprocedure van besluiten toe te kennen. Dit laatste is uitdrukkelijk naar voren gebracht door Oosting. Aansluiting zoekend bij de theorieën van de Duitse rechtssocioloog Luhmann[32] komt hij tot de conclusie dat de aanvaarding van een bestuursbeslissing onder andere sterk afhankelijk is van de mate waarin het bestuur klantgericht handelt. Volgens Oosting – de latere Nationale ombudsman – is de eis van de klantgerichtheid fundamenteel voor de behartiging van verzorgingstaken. Daarmee komt volgens hem het zwaartepunt van de legitimatie van bestuursbeslissingen sterk te liggen op de procedure. Daarin moeten waarborgen besloten liggen die aanvaarding kunnen garanderen.[33] Ten dele zijn deze waarborgen weer gericht op het voor de burger bieden van een mogelijkheid tot betrokkenheid bij de procedure, waarbij gedacht kan worden aan het recht om gehoord te worden, het recht om stukken in te zien en zelf te produceren.

Intussen blijkt in de politieke praktijk het zoeken van legitimiteit in procedurele waarborgen ook een keerzijde te hebben. In zeer veel gevallen is de aandacht vooral gericht op de procedurele kant van de besluitvorming en niet zozeer op de inhoud van het besluit. Als we maar de legitimerende, maar ook apaiserende, procedures netjes volgen, dan doet de inhoud van de besluitvorming er niet zoveel meer toe, zo lijkt vaak de gedachtegang te zijn. Er is sprake van een onmacht van de wetgever, deels voortkomend uit een gebrek aan durf, om inhoudelijke normen te stellen. Regering en parlement vluchten bij lastige inhoudelijke problemen al snel in het inrichten van een nette procedure. Zo werd het regelen van de euthanasiekwestie jaren vooruitgeschoven, door steeds weer een nieuwe adviescommissie in te schakelen, onderzoeken te verordonneren en inspraakrondes te houden. Uiteindelijk kon men zich (voorlopig?) vinden in de regeling die aan de inhoudelijke strafrechtelijke normstelling niets veranderde, maar vooral een gewijzigde (meldings)procedure instelde in het kader van de Wet op de lijkbezorging (een regeling die voortdurend kritiek ontmoette).[34] Aanvankelijk bleef men vooral peuteren aan wijziging van de meldingsprocedure.[35] Pas in 2001 kwam het – onder veel nationale en internationale commotie – tot een wet betreffende toetsing levensbeëindiging op verzoek en hulp bij zelfdoding, overigens een wet die weer veel nadruk legt op (zorgvuldige) procedures.[36]

---

32 N. Luhmann, Legitimation durch Verfahren, 2e dr., Darmstadt und Neuwied 1975, alsmede latere geschriften.

33 M. Oosting, a.w., p. 18.

34 Zie C. Kelk, De praktijk van de euthanasie: het einde van een rijpingsproces?, NJB 1997, p. 101 e.v.

35 Er trad een wijziging in werking. Zie de AMvB van 27 mei 1998, Stcrt. 1998, 101. Zie hierover W. Sorgdrager, Toetsing bij euthanasie, NJB 2000, p. 1145 e.v.

36 Stb. 2001, 194.

Er speelt nog een ander probleem met betrekking tot de legitimiteit van de besluitvorming. Door velen wordt een verminderd normbesef van burgers geconstateerd. Op veel terreinen probeert de burger de normen die hem door wetgever en bestuur worden opgelegd, te ontduiken. Bekend zijn de massale verkeersovertredingen, kleine en grote milieudelicten, het niet naleven van vergunningsvoorschriften zoals bij de vuurwerkramp in Enschede in 2000,[37] en de snel achteruit hollende belastingmoraal. Legio zijn de verklaringen die hiervoor worden gegeven. Er zou sprake zijn van een te grote regelverdichting; burgers worden aan te veel regels onderworpen die ze niet kennen en gezien de grote hoeveelheid deels ook niet kunnen kennen. Bovendien zou de burger zich te zeer beperkt voelen door de grote hoeveelheid regels die (te) veel van zijn gedragingen aan banden beoogt te leggen. Anderen zoeken de oorzaak in een falend sanctieapparaat. De overheid zou te weinig toezien op handhaving[38] van haar regels, zoals bij de cafébrand in Volendam,[39] terwijl daar ook nog eens bij komt dat deze ten dele nauwelijks te handhaven zijn. Ook wordt door sommigen wel aangevoerd dat de sancties niet zwaar genoeg zijn; de roep om strengere straffen is van alle tijden.

Al met al wordt er geconstateerd dat het voor de aanvaarding van overheidsbesluiten niet meer voldoende is dat deze totstandkomen in het kader van een procedure die is ingericht volgens de rechtsstatelijke eisen en de beginselen van een representatieve democratie. De oplossing wordt – naast het terugdringen van de hoeveelheid regels[40] en een toenemend beroep van de overheid op zelfregulering door particuliere organisaties[41] – veelal gezocht in het meer dan voorheen betrekken van de burger bij de besluitvorming. Deze oplossing wordt niet alleen aangedragen vanwege een bij het openbaar bestuur bestaande behoefte tot verhoging van de legitimiteit van zijn besluiten, maar is ook door de burgers geïnitieerd. Vooral vanaf de zestiger jaren, zo wordt allerwegen betoogd, is de burger mondiger geworden ten opzichte van de overheid. Het beeld van de overheid, die éénzijdig vanuit haar gezagspositie over de hoofden van de burgers heen het algemene belang behartigt, wordt niet meer geaccepteerd. De burgers wensen niet alleen via hun vertegenwoordigers maar ook rechtstreeks betrokken te zijn bij de vorming van het overheidsbeleid.[42] Daarover meer in het volgende hoofdstuk.

---

37 Eindrapport van de commissie-Oosting, Enschede/Den Haag 2001, p. 64.

38 Zie voor een inleiding op de problematiek van handhaving: F.C.M.A. Michiels, Handhaving van bestuursrecht, Nijmegen 1994. Voor wie verder wil gaan: Ch.W. Backes e.a. (red.), Lex Dura, Sed Lex, Opstellen over handhaving van omgevingsrecht, Deventer 2005.

39 Eindrapport van de commissie-Alders, Den Haag 2001, p. 45 e.v.

40 Zo vond bijv. in de jaren negentig van de vorige eeuw de operatie-Oort plaats; een vergaande vereenvoudiging van de belastingwetgeving. Dat dit onderwerp nog steeds actueel is blijkt uit het feit dat het kabinet-Balkenende II dit als onderdeel van zijn motto heeft opgenomen. Dat motto was: 'Mee doen, meer werk, minder regels.'

41 Ph. Eijlander, P.C. Gilhuis en J.A.F. Peters (red.), Overheid en zelfregulering, Zwolle 1993; T.J. van der Ploeg, H.J. de Ru, J.W. Sap (red.), In plaats van overheid, Zwolle 1995; S.C. van Bijsterveld en H.R.B.M. Kummeling (red.), Grondrechten en zelfregulering, Deventer 1997.

42 Vgl. P. de Haan/Th.G. Drupsteen/R. Fernhout, Bestuursrecht in de sociale rechtsstaat, deel 2, 4e dr., Deventer 1998, p. 181.

12 Participatie

12.1 ALGEMEEN

Er is een behoefte ontstaan bij overheid en burgers aan meer invloed en controle van de bevolking op het bestuur. Het vertegenwoordigend stelsel sluit in beginsel niet uit dat er op tal van terreinen en in tal van vormen rechtstreekse bemoeienis is van de burger met het proces van beleidsvoorbereiding en besluitvorming. In een aantal gevallen heeft de overheid op basis van het bestuursrechtelijke zorgvuldigheidsbeginsel zelfs de plicht burgers te betrekken in het nemen van de beslissing. Het zorgvuldigheidsbeginsel eist van bestuursorganen dat alvorens een beslissing wordt genomen, alle relevante feiten en omstandigheden van het geval worden onderzocht (art. 3:2 Awb). Soms is de noodzakelijke informatie alleen te verkrijgen via (deskundige) burgers. Het moge duidelijk zijn dat het zorgvuldigheidsbeginsel slechts in een beperkt aantal gevallen de overheid verplicht tot het raadplegen van burgers. Wanneer het zakelijke informatie betreft, zal de overheid deze veelal ook op andere wijze kunnen verkrijgen. Bovendien is het zeer kwestieus of het zorgvuldigheidsbeginsel wel voor alle typen van beleids- en besluitvorming in dezelfde mate geldt. Daarenboven lijkt het verstandiger het vraagstuk van de participatie niet louter te plaatsen in het licht van nu reeds bestaande rechtsplichten voor de overheid.

De staatscommissie-Biesheuvel onderscheidde – naar gelang de mate van beïnvloedingsmogelijkheid – verschillende gradaties in participatie.[1] De lichtste vorm van participatie is het 'meeweten', het beschikken over dezelfde informatie als de overheid, zodat men goed geïnformeerd aan het publieke debat kan deelnemen. In dit kader is de informatieplicht van de overheid, onder andere op basis van de Wet openbaarheid van bestuur, van groot belang.

Een verdergaande vorm van participatie is het 'meepraten'; aan de burger wordt de mogelijkheid geboden om voordat het overheidsorgaan zijn beslissing neemt, aan dat orgaan zijn zienswijze kenbaar te maken. Men wordt door het bestuur 'gehoord', zoals de standaarduitdrukking luidt. Verschillende vormen zijn hier denkbaar. Zo kan er een inspraakrecht bestaan in de vorm van hoorzittingen. Ook kan er voor de overheid een overlegverplichting zijn, of de plicht tot het inschakelen van adviescommissies waarin burgers zitting hebben. Door sommige auteurs worden al deze vormen onder de algemene noemer inspraak gebracht. Hoewel dit niet per se onjuist is, lijkt het toch verstandig om dit niet te doen. Zoals hierna nog zal blijken, bestaan er een aantal verschillen, niet alleen vanwege de inhoudelijkheid van de participatie, maar ook qua rechtsgevolg.

1 Eerste rapport van de staatscommissie van advies inzake de relatie kiezers-beleidsvorming (staatscommissie-Biesheuvel), Den Haag 1984, p. 125.

De zwaarste vorm van participatie is het 'meebeslissen'. Het kan zijn dat een overheidsorgaan niet meer geheel vrij is bij het nemen van beslissingen, bijvoorbeeld doordat het afhankelijk is van het oordeel van anderen. In een enkel geval is zelfs de beslissingsbevoegdheid geheel overgedragen aan een instantie waarin burgers participeren. Dat laatste kan het geval zijn bij bestuurscommissies en zelfstandige bestuursorganen, waarover hierna meer.

Deels parallel lopend met de bovenstaande onderscheiding kunnen de verschillende participatiemogelijkheden ook nog worden onderverdeeld naar vormen van *directe* en *indirecte* democratie. Bij vormen van directe democratie bestaat er een persoonlijk medebeslissingsrecht voor de betrokken burgers. Het decisieve referendum kan hier als voorbeeld dienen. Bij vormen van indirecte democratie is de invloed van de betrokken burgers op de te nemen beslissing slechts indirect, hetzij via hun vertegenwoordigers, hetzij doordat de participatievorm louter een mogelijkheid tot beïnvloeding van de overheid biedt en niet de bevoegdheid de inhoud van het besluit (mede) te bepalen. Dat laatste doet zich onder andere voor bij deelname aan adviesorganen en inspraakprocedures.

Hierna worden de belangrijkste participatiemogelijkheden besproken, waarbij tevens zal worden ingegaan op hun problematische kanten.

12.2 INSPRAAK

Onder inspraak kan worden verstaan een (georganiseerde) gelegenheid voor personen en organisaties van buiten de betrokken overheid, waarin deze hun meningen en gedachten kunnen uiten over beleidsuitgangspunten en -voornemens en daarover in discussie kunnen treden met overheidsvertegenwoordigers. Voor inspraak worden verschillende technieken gebruikt zoals bijvoorbeeld hoorzittingen, spreekrecht in (commissies van) bestuursorganen en vertegenwoordigende lichamen, enquêtes en de mogelijkheid schriftelijk te reageren op voorstellen van het bestuur. Kenmerkend voor inspraak is dat de resultaten die voortvloeien uit het gebruik ervan het bestuur niet binden. Uit onderzoek is gebleken dat uiterst zelden een beleidsvoornemen onder invloed van inspraak wordt gewijzigd of ingetrokken.[2] Dat kan onder andere worden geïllustreerd aan de hand van de monster-inspraakprocedure die eind jaren '70, begin jaren '80 van de vorige eeuw werd gehouden over het kernenergiebeleid. Deze zogenaamde Brede Maatschappelijk Discussie over het energiebeleid had tot doel de onder de bevolking levende inzichten en opvattingen te peilen en een bijdrage te leveren aan de meningsvorming over de toepassing van kernenergie. Deze grootscheepse inspraakexercitie nam meer dan drie jaren in beslag, de deelname van de bevolking was beperkt en de beleidsvoornemens van de regering (wel mogelijke uitbreiding van het kernenergievermogen) leken aanvankelijk haaks te staan op de resultaten van de BMD. Pas

---

2 Staatscommissie-Biesheuvel, Eerste rapport, a.w., p. 133. Zie ook P. de Haan/Th.G. Drupsteen/R. Fernhout, Bestuursrecht in de sociale rechtsstaat, deel 2, 4e dr., Deventer 1998, p. 218.

onder het eerste paarse kabinet werd besloten tot sluiting van de kernenergiecentrales. De staatssecretaris van Milieu Van Geel (CDA) liet echter in 2006 weten veel voor het openhouden van de kerncentrale Borssele te voelen. Ook wilde hij het bouwen van nieuwe centrales in de toekomst niet langer uitsluiten. Zulke grootschalige, langdurige inspraakprocedures als de BMD zijn sindsdien niet meer voorgekomen. Wel wordt er nog met enige regelmaat door de rijksoverheid een landelijke discussie geëntameerd, zoals in 2001 over de veiligheid van het gebruik van biotechnologie bij voedsel. Na de afwijzing van de Europese Grondwet bij het referendum in juni 2005 wilde het kabinet aanvankelijk een grootschalig Europadebat organiseren. Daar kwam veel kritiek op. Uiteindelijk werd er slechts een website geopend waarop burgers hun mening over de toekomst van Europa kwijt konden.[3]

Ook de resultaten van kleinschaliger inspraakprocedures zijn niet altijd even bemoedigend. Met name ingeval van hoorzittingen waar iedere belangstellende spreekrecht heeft, is de opkomst vaak gering, de insprekers uit een beperkte groep –dus niet representatief – en de inhoud van de bezwaren al bij de overheid bekend. Voor het overige werkt inspraak in het algemeen vertragend en kostenverhogend.[4] Dit brengt bestuursorganen er wel eens toe van een voorgenomen inspraakronde af te zien. Zo zag het college van b en w van Amsterdam af van inspraak van buurtbewoners over de verbouwing van een pand ter opvang van drugsverslaafden, omdat het college de uitkomst al dacht te kennen. Er zijn altijd mensen die tegen deze beslissing bezwaren hebben, en die bezwaren kennen we al, zo was de motivering die door de Voorzitter van de Afdeling rechtspraak werd geaccepteerd.[5]

Hiermee is niet gezegd dat inspraak tot niets leidt en derhalve maar beter achterwege kan worden gelaten. Uit het oogpunt van zorgvuldige besluitvorming is het vaak zeer gewenst dat betrokken burgers worden gehoord en soms zelfs verplicht. En de rechter hecht er in het algemeen aan dat hoorplichten worden nagekomen.[6]

Tot 1994 golden in de praktijk talrijke, inhoudelijk zeer verschillende, inspraakregelingen. De inwerkingtreding van de Awb en aanpassingen van de Provinciewet en Gemeentewet hebben hieraan een einde gemaakt.

Teneinde de wildgroei in inspraakprocedures tegen te gaan, is er in de Awb een aantal uniformerende regelingen getroffen. Allereerst is er de verplichte regeling van afdeling 4.1.2 Awb voor het horen bij de voorbereiding van beschikkingen. Dit is een betrekkelijk eenvoudige procedure. Daarnaast bestaat de mogelijkheid dat het bestuurs-

---

3 In mei 2006 stond echter de particuliere Stichting Brede Maatschappelijke discussie Europadebat op, die, zoals haar naam al deed vermoeden een intensievere raadpleging en debat voor ogen stond.

4 Vgl. R.L. Vucsán, in: J.W.M. Engels e.a. (red.), De rechtsstaat herdacht, Zwolle 1989, p. 217.

5 VzARRvS 15 juni 1989, AB 1989, 468 (Opvang drugsverslaafden).

6 K.H. Sanders, Het oor wil ook wat, Over het afzien van horen in de bezwaarschriftprocedure, in: R.L. Vucsán (red.), De Awb-mens: boeman of underdog? (Damen-bundel), Nijmegen 1996, p. 225 e.v.

orgaan zelf de beslissing neemt of daartoe bij wettelijk voorschrift verplicht is om bij de voorbereiding van bepaalde besluiten[7] een zwaardere procedure te volgen. In afdeling 3.4 is daartoe de *Uniforme openbare voorbereidingsprocedure* in de Awb opgenomen.[8]

Afdeling 3.4 Awb is veelvuldig van toepassing verklaard, onder andere in de Wet op de Ruimtelijke Ordening (vgl. o.a. art. 2a, 4a en 8) en de vergunningsprocedures van de Drank- en Horecawet, de Wet ambulancevervoer, de Mededingingswet en de Wet milieubeheer (art. 13.1).

Voor de procedure van afdeling 3.4. is kenmerkend dat belanghebbenden de gelegenheid tot inspraak krijgen, zoals dat in het specifieke wettelijke jargon heet om 'zienswijzen' naar voren te brengen (art. 3:15, tweede lid, Awb). Bij wettelijk voorschrift kan zijn bepaald dat ook anderen dan alleen belanghebbenden hun zienswijzen naar voren mogen brengen. Met de uitdrukking 'zienwijze' wordt bedoeld dat de inbreng van betrokkenen – anders dan bijv. bij de bezwarenprocedure – geheel vormvrij is. Ook opvallend is dat het hier gaat om ontwerp-besluiten en niet om een in beginsel definitief besluit waartegen de belanghebbende opkomt. Opvallend is ook dat tegen een definitef besluit geen bezwaar open staat. Ook het beroepsrecht is beperkt. Art. 6:13 Awb bepaalt dat wie verwijtbaar geen gebruik heeft gemaakt van de mogelijkheid om zienswijzen als bedoeld in art. 3:15 Awb naar voren te brengen, geen beroep op de bestuursrechter kan instellen.[9]

In artikel 150 van de Gemeentewet en artikel 147 van de Provinciewet zijn ook algemene inspraakregelingen opgenomen. De gemeenteraad en Provinciale Staten zijn verplicht om een verordening vast te stellen waarin regels worden gesteld over de wijze waarop ingezetenen en andere belanghebbende natuurlijke en rechtspersonen bij de voorbereiding van gemeentelijk respectievelijk provinciaal *beleid*[10] worden betrokken. De bedoelde inspraak wordt verleend door toepassing van afdeling 3.4. Awb, tenzij in de verordening iets anders is bepaald.

Nieuw sinds de dualiseringsoperatie op decentraal niveau[11] is dat de burgemeester, respectievelijk de commissaris van de Koningin een 'burgerjaarverslag' dienen uit te brengen, waarin zij dienen te rapporteren over de kwaliteit van de procedures op het gebied van de burgerparticipatie (art. 170 Gemw; art. 175 Pw). Daarbij gaat het allereerst om de kwaliteit van de inspraakprocedures, maar ook over de eventuele

7 Het gaat dus dan niet alleen om beschikkingen. Zie art. 1:3 Awb.

8 Afd. 3.4 Awb in de huidige vorm is op 1 juli 2005 in werking getreden en is de opvolgster van de voormalige afd. 3.4 en 3.5. Zie hierover J.Robbe, De uniforme openbare voorbereidingsprocedure nader beschouwd, NTB 2006, p. 169-179.

9 Zie verder Van Wijk/Konijnenbelt & Van Male, Hoofdstukken bestuursrecht, 13 druk, Den Haag 2005, p. 292-295.

10 Deze regelingen zijn dus niet beperkt tot besluiten en kunnen derhalve naast de Awb bestaan.

11 Zie hoofdstuk 13.

toepassing van consultatieve referenda (§12.6) of het burgerinitiatief.[12] Bij dat laatste gaat het om de situatie waarin (een bepaald aantal of percentage) burgers het recht is toegekend om een onderwerp om de agenda van de volksvertegenwoordiging te plaatsen. Deze jaarlijkse rapportageverplichting moet het mogelijk maken dat er periodiek met de volksvertegenwoordiging van gedachten wordt gewisseld over tekortkomingen in participatieprocedures.[13]

Inspraakprocedures lijken vaak niet erg efficiënt, nogal tijdrovend en weinig effectief.[14] Dit is echter afhankelijk van de omstandigheden van het geval. Als met deze uitvoerige inspraakmogelijkheid kan worden bereikt dat aan de wensen van de aanvrager en de bezwaarden optimaal tegemoetgekomen wordt, dan kan daarmee worden voorkomen dat een eveneens tijdrovende procedure voor de administratieve rechter moet worden gevoerd. Dit soort inspraakprocedures karakteriseert men derhalve ook wel als 'preventieve rechtsbescherming'.

12.3 ADVIESCOMMISSIES

De overheid, zowel op centraal als decentraal niveau, heeft de afgelopen decennia talloze adviesinstanties ingesteld. Met name de externe adviescolleges zijn voor ons onderwerp van belang. Externe adviescolleges zijn colleges die voor tenminste de helft bestaan uit personen die niet werkzaam zijn onder verantwoordelijkheid van het overheidsorgaan waaraan het college adviseert.

Advisering kan op twee manieren een rol spelen bij de verhoging van de legitimiteit van de besluitvorming. Allereerst kan dat gebeuren door het inschakelen van zogenaamde belangenraden of representantenraden. Dat zijn adviesinstanties die voornamelijk zijn samengesteld uit vertegenwoordigers van belanghebbende groeperingen. Deze raden worden door de overheid benut om informatie te verkrijgen van de betreffende groeperingen. De leden van de adviescolleges krijgen aldus de kans om de standpunten van hun achterban te verdedigen. Op deze wijze kan directe invloed worden uitgeoefend op het uit te brengen advies en middels het advies indirecte invloed op de besluitvorming. Een belangrijke representantenraad is de Sociaal-Economische Raad (SER). In de SER zitten naast vertegenwoordigers van de regering ook vertegenwoordigers van werknemers- en werkgeversorganisaties (art. 4 WBO).

---

12 Ook de Tweede Kamer kent inmiddels het burgerinitiatief. Zie Kamerstukken II 2005/06, 30 140, nr. 13.

13 Kamerstukken II 2000/02, 27 751, nr. 3, p. 65-66.

14 Vanaf 2006 zal er dan ook worden geëxperimenteerd met 'Inspraak nieuwe stijl' op het gebied van ruimtelijk-economische projecten. De bedoeling is dat de burgers meer gelegenheid krijgen om mee te denken over plannen, zoals bijv. de aanleg van een weg, op het moment dat er nog echt wat met hun inbreng kan gebeuren. Er zal worden geëxperimenteerd met inspraak in twee ronden, zowel in de fase van de beleidsvoorbereiding als ook in de fase van de besluitvorming. Bron: Persbericht RVD, 12 mei 2006.

Er zijn nogal wat knelpunten te ontdekken in het functioneren van belangenraden. Deze knelpunten betreffen voornamelijk de gebrekkige representativiteit van hun samenstelling. Er is sprake van een onevenwichtige vertegenwoordiging van belangen. Er kan worden geconstateerd dat vertegenwoordigers van maatschappelijke organisaties die in het adviescollege zijn opgenomen, contacten met niet vertegenwoordigde belangenorganisaties afhouden. Bovendien komen met name de minder georganiseerde groeperingen niet of nauwelijks aan bod. Hierbij valt te denken aan bejaarden, gehandicapten, buitenlandse werknemers et cetera. Adviezen van deze colleges leveren bijgevolg vaak een vertekend beeld op ten aanzien van de wensen van alle belanghebbenden. Voor het parlement hebben adviezen van belanghebbenden veelal als nadeel dat zij de politieke speelruimte beperken, in die zin dat adviezen vaak op compromissen met (vertegenwoordigers van) ministers berusten, waarvan de minister niet snel zal afwijken. Dit heeft tot gevolg dat het parlement buitenspel wordt gezet. Toenemende ergernis hierover heeft ertoe geleid dat op advies van de Tweede Kamer[15] het adviesstelsel op rijksniveau drastisch is herzien en beperkt.[16] Vele verplichtingen om advies te vragen zijn geschrapt. Een Kaderwet adviescolleges[17] stelt nu de nodige voorwaarden aan de instelling en inrichting van adviescolleges.[18] Het is de bedoeling dat vooral deskundigen zitting hebben in adviescolleges, waarbij echter ook gelet dient te worden op maatschappelijke kennis en ervaring.[19] Geconstateerd kan worden dat men met het schrappen van adviescolleges en adviesverplichtingen ook de aan het begin van deze paragraaf verbonden voordelen aan inschakeling van adviescolleges is kwijtgeraakt. Duidelijk is dat de overheid in toenemende mate via hoorzittingen en opinieonderzoek informatie wenst te verkrijgen over de maatschappelijke haalbaarheid en aanvaardbaarheid van besluiten. In dat licht valt mede te verklaren dat de overheid – tot ergernis van velen – kapitalen uitgeeft aan de inschakeling van commerciële adviseurs. Verder valt op dat groepen van belanghebbenden zich verenigen in particuliere belangenraden, zoals bijvoorbeeld de Gehandicaptenraad, die zich in toenemende mate als echte actiegroepen gaan gedragen. Het is daarom maar zeer de vraag of de 'operatie afschaffing adviescolleges' uit het oogpunt van legitimiteit van de besluitvorming zo gelukkig genoemd mag worden.

Externe adviescolleges worden ook gebruikt om de burger meer rechtswaarborgen te verschaffen. De nadruk ligt daarbij vooral op procedurele waarborgen. Hierbij kan

---

15 Die dit voorstelde op advies van haar eigen, bijzondere commissie Vraagpunten adviesorganen, Kamerstukken II 1992/93, 21427, nr. 30.

16 Alle bestaande adviescolleges, met uitzondering van de Raad van State, werden eerst opgeheven. Slechts een relatief beperkt aantal colleges kwam terug. Inmiddels kan men al wel constateren dat vele ad hoc colleges zijn ingesteld.

17 In werking per 1 januari 1997, Stb. 1996, 378.

18 Zie voor een uitvoeriger schets van de wijzigingen: M.N. Prinsen, De herziening van het adviesstelsel en de nieuwe wet inzake adviescolleges van het Rijk, Ars Aequi 46 (1997), p. 35 e.v.

19 Zie art. 12, eerste lid, Kaderwet adviescolleges.

vooral worden gewezen op de bezwaarschriftencommissies die nu functioneren in het kader van hoofdstuk 7 van de Awb. De in artikel 7:13 Awb bedoelde commissies – die minimaal een externe voorzitter dienen te hebben, maar vaak in meerderheid extern zijn samengesteld – hebben onder andere de verplichting belanghebbenden te horen. Door de participatie van buitenstaanders in deze adviesinstanties wordt een element van onafhankelijkheid in de procedure gebracht. Daarmee wordt een extra waarborg geboden en meer vertrouwen gewekt dat aan de belangen van klagers recht wordt gedaan.[20]

Kan een beslissende instantie vrijwel altijd 'ongestraft' afwijken van het resultaat van een inspraakprocedure, daarentegen is het afwijken van een advies niet altijd geoorloofd. Met name in de jurisprudentie zijn ter zake een aantal regels te vinden. De ruimte tot afwijken van een advies wordt vooral begrensd door het geschreven recht en de algemene beginselen van behoorlijk bestuur. Als het bestuur gedurende de adviesprocedure jegens belanghebbende burgers de verwachting heeft gewekt dat aan het advies veel waarde zal worden gehecht, of dat het zal worden gevolgd, lijkt afwijken van een advies minder snel op zijn plaats.[21] Dat is eveneens het geval wanneer het bestuur geruime tijd in gelijke gevallen steeds het positieve advies heeft gevolgd. Strijd met het gelijkheidsbeginsel ligt dan voor de hand.[22]

Meer in het algemeen kan worden gesteld dat als er een advies gevraagd is, daar niet zonder meer als irrelevant feit aan voorbijgegaan kan worden. Wordt een advies kennelijk in het geheel niet bij het nemen van de beslissing betrokken, dan zal al snel sprake zijn van schending van het vereiste van zorgvuldig onderzoek. Verder moet er nog op gewezen worden dat, indien een zelfstandig, van het advies afwijkend oordeel mogelijk is, dit oordeel op zichzelf weer voldoende zorgvuldig moet zijn onderbouwd. Het afwijken van een advies behoeft een deugdelijke motivering.

Daar staat tegenover dat het bestuur zich niet achter een advies mag verschuilen; het advies mag niet klakkeloos worden gevolgd. Het bestuur is verplicht om het advies te toetsen. Het dient zich ervan te vergewissen of de adviseur niet partijdig is geweest, of aan het advies een zorgvuldig onderzoek is voorafgegaan, of dit berust op een feitelijke grondslag en is geformuleerd op een wijze die de juistheid van de conclusie aannemelijk maakt.[23] De toetsing van het advies moet er toe leiden dat het bestuursorgaan zich een zelfstandig oordeel vormt omtrent alle van belang zijnde aspecten van de zaak,[24] waarbij de ruimte voor een eigen toets door het bestuursorgaan beperkter zal

---

20 Vgl. H.R.B.M. Kummeling, Advisering in het publiekrecht, Den Haag 1988, p. 23 e.v.

21 Vgl. VzARRvS 24 april 1987, AB 1988, 1 (Stadsschoon Amersfoort) en ARRvS 26 april 1988, AB 1988, 319 (Zuidelijk Toneel).

22 ARRvS 12 augustus 1977, AB 1978, 6 (Zomerwoning Terschelling).

23 Vgl. ARRvS 23 juli 1984, Gst. 6779, 7 (Woonwagens Someren).

24 O.a. ARRvS 11 november 1985, AB 1986, 170 (Kayadibi).

zijn naargelang aan het advies een grotere mate van deskundigheidsexpertise ten grondslag ligt.[25]

Een deel van deze jurisprudentiële regels is in de Awb gecodificeerd (art. 3:5 e.v. en art. 3:49 en 3:50 Awb).[26]

12.4 OVERLEG

Verhoging van de legitimiteit van de besluitvorming kan ook gezocht worden in het voeren van overleg met belanghebbenden. Overleg kenmerkt zich door een zekere wederkerigheid, die bij inspraak en advisering meestal afwezig is. Met wederkerigheid wordt bedoeld dat er een rechtstreekse confrontatie of uitwisseling van standpunten en informatie tussen de overlegpartners plaatsvindt. Volgens Bleker houdt deze wederkerigheid ook in dat de meningen van de overlegdeelnemers over en weer kunnen veranderen onder invloed van de aan elkaar overgedragen berichten.[27]

Overheidsinstanties voeren veelvuldig overleg, vooral onderling; in het bijzonder geschiedt dit tussen lagere en hogere overheidsorganen. Coördinatie van overheidsoptreden is hier veelal de achtergrond, terwijl er soms ook een verkapte vorm van toezicht in kan worden gezien. Zo eist artikel 10 van het Besluit op de Ruimtelijke Ordening dat burgemeester en wethouders bij de vaststelling van een bestemmingsplan waar nodig overleg voeren met de besturen van aangrenzende gemeenten, de betrokken waterschapsbesturen en de betrokken diensten van provincie en rijksoverheid. Artikel 113 van de Gemeentewet schrijft voor dat een minister en het provinciaal bestuur overleg dienen te voeren met de betrokken gemeentebesturen of een instantie die voor hen representatief kan worden geacht – lees: de Vereniging van Nederlandse Gemeenten (§ 13.8) – wanneer zij regelingen wensen te treffen die betrekking hebben op gemeentelijke bevoegdheden.

Ook vindt er wel overleg plaats tussen de overheid en burgers. Meestal gaat het daarbij om maatschappelijke organisaties, zoals werkgevers- en werknemersvertegenwoordigingen. Slechts zelden wordt het overleg gevoerd met individuele burgers. De wettelijke bepalingen die overleg met (groepen van) burgers voorschrijven, zijn niet talrijk. Incidenteel is de (administratieve) rechter de opvatting toegedaan dat de zorgvuldigheid overleg vereist, bijvoorbeeld wanneer een gesubsidieerde instelling door wijziging van het gemeentelijk subsidiebeleid in financiële moeilijkheden dreigt te komen.[28]

---

25 CRvB 7 ~~april 1994,~~ TAR 1994, 123 (Deskundigenadvies). Zie voor het gebied van welstand in de sfeer van de ruimtelijke ordening A.G.A. Nijmeijer, Welstandstoezicht juridisch getoetst, Deventer 2001.

26 L.M. Koenraad, Over de plaats van deskundigen-advisering in het bestuursrecht JBplus 2006, p. 13-33 en Y.E. Schuurmans, Bewijslastverdeling in het bestuursrecht. Zorgvuldigheid en bewijsvoering bij beschikkingen, Deventer 2005.

27 H. Bleker, Na(ar) goed overleg ..., Deventer 1984, p. 41.

28 ARRvS 19 augustus 1980, AB 1981, 242 (Vormingswerk Groesbeek).

12.4 OVERLEG

Uit het voorgaande kan worden afgeleid dat overleg zeker geen algemeen verschijnsel is, in de zin dat overleg vereist zou zijn in al die gevallen waarin belangen van burgers in het geding zijn. Overleg is wel betrekkelijk veelvuldig geïnstitutionaliseerd in arbeidsverhoudingen, ook waar de overheid als werkgeefster optreedt. Ingevolge artikel 125, eerste lid, aanhef en onder q, Ambtenarenwet zijn er in het Algemeen rijksambtenarenreglement regels opgenomen over het overleg met de daarvoor in aanmerking komende vakorganisaties van overheidspersoneel omtrent aangelegenheden die de rechtspositie van ambtenaren raken. Ook bij de gedecentraliseerde overheden komen dergelijke overlegvoorschriften voor.

Het problematische in het overleg met de overheid is vaak dat er geen sprake is van 'open overleg'. De financiële kaders van de besluitvorming zijn veelal door de overheid al gegeven, zodat de invloed op het resultaat van het overleg op voorhand al beperkt is. Dat is bijvoorbeeld vaak de klacht van de ambtenarenbonden wanneer zij over de ambtenaren-cao onderhandelen met de minister van Binnenlandse Zaken. Daarenboven is er ook geen sprake van gelijkwaardigheid van de overlegpartners, hetgeen de wederkerigheid – zoals gememoreerd van eminent belang in een overlegsituatie – niet ten goede komt. Een ander bezwaar dat meermaals tegen overleg wordt ingebracht, is de beperkte handhavingsstructuur. Het ontbreken van een instantie waartoe men zich kan wenden wanneer het overleg niet als open en reëel wordt gezien en bijgevolg het resultaat niet wordt geaccepteerd, wordt als een gemis ervaren. De laatste jaren is er wel een tendens te bespeuren om die handhavingsstructuur te verbeteren. Zo is er ter beslechting van conflicten rond de rechtspositie van het personeel van de rijksoverheid, waaronder die in geval van overleg, een advies- en arbitragecommissie ingesteld (vgl. art. 110 g Algemeen rijksambtenarenreglement).

Een probleem dat bij vrijwel alle participatievormen speelt, en ook hier, is dat van de representativiteit van de participanten. De overheid bepaalt veelal zelf wie er aan de overzijde van de overlegtafel mag plaatsnemen. Dat kan tot gevolg hebben dat niet alle belangengroepen vertegenwoordigd zijn, zodat het resultaat niet representatief hoeft te zijn.

12.5 (FUNCTIONELE) DECENTRALISATIE

In het kader van de democratisering van het bestuur is ook de (functionele) decentralisatie van belang. In hoofdstuk 13 gaan we uitvoerig in op dit thema. Hier worden enkele hoofdlijnen geschetst.

De opvatting wordt wel verdedigd dat het zo dicht mogelijk bij de burger plaatsen van de bevoegdheidsuitoefening door de overheid tegemoetkomt aan democratische verlangens. Aldus voelt de burger zich meer betrokken bij de besluitvorming en is zijn invloed hierop – indien gewenst – directer. Hoewel de lage opkomst bij de gemeenteraadsverkiezingen enigszins afbreuk lijkt te doen aan deze opvatting, is zij toch in haar kern als juist te beschouwen.

De decentralisatie kan *territoriaal* of *functioneel* bepaald zijn. In principe is de taak van territoriale verbanden algemeen; zij kunnen zich binnen hun territoir bezighouden met alles wat hen niet bepaald ontzegd is doordat het tot de taak van een ander lichaam behoort. De welbekende voorbeelden van territoriaal gedecentraliseerde lichamen zijn provincies en gemeenten (art. 123 Gw). Bij functionele verbanden wordt de taak bepaald door het doel waarvoor zij zijn ingesteld; hun bevoegdheid wordt door dat doel beperkt. De twee klassieke voorbeelden van functioneel gedecentraliseerde lichamen zijn te vinden in de Grondwet, te weten de openbare lichamen voor beroep en bedrijf (art. 134) en de waterschappen (art. 133). Bij de laatstgenoemde moet echter worden aangetekend dat zij een mengvorm van territoriale en functionele decentralisatie laten zien, omdat de functioneel beperkte bevoegdheidsuitoefening slechts kan worden uitgeoefend op een bepaald territoir (§ 13.2.4).

Binnen provincies en gemeenten kan er verder gedecentraliseerd worden; de Provinciewet en de Gemeentewet kennen de mogelijkheid tot het instellen van zogenaamde bestuurscommissies. Aan deze commissies kunnen bevoegdheden van raad/PS, college/GS of Burgemeester/CdK worden overgedragen. Ook territoriale decentralisatie is mogelijk, bijvoorbeeld in de vorm van wijkraden en deelgemeenteraden. In deze bestuurscommissies functioneren vaak burgers, hetzij in de kwaliteit van deskundige, dan wel als vertegenwoordiger van een belanghebbende groepering. Op deze wijze participeren burgers in de besluitvorming; zij hebben het recht om mee te beslissen over de bevoegdheidsuitoefening.

Functionele decentralisatie heeft de laatste decennia bij gemeenten, maar vooral bij de rijksoverheid, een buitengewoon hoge vlucht genomen. In de praktijk komen zeer vele zogenaamde *zelfstandige bestuursorganen* voor. Het gaat hier om personen of colleges die niet in een hiërarchische verhouding tot een minister staan en die bij de wet bepaalde bevoegdheden geattribueerd of gedelegeerd hebben gekregen die zij zelfstandig kunnen uitoefenen. Van de vele voorbeelden kunnen hier het Commissariaat voor de Media en de Informatie Beheer Groep worden genoemd. Het Commissariaat voor Media is belast met de toewijzing en intrekking van zendtijd. Voorts houdt het toezicht op de financiën van de omroepinstellingen, met name op de verwerving ervan. De Informatie Beheer Groep is verantwoordelijk voor de verstrekking van studiefinanciering.

Legio zijn de redenen voor het instellen van zelfstandige bestuursorganen. Globaal genomen hebben zij betrekking op ontlasting van de centrale overheid en verbetering van de kwaliteit van een deel van het bestuur. Zo bevordert functionele decentralisatie soepelheid en vooral snelheid van handelen, hetgeen van belang is bij taken waarbij adequaat ingrijpen op korte termijn geboden kan zijn. Een ander voordeel is dat een bepaald belang beter tot zijn recht kan komen bij afzonderlijke behartiging, dan wanneer dit belang in breder verband wordt behartigd; de overheid heeft vele belangen te behartigen, die ieder afzonderlijk in het grote geheel ondergesneeuwd kunnen raken. In het kader van de democratisering is hier vooral van belang dat als voordelen van functionele decentralisatie worden genoemd dat zij goede mogelijkheden biedt tot het betrekken van belanghebbenden en deskundigen bij het openbaar bestuur en dat zij meer tot participatie stimuleert dan vormen van algemeen bestuur. Hierbij past wel de kanttekening dat de verschijningsvormen van zelfstandige bestuursorganen zeer divers zijn. Er zijn raden, commissies, fondsen, stichtingen et cetera. Sommige hebben een privaatrechtelijke organisatievorm, andere weer niet. Ook de samenstelling van zelfstandige bestuursorganen vertoont grote verschillen. Soms ligt het benoemingsrecht bij de regering of bij een minister. In andere gevallen hebben de organen zelf dat recht. De leden zijn vaak deskundigen op een bepaald gebied. Daar waar de regering het benoemingsrecht heeft, is het regelmatig (wettelijk) voorgeschreven dat bij de benoeming van de leden acht wordt geslagen op een evenwichtige verdeling van geestelijke stromingen en maatschappelijke groeperingen. In het verleden kwam het met enige regelmaat voor dat in besturen van zelfstandige bestuursorganen zitten vertegenwoordigers van belangenorganisaties werden benoemd. Daar is veel kritiek op gekomen; in dit soort gevallen zouden de verantwoordelijkheden van overheid en maatschappelijke partijen te zeer worden vermengd. Met name op het gebied van de arbeidsvoorziening kwam deze kritiek sterk naar voren. Vertegenwoordigers van werknemers en werkgevers, die bijv. zitting hadden in de toenmalige Regionale Bureaus voor de arbeidsvoorziening zouden teveel oog hebben gehad voor hun eigen belangen en te weinig aandacht hebben gehad voor het daadwerkelijk aan werk helpen van werklozen.[29] Werkgevers en werknemers zijn nu 'weggezet' in een apart orgaan, de Raad voor Werk en Inkomen, dat alleen nog via adviezen kan proberen invloed uit te oefenen op de nieuwe uitvoeringsinstantie, het Uitvoeringsinstituut Werknemersverzekeringen (UWV).[30] Een ander wil overigens niet zeggen dat zeggenschap van belanghebbenden en belangenorganisaties geheel is uitgebannen. Er is in dat verband zelfs sprake van een geheel nieuwe tendens naar versterking van wat wel genoemd wordt de 'horizontale verantwoording'. In hun streven naar 'klantgericht werken' worden er in toenemende mate cliëntenraden opgericht die als gesprekspartners voor het zbo fungeren.[31]

Toch zijn er ook grote problemen met zelfstandige bestuursorganen.[32] In § 11.3 zijn er al de nodige gesignaleerd. Met name de ondoorzichtigheid van het bestuur wordt als bezwaar gezien. Door de veelheid van instanties die allerlei deelbelangen behartigen, is integraal, samenhangend bestuur nauwelijks mogelijk, omdat men alleen oog voor en zicht op zijn eigen problemen heeft. Een andere belangrijke klacht is dat het democratisch gehalte van en de democratische controle op zelfstandige bestuursorganen zeer te wensen over laat. Er ligt geen enkel structureel beleid ten grondslag aan de aanwijzing van organisaties die leden mogen leveren. Representativiteit is vaak niet gewaarborgd. Parlementaire controle op het functioneren van zelfstandige bestuursorganen wordt als problematisch ervaren. Immers, deze controle wordt geëffectueerd via

29 Zie 'Een herkenbare staat: investeren in de overheid.' Rapport van de werkgroep Verzelfstandigde organisaties op Rijksniveau (werkgroep-Kohnstamm), Den Haag 2004, p. 30.

30 Zie over deze ontwikkelingen W. Trommel en J. de Kruijff, Ongezond wantrouwen, Over het primaat van politiek-bestuurlijke verantwoording in de sociale zekerheid, in: W. Bakker en K. Yesilkagit (red.), Publieke verantwoording, Amsterdam 2005, p. 152 e.v.

31 Bijv. ook bij het UWV.

32 Vergelijkbare problemen doen zich voor bij de openbare lichamen voor beroep en bedrijf.

de ministeriële verantwoordelijkheid. De verantwoordelijkheid reikt echter niet verder dan de beïnvloedingsmogelijkheden die een minister heeft. Juist bij zelfstandige(!) bestuursorganen zijn deze mogelijkheden gering. Teneinde aan de ondoorzichtigheid en de gebrekkige democratische controle een einde te maken is er in in de literatuur veelvuldig gepleit voor een algemeen wettelijk regime met betrekking tot functionele decentralisatie, in het bijzonder terzake van zelfstandige bestuursorganen.[33] Een Kaderwet zelfstandige bestuursorganen is al lange tijd in de maak.[34] Ook een grondwetsherziening lijkt noodzakelijk. Een eerste poging heeft inmiddels schipbreuk geleden.[35] Intussen wordt aan de problematiek enigszins tegemoetgekomen door de Aanwijzingen inzake zelfstandige bestuursorganen.[36]

12.6 REFERENDUM EN VOLKSINITIATIEF

In veel westerse staten kent men enigerlei vorm van referendum. Zwitserland geldt als hèt voorbeeld van een staat waarin deze vorm van participatie zowel op nationaal als lokaal niveau veelvuldig wordt toegepast. Maar ook in veel andere West-Europese staten, zoals Denemarken, Frankrijk, Italië en Spanje wordt het referendum gehanteerd, zij het minder frequent. Een referendum is een institutie of procedure op grond waarvan een besluit dat door een overheidsorgaan is genomen of wordt overwogen met betrekking tot een bepaalde zaak, tot voorwerp van een volksstemming wordt gemaakt.[37] In navolging van de staatscommissie-Biesheuvel kunnen referenda op verschillende manieren worden onderscheiden. Allereerst kan een onderscheid worden gemaakt op basis van de juridische werking. Enerzijds is er het *consultatieve* referendum, waarbij het overheidsorgaan niet gebonden is aan de uitslag van de stemming. Daar staat tegenover het *decisieve* referendum, waarbij het oordeel van de bevolking bindend is. Voorts kan een onderscheid worden gemaakt naar de rechtsgrondslag. Een

---

33 Vgl. de preadviezen van C.P.J. Goorden en M.M. den Boer over deze materie voor de VAR, VAR-reeks 118, Alphen aan den Rijn 1997 en M.M. den Boer, Verzelfstandigen op z'n Hollands, preadvies voor de Vereniging voor de vergelijkende studie van het recht van België en Nederland, Deventer 1999. Belangwekkend is ook het preadvies van J.B.J.M. ten Berge en S.E. Zijlstra, De publiekrechtelijke rechtspersoon in ontwikkeling, NJV, Deventer 2000.

34 Kamerstukken II 2000/01, 27 426.

35 Kamerstukken II 1998/99, 21427, nr. 6. Zie hierover H.R.B.M. Kummeling en T. Zwart, Constitutioneel lapwerk: over de lotgevallen van de voorstellen tot grondwetsherziening in de periode 1997 tot 2000, Publikaties van de Staatsrechtkring, nr. 19, Deventer 2001, p. 6. De noodzaak tot grondwetsherziening wordt wederom bepleit door H.R.B.M. Kummeling, Een kale kaderwet, preadvies voor de Vereniging voor wetgevingsbeleid, Den Haag 2001.

36 Regeling van de Minister-President, handelend in overeenstemming met het gevoelen van de ministerraad, als onderdeel van de Aanwijzingen voor de regelgeving.

37 Vgl. P.C. Gilhuis, Het referendum, Een rechtsvergelijkende studie, Alphen a/d Rijn 1981, p. 28.

obligatoir referendum is dwingend voorgeschreven, terwijl een *facultatief* referendum slechts wordt gehouden op verzoek van daartoe gerechtigden. Andere onderverdelingen waaronder met name verfijningen zijn nog mogelijk, maar zijn hier niet relevant. Hoewel in de praktijk vaak over één kam geschoren, moet het referendum worden onderscheiden van een volksinitiatief. Bij een volksinitiatief gaat het om het recht van (een bepaald aantal) burgers het initiatief te nemen tot het doen van voorstellen van wet of van andere voorstellen. Hoewel er dan nog verschillende varianten mogelijk zijn, wordt meestal uiteindelijk het voorstel onderworpen aan een volksstemming.[38]

In de voorbije eeuw is de invoering van het referendum in Nederland regelmatig in discussie geweest. Begin van de jaren tachtig werd het vraagstuk weer actueel toen het actiecomité 'Referendum: Ja' een pleidooi hield voor de introductie van bepaalde elementen van directe democratie als correctie en aanvulling op het vertegenwoordigende stelsel. Er werden onder andere petities van gelijke strekking aangeboden aan de kamers der Staten-Generaal.[39] In 1982 werd daarop de reeds genoemde staatscommissie van advies inzake de relatie kiezers-beleidsvorming (staatscommissie-Biesheuvel) ingesteld, die in 1985 in haar eindrapport adviseerde tot invoering van een facultatief decisief corrigerend wetgevingsreferendum. Hiermee duidde de commissie op een niet dwingend voorgeschreven referendum, dat handelt over een reeds door het parlement aanvaard wetsvoorstel (corrigerend), waarvan de uitslag beslissend is.[40] Deze belangwekkende voorstellen hadden aanvankelijk geen noemenswaardig effect. In 1988 wees het kabinet de voorstellen af, zij het dat in een beperkt aantal gevallen een raadplegend referendum van nut werd geacht. De wetgever zou daartoe ad hoc een besluit kunnen nemen.[41] Bij het onderzoek van de Tweede Kamer naar staatkundige, bestuurlijke en staatsrechtelijke vernieuwing kwam het referendum wederom aan de orde, maar weer werd niet besloten tot invoering.[42] In 1994 trad echter het eerste kabinet-Kok aan met in zijn midden D66, de partij die zich al vanaf haar oprichting een warm voorstandster van het referendum heeft getoond. Het regeerakkoord kondigde dan ook aan dat op dit punt voorstellen zouden worden gedaan. In 1996 verscheen een eerste lezingsvoorstel tot herziening van de Grondwet terzake van een correctief wetgevingsreferendum.[43] Zoals al in § 8.10 werd beschreven kwam dit voorstel onfortuinlijk aan haar einde in de Eerste Kamer tijdens wat inmiddels bekend staat als de 'Nacht van Wiegel'. Wiegel, prominent VVD-senator en dus lid van een regeringsfractie, besloot als enige van zijn fractie om tegen te stemmen. Juist door het ontbreken van die ene stem verwierf het voorstel niet de vereiste meerderheid. Het gevolg van de

38 Zie voor deze omschrijvingen Staatscommissie-Biesheuvel, Eerste rapport, p. 135/136.

39 Zie S.W. Couwenberg, Veranderen het karakter en de positie van politieke partijen?, Beleid & Maatschappij 1990, p. 15.

40 Het zou te ver voeren om al deze voorstellen in detail te bespreken. Belangstellenden kunnen terecht in het Eindrapport, p. 61.

41 Kamerstukken II 1987/88, 18 807, nr. 9; Kamerstukken II 1988/89, 18 807, nrs. 10-13; UCV 1988-1989, nr. 38; Handelingen II 1988/89, p. 5656.

42 Zie Kamerstukken II 1993/94, 21 427, nr. 101, p. 10.

43 Kamerstukken II 1996/97, 25 153.

'Nacht van Wiegel' was een heuse kabinetscrisis; D66 wenste niet verder te regeren nu haar een van haar 'kroonjuwelen' ontnomen was. Uiteindelijk werd het kabinet weer gelijmd. Er werd een aanvullend regeerakkoord gesloten, waarin werd vastgelegd dat het voorstel tot grondwetsherziening ter invoering van het correctief wetgevingsreferendum ongewijzigd opnieuw in eerste lezing zou worden ingediend. Aangezien grondwetsherzieningen nogal veel tijd in beslag nemen en D66 direct resultaat wilde zien, werd ook overeengekomen dat intussen ook een (tijdelijke) referendumwet zou worden ingediend, die het mogelijk zou maken een 'raadgevend', dus niet decisief, referendum te houden en wel onder dezelfde voorwaarden en uitzonderingen als die welke waren vermeld in het verworpen voorstel tot grondwetsherziening.[44]

Aansluitend bij de voorstellen van de commissie-Biesheuvel beoogde het voorstel tot grondwetsherziening de mogelijkheid te openen tot een decisief, correctief wetgevingsreferendum inzake (voorstellen van) wetten en inzake besluiten van provinciale staten en gemeenteraden. Uitgezonderd waren voorstellen van wet inzake het koningschap, het koninklijk huis of de begroting dan wel een voorstel van wet dat uitsluitend strekt tot uitvoering van het Statuut voor het Koninkrijk der Nederlanden, verdragen of besluiten van volkenrechtelijke organisaties.

Het voorstel kende terzake van wetten de nodige drempels. Nadat een wetsvoorstel zou zijn aanvaard door de Eerste Kamer, zou een groep van 40 000 kiezers door middel van een inleidend verzoek kunnen vragen om een volksstemming te houden. Vervolgens zou binnen een door de wetgever te bepalen termijn de steun moeten worden verworven van tenminste 600.000 kiesgerechtigden. Het aan het referendum onderworpen wetsvoorstel zou van rechtswege vervallen als aan twee voorwaarden zou zijn voldaan. Allereerst zou een meerderheid tegen moeten stemmen, maar die meerderheid zou dan ook 30% van het totaal aantal kiesgerechtigden moeten omvatten.[45] Deze drempels waren opgenomen om een al te frequent gebruik van referenda te voorkomen en om het primaat van het vertegenwoordigend stelsel onaangetast te laten. Hierover later meer. Terzake van referenda op decentraal niveau liet het voorstel tot grondwetsherziening het vrijwel volledig aan de wetgever over om nadere regels te stellen. Wel was ook hier de drempel opgenomen van de meerderheid die tevens 30% van de kiesgerechtigden zou dienen te omvatten.[46]

Het voorstel doorliep wel de eerste lezing, maar struikelde in tweede lezing in 2004 al in de Tweede Kamer op het vereiste van de gekwalificeerde meerderheid. Na dit zoveelste debacle rond de invoering van een landelijk referendum dachten velen dat het onderwerp weer in de kast zou komen te liggen. De verrassing was daarom groot toen op initiatief van de Tweede-Kamerleden Karimi, Dubbelboer en Van der Ham een wet werd aangenomen die het mogelijk maakte een raadplegend referendum te houden

44 Kamerstukken II 1998/99, 26 540, nr. 2 en bijlage.

45 Nederland kent ongeveer 12 miljoen kiesgerechtigden.

46 Zie hierover H.R.B.M. Kummeling en T. Zwart, Constitutioneel lapwerk: over de lotgevallen van de voorstellen tot grondwetsherziening in de periode 1997 tot 2000, Publikaties van de Staatsrechtkring, nr. 19, Deventer 2001, p. 13-19.

over de parlementaire goedkeuring van 'de Europese Grondwet'. Het desbetreffende referendum was een groot succes, althans afgemeten aan opkomstpercentage en duidelijkheid van de uitslag.[47]

Een aantal Tweede Kamerleden kreeg hierdoor duidelijk de smaak te maken. Al vrij snel werden nieuwe initiatiefwetsvoorstellen ingediend.[48] Allereerst kwamen de kamerleden Duyvendak, Dubbelboer en Van der Ham met het voorstel om alsnog de mogelijkheid van een correctief wetgevingsreferendum in de Grondwet op te nemen.[49] Verder wilden dezelfde kamerleden raadplegende referenda mogelijk maken.[50] Het kabinet kwam terzake niet veel verder dan de mededeling zich niet te zullen verzetten tegen de wensen van een meerderheid van de kamers.[51]

De in het aanvullend regeerakkoord van 1999, na de 'Nacht van Wiegel' overeengekomen Tijdelijke referendumwet werd wel ingevoerd.[52] De hiervoor genoemde drempels en voorwaarden keerden ook in deze wet terug. Voor provincies en gemeenten waren uitgesponnen regelingen opgenomen voor het indienen van het inleidend verzoek tot het houden van een referendum. Het was de bedoeling dat de Tijdelijke referendumwet zou vervallen, zodra het decisieve, corrigerende referendum (grond)-wettelijk zou zijn gerealiseerd. Om wat druk op de ketel te houden werd de vervaldatum van 1 januari 2005 opgenomen.[53] Toen duidelijk werd het van grondwetswijziging niet zou komen, is nog door de kamerleden Dubbelboer en Duyvendak geprobeerd om de Tijdelijke referendumwet een permanent karakter te geven. Daar bleek echter geen meerderheid voor te vinden, met als gevolg dat de regeling kwam te vervallen. Tegen dit licht bezien is zeer de vraag of nieuwe pogingen tot invoering van een landelijk referendum wel succesvol zullen zijn.

Gilhuis heeft in zijn dissertatie, waarop ook de staatscommissie-Biesheuvel steunde, de belangrijkste voor- en nadelen van het referendum op een rij gezet. Allereerst de voordelen.

Door het referendum wordt de politieke controle vergroot. Besluiten kunnen door de kiezers worden tegengehouden. Overheidsinstanties die dit willen voorkomen, zijn gedwongen tot directe communicatie met de bevolking; het besluit zal verdedigd

47 De opkomst was 63,3%. Tegen stemden 61,54% van het aantal kiesgerechtigden. Bron: Kiesraad, Statistische gegevens Raadplegend referendum Europese Grondwet, Den Haag, september 2005.

48 Vanwege het zeer specialistische karakter verdient aparte vermelding dat het kamerlid Wilders een wetsvoorstel aanhangig maakte over het houden van een raadplegend referendum over de toetreding van Turkije tot de Europese Unie (Kamerstukken II 2005/06, 30 309).

49 Kamerstukken II 2004/05, 30 174.

50 Kamerstukken I 2005/06, 30 372.

51 Kamerstukken II 2005/06, 30 184, nr. 5, p. 4.

52 Kamerstukken II 1999/00, 27 034.

53 Verlenging van de geldigheidsduur van de wet was mogelijk (Kamerstukken I 2000/01, 27 034, nr. 216c, p. 2).

moeten worden, over de hoofden van de bevolking heen besluiten is niet meer mogelijk. Aldus raken de burgers direct betrokken bij de besluitvorming, waardoor er een grotere politieke participatie van burgers kan ontstaan. Een ander voordeel is dat de kiezer direct kan meespreken over zakelijke kwesties, waarbij hij niet gebonden is aan partijpolitieke scheidslijnen. Vaste politieke verhoudingen, die de politieke besluitvorming blokkeren, kunnen daardoor worden doorbroken. Voorts kan er op worden gewezen dat van het referendum een sterk legitimerende werking uitgaat. Op grond van rechtsvergelijkend onderzoek is Gilhuis' conclusie dat vooral bij fundamentele kwesties die grote beroering onder de bevolking veroorzaken, het referendum een belangrijke bijdrage lijkt te kunnen leveren aan de aanvaarding van beslissingen. Anderzijds kunnen referenda ook sterk legitimiteitsverlagend werken, bijvoorbeeld in het geval er sprake is van een zeer krappe meerderheid,[54] of wanneer een meerderheid van de opgekomen kiesgerechtigden zich tegen het voorstel uitspreekt, maar het totaal aantal tegenstemmers beneden de drempel blijft.[55]

Hetzelfde rechtsvergelijkende onderzoek geeft ook een beeld van de nadelen van een referendum. Allereerst blijkt een referendum door regeerders op velerlei wijze te kunnen worden misbruikt – meestal indien zijzelf (mede) het initiatief daartoe kunnen nemen – bijvoorbeeld door wettelijke voorschriften te negeren, door het parlement uit te schakelen of door toepassing van een incorrecte stemprocedure (door bijv. een antwoord op een vraag te verlangen die eigenlijk meerdere vragen bevat). Ook kan een referendum verworden tot een plebisciet, waarbij het niet zozeer gaat om de zakelijke inhoud van een beslissing, maar meer om het aanblijven of opstappen van bepaalde personen. Berucht zijn in dit verband de referenda in Frankrijk onder president De Gaulle. De Gaulle verscheen vrijwel steeds aan de vooravond van het referendum op de televisie alwaar hij ten overstaan van het volk zijn lot verbond aan de uitslag van de stemming. Bijgevolg zei het referendum meer over de waardering van 'le peuple' voor De Gaulle, dan over de inhoud van het voorstel. In zijn algemeenheid wordt tegen het referendum aangevoerd dat het geen neutraal instrument zou zijn; het kan worden gebruikt om deelbelangen door te drukken – hetgeen tevens tot gevolg kan hebben dat de samenhang in het beleid wordt doorbroken[56] – of om politieke tegenstanders de wind uit de zeilen te nemen. Voorts zou de uitslag te zeer worden beïnvloed door gebreken van de kiezer. Deze zou vaak niet deskundig genoeg zijn om de zaak op zijn merites te kunnen beoordelen, hij zou zich gemakkelijk laten leiden door demagogie, een algemeen gevoel van onvrede – los van de zaak – zou zijn stemgedrag wel eens kunnen bepalen en het opkomstpercentage, dat in het buitenland vaak laag is, zou een uitslag wel eens 'toevallig' kunnen maken. Gelet op het laatstgenoemde wordt para-

---

54 Zo stemde bij het Franse referendum over het verdrag van Maastricht slechts 51% voor, hetgeen de discussie over het verdrag bepaald niet deed luwen.

55 Zoals bijvoorbeeld in 1997 het geval was bij het Amsterdamse IJburg-referendum.

56 Zo zullen velen voorstander zijn van belasting- en premieverlaging. Men dient zich daar echter wel bij te realiseren dat dit veelal tevens consequenties heeft voor de hoogte van de sociale uitkeringen.

doxaal genoeg vaak beweerd dat referenda een conserverende werking hebben.[57] Hoewel deze bezwaren op zich wel hout snijden, kan men de meeste natuurlijk evenzeer inbrengen tegen normale verkiezingen. De laatste bedenkingen die vermelding verdienen, zijn de vertragende werking op de besluitvorming, hetgeen geldt voor iedere toekenning van invloed van burgers op de besluitvorming, en uitholling van de parlementaire democratie.[58] Aangezien de invoering van een decisief, correctief referendum het grondwettelijk monopolie (art. 81) van de wetgever aantast, is grondwetswijziging noodzakelijk. Verder rijst in dit verband de vraag of een zittende regering na een nederlaag bij een referendum wel kan aanblijven. Anders gesteld: is de regering dan niet meer alleen afhankelijk van het vertrouwen van het parlement, maar ook van de bevolking? Problematisch lijkt de laatstgenoemde kwestie echter niet; zolang de regering er zelf geen plebisciet van maakt en bereid is de uitslag van het referendum na te komen, lijkt er van uitholling van de parlementaire vertrouwensrelatie, en daarmee de kern van de parlementaire democratie, geen sprake.

Op lokaal niveau bestaat in Nederland de nodige praktijkervaring met het instituut referendum. Met enige regelmaat worden er in een aantal gemeenten facultatieve, consultatieve referenda gehouden. Wellicht wordt het houden van een referendum op lokaal niveau vergemakkelijkt doordat lokale vraagstukken in de ogen van burgers in de regel minder gecompliceerd en meer concreet zijn en doordat de tegenstellingen tussen politieke partijen bij de gemeentepolitiek, in vergelijking tot de landspolitiek, doorgaans een geringere rol spelen.[59] De wettelijke bevoegdheidsverdeling maakt ook hier een decisief referendum vooralsnog – tot het moment van grondwetsherziening – onmogelijk. Een Amsterdamse referendumverordening die een decisief, correctief referendum mogelijk wilde maken werd dan ook de Kroon vernietigd wegens strijd met de artikelen 124, 125, 127 en 128 Gw, waarin het primaat van de gemeenteraad zou zijn neergelegd.[60]

De ervaringen met lokale referenda zijn wisselend. Opkomstpercentages zijn vaak niet erg hoog. Daarbij kan meespelen dat de vraagstelling onduidelijk is, een referendum niet decisief is, de alternatieven niet aantrekkelijk of te duur zijn en er soms gemeenteraadsfracties zijn die bij voorbaat al verklaren zich niet gebonden te achten aan de uitkomst, bijvoorbeeld omdat zij zich gebonden achten aan het verkiezingsprogramma waarop ze zijn gekozen.[61] Daar staat tegenover dat er lokale referenda zijn geweest met verstrekkende gevolgen. Zo sprak de Rotterdams bevolking zich in 1996 uit tegen opdeling van de stad in verscheidene gemeenten. Hoewel niet het gemeente-

57 M.a.w. referenda bevestigen een bestaande situatie. Zo hebben in een enkel Zwitsers kanton vrouwen nog steeds geen kiesrecht. Een referendum over de wenselijkheid van een revolutie kan men dan ook maar het beste houden nadat de revolutie heeft plaatsgevonden.

58 Zie P.C. Gilhuis, a.w., p. 267 e.v.

59 Vgl. Staatscommissie-Biesheuvel, Eerste rapport, a.w., p. 145.

60 KB van 17 oktober 1996, Stb. 535. Zie hierover verder E. Brederveld, Het lokaal correctief referendum onderweg?, Gst. 1997, 7047.

61 Zie voorts J. Koopman, H.G. Hoogers, D.J. Elzinga, Het lokale referendum: een handleiding voor de praktijk, Alphen aan den Rijn 1996.

bestuur, maar de formele wetgever terzake van het vaststellen van gemeentelijke en provinciale grenzen bevoegd is (art. 123 Gw), trok men in politiek Den Haag uit de uitslag van het referendum de conclusie dat de inrichting van een stadsprovincie (vooralsnog) niet door kon gaan. Opdeling van de stad Rotterdam was voor omliggende gemeenten voorwaarde geweest voor hun instemming met de inrichting van een stadsprovincie (zie § 13.8). Grote belangstelling trok in 2001 het geslaagde – in de zin van opkomst en meerderheid – referendum in Groningen, waardoor de plannen van het gemeentebestuur met betrekking tot de herinrichting van de Grote Markt werden tegengehouden.

De inwerkingtreding en het vervolgens weer vervallen van de Tijdelijke referendumwet heeft gemeenten veel hoofdbrekens gekost.[62] Voor zover gemeenten een referendum kennen, is deze veelal ingericht volgens de Modelreferendumverordening van de VNG, die aangepast is aan de post-Trw tijd.

12.7 TOT SLOT

Al de besproken participatiemogelijkheden hebben hun eigen voor- en nadelen. Een aantal nadelen hebben zij gemeenschappelijk. Niet iedereen wil participeren, en van degenen die dat wel willen, behoort een groot deel tot dezelfde groep. Het kan dus zeer wel zo zijn dat de middels participatie geuite wensen niet representatief zijn voor de gehele bevolking. Het beeld dat oprijst uit de diverse onderzoeken naar de deelname in de reeds bestaande participatiemogelijkheden is dat er sprake is van een duidelijke oververtegenwoordiging van personen van het mannelijk geslacht, met een relatief hoog opleidingsniveau, relatief veel lidmaatschappen van verenigingen en dergelijke, hogere inkomens en hoger gewaardeerde beroepen. Kortom, personen die relatief gezien toch al een grotere politieke participatie te zien geven. Voorts blijkt er een duidelijk verband te zijn tussen de omvang van de participatie en de verwachte invloed, zodat met name bepaalde inspraakvormen geen representatief beeld van de opvattingen van de bevolking opleveren.[63]

Een nadeel dat veelvuldig genoemd wordt, is dat participatie van burgers in de besluitvorming vertragend werkt. Vanzelfsprekend is dit inherent aan iedere invloed van burgers op de besluitvorming. Daar staan echter belangrijke voordelen tegenover, zoals de verhoging van de legitimiteit van de besluitvorming. Bovendien moet worden bedacht dat per saldo de deelname van burgers aan de besluitvorming niet altijd tijdrovender behoeft te zijn; vaak kunnen daarmee eveneens tijdverslindende juridische procedures achteraf worden voorkomen.

Aantasting van het vertegenwoordigend stelsel zou ook een nadeel zijn van participatie. Met name zou bij diverse vormen van participatie de positie van het parlement

---

62 W. van der Woude, Anterieure referendumverordeningen en de Tijdelijke referendumwet, Gemeentestem 2001, 7138, p. 157 e.v; H.M.B. Breunesse, De Tijdelijke referendumwet in de gemeentelijke praktijk, Gemeentestem 2002, 7159, p. 125 e.v.

63 Staatscommissie-Biesheuvel, a.w., p. 132.

en de overige algemeen vertegenwoordigende lichamen uitgehold worden. Het voert te ver om in detail op deze kritiek in te gaan. Wel zij er dit van gezegd: in die kritiek schuilt een kern van waarheid, maar zij gaat eraan voorbij dat een vertegenwoordigend stelsel geen doel op zich is. Het is slechts een middel om de bevolking invloed te geven op het landsbestuur, idealiter om zichzelf te besturen. Zodra andere middelen dit doel beter realiseren, moet overwogen worden deze in te zetten.

DEEL IV

RECHTSSTAAT EN DEMOCRATIE OP DECENTRAAL EN INTERNATIONAAL NIVEAU

13 Decentralisatie

13.1 INLEIDING

In de preambule bij het Europees Handvest inzake de lokale autonomie staat te lezen 'dat de lokale autoriteiten één van de belangrijkste grondslagen van elk democratisch bewind zijn'.[1] Dit Handvest legt een nadrukkelijk verband tussen lokale autonomie en de beginselen welke het gemeenschappelijk erfdeel zijn van de aangesloten staten van de Raad van Europa. Tot die idealen behoren democratie en decentralisatie.[2] In het vorige hoofdstuk (§ 12.5) is er al op gewezen dat het zo dicht mogelijk bij de burger plaatsen van de besluitvorming past in een streven naar verdergaande democratisering van de bevoegdheidsuitoefening.

Het verband tussen democratie en decentralisatie kan dus betrekkelijk eenvoudig worden gelegd. Iets minder eenvoudig is de link tussen rechtsstaat en decentralisatie. Decentralisatie is als zodanig niet een eis die rechtstreeks voortvloeit uit rechtsstatelijke eisen. Zoals we verder (§§ 13.4 en 13.5) nog zullen zien, bestaat er zelfs een zekere spanningsverhouding tussen (territoriale) decentralisatie van bevoegdheden en het rechtsstatelijke legaliteitsbeginsel dat vereist dat op basis van algemeen werkende wetten iedereen gelijk wordt behandeld. Dat neemt echter niet weg dat het toerusten van gedecentraliseerde overheidsinstanties met bevoegdheden wel degelijk past in een rechtsstatelijke conceptie. De remedie tegen absolutistische bevoegdheidsuitoefening is immers volgens rechtsstatelijke principes het verdelen van macht over verschillende overheidsorganen. Dat hoeven niet per se organen van de centrale overheid te zijn. Door centrale en decentrale overheidsorganen ieder voor een deel met de uitvoering van overheidstaken en uitoefening van overheidsgezag te belasten, ontstaat er een stelsel waarin de verschillende overheidsorganen elkaar over en weer in evenwicht houden. Ook de verdeling van bevoegdheden tussen centrale en decentrale overheden bevordert het ontstaan van een systeem van checks and balances waarover in hoofdstuk 5 reeds werd gesproken. Op de uitoefening van bevoegdheden door decentrale overheden zijn de rechtsstatelijke eisen onverkort van toepassing.

In dit hoofdstuk laten we zien hoe de beginselen van de democratische rechtsstaat een uitwerking hebben gekregen op het gedecentraliseerde overheidsniveau. De aandacht is daarbij vooral gericht op provincies, gemeenten, waterschappen en de organen van de publiekrechtelijke bedrijfsorganisatie. Dit zijn niet de enige gedecentraliseerde overheidsverbanden. Hiervoor (§ 12.5) is al gewezen op het bestaan van de zogenaamde zelfstandige bestuursorganen, die kunnen worden beschouwd als een vorm van functionele decentralisatie. Zij vormen echter een buitengewoon complex fenomeen. Er zijn bijvoorbeeld grote onderlinge verschillen in de wijze van samenstel-

1 Trb. 1987, nr. 63, Stb. 1990, 546. In § 13.2.5 wordt verder ingegaan op dit Handvest.
2 J.B.J.M ten Berge, Rechter en decentralisatie, Zwolle 1987, p. 19 e.v.

ling en bevoegdheden. Deze complexiteit maakt het minder voor de hand liggend om de zelfstandige bestuursorganen uitvoerig in een inleiding in het staats- en bestuursrecht te behandelen.[3]

Voordat we nader ingaan op de beginselen van de democratische rechtsstaat op het decentrale niveau, staan we eerst stil bij de juridische verschijningsvormen van decentralisatie.

13.2 VERSCHIJNINGSVORMEN VAN DECENTRALISATIE

13.2.1 Algemeen

Een van de dwingende uitgangspunten van de rechtsstaatgedachte is de spreiding van overheidsbevoegdheden. In hoofdstuk 5 is duidelijk gemaakt dat in de klassieke rechtsstaatconceptie daarbij vooral gedacht werd aan horizontale machtenscheiding, dat wil zeggen de spreiding van bevoegdheden binnen het centrale overheidsniveau. Bevoegdheden kunnen echter ook toegekend worden aan overheidsorganen buiten dat centrale niveau. Omdat de organen buiten de centrale overheid meestal (voor een deel) onderworpen zijn aan enigerlei vorm van controle door de centrale overheid en derhalve in bepaalde opzichten ook als 'lagere overheden' kunnen worden beschouwd, spreekt men in dit verband ook wel van verticale machtenspreiding.

13.2.2 Staatsvormen

Aan de hand van de mate waarin en de wijze waarop bevoegdheden binnen een staat zijn verspreid over kleinere territoriale eenheden kan men een onderscheid maken tussen verschillende staatsvormen. Er bestaan drie ideaaltypische staatsvormen, te weten de statenbond of confederatie, de bondsstaat of federatie en de eenheidsstaat.

Onder een *statenbond of confederatie* wordt verstaan een samenwerkingsverband waarbij staten gezamenlijk een verdrag sluiten en daarbij taken aan een gezamenlijk gezagsorgaan toedelen, maar voor het overige hun zelfstandigheid behouden. Een statenbond wordt gekenmerkt door zeer sterke zelfstandige onderdelen en een zwak centraal gezag dat zich slechts met enkele taken bezighoudt, zoals bijvoorbeeld defensie en buitenlandse zaken. De deelnemende staten bezitten het recht van secessie, dat wil zeggen de mogelijkheid om weer uit de statenbond te treden. Aangezien de samenwerkende staten hun soevereiniteit behouden en derhalve nog steeds zelfstandig kunnen optreden als volkenrechtelijk rechtssubject, wordt wel betwijfeld of we hier kunnen spreken van een zelfstandige staatsvorm en of hier niet veel meer sprake is van een volkenrechtelijk samenwerkingsverband. Daar komt dan nog eens bij dat het

3 Wie uitvoerig geïnformeerd wil worden over zbo's op gemeentelijk niveau leze S.E. Zijlstra, Zelfstandige bestuursorganen in een democratische rechtsstaat, Den Haag 1997, met name deel III.

centrale gezag van een confederatie geen besluiten kan nemen die de burger rechtstreeks binden. Als we hier al kunnen spreken van een staatsvorm, dan is dat er een die een buitengewoon zwakke structuur kent, die gemakkelijk uiteen kan vallen. De geschiedenis laat dan ook zien dat statenbonden in het algemeen geen lang leven beschoren is; ze vallen of uit elkaar of ze worden omgevormd tot een staatsvorm met een sterkere structuur zoals de bondsstaat en de eenheidsstaat die hebben. Zo waren de Verenigde Staten aanvankelijk (van 1776 tot 1787) opgezet als een confederatie van een aantal voormalige Engelse koloniën. Al betrekkelijk snel kwam de zwakte van deze constructie aan het licht; men kon burgers niet rechtstreeks binden in de vorm van belastingheffing, zodat het niet goed mogelijk was om een militaire macht op de been te houden; financieel-economisch rezen problemen omdat de Confederacy niet kon garanderen dat de staten zich aan afgesloten handelsverdragen hielden.

De Republiek der Verenigde Nederlanden heeft het langer uitgehouden, namelijk van 1579 tot 1795 (§ 13.3.2.1). Het ging hier om een verbond van soevereine gewesten of provincies. De afzonderlijke provincies waren autonoom op het gebied van wetgeving, bestuur en rechtspraak. Hun gemeenschappelijke orgaan, de Staten-Generaal, was voornamelijk belast met de buitenlandse betrekkingen, defensie, het bestuur van de generaliteitslanden en het toezicht op de handelscompagniën. In de Staten-Generaal waren alle provincies vertegenwoordigd. Zij hadden daarin gelijke stem (behalve Drenthe). Voor vrijwel alle beslissingen, zoals de financiële bijdragen van de provincies, was unanimiteit van stemmen vereist. Besluiten konden alleen genomen worden na (veel) overleg en overredingskracht. Een vertegenwoordiger kon alleen maar opereren binnen het kader van de last of volmacht die hem door de provincie was verstrekt. Veelvuldig was ruggespraak nodig. De besluitvorming verliep dan ook traag. Aanvankelijk was de Republiek zeer succesvol; zij verkreeg een leidende positie in de wereld als handelsnatie. Het ontbreken van een sterk centraal gezag bevorderde tolerantie, vrijheid (zoals godsdienstvrijheid) en economische bloei.[4] In de 18e eeuw verslechterde gaandeweg de positie van de Republiek. In oorlogen en buitenlandse handel (meestal waren die met elkaar verweven) bleek zij niet meer het hoofd te kunnen bieden aan buitenlandse mogendheden. Dit werd mede veroorzaakt doordat snelle en krachtige beslissingen, ondersteund met voldoende financiën niet mogelijk bleken; de provincies waren vaak hopeloos verdeeld.[5]

Een opmerkelijke ontwikkeling heeft de voormalige Sovjet-Unie doorgemaakt. Deze federatie is in 1991 'uiteengevallen', waarbij een kerngroep zich heeft verenigd tot de zogenaamde Russische Federatie. De meeste, inmiddels autonoom geworden staten behorend tot de voormalige Sovjet-Unie zijn een samenwerking aangegaan in de vorm van een Gemenebest van Onafhankelijke Staten, die de structuur van een

4 Maarten Prak, Gouden Eeuw, Het Raadsel van de Republiek, SUN: Nijmegen 2002.

5 Vgl. o.a. J. Israel, The Dutch republic. Its rise, greatness and fall 1477-1806, Oxford 1995, en P. Kennedy, The rise and fall of the great powers, New York 1987.

statenbond heeft.[6] In de praktijk blijkt deze samenwerking buitengewoon licht te zijn en nog in belangrijke mate ingegeven door de economische afhankelijkheid (olie, gas etc.) van Rusland.

Bij een *bondsstaat of federatie* hebben we niet meer te maken met twee of meer afzonderlijke soevereine staten, maar slechts met één soevereine staat bestaande uit deelstaten en een federaal gezag. Kenmerkend is dat de federale constitutie een regeling bevat voor de verdeling van de bevoegdheden tussen de organen van het centrale federale gezag en de deelstaten. De bevoegdheden worden onafhankelijk van elkaar uitgeoefend.

In de constitutie kan de competentieverdeling op verschillende manieren geregeld worden. Een eerste mogelijkheid is die van de opsomming van de bevoegdheden van de organen van het federale gezag. Wat overblijft aan bevoegdheden, komt dan toe aan de deelstaten. Dit noemt men ook wel het systeem van de 'enumerated powers'. In de Verenigde Staten heeft men zo geprobeerd om de macht van de centrale overheid te beteugelen. De bevoegdheden van met name de federale wetgever werden op die manier ingeperkt. Dit heeft echter niet kunnen voorkomen dat de federale wetgever via de 'implied powers'-theorie meer bevoegdheden aan zich heeft getrokken dan er letterlijk in de constitutie staan. Deze bevoegdheidsuitbreiding gaat op een wat slinkse manier, want volgens deze theorie – die ook door het Supreme Court gehanteerd wordt – heeft de federale wetgever ook die bevoegdheden die impliciet besloten liggen in de bevoegdheden die hij al heeft, zodat alle wetten kunnen worden gemaakt die noodzakelijk zijn om – globaal gezegd – de federale bevoegdheden die in de constitutie zijn vastgelegd te kunnen uitoefenen. Een aardige, maar wat extreme toepassing van deze theorie is te vinden in de zaak van 'Ollie's barbecue', een lokaal wegrestaurant. De federale wetgever heeft volgens de Amerikaanse constitutie de bevoegdheid om het interstatelijke handelsverkeer te regelen. Toen de wetgever in 1964 op basis van de Civil Rights Act rassensegregatie en -discriminatie ook in restaurants wilde tegengaan, deed hij een beroep op deze constitutionele bevoegdheid. Maar mocht deze bevoegdheid worden gebruikt ten aanzien van de lokale restaurants in de deelstaten? Volgens het Supreme Court wel, omdat de totale omzet van de gezamenlijke wegrestaurants invloed zou hebben op het interstatelijke handelsverkeer.[7]

Een andere mogelijke competentieverdeling bestaat uit de limitatieve opsomming van de bevoegdheden van de deelstaten. Dat is bijvoorbeeld het geval in Canada. Een dergelijke competentieverdeling kan centraliserend gaan werken als gevolg van het feit dat het centrale gezag naar believen alle overige taken en bevoegdheden kan creëren en naar zich toe kan trekken.

6 Zie het Handvest van het Gemenebest van Onafhankelijke Staten 1993. Het Gemenebest bestaat uit 12 onafhankelijke staten, te weten Rusland, Oekraïne, Wit-Rusland, Moldavië, Armenië, Azerbeidzjan, Georgië, Kazachstan, Kirgizstan, Oezbekistan, Tadzjikistan, Turkmenistan.

7 Katzenbach v. McClung, 379 US 294 (1964). Zie voor een beschrijving van deze zaak T. Koopmans, Courts and Political Institutions, Cambridge 2003, p. 170.

Ten slotte is er nog het systeem van de gemengde competentieverdeling, zoals bijvoorbeeld in de Bondsrepubliek Duitsland. Een deel van de bevoegdheden is dan expliciet aan het federaal gezag respectievelijk aan de deelstaten toegekend. Voor het overige zijn er concurrerende bevoegdheden. Deze mogen in beginsel door de deelstaten worden uitgeoefend, tenzij het federaal gezag een dergelijke bevoegdheid aan zich trekt.

Aangezien de deelstaten eigen exclusieve bevoegdheden hebben en niet hiërarchisch ondergeschikt zijn aan het federale gezag, ligt het niet voor de hand dat het federale gezag wordt belast met de bewaking van de competentieverdeling tussen de deelstaten en de centrale overheid. Deze taak is in bondsstaten toebedeeld aan onafhankelijke rechterlijke instanties. Zo hebben het Supreme Court in de VS en het Bundesverfassungsgericht in de BRD onder andere de bevoegdheid om deelstaatwetgeving en federale wetgeving aan de constitutie te toetsen.

Als laatste kenmerk van een federatie moet het bestaan van een tweekamerstelsel worden genoemd. Beide kamers participeren in de totstandkoming van wetgeving. De samenstelling van één van de kamers is zodanig dat de deelstaten invloed kunnen uitoefenen op de totstandkoming van federale wetgeving. Er kunnen twee typen 'deelstaatkamers' worden onderscheiden, te weten het bondsraadtype en het senaatstype.[8] In een bondsraad worden de leden door de deelstaten benoemd en hebben geen vrij mandaat. Dat is bijvoorbeeld het geval in de BRD; de leden van de Bundesrat zijn ministers uit de deelstaatregeringen. In een senaat worden de leden door de bevolking per deelstaat gekozen (VS), of door de parlementen van de deelstaten aangewezen (India). De senatoren hebben een vrij mandaat en zijn dus niet gebonden aan opdrachten van deelstaatorganen.[9]

Eenheidsstaten zijn er ook in soorten en maten. Een zuivere ofwel gecentraliseerde eenheidsstaat wordt gekenmerkt door het feit dat alle bevoegdheidsuitoefening op centraal niveau plaatsvindt. Regeling en bestuur zijn exclusief in handen van de centrale wetgever en de regering. Dit type eenheidsstaat komt eigenlijk niet voor. Frankrijk werd in het verleden wel eens als voorbeeld genoemd. Inderdaad heeft Frankrijk periodes gekend waarin vrijwel iedere overheidsbeslissing van enige betekenis in Parijs werd genomen. In Frankijk gold dan ook als gevleugeld gezegde: 'Tout va (remonte) à Paris.' Echter, sinds de doorvoering van een omvangrijk decentralisatieprogramma vanaf 1982 gaat deze typering niet meer op.[10]

---

8 Tweekamerstelsels komen ook wel in een eenheidsstaat voor, waarbij zelfs een van de kamers aangeduid kan worden met 'senaat', zoals bijv. in Nederland. Echter, alleen voor bondsstatelijke constructies is een tweekamerstelsel kenmerkend.

9 Vgl. P.D.A. Claessen, Staatsvormen, in: Th. Holterman (red.), Algemene begrippen staatsrecht, 2e dr., Zwolle 1989, p. 127.

10 Vgl. W. Konijnenbelt, Als gemeente in Frankrijk, Preadvies voor de Nederlandse Vereniging voor rechtsvergelijking, nr. 43, Deventer 1990, p. 16 e.v. Zie ook C.A.J.M. Kortmann, in: Prakke/Kortmann, Het staatsrecht van de landen van de Europese Unie, 6e dr., Deventer 2004, p. 300.

Nederland is een voorbeeld van een *gedecentraliseerde eenheidsstaat*. Belangrijke bevoegdheden komen toe aan organen van lagere publiekrechtelijke lichamen. Bevoegdheden zijn gedecentraliseerd. Met het begrip decentralisatie wordt hier bedoeld: het toekennen of overdragen van bevoegdheden aan organen van lagere publiekrechtelijke lichamen, die deze bevoegdheden in beginsel zelfstandig en dus niet ondergeschikt aan het centrale gezag uitoefenen. Belangrijk verschil met de deelstaten in een federatie is dat de lagere publiekrechtelijke lichamen in een eenheidsstaat niet beschikken over een constitutioneel gewaarborgde competentie, die onaantastbaar is voor de centrale wetgever. Zo kunnen de bevoegdheden van gemeentelijke en provinciale organen door de formele wetgever grotendeels naar eigen inzicht worden ingeperkt of ingetrokken. Kenmerkend voor de eenheidsstaat is voorts dat de centrale overheid toezicht kan uitoefenen op de bevoegdheidsuitoefening door de gedecentraliseerde organen (vgl. art. 124, 127 en 132 Gw).

Valt de staatsvorm van Nederland op zichzelf beschouwd nog redelijk eenvoudig te duiden, moeilijker wordt het wanneer als we proberen de staatsvorm te kwalificeren die in het Statuut voor het Koninkrijk der Nederlanden is neergelegd. Het Koninkrijk bestaat immers niet alleen uit het land in Europa, maar ook uit Aruba, Bonaire, Curaçao, Saba, St. Eustatius en St. Maarten. Het Statuut vertoont enerzijds federatieve trekken, zoals bijvoorbeeld de constitutioneel[11] gewaarborgde afbakening van bevoegdheden van de landen en van het Koninkrijk (artt. 41 en 3 Stat.). Anderzijds kent het Statuut ook bestuurlijk toezicht van het Koninkrijk op de landen (art. 50). Een constructie die weer meer thuis hoort bij eenheidsstaten. Om de zaken nog verder te compliceren: de Caraïbische landen die deel uitmaken van het Koninkrijk hebben het recht van secessie, een recht dat thuishoort bij de staatsvorm statenbond.[12] Met dit voorbeeld is tevens duidelijk gemaakt dat er in de praktijk verschillende mengvormen kunnen bestaan van de ideaaltypische staatsvormen. In de rest van dit hoofdstuk zullen we ons vooral richten op Nederland en daarvan is de staatsvorm vrij eenvoudig aan te geven, zoals we hebben gezien.

13.2.3 Verschil decentralisatie en deconcentratie

Decentralisatie moet niet worden verward met deconcentratie. Bij deconcentratie gaat het om verlening door de wetgever door middel van attributie van bevoegdheden aan hiërarchisch ondergeschikte organen. Gedecentraliseerde en gedeconcentreerde ambten kunnen dus beide bevoegdheden hebben die zij op eigen naam en onder eigen verantwoordelijkheid kunnen uitoefenen. Het grote verschil is dat gedecentraliseerde organen hun bevoegdheden niet uitoefenen in ondergeschiktheid aan een hoger overheidsorgaan ten opzichte waarvan ze een verantwoordingsplicht hebben. Zo kan een gemeenteraad voor zijn verordeningen niet ter verantwoording worden geroepen door de regering in

11 Waarbij het Statuut moet worden gezien als de geschreven constitutie van het Koninkrijk.
12 C. Borman, Het Statuut voor het Koninkrijk, 2e dr., Deventer 2005, p. 23.

Den Haag. Gedeconcentreerde ambten hebben wel een verantwoordingsplicht. Zo kunnen bijvoorbeeld belastinginspecteurs voor de vaststelling van belastingaanslagen, een bevoegdheid die zij door middel van attributie hebben verkregen, ter verantwoording worden geroepen door hun 'baas', de minister/staatssecretaris van Financiën. Een belangrijk gedeconcentreerd ambtenarencomplex is voorts het Openbaar Ministerie (OM). Onderwerp van politieke discussie is lange tijd geweest hoe gedetailleerd en concreet de aanwijzingsbevoegdheid van de minister van Justitie behoort te kunnen zijn. Een geval waarin dit op scherp kwam te staan, deed zich in 1996 voor. In een euthanasiezaak was het Openbaar Ministerie van oordeel dat zorgvuldig was gehandeld zodat niet tot strafvervolging diende te worden overgegaan. Met het oog op de vorming van jurisprudentie verzocht echter de minister het Openbaar Ministerie niettemin tot vervolging over te gaan. Hierop vorderde de officier van justitie ter terechtzitting in zijn requisitoir de niet-ontvankelijkheid van het Openbaar Ministerie omdat zijns inziens de arts door zijn meldingsplicht gedwongen was mee te werken aan zijn eigen veroordeling.[13] De officier van justitie werd door de minister berispt, een tuchtrechtelijke maatregel die bij de rechter overeind bleef.

Bij de herziening van de Wet op de rechterlijke organisatie in 1999 is in art. 127 nog eens op onmiskenbare wijze duidelijk gemaakt dat de minister van Justitie bevoegd is om 'algemene en bijzondere aanwijzingen (te) geven betreffende de uitoefening van de taken en bevoegdheden van het openbaar ministerie.' Wel zijn deze aanwijzingsbevoegdheden in art. 128 Wet RO van een aantal procedurele waarborgen voorzien. Zo moet een ministeriële aanwijzing tot vervolging bij de processtukken worden gevoegd en dient een aanwijzing tot niet-vervolging aan beide kamers te worden medegedeeld.

13.2.4 Territoriale en functionele decentralisatie

Het verlenen van bevoegdheden aan niet aan de centrale overheid ondergeschikte ambten kan men onderscheiden in territoriale en functionele decentralisatie. Bij territoriale decentralisatie krijgen de organen van een bepaald openbaar lichaam in beginsel een algemene bevoegdheid tot wetgeving en bestuur op een deel van het grondgebied van de staat. Men spreekt dan ook wel van oudsher over 'gebiedsgemeenschappen'. Voorbeelden van gebiedsgemeenschappen zijn de gemeenten en provincies. De organen van de gemeenten en provincies kunnen zich op hun grondgebied in beginsel met alles bezighouden wat hun niet ontzegd is.

In geval van functionele decentralisatie gaat het om taakbehartiging met het oog op een bepaald doel. De bevoegdheidsuitoefening is beperkt tot dat doel. Men heeft het hier

13 Zulks achtte de officier van justitie strijdig met het zgn. nemo tenetur-beginsel van art. 6 EVRM. De rechtbank passeerde overigens deze stelling van de officier, maar ontsloeg de arts van rechtsvervolging wegens overmacht in de zin van noodtoestand. Zie ter zake M.L.W.M. Viering en H.R.B.M. Kummeling in NJB 1996, afl. 16, p. 592 e.v. Zie CRvB 10 juli 1997, NJB 1997, p. 1287.

dan ook wel over 'doelgemeenschappen'. Zo mag de Sociaal-Economische Raad (SER), het toporgaan van de publiekrechtelijke bedrijfsorganisatie, alleen die verordeningen maken die in het belang zijn van het Nederlandse bedrijfsleven en de personen die daarin werkzaam zijn (vgl. art. 32 jo. art. 2 WBO). Het college van afgevaardigden van de Nederlandse Orde van Advocaten kan slechts die verordeningen vaststellen die in het belang zijn van de goede uitoefening van de Advocatenpraktijk (art. 28 Advocatenwet).

In beginsel kunnen de organen van de functioneel gedecentraliseerde lichamen hun (nauw omschreven) wetgevende en besturende bevoegdheden uitoefenen op het gehele Nederlandse grondgebied. Bij de waterschappen ligt dat echter anders. Zij zijn een voorbeeld van gemengd functionele en territoriale decentralisatie. Immers, enerzijds hebben zij louter bevoegdheden ten behoeve van een bepaalde taak, namelijk de zorg voor de waterkering en waterhuishouding; anderzijds kunnen de afzonderlijke waterschappen hun bevoegdheden alleen uitoefenen op of in samenhang met hun eigen territoir.

13.2.5 Autonomie en medebewind

De in de vorige paragraaf genoemde wijzen van decentralisatie komen tegemoet aan de rechtsstatelijke eis van machtsverdeling en het democratische beginsel dat bevoegdheidsuitoefening liefst zo dicht mogelijk bij de burger dient plaats te vinden. Een belangrijke en lastige vraag is welke taken en bevoegdheden op gedecentraliseerd niveau uitgeoefend dienen te worden.

In het verleden heeft men wel gedacht een antwoord op deze vraag te kunnen geven aan de hand van de 'driekringenleer'. Men nam aan dat het rijk, de provincies en de gemeenten ieder een eigen natuurlijk werkterrein hadden, een eigen huishouding. Elk belang zou slechts in één van de drie kringen behartigd kunnen worden en uit de aard van het belang zou voortvloeien welke kring dat dan zou moeten zijn. De belangenbehartiging behoorde dan vervolgens exclusief toe aan die kring; de andere mochten daarin niet treden.

Gaandeweg werd duidelijk dat deze leer onhoudbaar was. Het bleek buitengewoon moeilijk om aan de hand van de aard van het belang te bepalen op welk overheidsniveau het behartigd diende te worden. Neem bijvoorbeeld het ophalen van huisvuil. Is dit louter een belang van de plaatselijke bevolking of gaat het hierbij primair om nationale milieu- en volksgezondheidsbelangen? In het verleden zijn steeds meer taken door de centrale overheid aan zich getrokken, ook die taken welke voorheen werden beschouwd als typisch gemeentelijk, zoals bijvoorbeeld de regelgeving omtrent winkelsluiting en verkeersveiligheid. Redenen van doelmatigheid of andere (politieke) afwegingen lagen hieraan veelal ten grondslag. Ook het streven om alle Nederlanders een gelijke toegang te bieden tot bepaalde voorzieningen (onderwijs, bijstand, gezondheidszorg) kan als oorzaak worden genoemd (§ 13.5).

De Grondwet kent nog steeds het wat ouderwetse begrip huishouding ter onderscheiding van de verschillende taken en bevoegdheden van gemeenten, provincies en het rijk. Artikel 124, eerste lid, Gw bepaalt: 'Voor provincies en gemeenten wordt de bevoegdheid tot regeling en bestuur inzake hun huishouding aan hun besturen overgelaten.' Van deze bevoegdheden zegt men traditioneel wel dat ze behoren tot de provinciale respectievelijk gemeentelijke *autonomie*. Op het gebied van de autonomie mogen de organen van deze lagere publiekrechtelijke lichamen in beginsel naar eigen inzicht regelend en besturend optreden. Uit het feit dat de Grondwet aangeeft dat deze bevoegdheden aan de genoemde gebiedsgemeenschappen worden 'overgelaten', kan worden afgeleid dat de wetgever deze bevoegdheden moet ontzien. Problematisch is echter dat de autonomie is gekoppeld aan de eigen huishouding, waarvan we hebben gezien dat de inhoud geen vaststaand gegeven is. In het verleden heeft de formele wetgever veel oorspronkelijk autonome gemeentelijke en provinciale bevoegdheden toebedeeld aan organen van de centrale overheid. Eigenlijk is de autonomie een restgebied geworden: de besturen van gemeenten en provincies mogen elk onderwerp waarmee een openbaar belang is verbonden, ter hand nemen, mits dit nog niet ter regeling is toebedeeld aan een hoger publiekrechtelijk lichaam of hogere doelgemeenschap. Tot de gemeentelijke autonome taken behoren bijvoorbeeld nog de aanleg en het onderhoud van de plaatselijke wegen, plantsoenen, grachten, waterleidingen en rioleringen. Afgezien van de reglementering van de waterschappen (§ 13.3.3) zijn de belangrijkste gebieden waarop provincies autonoom (regelend) optreden landschapszorg, natuurbescherming en recreatie.

Met Kortmann kan worden geconcludeerd dat de grondwettelijke bescherming van de gemeentelijke en provinciale autonomie beperkt is; slechts een volledige ontneming van de autonome bevoegdheden is in strijd met de Grondwet, alsmede voorafgaand toezicht op alle autonome besluiten.[14]

Kwantitatief veel belangrijker zijn de taken en bevoegdheden die gemeenten en provincies bezitten krachtens *medebewind*. Het betreft hier de verplichte[15] uitoefening van bevoegdheden, opgedragen bij hogere regeling. Artikel 124, tweede lid, Gw zegt het aldus: 'Regeling en bestuur kunnen van de besturen van provincies en gemeenten worden gevorderd bij of krachtens de wet.' Opmerkelijk is, dat veel van de bevoegdheden die als gevolg van de centraliserende tendensen van de verzorgingsstaat door de centrale overheid aan de decentrale overheden waren onttrokken, uiteindelijk weer terugkwamen bij de laatstgenoemden, eenvoudigweg omdat de centrale overheid niet in staat was om alle wetgeving zelfstandig uit te voeren, alsmede vanuit de gedachte dat uitvoering bij voorkeur op een bestuursniveau dient plaats te vinden dat zo dicht mogelijk bij de burger staat.

De misvatting zou kunnen ontstaan dat het bij het uitoefenen van bevoegdheden in medebewind zou gaan om het uitvoeren van 'opdrachten van hogerhand', met de mogelijkheid van sterke beïnvloeding van bovenaf. Dat is niet de betekenis van

14 C.A.J.M. Kortmann, De Grondwetsherzieningen 1983 en 1987, Deventer 1987, p. 348.

15 Er bestaat ook nog zoiets als 'facultatief medebewind'. Dit houdt in dat een ambt vrij is te besluiten een bepaalde medebewindstaak te behartigen. Gaat het daartoe over, dan dient dit te gebeuren conform de voorschriften in de betreffende bijzondere wet te geven. Zie bijv. art. 10, tweede lid, Wet op de Ruimtelijke Ordening.

medebewind. Medebewind is opdracht tot *zelfstandige* (op eigen naam en verantwoordelijkheid te verrichten) uitoefening van bevoegdheden binnen de grenzen van de medebewindverlangende hogere regeling.[16] Die grenzen kunnen ruim getrokken zijn en veel beleidsruimte laten aan de lagere overheden, zodat het verschil tussen autonomie en medebewind in veel gevallen slechts gradueel is.

Qua rechtsgevolgen is er nog maar weinig verschil tussen autonomie en medebewind. In het verleden konden medebewindverlenende organen aan civielrechtelijke aansprakelijkheid en publiekrechtelijke verantwoordingsplicht ontkomen door zich te beroepen op het feit dat zij in opdracht van de medebewindsvorderende overheidsinstantie hadden gehandeld en dat derhalve dat orgaan maar moest worden aangesproken voor de uitvoering in medebewind. Ten aanzien van de civielrechtelijke aansprakelijkheid is daaraan een einde gekomen in het arrest Tak/Haarlemmermeer. In dit geval ging het om een onrechtmachtige woonruimtevordering door het college van B en W op grond van de Woonruimtewet 1947. Conform de tot dan toe geldende jurisprudentie had de gelaedeerde de staat en niet de gemeente aangesproken voor deze onrechtmatige uitoefening van een medebewindsbevoegdheid. De Hoge Raad was van oordeel dat in geval van medebewind gemeentelijke functionarissen niet handelen als organen van de staat, maar als organen van de gemeente en dat derhalve de gemeente civielrechtelijk aansprakelijk was.[17]

Oorspronkelijk strekte de verantwoordingsplicht van GS aan de provinciale staten en die van B en W aan de gemeenteraad zich slechts uit tot handelen in het kader van autonomie. Wijzigingen van de Provinciewet (art. 167) en de Gemeentewet (art. 169) hebben ertoe geleid dat de verantwoordingsplicht van de genoemde colleges en hun individuele leden tegenwoordig ook geldt voor daden in het kader van medebewind.

Wel is er nog enig verschil ten aanzien van de taakverwaarlozing. In het algemeen treedt dan een ander orgaan op in de plaats van het orgaan dat zijn taken verwaarloost. Artikel 132, vijfde lid, Gw kent een wat schimmige regeling. Duidelijk is in ieder geval dat ten aanzien van autonome taken slechts kan worden ingegrepen wanneer deze taken 'grovelijk' worden verwaarloosd, bijvoorbeeld wanneer een gemeentelijk of provinciaal bestuur weigert een begroting vast te stellen. In zo'n geval dient de formele wetgever zelf een voorziening te treffen. Zo is in 1951 een regeringscommissaris benoemd voor de gemeente Finsterwolde, die met een meerderheid van communisten (CPN) in de gemeenteraad onbestuurbaar werd geacht.[18] Ook de voorziening in de gevolgen van grove verwaarlozing van medebewindstaken kan eventueel bij incidentele wet geschieden. In het algemeen is de eerste volzin van artikel 132, vijfde lid, Gw van toepassing op verwaarlozing van medebewindstaken. De wet regelt hier nadere voorzieningen, waarbij delegatie mogelijk is. Deze voorzieningen zijn getroffen in de organieke wetgeving (bijv. art. 120, 121 Provinciewet; art. 123, 124 Gemeentewet; art. 60 Waterschapswet). Ook komt het voor dat medebewindsvorderende wetten zelf een

16 Vgl. J.B.J.M. ten Berge, Rechter en decentralisatie, Zwolle 1987, p. 24.
17 HR 16 juni 1950, NJ 1951, 653.
18 Zie hierover M. Braun, De regeringscommissaris in Finsterwolde, een bijdrage tot de geschiedschrijving van de Koude Oorlog in Nederland, Amsterdam 1975.

voorziening bevatten voor het geval van taakverwaarlozing (vgl. art. 38 en 40b Wet op de Ruimtelijke Ordening).

Het Europese Handvest inzake lokale autonomie bevat een aantal belangwekkende bepalingen over de verhouding tussen de centrale overheid en de lokale overheden. Artikel 2 van dit Handvest geeft aan dat het beginsel van de lokale autonomie moet worden erkend in interne wetgeving en zo mogelijk in de Grondwet. Zoals we hebben gezien, voldoet Nederland aan deze bepaling. Artikel 3 geeft aan wat in het Handvest onder autonomie wordt verstaan: het recht en vermogen van lokale autoriteiten een belangrijk deel van de openbare aangelegenheden krachtens hun eigen verantwoordelijkheid en in het belang van de plaatselijke bevolking te regelen en te beheren. Artikel 4, tweede lid bepaalt dat de lokale autoriteiten binnen de grenzen van de wet vrij zijn de behartiging van elk belang aan zich te trekken dat niet aan hun bevoegdheid is onttrokken of aan enige andere autoriteit is toegewezen. Het derde lid van artikel 4 verwoordt als uitgangspunt dat het besturen zo dicht mogelijk bij de burger dient plaats te vinden. Het Handvest lijkt ook aanspraken te vestigen voor de lokale bevolking. Zo stelt art. 5 dat wijzigingen van de plaatselijke gebiedsgrenzen niet mogen plaatsvinden zonder raadpleging van de plaatselijke gemeenschap. Deze verplichting blijkt echter niet in rechte afdwingbaar te zijn, omdat ze volgens de rechter niet in voldoende mate concreet en nauwkeurig is.[19] Vele bepalingen uit het Handvest zijn nogal vaag geformuleerd, dus uit het oogpunt van bescherming van de lokale autonomie valt te vrezen dat de rechter niet snel, onder toepassing van art. 94 Gw, rechtsbescherming zal verlenen op basis van het Handvest.

Vanuit de gedachte dat het bestuur zo dicht mogelijk bij de burger dient te worden uitgeoefend, heeft de wetgever de opzet gehanteerd dat bij de taakverdeling tussen de verschillende overheden uitgegaan dient te worden van 'het beginsel van de omgekeerde bewijslast'.[20] Dit houdt in dat aan een hogere bestuurslaag slechts dan een taak toekomt, wanneer door een orgaan van die hogere bestuurslaag wordt aangetoond dat een lager bestuursorgaan deze taak niet kan uitoefenen. Dit uitgangspunt is neergelegd in artikel 117, tweede lid, Gemeentewet en artikel 115, tweede lid, Provinciewet. Met de vastlegging van dit beginsel in de organieke wetgeving is echter geen scherpe bevoegdheidsafbakening gecreëerd. In een eenheidsstaat is er een voortdurende strijd om bevoegdheden en beleidsruimte tussen hogere en lagere overheden. Zoals Ten Berge het zegt: '... er is sprake van een dynamisch proces dat in bepaalde tijden zich beweegt in de richting van meer centralisatie en in andere tijden meer in de richting van decentralisatie'.[21]

Bij dit alles moet worden bedacht dat de beleidsruimte van de lagere overheden in belangrijke mate wordt beperkt door de beschikbare financiële middelen. Gemeenten en provincies ontvangen van de centrale overheid een algemene uitkering afkomstig uit het Gemeentefonds respectievelijk Provinciefonds. Deze fondsen worden gevoed

19 Hof Den Haag 8 maart 2001, Gemeentestem 2001, 7145, 4 m.nt. HH (Herindeling Weerselo).
20 Vergelijkbaar met het beginsel van subsidiariteit in het EG-recht (§ 14.3.3).
21 J.B.J.M. ten Berge, a.w., p. 8.

door rijksbelastingen. De uitkering per gemeente is gebaseerd op algemene maatstaven, zoals het aantal inwoners, de bebouwingsdichtheid, de eventuele centrumfunctie et cetera. Ongeveer een derde van de gemeentelijke inkomsten is afkomstig uit deze algemene uitkering.

Daarnaast stelt de centrale overheid voor de uitvoering van bepaalde medebewindstaken aparte middelen ter beschikking. Het gaat hier om aanzienlijke bedragen; ongeveer de helft van de gemeentelijke inkomsten vloeit uit deze bron. Deze zogenaamde specifieke uitkeringen (bijvoorbeeld voor de verlening van bijstand ingevolge de Wet Werk en Bijstand) gaan echter vrijwel altijd met strikte voorwaarden gepaard. Het geld moet worden besteed ten behoeve van de doeleinden waarvoor het is gegeven. Doordat de specifieke uitkeringen aan de gemeenten veelal via een declaratiestelsel worden gedaan, wordt metterdaad door de departementale bureaucratie gecontroleerd of het geld voor de aangegeven doeleinden en volgens de van hogerhand gestelde voorschriften wordt besteed. Langs deze weg oefent de rijksoverheid een aanzienlijke invloed uit op het bestuurlijke gedrag van de lagere overheden, in het bijzonder van de gemeenten. Deze invloed, die door de lagere overheden wel als bezwaarlijk wordt ervaren, wordt aangeduid als de problematiek van de 'zilveren koorden' in het openbaar bestuur.

Provincies en gemeenten kunnen hun inkomsten niet naar believen aanvullen door belastingen te gaan heffen. Artikel 132, zesde lid, Gw schrijft voor dat de wet bepaalt welke belastingen door de besturen van provincies en gemeenten kunnen worden geheven. In de Gemeentewet (art. 216-228) en de Provinciewet (art. 220-222) staat de hoofdmoot van deze belastingen opgesomd (ook bijzondere wetten kunnen tot het heffen van belastingen machtigen). In de praktijk is slechts een betrekkelijk gering percentage (ongeveer 15%) van de gemeentelijke inkomsten afkomstig uit belastingheffing. Nederland neemt daarmee een unieke plaats in temidden van de Europese landen; overal elders ligt het percentage (veel) hoger.[22] Voorstellen tot substantiële vergroting van het eigen belastinggebied van gemeenten zijn echter politiek niet haalbaar gebleken. Er bestaan ook manifeste bezwaren tegen; juist rijke gemeenten zouden belasting-vluchthavens worden, zoals in het verleden (rond 1900) het geval was. Aan dat verleden wordt niet met nostalgie teruggedacht. Opgemerkt dient overigens te worden, dat het percentage eigen heffingen de laatste jaren sterk is toegenomen, met name door de ten gevolge van milieu-eisen noodzakelijk gebleken tariefstijging van rioolrechten en reinigingsrechten (dit zijn retributies, d.w.z. heffingen waar geïndividualiseerde contraprestaties tegenover staan; in het stelsel van de Gemeentewet worden ze als belastingen aangemerkt, zie art. 229, tweede lid Gemw). Ongeveer de helft van de eigen heffingen kwam tot dusver op conto van belastingen in eigenlijke zin (i.h.b. de onroerend zaaksbelasting) en ongeveer de helft op conto van de retributies.[23]

---

22 H.R.B.M. Kummeling en H. van der Kolk, Lokale kiesstelsels vergeleken, VNG Uitgeverij, Den Haag 2002, p. 60.

23 Meer over de gemeentelijke financiën A.J.E. Havermans, Gemeentelijke taken en gemeentefinanciën, in: A.F.A. Korsten en P.W. Tops (red,), Lokaal bestuur in Nederland, 3e dr., Alphen a/d Rijn 1998, p. 77-103.

Na de recente afschaffing van het gebruikersdeel van de OZB en de maximering van de resterende OZB-tarieven,[24] valt te vrezen dat er van de 'autonome' financiële ruimte – dat wil zeggen de ruimte die ze zelf kunnen beïnvloeden – van gemeenten relatief weinig meer overblijft. Het is niet voor niets dat twee belangrijke adviesorganen op het gebied van de decentralisatie, de Raad voor het openbaar bestuur en de Raad voor de financiële verhoudingen gezamenlijk een alarmerend rapport hebben laten verschijnen onder de titel 'Autonoom of automaat?'[25]

13.3 INRICHTING, SAMENSTELLING EN BEVOEGDHEDEN VAN DECENTRALE AMBTEN

13.3.1 Inleiding

Kenmerkend voor openbare lichamen is het gemeenschapsverband; er is een gemeenschap van burgers die wordt gebonden door de besluiten van de ambten van de desbetreffende openbare lichamen. Binding van burgers door besluiten van de overheid dient te geschieden op basis van de beginselen van de democratische rechtsstaat, ongeacht of het besluiten zijn afkomstig van de centrale overheid of van de decentrale overheden. In het navolgende wordt de uitwerking van deze beginselen op het decentrale niveau behandeld. Aangezien de inrichtingen van gemeenten en provincies op hoofdlijnen grote overeenkomst vertonen, worden zij in onderlinge samenhang behandeld.

13.3.2 Provincies en gemeenten

13.3.2.1 Historische ontwikkeling

Het ontstaan van de eerste primitieve vormen van lokaal bestuur ligt vermoedelijk niet ver verwijderd van het begin van de mensheid. Maar dat is het terrein van andere wetenschappelijke disciplines. Wij beginnen ons verhaal op het moment dat de eerste contouren van de huidige Nederlandse staat zichtbaar worden, namelijk in 1579. In dat jaar sloten een aantal gewesten, die zich gaandeweg hadden gevormd tijdens de landsheerlijke periode, met de Unie van Utrecht een defensief verbond tegen Spanje. Daarmee werden de grondvesten gelegd van de Republiek der Verenigde Nederlanden, ook wel de Republiek der Verenigde Provincies genoemd. De juridische band tussen de provincies was niet sterk en had de structuur van een statenbond (§ 13.2.2). De provincies waren grotendeels autonoom. Dat verklaart ook waarom hun bestuursorganisatie nogal verschilde. Toch waren er ook gemeenschappelijke trekken. Aan het hoofd van de provincies stonden de staten, veelal bestaande uit de vertegenwoordigers

24 Kamerstukken I 2005/06, 30 096.
25 Den Haag, augustus 2005.

van de machtige steden en de edelen, terwijl er ook provincies waren waarin vertegenwoordigers van het platteland een belangrijke stem hadden. Het dagelijks bestuur was in handen van gedeputeerde staten. In Holland en Zeeland werden zij gecommitteerde raden genoemd. Daarnaast fungeerde er nog een stadhouder, die formeel dienaar was van de provinciale staten. Tijdens de feodale periode was de stadhouder de vertegenwoordiger van de landsheer en had derhalve een belangrijke positie. Een deel van dit aureool bleef ook ten tijde van de Republiek behouden; het bleef een positie met veel prestige en vaak ook veel (militaire) macht.

Het grondgebied van de provincies omvatte steden en het platteland, toegerust met een bont geheel van onderling verschillende eigen bevoegdheden, die zij meestal al ver voor het ontstaan van de Republiek hadden verworven. Met name was er vaak sprake van een sterke stedelijke autonomie. Steden hadden meestal regelgevende, beschikkende én rechtsprekende bevoegdheden. De provincies hadden hierop nauwelijks invloed. Eerder was het omgekeerde het geval; zoals we zagen, hadden de steden en soms ook het platteland een belangrijke stem in de statenvergadering. De samenstelling, taken en bevoegdheden van de stedelijke bestuursorganen wisselden sterk naar plaats en naar tijd; iedere stad had zo haar eigen voorrechten. In beginsel was er het schepenencollege, bestaande uit vertegenwoordigers van de poorters (stadsburgers). Dit college werd voorgezeten door de schout. Schout en schepenen waren belast met de opsporing, vervolging én berechting van strafbare feiten en hadden daarnaast vaak ook nog bestuurlijke functies. In de meeste steden bestond ook een door de schepenen gekozen college van twee tot vier burgemeesteren, die de overige bestuurlijke functies uitoefenden, waaronder het beheer van de stadsfinanciën. Ten slotte moeten de raden en vroedschappen worden genoemd. Dit waren colleges van vertegenwoordigers van de meest aanzienlijke poorters. In veel gevallen traden zij aanvankelijk slechts op als adviseurs van het schepenencollege. Later groeiden ze uit tot machtige colleges, die verordenende bevoegdheden kregen. Daarmee werd de rol van de schepenen teruggedrongen tot rechtspraak en deelname aan wetgeving.

Bij de bestuurlijke vormgeving van het platteland was de diversiteit zo mogelijk nog groter. Zij leent zich niet voor een beknopte beschrijving.

De inval van de Franse legers in 1795 leidde tot het einde van de Republiek; daarmee verdween ook de soevereiniteit van de provincies. Met de Staatsregeling van 1798 werd de Bataafse Republiek gevestigd. De Republiek werd 'één en ondeelbaar' verklaard, waarmee een eenheidsstaat ontstond. De Staatsregeling bracht een aantal ingrijpende bestuurlijke hervormingen. Conform de filosofie van de Franse revolutie werd de staat gezien als een verbond van vrije mensen. In deze gedachtegang was er geen bestaansrecht voor publiekrechtelijke verbanden die tussen de staat en de burger zouden staan, zoals provincies, steden en gilden. Alle voorrechten en de verschillen in organisatie in stad en platteland werden afgeschaft. Het grondgebied werd vooral om administratieve redenen in departementen, districten en gemeenten verdeeld. Anders dan de provincies bleven de oude gemeenten weliswaar bestaan, maar zij verloren iedere zelfstandigheid. Ook hun taak op het gebied van de rechtspraak verdween. Deze organisatie bleek niet blijvend. Gedurende de Franse tijd is zij een aantal malen gewijzigd, waarbij verschillende vormen van centralisatie en decentralisatie werden beproefd.

Met de val van Napoleon werd de onafhankelijkheid hersteld. De soevereiniteit werd opgedragen aan Willem I, aanvankelijk bij de Grondwet van 1814 onder de titel van Souverein Vorst van de Vereenigde Nederlanden. Na de vereniging met België werd dit in de Grondwet gewijzigd in Koning van het Koninkrijk der Nederlanden. De Grondwetten van 1814 en 1815 brachten een gedecentraliseerde eenheidsstaat. Bij de bestuursorganisatie werd voor een deel teruggegrepen op de tijden van de Republiek der Verenigde Nederlanden. Provincies kregen hun oude namen en grenzen weer terug. Het lokale bestuur werd met het herstel van de steden, districten, heerlijkheden en dorpen weer divers als vanouds. De vestiging van de eenheidsstaat had echter belangrijke consequenties voor hun bevoegdheden. De rechtspraak bleef gecentraliseerd. Bij de provincies bemoeide de centrale overheid zich in vergaande mate met het bestuur door middel van de commissaris van de Koning (oorspronkelijk 'gouverneur' geheten). Het lokale bestuur had voor de regeling van zijn eigen samenstelling en bevoegdheden goedkeuring van de Koning nodig.

Grote veranderingen bracht de grondwetsherziening van 1848. Vooral op initiatief van Thorbecke kwam een belangrijke uniformering en democratisering van het gedecentraliseerde bestuur tot stand. De diverse vormen van lokaal bestuur werden vervangen door één uniform type, namelijk de gemeente. De plaatselijke besturen hadden niet langer meer de bevoegdheid om hun eigen samenstelling, inrichting en competentie te bepalen. Standenvertegenwoordigingen werden afgeschaft. Er werd een conventioneel stelsel (§ 9.4) geïntroduceerd. Aan het hoofd van de gemeente kwam een rechtstreeks gekozen raad te staan. De voorzitter zou door de Koning worden benoemd. Ook de provinciale staten werden voortaan rechtstreeks gekozen. In de provinciale wet (1850) en de gemeentewet (1851) werd dit stelsel nader uitgewerkt. Beide wetten werden nadien regelmatig gewijzigd; de provinciale wet van 1850 werd in 1962 vervangen door een Provinciewet. Niettemin bleven de hoofdlijnen van Thorbecke's schepping intact. Wat wel genoemd wordt 'het huis van Thorbecke' staat nog steeds, maar het verkeert de laatste decennia wel in een permanente staat van verbouwing. Ook de in 1994 in werking getreden nieuwe Provinciewet en nieuwe Gemeentewet brachten hierin weinig fundamentele veranderingen, ondanks het feit dat er langzamerhand een bestuurspraktijk was gegroeid die nauwelijks meer paste in het conventionele stelsel.

De voortdurende groei van de overheidstaak leidde ertoe dat in toenemende mate de colleges van B en W en Gedeputeerde Staten werden belast met medebewindstaken. Zij vormden het daadwerkelijke bestuur; de vertegenwoordigende organen – raad en provinciale staten – konden in de praktijk nauwelijks meer waarmaken dat zij de hoogste bestuursorganen waren en dat B en W en de Gedeputeerde Staten ten opzichte van hen in een ondergeschiktheidsrelatie stonden, en slechts uitvoerders van hun wensen waren. De praktijk liet eerder het omgekeerde zien. Dit leidde tot diffuse verhoudingen; was bijv. de gemeenteraad nog het hoogste (algemene) bestuur of vormde hij louter de controleur van het dagelijks bestuur, het college van B en W? Niet alleen bij de bestuurders bestond onduidelijkheid over de verantwoordelijkheden, ook bij de burgers kon het decentrale stelsel op weinig begrip rekenen. Daar kwam nog bij dat de belangstelling voor de decentrale politiek met rasse schreden afnam. De opkomst bij verkiezingen daalde gestaag.

Deze ontwikkelingen brachten het tweede paarse kabinet in 1998 tot de instelling van de staatscommissie inzake Dualisme en lokale democratie (staatscommissie-Elzinga), die met oplossingen voor de gesignaleerde problemen diende te komen. In de naamgeving van commissie werd al duidelijk in welke richting de oplossingen werden gezocht, namelijk in 'dualisering' van het gemeentelijke en provinciale bestuursstelsel. Daarbij stond de ontvlechting van taken en bevoegdheden van de decentrale bestuursorganen voorop. De staatscommissie voldeed aan de verwachtingen. Zij kwam in 2000 met een in meerdere opzichten gewichtig rapport, waarin een serie belangwekkende voorstellen werd gedaan.[26] De meeste van deze voorstellen werden door het kabinet verwerkt in het wetsvoorstel tot wijziging van de Gemeentewet en enige andere wetten tot dualisering van de inrichting, de bevoegdheden en de werkwijze van het gemeentebestuur, beter bekend als de Wet dualisering gemeentebestuur. Deze wet trad in 2002 in werking.[27]

In grote lijnen probeert deze wet drie zaken te regelen. Allereerst is de bestuursfunctie vooral bij B en W neergelegd. De raad is eerst en vooral controleur van het college en heeft daartoe ook extra bevoegdheden gekregen. Voorts beoogt de wet de burgemeester een meer eigenstandige rol, met meer distantie ten opzichte van de partijpolitiek toe te kennen.

Een vergelijkbare wetswijziging heeft vervolgens een jaar later de dualisering van het provinciebestuur gebracht.[28]

13.3.2.2 Provinciale staten/gemeenteraad

Gegeven het oorspronkelijke conventionele stelsel op het provinciale en gemeentelijke niveau is het volstrekt logisch dat de volksvertegenwoordiging, om precies te zijn provinciale staten en gemeenteraad, volgens artikel 125, eerste lid, Gw aan het hoofd staan van de bestuursorganisatie. Op dit punt rijzen bij de dualisering van het decentrale bestuur al meteen serieuze vragen. Nu het expliciet de bedoeling van deze wetgeving is om de raad en het college in een weliswaar verschillende, maar toch gelijkwaardige positie te plaatsen,[29] is het zeer de vraag of de dualiseringswetgeving het door de Grondwet aan de raad en de provinciale staten toegekende hoofdschap intact laat. Grondwetsherziening op dit punt lijkt op den duur onontkoombaar.

---

26 Rapport van de staatscommissie Dualisme en democratie, Alphen a/d Rijn 2000. De voorzitter heeft ons ook een beknopte versie bezorgd. Zie D.J. Elzinga, Pleidooi voor een nieuw gemeentelijk bestuursstelsel, Gemeentestem 2000, nr. 7113, p. 57 e.v. Voor een reactie zie E. Brederveld, Het gemeentelijk bestel op de helling. Welke richting?, Gemeentestem 2000, nr. 7117, p. 181 e.v.

27 Stb. 2002, 111.

28 Stb. 2003, 17.

29 Kamerstukken II 2000/01, 27 751, nr. 3, p. 3.

De dualisering heeft (vooralsnog) geen gevolgen voor het aantal statenleden en gemeenteraadsleden; dit aantal is en blijft afhankelijk van het aantal inwoners. De kleinste provincie (Flevoland) heeft 39 volksvertegenwoordigers, de grootste (Zuid-Holland) heeft er 83 (art. 8 Pw). Het aantal gemeenteraadsleden kan variëren van 9 in gemeenten tot drieduizend inwoners tot 45 in gemeenten met meer dan tweehonderduizend inwoners (art. 8 Gemw). Provinciale staten en gemeenteraad worden voor vier jaar gekozen op basis van evenredige vertegenwoordiging (art. 129 Gw). De vereisten voor het actief kiesrecht zijn gelijk aan die voor de Tweede Kamer, met dien verstande dat als aanvullende eis geldt dat men ingezetene is (vgl. art. B2 t/m B4 Kieswet). De vereisten voor het passief kiesrecht lopen hiermee parallel. Sinds 1986 hebben ook niet-Nederlanders die (blijkens inschrijving in het bevolkingsregister) tenminste vijf jaar onafgebroken in Nederland hebben gewoond en die over een verblijfstitel beschikken, het actief en passief kiesrecht bij gemeenteraadsverkiezingen (art. 130 Gw en art. B3 Kieswet). Voor EU-onderdanen geldt de 'vijf jaren eis' niet. De gemeenteraad[30] is het enige algemeen vertegenwoordigende orgaan waarvoor ook niet-Nederlanders kiesrecht hebben. Een van de belangrijkste redenen om deze mogelijkheid juist ten aanzien van gemeenteraden te openen was volgens de (grond)wetgever dat de gemeenten het niveau vormen waarop de betrokkenheid van niet-Nederlanders het grootst is en waarop vele voor hen belangrijke beslissingen vallen, zoals op het terrein van huisvesting, cultuur en recreatie.[31]

In de Provinciewet (art. 13) en de Gemeentewet (art. 13) wordt een aantal functies genoemd die men niet gelijktijdig met het lidmaatschap van provinciale staten of gemeenteraad kan uitoefenen.[32] Het betreft hier de zogenaamde incompatibiliteiten (onverenigbare betrekkingen). Een provinciale of gemeentelijke volksvertegenwoordiger kan onder andere niet tevens zijn: minister, staatssecretaris, Nationale ombudsman of substituut-ombudsman, commissaris van de Koning in de provincie, lid van de Raad van State, lid van de Algemene Rekenkamer, lid van de desbetreffende gemeentelijke of provinciale rekenkamer of een aan het provinciaal respectievelijk gemeentelijk bestuur ondergeschikte ambtenaar. De achtergrond van deze incompatibiliteiten is dat men de onafhankelijkheid bij de uitoefening van statenlidmaatschap en raadslidmaatschap niet in gevaar wil brengen. In het kader van de dualisering en met het oog op de versterking van de controlerende functie is ook het lidmaatschap van gedeputeerde staten en het wethouderschap als incompatibiliteit gaan gelden (art. 13 Gemw en art. 13 Pw). Net als op centraal niveau geldt deze incompatibiliteit niet voor de demissionaire periode (lid 2 van genoemde bepalingen).

De vergaderingen van provinciale staten en gemeenteraad zijn in beginsel openbaar (vgl. art. 125, eerste lid, Gw). De leden stemmen zonder last (art. 129, zesde lid, Gw, art. 27 Pw en art. 27 Gemw). Zij kunnen niet een bindende opdracht krijgen om op een bepaalde manier te stemmen, ook niet door hun fractie of politieke partij. Indien een

---

30 En eventueel de deelgemeenteraad; vergelijk art. 87 Gemw.

31 C.A.J.M. Kortmann, De Grondwetsherzieningen 1983 en 1987, Deventer 1987, p. 360.

32 Zie voor de incompatibiliteiten m.b.t. de commissaris der Koningin en de burgemeester art. 67 Pw resp. art. 68 Gemw.

lid een stem uitbrengt in strijd met afspraken in de fractie of de partij, dan blijft deze geldig. In de Grondwet van 1983 en in overeenstemming daarmee in de nieuwe Provinciewet en Gemeentewet is het voordien bestaande verbod van ruggespraak geschrapt. Een dergelijk verbod paste niet meer bij de algemeen aanvaarde praktijk dat volksvertegenwoordigers opereren in nauw overleg met hun politieke achterban, in het bijzonder de fractie.

Als (grond)wettelijk hoogste orgaan zijn aan provinciale staten en gemeenteraad tot dusver ook de belangrijkste bevoegdheden toegekend. In beginsel stellen zij alle autonome verordeningen vast, tenzij bij de wet of door provinciale staten respectievelijk gemeenteraad krachtens de wet deze bevoegdheid is verleend aan andere decentrale bestuursorganen. In het kader van de dualisering is het bestuur bij B en W en GS geconcentreerd. Daarbij past ook dat het medebewind in principe bij deze colleges wordt gelegd.[33] Bij of krachtens de wet kan echter ook medebewind worden gevorderd van andere provinciale en gemeentelijke bestuursorganen. Uit de medebewindsvorderende wet blijkt bijna altijd zonneklaar van welk orgaan medebewind gevraagd wordt.

Na de dualiseringsoperatie is er voor gemeenteraad en provinciale staten vooral de rol van controleur weggelegd, maar ook dient zij meer werk te maken van hun vertegenwoordigende functie. Daartoe worden zijn rechten uitgebreid en ten dele aangescherpt. Zo is er nu onder andere voorzien in een recht op ambtelijke bijstand voor het vertegenwoordigend orgaan als zodanig en de individuele leden (art. 33), het recht van initiatief (art. 147a Gemw, art. 143a Pw), het recht van amendement (art. 147b Gemw, art. 143b Pw) en het schriftelijke en mondelinge vragenrecht (art. 155, eerste lid Gemw, art. 151, eerste lid Pw). De hiervoor vermelde rechten komen toe aan individuele leden. Het vertegenwoordigende college als zodanig heeft het recht van interpellatie (art. 155, tweede lid Gemw, art. 151, tweede lid Pw) en het recht van onderzoek (art. 155a –155e Gemw en art. 151a-151e Pw). Ten behoeve van de controle op het financiële beleid van het bestuur is de instelling van een rekenkamer verplicht (art. 81a e.v. Gemw, art. 79a e.v. Pw) of de uitoefening van een rekenkamerfunctie (art. 81o Gemw, art. 79p Pw). Voorts zijn o.a. het inlichtingenrecht en de werking van de vertrouwensregel aangescherpt. Daarover meer in § 13.3.2.6.

13.3.2.3 Gedeputeerde staten/burgemeester en wethouders

Het dagelijks bestuur van de provincie berust bij *gedeputeerde staten (GS)*. De Provinciewet (1994) verklaart dat de commissaris van de Koningin en de gedeputeerden tezamen gedeputeerde staten vormen. De commissaris van de Koningin is voorzitter van dit college (art. 34 Pw).

De gedeputeerden – en dus níet gedeputeerde staten – worden door provinciale staten benoemd (art. 35, eerste lid Pw). Het aantal gedeputeerden kan variëren tussen drie en zeven (art. 35a, eerste lid Pw). Het betreft hier in beginsel een voltijdse functie.

33 Zie bijvoorbeeld Kamerstukken II 2002/03, 28 995.

Indien er sprake is van een of meer deeltijdgedeputeerden bedraagt het aantal gedeputeerden maximaal negen (art. 35a, derde lid Pw).

Het college van burgemeester en wethouders (B en W) vormt het dagelijks bestuur van de gemeente, met de burgemeester als voorzitter. De wethouders worden benoemd door de raad. (art. 35 Gemw). Er dienen minimaal twee wethouders te zijn. Het aantal wethouders bedraagt ten hoogste twintig procent van het aantal raadsleden (art. 36 Gemw).

Hoe ziet de 'regeringsvorming' ofwel collegevorming er op decentraal niveau uit? Er zijn ter zake geen (grond)wettelijke voorzieningen. In de praktijk is het meestal de grootste fractie die het initiatief neemt. Als wordt getracht de fracties naar evenredigheid in het college te laten deelnemen en dit lukt, dan hebben we te maken met een 'afspiegelingscollege'. Een andere mogelijkheid is het vormen van een 'meerderheidscollege', waarin fracties zitten die een meerderheid vertegenwoordigen in de staten of de raad. Met name in de jaren zeventig, die in het algemeen werden gekenmerkt door een sterkere polarisatie tussen politieke partijen, werden deze colleges gevormd door fracties die wensten samen te werken op basis van een bepaald politiek programma. Vandaar dat deze colleges ook wel programcolleges worden genoemd. De gedachtegang achter de vorming van een meerderheidscollege is dat de lokale politiek meer inhoud krijgt als de kiezer een echte keuze zou kunnen maken, dat wil zeggen voor of tegen het zittende meerderheidscollege en zijn programma.[34]

Ook bij afspiegelingscolleges kunnen programma's de basis vormen voor de samenwerking. In zekere zin ligt het formuleren van een programma bij afspiegelingscolleges zelfs voor de hand; juist omdat er vaak niet voldoende wethouderszetels zijn om iedere fractie er een te geven,[35] kan met het formuleren van een gezamenlijk programma worden bereikt dat ook de fracties die niet in het dagelijks bestuur vertegenwoordigd zijn een zekere binding voelen met het college.

Echte afspiegelingscolleges passen vooral in een conventioneel stelsel. Nu na de dualisering bestuur en volksvertegenwoordiging meer tegenover elkaar komen te staan is het niet voor de handliggend dat een college wordt gevormd gericht op ondersteuning door de hele volkvertegenwoordiging; een meerderheid is voldoende. Toch zijn afspiegelingscolleges na de dualisering niet uitgesloten en er zijn gemeenten waarin deze praktijk hardnekkig blijkt te zijn. Maar zeker nu de wethouders geen zitting meer hebben in de raad, is voorstelbaar dat de collegevorming op den duur in alle gemeenten veel gaat lijken op de kabinetsformatie op centraal niveau.

De burgemeester speelt wettelijk gezien bij de collegevorming maar een marginale rol. Hij wordt ingevolge art. 35 Gemw geïnformeerd over de uitkomsten van de onderhandelingen en hij wordt in de gelegenheid gesteld zijn opvattingen over voorstellen ten behoeve van het collegeprogramma kenbaar te maken. Als het ooit tot een gekozen burgemeester komt, zal deze bepaling als eerste moeten worden aangepast.

---

34 Vgl. A.H.M. Dölle, D.J. Elzinga, Handboek van het Nederlandse gemeenterecht, 3e dr., Deventer 2004, p. 233 e.v.

35 Vergelijk art. 36, eerste lid, Gemw: het aantal wethouders bedraagt minimaal twee en ten hoogste 20% van het aantal raadsleden.

Voor de uitoefening van bevoegdheden door GS en B en W geldt het beginsel van de collegiale besluitvorming. Individuele leden van het college kunnen niet worden toegerust met bevoegdheden. Zij zijn geen afzonderlijk bestuursorgaan. Als een gedeputeerde of wethouder bevoegdheden uitoefent, dan doet hij dat namens het college, met andere woorden volgens de mandaatsconstructie. Dat neemt niet weg dat er binnen het dagelijks bestuur een taakverdeling wordt gemaakt; ieder lid heeft een eigen portefeuille, waarvoor hij binnen het college primair verantwoordelijk is. In de praktijk wordt hij daar ook van buitenaf, met name door PS en gemeenteraad, op aangesproken.

De bevoegdheden van de colleges van GS en B en W pasten al lange tijd niet meer volledig in het voormalige conventionele stelsel. Vele bevoegdheden waren niet afkomstig van raad of provinciale staten maar rechtstreeks aan de colleges geattribueerd door de medebewindswetgever. Zo hebben GS ingevolge de Wet milieubeheer (art. 8.2, tweede lid, juncto art. 3.1 Inrichtingen- en vergunningenbesluit milieubeheer juncto bijlage 1 behorende bij dit besluit) de bevoegdheid te beslissen op een aanvraag om een vergunning tot het oprichten, veranderen of in werking hebben van een inrichting als bedoeld in deze wet. Voorts zijn GS aangewezen als bevoegd orgaan terzake van de goedkeuring van gemeentelijke bestemmingsplannen (art. 28 Wet op de Ruimtelijke Ordening). Er zijn ook de nodige wetten die aan het college van B en W bevoegdheden in medebewind opdragen. Zie bijvoorbeeld de artikelen 17 en 19 van de Wet op de Ruimtelijke Ordening die aan B en W bevoegdheid geven om vrijstelling te verlenen van het bestemmingsplan. Dergelijke bevoegdheden bevorderden een meer zelfstandige positie van het dagelijks bestuur ten opzichte van de provinciale en gemeentelijke volksvertegenwoordiging. Deze ontwikkeling is door de dualisering versterkt doorgezet. Zoals in de vorige paragraaf al werd gezegd gaat de wetgeving er nu vanuit dat de bestuursbevoegden (met uitzondering van de verordenende bevoegdheid) volledig in handen zijn van het college (art. 158 Pw, art. 160 Gemw).

13.3.2.4 Commissaris van de Koning/burgemeester

Hadden gedeputeerden en wethouders al een indirecte democratische legitimatie, bij de commissaris van de Koning en de burgemeester is deze legitimatie nog veel indirecter. Zij worden namelijk ingevolge artikel 131 van de Grondwet door de Kroon (regering) benoemd. Ten aanzien van de commissaris kan hiervoor nog een formeel juridische verklaring worden gegeven; de commissaris is niet slechts een provinciaal orgaan, want bij de uitoefening van bepaalde bevoegdheden treedt hij op als rijksorgaan. Echter, in vroeger tijden vooral bedoeld als bewaker van rijksbelangen, heeft de commissaris zich steeds meer ontwikkeld tot belangenbehartiger van de provincie. In de Provinciewet van 1994 wordt hij dan ook primair als provinciaal orgaan gezien; hij maakt anders dan voorheen nu ook deel uit van gedeputeerde staten.

Voor de benoeming van de burgemeester door de Kroon wordt veelal aangevoerd dat op die manier beter kandidaten kunnen worden geworven die de kwalificaties bezitten die nodig zijn voor het kunnen uitoefenen van de belangrijke bevoegdheden van de burgemeester. Voor de burgemeestersfunctie wordt het van belang geacht dat de ambtsdrager een onafhankelijke positie inneemt, boven de partijen staat en een bemiddelende rol kan vervullen. Door zijn onafhankelijkheid kan de bescherming van minderheden binnen en buiten de raad beter tot haar recht komen. In het kader van het functioneren van de gemeente binnen de eenheidsstaat wordt voorts wel aangevoerd dat een benoemde burgemeester meer oog heeft voor samenwerking met provincie en rijk. Daar staat tegenover dat de benoeming van de burgmeester weinig democratisch wordt geacht en nadelig kan zijn voor de belangstelling van de lokale bevolking voor de gemeentelijke politiek. Een door de raad of de bevolking gekozen burgemeester zou zich meer moeten gaan richten op de wensen van de lokale bevolking. Er wordt verder wel gesteld dat burgemeesters te vaak carrièremakers zijn, die zich weinig gelegen laten liggen aan de belangen van de bevolking. Benoeming heeft voorts als nadeel dat het leidt tot het nodige gemanipuleer van de landelijke politieke partijen, die een (meer dan) evenredige verdeling van burgemeesterposten nastreven of soms uitgerangeerde politici aan een aantrekkelijke functie in het openbaar bestuur willen helpen.[36]

Vanwege voortdurende bezwaren tegen de gang van zaken rond benoemingen van burgemeesters en commisarissen van de Koning zijn er de afgelopen decennia diverse stappen gezet in de richting van 'democratisering' van de aanstelling van deze functionarissen. In 1994 werd in Provinciewet en Gemeentewet de in de praktijk gevestigde betrokkenheid van provinciale staten en gemeenteraad bij de benoeming en herbenoeming van hun voorzitter vastgelegd (art. 61 Pw, art. 61 Gemw). De commissaris en de burgemeester worden benoemd voor een periode van zes jaar. Na afloop van deze periode kan herbenoeming plaatsvinden. Alvorens tot benoeming van een commissaris over te gaan werd de minister van Binnenlandse Zaken verplicht provinciale staten te verzoeken hem hun gevoelen kenbaar te maken met betrekking tot de aan de te benoemen commissaris te stellen eisen van bekwaamheid en geschiktheid, in de wandeling veelal aangeduid als profielschets. Provinciale staten werden bevoegd uit hun midden een vertrouwenscommissie in te stellen, die belast werd met de beoordeling van op haar verzoek door de minister daartoe geselecteerde kandidaten. Deze vertrouwenscommissie diende vervolgens vertrouwelijk verslag uit te brengen aan de minister. Bij de benoeming van een burgemeester werd eenzelfde procedure vastgelegd, met dit verschil dat hierbij de gemeenteraad en de commissaris van de Koning de belangrijkste rollen vervulden.

In 2001 werd de zeggenschap van de raad en provinciale staten verder versterkt. De hiervoor reeds genoemde artikelen 61 van de Gemeentewet en de Provinciewet werden in die zin gewijzigd dat niet slechts een advies kon worden uitgebracht over de aan te stellen persoon, maar dat er een heus recht van aanbeveling werd gevestigd voor de raad, respectievelijk provinciale staten. In juli 2001 werd deze wetswijziging door de Eerste Kamer aanvaard. Dat ging echter niet moeiteloos, niet omdat er problemen waren het aanbevelingsrecht als zodanig, maar vanwege een noviteit die – naar aanleiding van het regeerakkoord van het tweede paarse kabinet – bij nota van wijzi-

36 Vgl. Staatscommissie-Biesheuvel, Relatie kiezers-beleidsvorming, 's-Gravenhage 1984, p. 195 e.v.

ging in het wetsvoorstel was ingevlochten.[37] Teneinde betrokkenheid van burgers bij de keuze van de burgemeester mogelijk te maken, werd een facultatief raadplegend burgemeestersreferendum mogelijk gemaakt. Discussie ontstond onder andere over de vraag of er wel kandidaten zouden zijn die zich aan zo'n referendum zouden willen onderwerpen, of een verkiezingscampagne zich wel verdroeg met de onafhankelijke en neutrale positie van de burgemeester, wie de verkiezingscampagnes diende te financieren en of de raad met een enkelvoudige aanbeveling zou mogen komen. Formeel zou dan weliswaar het benoemingsrecht nog bij de regering liggen, maar materieel zou bij een enkelvoudige voordracht van een kandidaat die ook nog eens glansrijk door een referendum zou zijn gekomen, weinig meer van het benoemingsrecht overblijven. Na veel gesputter, met name van de VVD-fractie, wier steun onontbeerlijk was, ging de Eerste Kamer uiteindelijk overstag. De regeling is thans te vinden in art. 61, vijfde lid Gemw.

Er zij op gewezen dat dus niet voorzien is in een referendum over kandidaten voor het ambt van commissaris van de Koning. Dit werd gemotiveerd met de stelling dat de commissaris over het algemeen wat verder van de burger zou staan.[38] Anders dan ten aanzien van burgemeesters is de roep om een gekozen commissaris nooit groot geweest. Mede vanwege het feit dat de commissaris tevens rijksorgaan is, ligt het in een gedecentraliseerde eenheidsstaat in de rede dat de Kroon een beslissende stem heeft in zijn benoeming.[39]

Teneinde de wetgever de vrije hand te geven in de regulering van de aanstellingswijze werd in 1997 een voorstel tot grondwetsherziening ingediend, dat beoogde de benoeming van de burgemeester en de commissaris volledig te 'deconstitutionaliseren', anders gezegd uit de Grondwet te halen.[40] Daartegen bestonden de nodige bezwaren. De staatscommissie-Elzinga oordeelde dat de aanstellingswijze van deze belangrijke ambten een grondwettelijke basis diende te hebben. Op zijn minst zou in de Grondwet gewaarborgd moeten worden dat de wetgever de keuze van de aanstellingswijze bepaalt, aldus de commissie.[41] Het kabinet volgde dit advies en het aanhangige voorstel werd ingetrokken.[42] In december 2000 werd een nieuw voorstel tot grondwetsherziening aanhangig gemaakt, waarin stond dat artikel 131 Gw als volgt zou komen te luiden: 'De aanstelling van de commissaris van de Koning en de burgemeester vindt

37 Kamerstukken II 1998/99, 25 444, nr. 6.

38 Kamerstukken II 1999/2000, 25 444, nr. 9, p. 2.

39 Vgl. Staatscommissie-Biesheuvel, Relatie kiezers-beleidsvorming, 's-Gravenhage 1984, p. 210. Zie voorts W. Derksen, De burgemeester, in: A.F.A. Korsten en P.W. Tops, a.w., p. 197-208.

40 Kamerstukken II 1997/98, 25 620.

41 Rapport van de staatscommissie Dualisme en lokale democratie, Alphen a/d Rijn 2000, p. 410.

42 Zie over de gang van zaken bij deze grondwetsherziening H.R.B.M. Kummeling en T. Zwart, Constitutioneel lapwerk: over de lotgevallen van voorstellen tot grondwetsherziening in de periode 1997 tot 2000, Deventer 2001, p. 7-9.

plaats volgens regels bij de wet te stellen.'[43] Dit voorstel sneuvelde echter in 2005 in tweede lezing in de Eerste Kamer. De verantwoordelijke minister, De Graaf (D66), zag zichzelf zelfs genoodzaakt tot aftreden.[44] Om een kabinetscrisis te voorkomen, werd er een tussentijds mini-regeerakkoord gesloten, ook wel bekend als het 'Paasakkoord' waarin werd neergelegd dat het kabinet een grondwetsherziening ter hand zou nemen waarin de rechtstreekse verkiezing van de burgemeester door de bevolking in de Grondwet wordt opgenomen.[45] Het lijkt onwaarschijnlijk dat met deze aanpak de rechtstreeks gekozen burgemeester dichterbij wordt gebracht.[46] Overigens zou met de introductie van een gekozen burgemeester het stelsel wederom van karakter veranderen. Was het aanvankelijk conventioneel, na de dualisering is het meer parlementair van karakter geworden. Met een gekozen burgemeester zou het systeem meer presidentieel van aard worden.[47]

De commissaris en de burgemeester zijn voorzitter van de provinciale en gemeentelijke volksvertegenwoordiging, alsmede van het dagelijks bestuur. Voorts vertegenwoordigen zij de provincie en gemeente in en buiten rechte (art. 176, eerste lid Pw, art. 171, eerste lid Gemw). De taken van de commissaris als rijksorgaan zijn te vinden in de Ambtsinstructie commissaris van de Koning (zie art. 126 Gw, jo. art. 182, eerste lid Pw). De belangrijkste taken die hierin zijn vervat, liggen op het terrein van de voorkoming en bestrijding van rampen en op het gebied van de civiele verdediging en de samenwerking met in de provincie werkzame rijksambtenaren en met militaire autoriteiten alsmede waar het betreft de aanbeveling bij de (her-)benoeming van burgemeesters (zie art. 61 Gemw) en de advisering ter zake van de benoeming van bepaalde politiefunctionarissen (zie art. 25 Politiewet). Ten slotte heeft hij een aantal bevoegdheden op grond van bijzondere wettelijke regelingen.

De burgemeester is belast met de handhaving van de openbare orde (art. 172 e.v. Gemw). Hij heeft op dit terrein ook bijzondere bevoegdheden met het oog op omstandigheden van nood. Alsdan kan hij de nodige concrete bevelen geven (art. 175 Gemw) alsmede algemene voorschriften vaststellen (art. 176 Gemw). Handelen in strijd met bevelen van de burgemeester (in de praktijk namens hem gegeven door ambtenaren van politie) is strafbaar op basis van de artikelen 180 en 184 Wetboek van Strafrecht. Overtreding van een noodverordening is strafbaar op grond van art. 443 Wetboek van Strafrecht.

Vrij nieuw zijn de burgemeesterlijke bevoegdheden tot het sluiten van 'overlastpanden' (174a Gemw), de bevoegdheid tot vrijheidsbeneming van ordeverstoorders, de zogenaamde bestuurlijke ophouding (art. 176a jo. 154a Gemw) en de aanwijzing van

43 Kamerstukkn II 2000/01, 27551, nrs. 1-2.

44 Overigens niet alleen vanwege de verwerping van dit voorstel, maar ook omdat hij moest constateren dat de coalitiepartijen hem onvoldoende steun gaven bij een andere staatsrechtelijke vernieuwing, de wijziging van het kiesstelsel voor de Tweede Kamer.

45 Kamerstukken II 2004/05, 30 056, nr.1, p. 2.

46 Het Verslag stemde in ieder geval niet erg hoopgevend. Zie Kamerstukken II 2005/06, 30 422, nr. 5.

47 Zie hoofdstuk 9.

'veiligheidsrisicogebieden' waarbinnen preventieve fouillering mogelijk is (art. 151b Gemw). Deze bevoegdheden, die vergaande beperkingsmogelijkheden ten aanzien van de uitoefening van grondrechten bevatten, komen in § 13.6 nog uitvoeriger aan de orde.

De dualiseringsoperatie had mede het oogmerk de eigenstandige positie van de burgemeester en de commissaris van de Koningin te versterken. Daartoe hebben zij onder andere een formele rol bij de collegevorming gekregen (art. 35, tweede lid) en is hun positie binnen het college versterkt met een agenderingsbevoegdheid en de bevoegdheid een eindvoorstel te doen (art. 53a, tweede en derde lid). Voorts is een versterking van hun positie op het vlak van de verhouding burger-bestuur beoogd met de opneming in de Gemeentewet en Provinciewet van enkele zorgplichten en rapportage daarover in het burgerjaarverslag (art. 170, eerste en tweede lid Gemw, art. 175, eerste en tweede lid Pw).

13.3.2.5 Commissies

Tot slot moeten bij deze behandeling van de provinciale en gemeentelijke bestuursorganen nog de *commissies* worden genoemd. Provinciale staten en gemeenteraden zijn bevoegd commissies in te stellen. Voor wat betreft de bevoegdheden van de commissies, kan grofweg een onderscheid worden gemaakt tussen voorbereidingscommissies (art. 80 Pw, art. 82 Gemw) en commissies met (gedelegeerde) bestuursbevoegdheden. Aan laatstbedoelde commissies kunnen bevoegdheden van PS en GS (art. 81 Pw) en van B en W, burgemeester en de raad worden toegekend (art. 83 Gemw). Bestuurscommissies kunnen alleen worden ingesteld door het orgaan dat zijn bevoegdheden overdraagt. Het decentrale commissiestelsel heeft een open karakter. Er kunnen dan ook 'andere commissies' (art. 82 Pw, art. 84 Gemw) worden ingesteld, bijv. adviescommmissies voor beleid. Bij de instelling van commissies dient tevens hun taken, bevoegdheden en de samenstelling geregeld te worden. De dualisering is ook doorgevoerd in het commissiestelsel; leden van het bestuur mogen geen lid zijn van commissies van de volksvertegenwoordiging en vice versa.

Er gelden echter twee belangrijke uitzonderingen, namelijk bezwarencommissies en klachtencommissies. Op aandringen van de Eerste Kamer is eerstgenoemde uitzondering opgenomen. Ook signalen uit de praktijk brachten de regering tot de conclusie dat het verstandig was om raadsleden te betrekken bij de heroverweging van collegebesluiten. Dit zou namelijk kunnen leiden tot betrokkenheid bij de verdere beleidsontwikkeling. Op deze wijze zou enerzijds de toetsing van de doelmatigheid van de besluiten beter tot haar recht komen, terwijl in een duaal systeem anderzijds raadsleden voldoende afstand zouden kunnen nemen van het in eerste instantie genomen besluit. Daarbij komt dat het met name voor kleine en middelgrote gemeenten erg onpraktisch zou zijn wanneer elk bestuursorgaan zijn eigen bezwaarschriftencommissie zou moeten instellen.[48] Dezelfde overwegingen speelden ook ten aanzien van het provinciale niveau.

48 MvA, Kamerstukken I 2001/02, 27 751, nr. 10b, p. 62.

Het grote voordeel van het zogenaamde decentraliseren met commissies is verbetering van de kwaliteit van de besluitvorming. Er kunnen namelijk externe deskundigen in de commissies worden opgenomen. Dat heeft ook een keerzijde; het democratische gehalte van de besluitvorming neemt af. Dat is slechts anders in geval van de zogenaamde deelgemeenteraden (art. 87 Gemw).[49] Dergelijke commissies kunnen bevoegdheden uitoefenen op een deel van het grondgebied van gemeente. Met name in sommige steden – we noemen Rotterdam en Amsterdam – bestaat de tendens om steeds meer bevoegdheden over te dragen aan ‘deelgemeenten’ en ‘stadsdelen’. De Gemeentewet schrijft voor dat de leden van territoriale commissies rechtstreeks moeten worden gekozen door de ingezeten van het desbetreffende deel van de provincie casu quo gemeente (art. 87, vijfde lid Gemw).

13.3.2.6 Verantwoordingsplicht en vertrouwensregel

In § 8.6 is er al op gewezen dat democratische invloed op de besluitvorming niet alleen kan worden gerealiseerd door de volksvertegenwoordiging de beslissingen te laten nemen, maar ook door middel van het creëren van een verantwoordingsplicht van bestuurders aan de volksvertegenwoordiging. De leden van het dagelijks bestuur zijn, tezamen en ieder afzonderlijk, aan provinciale staten casu quo gemeenteraad verantwoording schuldig voor het door hen gevoerde bestuur, ongeacht of dit autonome dan wel medebewindstaken betreft (art. 167 Pw, art. 169 Gemw). In 1994 is in de Provinciewet en Gemeentewet een afzonderlijke bepaling gewijd aan de commissaris van de Koning en de burgemeester om duidelijk te maken dat ook zij afzonderlijk verantwoordings- en inlichtingenplichtig zijn (art. 179 Pw, art. 180 Gemw). Echter, artikel 182, vijfde lid, Pw vormt hierop een belangrijke uitzondering; de commissaris heeft geen verantwoordingsplicht aan PS voor zijn handelen in het kader van de uitvoering van de ambtsinstructie, omdat hij in dit kader optreedt als rijksorgaan. Voor dit handelen is hij verantwoording schuldig aan de minister van Binnenlandse Zaken.

Opmerkelijk is dat hoewel individuele collegeleden – anders dan bij wege van mandaat door het college (art. 166 Pw, art. 168 Gemw) – geen collegebevoegdheden kunnen uitoefenen, ze wel ieder afzonderlijk ter verantwoording kunnen worden geroepen door de volksvertegenwoordiging. De individuele verantwoordingsplicht, naast de collectieve, sluit aan bij de reeds gememoreerde praktijk van portefeuilleverdeling tussen de collegeleden. In het voorheen geldende conventionele stelsel past niet de werking van een vertrouwensregel. Deze heeft dan ook lange tijd niet gegolden. Dat de praktijk zich echter niet altijd laat dwingen in juridische kaders bleek op provinciaal niveau heel duidelijk in 1991 toen vier gedeputeerden van de provincie Zeeland ontslag namen na een motie van wantrouwen. De meerderheid van de statenleden had geen vertrouwen meer in hen, nadat was gebleken dat zij individuele belastingnaheffingen wegens te hoge reis- en verblijfkos-

49 Deelprovincies zijn sinds de dualisering niet meer mogelijk. Er werd trouwens in de praktijk geen gebruik van gemaakt. Overigens is niet uitgesloten dat de bijzondere wetgever overgaat tot het instellen van deelprovincies of vergelijkbare constructies. Zie Kamerstukken II 2001/02, 28 384, nr. 3, p. 15.

tenvergoedingen hadden betaald uit de provinciekas, zonder daarvoor toestemming te hebben gevraagd aan PS. Ten aanzien van wethouders was al eerder gebleken dat zij in de praktijk niet konden functioneren zonder het vertrouwen van de gemeenteraad. In de oude gemeentewet was dan ook al een ontslagmogelijkheid wegens ontbreken van vertrouwen opgenomen (art. 87a oud).

In zijn algemeenheid kan worden geconstateerd dat het aannemen van een vertrouwensregel past in de gewijzigde verhoudingen tussen het dagelijks bestuur en de volksvertegenwoordiging op decentraal niveau. Zij vormen niet langer een 'conventionele eenheid', niet langer zijn GS enkel uitvoerder en voorbereider ten dienste van PS, niet langer zijn GS voor al hun bevoegdheden afhankelijk van PS. Hetzelfde geldt voor de verhouding tussen B en W en de gemeenteraad. Immers, verreweg het omvangrijkste deel van hun takenpakketten wordt uitgeoefend in medebewind. Hun verhouding heeft mede daardoor steeds meer parlementaire trekken gekregen; GS en B en W zijn in de uitoefening van hun takenpakketten steeds zelfstandiger geworden, terwijl PS en de gemeenteraad vaak niet veel meer kunnen doen dan hun beleid achteraf controleren.[50] In zo'n situatie past de vertrouwensregel als sanctie op falende bestuurders en falend beleid. Aansluitend bij deze ontwikkeling is de mogelijkheid van ontslagverlening aan een of meer gedeputeerden casu quo wethouders wegens ontbreken van vertrouwen in 1994 in zowel de Provinciewet als de Gemeentewet opgenomen (art. 49 Pw, art. 49 Gemw). In feite werd hiermee al vooruitgelopen op de dualiseringsoperatie. Bij de dualisering hoefde op dit punt dan ook niets meer geregeld te worden. Wel is er in beide wetten nog een art. 50 opgenomen dat aangeeft dat in samenhang met art. 49 aangeeft dat geen enkele rechter bevoegd is om te treden in de beoordeling van gronden van het ontslag. Het opzeggen van het vertrouwen is dus louter een politieke aangelegenheid. Jurisdisch gezien bracht de dualisering op dit punt dus geen grote veranderingen. In de praktijk zijn de verandering wel heel groot. Onderzoek heeft aangetoond dat ongeveer een zesde van de wethouders gedurende de eerste collegeperiode is afgetreden, vaak vanwege gebrek aan vertrouwen. Het feit dat er vele wethouders van buiten de raad werden gerecruteerd zal daar ongetwijfeld ook debet aan zijn. Of dit een blijvend effect is, valt moeilijk te zeggen, daarvoor is de introductie van de dualisering nog te vers.

De burgemeester kan overigens niet door de gemeenteraad wegens gebrek aan vertrouwen niet rechtstreeks tot ontslag worden gedwongen. In de praktijk gaat de regering echter wel tot ontslagverlening over in geval van een ernstige vertrouwensbreuk. Sinds 2001 heeft de raad de in art. 61b Gemw expliciet neergelegde bevoegdheid om bij een ernstig verstoorde verhouding met de burgemeester, na tussenkomst van de commissaris van de koningin, een aanbeveling tot onslag te zenden naar de minister van Binnenlandse Zaken. Ten aanzien van de commissaris van de Koning bestaat dezelfde juridische mogelijkheid voor provinciale staten (art. 61b Pw), uiteraard zonder tussenkomst van de commissaris. In de de provinciale praktijk is dit echter nooit voorgekomen.

50 M.J.M. Schoonhoven, Provincierecht, Lelystad 1991, p. 133.

13.3.3 Waterschappen

Waterschappen kennen een lange geschiedenis. Aanvankelijk werd de strijd tegen wateroverlast vooral gevoerd door particuliere samenwerkingsverbanden van grondeigenaren. In de late middeleeuwen werden door de landsheer aan deze organisaties publiekrechtelijke bevoegdheden toegekend. Omvang, samenstelling, taken en bevoegdheden van de diverse waterschappen verschilden sterk. Mede afhankelijk van hun ligging waren ze belast met waterkering, waterlozing, waterstand en watervoorziening. Ten tijde van de Republiek hadden de staten het toezicht op de waterschappen. Dit leidde echter niet tot een grotere uniformering. Ook de Franse tijd bracht hierin geen verandering. Van de Fransen wordt wel gezegd dat zij zoveel watervrees hadden dat zij – hoewel normaliter toch niet vies van bestuurlijke reorganisaties – de waterschappen ongemoeid lieten. Pas de laatste honderd jaar kwam hier verandering in en werd de juridische structuur van de waterschappen meer geüniformeerd. Zulks betrof een aantal aspecten van samenstelling, taken en bevoegdheden van de waterschappen, welke mede als gevolg van de omstandigheid dat de reglementering van de waterschappen aan de provincies was overgelaten, onderling wel erg sterk verschilden. Er werden drie organieke wetten tot stand gebracht die op onderdelen nadere reglementering bevatten onder andere over de benoeming van bestuurders (Waterstaatswet 1900), strafverordeningen van waterschappen (Keurenwet (1895)) en belastingheffing plus enkele dwangbevoegdheden (Bevoegdhedenwet waterschappen (1978)). Per 1 januari 1992 is de Waterschapswet (WschW) in werking getreden.[51] Dit is geen uitputtende uniformerende regeling, maar een kaderwet waarin de voornaamste regels betreffende de inrichting en samenstelling van het waterschapsbestuur zijn neergelegd alsmede nadere regels omtrent instelling, opheffing en reglementering van waterschappen. Met de inwerkingtreding van deze wet zijn de Keurenwet en de Bevoegdhedenwet waterschappen ingetrokken en zijn in de Waterstaatswet 1900 de bepalingen over waterschappen vervallen. Voorts werd met name in de periode na de tweede wereldoorlog het aantal waterschappen door samenvoeging – veelal op eigen initiatief – drastisch teruggebracht.

De Waterschapswet kan als een uitvoering worden gezien van artikel 133 Gw. Uit de grondwettelijke bepaling blijkt al dat belangrijke bevoegdheden bij provinciale staten rusten. Het betreft de opheffing en instelling van waterschappen, de regeling van hun taken en inrichting en de samenstelling van hun besturen. De reglementering van de waterschappen kan dus nog steeds per provincie en zelfs per waterschap verschillen. Dat is begrijpelijk omdat de taken van de waterschappen onderling nogal uiteenlopen. Er zijn grote waterschappen, soms 'hoogheemraadschappen' genaamd, die het beheer hebben over een groot gebied en belast zijn met een omvangrijk takenpakket, zoals de zorg voor de zeeweringen, beheer van het grondwaterpeil en de waterzuivering. Andere waterschappen zijn een stuk kleiner en hebben soms een beperkte taak. De Waterschapswet brengt wel enige uniformering, omdat zij algemene regels bevat waaraan het provinciale bestuur

51 Zie hierover J.J.I. Verburg (red.), De Waterschapswet. Een artikelsgewijs commentaar, Zwolle 1992 en J.T. van den Berg/A. van Hall/H.F.M.W. van Rijswick, Waterstaats- en waterschapsrecht, 3e dr., Deventer 2003.

zich dient te houden bij de reglementering. Deze algemene regels staan een diversiteit van waterschappen niet in de weg.

Waterschappen kennen een algemeen bestuur en een dagelijks bestuur. Het algemeen bestuur kan worden beschouwd als de volksvertegenwoordiging. Het is samengesteld uit vertegenwoordigers van categoriën van belanghebbenden bij de uitoefening van de taken van het waterschap (art. 11 WschW). Voorheen bestond deze groep (veelal 'ingelanden' genaamd) vooral uit grondeigenaren. De Waterschapswet kent daarnaast ook de ingezetenen en pachters als belanghebbenden. Dat heeft niet automatisch tot gevolg dat zij ook in het algemeen bestuur van ieder waterschap te vinden zullen zijn. Dat wordt per reglement geregeld. Bepalend is daarbij of zij ook daadwerkelijk bijdragen in de kosten van het waterschap. Ook in de Waterschapswet is en blijft kenmerkend de koppeling tussen belang, betaling en zeggenschap (art. 13 jo. art. 119). Alleen degenen die belang hebben bij de taken van het waterschap (en dat kan zoals we gezien hebben per waterschap verschillen), dienen voor die taakbehartiging te betalen; en aan die betaling ontleent men zeggenschap.[52]

In beginsel worden de leden van het algemeen bestuur voor vier jaren gekozen. Bij reglement zijn echter afwijkende voorschriften mogelijk (art. 14 WschW). Om tot lid te kunnen worden gekozen dient men achttien jaar te zijn en niet ingevolge de Kieswet uit het kiesrecht te zijn ontzet (art. 31 WschW). De Waterschapswet kent in de artikelen 19 tot en met 24 per categorie belanghebbenden afzonderlijke bepalingen voor het actief kiesrecht.

Het bij reglement te bepalen aantal leden van het dagelijks bestuur wordt gekozen door het algemeen bestuur, met uitzondering van de voorzitter die bij koninklijk besluit wordt benoemd (art. 41 en 46 WschW). De leden van het dagelijks bestuur dragen soms illustere namen als heemraden, hoogheemraden, dijkschepenen en gezworenen. Hun voorzitter wordt veelal dijkgraaf, of soms poldermeester genoemd.

Het algemeen bestuur is bevoegd tot regeling en bestuur ter behartiging van de taken die het waterschap in het reglement zijn opgedragen, voorzover deze bevoegdheden niet zijn toegekend aan het dagelijks bestuur of haar voorzitter (art. 56 jo. 77 WschW). Deze taken kunnen min of meer zelfstandig worden uitgeoefend. Daarnaast kan het waterschapsbestuur – daaronder vallen zowel algemeen als dagelijks bestuur (art. 10 WschW) – bij wet, amvb en provinciale verordening met medebewindstaken worden belast. Het komt regelmatig voor dat medebewind wordt gevorderd bij formele wet, zoals bijvoorbeeld de Wet verontreiniging oppervlaktewateren. Bij het algemeen bestuur berust de verordenende bevoegdheid. Daaronder valt ook de bevoegdheid tot het vaststellen van keuren, de strafverordeningen van waterschappen (art. 81 WschW). Het dagelijks bestuur is belast met de dagelijkse aangelegenheden van het waterschap voor zover niet bij het reglement de voorzitter daarmee is belast. Bovendien heeft het dagelijks bestuur de zorg voor de voorbereiding van de vergaderingen van het algemeen bestuur (art. 84 WschW). Conform de gebruikelijke opzet zijn de vergaderingen van het algemeen bestuur in

---

52 Bij afsluiting van dit boek was al duidelijk dat er een wijziging van de Waterschapswet zat aan te komen op het punt van de bestuurssamenstelling en de waterschapsverkiezingen.

beginsel openbaar (art. 35 WschW), die van het dagelijks bestuur besloten (art. 42 WschW).

13.3.4 Overige openbare lichamen

Artikel 134 Gw maakt de instelling mogelijk van openbare lichamen voor beroep en bedrijf en andere openbare lichamen.

Het talrijkst zijn de openbare lichamen van de publiekrechtelijke bedrijfsorganisatie (PBO). Hun bestaan wordt wel teruggevoerd op de bij de Staatsregeling van 1798 vervallen verklaarde gilden. Nog voor de Tweede Wereldoorlog opende de Grondwet de mogelijkheid een beroeps- of bedrijfsorganisatie in te richten toegerust met publiekrechtelijke bevoegdheden. De Duitse bezetter richtte vervolgens een publiekrechtelijke bedrijfsorganisatie in (o.a. op het terrein van de voedselvoorziening), die strak centraal geleid werd en geen enkele zelfstandigheid bezat. De bedrijfsorganisaties die na de Tweede Wereldoorlog werden ingericht, hebben een grotere mate van zelfstandigheid. Zij zijn tot stand gebracht op basis van de Wet op de Bedrijfsorganisatie uit 1950 (WBO). Achtergrond van de inrichting van een publiekrechtelijke bedrijfsorganisatie was de idee dat een samenwerkingsverband van werkgevers en werknemers de bedrijfsmatige activiteit ten goede zou komen. De PBO-lichamen zijn typische voorbeelden van functionele decentralisatie; ze mogen alleen opkomen voor hun specifieke taken op sociaal-economisch terrein en ze hebben alleen bevoegdheden ten aanzien van dat deel van het bedrijfsleven waarvoor ze zijn ingesteld (art. 71 en 93 WBO).

De belangrijkste instantie van de WBO is de Sociaal-Economische Raad (SER). De Raad bestaat uit maximaal 45 leden, waarvan overeenkomstig artikel 4 WBO ten minste tweederde wordt benoemd door representatieve organisaties van ondernemers en van werknemers (ex aequo), terwijl de overige leden worden benoemd door de regering (de 'Kroonleden'). De SER is bevoegd tot het uitvaardigen van die (straf)verordeningen die hij in het kader van zijn taak nodig oordeelt (art. 32 WBO). Daarnaast heeft de SER een taak die meer publiciteit krijgt, namelijk die van adviseur van de regering (art. 79 Gw jo. art. 41-45 WBO).

De WBO maakt de instelling van bedrijfschappen, hoofdbedrijfschappen en productschappen mogelijk. Productschappen kennen een verticale structuur, in die zin dat alle bedrijven die schakels in het proces van productie en verhandeling van een bepaald product vormen, bijeen zijn gevoegd. Zo zijn in het productschap voor vee en vlees onder andere veehouderijen, vleeswarenfabrieken en slagerijen opgenomen. (Hoofd)bedrijfschappen zijn horizontaal gestructureerd: het gaat om bedrijven die een gelijke of verwante functie vervullen, zoals het Hoofdbedrijfschap voor de detailhandel en het Landbouwschap (art. 66 WBO). De bevoegdheid tot instelling van de bedrijfslichamen alsmede de toedeling van bevoegdheden komt in beginsel toe aan de formele wetgever (art. 134 Gw). Deze heeft die bevoegdheid ten aanzien van (hoofd)bedrijfschappen geclausuleerd gedelegeerd aan de regering, die bij amvb tot instelling kan overgaan (art. 67 WBO). In de instellingswet of -regeling van ieder bedrijfslichaam zijn tevens regels ten aanzien van zijn samenstelling opgenomen. Bedrijfslichamen hebben in ieder geval een bestuur, een dagelijks bestuur, een voorzitter en een of meer secretarissen. Het bestuur bestaat uit ten minste zes leden; het is samengesteld uit vertegenwoordigers van door de regering representatief geachte organisaties van werkgevers en werknemers (art. 73 WBO).

Hoewel men aanvankelijk hoge verwachtingen koesterde ten aanzien van de publiekrechtelijke bedrijfsorganisatie, wist zij eigenlijk alleen vaste voet te verkrijgen in de sfeer van de voedselvoorziening. In andere bedrijfstakken kwam het er niet van, onder andere omdat werkgevers beducht waren voor een (te) sterke medezeggenschap van werknemers binnen een PBO-lichaam. Opmerkelijk is dat ook de belangstelling van werknemerszijde afnam. De FNV heeft zich in de jaren zeventig teruggetrokken uit veel besturen van bedrijfslichamen omdat zij zich op andere zaken wenste te concentreren, zodat alleen de vertegenwoordigers van de kleinere bonden overbleven, zoals het CNV. Als gevolg hiervan kan men ernstige bedenkingen hebben ten aanzien van de representativiteit van deze besturen. Verder moet er op gewezen worden dat vanaf het begin van de jaren zestig veel productschappen aan belang hebben ingeboet, omdat EG-regelingen het terrein gingen bestrijken waarop zij verordenende bevoegdheid hadden. Hun taken werden sindsdien vooral uitvoerend van aard. De laatste tijd valt ook in politieke kring steeds meer kritiek te vernemen op het functioneren van de PBO-organisatie, alsmede twijfel over de wenselijkheid van haar voortbestaan (een en ander betreft overigens niet de SER).

De beroepslichamen vallen buiten de regeling van de publiekrechtelijke bedrijfsorganisatie. De wetgever heeft er slechts enkele ingesteld. Bekend is de Nederlandse Orde van Advocaten en de orden van advocaten in ieder arrondissement. Hun instelling en de bevoegdheden van hun organen is nader geregeld in de Advocatenwet (1952).

Artikel 134 Gw maakt het de wetgever mogelijk om nog ‘andere openbare lichamen’ dan de beroeps- en bedrijfslichamen in te stellen. Van die mogelijkheid is slechts zelden gebruik gemaakt. De meesten waren bovendien van tijdelijke aard. Zo gingen de bij de inpoldering van het IJsselmeer in 1955 opgerichte openbare lichamen Noordoostpolder en Zuidelijke IJsselmeerpolders in 1986 op in de nieuwe provincie Flevoland. Voorts is er in het recente verleden geëxperimenteerd met openbare lichamen die een bestuurslaag vormden tussen gemeenten en provincies. Het betrof het openbaar lichaam Rijnmond en de Agglomeratie Eindhoven. Het experiment bleek niet erg succesvol; ze zijn inmiddels weer opgeheven. Vervolgens werd een nieuwe ontwikkelingsfase ingezet door de Kaderwet bestuur in verandering, welke voor grootstedelijke gebieden een nieuwe bestuursvorm introduceerde. Inmiddels is deze kaderwet al weer vervangen door nieuw hoofdstuk in de Wet gemeenschappelijke regelingen, getiteld: ‘Plusregio’s (vergelijk hieromtrent § 13.8).

13.4 LEGALITEIT

Conform het rechtsstatelijke legaliteitsbeginsel kunnen decentrale bestuursorganen slechts die bevoegdheden uitoefenen die hen bij of krachtens de (Grond)wet zijn toebedeeld. Diezelfde wetgeving stelt ook beperkingen aan de bevoegdheidsuitoefening. De grenzen van een bevoegdheid die berust op medebewind zijn gewoonlijk te vinden in de medebewindsvorderende hogere regeling. Maar wat nu wanneer het betreft een bevoegdheid die aan de provincie of gemeente is 'overgelaten', met andere woorden een autonome bevoegdheid? Zijn decentrale bestuursorganen bij de uitoefening van een dergelijke bevoegdheid volledig vrij? Dit zou niet passen in een rechtsstatelijke conceptie. Het gaat hier in het bijzonder om de klassieke problematiek van de grenzen aan de autonome verordenende bevoegdheid van gemeenten en provincies. Er zijn verschillende soorten autonome verordeningen, zoals belastingverordeningen, strafverordeningen en noodverordeningen. In wetgeving en jurisprudentie is een viertal grenzen te onderkennen, te weten de territoriale grens, de zijgrens, de bovengrens en de benedengrens.

De eerste grens spreekt voor zich: gemeenten en provincies kunnen geen regels stellen die werking hebben buiten hun eigen grondgebied.

Bij de zijgrens gaat het om de situatie waarin lagere wetgevers gedragingen regelen, die ook door wetgevers van gelijke rang – maar met een ander oogmerk – kunnen worden bestreken. Zo kan een provinciale regeling conflicteren met die van PBO-organen, terwijl daarnaast gemeentelijke regelingen ook kunnen wringen met die van waterschappen. Het geijkte voorbeeld is hier altijd de regeling omtrent ophaalbruggen. Een waterschap kan bepalen dat een brug vanuit waterschapsbelangen gezien op bepaalde momenten open moet, terwijl een gemeente kan voorschrijven dat de brug juist neer moet, bijvoorbeeld in verband met de doorstroming van het verkeer in de gemeente. Bij strijd tussen regels afkomstig van wetgevers van gelijke rangorde kan alleen de Kroon orde scheppen door een van de strijdige bepalingen te vernietigen (zie de volgende paragraaf). In het algemeen moeten lagere wetgevers van gelijke rangorde door overleg trachten strijd tussen hun verordeningen te voorkomen (vgl. art. 80 WschW).

De bovengrens houdt in dat de verordeningen niet in strijd mogen zijn met hogere regelingen zoals ministeriële verordening, amvb's, wetten, Grondwet en een ieder verbindende verdragsbepalingen. Voor gemeenten komt daar de provinciale verordening nog bij. Ten aanzien van de verhouding tussen lagere en hogere regelingen geldt er een verschillend rechtsregime naar gelang de lagere regeling eerder (anterieur) dan wel later (posterieur) dan de hogere regeling is vastgesteld.

Allereerst de situatie bij *anterieure* lagere regelingen. Deze situatie doet zich voor wanneer een gemeente en/of provincie een onderwerp hebben geregeld en bijvoorbeeld in een later stadium de wetgever van oordeel is dat een landelijke regeling nodig is. In de Provinciewet (art. 119) en de Gemeentewet (art. 122) is een uniforme regeling voor dit soort problemen getroffen: de desbetreffende bepalingen van de lagere regeling zijn van rechtswege vervallen. Er is dus geen rechterlijke tussenkomst meer nodig. In de genoemde wetsartikelen staat letterlijk dat het moet gaan om eenzelfde 'onderwerp'. In de jurisprudentie is dit enigszins verfijnd met behulp van de zogenaamde 'motieftheorie'. Alleen wanneer de regelingen eenzelfde motief hebben, met andere woorden wanneer de hogere en lagere regelgever met hun regelingen hetzelfde belang beogen te behartigen, kunnen ze niet tegelijkertijd bestaan. Hebben de regelingen een verschillend motief, dan behoudt de lagere regeling haar geldigheid, tenzij er om een andere reden sprake is van strijdigheid met de hogere regeling. Een duidelijk voorbeeld hiervan[53] is te vinden in het

53 HR 4 maart 1952, NJ 1952, 365.

arrest inzake de Emmense baliekluivers (dit betrof art. 194 oud gemeentewet, welke een in hoofdzaak gelijke regeling bevatte als thans art. 122 Gemw). In dit geval was er een ogenschijnlijke samenloop tussen de APV van Emmen, die het verbood om zonder noodzaak op bruggen te blijven staan en het (posterieure) Wegenverkeersreglement dat onder andere ook een verbod bevatte om op kruisingen van wegen en bruggen stil te staan, indien daardoor het verkeer in gevaar kwam. Volgens de Hoge Raad konden deze regelingen naast elkaar blijven bestaan omdat de APV was vastgesteld met het oog op de openbare orde, veiligheid en zedelijkheid (het voorkomen van baldadigheid), terwijl het Wegenverkeersreglement was vastgesteld met het oog de bescherming van verkeersbelangen.

In geval van een *posterieure* lagere regeling is de motieftheorie ook van belang. Indien een hogere en een lagere regeling eenzelfde motief hebben, is de vraag aan de orde of er nog aanvulling door de lagere regeling mogelijk is. De toepasselijke wetsartikelen (art. 118 Pw, art. 121 Gemw) brengen met zich dat aanvulling is toegestaan, tenzij de hogere regeling dit uitdrukkelijk uitsluit of uit de structuur van de regeling is af te leiden dat de hogere wetgever het onderwerp uitputtend heeft willen regelen. Zo werd onder vigeur van de oude gemeentewet de Mond- en klauwzeerverordening van de gemeente Ooststellingwerf onverbindend verklaard, omdat de bestrijding van besmettelijke veeziekten al uitputtend was geregeld in de Veewet.[54] Een ander geval betrof het verbod in de APV van de gemeente Hendrik Ido Ambacht om in het winkelcentrum een fiets aan de hand mee te voeren. Volgens de Hoge Raad was dit absolute verbod in strijd met het Reglement Verkeersregels en Verkeerstekens omdat daarin het aan de hand meevoeren van een fiets wel is toegestaan, behalve in het geval het verkeer daardoor wordt gehinderd.[55]

Een recenter voorbeeld betreft het bordeelverbod in Barneveld, alwaar de raad bij verordening het gebruik van gronden, gebouwen vaar- of voertuigen voor prosititutie had verboden. Als motief werd daarbij aangevoerd de aantasting van de sociaal-maatschappelijke structuur en de ethische opvattingen van de plaatselijke bevolking. Volgens de bestuurrechter kon dit echter niet door de beugel omdat dat motief door de wetgever bij opheffing van het bordeelverbod (art. 250 Sr) volledig was meegewogen.[56]

We vatten deze systematiek voor alle duidelijkheid nog even puntsgewijs samen.

(a) De motieftheorie speelt zowel bij anterieure als bij posterieure lagere verordeningen een rol.
(b) Desbetreffende bepalingen van een anterieure verordening vervallen van rechtswege indien een hogere regeling met hetzelfde motief totstandkomt.
(c) Bij een posterieure verordening met eenzelfde motief als de hogere regeling rijst de vraag of aanvulling mogelijk is. Die vraag dient in beginsel bevestigend te worden beantwoord, tenzij de hogere regeling dit uitdrukkelijk uitsluit dan wel uit de structuur van de hogere regeling is af te leiden dat de hogere wetgever het onderwerp uitputtend heeft willen regelen.

---

54 HR 17 november 1953, NJ 1954, 37.

55 HR 14 juni 1983, NJ 1983, 729.

56 ABRvS 22 mei 2002, Gemeentestem 2002, 7165, 4. Meer hierover E. Brederveld, Gemeenterecht, 7e druk, Deventer 2005, Hoofdstuk 4, paragraaf 4.

(d) Wanneer het motief verschillend is, kunnen hogere en lagere (anterieure en posterieure) regelingen in beginsel naast elkaar bestaan. Dat is slechts anders indien de hogere regeling de werking van de lagere uitsluit. De geijkte uitdrukking is hier, dat de lagere regeling de werking van een hogere niet mag doorkruisen.

Ten slotte is er nog de benedengrens. Verordeningen mogen 'niet treden in de bijzondere belangen van de ingezetenen', zoals de sacrale formule van de rechter luidt. Het gaat hier om de bescherming van de belangen van de provinciale casu quo gemeentelijke onderdanen. Vandaar dat in de literatuur wel wordt gesproken van de 'beneden'grens. De formulering van de rechter is wat merkwaardig aangezien elke burgers bindende regeling in de bijzondere belangen van de burgers treedt. Wat wordt er dan eigenlijk mee bedoeld? De rechter bedoelt hier na te gaan of de verordening enig openbaar belang kan dienen, en met name of dat belang te maken heeft met de eigen huishouding. Om het nog wat lastiger te maken: eigenlijk toetst de rechter dus aan een hogere regeling, namelijk aan de bepalingen in de Provinciewet en Gemeentewet waarin de bevoegdheid wordt toegekend om verordeningen vast te stellen ten behoeve van de eigen huishouding (thans art. 105, eerste lid, Pw, art. 108, eerste lid, Gemw). Een klassieker onder vigeur van de oude gemeentewet is het arrest inzake de Wilnisser visser.[57] De APV van Wilnis bevatte een verbod op het vissen op zondag. Dit verbod was zo algemeen geredigeerd dat daar ook het vissen in privé-viswater, niet zichtbaar voor de buitenwereld onder viel. Volgens de Hoge Raad kon bij het vissen in laatstbedoelde wateren geen huishoudelijk gemeentebelang in het geding zijn, zodat de APV onverbindend werd verklaard. Ook de verordeningen van de provincie worden op een dergelijke manier door de rechter getoetst.[58]

Al eerder is aangegeven dat het legaliteitsbeginsel eist dat op basis van algemeen werkende wetten een ieder gelijk wordt behandeld. Decentralisatie en met name het uitoefenen van autonome bevoegdheden wringt met deze gedachte. Dit vraagstuk is nauw verweven met de verdeling van bevoegdheden. Vandaar dat we het in de volgende paragraaf behandelen.

13.5 MACHTSVERDELING, WAARONDER TOEZICHT

De verticale machtsverdeling is in zekere zin onevenwichtig. Talloze bevoegdheden heeft de centrale overheid aan zich getrokken; en de decentrale overheden zijn voor de omvang en zwaarte van hun bevoegdheden afhankelijk van de bereidheid van de centrale overheid om bevoegdheden aan hen te laten dan wel aan hen toe te delen. Dat is echter inherent aan de eenheidsstaat en als burgers willen we vaak ook niet anders.

Territoriale decentralisatie op horizontaal niveau betekent vrijwel automatisch dat burgers in de onderscheidene gemeenten en provincies verschillend worden behandeld. Waar het betreft bestuurlijke taakuitoefening in medebewind, hangt het af van de medebewindvorderende regeling in hoeverre beleidsvrijheid voor de lagere overheid bestaat;

57 HR 13 februari 1922, NJ 1922, 473.

58 HR 27 juni 1972, NJ 1972, 496 (Gelderse caravanverordening).

naarmate meer beleidsvrijheid bestaat, zijn ook de marges voor verschillende bejegening van burgers in de onderscheidene gemeenten en provincies groter. Bij autonome taakuitoefening bestaat uit de aard der zaak een betrekkelijk grote beleidsvrijheid. Er treedt, zoals hiervoor reeds werd gezegd, door deze beleidsvrijheid een zekere spanning op met het rechtsstatelijke legaliteitsvereiste dat dwingt tot gelijke behandeling van burgers; zij dienen in gelijke mate te worden gebonden door algemeen werkende wetten.[59]

Nu kan men tegenwerpen dat gemeentelijke en provinciale verordeningen wel algemeen werken op het territoir van de desbetreffende gemeente casu quo provincie. Het is echter voor velen uit een oogpunt van rechtsgelijkheid onverteerbaar dat het voorzieningenniveau van omliggende gemeenten op een hoger peil ligt dan dat van de eigen gemeente. Dat klemt in het bijzonder waar het betreft de zogenaamde basisvoorzieningen, dat wil zeggen de voorzieningen die het meest essentieel zijn voor de levensomstandigheden van de burgers. Veel van dergelijke voorzieningen hebben een grondslag in de Grondwet, waar zij in hoofdstuk 1 onder de sociale grondrechten zijn gewaarborgd; zij zijn dan nader uitgewerkt en geconcretiseerd in wetgeving, veelal onder opdracht van medebewind door gemeenten (vergelijk hierbij tevens het slot van § 13.6). De vraag is dan op welke onderwerpen medebewind moet of mag worden opgedragen en hoeveel beleidsruimte daarbij moet of mag worden gegeven. Zo ontstond in 1996 veel politieke discussie over een wetsvoorstel dat beoogde de beslissingsbevoegdheid omtrent huisvestingsvoorzieningen voor onderwijsinstellingen aan de gemeenten over te dragen.[60] Deze onenigheid betrof zowel de vraag of artikel 23 Gw een dergelijke overdracht zou toelaten als ook de vraag of op het terrein van de onderwijsvoorzieningen een differentiatie in beleid tussen gemeenten onderling wel als wenselijk kon worden beschouwd.

Een ander aspect van machtsverdeling dat al aan de orde is gekomen, is de democratische controle op de besluitvorming op decentraal niveau. De afgelopen decennia hebben een verschuiving van de macht van de volksvertegenwoordiging naar het bestuur laten zien. Als tegenwicht kwam een zwaardere collectieve, maar ook individuele verantwoordingsplicht tot ontwikkeling met als sluitstuk het opnemen van de vertrouwensregel in de nieuwe Gemeentewet en de nieuwe Provinciewet. Dat laatste herstelt het machtsevenwicht weer enigszins en draagt bij aan 'checks and balances' op decentraal niveau (zie § 13.3.2.6).

Nu wordt de 'check' in een eenheidsstaat niet alleen verricht op het decentrale niveau; ook de hogere overheidsorganen zijn daarmee belast in de vorm van *toezicht*. Bij toezicht gaat het om de wettelijk vastgelegde taak van een 'hoger' orgaan na te gaan in hoeverre bepaalde handelingen of het nalaten daarvan van een 'lager' orgaan aanvaardbaar zijn. Toezichtsrelaties bestaan alleen voorzover de wet ze heeft geregeld. Er bestaat dan ook geen algemene hiërarchische relatie tussen de centrale overheid en de decentrale overhe-

---

59 Vgl. P.M. Langbroek, Machtenscheiding en decentralisatie, Enschede 1988, p. 323.

60 Ook werd voorgesteld een overdracht van bevoegdheden ter zake van het onderwijsachterstandbeleid en de bestemming van financiële middelen voor de onderwijsbegeleiding. Zie hierover B.P. Vermeulen, 'Deregulering' en 'zelfregulering' in het onderwijs. Over bezuinigingen en aantasting van het onderwijsgrondrecht, in: S.C. van Bijsterveld en H.R.B.M. Kummeling (red.), Grondrechten en zelfregulering, Deventer 1997, p. 171 e.v.

den, in de zin van een algemene bevelsbevoegdheid. Het is duidelijk dat zich ook op dit punt een zekere spanning openbaart tussen de uitgangspunten van de eenheidsstaat en die van de decentralisatie.

Toezicht kan op verschillende manieren plaatsvinden. Dat blijkt al uit artikel 132 Gw dat de basis vormt van het toezicht op gemeenten en provincies. In de artikelen 133 en 134 Gw wordt de mogelijkheid van toezicht op de besluiten van waterschapsbesturen respectievelijk de besturen van de overige openbare lichamen geopend. Globaal genomen wordt er een onderscheid gemaakt tussen repressief en preventief toezicht. Ingeval van *repressief toezicht* grijpt een hoger ambt in nadat een lager ambt een besluit heeft genomen. Het kan daarbij gaan om schorsing, waarmee aan het besluit tijdelijk zijn werking wordt ontnomen, of om vernietiging, waardoor het besluit definitief vervalt. Schorsing is meestal de voorbode van vernietiging.[61] De vernietiging waarover we hier spreken wordt ook wel aangeduid met 'spontane vernietiging', dit ter onderscheiding van vernietiging in het kader van de rechtsbescherming (vergelijk art. 8:72 Awb). In beginsel kunnen alle besluiten van lagere overheidsorganen worden geschorst of vernietigd. Het kan bijvoorbeeld gaan om verordeningen, vergunningen, beschikkingen en benoemingen.

De bevoegdheid om repressief toezicht uit te oefenen met betrekking tot provinciale en gemeentelijke besluiten berust ingevolge artikel 132, vierde lid, Gw bij de Kroon (vgl. art. 261 Pw en art. 268 Gemw). Voor wat betreft de publiekrechtelijke bedrijfsorganisatie vestigt de Grondwet geen monopolie van de Kroon; de WBO doet dit echter wel (vgl. art. 58 en 133 WBO). De besluiten van waterschapsbesturen kunnen worden geschorst en vernietigd door gedeputeerde staten (art. 156 e.v. WschW). Vernietiging kan alleen plaatsvinden wegens strijd met het recht of met het algemeen belang. Wat onder 'recht' verstaan moet worden, is wel duidelijk; 'algemeen belang' is wat diffuser. Hieronder valt ieder belang dat naar het oordeel van het vernietigende ambt van meer waarde is dan het belang dat door het te vernietigen besluit wordt gediend. Zo werd door de Kroon geoordeeld dat het voorbereidingsbesluit ex artikel 21 Wet op de Ruimtelijke Ordening van de raad van de gemeente Utrecht in verband met de aanleg van de A27 door Amelisweerd in strijd was met het algemeen belang, nu dit besluit vertraging zou opleveren omdat de Kroon al over het bestemmingsplan had beslist; bovendien was er vanuit het oogpunt van de verkeersveiligheid en de belangen van het woon- en leefmilieu van de omwonenden een onaanvaardbare situatie ontstaan.[62] In § 10.6 is reeds gewezen op de vernietiging wegens strijd met het algemeen belang van een aantal besluiten van de zogenaamde LOTA-gemeenten, die geen zaken wilden doen met bedrijven die banden hadden met Zuid-Afrika. Volgens de regering was hier sprake van strijd met het door haar gevoerde beleid ten aanzien van Zuid-Afrika.

De regering maakt zelden gebruik van haar vernietigingsrecht. Het laatste decennium lag het gemiddelde beneden de tien per jaar. In de overgrote meerheid van de gevallen ging het daarbij om strijd met het recht, in het bijzonder met de wet. Geruchtmakende voorbeelden hiervan waren de vloekverboden van een aantal – vooral Veluwse – gemeen-

61 Vergelijk art. 261, tweede lid, Pw en art. 268, tweede lid, Gemw.
62 KB 10 juli 1981, Stb. 471 (Amelisweerd).

ten, die door de regering in strijd met artikel 7, derde lid, Gw werden bevonden. Geruchtmakend was ook de schorsing van het besluit van het college van B en W van de gemeente Haarlemmermeer om de gebruiksvergunning voor een deel van het cellencomplex op Schiphol-Oost in te trekken. Na een brand, waarbij 11 gedetineerden omkwamen, was men van oordeel dat de brandveiligheid niet gegarandeerd was. Volgens de minister van Justitie was het algemeen belang, in de bijzonder de drugsbestrijding, niet gediend met het sluiten van het complex.[63]

Er kleven overwegende bezwaren aan schorsing en vernietiging op grond van het algemeen belang. Immers, zulks verdraagt zich slecht met het feit dat ook door lagere overheden besluiten op democratische wijze worden genomen en dat aan deze overheden ook in voldoende mate vrije beleidsruimte moet worden geboden. Deze opvatting spoort met het Handvest lokale autonomie, dat beleidstoetsing van autonome besluiten van lagere overheden verbiedt.[64]

In de Gemeentewet (art. 278, tweede lid) en de Provinciewet (art. 271, tweede lid) is vastgelegd dat de minister die een voordracht tot vernietiging wenst te doen – en dat is altijd (mede) de minister van Binnenlandse Zaken – eerst een gelegenheid tot overleg moet bieden aan het decentrale ambt. Vernietiging vindt plaats bij koninklijk besluit, dat met een motivering in het Staatsblad wordt geplaatst.

Een vernietiging ontneemt de rechtsgevolgen aan het desbetreffende besluit (art. 10:42, eerste lid Awb). Het gemeentebestuur, resp. het provinciale bestuur, beslist autonoom over de feitelijke gevolgen (art. 281 Gemw, art. 271 Pw). Zo mag de Kroon bijvoorbeeld wel een bouwvergunning vernietigen die in strijd met het bestemmingsplan is afgegeven, maar de Kroon mag niet eisen dat er bestuurdwang wordt toegepast om het in strijd met het bestemmingsplan gebouwde woonhuis af te breken.[65]

Bij *preventief toezicht* kan een besluit van een lager overheidsorgaan pas genomen worden of in werking treden als het hogere orgaan heeft verklaard dat daartegen geen bedenkingen bestaan. De bekendste en tevens zwaarste vormen van preventief toezicht zijn de goedkeuring en de verklaring van geen bezwaar. Bij goedkeuring gaat het om een voorwaarde voor inwerkingtreding van een besluit van een lager orgaan dat reeds is genomen. Bij een verklaring van geen bezwaar wordt toestemming verleend om een besluit te nemen. Een voorbeeld daarvan is te vinden in artikel 19 Wet op de Ruimtelijke Ordening.

Bij goedkeuring zijn er vaak financiële belangen in het geding. Zo moet de gemeentelijke begroting in bepaalde gevallen worden goedgekeurd door gedeputeerde staten (art. 203 Gemw), en de provinciale begroting in bepaalde gevallen door de minister van Binnenlandse Zaken (art. 207 Pw).

63 KB 7 december 2005, Stb. 634 (Haarlemmermeer). Zie hierover ook Rb. Den Haag 23 december 2005, LJN: AU8652, KG 05/1570.

64 Art. 8 Handvest.

65 Vgl. KB 19 februari 2001, Gemeentestem 2001, 7139, 6 (KB Valkenswaard) en de discussie die hierover ontstond tussen P.H. van der Tang-Van Loenen, Ergernis en bevoegdheid, NJB 2001, p. 2049 en A.Q.C. Tak, Het KB Valkenswaard, met reactie van Van der Tang-Van Loenen, NJB, p. 664-665.

De gronden voor de onthouding van goedkeuring zijn vaak terug te vinden in de wet die goedkeuring voorschrijft. Is dit niet het geval, dan wordt wel als algemene regel gehanteerd dat het goedkeurende orgaan alleen die criteria mag toepassen die zijn ontleend aan het belang dat met de goedkeuring wordt gediend.[66] Om maar eens een extreem voorbeeld te geven: de minister van Binnenlandse Zaken mag de goedkeuring van een provinciale begroting niet weigeren omdat hij van oordeel is dat de ambtelijke dienst in die provincie niet goed functioneert. Het toezichthoudende orgaan zal zich terughoudend moeten opstellen. Het goedkeuringsbeleid dient ruimte te laten voor eigen beleid van de decentrale organen. Het zou in strijd zijn met de uitgangspunten van de decentralisatie wanneer de beleidsruimte van de lagere organen teniet zou worden gedaan doordat met behulp van het goedkeuringsvereiste het hogere orgaan steeds de besluitvorming naar zich toe trekt.[67] Met name dit bezwaar tegen het goedkeuringsvereiste heeft er toe geleid dat in de recente (gewijzigde) organieke wetten – Gemeentewet, Provinciewet en Waterschapswet – de eis van goedkeuring sterk is teruggedrongen. In veel gevallen is zij vervangen door een mededelingsplicht. Het besluit wordt dan louter ter kennis gebracht van het hogere orgaan, dat eventueel daarna het vernietigingsrecht kan hanteren. Belangrijk is om in dit verband te melden dat voorafgaand toezicht volgens art. 132, derde lid Grondwet alleen geëist kan worden in bij of krachtens de wet te bepalen gevallen (vgl. art. 259 Gemw, art. 253 Pw) .

De hiervoor genoemde vormen van toezicht zijn negatief van aard: bepaalde besluiten kunnen worden tegengehouden. Daarnaast komt het ook wel voor dat hogere bestuursorganen proberen te bevorderen dat bepaalde besluiten door lagere organen tot stand worden gebracht, dit om door het hogere orgaan gewenste ontwikkelingen te stimuleren. Veelal worden de mogelijkheden daartoe geboden in medebewindswetten. Diverse varianten komen voor, zoals de aanwijzing, de uitnodiging of de verplichting om een besluit te nemen of het opleggen van samenwerking.[68] Al deze varianten komen echter in essentie op hetzelfde neer: bepaalde besluiten worden van hogerhand dwingend opgelegd. Deze vormen van ingrijpen in de decentralisatie worden wel samengebracht onder de eufemistische benaming *positief toezicht*. Het moge duidelijk zijn dat vanwege het sturende karakter van deze instrumenten de lagere overheden deze term niet in waarderende zin opvatten.

De Algemene wet bestuursrecht bevat in de afdelingen 10.2.1 tot en met 10.2.3 een aantal algemene voorschriften over toezicht op bestuursorganen, vernietiging en schorsing, welke ook voor het bestuurlijk toezicht op provincies, gemeenten en waterschappen (en de PBO) van toepassing zijn, maar die weinig wijzigingen aanbrengen in de hiervoor geschetste opzet. Wel was van belang, dat de Provinciewet, de Gemeentewet en de Waterschapswet lange tijd een ander besluitbegrip hanteerden dan de Awb. Dit is echter

66 Zie J.B.J.M. ten Berge, Rechter en decentralisatie, Zwolle 1987, p. 26.

67 Vgl. H.Ph.J.A.M. Hennekens, H.J.A.M. van Geest en R. Fernhout, Decentralisatie, 4e dr., Nijmegen 1998, p. 119 e.v.

68 Vergelijk bijvoorbeeld art. 6 Wet op de Ruimtelijke Ordening; de Minister van VROM kan provinciale staten verplichten een streekplan vast te stellen of te herzien; hij kan ook aanwijzingen geven omtrent de inhoud van een streekplan.

aangepast. Daar waar het toezicht meer omvat dan besluiten in de zin van de Awb wordt structureel het begrip beslissing gehanteerd.

13.6 GRONDRECHTEN

In hoofdstuk 6 is het grondwettelijk systeem ter bescherming van grondrechten geschetst. De daar behandelde algemene leerstukken zijn onverkort van toepassing op de decentrale overheden. Dat betekent dat zij bij hun optreden de grondrechten van burgers dienen te respecteren en dat zij grondrechten slechts mogen beperken voor zover zij daartoe uitdrukkelijk bevoegd zijn verklaard. Nu is het grondwettelijk beperkingsstelsel sterk centralistisch; in principe is alleen de centrale, formele wetgever bevoegd. Andere overheden kunnen deze bevoegdheid slechts verkrijgen middels een expliciete delegatie door de formele wetgever. Gemeentelijke verordeningen waarin B en W bevoegd werden verklaard woningen van waaruit drugs werden gedeald te sluiten, bleken bijvoorbeeld in strijd met de Grondwet te zijn. Sluiting van woningen is een beperking van de persoonlijke levenssfeer, zo oordeelde de rechter. Daarvoor is een expliciete formeel-wettelijke basis nodig. En die bleek er niet te zijn.[69] Voor de grondwetsherziening van 1983 hadden de lagere overheden op grond van hun autonome bevoegdheden nog enige ruimte om ter zake van grondrechten regelend op te treden. Deze mogelijkheid is in de Grondwet van 1983 vrijwel tenietgedaan. Een belangrijke uitzondering is de hierna nog te bespreken regulering van het verspreidingsrecht, ten aanzien waarvan de regering bij de grondwetsherziening 1983 heeft verklaard dat zij het voordien bestaande, door de jurisprudentie bepaalde, rechtsregime wenste te handhaven.[70] Voor het overige hebben de lagere overheden slechts regelingsbevoegdheid wanneer deze bij of krachtens een specifieke wet is toegekend.

Nu is het opvallend dat de decentrale overheden vooral regelend mogen optreden op een terrein waarop zij van oudsher al een belangrijke taak hebben, namelijk de handhaving van de openbare orde. Het zijn vooral de gemeentelijke organen die terzake bevoegdheden hebben. Met name bij de uitoefening van de vrijheid van meningsuiting en demonstratie kunnen openbare-ordeproblemen ontstaan, in het bijzonder bij het verspreidingsrecht en het betogingsrecht.

Artikel 7, eerste lid, Gw bepaalt: 'Niemand heeft voorafgaand verlof nodig om door de drukpers gedachten of gevoelens te openbaren, behoudens ieders verantwoordelijkheid volgens de wet.' Al sinds de negentiende eeuw is er gediscussieerd over de vraag wat er precies onder 'openbaren' en onder de clausulering 'behoudens ieders verantwoordelijk-

---

69 ABRvS 28 augustus 1995, AB 1996, 204 (Drugspand venlo). Inmiddels is die er overigens wel; art. 174a Gemw.

70 In 2000 adviseerde de commissie-Franken echter om het verspreidingsrecht in de Grondwet te codificeren. Het tweede paarse kabinet was hierover nog enthousiast, zie Kamerstukken II 2000/01, 27 460, nr. 1. Het kabinet-Balkenende II zette grondwetsherziening op dit punt echter niet door en kondigde aan met nieuwe voorstellen voor grondrechten in het digitale tijdperk te zullen komen.

heid volgens de wet' moet worden verstaan. In 1950 heeft de Hoge Raad in het APV Tilburg-arrest[71] uitgemaakt, dat het openbaren het zich in druk uiten, dat wil zeggen het drukken en uitgeven, bevat, en dat het begrip 'wet' in de clausulering opgevat moet worden als formele, repressieve wet. Dit betekent dat het zich in druk uiten slechts achteraf, en slechts bij formele wet beperkt kan worden. Zo zullen strafbepalingen die het uitgeven van bepaalde geschriften op grond van hun inhoud verbieden alleen bij formele wet mogelijk zijn.

In het genoemde arrest heeft de Hoge Raad evenwel daarnaast opgevoerd het recht om gedrukte stukken te verspreiden, openlijk tentoon te stellen of op andere wijze in het openbaar aan het publiek bekend te maken, veelal samenvattend aangeduid als 'het verspreidingsrecht'. Dit recht is volgens de Hoge Raad onmisbaar voor de realisering van het doel van het eerstgenoemde openbaringsrecht, maar is tevens aan dat recht ondergeschikt. Terwijl naar de opvatting van de Hoge Raad het eerstgenoemde recht vooral de geesteswereld betreft, raakt het verspreidingsrecht vooral de ruimtelijke sfeer. Om die reden brengt het eigen beperkingsmogelijkheden met zich mee: met name mag het verspreidingsrecht worden onderworpen aan lagere (voornamelijk gemeentelijke) voorschriften in het belang van de openbare orde, in het bijzonder ter beveiliging van het verkeer.

Deze uitspraak en de latere jurisprudentie[72] heeft belangrijke rechtsgevolgen. Het drukken en uitgeven sec mag conform artikel 7, eerste lid, Gw niet vooraf aan toezicht (verlof) onderworpen worden, en alleen repressief worden beperkt door de formele wetgever.[73] Het verspreidingsrecht, ook wel het connexe recht genoemd, mag ook door lagere wetgevers zelfstandig, in autonomie worden beperkt. Aangezien het connexe recht echter onmisbaar is voor het openbaringsrecht, mogen de lagere wetgevers het verspreidingsrecht slechts beperken voorzover de effectuering van het openbaringsrecht daardoor niet in het gevaar komt. Met name mag de verspreidingsvrijheid door lagere wetgevers niet inhoudelijk beperkt (kunnen) worden, omdat daardoor de dienende functie van de verspreidingsvrijheid zozeer aangetast wordt, dat ook sprake is van schending van de openbaringsvrijheid en dus van artikel 7, eerste lid, Gw.

Dit betekent volgens de jurisprudentie niet slechts dat een lagere regeling de verspreiding van bepaalde drukwerken niet vanwege hun inhoud mag verbieden; het betekent ook dat een lagere regeling de verspreiding van drukwerken niet in het algemeen mag verbieden, aangezien het daardoor immers niet alleen onmogelijk gemaakt wordt geschriften van een bepaalde inhoud, maar geschriften van welke inhoud dan ook te

71 HR 28 november 1950, NJ 1951, 137.

72 Zie voor een schets en interpretatie van deze jurisprudentie B.P. Vermeulen, Commentaar op artikel 7 Grondwet, in: A.K. Koekkoek (red.), De Grondwet, een artikelsgewijs commentaar, 3e dr., Deventer 2000, p. 110 e.v. Een uitgebreid overzicht van oudere jurisprudentie is vervat in de dissertatie van R. de Winter, De heersende leer. Honderd jaar verspreidingsjurisprudentie: 1892-1992, 's-Gravenhage 1992.

73 Ter voorkoming van mogelijke verwarring bij het lezen van de jurisprudentie: vóór de grondwetsherziening van 1983 bestond art. 7 Gw maar uit één zin, nl. die welke nu in het eerste lid is te vinden.

verspreiden. Het betekent daarnaast dat een lagere regeling die de mogelijkheid schept om de verspreiding van drukwerken op inhoudelijke gronden te verbieden, niet geoorloofd is, zodat bijvoorbeeld een algemeen bij APV ingesteld verlofstelsel, dat wil zeggen een algemeen gemeentelijk verspreidingsverbod behoudens vergunning of ontheffing, niet door de beugel kan.

Na het arrest APV-Tilburg, waarin slechts gesproken werd over 'de' verspreiding van drukwerken, heeft de rechtspraak de vorengenoemde vereisten (m.n. geen algemeen verbod of algemeen verlofstelsel) ook gesteld aan *elk* verspreidingsmiddel dat 'zelfstandige betekenis heeft en met het oog op die verspreiding in een bepaalde behoefte kan voorzien'.[74] Als zelfstandig middel van verspreiding zijn in de jurisprudentie onder andere erkend: het op de openbare weg uitgeven van strooibiljetten; het op of aan de weg bekend maken van gedrukte stukken of afbeeldingen; het kladden, plakken en afficheren; het aanbrengen van neonletters; en het optreden als sandwichman.[75]

Naast het negatief geformuleerde criterium dat de lagere wetgever bij het reguleren van zelfstandige verspreidingsmiddelen geen algemeen verbod of verlofstelsel mag hanteren, legt de jurisprudentie ook een positief criterium aan: de regeling dient ten aanzien van het betreffende verspreidingsmiddel 'gebruik van enige betekenis' over te laten. Dat bleek bijvoorbeeld uit het arrest Nuth.[76] Het ging hier om een APV-bepaling van de gemeente Nuth die een verbod inhield op het verspreiden van gedrukte stukken in alle straten en wegen van de gemeente behoudens op dinsdag- en woensdagmorgen van 9 tot 11 uur. Volgens de Hoge Raad was dit een zodanige beperking van het zelfstandig verspreidingsmiddel 'aanbieden van drukwerken', dat voor dit verspreidingsmiddel *geen gebruik van enige betekenis* overbleef. De APV-bepaling was derhalve onverbindend. Sindsdien spreekt men wel van het 'Nuth-criterium'.

Met name bij een bepaalde wijze van verspreiden leverde de toepassing van dit criterium problemen op, namelijk bij het zogenaamde plakken (van affiches aan een muur bijvoorbeeld). In veel gemeenten wordt de toelaatbaarheid van het plakken afhankelijk gesteld van de (privaatrechtelijke) toestemming van de eigenaar van het te beplakken huis of gebouw. Meestal wordt dit uitgedrukt in de vorm van een verbod op 'wederrechtelijk plakken'. Is er dan echter nog wel sprake van gebruik van enige betekenis met betrekking tot het verspreidingsmiddel 'plakken'? De rechter vond lange tijd van wel, met in het achterhoofd de gedachte dat het plakken met toestemming van de eigenaar overbleef. Het probleem is echter dat je niet zo gemakkelijk iemand vindt die toestemming verleent om zijn eigendom te laten beplakken. In het arrest-Zevenaar heeft de Hoge Raad het Nuth-criterium dan ook terecht nader uitgewerkt.[77] Volgens de Hoge Raad is het verbod tot wederrechtelijk plakken weliswaar in beginsel niet in strijd met artikel 7 Gw, maar is daar wel mee in strijd indien 'bijzondere plaatselijke omstandigheden zouden meebrengen dat het verbod in feite geen mogelijkheid tot gebruik van enige betekenis van het onderhavige middel van bekendmaking open laat'. Het gevolg hiervan is dat indien een gemeente het

74 HR 27 februari 1951, NJ 1951, 472 (Eindhoven I).
75 Vgl. F.H. Kistenkas, Vrije straatcommunicatie, Arnhem/Deventer 1989, p. 32 e.v.
76 HR 17 maart 1953, NJ 1953, 389.
77 HR 28 juni 1983, NJ 1984, 64.

zogenaamde wilde plakken wil verbieden, zij er onder omstandigheden tevens voor moet zorgen dat er ook een redelijke hoeveelheid plakgelegenheden (bijv. aanplakborden) ter beschikking staat op plaatsen waar men ook inderdaad van het aangeplakte kennis kan nemen (dus niet bijvoorbeeld midden in een weiland buiten de bebouwde kom). Uit de jurisprudentie sinds het Zevenaar-arrest blijkt dat lagere rechters[78] zich hiertoe over de feitelijke aanplakmogelijkheden binnen een gemeente laten voorlichten, bijvoorbeeld met behulp van getuigen-deskundigen.[79]

Als een bepaalde wijze van uiten niet op één lijn is te stellen met openbaring via de drukpers, dan valt deze openbaring in beginsel – met uitzondering van de omroep en het betogingsrecht[80] – onder de bescherming van artikel 7, derde lid, Gw. Het kan daarbij gaan om zang, dans, cabaret, toespraken, film, video et cetera. Het derde lid van artikel 7 biedt alleen bescherming ten aanzien van de inhoud van de uiting. Voor het overige zijn de (lagere) wetgevers bevoegd tot het stellen van beperkingen, bijvoorbeeld ten aanzien van de wijze van uiten. Er kunnen bijvoorbeeld regels worden gesteld met betrekking tot het gebruik van geluidswagens, zoals het aantal decibels dat mag worden geproduceerd.[81]

In § 8.5 is er reeds op gewezen dat de Nederlandse rechter steeds heeft geweigerd demonstraties onder de bescherming van artikel 7 Gw te brengen. Beperkte bescherming werd in beginsel wel geboden door de artikelen 10 en 11 van het Europees Verdrag tot bescherming van de rechten van de mens (EVRM) en de artikelen 19 en 21 van het Internationaal Verdrag inzake burgerrechten en politieke rechten (IVBPR). In de rechterlijke praktijk bleek vooral artikel 10 EVRM van belang. Dit artikel maakt beperkingen door lagere wetgevers mogelijk. Het begrip 'wet' in de internationale verdragen omvat immers iedere wet in materiële zin en zelfs ongeschreven recht en beleidsregels (§ 6.7.3). Ook inhoudelijke verboden zijn daarbij toegestaan.

Bij de herziening van de Grondwet werd in artikel 9 het betogingsrecht opgenomen. Het trad echter nog niet onmiddellijk in werking. Additioneel artikel V bepaalde dat het recht op betoging uiterlijk na vijf jaren na het van kracht worden van de Grondwet in werking zou treden, dus op z'n laatst in februari 1988. De reden voor het uitstellen van de inwerkingtreding van artikel 9 was de voorbereiding van de Wet Openbare Manifestaties (WOM). De Grondwet eist immers voor iedere grondrechtenbeperking een formeelwettelijke basis, en die was er voor openbare manifestaties niet. Openbare godsdienstuitoefeningen, betogingen en vergaderingen waren meestal bij gemeentelijke verordening geregeld. Nu kan dat nog steeds, maar slechts op basis van delegatie door de WOM. De inhoud van een dergelijke verordening is echter niet meer geheel vrij. Belangrijke regulerende voorschriften zijn in de WOM zelf opgenomen. Zo mag de verordening slechts een stelsel van voorafgaande kennisgeving van een manifestatie bevatten. Het onderwerpen van openbare manifestaties aan voorafgaand verlof, zoals in het verleden veelal het geval was, is niet meer toegestaan. Bij de kennisgeving mogen geen gegevens

78 Bij de Hoge Raad is geen plaats voor feitenonderzoek; hij is immers cassatierechter.

79 Bijv. Rb. Amsterdam 18 april 1984, NJCM-bulletin 1985, p. 57 (Plakverbod Bussum); Rb. Arnhem 8 februari 1985, NJCM-bulletin 1985, p. 303 (Plakverbod Arnhem).

80 Resp. art. 7, tweede lid, en art. 9 Gw.

81 Zie P.J. Boon, Zonder voorafgaand verlof, 5e dr., Nijmegen 1993.

worden gevraagd over de inhoud van de te openbaren gedachten of gevoelens (art. 4, derde lid, WOM). Naar aanleiding van de kennisgeving kan de burgemeester voorschriften en beperkingen stellen of een verbod geven. Een verbod is slechts mogelijk indien a. de vereiste kennisgeving niet tijdig is gedaan; b. de vereiste gegevens niet tijdig zijn verstrekt; c. een van de in artikel 9, tweede lid, Gw genoemde doelcriteria dat vordert. Een beperking of verbod vanwege de inhoud van de uiting is niet toegestaan (art. 5 WOM). Tijdens een vergadering of betoging kan de burgemeester aanwijzingen geven die de deelnemers in acht moeten nemen (art. 6 WOM). Tevens kan de burgemeester het bevel geven de bijeenkomst terstond te beëindigen en uiteen te gaan (art. 7 WOM). Nadere regels zijn gesteld voor vergaderingen en betogingen op niet openbare plaatsen (art. 8 WOM) en bij diplomatieke vertegenwoordigingen (art. 9 WOM).

Bij de parlementaire behandeling van de WOM is ook het vraagstuk van het vijandige publiek aan de orde geweest. De vraag of het uiten van meningen mag worden beperkt, of zelfs geheel verhinderd, uit vrees dat reacties van een vijandig gezind publiek aanleiding voor ongeregeldheden kan zijn, werd door de regering negatief beantwoord. Zij was voorts van mening dat de burgemeester bij een betoging de nodige politiebescherming dient te bieden, teneinde haar doorgang te laten vinden. Agressieve bejegening van het publiek en wanordelijkheden vanuit dat publiek moeten met gepaste middelen worden bestreden. Indien echter de burgemeester, gelet op de omstandigheden ter plaatse en op de beschikbare politiebescherming, in redelijkheid niet in staat moet worden geacht aan de betoging de nodige bescherming te bieden, mag hij haar verbieden ter voorkoming of bestrijding van wanordelijkheden. Wel moet er dan ongeveer van een bestuurlijke overmachtsituatie kunnen worden gesproken, aldus de regering.[82] De bestuurlijke praktijk en de jurisprudentie zijn niet altijd even stellig (geweest) als de regering.[83] Met name waar het betreft demonstratieverboden ten opzichte van rechts-extremistische bewegingen leek het erop dat de rechter niet altijd even indringend controleerde of de autoriteiten in voldoende mate hadden getracht om met een adequate politie-inzet een controversiële betoging doorgang te kunnen laten vinden.[84] In discussie was dan ook of niet tevens de onrust, welke een demonstratie bij minderheidsgroepen zal verwekken, een rol zou mogen spelen bij de uitvaardiging van deze verboden. De laatste jaren lijkt de rechter stringenter te toetsen.[85]

In verband met grondrechten zijn nog een aantal bevoegdheden van de burgemeester van belang. Zo is gebleken dat de burgemeester met behulp van zijn noodbevoegdheden ex. art. 175 en 176 Gemeentewet in de daar bedoelde omstandigheden, met name de ernstige vrees voor wanordelijkheden, beperkingen kan aanbrengen op de godsdienst-, de demonstratie- en de uitingsvrijheid. Een en ander is omstreden, omdat deze algemene

82 Handelingen II 1987/88, p. 2236.

83 Vgl. A.E. Schilder, Het recht tot vergadering en betoging, Arnhem 1989, p. 113 e.v.

84 Zie H.R.B.M. Kummeling en H.M. Oevermans, Uitingsvrijheid en vijandig publiek, Gst. 6913 (1991), p. 1 e.v., waaraan een deel van de bovenstaande beschouwing is ontleend.

85 Zie A.J.Th. Woltjer, De vrijheid van meningsuiting gedemonstreerd, Ars Aequi 2002, p. 385 e.v. en Vzngr. Rb. Arnhem 13 mei 2005, AB 2005, 294 m.nt. J.G. Brouwer en A.E. Schilder.

bevoegdheden nauwelijks passen in het grondwettelijke beperkingsregime, dat een expliciete, specifieke beperkingsgrondslag eist.

In verband met de persoonlijke levenssfeer (art. 10 Gw) is artikel 174a Gemeentewet van belang. Deze bepaling maakt het de burgemeester mogelijk om panden van waaruit overlast wordt veroorzaakt te sluiten. De bevoegdheid beoogde primair om woningen te kunnen sluiten waarin drugs werden verhandeld, maar vanwege haar ruime formulering is ook de sluiting van andere 'overlastpanden' mogelijk.

In 2000 is het zwaar omstreden art. 176a in de Gemeentewet opgenomen. Deze bepaling was voornamelijk ingegeven door de vrees voor enorme voetbalrellen rond het EK dat in datzelfde jaar werd gehouden. De burgemeester heeft de bevoegdheid om ordeverstoorders 'bestuurlijk op te houden', minder eufemistisch gezegd: hun vrijheid te ontnemen. Door de gemeenteraad kan voor voorzienbare situaties vooraf een regeling worden gemaakt (art. 154a Gemw). Opmerkelijk aan de bevoegdheid van de burgemeester is dat daardoor vrijheidsbeneming wordt mogelijk gemaakt, zonder dat zij het oogmerk heeft van een strafrechtelijke procedure met de daarbij behorende waarborgen van bijvoorbeeld een individuele beoordeling door de onafhankelijke strafrechter. Het is daarom zeer de vraag of deze bevoegdheid wel de toets van artikel 5 EVRM kan doorstaan.[86] Wat er ook van zij: het instrument is tot op heden slechts één keer toegepast – ver na het EK 2000 – en dan ook nog op een verkeerde manier.[87]

De afgelopen jaren heeft de roep om verbetering van de veiligheid ook duidelijke consequenties gehad voor de handhaving van de openbare orde op lokaal niveau. De burgemeester werd met extra bevoegdheden toegerust, waar voorheen nog met grote terughoudendheid over werd gedebatteerd. Zo heeft de burgemeester sinds 2002 de bevoegdheid om veligheidsrisicogebieden aan te wijzen waarbinnen preventief, dat wil zeggen zonder dat er sprake is van een duidelijk vermoeden dat personen zich schuldig hebben gemaakt aan strafbare feiten, kunnen worden gefouilleerd (art. 151b Gemw). Deze bevoegdheid is ingevoerd om onveiligheid door wapenbezit- en gebruik tegen te gaan. De uitoefening van deze bevoegdhied is wel met enige bijzonder waarborgen omkleed. Ook hier dient er allereerst een besluit te worden genomen door de raad, die bij verordening deze bevoegheid kan toekennen aan de burgemeester. Verder dient de burgemeester overleg te plegen met de officier van jusitie, alvorens over te gaan tot aanwijzing van een veiligheidsrisicogebied. Het daadwerkelijk overgaan tot preventief fouilleren door politieagenten is afhankelijk gesteld van een bevel van de officier van justitie. Nu het hier gaat om een ingrijpende inbreuk op de persoonlijke levensfeer (art. 10 Gw), is het spijtig dat de bestuursrechter de rechtsbescherming tegen de aanwijzing beperkt tot degenen die in het veiligheidsrisicogebied woonachtig zijn.[88]

86 M.A.D.W. de Jong, Orde in beweging, Openbare-ordehandhaving en de persoonlijke vrijheid, Deventer 2000.

87 Zie Rb. Almelo 26 januari 2006, Gst. 2006, 7250, 67 m.nt. M.A.D.W. de Jong.

88 ABRvS 9 november 2005, 200403854/1.

Ook van belang in het licht van de privacybescherming is dat de mogelijkheden van cameratoezicht zijn verruimd (art. 151c Gem.w).[89]

Ten slotte moet er op worden gewezen dat volgens de grondwetgever de zorgverplichtingen van de sociale grondrechten niet alleen op de centrale overheid, maar ook op de gedecentraliseerde overheden rusten. Er is derhalve op dit terrein ook voor de gedecentraliseerde overheden ruimte tot het geven van (nadere) voorschriften.[90] Zo kennen provincies en gemeenten verordeningen of beleidsregels voor het verlenen van subsidies die liggen in de sfeer van de culturele en maatschappelijke ontplooiing (art. 22, derde lid, Gw). Veel van de taken en bevoegdheden die lagere overheden in het kader van sociale grondrechten hebben, liggen vast in medebewindswetten (vgl. art. 20 Gw en de Wet Werk en Bijstand). Ruimte voor eigen beleid bestaat er dan niet of nauwelijks, te meer ook omdat dit geld kost, en voor dat geld zijn de lagere overheden vaak afhankelijk van de rijksoverheid die dat veelal slechts onder bepaalde voorwaarden wil geven. De ruimte voor eigen initiatieven op basis van autonome bevoegdheden wordt ook nogal eens beperkt door rijksbeleid. Zo geeft artikel 20, eerste lid, Gw geen onbeperkte mogelijkheid om sociaal beleid te voeren. Dat bleek uit het vernietigings-KB Muiden. Deze gemeente had besloten om door middel van een eenmalige uitkering koopkrachtverlies te compenseren van mensen met minimumuitkering. Volgens de regering verdroeg zo'n uitkering zich niet met het rijksbeleid en zou het leiden tot een ongelijke behandeling van de zogenaamde echte minima, omdat hun positie dan afhankelijk zou worden van de lokale besluitvorming.[91]

Lagere regelgeving ter uitvoering van sociale grondrechten mag geen beperking van klassieke grondrechten tot gevolg hebben. Beperkingen moeten steeds voldoen aan de clausules van de klassieke grondrechten (§ 6.7). Het is aan de formele wetgever om een afweging te maken tussen de belangen van sociale en klassieke grondrechten, waarbij deze zich aan de beperkingsclausules moet houden.[92]

13.7 RECHTERLIJKE CONTROLE EN ADMINISTRATIEF BEROEP

Sinds de Staatsregeling van 1798 zijn de decentrale organen niet meer bevoegd een eigen rechterlijke organisatie in te richten of zichzelf aan te wijzen als rechtsprekende instantie. De rechtspraak is sindsdien gecentraliseerd. Slechts de (grond)wetgever is bevoegd de rechterlijke instanties aan te wijzen die zijn belast met de berechting van geschillen (art.

---

89 Kamerstukken II 2003/04, 29 440, nrs. 1-2. Meer over de uitbreiding van bevoegdheden is te vinden bij M.A.D.W. de Jong, De opgetuigde burgemeester, De Gemeenstestem 2004, 7219, p. 673 e.v. Zie voorts N.M. Schröder, M.P.J.M van Grunsven, Veiligheid en privacy, Preadviezen Jonge VAR 2004.

90 Vgl. M.C. Burkens, Algemene leerstukken van grondrechten naar Nederlands constitutioneel recht, Zwolle 1989, p. 78.

91 KB 23 januari 1985, AB 1986, 118 en 119. Zie ook A.W. Heringa/T. Zwart, De Nederlandse Grondwet, Zwolle 1991, 3e dr., p. 87.

92 Vgl. A.W. Heringa/T. Zwart, a.w., p. 80.

112 Gw). De rechtsbescherming van de burger tegen het optreden van decentrale lichamen en organen verloopt precies volgens dezelfde lijnen als geschetst in hoofdstuk 7.

De decentrale overheden kunnen wel functioneren als instanties voor administratief beroep en administratief bezwaar. Ter zake zij verwezen naar § 7.2.2.2. Opgemerkt zij overigens, dat de wet slechts in zeer sporadische gevallen nog voorziet in administratief beroep bij een decentrale overheid. Een voorbeeld is te vinden in artikel 153 Waterschapswet. Bijna overal is administratief beroep vervallen ten gunste van beroep op de rechter.

Administratief beroep heeft onmiskenbaar ook elementen van toezicht. Immers, het besluit van een bestuursorgaan wordt beoordeeld door een hoger bestuursorgaan, en dat hogere orgaan kan doorgaans een nieuw besluit nemen dat in de plaats treedt van het oorspronkelijke besluit van het lagere orgaan. Let wel: ook hier wordt met 'hoger' niet bedoeld dat er sprake is van een algemene hiërarchische relatie, van een algemene ondergeschiktheid (§ 13.5). Het is dus geen kwestie van 'de baas erbij roepen'.[93]

Om twee redenen moet administratief beroep onderscheiden worden van het echte toezicht. Bij administratief beroep gaat het initiatief uit van een belanghebbende burger, met uitzondering van het geval waarin er (tevens) sprake is van een bestuursgeschil, waarover hierna meer. Bij toezicht ligt het initiatief bij een bestuursorgaan, meestal het hogere. Ten tweede heeft het administratief beroep veel meer het karakter van rechtsbescherming van burgers. Toezicht heeft veelal andere motieven, zoals beheersing van de financiële uitgaven en coördinatie van beleid.

13.8 ONTWIKKELINGEN IN DE BESTUURLIJKE ORGANISATIE

Sinds 1848 is de bestuurlijke organisatie in Nederland, althans voor wat betreft de territoriaal gedecentraliseerde overheid, vrijwel niet veranderd. Dat betekent niet dat deze geheel probleemloos functioneert. In de periode na de Tweede Wereldoorlog hebben er ontwikkelingen plaatsgevonden, die tot een welhaast ontelbare hoeveelheid voorstellen hebben geleid tot verandering van de bestuurlijke organisatie. Het voert in het kader van dit boek te ver om al deze ontwikkelingen te behandelen en de bijbehorende voorstellen te bespreken. Volstaan wordt met het schetsen van enkele hoofdlijnen.

De uitbouw van de verzorgingsstaat heeft geleid tot een *taakverzwaring* van de overheid in het algemeen, maar ook voor de decentrale overheden. Daarnaast is er sprake van *schaalvergroting* van de problematiek die tot het takenpakket van de overheden behoren. Veel van het maatschappelijke leven speelt zich niet meer louter op het grondgebied van de gemeente af. Voor werk, recreatie, theaterbezoek, ziekenhuisbezoek gaat men vaak (soms noodgedwongen) naar andere gemeenten. Dat vereist afstemming tussen de verschillende gemeenten en andere overheden. Milieuzorg, ruimtelijke ordening,

93 J.B.J.M. ten Berge, Rechter en decentralisatie, Zwolle 1987, p. 28. Er is een tendens naar alternatieve geschillenbeslechting. Zie Ph.M. Langbroek, I.C. van der Vlies, N.M. Waterschoot en R.J.G.M. Widdershoven, Beslechting van bestuurlijke geschillen: administratie, rechter of andere derde?, Gemeentestem 2000, nr. 7112, p. 25 e.v.

verkeers- en vervoersbeleid, sociaal beleid et cetera zijn beleidsterreinen waarmee alle territoriaal gedecentraliseerde overheden te maken hebben. De taakverzwaring en schaalvergroting hebben tot de conclusie geleid dat kleine gemeenten niet voldoende bestuurlijk en financieel draagvlak hebben om hun taken naar behoren uit te kunnen voeren. Veel kleine gemeenten zijn dan ook opgeheven en samengevoegd. In 1950 waren er nog ruim 1000 gemeenten. Hun aantal was medio 2005 gedaald tot 467.

Het nadeel van grote gemeenten is een verminderde betrokkenheid van de burger met het bestuur. In gemeenten als Amsterdam en Rotterdam is men daarom overgegaan tot binnengemeentelijke decentralisatie (§ 13.3.2.5).

Al sedert het eind van de jaren zestig staat de zogenaamde bestuurlijke reorganisatie op de politieke agenda. Het betreft hier de problematiek van het dichten van wat heet het 'regionale gat'. Daarbij gaat het om taken die feitelijk te zwaar zijn voor gemeenten en de gemeentelijke schaal te boven gaan, maar die te licht zijn voor provincies, althans zich op een kleinere schaal dan de provinciale afspelen. Te denken valt aan zaken zoals brandweer, gezondheidszorg en afvalverwerking. In de vele decennia die er nu al over bestuurlijke reorganisatie wordt gesproken is duidelijk geworden dat het hier gaat om een structureel onoplosbaar probleem; er is geen ideale territoriale schaal waarop verschillende overheidstaken kunnen worden uitgeoefend. Toch wordt er steeds weer gediscussieerd over het invoeren van nieuwe (uniforme) territoriale bestuurseenheden. Zo zijn er inmiddels in het kader van de gedachtenvorming over de bestuurlijke reorganisatie vele voorstellen gedaan zoals het inrichten van gewesten als vierde bestuurslaag tussen gemeenten en provincies alsmede het verkleinen en met 'doe-taken' toerusten van de provincies (in plaats van de indertijd 11 en thans 12 provincies had hun aantal op 24 gebracht moeten worden). Gewestvorming en de inrichting van provincies nieuwe stijl hebben echter geen doorgang gevonden.

De oplossing van het regionale gat en de afstemmingsproblemen als gevolg van taakbehartiging op meerdere overheidsniveaus wordt nu vooral gezocht in samenwerking tussen de verschillende overheden. Openbare lichamen kunnen privaatrechtelijke rechtspersonen oprichten om samen bepaalde taken uit te voeren. Het nadeel van dergelijke organisatievormen is echter dat publiekrechtelijke waarborgen als verantwoordingsplicht en openbaarheid van besluitvorming niet meer zijn gegarandeerd. De decentrale overheden kunnen ook een publiekrechtelijke samenwerkingsregeling treffen op basis van de Wet gemeenschappelijke regelingen (WGR). Bij een gemeenschappelijke regeling kan onder andere een openbaar lichaam worden ingesteld of een gemeenschappelijk orgaan, dat wordt belast met de behartiging van bepaalde taken (art. 8 WGR). De deelnemende gemeenten of provincies behouden invloed op het functioneren van hun gemeenschappelijke orgaan of lichaam. Daartoe zijn in de WGR de nodige verantwoordings- en informatieverplichtingen neergelegd (art. 16 e.v. WGR).

Vermeldenswaard is dat de provincies op basis van de WGR een openbaar lichaam hebben ingesteld om het interprovinciaal overleg (IPO) te bevorderen. Officieel heeft het IPO tot taak het bevorderen en ondersteunen van het gezamenlijk beraad tussen de colleges van GS van de provincies, met het doel te komen tot een gemeenschappelijke standpuntbepaling over zaken van gemeenschappelijk belang, het uitwisselen van kennis en ervaring en het bundelen van deskundigheid. Het IPO treedt vooral op als verdediger van belangen van provincies ten opzichte van gemeenten en het rijk. Gemeenten hebben hun belangen gebundeld in de (privaatrechtelijke) Vereniging van Nederlandse Gemeenten (VNG). Verder is er nog de Unie van waterschappen die optreedt als belangenorganisatie van de waterschappen.

In het centrum van de belangstelling staat de laatste jaren de problematiek van de grote en middelgrote steden. Op grond van de Kaderwet bestuur in verandering werd voor een zevental grootstedelijke gebieden een regionaal bestuur (een zogenaamd regionaal openbaar lichaam) ingevoerd, teneinde langs deze weg een minder vrijblijvende vorm van intergemeentelijke samenwerking op de rails te krijgen, uitmondend in zogenaamde stadsprovincies. Verwacht werd dat aldus een gecoördineerde aanpak van problemen in grootstedelijke gebieden betere kansen van slagen zou krijgen. Ook dat werd geen groot succes. Samenwerking tussen een grote centrumgemeente en kleinere randgemeenten bleek veel weerstanden op te roepen, ook wanneer daartoe een regionaal bestuur in het leven werd geroepen. De oplossing om dan maar de centrumgemeente zelf in tal van kleinere gemeenten op te delen bleek in referenda, in 1996 gehouden in Rotterdam en Amsterdam, te worden afgewezen door de inwoners van deze gemeenten. De ontwikkeling naar stadprovincies bleek uiteindelijk ook een doodlopende weg te zijn. In 2004 werd conclusie getrokken dat de energie maar gestoken moest worden in bijzondere samenwerkingsverbanden, 'Plusregio's' geheten op basis van de Wet gemeenschappelijke regelingen. Het gaat hier om intergemeentelijke samenwerking die een sterk verplichtend karakter heeft, o.a. op het gebied van ruimtelijke ordening, verkeer en vervoer, huisvestingsbeleid, grondbeleid en regionale ontwikkelingsstrategie.[94]

Gemeenten en provincies krijgen ook overigens steeds vaker te maken met *grensoverschrijdende problemen.* Hierbij kan onder andere gedacht worden aan milieukwesties, grensoverschrijdend woon-werkverkeer en ontwikkeling van economische activiteiten in het grensgebied. Met het oog hierop zijn samenwerkingsvormen totstandgekomen, sommige op privaatrechtelijke, andere op publiekrechtelijke basis. Het juridisch fundament van laatstbedoelde samenwerkingen wordt gevormd door onder meer een Beneluxovereenkomst uit 1986 inzake grensoverschrijdende samenwerking alsmede een verdrag tussen Nederland en de Duitse deelstaten Nieder-Sachsen en NordRhein-Westfalen.[95] Ook wordt wel gedacht aan de vorming van zogenaamde Euregio's, waarin men los van de nationale overheden tot samenwerking zou kunnen komen. Deze Euregio's zouden ook een functie kunnen hebben in het kader van een andere ontwikkeling waarmee decentrale overheden worden geconfronteerd, namelijk die van de internationalisering vooral binnen het kader van de Europese Gemeenschap.[96] Daarbij rijzen wel belangrijke vragen over de mogelijkheid die deze samenwerkingsverbanden hebben om burgers bindende regels te stellen of over welke overheid toezicht dienen uit te oefenen over deze

94 Kamerstukken II 2003/04, 29 532.

95 Vgl. D.J. Elzinga, (red)., Regionaal bestuur in Nederland, Alphen aan den Rijn 1995, p. 81 e.v.

96 Vgl. B. Hessel, De Europese regelgever en de decentrale overheden, Preadvies voor de vereniging voor wetgeving en wetgevingsbeleid, Den Haag 2000.

samenwerkingsverbanden.[97] Omvangrijke subsidiestromen van de Europese Gemeenschap zijn bestemd voor regionale ontwikkeling.[98] Door grensoverschrijdend de belangen te bundelen probeert men meer invloed te verkrijgen op het EG-beleid.[99] Echter, ook nationaal vindt belangenbundeling met het oog op de ontwikkelingen in de EG plaats. Meer in het algemeen kan worden gezegd dat de EG/EU in toenemende mate, vooral door middel van de subsidiekoorden invloed uitoefent op de inrichting van het binnenlands bestuur.[100]

97 Zie R. de Lange in: L.F.M. Besselink e.a., De Nederlandse Grondwet en de Europese Unie, Groningen 2002, p. 185.

98 Zie hieromtrent de dissertatie van E.J.Ph. Roberts, Geld en macht. Systemen van financiële overdracht in de federale staten Australië en Duitsland, en in de Europese Gemeenschap, RUL 1996, p. 135, 184 en 190 en D.E. Comijs, Europese structuurfondsen, Deventer 1998.

99 Vgl. M.J.M. Schoonhoven, a.w., p. 78.

100 R. de Lange, a.w., p. 159 e.v.

14 De internationale dimensie

14.1 INLEIDING

In de voorgaande hoofdstukken is uiteengezet hoe democratische en rechtsstatelijke eisen de totstandkoming van bindende besluiten afkomstig van Nederlandse overheidsorganen beheersen. Hierdoor zou het beeld kunnen zijn ontstaan dat de binnen de nationale rechtsorde werkende besluiten uitsluitend genomen kunnen worden door Nederlandse gezagsdragers. Maar zo is het niet. Ingevolge ons nationale (constitutionele) recht werken ook verdragen, besluiten van volkenrechtelijke organisaties en voorschriften van ongeschreven volkenrecht in de Nederlandse rechtsorde door (interne werking).

Deze internationale rechtsnormen zijn niet altijd slechts bindend voor de nationale staat(sorganen), zij kunnen dat ook voor burgers zijn. Hierbij zij aangetekend dat het begrip 'burgers bindende internationale rechtsnormen' ruim opgevat moet worden, in de zin dat daaronder niet alleen verplichtende, maar ook begunstigende – rechten toekennende – normen vallen. Aanvankelijk was het aantal internationale rechtsnormen, dat voor respectievelijk jegens burgers in rechte afdwingbare rechten respectievelijk verplichtingen bevatte, uiterst beperkt. Pas in de laatste decennia is daar verandering in gekomen. Vooral de totstandkoming van de mensenrechtenverdragen in het kader van de Raad van Europa en de Verenigde Naties, en de oprichting van de EEG hebben hiertoe bijgedragen. In het bijzonder op economisch terrein (landbouw, visserij, productkwaliteit etc.) wordt het nationale recht in toenemende mate bepaald door rechtstreeks werkende regelgeving vanuit Brussel. En het belang van de mensenrechtenverdragen voor het nationale recht is de laatste twee decennia evenzeer sterk toegenomen.

Maar ook internationale normen die zich uitsluitend tot de staat(sorganen) richten, kunnen voor de burger van eminent belang zijn, al binden zij hem als zodanig niet. Met name het recht van de Europese Unie beperkt in toenemende mate de ruimte van de nationale overheden om op bepaalde terreinen die voor het individu van wezenlijk belang zijn een eigen beleid te voeren. Zo is diep in het sociale-zekerheidsstelsel gesneden om te kunnen voldoen aan de criteria voor deelname aan de Economische en Monetaire Unie, is het asielrecht aangepast conform afspraken in Europees verband, en staat Nederland onder druk om zijn softdrugsbeleid aan dat van de EG-partners aan te passen. Kortom, inmiddels is het internationale recht zo belangrijk geworden, dat men het zich in het algemeen niet meer kan veroorloven alleen de nationale regelgeving en jurisprudentie te raadplegen bij de oplossing van juridische vraagstukken.

Aangezien vele internationale normen burgers bindende regelingen bevatten, dan wel de ruimte van de nationale overheid om op beleidsterreinen die voor de burgers van groot belang zijn een eigen koers te volgen aantasten, rijst de vraag of zij ook voldoen aan de rechtsstatelijke en democratische eisen waaraan bij de besluitvorming in het nationale recht zoveel waarde wordt gehecht. Die vraag is zo relevant nu het Nederlandse constitutionele recht grote 'openheid' voor het internationale recht aan de dag legt. Internationaal recht werkt als zodanig in het Nederlandse recht door, en zet – mits 'een ieder verbindend' of 'rechtstreeks werkend', zie §§ 14.2.1 en 14.3.1 – daarmee strijdig recht van nationale herkomst opzij. Anders gezegd: de voorrangspositie van het internationale recht in de Nederlandse rechtsorde brengt met zich mee dat eventuele democratische en rechtsstatelijke tekortkomingen in het internationale recht als het ware automatisch onderdeel van het Nederlandse recht vormen, zonder dat nationale waarborgen daartegen een dam kunnen opwerpen.

Nu is dat lang geen serieus probleem geweest, daar het internationale recht meestal 'mooi' recht was. In de eerste decennia na de Tweede Wereldoorlog versterkte het internationale recht vooral de rechtspositie van het individu, door toekenning van fundamentele rechten (mensenrechtenverdragen) en economische vrijheden (EG-recht). Het is vanuit die optiek bezien begrijpelijk dat parlement en regering in die periode zo weinig moeite hadden met, ja zelfs voorstanders waren van de suprematie van het internationale recht. Zij zagen in dat recht een codificatie en verdediging van de liberaal-rechtsstatelijke waarden zoals de vrijheid van het individu en de markt, die in het Hitler-tijdperk zo met voeten getreden waren, en die in het Oostblok hun toenmalige tegenstander hadden.

Thans lijkt evenwel het besef te groeien dat het internationale recht ook 'lelijk' recht kan bevatten. Te lang is er voetstoots van uitgegaan dat het internationale recht uit zijn aard een hoge morele kwaliteit zou hebben; te lang is genegeerd dat dit recht veelal primair het in juridisch gewaad verklede eigenbelang van de machtige staten is.[1] Want het is niet zo dat het internationale recht per definitie aan de kant van het individu staat: het kan ook zijn fundamentele vrijheden met voeten treden. En het is niet zo dat dit recht immer de positivering van hooggestemde idealen is: het kan ook een instrument zijn van een economisch beleid dat uiteindelijk ten koste gaat van de zwakkeren. Alle reden dus om de totstandkoming en werking van het internationale recht te bezien op rechtsstatelijk en democratisch gehalte.

Bij de behandeling van deze problematiek moet een onderscheid worden gemaakt tussen internationale normen in het algemeen en normen die totstandkomen in het kader van de Europese Unie (resp. §§ 14.2 en 14.3). Ter zake van internationale normen in het algemeen doen zich uit rechtsstatelijk oogpunt doorgaans geen grote problemen voor. Niettemin behandelen we de rechterlijke controle op de naleving van

1 Dat geldt in zekere mate zelfs voor de mensenrechtenverdragen. Zo was het Vluchtelingenverdrag (1951), vooral opgesteld door westerse staten, een Koude-Oorlogsdocument, beoogde het een aanklacht tegen de vervolging van dissidenten in het Oostblok te zijn (T.P. Spijkerboer, B.P. Vermeulen, Vluchtelingenrecht, 3e dr., Utrecht 1999, p. 26-28, 36-37). Vgl. M.C. Burkens, De meerwaarde van nationale grondrechten, in: C.H. Brants e.a. (red.), Er is meer (Swartbundel), p. 14: 'Het westelijk deel van het geografisch verdeelde Europa voelde zich in dit opzicht als een soort vaandeldrager; tegenstellingen die de wereld beheersten kregen bij uitstek in Europa ideëel gestalte. Grondrechten vormden hiervan het watermerk.'

internationaal recht, met name gezien het belang ervan voor de nationale rechtsorde. Problematischer is het internationale recht vanuit democratisch oogpunt, aan welk aspect we apart aandacht zullen besteden. Hetzelfde geldt voor de normen van de Europese Unie, echter niet alleen vanuit democratisch, maar ook vanuit rechtsstatelijk gezichtspunt. Dienovereenkomstig zullen wij bij de bespreking van het EG-recht dan ook systematisch – dat wil zeggen uitgesplitst over de onderwerpen legaliteit, machtsverdeling in samenhang met democratie, grondrechten en rechterlijke controle – aan deze gezichtspunten aandacht schenken.

14.2 INTERNATIONALE NORMEN IN HET ALGEMEEN

14.2.1 Monisme en dualisme[2]

Het internationale recht of volkenrecht bemoeit zich slechts in beperkte mate met de vraag hoe het zich verhoudt tot het nationale recht. Het internationale recht gaat uit van een hiërarchische verhouding ten opzichte van het nationale recht: het eist dat de nationale staat zijn internationaalrechtelijke verplichtingen nakomt. De nationale staat moet zich aan het internationale recht houden, en kan zich niet op zijn (nationale) recht beroepen ter rechtvaardiging van het niet ten uitvoer leggen van het internationele recht. Een en ander is voor wat betreft verdragen vastgelegd in artikel 26 respectievelijk artikel 27 Weens verdragenverdrag.

Op welke wijze de staat zijn internationaal-rechtelijke verplichtingen realiseert en de daarvoor in aanmerking komende internationale normen in zijn nationale rechtsorde ten uitvoer legt, wordt echter aan hem overgelaten. Zo sprak het Europees Hof voor de Rechten van de Mens uit dat het EVRM wel voorschrijft dàt, maar niet hóe de verdragsstaten de bepalingen van dit verdrag in hun nationale recht moeten naleven.[3] Het internationale recht formuleert derhalve slechts resultaatsverplichtingen, en laat het *aan het nationale, constitutionele recht van de staten* over hoe de vereiste tenuitvoerlegging in de nationale rechtsorde gerealiseerd wordt. Inzake deze constitutioneelrechtelijke vraag hoe de nationale staat die tenuitvoerlegging realiseert, zijn er (als uitersten) twee stelsels te onderscheiden: het dualistische en het monistische stelsel.

In een constitutie die uitgaat van een *dualistisch stelsel* vormen de internationale en de nationale rechtsorde twee strikt gescheiden sferen. Internationale rechtsnormen hebben op zichzelf geen interne werking, geen gelding in de nationale rechtsorde. Ze kunnen pas in de nationale rechtsorde effect hebben als ze in nationaal recht omgezet zijn (*transformatie*). Zo komt aan de burger in dit stelsel dan ook voor de nationale rechter geen beroep op internationale normen toe. Alleen wanneer internationale normen in nationaal recht zijn getransformeerd (bijv. door een formele wet), kan de burger er in

2 R. Higgins, Problems and process. International law and how we use it, Oxford 1994, p. 205-216.

3 EHRM 6 februari 1976, Publ. ECHR, Series A, Vol. 20 (Swedish Engine Drivers' Union).

rechte een beroep op doen. De nationale rechter zal ze dan toepassen, echter niet als regels van internationaal recht, maar als regels van nationaal recht. Dat betekent ook dat deze regels door ander (hoger, later) nationaal recht opzij gezet kunnen worden.

Een voorbeeld moge dit verduidelijken. Stel een staat, verdragspartij bij het EVRM, heeft voor wat betreft verdragen een dualistisch stelsel. Dat betekent dat een bepaling als artikel 11 EVRM (vrijheid van vergadering en vereniging) als zodanig geen onderdeel uitmaakt van het nationale recht van deze staat, en dat een burger zich voor de nationale rechter niet op deze bepaling kan beroepen om van de verplichting lid te zijn van een vakbond gevrijwaard te blijven. Alleen wanneer deze verenigingsvrijheid in het nationale recht is uitgewerkt, kan de burger zich in rechte op deze vrijheid – niet in de vorm van artikel 11 EVRM, maar als onderdeel van het nationale recht – beroepen. En komt naderhand een regeling tot stand die dit nationale (vrijheids)recht opzijzet, dan prevaleert die latere regeling.

In een constitutie met een *monistisch stelsel* wordt daarentegen niet uitgegaan van twee gescheiden rechtssferen, maar van een eenheid, waarbij de nationale rechtsorde gezien wordt als een onderdeel van één rechtsorde die ook het internationaal recht (dat een hogere status heeft) omvat. Internationale rechtsnormen werken dan ook als zodanig – zonder dat ze omgezet (getransformeerd) zijn in nationaal recht – in de nationale rechtsorde, en hebben voorrang op nationaal recht. Aan de burger komt in rechte beroep toe op internationale rechtsnormen, voorzover deze zich hiervoor lenen.

De hiervoor genoemde casus inzake artikel 11 EVRM wordt in een monistisch stelsel dan ook heel anders opgelost dan in een dualistisch stelsel. Artikel 11 EVRM heeft in een monistisch stelsel als zodanig interne werking in de nationale rechtsorde; transformatie is hiervoor niet nodig. De burger kan zich voor de nationale rechter rechtstreeks op deze verdragsbepaling beroepen. Bij eventuele conflicten tussen deze verdragsbepaling en daarmee strijdig nationaal recht prevaleert deze bepaling, ook ten opzichte van nationaal recht dat later tot stand is gekomen, omdat de verdragsbepaling van hoger orde is.

Benadrukt moet worden dat de hier geschetste stelsels ideaaltypen zijn, die in zuivere vorm zelden zullen voorkomen. Meestal bevatten de nationale constituties zowel monistische als dualistische elementen. Zo gaat het Nederlandse staatsrecht uit van een gematigd monisme, en bevat het (dus ook) dualistische elementen. Het is monistisch omdat naar (in de jurisprudentie geformuleerd en in de grondwetshistorie bevestigd) ongeschreven constitutioneel recht het internationale recht als zodanig, zonder dat transformatie vereist is, in de Nederlandse rechtsorde werkt. Zo oordeelde de Hoge Raad: '[V]oormeld tractaat van Aken (...) had de dubbele werking, dat Nederland tegenover de vreemde mogendheid was gebonden, doch tevens dat aan den in dat tractaat bedoelden gemengden eigenaar toekwam het (...) recht om vrijelijk (...) de producten van het deel van zijn eigendom in Nederland te vervoeren naar het andere deel van dien eigendom buitenslands gelegen.'[4] Met andere woorden, volgens de Hoge

4 HR 3 maart 1919, NJ 1919, 371 (Grenstractaat Aken).

Raad vloeide uit dit verdrag (het tractaat van Aken) als zodanig – dus zonder transformatie – voor de burger een recht tot uitvoer voort.

Zoals gezegd, het monisme, de 'automatische' interne werking en voorrang van het volkenrecht in de nationale rechtsorde, vloeit voort uit ongeschreven Nederlands constitutioneel recht, en dus niet uit de Grondwet. Het is dan ook niet zo dat de in dit verband veelal genoemde artikelen 93 en 94 Gw het monisme vastleggen. Deze bepalingen geven slechts aan hoe rechter en bestuur met een bepaald onderdeel van het volkenrecht (een ieder verbindende bepalingen van verdragen en van besluiten van volkenrechtelijke organisaties) hebben om te gaan. Ook de overige – niet in de artikelen 93 en 94 Gw genoemde – normen van internationaal recht, dat wil zeggen de niet een ieder verbindende bepalingen van verdragen en besluiten van volkenrechtelijke organisaties en het volkenrechtelijk gewoonterecht, hebben evenwel interne werking.

Veeleer vloeien uit de artikelen 93 en 94 Gw beperkingen op de interne werking en voorrang van het internationale recht voort, waardoor het Nederlandse stelsel slechts gematigd monistisch is; het bevat derhalve ook dualistische trekken. Allereerst hebben bepalingen van verdragen en volkenrechtelijke besluiten die naar haar inhoud een ieder kunnen verbinden slechts verbindende kracht – en kunnen zij pas in de nationale rechtsorde toegepast worden – nadat ze conform de eisen van het nationale recht (art. 95 Gw) bekend zijn gemaakt (art. 93 Gw). Bovendien worden niet alle volkenrechtelijke normen, maar enkel deze een ieder verbindende bepalingen, ten koste van nationale voorschriften door rechter en bestuur toegepast (art. 94 Gw). Artikel 94 Gw wordt namelijk gezien als een uitputtende regeling, die a contrario uitgelegd moet worden, zodat niet een ieder verbindende bepalingen van verdragen en volkenrechtelijke besluiten[5] en voorschriften van volkenrechtelijk gewoonterecht[6] nationaal recht dus niet opzij kunnen zetten.

Met andere woorden: artikel 94 Gw kent niet zozeer de nationale rechter een (eerder niet bestaande) bevoegdheid toe om nationaal recht aan een ieder verbindende bepalingen van internationaal recht te toetsen, maar beperkt de toetsingsbevoegdheid die hij op grond van ongeschreven constitutioneel recht in beginsel zou hebben tot een ieder verbindende bepalingen van internationaal recht. In zoverre is er een parallel te trekken met artikel 120 Gw. Zoals deze bepaling het oordeel over de verenigbaarheid van formele wetten met de Grondwet uitsluitend aan de (formele) wetgever laat, zo vloeit uit de heersende a contrario interpretatie van artikel 94 Gw voort, dat het oordeel over de verenigbaarheid van geschreven Nederlands recht met niet een ieder verbindende bepalingen en met ongeschreven volkenrecht alleen bij de wetgever berust.[7]

---

5 HR 14 april 1989, AB 1989, 207/NJ 1989, 469 (Harmonisatiewet), m.b.t. art. 13, eerste en tweede lid, IVESCR, welke niet een ieder verbindend geacht werden.

6 HR 6 maart 1959, NJ 1962, 2 (Nyugat).

7 Zo werd in deze zin in het kader van de grondwetsherziening van 1983 door de regering het volgende opgemerkt. Het betrof de vraag 'of het ongeschreven internationale recht dient te prevaleren boven het Nederlandse gecodificeerde recht. Uitgaande van het standpunt dat

14.2.2 De (democratische controle op de) totstandkoming van internationaal recht

Veel voor de rechtspositie van de burger relevant internationaal recht komt tot stand in het kader van de Verenigde Naties en de Raad van Europa.

De Verenigde Naties is een mondiale volkerenorganisatie met een veelheid van instellingen zoals de Algemene Vergadering, de Veiligheidsraad, de Economische en Sociale Raad en het Internationaal Gerechtshof. Het primaire doel van de organisatie is het handhaven van de internationale vrede en veiligheid. Tevens hebben de mensenrechten via de Verenigde Naties een vooraanstaande plaats gekregen in het volkenrecht. Binnen het kader van de Verenigde Naties zijn een aantal belangrijke mensenrechtenverdragen tot stand gebracht. Verreweg het belangrijkste daarvan is het Internationaal verdrag inzake burgerrechten en politieke rechten (IVBPR, ook wel Bupoverdrag genoemd). Dit verdrag bevat veel een ieder verbindende bepalingen. Een verdrag dat weinig een ieder verbindende bepalingen bevat, is het Internationaal verdrag inzake economische, sociale en culturele rechten (IVESCR, ook wel Esoculverdrag genoemd).

De Raad van Europa is de grootste Europese internationale organisatie, opgericht met het doel om naast de Verenigde Naties bij te dragen tot de oplossing van de naoorlogse problemen. Naast het totstandbrengen van een grotere Europese eenheid, het handhaven van het beginsel van de democratische regeringsvorm en het verbeteren van de levensomstandigheden van de Europese burgers, behoort ook de bescherming van de rechten van de mens tot de belangrijkste doelstellingen van de Raad van Europa. In dit kader zijn mensenrechten gepositiveerd in het Europees Verdrag tot bescherming van de Rechten van de Mens en de fundamentele vrijheden (EVRM), daaraan toegevoegde Protocollen en het Europees Sociaal Handvest (ESH). Het EVRM bevat veel, het ESH weinig een ieder verbindende bepalingen.

Verdragen kunnen de Nederlandse burger in het algemeen pas binden nadat het parlement ze goedgekeurd heeft (art. 91, eerste lid, eerste volzin, Gw). Of die goedkeuring verleend zal worden, zal mede afhangen van de rechtsstatelijke kwaliteit van het verdrag. Uit het oogpunt van rechtsstatelijke en democratische eisen lijkt vorming van internationaal recht middels verdragen dan ook niet problematisch.

Naast verdragen zijn er ook andere vormen van internationaal recht. Zo beschikken de bovengenoemde internationale organisaties over eigen besluitgevende bevoegdheid.

---

een nationale staat in beginsel het geldende internationale recht, inclusief ongeschreven recht, in acht moet nemen, beantwoorden wij deze vraag bevestigend. Ter wille van de duidelijkheid voegen wij hieraan toe, dat in Nederland het oordeel over de verenigbaarheid van geschreven Nederlands recht en ongeschreven internationaal recht toekomt aan de wetgever. In dit opzicht is in de Nederlandse Grondwet wezenlijk, dat (...) de grondwettelijke toetsingsopdracht aan de Nederlandse rechter beperkt is tot toetsing aan een ieder verbindende bepalingen van verdragen en van besluiten van internationale organisaties' (Kamerstukken I 1980/81, 15 049 (R 1100), nr. 19, p. 1-2).

Dat lijkt evenmin op gespannen voet te staan met rechtsstatelijke en democratische eisen. De Verenigde Naties en de Raad van Europa zijn opgericht bij (door het parlement goedgekeurd) verdrag (art. 92 Gw). Het zijn 'gewone' internationale (volkenrechtelijke) organisaties, in de zin dat de lidstaten hun soevereine beslissingsmacht in beginsel volledig hebben behouden, en hun gedelegeerden in deze organisaties optreden ter behartiging van het nationale belang. In het algemeen kunnen nationale staten dus slechts gebonden worden door besluiten van deze organisaties indien en voor zover zij daarmee uitdrukkelijk instemmen.[8] En zij kunnen hun instemming in de besluitvorming bij monde van hun gedelegeerden afhankelijk maken van het al dan niet voldoen aan vereisten van rechtmatigheid overeenkomstig nationale opvattingen.

Feitelijk blijkt de mogelijkheid van nationaal-democratische controle op de vorming van internationaal recht door verdragen respectievelijk besluiten van volkenrechtelijke organisaties evenwel minder groot dan het voorgaande doet vermoeden. Wij bespreken allereerst de verdragen.[9] De gang van zaken is globaal als volgt. Nadat onderhandelingen hebben geleid tot overeenstemming met betrekking tot de tekst van het verdrag, zal het verdrag van Nederlandse zijde door de regering worden ondertekend (art. 90 Gw). In het algemeen zal het verdrag een bekrachtigingsclausule bevatten, die inhoudt dat volkenrechtelijke binding niet door de ondertekening gerealiseerd wordt, maar pas tot stand gebracht wordt door neerlegging van een akte van bekrachtiging (ratificatie).[10] Bevat het verdrag een dergelijke clausule niet, dan zal de regering in het algemeen slechts mogen ondertekenen onder voorbehoud van parlementaire goedkeuring; anders zou door ondertekening volkenrechtelijke binding gerealiseerd zijn zonder voorafgaande parlementaire instemming.

Vervolgens wordt het verdrag na publicatie in het Tractatenblad ter goedkeuring aan de Staten-Generaal voorgelegd. Daarbij zijn twee varianten mogelijk, in principe naar keuze van de regering. Een verdrag kan uitdrukkelijk goedgekeurd worden, en wel bij wet.[11] Alleen wanneer het verdrag bepalingen bevat die afwijken van de Grondwet dan wel tot zodanig afwijken noodzaken, is uitdrukkelijke goedkeuring (bij wet) vereist, en wel met tenminste tweederde van het aantal uitgebrachte stemmen.[12]

---

8 Een uitzondering vormen mogelijk de besluiten van de Veiligheidsraad ex hoofdstuk VII van het VN-Handvest, gericht op de handhaving of het herstel van de internationale vrede en veiligheid. Voorzover het gaat om het ter beschikking stellen van gewapende strijdkrachten is hier wel de instemming (in de vorm van een verdrag) van de betrokken lidstaat voor nodig: art. 43-45 VN-Handvest. Voorzover het gaat om medewerking aan maatregelen als een boycot of blokkade gaat het Handvest er van uit dat deze ook zonder de instemming van de lidstaten gevorderd kan worden: art. 41 en 48 VN-Handvest.

9 Zie hierover P. van Dijk, Het parlementaire goedkeuringsrecht inzake verdragen, in: Ten Berge e.a. (red.), De Grondwet als voorwerp van aanhoudende zorg (Burkensbundel), Zwolle 1995, p. 349-367; L.F.M. Besselink, Staatsrecht en buitenlands beleid, Staatsrecht en buitenlands beleid, 2e dr., Nijmegen 1995, p. 32-42.

10 Zie bijv. art. 313 EG-Verdrag en art. 59, tweede lid, EVRM.

11 Art. 4 Rijkswet goedkeuring en bekendmaking verdragen.

12 Art. 91, derde lid, Gw; art. 6 Rijkswet.

Een verdrag kan ook ter stilzwijgende goedkeuring voorgelegd worden; deze is verleend indien niet binnen dertig dagen na overlegging van het verdrag aan de Staten-Generaal door of namens een van de kamers of ten minste een vijfde van het grondwettelijk aantal leden van een der Kamers de wens te kennen wordt gegeven dat het verdrag uitdrukkelijk moet worden goedgekeurd.[13] Stilzwijgende goedkeuring gaat uiteraard vlotter dan uitdrukkelijke goedkeuring bij wet. Voor stilzwijgende goedkeuring zal veelal geopteerd worden als het minder belangrijke verdragen betreft.

Pas nadat het parlement door zijn goedkeuring te verlenen de regering hiertoe gemachtigd heeft, mag de regering tot bekrachtiging overgaan, dat wil zeggen volkenrechtelijke binding tot stand brengen.[14] Het voorgaande kan als volgt in een chronologisch schema voorgesteld worden:

op internationaal niveau:	*op nationaal niveau*:
– onderhandelingen	
– ondertekening door de regering	
	– publicatie in Tractatenblad
	– parlementaire goedkeuring
– bekrachtiging (ratificatie)	
– inwerkingtreding	

Het democratisch gehalte van de vorming van internationaal recht door middel van verdragen lijkt dus door het parlementaire goedkeuringsrecht verzekerd te zijn. In de praktijk valt dit echter tegen.[15] Allereerst zijn er niet onbelangrijke uitzonderingen op het goedkeuringsrecht (art. 91, eerste lid, tweede volzin, Gw).[16] Hier volstaan we met een korte bespreking van de belangrijkste uitzondering, te weten het zogenaamde *uitvoeringsverdrag*.[17] Een uitvoeringsverdrag is een verdrag dat uitsluitend de uitvoering van een (eerder) door het parlement goedgekeurd verdrag betreft. De gedachten-

13 Art. 5 Rijkswet.

14 Of het verdrag dan in werking treedt, hangt af van het verdrag zelf. Veelal is een minimum aantal ratificaties vereist. Soms dienen zelfs alle partijen geratificeerd te hebben voordat het verdrag in werking treedt. Zo vereist art. 12, eerste lid, van het Verdrag van Nice (Trb. 2001, 47) voor inwerkingtreding dat alle verdragspartijen hun akte van bekrachtiging hebben gedeponeerd. Derhalve kan het verdrag pas in werking treden nadat de laatste partij het bekrachtigd heeft.

15 B.P. Vermeulen, Slikken of stikken? De invloed van het parlement op het buitenlands beleid, in: E.C.M. Jurgens, J.A. van Schagen (red.), Tweede Kamer op orde, Den Haag 1993, p. 97-105.

16 Art. 7 jo. 8 en 9 Rijkswet. Zie over deze materie J.G. Brouwer, Het parlementaire lek in de goedkeuringsregeling verdragen, in: Parlement en buitenlands beleid, publikaties van de Staatsrechtkring, Zwolle 1993, p. 1-45.

17 Van de ongeveer duizend verdragen die door Nederland tussen 1979 en 1989 gesloten zijn, werden er ongeveer tweehonderd aangemerkt als uitvoeringsverdragen die geen parlementaire goedkeuring behoefden.

gang hierachter is logisch. Een uitvoeringsverdrag vormt als het ware de gebonden implementatie van het daaraan ten grondslag liggende 'moederverdrag'. Met de goedkeuring van het moederverdrag is ook de goedkeuring van de gebonden tenuitvoerlegging in de vorm van het uitvoeringsverdrag geïmpliceerd. Het probleem is echter dat niet altijd duidelijk is of de kwalificatie van een verdrag door de regering als 'uitvoeringsverdrag' wel juist is. Soms wordt een belangrijk verdrag ten onrechte als een uitvoeringsverdrag bestempeld en daardoor buiten de parlementaire goedkeuringsprocedure gehouden. Wel dienen uitvoeringsverdragen op grond van de Rijkswet goedkeuring en bekendmaking verdragen aan de Staten-Generaal overgelegd te worden; indien een Kamer of ten minste een vijfde van het aantal leden daarvan zulks binnen dertig dagen na overlegging te kennen geeft, moet het verdrag aan parlementaire goedkeuring worden onderworpen.[18]

Naast de uitzonderingen op het parlementaire goedkeuringsrecht dient er op gewezen te worden dat de invloed van het parlement op de inhoud van verdragen begrensd is. In beginsel is zijn bevoegdheid immers beperkt tot het al dan niet goedkeuren van het verdrag waarvan de tekst vastligt. Wel is er veelal de (theoretische) mogelijkheid voor de Tweede Kamer om bij amendement voorbehouden in de goedkeuringswet op te nemen, in welk geval de regering bij de bekrachtiging deze voorbehouden zal moeten maken. Voorbehouden zijn echter lang niet altijd toegestaan omdat het verdrag dat uitsluit, of omdat ze op bezwaren van de andere verdragsluitende partijen stuiten (art. 19 en 20 Weens Verdragenverdrag). Heronderhandelen lijkt nog minder een reële optie: een verdrag is veelal een 'package deal', het resultaat van een geven en nemen in moeizame onderhandelingen, en de verdragspartners zullen niet snel geneigd zijn om deze nog eens over te doen.

Derhalve is het zaak om zonodig al invloed uit te oefenen op de totstandkoming van de tekst van het verdrag. Hiertoe kunnen de beide kamers van de Staten-Generaal gebruikmaken van een aantal parlementaire rechten (bijvoorbeeld het interpellatierecht en het recht om moties aan te nemen). De vraag is echter hoe zinvol van deze rechten gebruikgemaakt kan worden als het parlement niet op de hoogte is van het feit dat over een bepaalde verdragstekst onderhandeld wordt. Uit het oogpunt van parlementaire controle is het dan ook een goede zaak dat de regering ingevolge artikel 1 van de Rijkswet goedkeuring en bekendmaking verdragen verplicht is tot periodieke overlegging van een lijst met verdragen waarover wordt onderhandeld, onder vermelding van de strekking van het verdrag, de onderhandelende en beoogde verdragspartijen en eventueel betrokken internationale organisaties, alsmede de betrokken Nederlandse ministeries.

Ondanks de hiervoor geschetste beperkingen steekt het goedkeuringsrecht inzake verdragen positief af ten opzichte van de mogelijkheden die het parlement heeft om invloed uit te oefenen op besluiten van internationale instellingen. De Grondwet kent het parlement immers geen goedkeuringsrecht toe met betrekking tot zulke besluiten,

18 Art. 8, tweede lid, Rijkswet.

hoewel ze veelal niet minder belangrijk en verstrekkend zijn dan verdragen. Zo prevaleren ze in rechte, voorzover het bepalingen van een ieder verbindende besluiten van volkenrechtelijke organisaties betreft, net als een ieder verbindende verdragsbepalingen boven het nationale recht (art. 94 Gw).

Natuurlijk is het zo dat de toekenning van besluitgevende bevoegdheden aan internationale instellingen zal berusten op door het parlement goedgekeurde verdragen (art. 92 Gw). Bovendien kunnen de staten, doordat besluitvorming meestal bij unanimiteit zal geschieden, in het algemeen slechts door die besluitvorming gebonden worden doordat ze er bij monde van hun gedelegeerden mee instemmen. Gezien dit vetorecht kunnen de gedelegeerden met betrekking tot de wijze waarop zij van hun stemrecht/vetorecht gebruikmaken, effectief aan instructies gebonden worden. En de regering kan ten aanzien van de instructies en de wijze waarop de gedelegeerden van hun bevoegdheden gebruikmaken door het parlement ter verantwoording geroepen worden zonder dat zij zich kan verschuilen achter de andere staten.

Veelal zal de in het verdrag gelegen bevoegdheidsgrondslag evenwel een ruime zijn, zullen de gedelegeerden een grote onderhandelingsruimte moeten krijgen, en zal verantwoording achteraf de besluitvorming niet ongedaan kunnen maken. Het parlement wordt in de praktijk dan ook nogal eens voor voldongen feiten gesteld. In toenemende mate echter wenst met name de Tweede Kamer zich niet meer te allen tijde neer te leggen bij een situatie waarin de resultaten van internationale besluitvorming haar als voldongen feit gepresenteerd worden. Zo heeft het parlement op grond van de goedkeuringswet van het Verdrag van Amsterdam een instemmingsrecht verkregen ten aanzien van besluiten van de Raad van Ministers gebaseerd op Titel VI van het Verdrag betreffende de Europese Unie.[19] Dit instemmingsrecht fungeert op soortgelijke wijze als de procedure tot verkrijging van stilzwijgende goedkeuring van verdragen: stilzwijgende instemming is verkregen als de Staten-Generaal niet binnen een bepaalde termijn de wens te kennen hebben gegeven dat een overgelegd ontwerpbesluit uitdrukkelijke instemming behoeft.[20]

---

19 De derde pijler, waarin de besluitvorming op het gebied van politiële en justititiële samenwerking plaatsvindt; zie § 14.3.1.

20 De relevante leden van het betreffende art. 3 van de goedkeuringswet (Stb. 1998, 737) luiden als volgt:
'1. Een ontwerp van een besluit dat beoogt het Koninkrijk te binden, wordt voordat daaromtrent enigerlei besluitvorming door de Raad overeenkomstig Titel VI [...] plaatsvindt, terstond nadat de tekst van dat ontwerp tot stand is gekomen openbaar gemaakt en aan de Staten-Generaal voorgelegd.
2. [...]
3. Instemming van de Staten-Generaal is vereist voordat de vertegenwoordiger van het Koninkrijk zijn medewerking kan verlenen aan het totstandkomen van een besluit als bedoeld in het eerste lid.
4. Stilzwijgende instemming is verleend indien niet binnen vijftien dagen na overlegging van het ontwerpbesluit aan de Staten-Generaal door of namens een van de Kamers de wens te kennen wordt gegeven dat het ontwerp-besluit de uitdrukkelijke instemming behoeft.'
Het voorstel van goedkeuringswet inzake het Verdrag van Nice (Kamerstukken II 2000/01,

14.2.3 Rechterlijke controle op de naleving van het internationale recht

Op verschillende wijzen is voorzien in *internationale* controle op de naleving van het internationale recht. In het kader van de Verenigde Naties functioneert het Internationaal Gerechtshof te Den Haag als geschillenbeslechter (art. 34 e.v. Statuut van het Internationaal Gerechtshof).[21] Op de naleving van het IVBPR wordt toegezien door een Comité voor de rechten van de mens, zetelend in Genève. Ten behoeve van de naleving van het EVRM is het Europees Hof voor de Rechten van de Mens te Straatsburg ingesteld. Een belangrijke taak van de laatstgenoemde instanties ligt op het terrein van het statenklachtrecht (art. 41 IVBPR; art. 33 EVRM). Voorts zijn tegen de staat gerichte klachten van particulieren mogelijk bij het Comité voor de Rechten van de Mens respectievelijk bij het Europees Hof voor de Rechten van de Mens. Een klacht kan bij het Comité uitsluitend worden ingediend indien de staat dit klachtrecht heeft erkend (art. 1 (eerste) Facultatief Protocol bij het IVBPR); Nederland heeft dat gedaan. Het Comité doet geen rechterlijke uitspraken in eigenlijke zin, geeft slechts kennis van zijn inzichten (art. 5 (eerste) Facultatief Protocol).

De Straatsburgse rechtsgang is daarentegen wel als een rechterlijke procedure aan te merken. Individuen kunnen hun verzoekschriften rechtstreeks bij het Hof indienen (art. 34 EVRM). Het Hof kent een Comité van drie rechters, Kamers van zeven rechters en een Grote Kamer van zeventien rechters. Een Comité van drie rechters verricht een eerste ontvankelijkheidstoets ter zake van het verzoekschrift; een niet-ontvankelijkverklaring is niet appellabel (art. 28 EVRM). Een verzoekschrift dat *niet* niet-ontvankelijk verklaard is, wordt (vervolgens) beoordeeld door een Kamer van zeven rechters (art. 29 EVRM) of – in bepaalde 'lastige' gevallen – door een Grote Kamer van zeventien rechters (art. 30 EVRM). In 'uitzonderlijke gevallen' is er een vorm van intern appèl bij de Grote Kamer tegen een uitspraak van een Kamer van zeven mogelijk (art. 43 EVRM).

Er bestaat geen internationale instantie (politie) die de naleving van de uitspraken van de genoemde internationale instanties afdwingt. Het is dus mogelijk dat een staat een hem onwelgevallige uitspraak naast zich neerlegt. De uitspraken van het Internationaal Gerechtshof treft een dergelijk lot wel eens, bijvoorbeeld in het geschil tussen de Verenigde Staten en Nicaragua over het leggen van mijnen in de kustwateren van laatstgenoemde. Slechts internationale (economische) druk wil dan nog wel eens helpen. Overigens kan geconstateerd worden dat het prestige van het Internationaal Gerechtshof de laatste jaren gegroeid is, hetgeen tot uiting komt in een toenemende bereidheid om zaken aan het Hof voor te leggen en de arresten van het Hof na te leven.[22]

---

27 818, nr. 2) bevat eenzelfde bepaling (art. 3). Interessant is dat het instemmingsrecht op grond van art. 4 van dit wetsvoorstel in bepaalde gevallen ook van toepassing zal zijn op besluitvorming krachtens art. 61 e.v. EG-Verdrag.

21 Zie over dit Hof A. Eyffinger, The International Court of Justice 1946-1996, Den Haag 1996.

22 Higgins, a.w., p. 186-204.

Niet alleen internationale instanties zien toe op de naleving door de Nederlandse staat van zijn internationaalrechtelijke verplichtingen. Ook iedere *Nederlandse* rechter[23] is verplicht de toepassing van nationale wettelijke voorschriften te toetsen op overeenstemming met een ieder verbindende bepalingen als bedoeld in artikel 94 Gw. Tot ongeveer 1980 was de rechter daarin – zeker op het gebied van de mensenrechtenverdragen – zeer terughoudend.[24] In de jaren tachtig hebben de Nederlandse rechters hun schroom grotendeels afgeworpen. Met name op het terrein van het sociaal-verzekeringsrecht en het personen- en familierecht is het tot een reeks geruchtmakende uitspraken gekomen. Zo verplichtte jurisprudentie van de Hoge Raad met betrekking tot artikel 8 EVRM (recht op respect voor het gezinsleven) tot juridische erkenning van de gezamenlijke ouderlijke macht voor ongehuwden,[25] en ruimde de Centrale Raad van Beroep met behulp van onder andere artikel 26 IVBPR (de gelijkheidsnorm) allerlei onderscheid tussen mannen en vrouwen in de sociale zekerheid op.[26]

Hiervoor is reeds aangegeven dat binnen het Koninkrijk geldende wettelijke voorschriften geen toepassing vinden, indien deze toepassing niet verenigbaar is met *een ieder verbindende bepalingen* van verdragen en van besluiten van volkenrechtelijke organisaties (art. 94 Gw). Een rechter dient derhalve deze een ieder verbindende (ook wel genoemd: rechtstreeks of direct werkende) bepalingen voorrang te verlenen indien zij strijdig zijn met Nederlandse voorschriften (§ 7.3.3). Zulks doet zich met name voor wanneer de burger zich in rechte tegenover de staat op een ieder verbindende bepalingen kan beroepen zodat daarmee strijdige bepalingen van nationaal recht jegens hem buiten toepassing dienen te blijven. We zullen ons hier beperken tot een bespreking van zulke situaties.

Het is voor de rechter die met een beroep van de burger op een bepaling van internationaal recht geconfronteerd wordt, lang niet altijd eenvoudig om vast te stellen of die bepaling al dan niet een ieder verbindend is. Natuurlijk zou hij hiertoe te rade kunnen gaan bij de bedoeling van de verdragspartijen. Deze speelt hier echter slechts een beperkte rol. Dat ligt ook wel voor de hand. Vele staten die partij zijn bij dezelfde verdragen waaraan ook de Nederlandse staat gebonden is, hebben een dualistisch stelsel, waarbij verdragen geen automatische interne werking hebben. Bij het opstellen van het verdrag zal men zich dan ook veelal niet het hoofd breken over de vraag of de

23 Ook bestuursorganen dienen nationaal recht ingeval van strijd met de bepalingen als genoemd in art. 94 Gw buiten toepassing te laten. In de praktijk is het met name de rechter op wie deze taak rust; in ieder geval is het de rechter die in laatste instantie beslist of een bepaling wel of niet een ieder verbindend is in de zin van art. 94 Gw. We zullen ons dan ook op de rechter concentreren.

24 Op andere gebieden was de rechter wat minder terughoudend, zoals bijvoorbeeld ten aanzien van de verdragen die uitlevering van strafbare personen en de intellectuele eigendom (octrooien, patenten, auteursrecht etc.) regelen.

25 HR 4 mei 1984, NJ 1985, 510 en HR 21 maart 1986, NJ 1986, 585.

26 Bijv. CRvB 5 januari 1988, AB 1988, 252 (AAW I); CRvB 7 december 1988, AB 1989, 10 (Weduwnaar); CRvB 23 juni 1992, AB 1992, 480 (AAW II).

bepalingen van het verdrag al dan niet interne werking zullen hebben. Alleen als de bedoeling van de verdragspartijen op dit punt duidelijk blijkt uit de tekst of geschiedenis van de bepaling, is ze relevant. Zo stelde de Hoge Raad in het Spoorwegstakings-arrest: 'Of de verdragsluitende Staten al dan niet hebben beoogd aan artikel 6 ESH directe werking toe te kennen, is niet van belang nu noch uit de tekst, noch uit de geschiedenis van de totstandkoming van het Verdrag valt af te leiden dat zij zijn overeengekomen dat aan artikel 6, vierde lid, die werking niet mag worden toegekend. Bij deze stand van zaken is naar Nederlands recht enkel de inhoud van de bepaling beslissend.'[27]

Wanneer brengt nu de inhoud van een bepaling van internationaal recht met zich mee dat deze wel of niet een ieder verbindend is? De vraag is dan: 'verplicht deze de Nederlandse wetgever tot het treffen van een nationale regeling met bepaalde inhoud of strekking, of is deze van dien aard dat de bepaling in de nationale rechtsorde zonder meer als objectief recht kan functioneren?'[28] Kan de bepaling als zodanig niet toegepast worden, maar is nadere regelgeving noodzakelijk, dan is de betreffende bepaling dus niet een ieder verbindend.

Is nadere regelgeving niet vereist voor de toepasbaarheid van de bepaling, dan is zij wel een ieder verbindend. Zo besliste de Hoge Raad met betrekking tot artikel 6, vierde lid, ESH, dat onder andere het stakingsrecht waarborgt, dat deze bepaling 'in tegenstelling tot de meeste andere bepalingen van het ESH en met name ook tot de overige leden van dit artikel – zó geredigeerd [is] dat de betrokken verdragsstaten niet een verplichting tot regelgeving wordt opgelegd, maar integendeel aldus dat werknemers en werkgevers zich op het door de betrokken verdragsstaten binnen zekere grenzen erkende recht in de nationale rechtsorde zonder meer kunnen beroepen (...). Een en ander wettigt de bepaling van artikel 6, vierde lid, ESH aan te merken als een bepaling die naar inhoud een ieder kan verbinden.'[29] Samengevat: een bepaling van internationaal recht is een ieder verbindend indien die bepaling dusdanig precies en concreet is dat uitwerking in nationale regelgeving niet nodig is om haar rechtstreeks in het nationale recht te kunnen toepassen.

Soms zal het vooral van de tekst afhangen of sprake is van een ieder verbindendheid of niet. Zo zal artikel 6, vierde lid, ESH vermoedelijk mede door de Hoge Raad als een ieder verbindend aangemerkt zijn, omdat in dit voorschrift het stakingsrecht *erkend* wordt, terwijl de andere leden van dit artikel niet als een ieder verbindend aangemerkt zijn omdat daar slechts sprake is van een plicht tot *bevorderen*. Daarnaast wordt door de rechter nogal eens acht geslagen op hetgeen bij de parlementaire behandeling van de goedkeuringswet gesteld is omtrent de al dan niet een ieder verbindendheid. Het oordeel van de wetgever ter zake is weliswaar niet beslissend – in laatste instantie maakt de rechter dit uit – maar wordt wel door de rechter meegewogen. In het Harmonisatiewet-arrest beriep de Hoge Raad zich bijvoorbeeld mede op het

27 HR 30 mei 1986, NJ 1986, 688 (Spoorwegstaking).
28 HR 30 mei 1986, NJ 1986, 688 (Spoorwegstaking).
29 HR 30 mei 1986, NJ 1986, 688 (Spoorwegstaking).

gestelde in de memorie van toelichting bij de (ontwerp)goedkeuringswet van het IVESCR om de een ieder verbindendheid van artikel 13, eerste en tweede lid, IVESCR af te wijzen.[30]

Als grove vuistregel kan aangehouden worden dat verdragsbepalingen inzake klassieke vrijheidsrechten wél, inzake sociale rechten níet een ieder verbindend zijn. Zo wordt bijvoorbeeld artikel 8 EVRM, waarin aan een ieder het recht op eerbiediging van onder meer zijn privé-leven wordt gewaarborgd, door de rechter als een ieder verbindend aangemerkt. Daarentegen is een bepaling als artikel 13, tweede lid, IVESCR, waarin de verdragspartijen worden verplicht maatregelen te nemen ten behoeve van de toegankelijkheid tot bepaalde onderwijsvormen, door de rechter niet als zodanig aangemerkt. Een belangrijke reden om bepalingen die sociale rechten toekennen veelal als niet een ieder verbindend te kwalificeren, is ongetwijfeld dat het gaat om 'bepalingen die betrekking hebben op door de overheid jegens de burgers te verrichten prestaties: dergelijke bepalingen kunnen in het algemeen bezwaarlijk zonder nadere uitwerking in de rechtsorde functioneren, zodat rechtstreekse werking niet voor de hand ligt'.[31]

Het voorgaande betekent niet dat verdragsbepalingen die sociale aanspraken waarborgen nimmer een ieder verbindend zijn. Zo kan men zich voorstellen dat ze het karakter hebben van een *stand-still*bepaling, inhoudend dat als een op grond van die bepaling na te streven minimum bereikt is, de staat het voorzieningenniveau niet meer – behoudens calamiteiten en grote economische teruggang – onder dat minimum mag laten zakken. Zo is het zeer wel denkbaar dat de rechter tot het oordeel komt dat een verdragsstaat, die in eerste instantie een systeem van kosteloos voor een ieder beschikbaar basisonderwijs heeft ingevoerd, in strijd handelt met artikel 13, tweede lid, sub a, jo. artikel 14 IVESCR door daarvoor een vergoeding te gaan vragen, of door bepaalde leerplichtigen van toegang uit te sluiten;[32] in een dergelijk geval zou hij met een beroep op deze bepalingen, die in zoverre dan als een ieder verbindend aangemerkt worden, de betreffende maatregel buiten toepassing kunnen laten.

Het voorgaande betekent evenmin dat niet een ieder verbindende bepalingen in rechte geen betekenis kunnen hebben. Dergelijke bepalingen kunnen voor de rechter soms een zekere interpretatieve waarde hebben. Zo deed de Hoge Raad een beroep op artikel 7(a)(i) IVESCR (gelijke beloning voor gelijke arbeid), een niet een ieder verbindende bepaling, om artikel 26 IVBPR 'in te kleuren'. In deze zaak betrof het een

30 HR 14 april 1989, AB 1989, 207, r.o. 5.3 (Harmonisatiewet): 'Tenslotte kan in dit verband worden gewezen op de m.v.t. bij de Wet tot goedkeuring van het IVESCR, waar is opgemerkt dat de bepalingen van dit verdrag – in het algemeen' geen rechtstreekse werking zullen hebben (...) niet valt in te zien waarom te dezen een uitzondering op deze algemene regel zou moeten worden gemaakt.' Evenzo, met betrekking tot art. 7(a)(i) IVESCR (gelijk loon voor gelijkwaardige arbeid): HR 20 april 1990, NJ 1992, 636 (ZWO).

31 HR 14 april 1989, AB 1989, 207, r.o. 5.3 (Harmonisatiewet).

32 We wijzen er op dat de koppelingswet, die illegale vreemdelingen van de meeste sociale voorzieningen en rechten uitsluit, vanwege voornoemde verdragsbepalingen de toelating van deze categorie personen tot het basisonderwijs niet beperkt.

aantal ongehuwde onderwijzeressen op de Nederlandse Antillen, die gemiddeld ongeveer 25% minder verdienden dan hun gehuwde mannelijke collega's. Overwogen werd: 'Uit artikel 26 IVBPR, dat een verbod behelst van discriminatie wegens onder meer 'status' (waaronder begrepen het al of niet gehuwd zijn), vloeit voort dat een hogere salariëring van gehuwden die hetzelfde werk verrichten als hun ongehuwde collega's, slechts geoorloofd is, indien daarvoor een redelijke en objectieve rechtvaardiging kan worden aangewezen (...). Artikel 7 IVESCR beoogt 'een gelijke beloning voor werk van gelijke waarde zonder onderscheid van welke aard ook' te waarborgen. Weliswaar mist deze bepaling rechtstreekse werking (...) maar de waarborg van een gelijke beloning voor gelijke arbeid in het IVESCR is wel een doelstelling waarnaar gestreefd dient te worden. Hiermee zou niet stroken om al te snel aan te nemen dat voor een beloningsverschil dat het uitgangspunt van een gelijke beloning voor gelijke arbeid doorkruist, een redelijke en objectieve rechtvaardiging voorhanden is.' Waarna de Hoge Raad tot de conclusie kwam dat de aangevoerde rechtvaardiging, te weten het mogelijke verschil in onderhoudsverplichtingen, onvoldoende was.[33] Aldus werd het niet een ieder verbindende artikel 7 IVESCR bij de uitleg van het wel een ieder verbindende artikel 26 IVBPR 'meegewogen'.

In het algemeen streven Nederlandse rechters bij de interpretatie van mensenrechtenverdragen naar nauwgezette afstemming op de jurisprudentie van internationale instanties, zoals van het Comité voor de rechten van de mens, en in het bijzonder ook die van het Europees Hof voor de Rechten van de Mens. Het Hof fungeert aldus als gangmaker. In de loop van de jaren heeft het Hof een grondrechtenjurisprudentie ontwikkeld waarin de waarborgen van het EVRM in belangrijke mate zijn verruimd en geconcretiseerd. Uit een oogpunt van grondrechtenbescherming valt dat sterk toe te juichen. Uit een oogpunt van democratische legitimatie van het EVRM zouden hierbij vraagtekens geplaatst kunnen worden. Indertijd, in de jaren vijftig, hebben de nationale staten (doorgaans, zoals in Nederland, na een parlementaire goedkeuringsprocedure) het EVRM geratificeerd vanuit de toenmalige interpretatie van het EVRM als een samenstel van minimum-waarborgen. In het kader van de rechtstoepassing is daarna het verdrag een eigen leven gaan leiden. Niet kan op voorhand worden gesteld, dat de resultaten van de jurisprudentiële ontwikkeling de instemming hebben, of zouden hebben gehad, van de nationale wetgevers. De nationale wetgever heeft echter geen praktische mogelijkheid om zich van deze ontwikkeling te distantiëren of hieraan een halt toe te roepen.

33 HR 7 mei 1993, NJCM Bulletin 1993, p. 694 (Antilliaanse onderwijzeressen).

14.3 DE EUROPESE UNIE

14.3.1 De pijlers van de Europese Unie

De Europese Unie, waarvan thans 25 Europese landen lid zijn, is opgericht bij het in 1993 in werking getreden Verdrag van Maastricht (art. 1 Verdrag betreffende de Europese Unie (VEU)). De Unie vormt een overkoepelende structuur, die drie pijlers omvat. De eerste pijler wordt thans gevormd door de Europese Gemeenschap (EG) en de Europese Gemeenschap voor Atoomenergie (EGA, ook wel Euratom genoemd). Deze pijler vormt – zoals hierna zal blijken – een supranationale rechtsorde, waarin de lidstaten zijn opgegaan. De tweede pijler (titel V VEU) betreft het gemeenschappelijk buitenlands en veiligheidsbeleid en de derde pijler (titel VI VEU) regelt de politiële en justitiële samenwerking van de lidstaten in strafzaken. Deze twee pijlers vormen vooralsnog geen supranationale rechtsorde, maar worden in beginsel geregeerd door de 'gewone' regels van internationaal recht.

De eerste pijler is voortgekomen uit drie organisaties die aan de basis stonden van de Europese samenwerking, de Europese Gemeenschap voor Kolen en Staal (EGKS, 1951), de Europese Economische Gemeenschap (EEG, 1957) en de EGA (1957). De naam EEG werd in 1986 veranderd in Europese Gemeenschap (EG); in 2001 ging de EGKS hierin op. Thans fungeren de EG en de EGA als juridische autonome structuur met een eigen verdrag. Institutioneel vormen beide organisaties evenwel een eenheid en de status van het recht van beide is eveneens identiek. De EGA blijft hierna vanwege het geringe belang buiten beschouwing.

Het EG-recht – ook genoemd gemeenschapsrecht of communautair recht – is van grote betekenis voor de rechtspositie van de burgers. Zowel bepalingen uit het primaire EG-recht (het EG-Verdrag) alsook bepalingen uit het secundaire EG-recht (verordeningen, richtlijnen en beschikkingen,[34] die uitgevaardigd worden op basis van het primaire recht) kunnen rechtstreeks werkend zijn. Voor zover zij rechtstreeks werkend zijn, werken zij als zodanig in onze nationale rechtsorde en prevaleren zij boven alle nationale voorschriften: ze kunnen zonder nadere uitwerking worden toegepast. Rechtstreeks werkende bepalingen van EG-recht kennen burgers niet alleen rechten toe; zij kunnen ook verplichtingen opleggen.

Het gemeenschapsrecht onderscheidt zich radicaal van het 'gewone' internationale recht. De status van het 'gewone' internationale recht in de nationale rechtsorde wordt door het nationale (constitutionele) recht bepaald. Op grond van Nederlands ongeschreven constitutioneel recht geldt de interne werking en voorrang van het internationale recht binnen de grenzen van de artikelen 93 en 94 Gw (§ 14.2.1). Voor EG-recht geldt de interne werking en voorrang echter los van het constitutionele recht, omdat de EG een zogenaamde *supranationale rechtsorde* vormt.[35] Dat is een rechtsorde waaraan

34 Zie voor deze begrippen art. 249 EG-verdrag; ze komen nader aan de orde in § 14.3.6.

35 HvJEG 5 februari 1963, Jur. 1963, p. 3 (Van Gend & Loos); HvJEG 15 juli 1964, Jur. 1964, p. 1199 (Costa/ENEL).

lidstaten definitief en onvoorwaardelijk bevoegdheden tot wetgeving, rechtspraak en bestuur hebben overgedragen.[36] Dienovereenkomstig zijn de lidstaten – voor zover het deze overdracht betreft – opgegaan in die supranationale rechtsorde. De doorwerking van het supranationale gemeenschapsrecht in de nationale rechtsorde is dus niet afhankelijk van het 'groene licht' van de nationale constitutie. Nationaal-rechtelijke bepalingen kunnen aan de werking van het EG-recht derhalve niet in de weg staan,[37] ook niet als het grondwettelijke bepalingen betreft.[38] Overigens dient benadrukt te worden dat lang niet alle lidstaten de voorrang van het EG-recht ten opzichte van hun constitutie onverkort aanvaarden.[39]

Dat de EG een supranationale rechtsorde vormt, is met name in de constante jurisprudentie van het EG-hof, het Hof van Justitie, vastgesteld. Zo overwoog het Hof van Justitie al in 1964 dat met het EG-verdrag,[40] 'anders dan met gewone internationale verdragen het geval is, een rechtsorde in het leven geroepen [is], die bij de inwerkingtreding van het Verdrag in de rechtsorde van de Lid-Staten is opgenomen'. Met andere woorden, het EG-recht vormt volgens het Hof een integraal onderdeel van het nationale recht. De verhouding tussen EG-recht en nationaal recht is dus *principieel monistisch*, en niet omdat zulks uit het nationale recht voortvloeit, maar uit hoofde van het EG-recht zélf. Deze jurisprudentie ligt voor de hand. Zou de gelding van het EG-recht afhangen van het nationale recht, dan zou de werking van het EG-recht per lidstaat anders kunnen zijn. Met name zouden staten met een dualistisch stelsel dan het (tot nationaal recht getransformeerde) gemeenschapsrecht door latere wetgeving opzij kunnen zetten. Dat zou onaanvaardbaar zijn, omdat 'indien de werking van het gemeenschapsrecht van Staat tot Staat zou verschillen op grond van latere nationale wetten, dit de verwezenlijking van de doelstellingen van het Verdrag (...) in gevaar zou brengen en een (...) verboden discriminatie in het leven zou roepen'.[41] Hieruit vloeien logischerwijs een aantal belangrijke verschillen voort.

---

36 De bevoegdheid om toe te treden tot een dergelijke rechtsorde is voor Nederland neergelegd in art. 92 Gw.

37 HvJEG 15 juli 1964, Jur. 1964, p. 1199 (Costa/ENEL).

38 HvJEG 17 december 1970, Jur. 1970, p. 1135 (Internationale Handelsgesellschaft); HvJEG 13 december 1979, Jur. 1979, p. 3744-3745 (Hauer).

39 Zo meent het Duitse Bundesverfassungsgericht dat een overdracht van bevoegdheden aan de Europese Unie steeds op haar verenigbaarheid met het Grundgesetz onderzocht dient te worden, en dat een dergelijke overdracht de wezenlijke functies van de Duitse bondsstaat niet mag aantasten (uitspraak van 12 oktober 1993, Entscheidungen des Bundesverfassungs-gerichts, 89. Band, p. 155 e.v. (BVerfGE 89, 155). Zie nader M.C. Burkens, Gemeenschapsrecht en het EVRM, in: Burkens/Kummeling (red.), EG en grondrechten, Zwolle 1993, p. 73-76.

40 Bij het Verdrag betreffende de Europese Unie, dat o.a. het EEG-verdrag aanzienlijk wijzigde, is het EEG-verdrag (Europese Economische Gemeenschap) omgedoopt tot EG-verdrag (Europese Gemeenschap). Wij zullen hier dan ook spreken van het EG-verdrag, en niet van EEG-verdrag.

41 HvJEG 15 juli 1964, Jur. 1964, p. 1199 (Costa/ENEL).

(1) Ten eerste werkt het 'gewone' internationale recht slechts in de nationale rechtsorde indien de nationale constitutie dat bepaalt, althans toelaat. Het gemeenschapsrecht daarentegen werkt – ongeacht de constitutie – uit eigen kracht in de nationale rechtsorde.

(2) Voorts prevaleert het internationale recht slechts in de nationale rechtsorde voorzover de constitutie dat bepaalt. Het gemeenschapsrecht echter heeft vanuit zichzelf voorrang.

(3) En bovendien bepaalt het nationale constitutionele recht – veelal bij monde van de nationale rechter – of en op welke wijze het internationale recht toegepast moet worden. De vraag of en hoe het gemeenschapsrecht in de nationale rechtsorde toegepast moet worden, is echter een vraag van het gemeenschapsrecht zèlf, welke in laatste instantie door de EG-rechter, het Hof van Justitie, wordt beslist. Voorzover nationale rechters gemeenschapsrecht toepassen, zijn zij dan ook te beschouwen als organen van de EG, die daarbij de uitleg van het Hof van Justitie hebben te volgen, en die zich bij twijfel omtrent de juiste uitleg van het gemeenschapsrecht zekerheid moeten verschaffen via de zogenaamde prejudiciële procedure bij het Hof op grond van artikel 234 EG-verdrag.

Ten slotte moet erop worden gewezen dat de supranationale rechtsorde die door het EG-recht is geschapen, geen vrijblijvende rechtsorde is. Indien een lidstaat de verplichtingen die bij of krachtens het EG-recht op hem rusten, niet nakomt, kan de Commissie of een andere lidstaat hem voor het Hof van Justitie dagen in de verdragsschendingsprocedure van artikel 226-228 EG. Acht het Hof een schending aanwezig dan stelt het dit bindend vast en moet de lidstaat maatregelen nemen om aan de schending een einde te maken. Doet de lidstaat dit niet, dan kan het Hof in een tweede procedure aan de lidstaat een dwangsom en/of een forfaitaire som (boete) opleggen. Uit de rechtspraak blijkt dat het Hof niet terugschrikt voor forse sancties. Zo werd Frankrijk wegens het na een eerdere veroordeling nog niet naleven van Europese regels omtrent de beperking van visvangst, in een uitspraak van 12 juli 2005 veroordeeld tot een boete van Euro 10 miljoen en een dwangsom van Euro 60 miljoen voor elk half jaar dat het land in gebreke zou blijven.[42] Aldus kan het niet naleven van Europese regels voor de lidstaten ingrijpende financiële consequenties hebben.

De tweede pijler (gemeenschappelijk buitenlands en veiligheidsbeleid) en derde pijler (politiële en justitiële samenwerking in strafzaken) 'lenen' hun instellingen – Raad, Commissie, Europees Parlement – van de eerste pijler. De juridische status van de tweede en derde pijler is evenwel een andere. Ze vormen geen supranationale rechtsorde; het 'gewone' internationale recht is hier in beginsel van toepassing.

De besluitvorming in de tweede en derde pijler is dus van *intergouvernementele* aard, vindt plaats in de vorm van besluitvorming van regeringsvertegenwoordigers. Ze ligt geheel in handen van de Raad, die bestaat uit de ministers van de lidstaten die onder instructie van hun regering staan, en in principe bij unanimiteit (eenparigheid)

42 HvJEG 12 juli 2005, zaak C-304/02 (Commissie vs. Frankrijk).

beslist (art. 23, eerste lid, en art. 34, tweede lid, VEU). De Commissie moet het initiatiefrecht delen met de lidstaten (art. 22, eerste lid, en art. 34, tweede lid, VEU). De rol van het Parlement is gering; het hoeft slechts geraadpleegd te worden (art. 21 en 39 VEU). De bevoegdheid van het Hof van Justitie is beperkt tot de derde pijler, en vereist instemming van de lidstaat (art. 46 jo. art. 35, tweede lid, VEU).

De juridische status van besluiten die in de tweede en derde pijler genomen worden, is niet duidelijk. Tot begin 2005 was de algemene opvatting dat deze besluiten in het geheel niet zouden delen in de kwaliteiten van het supranationale EG-recht van de eerste pijler en dat hun gelding in de nationale rechtsorde daarom uitsluitend door het nationale recht zou worden bepaald. Voor besluiten in de tweede pijler (gemeenschappelijk buitenlands en veiligheidsbeleid) staat deze opvatting nog overeind. Voor besluiten uit de derde pijler (politiële en justitiële samenwerking) lijkt het Hof van Justitie een andere weg op te gaan. Van principieel belang in dit verband is het arrest van het Hof van 16 juni 2005 in de zaak Pupino.[43] In dit arrest maakte het Hof uit dat burgers zich voor hun nationale rechter moeten kunnen beroepen op een zogenoemd 'kaderbesluit' (art. 34, tweede lid, onder b VEU) en dat de nationale rechter verplicht is zijn nationale recht zoveel mogelijk te interpreteren conform de bewoordingen en het doel hiervan, teneinde het met het kaderbesluit beoogde resultaat te bereiken. Als gevolg van dit arrest krijgen kaderbesluiten een juridische status die de status van het eerste-pijler instrumenten, de richtlijn, nadert. In de literatuur wordt verwacht dat Pupino nog maar een eerste stap is en dat het Hof in toekomstige rechtspraak de juridische verschillen tussen instrumenten uit de eerste en derde pijler verder zal verkleinen.[44] Of dat werkelijk gebeurt, moet worden afgewacht.

Mocht dat gebeuren dan neemt het Hof op dit punt als het ware een voorschot op het Verdrag tot vaststelling van een Grondwet voor Europa. Volgens dit Verdrag zou de pijlerstructuur worden afgeschaft en zouden de EG (eerste pijler) en de Unie (tweede en derde pijler) opgaan in één entiteit, de Europese Unie. Binnen deze ene entiteit zou de besluitvorming plaatsvinden volgens het communautaire model van eerste pijler, waardoor de werkingssfeer van dit model zou worden uitgebreid tot de materie die thans onder de derde pijler valt. De tweede pijler behoort op zichzelf ook tot deze ene entiteit, maar zou door een serie uitzonderingen zijn overwegend intergouvernementele karakter behouden. Door het Franse 'non' en Nederlandse 'nee' in de referenda over de Europese Grondwet is de toekomst van de Grondwet thans ongewis. Volgens velen is zij 'dood', terwijl anderen mogelijkheden voor revitalisering zien. Weer anderen bepleiten de invoering van onderdelen van de Europese Grondwet en nog weer anderen zijn voorstander van een 'afgeslankte' Grondwet.

In het vervolg van dit hoofdstuk staat de eerste pijler van de huidige Europese Unie, de EG, centraal. Deze pijler heeft veruit de meeste invloed op het Nederlandse recht.

43 HvJEG 16 juni 2005, Pupino, AB 2006, 108, m.nt. AdMvV.
44 Vergelijk S. Prechal, Juridisch cement voor de Europese Unie, Europa Law Publishing, Groningen 2006.

Beschouwingen over de toekomst van de Europese Unie en de Europese Grondwet bewaren we voor § 14.3.7.

14.3.2 De institutionele structuur van de EG

De besluitvorming binnen de Europese Gemeenschappen geschiedt overeenkomstig het EG-verdrag door een viertal instellingen, te weten het Europees Parlement, de Raad, de Commissie en het Hof van Justitie (art. 7 EG-verdrag). Sinds de Europese Akte van 1987 (art. 2 Europese Akte) heeft ook de Europese Raad, een orgaan bestaande uit regeringsleiders van de lidstaten alsmede de voorzitter van de Commissie, een formele grondslag gekregen. De Europese Raad 'geeft de nodige impulsen voor de ontwikkeling van de Unie en stelt de algemene politieke beleidslijnen vast' (art. 4 VEU). Voorzover de Europese Raad optreedt in aangelegenheden die binnen het kader van de EG vallen, doet hij dat als (gewone) Raad van Ministers in de zin van artikelen 202 e.v. EG-verdrag. Daarbuiten is de Europese Raad niet opgenomen in de normale besluitvormingsprocedure van de EG; hij blijft hier verder buiten beschouwing.

Het is voor de hand liggend om de onderlinge verhouding van deze vier instellingen in het licht te stellen van de gangbare trias politica van ons staatsrecht. Aldus zou het Europees Parlement (art. 189 e.v. EG-verdrag) (mede)wetgever zijn en een parlementaire vertrouwensrelatie onderhouden met de uitvoerende macht; als zodanig zouden dan de Raad (art. 202 e.v. EG-verdrag) en de Commissie (art. 211 e.v. EG-verdrag) kunnen worden aangemerkt. Maar hoe voor de hand liggend ook, een dergelijk begrip van de institutionele structuur van de EG zou onjuist zijn. Zie meer hierover verderop in deze paragraaf, alsmede § 14.3.4.

De EG is een *doelgemeenschap* in die zin, dat met het oog op de verwezenlijking van bepaalde doeleinden in de verdragen bepaalde bevoegdheden zijn toegekend. Zie voor de doelstellingen van de EG artikel 2 EG-verdrag; een opsomming van de activiteiten ter realisering van deze doeleinden geven de artikelen 3 en 4 EG-verdrag. Deze opsomming van activiteiten verschaft echter nog geen rechtsbasis voor de uitoefening van bevoegdheden. Bevoegdheden zijn specifiek in de onderscheidene artikelen van het EG-verdrag opgesomd (het zogenaamde systeem van 'compétences d'attribution'). Dit geldt ook voor de andere verdragen. De bevoegdheden van de EG zijn aldus in principe beperkt tot hetgeen uitdrukkelijk in de drie verdragen is toegekend. De Gemeenschap moet dus handelen binnen de grenzen van de haar door de verdragen verleende bevoegdheden en toegewezen doelstellingen (artikel 5 EG-verdrag; artikel 5 VEU).

Juist omdat de EG een doelgemeenschap vormde, was het voor de lidstaten aanvaardbaar om in supranationale zin aan de instellingen van deze organisatie bevoegdheden over te dragen. Nationale bevoegdheden werden definitief en onvoorwaardelijk prijsgegeven. Maar dat betrof niet de bevoegdheid tot wetgeving en bestuur in het algemeen, maar specifieke bevoegdheden. De algemene bevoegdheid van de lidstaten tot wetgeving en bestuur bleef daardoor onverlet. Zij werd slechts beperkt door hetgeen werd overgedragen.

Overdracht van bevoegdheden aan EG-instellingen was voorts slechts aanvaardbaar wanneer de nationale inbreng door de bevoegdheidsverdeling tussen de communautaire instellingen en door hun samenstelling voldoende zou zijn gewaarborgd. Vandaar dat een opzet werd gekozen, volgens welke de meest ingrijpende bevoegdheden tot wetgeving en bestuur werden toegekend aan de *Raad*. Deze is samengesteld uit de ministers van de lidstaten (art. 203 EG-verdrag). Welke ministers van de raad deel uitmaken, wordt bepaald door de agenda van de raadsvergadering; landbouwzaken bijvoorbeeld worden behandeld door de landbouwraad, bestaande uit de ministers van landbouw van de lidstaten. Aldus hebben de regeringen van de lidstaten greep op de besluitvorming van de Raad. De ministers hebben immers als vertegenwoordigers van hun regeringen zitting in de Raad. Het voorzitterschap van de Raad wisselt elke zes maanden bij toerbeurt.

Tegenover de intergouvernementeel samengestelde Raad heeft de *Commissie* een meer autonoom communautair of supranationaal karakter (art. 213 EG-verdrag). De Commissie bestaat (anders dan de Raad) uit onafhankelijke personen. Zij bestaat dus niet uit vertegenwoordigers van de regeringen van de lidstaten; ze aanvaarden dan ook geen instructies van enige regering (art. 213, tweede lid, EG-verdrag). Wel is een (indirecte) band met de lidstaten aanwezig omdat de Raad Commissie-leden benoemt overeenkomstig de voordrachten van de lidstaten (art. 214, tweede lid, EG). De benoeming van leden van de Commissie geschiedt in beginsel voor vijf jaar. De voorzitter geeft leiding aan de Commissie. Benoeming van de overige Commissieleden vindt plaats in overeenstemming met de voorzitter (art. 214, tweede lid, EG).

De verhouding tussen Raad en de Commissie is aldus, dat de besluitvorming van de Raad in bijna alle gevallen plaatsvindt op initiatief van de Commissie. Voor besluitvorming door de Raad geldt, afhankelijk van hetgeen het EG-Verdrag ten aanzien van een specifiek beleidsterrein bepaalt, meestal de eis van een gekwalificeerde meerderheid,[45] soms de eis van unanimiteit/eenparigheid (bijv. artikel 308 EG). Van vooral principieel belang voor de verhouding tussen de Commissie en de Raad is dat de Raad uitsluitend met eenparigheid van stemmen (bij unanimiteit) kan afwijken van het voorstel van de Commissie (art. 250, eerste lid, EG). Deze bepaling beoogt een evenwicht te scheppen tussen de behartiging van nationale belangen (vertegenwoordigd in de Raad) en de communautaire belangenbehartiging (door de Commissie). Meer in het bijzonder voorkomt zij dat de lidstaten in de Raad met een Commissie-voorstel,

45 Daarbij geldt een stelsel van gewogen stemmen (art. 205, tweede lid, EG), waarbij de stemmen van de kleine lidstaten zwaarder wegen dan die van de grote. Ter compensatie voor deze overbedeling is een besluit overigens alleen aangenomen, indien de lidstaten die de gekwalificeerde meerderheid vormen ook ten minste 62% van de bevolking van de EU vormen (art. 205, vierde lid, EG).

eenmaal gedaan, op de loop gaan.[46] Omdat het zeker met 25 lidstaten bijzonder lastig is om eenparigheid over een amendement te bereiken, ligt de feitelijke macht om een voorstel te wijzigen bij de Commissie. Hierdoor speelt zij een wezenlijke rol in de onderhandelingen over het voorstel. Overigens is de praktische betekenis van artikel 250, eerste lid, EG inmiddels afgenomen, omdat de bepaling niet van toepassing is op besluiten die tot stand zijn gekomen in de zogenoemde codecisie- of medebeslissingsprocedure. In deze – hierna te bespreken – procedure, die van toepassing is op de meeste EG-besluiten, speelt het Europese Parlement een belangrijke rol. De macht van de Commissie is daardoor in elk geval juridisch afgenomen.

Het *Europees Parlement* (art. 189 e.v. EG-verdrag) was oorspronkelijk gedacht als een raadgevende vergadering, bestaande uit leden van de nationale parlementen. Het heette dan ook in de aanvang 'Assemblée'. In 1962 doopte deze vergadering zichzelf om tot parlement. Sinds 1979 wordt het Europees Parlement rechtstreeks gekozen (thans art. 190, eerste lid, EG-verdrag). Het Europese Parlement had aanvankelijk slechts beperkte bevoegdheden, ook ter zake van de totstandkoming van EG-regelgeving. In de loop van de tijd zijn de bevoegdheden toegenomen.

(1) Oorspronkelijk bezat het Europees Parlement bij EG-regelgeving, alleen een adviesfunctie, in het kader van de raadplegingsprocedure. Deze procedure is bijvoorbeeld nog steeds van toepassing op richtlijnen die van invloed zijn op de instelling en de werking van de gemeenschappelijke markt (art. 94 EG) en op besluiten met betrekking tot het landbouwbeleid (art. 37, tweede lid, EG).

(2) Op enkele terreinen kreeg het Europees Parlement bij de in 1987 in werking getreden Europese Akte een zekere mede-wetgevende bevoegdheid ten aanzien van besluiten ter verwezenlijking van de interne markt, die totstandkomen via de samenwerkingsprocedure. In deze procedure – die is opgenomen in artikel 252 EG – kan een unanieme Raad het standpunt van het Parlement nog steeds opzij zetten. Thans is deze procedure nauwelijks nog van belang, omdat zij ten aanzien van vrijwel geen enkel besluit wordt voorgeschreven.

(3) Met de introductie in het Verdrag van Maastricht in 1993 van de codecisie- of medebeslissingsprocedure (art. 251 EG) is de positie van het Europees Parlement in het wetgevingsproces verder versterkt. Deze procedure is thans van toepassing op de meeste EG-besluiten. Voor de totstandkoming van deze besluiten is de instemming van het Europees Parlement vereist; het heeft derhalve vetorecht. Daardoor kan de Raad geen besluiten nemen tegen de wil van het Parlement.

Sinds 1987 heeft het Europees Parlement het budgetrecht, waarbij zijn invloed groter is ten aanzien van de zogenaamde onverplichte uitgaven dan ten aanzien van de verplichte uitgaven van de EG (art. 272, vierde lid, EG-verdrag: recht van amendement ten aanzien van de onverplichte uitgaven). De verplichte uitgaven vormen echter het

---

46 Vergelijk W.T. Eijsbouts, J.H. Jans, F.O.W. Vogelaar, Europees recht: Algemeen deel, Europa Law Publishing: Groningen 2004, p. 315.

leeuwendeel van het budget; met name de landbouwuitgaven zijn zeer hoog. Het Parlement heeft de bevoegdheid de begroting te verwerpen (art. 272, achtste lid, EG-verdrag), hetgeen enkele malen inderdaad heeft plaatsgevonden.

Het Europees Parlement oefent politieke controle uit ten opzichte van de Commissie. Het heeft sinds het Verdrag van Maastricht een goedkeuringsrecht over de samenstelling van de Commissie (art. 214, tweede lid, EG-verdrag). Het Parlement beschikt over het enquete- en het vragenrecht (resp. art. 193 en 197 EG-verdrag) en kan de Commissie zelfs door middel van een motie van afkeuring tot collectief aftreden nopen (art. 201 EG-verdrag).

De motie van afkeuring is een scherp machtsmiddel. Zo een motie is dan ook nog nimmer aangenomen. Wel leidde aanvaarding van een rapport van wijzen inzake het functioneren van de Commissie in maart 1999 naar aanleiding van fraudegevallen (o.a. de affaire-Cresson) tot het aftreden van de Commissie-Santer. In weerwil van dit incident kan niet gesproken worden van een parlementaire vertrouwensrelatie tussen Parlement en Commissie. Er is geen sprake van dat de Commissie wordt samengesteld overeenkomstig de meerderheidsopvattingen binnen het Parlement dan wel zich in haar beleid naar deze opvattingen zou dienen te richten. Evenmin is van enigerlei vertrouwensrelatie tussen Parlement en Raad sprake. De institutionele structuur van de EG laat zich dan ook niet vergelijken met de Nederlandse structuur, noch met die van de andere lidstaten. De EG-structuur is van geheel eigen aard. Er is geen enkel bezwaar tegen dat het Europees Parlement tegenwoordig met de klassieke term 'parlement' is getooid, wanneer men hieraan maar niet de consequentie verbindt dat 'dus' het Parlement functies en bevoegdheden moet krijgen die vergelijkbaar zijn met die van een nationaal parlement (vgl. § 14.3.4).

Wel laten functie en bevoegdheden van het Europese Hof van Justitie zich vergelijken met die van een nationaal hoogste gerechtshof in het kader van de trias politica. Wij gaan nader in op het Hof in § 14.3.6.

14.3.3 Legaliteit

Het legaliteitsbeginsel, zoals dit aan onze nationale rechtsorde ten grondslag ligt, houdt in dat elk overheidsoptreden op een wettelijke grondslag moet berusten, waarbij deze grondslag uiteindelijk bestaat in wetgeving in formele zin dan wel in de Grondwet zelf. De wet bestaat uit algemeen geformuleerde normen, tot stand gebracht bij besluit dan wel medebeslissing van het vertegenwoordigend lichaam, verkozen bij wege van algemeen actief en passief kiesrecht.

Een dergelijk legaliteitsbegrip is afgestemd op de omstandigheid, dat de wetgever een algemene bevoegdheid bezit. Die omstandigheid doet zich niet voor in de communautaire rechtsorde. De EG is immers een doelgemeenschap: slechts bepaalde specifieke bevoegdheden zijn door de lidstaten aan de communautaire instellingen overgedragen. De legaliteit van de besluiten van de instellingen (d.w.z. van secundair EG-recht) wordt bepaald door de bevoegdheidsoverdracht conform het verdrag alsmede door de inachtneming van de besluitvormingsprocedures vastgelegd in het verdrag (d.w.z. door primair EG-recht). Besluiten van gemeenschapsinstellingen die aan deze legaliteitscriteria voldoen, werken als supranationaal recht door in de nationale rechtsorde en prevaleren boven nationaal recht. De algemene bevoegdheid van de nationale wetgever wordt aldus op EG-terrein 'overruled' door de specifieke bevoegdheden van de communautaire instellingen.

Sinds zijn oprichting in 1957 heeft de EG – ondanks de begrensde bevoegdheden en de eis van een specifieke grondslag – een onwaarschijnlijke hoeveelheid recht geproduceerd. Het belangrijkste rechtsinstrument is uiteraard het primaire EG-recht, het EG-verdrag zelf. De centrale bepalingen van het verdrag waarborgen de zogenaamde vier vrijheden, het vrij verkeer van goederen, het vrij verkeer van personen, het vrij verkeer van diensten en het vrij verkeer van kapitaal (resp. art. 23 e.v., 39 e.v., 49 e.v. en 56 e.v. EG-verdrag). Deze vrijheden behelzen allemaal het verbod om beperkingen op te leggen aan het verkeer tussen de lidstaten, waarop overigens uitzonderingen mogelijk zijn. Behalve de vier vrijheden bevat het verdrag bepalingen omtrent mededinging (art. 81 en 82 EG-verdrag) en steunverlening (art. 87 EG-verdrag). Bovendien biedt het de basis voor het communautaire recht en beleid op functionele terreinen als landbouw, douane, vervoer, milieu, volksgezondheid, economisch beleid et cetera.

In artikel 249 EG-verdrag worden de rechtsinstrumenten genoemd waarmee de instellingen dit beleid middels secundair EG-recht nader vorm kunnen geven. De belangrijkste zijn:

(1) *Verordeningen* (art. 249, tweede alinea, EG-verdrag). Een verordening heeft een algemene strekking. Zij is zowel voor de lidstaten als voor particulieren verbindend in al haar onderdelen en is rechtstreeks toepasselijk in elke lidstaat. Verordeningen komen vooral veel voor op het terrein van de landbouw en douane. Zij lijken qua structuur en status op een nationaal algemeen verbindend voorschrift, zij het dat zij niet afkomstig zijn uit Den Haag, maar uit Brussel. Een verordening hoeft niet te worden geïmplementeerd. Wel moet de lidstaat een verordening zodanig nationaalrechtelijk inkaderen dat zij ook daadwerkelijk kan worden toegepast. Daartoe is het in elk geval noodzakelijk dat een nationaal bestuursorgaan wordt aangewezen dat met de uitvoering van de verordening wordt belast. Bovendien zullen op nationaal niveau veelal aanvullende wettelijke voorzieningen moeten worden getroffen, bijvoorbeeld om de handhaving van de verordening te garanderen.

(2) *Richtlijnen* (art. 249, derde alinea, EG-verdrag). Een richtlijn is slechts verbindend ten aanzien van het te bereiken resultaat. Zij krijgt pas vol effect doordat zij in de lidstaat is geïmplementeerd in bindende regelgeving en vervolgens door de nationale organen wordt toegepast. Het tijdstip waarop implementatie moet hebben plaatsgevonden, wordt in de richtlijn bepaald. In beginsel heeft de lidstaat bij de implementatie van een richtlijn de vrijheid vorm en middelen te kiezen. In de praktijk blijft soms niet al te veel over van deze vrijheid, omdat diverse richtlijnen de lidstaten weinig of geen beleidsvrijheid laten. Richtlijnen ziet men onder meer op het gebied van de gelijke behandeling van mannen en vrouwen en op het milieuterrein. Op het laatstgenoemde terrein zijn bijvoorbeeld richtlijnen vastgesteld, waarin de lidstaten worden verplicht

ervoor zorg te dragen dat de uitstoot van bepaalde gevaarlijke stoffen maximale emissie-eisen niet overschrijdt. De lidstaat moet vervolgens zijn regelgeving zodanig inrichten en toepassen, dat deze emissie-eisen tijdig worden gerealiseerd.

(3) *Beschikkingen* (art. 249, vierde alinea, EG-Verdrag). Een beschikking is verbindend in al haar onderdelen voor degene tot wie zij uitdrukkelijk zijn gericht. Soms zijn beschikkingen direct gericht tot een particulier, bijvoorbeeld een tot een bedrijf gerichte boete-beschikking van de Commissie wegens overtreding van het communautaire mededingingsrecht. Vaker zijn beschikkingen gericht tot een lidstaat die vervolgens moet zorgdragen voor de tenuitvoerlegging van de beschikking in de nationale rechtsorde. Deze tenuitvoerlegging vindt plaats met behulp van nationale beschikkingen, maar ook met behulp van algemeen verbindende voorschriften. Zo zal een door de Commissie bij beschikking opgelegd invoerverbod van runderen uit Engeland wegens het gevaar van de verspreiding van BSE nationaalrechtelijk moeten leiden tot een algemeen verbindend voorschrift waarin deze invoer strafbaar wordt gesteld.

Zoals hiervoor reeds betoogd is de grote productie van secundair EG-recht vanuit legaliteitsoogpunt aanvaardbaar, aangenomen dat inderdaad de bevoegdheden van de communautaire instellingen in voldoende mate gemarkeerd zijn. Die bevoegdheden dienen specifiek te zijn, in de zin van duidelijk omlijnd; de EG-instellingen dienen zich te houden aan de begrenzingen van hun bevoegdheden. Artikel 5 EG-verdrag en artikel 5 VEU beogen dit vast te leggen. Aan de naleving hiervan schort het echter nogal eens. In de praktijk komen communautaire besluiten tot stand op basis van verdragsartikelen die slechts bij zeer ruimhartige interpretatie daartoe een grondslag lijken te kunnen bieden. Bovendien staat het vereiste van een specifieke verdragsgrondslag onder druk doordat het Hof nogal eens zogenaamde 'implied powers' (geïmpliceerde of veronderstelde bevoegdheden) aanvaardt. Dit houdt in dat ingeval er bepaalde uitdrukkelijk toegekende bevoegdheden zijn, aangenomen wordt dat de EG ook de noodzakelijk daarmee samenhangende bevoegdheden bezit, ook al zijn die niet uitdrukkelijk toegekend. Zo heeft het Hof geoordeeld dat wanneer het gemeenschapsrecht de instellingen ter verwezenlijking van een bepaald doel interne bevoegdheden toekent, zij ook zonder specifieke basis in het EG-verdrag (extern) bevoegd geacht moeten worden verdragen aan te gaan die voor de verwezenlijking van het beoogde doel vereist zijn.

Ook op andere punten wordt het legaliteitsbeginsel nogal soepel gehanteerd. Ingevolge artikel 34, tweede lid, EG-verdrag kan de Raad alle noodzakelijke maatregelen nemen ten behoeve van het gemeenschappelijk landbouwbeleid. Die maatregelen kunnen mede inhouden dat de Raad aan de lidstaten voorschrijft EG-subsidiefraude te bestraffen door adminstratieve sancties van een bepaalde minimumhoogte (forse boetes e.d.) op te leggen. Het gaat hier om ingrijpende, punitieve sancties. Het ligt dan ook voor de hand dat zulke voorschriften, die behoren tot de hoofdelementen van de betreffende regelingen, door de Raad zelf vastgesteld worden. Het Hof van Justitie acht evenwel delegatie (zelfs blanco-delegatie, waarbij volstaan wordt met de opdracht nadere regels te stellen) aan de Commissie op de voet van de artikelen 202 en 211 EG-verdrag geoorloofd.[47]

Een andere illustratie van de soepele hantering van het legaliteitsbeginsel biedt de uitspraak van het Hof van Justitie van 13 september 2005 in zaak Commissie/Raad.[48] In deze zaak was de vraag aan de orde of Europa in de eerste of in de derde pijler de lidstaten tot strafrechtelijke handhaving van ernstige overtredingen van de Europese milieuregelgeving zou kunnen verplichten. Volgens de Raad zou dit in derde pijler moeten geschieden, omdat deze pijler nu juist is bedoeld is voor strafrechtelijke samenwerking. Veel lidstaten waren het hiermee eens, waarschijnlijk omdat alsdan bij unanimiteit wordt beslist en zij derhalve vetorecht hebben. Het Hof oordeelde in navolging van de Commissie echter anders. Volgens het Hof impliceert de bevoegdheid van de EG om in de eerste pijler harmonisatiemaatregelen te treffen op het gebied van het milieu (art. 174 EG) eveneens de bevoegdheid om op dit terrein 'doeltreffende, evenredige en afschrikwekkende' sancties voor te schrijven aan de lidstaten. Deze sancties kunnen – aldus het Hof – strafrechtelijke sancties zijn, indien de EG dit noodzakelijk acht om de volledige doeltreffendheid van door hem vastgestelde Europese milieunormen te verzekeren. De consequentie van dit standpunt is dat de EG in de eerste pijler – en dus veelal met gekwalificeerde meerderheid – strafrechtelijke handhaving van ernstige milieudelicten kan voorschrijven. Ongetwijfeld zal de Commissie deze uitspraak gebruiken om ook op andere terreinen in de eerste pijler strafrechtelijke handhaving voor te schrijven. Daarmee komt ook het Nederlandse strafrecht onder toenemende invloed van de EG te staan zonder dat daartoe een expliciete grondslag in het EG-Verdrag te vinden is.

In de communautaire rechtsorde lijkt dus een autonome expansiedrift besloten te liggen. Dat is ook wel begrijpelijk. Deze rechtsorde is volgens haar grondslagen gericht op de verwezenlijking van economische vrijheid, geconcretiseerd in de vrijheid van verkeer van goederen, personen, diensten en kapitaal. Willen die vrijheden inderdaad tot hun recht komen, dan moeten steeds meer terreinen onder de communautaire rechtsmacht gebracht worden: de sociale politiek, de technologische ontwikkelingen, het milieu, de monetaire politiek en wat al meer. Immers, al deze terreinen hebben een samenhang met de economische harmonisatie en unificatie waarop de EG volgens haar doelstelling is gericht.

Ook de grote ruimte die het Hof toestaat voor delegatie aan de Commissie is vanuit communautair perspectief zeer wel te begrijpen. Doordat het Hof in het zojuist genoemde arrest Duitsland vs. Commissie aannam dat aan de Commissie ook de bevoegdheid gedelegeerd is om sanctievoorschriften te maken, is de mogelijkheid gecreëerd van een strengere aanpak van EG-landbouwfraude, nu daarover in de intergouvernementeel ingestelde Raad vermoedelijk geen overeenstemming bereikt zou kunnen worden, maar in de Commissie wel.

47 HvJEG 27 oktober 1992, AB 1993, 316 (Duitsland vs. Commissie).
48 HvJEG 13 september 2005, AB 2005, 435 (Commissie vs. Raad).

Uit een oogpunt van legaliteit zijn deze ontwikkelingen echter problematisch. De nationale rechtsorde wordt gaandeweg ingezogen in een communautaire rechtsorde, zonder dat houvast bestaat in de vorm van een duidelijke afgrenzing tussen beide rechtsordes. Ook een beginsel zoals 'subsidiariteit' – de EG moet zich slechts bezighouden met datgene wat het nationale sturingsvermogen overstijgt, artikel 5 EG-verdrag – geeft in dit opzicht nauwelijks houvast. Subsidiariteit is helaas meer een politiek adagium dan een juridisch criterium.

14.3.4 Machtsverdeling en democratie

Machtsverdeling in de nationale rechtsorde houdt in, dat in de staatsorganisatie wetgevende, besturende en rechterlijke macht niet aan eenzelfde overheidsorgaan zijn toevertrouwd. Overheidsorganen zijn met verschillende taken belast en oefenen wederzijds controle uit (hoofdstuk 5). Zoals hierboven in § 14.3.2 al werd aangegeven, laten nationale stelsels van machtsverdeling zich niet vergelijken met de onderlinge verhoudingen van de communautaire instellingen, behoudens voor wat betreft het rechterlijk toezicht. Op zich is dat nog geen probleem. Immers, waarom zou de EG volgens eenzelfde stramien moeten zijn opgebouwd als de nationale staat? De vraag is echter wel, of de democratische controle op de EG-besluitvorming in voldoende mate verzekerd is.

Deze vraag lijkt niet zonder meer bevestigend beantwoord te kunnen worden. Het Europees Parlement is weliswaar een democratisch gekozen instelling, maar beschikt over onvoldoende beleidsbeïnvloedende en controlerende bevoegdheden. Zodanige bevoegdheden kunnen binnen de bestaande EG-structuur ook niet in voldoende mate worden toegekend. Deze structuur kent immers in de vorm van de Raad een sterke benadrukking van de nationale inbreng in de besluitvorming. De Raad is samengesteld uit vertegenwoordigers van de regeringen van de lidstaten en is als zodanig structureel onafhankelijk van het Parlement. Een parlementaire vertrouwensrelatie tussen Raad en Parlement laat zich in de EG-structuur ook niet inbouwen. Ministers nemen op titel van hun nationale ministerschap zitting in de Raad, en niet omdat zij het vertrouwen van het Europees Parlement genieten. Omgekeerd kunnen ministers bezwaarlijk uit de Raad treden wanneer zij dit vertrouwen niet meer zouden blijken te bezitten. Het fundamenteel vergroten van de controlebevoegdheden van het Parlement ten opzichte van de Raad is gegeven de bestaande EG-structuur dan ook niet goed mogelijk. Bovendien roept het zekere risico's op. Immers, het nog zwaarder optuigen van het Europees Parlement zou – mede gelet op de verhoudingen binnen het Parlement, zie hieromtrent § 14.3.7 – tot gevolg hebben dat de invloed van de onderscheidene lidstaten op het communautaire beleid zal afnemen. Dat geldt met name voor kleinere lidstaten, die nu eenmaal een gering aantal afgevaardigden in het Parlement hebben. Het risico bestaat dan, dat de kleinere lidstaten, zoals Nederland, worden gedomineerd door een beperkt aantal machtige lidstaten. Dat kan er toe leiden dat de belangen van de kleinere lidstaten onvoldoende tot hun recht komen.[49] Het is niet gezegd, dat deze 'egoïstische' benadering ons uiteindelijke standpunt zal moeten bepalen, maar er ligt hier wel een probleem.

Bezien vanuit het nationale perspectief schiet het democratisch gehalte van de EG-structuur evenzeer tekort.[50] Onze Staten-Generaal onderhouden een parlementaire vertrouwensrelatie met de ministers. Dat geldt in beginsel ook voor wat betreft het optreden van ministers als leden van de Raad van de EG. Maar hier doet zich de beperking gevoelen, die in het algemeen geldt met betrekking tot het buitenlands beleid. Buitenlands beleid is iets wat men maar gedeeltelijk zelf in de hand heeft. Het beleid moet in onderhandelingen met vertegenwoordigers van andere mogendheden worden verwezenlijkt. Men zal de eigen onderhandelaar dan ook omvangrijke vrije marges moeten laten, en zelfs in bepaalde gevallen moeten berusten in de onvolledigheid van informatieverschaffing over diens in te nemen stellingen, op straffe van verzwakking van zijn onderhandelingspositie.

Het moet gezegd: de beide kamers van de Staten-Generaal hebben de laatste jaren wel geprobeerd om hun invloed te versterken. Er is sprake van meer informatie-uitwisseling en debat. Zo debatteert de Tweede Kamer met de desbetreffende vakministerminister over ophanden zijnde vergaderingen van de EU-Ministerraad. De regering stuurt 'fiches' met informatie over nieuwe voorstellen van de Europese Commissie, samen met de initiële reactie van de Nederlandse regering daarop, aan de Tweede Kamer. Die zijn onderwerp van gesprek in regelmatige 'Algemene Overleggen' (AO) tussen de betrokken commissies en ministers. Tijdens die AO's kunnen de Tweede Kamerleden ook hun standpunten kenbaar maken inzake onderwerpen, die op de agenda staan van de EU-Ministerraden van de daaropvolgende week. De Eerste Kamer heeft het nodige in haar organisatie en ondersteuning aangepast, teneinde senatoren optimaal van informatie te kunnen voorzien.[51]

De Staten-Generaal kunnen in het parlementair overleg met een minister, lid van de Raad van de EG, wel een richting wijzen, maar zij zullen moeten afwachten wat de minister hiervan daadwerkelijk in Brussel weet te bewerkstelligen. Het resultaat van het Brusselse overleg onttrekt zich aan de medebeslissende invloed van de Staten-Generaal. En terwijl binding aan een onbevredigend uitgevallen verdrag nog in het kader van de parlementaire goedkeuringsprocedure kan worden verworpen, hebben de Brusselse besluiten de volle kracht van supranationale besluitvorming. Men heeft dus maar te accepteren wat er tenslotte uitkomt. De praktijk is dan ook, dat nationale

---

49 Dat is nu al in zekere mate het geval. Zo was er tijdens het proces van de Duitse hereniging veel kritiek van de kleine landen op het opereren van de BRD, Frankrijk en het Verenigd Koninkrijk.

50 Zie hierover N.Y. Del Grosso, Parlement en Europese integratie, Deventer 2000.

51 Zo is veel ambtelijke ondersteuning verzameld in het Europees Bureau Eerste Kamer (EBEK) en is er speciaal voor kamerleden de 'Europapoort' opgericht, een website met de laatste stand van zaken over Europese initiatieven.

parlementen weinig in te brengen hebben ter zake van EG-besluitvorming.[52] In feite is sprake van een beduidende machtsverschuiving ten gunste van de regeringen van de lidstaten.[53]

Geconcludeerd moet worden dat de parlementaire controlebevoegdheden ten opzichte van de besluitvorming door de Raad uit het oogpunt van democratie en machtenscheiding onvoldoende zijn: er is sprake van een 'democratisch tekort/deficit'. Er is geen verantwoordelijkheidsrelatie tussen Raad en Europees Parlement; die kan er ook niet zijn, nu de ministers in de Raad zitting hebben als 'nationale' afgevaardigden. Evenmin kan die verantwoordelijkheidsrelatie bestaan tussen Raad en nationaal parlement; alleen de 'eigen' minister staat in een dergelijke verhouding tot 'zijn' parlement. En die individuele verantwoordingsplicht van de 'eigen' minister heeft weinig om het lijf, omdat hij slechts een van de schakels in een omvangrijk collectief besluitvormingsproces vormt, waarvan de uitkomst maar ten dele door hem bepaald kan worden.

Ten slotte: misschien is wel het belangrijkste manco dat de burger het Europees Parlement niet ziet als 'zijn' parlement, maar als een buitenlandse macht, waar hij toch geen invloed op heeft; minder dan een derde van de kiesgerechtigden vindt het nog de moeite waard om naar de stembus te gaan. Overigens delen ook de andere instellingen van de EG in deze negatieve perceptie. Maar het Parlement, dat voor zijn legitimiteit zo afhankelijk is van de burger, ondervindt daarvan het meeste nadeel.

14.3.5 Grondrechten[54]

Grondrechten vormen een zeer belangrijk onderdeel van de nationale rechtsorde. Zij plegen vervat te zijn in de nationale constitutie en bevatten waarborgen die door alle nationale overheidsorganen, inclusief de wetgever, in acht genomen moeten worden (hoofdstuk 6).

Het EG-verdrag bevat daarentegen nauwelijks grondrechten. Dat lag ook niet in de opzet van het verdrag, dat immers gericht was op specifieke vormen van samenwerking tussen lidstaten, met name op economisch terrein. Vandaar dat het verdrag wel econo-

52 Zie uitgebreid, P. Kiiver, The role of National Parliaments in the European Union, A critical view on EU Constitution-Building, The Hague/London/New York 2006. Deze auteur staat kritisch ten opzichte van het versterken van de rol van nationale parlementen, omdat dit niet zou passen bij een pro-Europese agenda.

53 Die machtsverschuiving doet zich ook voor bij de implementatie van EG/EU-recht. Ten onrechte laat het Nederlandse parlement hier mogelijkheden tot beïnvloeding van de uitvoering liggen; terwijl de wetsvorm vaak voor de hand ligt, wordt implementatie vaak aan de regering of minister overgelaten. Dit is des te pijnlijker nu het hier gaat om recht met een gebrekkige democratische legitimatie. Meer hierover L.F.M. Besselink e.a., De Nederlandse Grondwet en de Europese Unie, Groningen 2002.

54 L.F.M. Besselink, H.R.B.M. Kummeling (red.), Grenzen aan grenzeloosheid, Deventer 1998.

mische vrijheden bevat en in het verlengde daarvan een enkele bepaling die als grondrecht in nationaal-statelijke zin kan worden aangemerkt – zie artikel 141 EG-verdrag, dat gelijke beloning voor mannen en vrouwen in het arbeidsproces waarborgt – maar overigens geen grondrechten.

EG-normering doordringt echter in toenemende mate onze samenleving. Niet louter op het klassieke EG-terrein van de landbouw, maar ook op dat van de industriële productie, de mededinging, de arbeidsverhoudingen, de media en het vreemdelingenrecht. Daarmee gaat ook in toenemende mate de mogelijkheid ontstaan dat EG-recht inbreuk maakt op grondrechten zoals deze in de nationale rechtsorde zijn gewaarborgd.

Deze mogelijkheid heeft problematische kanten, omdat het EG-recht de status heeft van supranationaal recht. Het prevaleert boven nationaal recht, ook boven grondwettelijk recht en dienovereenkomstig ook boven nationale grondrechten. EG-recht wordt dus als zodanig niet binnen de perken gehouden door nationale grondrechten. Daardoor zouden de fundamenten van de nationale rechtsorde kunnen worden aangetast.

In het licht van deze problematiek heeft het Hof van Justitie gaandeweg een grondrechten-jurisprudentie ontwikkeld, volgens welke grondrechten als algemene rechtsbeginselen van gemeenschapsrecht gelding hebben in de communautaire rechtsorde. Bij de ontwikkeling van deze rechtsbeginselen laat het Hof zich leiden door grondrechten zoals deze zijn vastgelegd in de grondwetten (of andere constitutionele documenten) van de lidstaten alsmede door grondrechten vastgelegd in verdragen waarbij de lidstaten partij zijn. Voor wat betreft dit laatste punt, put het Hof van Justitie met name inspiratie uit het EVRM en de jurisprudentie ter zake van het Europees Hof voor de Rechten van de Mens.[55] Deze jurisprudentie-lijn is in artikel 6, tweede lid, VEU gecodificeerd, waarin is bepaald dat de EU de grondrechten, zoals die worden gewaarborgd door het EVRM en zoals zij uit de gemeenschappelijke tradities van de lidstaten voortvloeien, eerbiedigt als algemene beginselen van gemeenschapsrecht. Artikel 46, sub d, VEU stelt voorts zeker dat het Hof van Justitie bevoegd is om aan deze bepaling te toetsen.

Deze oplossing voorziet in belangrijke mate in het grondrechten-manco van het EG-recht. Daarmee is echter niet alles gezegd. In de eerste plaats kan worden opgemerkt dat het Hof van Justitie in zijn jurisprudentie het EVRM niet als zodanig toepast, maar slechts als interpretatiemiddel om de algemene beginselen van gemeenschapsrecht op het spoor te komen. In de tweede plaats – en daarmee samenhangend – is het risico aanwezig dat het Hof van Justitie aan de rechten en de vrijheden van het EVRM (als algemeen beginsel) een andere invulling geeft dan het Europese Hof voor de Rechten van de Mens. Beide Europese hoven zijn namelijk niet ondergeschikt aan elkaar. Dit is lastig voor de lidstaten, omdat zij bij de uitvoering van EG-recht in de lidstaat gebonden kunnen zijn aan verschillende EVRM-interpretaties van beide hoven.

55 Standaardarresten waarbij deze ontwikkeling werd ingezet, zijn HvJEG 12 november 1969, Jur. 1969, p. 419 (Stauder), en HvJEG 14 mei 1974, Jur. 1974, p. 491 (Nold II).

Vanwege deze (potentiële) problemen wordt al sinds jaren bepleit, dat de EG – beter nog: de Europese Unie – toetreedt tot het EVRM.[56] Alsdan zouden de grondrechten van dat verdrag niet meer alleen in de gestalte van rechtsbeginselen, maar als zodanig deel gaan uitmaken van de communautaire rechtsorde. Bovendien oordeelt dan één hoogste Europese rechter over schendingen van het EVRM, het EHRM. Toetreding tot het EVRM gaat echter de reikwijdte van artikel 308 EG-Verdrag te buiten, en kan derhalve slechts plaatsvinden door middel van een verdragswijziging.[57] Een dergeljke wijziging was voorzien in het Verdrag tot vaststelling van een Grondwet voor Europa. Ingevolge artikel I-9, tweede lid, zou de Unie toetreden tot het EVRM. Met het afstemmen van de Europese Grondwet in de Franse en Nederlandse referenda is ook deze toetreding voorlopig van de baan. Inmiddels vindt tussen beide Europese hoven wel met enige regelmaat overleg plaats ten einde hun rechtspraak op elkaar af te stemmen.

Verder verdient vermelding dat de Europese Raad van Nice in december 2000 een Handvest van grondrechten van de Europese Unie heeft aanvaard. Het Handvest bevat een groot aantal fundamentele grondrechten, die deels corresponderen met het EVRM maar voor een ander deel verder gaan. Hoewel het Handvest formeel niet bindend is, wordt het in de rechtspraak van het Gerecht van eerste aanleg en in de conclusies van advocaten-generaal wel als beschouwd als interpretatiebron voor Europese grondrechten.

Bij het Verdrag van Amsterdam is in artikel 7 VEU een juridische grondslag geschapen voor het instellen van dwangmaatregelen tegen een lidstaat die zich schuldig maakt aan een 'ernstige en voortdurende schending' van de in artikel 6, eerste lid, VEU genoemde beginselen van vrijheid, democratie, eerbiediging van de rechten van de mens en de fundamentele vrijheden, en van de rechtsstaat. Om tot zulke maatregelen – waaronder het schorsen van het stemrecht van de betreffende lidstaat in de Raad – over te kunnen gaan dient aan zware procedurele eisen te worden voldaan. Geheel buiten dit sanctiemechanisme om besloten de overige veertien regeringen na het toetreden van de rechtsradicale FPÖ van Haider tot de Oostenrijkse regering tot een diplomatieke boycot van Oostenrijk (januari 2000). In de praktijk bleek deze, niet van groot respect voor democratische besluitvorming getuigende, boycot niet goed werkbaar. Na een op verzoek van de 'veertien' uitgebracht rapport inzake de mensenrechtensituatie in Oostenrijk, waaruit bleek dat deze niet slechter was dan in andere EG-landen, werd de boycot in september 2000 opgeheven.

Met de inwerkingtreding van het Verdrag van Nice zijn zowel de materiële als de procedurele voorwaarden voor het nemen van maatregelen en de toepassing van sancties versoepeld. Door vier vijfde van de leden van de Raad kan geconstateerd worden dat er sprake is van 'duidelijk gevaar' voor een ernstige schending van de in

56 Onder meer door de Nederlandse regering, zie Kamerstukken II 2000/01, 21 501-20, nr. 136.

57 Aldus het Hof van Justitie in een door de Raad gevraagd advies van 28 maart 1996, JB 1996, 125.

artikel 6, eerste lid, VEU genoemde beginselen, waarna ter zake passende aanbevelingen gedaan kunnen worden (artikel 7, eerste lid, VEU).

14.3.6 Rechterlijke controle

In onze nationale rechtsorde wordt, ook al is het op betrekkelijk gecompliceerde wijze, integraal voldaan aan het rechtsstatelijk vereiste dat de burger toegang dient te hebben tot een onafhankelijke rechter ter toetsing van de rechtmatigheid van elk overheidsoptreden waardoor hij in zijn belangen wordt getroffen. Veelal kan men terecht bij een bestuursrechter. Is deze niet bevoegd dan verleent de burgerlijke rechter aanvullende rechtsbescherming (§§ 7.2 en 7.3). Ook in de communautaire rechtsorde is op afdoende wijze voorzien in rechterlijke controle. Ten dele vindt deze plaats op het communautaire niveau door het Hof van Justitie en het Gerecht van Eerste Aanleg; ten dele op het nationale niveau door de nationale rechter.

Het Hof van Justitie bestaat thans uit 25 rechters; het wordt bijgestaan door 8 advocaten-generaal. Deze rechters en deze advocaten-generaal worden door de regeringen van de lidstaten voor een periode van zes jaar benoemd. Teneinde de werklast bij het Hof te beperken is eind jaren tachtig het Gerecht van Eerste Aanleg ingesteld, dat kennisneemt van bepaalde geschillen (art. 225 EG-verdrag). Van uitspraken van dit Gerecht staat een tot rechtsvragen beperkte hogere voorziening open bij het Hof. Het Hof heeft overeenkomstig artikel 220 EG-verdrag als algemene taak de eerbiediging van het recht bij de uitlegging en toepassing van het Verdrag te verzekeren. Dit geschiedt via een aantal specifieke rechtswegen.

(1) *Verdragsschendingsprocedure* (art. 227-228 EG-Verdrag): in de eerste plaats kan het Hof op initiatief van de Commissie of van een lidstaat vaststellen dat een (andere) lidstaat de verplichtingen die bij of krachtens het EG-Verdrag op hem rusten, niet nakomt. Deze lidstaat heeft bijvoorbeeld een richtlijn niet tijdig geïmplementeerd in nationale bindende regelgeving. Het arrest van het Hof waarin de schending wordt vastgesteld, is bindend. Neemt de lidstaat niet tijdig maatregelen om aan de schending een eind te maken, dan kan het Hof aan de lidstaat een dwangsom of een boete opleggen. Zie reeds par. 14.3.3.

(2) *Vernietigingsberoep* (art. 230 EG-Verdrag): de lidstaten, de Raad en de Commissie kunnen tegen de diverse handelingen van de EG-instellingen beroep instellen bij het Hof. Particulieren hebben een beperkt beroepsrecht. Zij kunnen alleen tegen tot hen gerichte beschikkingen en tegen andere besluiten van EG-instellingen die hen rechtstreeks en individueel raken beroep instellen.

(3) *Prejudiciële procedure* (art. 234 EG-Verdrag): ten slotte is het Hof bevoegd prejudiciële uitspraken te doen over vragen die door de nationale rechters worden gesteld over de uitlegging van het EG-Verdrag en de geldigheid van de handelingen van de EG-instellingen.

Maar niet alleen het Hof en het Gerecht van Eerste Aanleg fungeren als communautaire rechter. Ook de nationale rechter – en dus ook de Nederlandse rechter – kan als communautaire rechter optreden.[58] Dit is het geval wanneer zij in een geschil EG-rechtelijke bepalingen moeten toepassen. Men dient zich in dit verband te realiseren dat de instellingen van de Europese Unie maar zelden direct besluiten nemen ten opzichte van de burgers in de lidstaten. Doorgaans richten deze instellingen zich met behulp van de algemene regels in het EG-Verdrag (primair EG-recht) en in EG-verordeningen en EG-richtlijnen (secundair EG-recht) tot de lidstaten. Deze moeten dit EG-recht implementeren en tenuitvoerleggen ten opzichte van de burgers. De consequentie van deze structuur is dat burgers doorgaans met EG-recht worden geconfronteerd door middel van uitvoeringsbesluiten en andere handelingen van nationale bestuursorganen. Is men het hiermee oneens, dan moet beroep worden ingesteld bij de nationale rechter. Welke rechter dat is, wordt bepaald door de regels van nationaal procesrecht.[59]

De nationale rechter heeft als communautaire taak een uniforme doorwerking van het EG-recht in de lidstaat te verzekeren. Voorts moet hij loyaal samenwerken met het Hof van Justitie. In het geval in een nationale rechterlijke procedure een vraag van uitlegging of geldigheid van EG-recht naar voren komen, is de nationale rechter bevoegd – en in hoogste instantie zelfs verplicht – deze vraag prejudicieel te verwijzen naar het Hof van Justitie (art. 234 EG-Verdrag). Naar aanleiding van het antwoord van het Hof kan de nationale rechter de zaak vervolgens verder afdoen.

In de regel bereikt het EG-recht de burger derhalve via het nationale uitvoeringsrecht. Wanneer de lidstaat het EG-recht correct heeft geïmplementeerd en toegepast, zal de burger veelal niet eens merken dat een tot hem gericht nationaal besluit is gebaseerd op een EG-rechtelijke verplichting. Er gaat echter nogal eens wat mis bij de uitvoering van EG-recht. Zo komt het vaak voor dat een lidstaat een richtlijn niet tijdig of correct implementeert, dat hij een verordening onjuist uitvoert of dat een nationaal orgaan een besluit neemt dat in strijd is met het EG-Verdrag. In dat geval heeft de nationale rechter de plicht om de EG-rechtelijke bepalingen, voorzover zij althans *rechtstreekse (directe) werking* hebben, toch toe te passen. Het daarmee strijdige nationale recht moet buiten toepassing worden gelaten.[60]

Of een bepaling van EG-recht rechtstreekse werking heeft hangt af van de vraag of deze 'voldoende nauwkeurig en onvoorwaardelijk' is geformuleerd.[61] Daarbij is met name van belang de mate waarin de lidstaat bij de uitvoering van de desbetreffende bepaling beschikt over discretionaire vrijheid (beleidsvrijheid). Is die beleidsvrijheid gering of afwezig, dan zal in het algemeen rechtstreekse werking aangenomen worden; is die beleidsvrijheid aanzienlijk, dan zal rechtstreekse werking meestal afgewezen worden. Talrijke bepalingen van het EG-Verdrag zijn door het Hof als rechtstreeks werkend aangemerkt. Verordeningen en beschikkingen zijn op grond van artikel 249,

58 J.H. Jans, R. de Lange, S. Prechal, R.J.G.M. Widdershoven, Inleiding tot het Europees bestuursrecht, Nijmegen 2002.
59 HvJEG 16 december 1976, Jur. 1976, p. 1989 (Rewe).
60 HvJEG 9 maart 1978, Jur. 1978, p. 629 (Simmenthal).
61 Zo reeds HvJ EG 5 februari 1963, Jur. 1963, p. 3 (Van Gend & Loos).

tweede en vierde alinea, EG-verdrag rechtstreeks werkend. Richtlijnen zijn dat in principe niet: ze schrijven eindresultaten voor, maar laten de nationale instanties van de lidstaten in die zin beleidsvrijheid dat deze de bevoegdheid hebben vorm en middelen te kiezen om die resultaten te bereiken (art. 249, derde alinea, EG-verdrag). In de praktijk komt het echter nogal eens voor dat bepalingen van een richtlijn de verplichtingen van een lidstaat – en de daarmee corresponderende rechten van burgers – heel precies voorschrijven. Van enige beleidsvrijheid voor de lidstaat bij de implementatie hiervan is dan nauwelijks sprake. Voor dergelijke gevallen, waarin de richtlijnbepaling derhalve voldoende nauwkeurig en onvoorwaardelijk is, heeft het Hof aanvaard dat zij rechtstreekse werking kunnen hebben, indien zij niet binnen de gestelde termijn zijn geïmplementeerd.[62] Ten slotte zij erop gewezen dat de vraag of een bepaling van EG-recht rechtstreekse werking heeft een vraag van gemeenschapsrecht is, die de nationale rechter bij twijfel niet zelf dient op te lossen, maar in de prejudiciële procedure aan het Hof van Justitie voor moet leggen.

Behalve door de rechterlijke toepassing van rechtstreeks werkend EG-recht, vindt doorwerking van het EG-recht in de nationale rechtsorde ook plaats met behulp van het beginsel van EG-rechtconforme interpretatie. Omdat dit beginsel meestal wordt toegepast op richtlijnen, wordt het ook wel richtlijnconforme interpretatie genoemd. In dat verband kan het worden omschreven als de verplichting van de nationale rechter om zijn nationale recht zoveel mogelijk uit te leggen in het licht van de bewoordingen en de doelstelling van een richtlijn teneinde tot een oplossing te komen die in overeenstemming is met het door die richtlijn beoogde doel.[63] Richtlijnconforme interpretatie wordt met name toegepast wanneer de implementatie van een richtlijn kleine gebreken vertoont. Alsdan wordt het nationale recht door de rechter zodanig 'bijgebogen' dat het doel van de richtlijn toch wordt bereikt: het nationale recht en de richtlijn worden door middel van interpretatie als het ware met elkaar verzoend. De plicht tot richtlijnconforme uitleg is overigens ook beperkt. Meer in het bijzonder kan zij niet als grondslag dienen voor een uitlegging contra legem van het nationale recht. Deze beperking beoogt te voorkomen dat dat de burger via rechterlijke interpretatie met een geheel andere (Europese) rechtsnorm zou kunnen worden geconfronteerd dan die waarop hij op grond van de nationale wet recht zou hebben. Dat zou in strijd zijn met de rechtszekerheid. Het gevolg van deze beperking is dat richtlijnconforme uitleg met name geschikt is wanneer het nationale recht bij de uitoefening van een bevoegdheid een ruime beleids- of beoordelingsmarge laat. Deze marge kan dan richtlijnconform worden ingevuld. Bij gebonden bevoegdheden ligt richtlijnconforme interpretatie minder voor de hand, omdat alsdan al snel sprake zal zijn van uitlegging contra legem.

Hoewel de rechterlijke controle binnen de communautaire rechtsorde in theorie goed is georganiseerd, heeft zij wel een groot praktisch probleem, namelijk de overbelasting van het Hof van Justitie. Als gevolg hiervan duren met name prejudiciële procedures

62 HvJ EG 4 december 1974, Jur. 1974, p. 1337 (Van Duijn).

63 Bijv. HvJEG 5 oktober 2004, zaak C-397 t/m 403/01 (Pfeiffer e.a.), AB 2005, 16, m.nt. RW.

bijzonder lang, veelal meer dan twee jaar. Voor het functioneren van een rechtsorde is dat eigenlijk te lang, omdat gedurende die periode niet alleen de specifieke zaak waarin de prejudiciële vraag is gesteld stilligt, maar ook andere zaken waarin dezelfde of vergelijkbare EG-rechtelijke vragen spelen. De verdere uitbreiding van de Europese Unie met nieuwe lidstaten zal deze problemen nog verergeren. In de Europese gremia wordt daarom al enige tijd gediscussieerd over de vraag hoe de doorstroming van zaken bij het Hof kan worden bespoedigd. In het verleden zijn daartoe reeds maatregelen getroffen. De instelling van het Gerecht van Eerste Aanleg is hiervoor al gememoreerd. Van meer recente datum zijn maatregelen als het verruimen van de mogelijkheid om de mondelinge zitting achterwege te laten en de introductie van een versnelde prejudiciële procedure, waarin zeer korte termijnen strikt worden gehanteerd.

Verder is in het Verdrag van Nice (2001) een aantal maatregelen genomen. Zo zijn bij het Hof de mogelijkheden verruimd om zaken te behandelen in kamers met 3, 5 of 11 rechters. Plenaire zittingen van het Hof, waaraan alle rechters deelnemen zijn daarmee uitzondering geworden. Daarnaast worden de taken van het Gerecht van eerste aanleg uitgebreid. Zo kan het gerecht bevoegd worden verklaard om prejudiciële vragen op specifieke terreinen te beantwoorden.

14.3.7 Vooruitzichten

De vraag in welke richting de Europese Unie zich zou moeten ontwikkelen is omstreden. In het bijzonder het vinden van nieuw evenwicht tussen enerzijds de Europese Unie en anderzijds de lidstaten, is, zeker na de uitbreiding tot 25 lidstaten en met nieuwe uitbreidingen mogelijk in het verschiet, een belangrijke opgave. Hoe dat evenwicht te formuleren en te bereiken kan niet louter op grond van juridische overwegingen worden gegeven. Wel kunnen juridische overwegingen richtingwijzend zijn. Die overwegingen wijzen in de richting van grotere democratische zeggenschap, gecombineerd met een uitvoerende macht die zich aan deze zeggenschap wat gelegen moet laten liggen. De in theorie meest voor de hand liggende richting is dan een ontwikkeling van de Unie van een statenbond (confederatie) naar een bondsstaat (federatie). Dat zou inhouden, dat de Raad wordt omgevormd tot een soort bondsraad, een huis van het vertegenwoordigend lichaam naast het Europees Parlement. In deze bondsraad, bestaande uit vertegenwoordigers van de nationale regeringen, zou elke lidstaat een gelijk stemgewicht moeten hebben. De Europese commissie zou dan door middel van het instrument van de ministeriële verantwoordelijkheid van het politieke vertrouwen van beide huizen van de Europese volksvertegenwoordiging afhankelijk kunnen zijn.

Deze constructie legt echter een vermoedelijk te zwaar accent op de onderlinge Europese solidariteit. De nationale invloed van de onderscheidene lidstaten zal in deze constructie waarschijnlijk van geringere betekenis zijn dan de gemeenschappelijke invloed, zoals deze in het Europese parlement tot uitdrukking komt. Immers, de politieke scheidslijnen in het Europese parlement zijn reeds thans niet zozeer nationaal bepaald als wel algemeen politiek; dat zal in een bondsstatelijke structuur vermoedelijk ook het geval zijn. Dit ligt met het oog op de communautaire problematiek ook voor de hand. Een uit vertegenwoordigers van de nationale regeringen bestaande bondsraad biedt daartegen vermoedelijk geen volwaardig tegenwicht, gezien de ervaringen in andere bondsstaten. Het is de vraag of dit voor de onderscheidene lidstaten aanvaardbaar zou zijn. Kleine lidstaten kunnen zich overgeleverd voelen aan een Europese meerderheidsvorming waarin zij zich onvoldoende herkennen. Maar ook de grote lidstaten kunnen het gevoel hebben dat met hun belangen wel eens onvoldoende rekening gehouden zou worden. Dat is een begrijpelijke vrees, die te billijken valt, omdat veelal bij de communautaire besluitvorming grote nationale belangen gemoeid zijn, te meer zo naarmate de EG zich gaandeweg van een doelgemeenschap tot een bijkans algemene gemeenschap ontwikkelt.

Een ontwikkeling in bondsstatelijke richting is zeker op korte termijn evenmin erg waarschijnlijk nu het recente verleden laat zien dat men bij de vormgeving van de Europese rechtsorde niet verder moet springen dan de polstok lang is. Dit bleek reeds begin jaren negentig bij de totstandkoming van het Verdrag van Maastricht. Tijdens de voorbereiding van het verdrag bekleedde Nederland het voorzitterschap van de Raad. Initiatieven van Nederland om te komen tot een min of meer federale (bondsstatelijke) structuur ontmoetten bij diverse lidstaten sterk verzet en werden dan ook niet doorgezet. Het uiteindelijk resultaat van Maastricht was dan ook aanzienlijk minder ambitieus. Ook de gang van zaken rond het Verdrag tot vaststelling van een Grondwet voor Europa laat zien dat de burgers van diverse lidstaten niet echt zitten te wachten op verdergaande Europese integratieplannen. Hoewel de ambitie van de Europese Grondwet al niet heel groot was – in feite deed de Grondwet niet veel meer dan het in elkaar schuiven van de bestaande Verdragen (het EG- en EU-Verdrag) en het Handvest voor de Grondrechten – werd zij in de Franse en Nederlandse referenda door de bevolking afgewezen. In reactie hierop hebben andere landen waarin Europese integratie niet echt populair is – zoals het Verenigd Koninkrijk, Denemarken en Polen – het ratificatieproces in hun land stopgezet. Daarmee lijkt de Grondwet in haar huidige vorm van de baan.

Met deze constatering kan echter niet worden volstaan. Daarbij is van belang dat voor effectieve probleemoplossingen de nationale schaal in veel opzichten werkelijk is klein is geworden. Dat geldt niet uitsluitend voor de economie, het geldt evenzeer voor de fiscale regimes, de milieuproblematiek, de monetaire politiek, het vreemdelingenbeleid en de strafrechtelijke samenwerking in het kader van bijvoorbeeld terrorismebestrijding. De uitgangspunten van de Europese Unie – vrijheid van verkeer van personen, goederen, diensten en kapitaal – blijken gaandeweg verreikende consequenties te hebben. Dat daarbij fricties tussen Europa en de lidstaten optreden en belangen worden aangetast, betekent niet dat de uitgangspunten moeten worden verlaten. Dit is ook niet echt mogelijk, omdat het Europees integratieproces in belangrijke mate onomkeerbaar is. Wel lijkt het gegeven de ervaringen in het (nabije) verleden realistisch om oplossingen voorlopig niet zozeer te zoeken in mooie institutionele vergezichten, maar in een politiek van kleine stappen.

Wat betreft een verdergaande Europese integratie dient alsdan vooral het terrein van de strafrechtelijke samenwerking zich aan. Om op Europees niveau adequaat te kunnen reageren op grensoverschrijdende criminaliteit – zoals terrorisme, mensenhandel, wapensmokkel en drugshandel – is het niet onwaarschijnlijk dat op dit terrein het vetorecht van elk lidstaat tezijnertijd zal moeten wijken voor (gekwalificeerde) meederheidsbesluitvorming. Zolang de Europese bevoegdheden beperkt blijven tot grensoverschrijdende misdaad is dit aanvaardbaar, mits metterdaad wordt voldaan aan de rechtsstatelijke en democratische eisen. In dit verband is het positief dat het Europese grondrechten-manco in belangrijke mate is 'opgelost' door de rechtspraak van het Hof van Justitie (zie § 14.3.5). Wat betreft het democratisch tekort zou de invoering van de in de Europese Grondwet voorziene 'gele-kaartprocedure' een stap in de goede richting zijn. De procedure komt er in grote lijnen op neer dat de Commissie een voorstel voor Europese regelgeving opnieuw in overweging moet nemen, als eenderde van de nationale parlementen van mening is dat het voorstel niet strookt met het subsidiariteitsbeginsel. Hoewel de Commissie het voorstel gemotiveerd toch kan doorzetten, is een dergelijke 'gele kaart' wel een krachtig politiek signaal dat verdergaande Europese bemoeienis in veel lidstaten omstreden is.

Ten slotte is er de kwestie van de uitbreiding van de Europese Unie. Hoewel de Unie de laatste jaren al fors is uitgebreid tot 25 lidstaten, vinden onderhandelingen over verdere uitbreiding al weer plaats. De besluitvorming over Roemenië, Bulgarije en wellicht Kroatië zal op relatief korte termijn plaatsvinden. In de verdere toekomst staan de toetreding van andere landen die behoorden tot het voormalige Joegoslavië, een aantal ex Sovjet-republieken en Turkije op de agenda. Uit enquetes is duidelijk dat de bevolking van vrijwel alle lidstaten van de Unie – en zeker Nederland – nogal sceptisch is over deze uitbreidingsplannen. Daarvoor bestaan op zich ook goede redenen, omdat de politieke, culturele en economische verschillen met deze landen bijzonder groot zijn. Wordt de voor Europese integratie noodzakelijke mate van homogeniteit door toelating van deze landen niet te verregaand ondermijnd? Van de andere kant heeft het verleden aangetoond dat toetreding tot de Europese Unie (en zelfs alleen het perspectief daarop) een krachtige impuls kan betekenen voor de rechtsstatelijke en economische ontwikkeling van landen. Dit bleek bij de toelating van de voormalige dictaturen Spanje, Portugal en Griekenland, maar ontwikkelingen in deze richting ziet men ook bij onlangs toegetreden landen als de Baltische staten, Tjechië en Hongarije. Voor Europa als geheel is dit op termijn positief. Al met al lijkt het niet verstandig om in de uitbreidingsdiscussie te denken in absolute veto's. Wat vandaag nog onbestaanbaar lijkt, kan bijvoorbeeld over 10 jaar wel aantrekkelijk zijn. In die zin is de publieke opinie van vandaag de dag uiteraard relevant, maar op termijn niet doorslaggevend. Het zijn fascinerende tijden.

Personenregister

Jurisprudentieregister

Afdeling bestuursrechtspraak van de Raad van State

Afdeling rechtspraak van de Raad van State

Bundesverfassungsgericht (Duitsland)

Centrale Raad van Beroep

Commissie gelijke behandeling

Europees Hof voor de Rechten van de Mens

Gerechtshof

Hof van Justitie van de Europese Gemeenschappen

Hoge Raad

Koninklijk Besluit

President Rechtbank

Rechtbank

Supreme Court (Verenigde Staten van Amerika)

Voorzitter Afdeling rechtspraak van de Raad van State

Trefwoordenregister